吉林人民出版社

简体字本二十六史

新元史

卷一一五——卷一八八

（四）

〔民国〕 柯劭忞 撰

余大钧 标点

新元史卷一一五
列传第一二

特薛禅　孛秃　锁儿哈　忽怜

特薛禅，本名特因，时人以其贤智，呼为薛禅，故又称特薛禅。孛思忽儿宏吉剌氏，与斡勒忽纳氏同宗异族。孛思者，板升之异译，国语屋也；忽儿者，古阑之异译，国语圈子也。特因之族，筑室以居，与游牧之俗稍异，谓之孛思忽儿，非氏族之名也。

其先世出山，为火伤其足，故子孙多足病。部人矜其门阀，自云从金缸中出。始祖兄弟三人：长曰楚而鲁忽蔑儿干，其后为宏吉剌氏；次曰哈拜失米，其后为亦乞列思氏、兀而忽努氏；三曰楚斯布陶，其后为哈拉奴氏、宏格里约氏。楚而鲁忽与弟不和，欲射之。哈拜失米畏而伏马腹下，楚而鲁忽怜之，射其耳环，故有蔑儿干之号。其部居长城之北，近哈剌温只山。特薛禅之父达尔罕生五子：曰特因，曰哈达，曰布奔，曰乃古塔尔，曰崔和尔；皆娶蒙古女。

太祖年九岁，从也速该至舅家，将为之乞婚，中道遇特薛禅，奇太祖状貌，延也速该至其家，请婚焉，遂以光献皇后孛尔台归太祖。事具《后妃传》。特薛禅尝言："吾宏剌氏，向不与汝家争人民、土地。生女既长，则乘大车驾黑驼，嫁汝贵族，往往为可敦。"后太祖有命："宏吉剌氏生女世为后，生男世尚公主。"每岁四孟月宣读此敕，世世勿绝焉。

庚申，太祖败泰亦兀赤。合塔斤、撒勒只兀特二部不自安，纠合朵儿边等十部会于阿泐灰泉，潜师来袭，宏吉剌部亦从之，特薛禅之宗人帖儿格克额蔑勒、阿勒灰等与之同盟。特薛禅知其谋,遣使告变。太祖与王罕合兵御之,特薛禅率所部来会,大败之。初,帖儿格克额蔑勒与太祖友善,太祖以女布亦塞克妻之,帖儿格克额蔑勒嫌其貌寝,称如虾蟆不欲娶,遂与太祖绝。至是为太祖所杀。

特薛禅三子:长曰按陈,次曰火忽,三曰册。

按陈率三千骑,从太祖平诸部。太祖元年,与弟火忽、子赤苦,俱封千户。从合撒儿徇辽东,又从木华黎经略中原,为十提控之一。大兵入陕西,别将断潼关道。二十二年,从太祖平西夏,赐号国舅诺颜。太宗八年,赐东平五千二百户为食邑,授为万户。九年,赐钱二十万贯。按陈以外戚从征讨,前后三十二战,皆有功。卒,葬官人山。元贞元年,追封济宁王,谥忠武。妻哈真,追封济宁王妃。

长子赤古,尚太祖第三女郓国公主秃满伦。太祖七年,大军攻德兴府失利,赤古与拖雷率所部再进,敌军却退,先登拔其城。追封宁濮郡王。

赤古曾孙宁濮郡王昌吉,尚郓国大长公主忙哥台。昌吉弟岐王脱脱木儿,尚桑哥不剌公主。

按陈次子斡陈,太宗十年授为万户,尚拖雷女鲁国大长公主也速不花。斡陈卒,葬不海韩。

弟纳陈,尚鲁国公主薛只干。宪宗七年,袭为万户,从宪宗伐宋,攻合州。又从世祖南伐,略地至大清口,获战舰百余艘。又平山东济、兖、单等州。中统二年,偕诸王御阿里不哥,以其子哈海、脱欢、斡罗陈等十人自从,至莽来,由失木鲁与阿里不哥之党八儿哈八儿思等战,追北至孛罗克秃,复战,自旦至夕,斩首万级。卒葬末怀秃。

斡罗陈,袭万户,尚完泽公主,公主卒,继尚囊家真公主。至元十四年,斡罗陈弟只儿瓦台叛,夹斡罗陈北去,并窃太祖所赐誓券。未几,斡罗陈为只儿瓦台所杀,其左右张应瑞逃归,世祖嘉之,赐钞五百缗,命应瑞辅斡罗陈子谛瓦不剌,收其部众。

谛瓦不剌,亦译为琱阿不剌,尚武宗妹皇姑徽文懿福贞寿大长公主祥哥剌吉,封鲁王,开府应昌,以应瑞为鲁王傅,封蓟国公。大德十一年,赐谛瓦不剌金印。至大二年,赐平江稻田一千五百顷。三年,谛瓦不剌卒,葬末怀秃。

斡罗陈又一弟曰帖木儿,继尚囊家真公主。至元十八年,袭万户。二十四年,乃颜叛,从车驾亲征,以功封济宁郡王,赐白伞盖以宠之。明年,从成宗及玉昔帖木儿讨哈丹秃鲁干,遇于贵列儿河,转战至恼河,歼其众,以功赐号按察儿秃那颜。卒,葬末怀秃。

子桑哥不剌幼,至元二十七年以其弟蛮子台袭万户,亦尚囊家真公主。成宗即位,封皇姑鲁国大长公主,以金印封蛮子台为济宁王。率所部讨海都、笃哇。贼未成列,单骑突其阵,往复数四,贼大扰,一战克之。时武宗镇北庭,诏蛮子台总领蒙古军民官,辅武宗守莽来。囊家真公主卒,尚皇太子真金之女鲁国大长公主喃哥不剌。蛮子台卒,年五十有二。

阿里嘉室,利谛瓦不剌适子也。至大三年,甫八岁,袭万户。四年七月,袭封鲁王,尚朵儿只班公主。元统元年,阿里嘉室利卒。至顺间,加朵儿只班号肃雍贤宁公主。

桑哥不剌,自幼奉世祖命养于斡可真公主,是为不只儿驸马。后袭领本部民四百户。成宗时,尚普纳公主,至顺间封郓安大长公主,赐桑哥不剌金印,封郓安王,职千户。元统元年,授万户。二年,加封郓安公主号皇姑大长公主,进封桑哥不剌鲁王。卒,年六十一。

此皆以驸马袭王封者也。

按陈之子唆儿火都,以战功遥授左丞相,为千户,仍赐涂金银章及金银海青圆符五、驲券六。

其子曰阿哈驸马,当宪宗时尝率兵克徐州,以功受黄金一锭、白金十锭及银鞍勒,仍命袭父官。

至世祖时,诏:宏吉剌万户原受驲券、圆符皆仍旧,惟唆儿火都所受者收之。”而唆儿火都诸孙若孛罗沙、伯颜、蛮子、添寿不花、大都不花、掌吉等,及阿哈之孙曰也速达儿,与按陈之弟名册者,自太祖以来先后授本藩蒙古军站千户。

册之子曰哈儿哈孙，以平金功，赐号拔都儿。哈儿哈孙之孙曰都罗儿，至元四年授光禄大夫，以银章封懿国公。

有脱怜者，亦按陈之后，世祖授本藩千户，仍赐驸券、圆符各四，命守怯鲁连河。二十四年，从族父按答儿秃征乃颜有功，亦赐号拔都儿。卒，子进不剌嗣。进不剌卒，子买住罕嗣。买住罕尚拜答沙公主。卒，弟孛罗帖木儿嗣。泰定二年，封郡王。至元五年，进封毓德王，赐金印。孛罗帖木儿卒，买住罕孙阿失袭千户。

有名丑汉者，按陈次子必哥之裔孙，尚台忽鲁都公主。仁宗朝，封安远王，以兵守莽来有功。

有答儿罕，亦特薛禅之裔孙，以战功，世祖赐以拔都儿之号，加赐黄金一锭。其子曰不只儿，从征乃颜，擒其将金刚奴，世祖以金带赐之。

又按陈之孙纳合，尚太宗唆儿哈罕公主。火忽之孙不只儿，尚斡可真公主。又特薛禅诸孙有名脱罗禾者，尚不鲁罕公主，继尚阔阔伦公主。

此皆尚公主为驸马者也。

凡其女之为后者，自光献翼圣皇后以降，宪宗贞节皇后讳忽都台及后妹也速儿，皆按陈从孙忙哥陈之女。世祖昭睿顺圣皇后，讳察必，济宁忠武王按陈之女；其讳帖古伦者，按陈孙脱怜之女；讳喃必册继守正宫者，纳陈孙仙童之女。成宗贞慈静懿皇后讳实怜答里，斡罗陈之女也。顺宗昭献元圣皇后讳答吉，则按陈孙浑都帖木儿之女。武宗宣慈惠圣皇后讳真哥，脱怜子进不剌之女；其讳速哥失里者，按陈从孙哈儿只之女。泰定皇后讳八不罕，按陈孙斡留察儿之女；其讳必罕、讳速哥答里者，皆脱怜孙买住罕之女。明宗皇后讳不颜忽都者，孛罗帖木儿之女。文宗皇后讳不答失里，谛瓦不剌之女。他若仁宗庄懿慈圣皇后、宁宗皇后答里也忒迷失、裕宗徽仁裕圣皇后、显宗宣懿徽圣皇后，俱宏吉剌氏，而轶其所出。此则宏吉剌氏之为皇后者也。

初，宏吉剌氏族居于苦烈儿温都儿、斤、迭烈不儿、也里古纳河之地。太祖九年,在迭蔑可儿之地,有旨分赐按陈及其弟火忽、册等农土,若曰:"是苦烈儿温都儿、斤,以与按陈及哈撒儿为农土。"申谕按陈曰:"可木儿温都儿、答儿脑儿、迭蔑可儿等地,汝则居之。"谕册曰:"阿剌忽马乞迤东,蒜吉纳秃山、木儿速拓、哈海斡连直至阿只儿哈温都、哈老哥鲁等地,汝则居之。当以胡卢忽儿河北为邻,按赤台为界。"又谕火忽曰:"哈老温迤东,涂河、潢河之间,火儿赤纳庆州之地,与亦乞列思为邻,汝则居之。"又谕按陈之子唆鲁火都曰:以汝父子能输忠于国,可木儿温都儿迤东,络马河至于赤山,涂河迤南与国民为邻,汝则居之。

至至元七年,斡罗陈万户及其妃囊加真公主请于朝曰:"本藩所受农土,在上都东北三百里答儿海子,实本藩驻夏之地,可建城邑以居。"帝从之。遂名其城为应昌府。二十二年,改为应昌路。元贞元年,济宁王蛮子台亦尚囊加真公主,与公主请于帝,以应昌路东七百里驻冬之地创建城邑,复从之。大德元年,名其城为全宁路。

宏吉剌之分邑,得任其陪臣为达鲁花赤者,有济宁路及济、兖、单三州,巨野、郓城、金乡、虞城、砀山、丰县、肥城、任城、鱼台、沛县、单父、嘉祥、磁阳、宁阳、曲阜、泗水十六县。此丙申岁之所赐也。至元六年,升济州为济宁府,十八年始升为路,而济、兖、单三州隶焉。又汀州路长汀、宁化、清流、武平、上杭、连城六县,此至元十三年之所赐也。又有永平路滦州、卢龙、迁安、抚宁、昌黎、石城、乐亭六县,此至大元年之所赐也。若平江稻田一千五百顷,则至大二年所赐也。其应昌、全宁等路则自达鲁花赤总管以下诸官属,皆得专任其陪臣,而王人不与焉。

此外,复有王傅府,自王傅六人而下,其群属有钱粮、人匠、鹰房、军民、军站、营田、稻田、烟粉千户、总管、提举等官,以署计者四十余,以员计者七百余。其五户丝、金钞之数,则丙申岁所赐济宁路之三万户,至元十八年所赐汀州路之四万户,丝以斤计者,岁二千二百有奇,钞以锭计者,岁一千六百有奇,此则所谓岁赐者也。

孛秃，亦乞列思氏。父捏坤为泰亦兀赤部下人。太祖尝潜使术
儿彻歹至也儿古纳河，孛秃知为帝所遣，留宿于家，杀羊以享之。术
儿彻歹马疲，复假以良马，及还，孛秃待之有加礼。术儿彻歹具以
告，帝大悦，许以皇妹帖木伦妻之。勃秃家遣也不坚歹等来请婚，且
致词曰："闻威德所加，苦云开见日，春风解冻，喜不自胜。"太祖问：
"孛秃孳畜几何？"对曰："有马三十匹，请以其半为聘礼。"帝曰："婚
姻而论财，殆若商买矣。昔人有言，同心实难，吾方欲经营天下，汝
等从孛秃效忠于我可也，何论财为！"竟以皇妹妻之。

及札木合等以兵三万来袭，捏坤知其谋，遣波滦歹、磨里秃秃
来上变。太祖得先备之，于是有十三翼之战。

帖木伦卒，复妻以皇女火臣别吉，命哈儿八台之子也可忽林图
带弓箭以侍。哈儿八台，火鲁剌斯氏，与宏吉剌氏同宗异族，矜其门
阀，乃曰："吾儿岂能为人奴隶，宁死不为也。"太祖命孛秃率千人讨
之，哈儿八台令月列等拒战于碗图河。孛秃擒月列，刺杀也可忽林
图。哈儿八台走渡拙赤河，又擒之。

癸亥，太祖为王罕所败，退至班朱尼河。时孛秃亦败于火鲁拉
斯，与太祖相遇。火鲁拉斯人搠斡思、察罕等来降。

太祖即位，大封功臣、授孛秃千户。从伐金，命孛秃取阿笃亦马
合等城，以功赐冠、懿二州为分地。从平西夏。太祖崩旬日，孛秃亦
卒。后追赠推忠宣力佐命功臣、太师、开府仪同三司、驸马都尉、上
柱国，进封昌王，谥忠武。子锁儿哈袭封。次子帖坚干，尚亦乞列思
公主，继尚茶伦公主。

锁儿哈，事太宗，擢万户。伐宋，克嘉州，遣使献捷，帝曰："若父
宣力国家，朕昔见之。今锁儿哈克光前烈。"赐以金锦、金带、七宝
鞍，召至中都，以疾卒。追赠宣忠保大翼运开国功臣、太师、开府仪
同三司、驸马都尉、上柱国、昌王、谥忠定。锁儿哈先后尚皇子阔出
之女安秃公主及宗女不海罕公主。安秃公主生女为宪宗皇后。

子札忽儿臣，从定宗讨万奴有功，太宗命亲王按赤台以女也孙
真公主妻之。卒，赠推诚靖宣佐运赞治功臣、太师、开府仪同三司、

驸马都尉、上柱国，袭封昌王，谥忠靖。

札忽儿臣二子：长月列台，娶皇子赛因主卜女哈答罕公主，生脱别台，与乃颜战有功。次忽怜。

忽怜，尚宪宗女伯牙鲁罕公主。诸王脱黑帖木儿劫北平王那木罕以叛，世祖命忽怜讨之，大战终日，脱黑帖木儿败走。帝嘉之，复令尚宪宗孙女不兰奚公主。宋平，以广州为其分邑。乃颜叛，世祖亲征。薛彻坚等与乃颜党哈丹屡战，帝召忽怜至，值薛彻坚战于程火失温之地，哈丹众甚盛，忽怜以兵二百迎敌，败之。哈丹走渡猱河。逾年，夏，帝复命忽怜讨之。至曲列儿、塔兀儿二河之间，大战，其众皆渡塔兀河遁去。余百人逃匿山谷，忽怜率兵三百徒步追之。薛彻坚止之曰："彼亡命者，安得徒行。"忽怜不听，尽搜而杀之。薛彻坚以闻，赐金一铤、银五铤。又逾年，复与哈丹遇于兀剌河。忽怜夜率千人潜入其军，大败之。帝赐钞五万贯、金一铤、银十铤。忽怜卒，赠效忠保德辅运佐理功臣、太师、开府仪同三司、驸马都尉、上柱国，追封昌王，谥忠宣。

子阿失，事成宗。笃哇叛附海都，帝遣晋王甘麻剌并武宗帅师讨之。大德五年，战于哈剌答山，阿失射笃哇中其膝，擒杀甚多，笃哇号哭而遁。武宗解衣赐之。成宗加赐珠衣。阿失尚成宗女亦里哈牙公主，复尚宪宗曾孙女买的公主。亦里哈牙生二女：曰速哥八剌，为英宗正后；曰亦怜真八剌，为泰定帝正后。武宗即位，封阿失昌王，赐金印。仁宗时赐宁昌县为食邑，仍拜文豹及海青白鹘之赐。英宗即位，赐钞二万锭，西马及七宝带一。太皇太后加赐钞万锭。

阿失卒，子八剌失里袭封昌王，尚烟合牙公主。子沙蓝朵儿，袭昌王，尚月鲁公主。

忽怜从弟不花，尚世祖女兀鲁真公主。其弟锁郎哈，娶皇子忙哥剌女奴兀伦公主，生女，是为武宗仁献章圣皇后，实生明宗。

又忽怜从弟宁昌郡王唆都哥，尚鲁鲁罕公主，继尚鲁伦公主。子卜邻吉歹，袭宁昌郡王，尚普颜可里美思公主。

　　史臣曰：周之诸侯，同姓曰伯父，异姓曰伯舅，不独宗子维城，即异姓婚姻之国，其屏藩王室，无异同姓也。后世外戚之祸，史不绝书，能谨饬自守者已罕矣。惟蒙古宏吉剌氏、亦乞列思氏，世通婚姻，与国终始，其子孙皆能以功名自奋。自只儿瓦台外，不闻有蹈于罪戾者。当时史臣以为舅甥之贵，媲于周室，信矣哉！

新元史卷一一六
列传第一三

阿剌兀思剔吉忽里

阔里吉思　术忽难　术安

巴而术阿而忒的斤亦都护

火赤哈儿的斤　纽林的斤
帖木儿补化　伯颜不花的斤

阿剌兀思剔吉忽里,汪古部长也。蒙古语:汗之子弟为剔吉,亦曰的斤,统数部之长为忽里。阿剌兀思,则其名也。汪古部乃白达达十五部之一,本为布而古特,亦曰贝而忽特,辽人称为乌而古,屡降屡叛。后为金人所抚,属西北路招讨司。大定后,北族渐强,金堑山为界,以限南北,乌而古部有帐四千,居界垣之冲要,屏蔽山后诸州。蒙古谓长城曰盎古,又讹为汪古云。

太祖既灭王汗,乃蛮太阳汗惧,遣使约阿剌兀思请为右臂,助攻太祖。部众有欲从之者,阿剌兀思闻太祖威名,度不敌,遣部将脱儿必塔失奉酒六樽,执送乃蛮使者,以其谋来告。时蒙古但饮湩酪,无酒。太祖饮三爵而止,曰:"是物少则发性,多则乱性。"使还,酬以马五百、羊千,且谓阿剌兀思曰:"异日吾有天下,不报汝之功,天实鉴之。"遂定议同伐乃蛮。甲子,太祖亲征乃蛮,阿剌兀思果先期以部众来会。太祖元年,世袭千户。六年,伐金。车驾先至其部,以阿剌兀思为向导,南逾界垣。太祖命还镇本部,为其部众欲从乃蛮者所杀，并杀其长子不颜昔班。后追封高唐王，谥忠武。

不颜昔班尚太祖第三女阿剌罕公主。至是，公主同阿剌兀思之孙镇国及幼子孛要合，夜遁至界垣，门已闭，守者缒而纳之，遂避地于云内州。及太祖平云内，购得之，厚加赐与。以孛要合尚幼，先封镇国为北平王，以国俗尚阿剌罕公主。太祖征西域，以孛要合从，阿剌罕留漠南，号监国公主。公主明敏有智略，侍女数千人给事左右，军国大事，虽木华黎国王亦咨禀而后行。

镇国卒，子聂古伯嗣，尚睿宗女独木干公主，略地江淮，卒于军中，赐兴州民户千余给其丧。

孛要合自西域返，封北平王，仍约世婚，敦朋友之好，号按达忽答，译言亲好也。复尚阿剌罕公主。孛要合三子，皆侍妾所出，曰君不花，曰爱不花，曰拙里不花。君不花尚定宗女叶里密失公主，从宪宗攻宋合州。宋人乘壁而诟，有傍坐张盖者，矢石莫能及。君不花一箭殪之，遂平其垒。卒，谥忠襄。三子：曰囊家台，曰乔邻察，曰安童。

囊家台尚亦怜真大长公主，封赵王，卒，谥忠烈。子马札罕，尚桑哥八剌大长公主。泰定元年，封赵王，泰定帝崩，起兵讨大都，兵败被执而死。

乔邻察，尚宗王阿只吉女回鹘公主，封赵王。卒，谥康僖。

爱不花，尚世祖季女月烈公主。中统初，从征阿里不哥，败叛将阔不花于按檀火尔欢。三年，从亲王拨绰、诸王帖哥围李璮于济南，当城南一面。贼数出南门，辄为爱不花所却。璮伏诛，又从丞相伯颜征西北叛王，败撒里蛮于孔古烈。卒，谥武襄。爱不花四子，皆月烈公主所出，曰阔里吉思，曰也先海迷失，早卒，曰阿里八犗，曰术忽难。爱不花卒，阔里吉思嗣。

拙里不花，镇云南，卒。子火思丹，尚宗王卜罗出女竹忽真公主。

阔里吉思，性勇毅，习武事，尤笃好儒术，筑万卷堂于私第，日与诸儒讨论经史，阴阳、术数，靡不通晓。在北边为庙以祀孔子，表贺圣节独用汉文。尚裕宗女忽答迭迷失公主,继室以成宗女爱牙失理公主。奉命驻和林,防叛王海都。至元三十四年,诸王也不干叛,东附乃颜。阔里吉思率千余骑,昼夜兼行,旬日追及之。方暑,北风大作,左右以风势不顺,请待之。阔里吉思曰:"夏得北风,天赞我也。"策马径进,贼大败,也不干以数骑遁走。阔里吉思身中三矢,一矛断其发。凯旋,赐黄金三斤、白金千五百斤。

成宗即位,封高唐王,赐金印。驸马封王,自阔里吉思始也。是时,海都、笃哇屡扰北边,阔里思请往讨贼,成宗不许。再三请,乃许之。濒行,誓曰:"不平西北,吾马首不南。"大德元年,遇贼于伯牙思之地,众请俟大军毕至,与之战。阔里吉思曰:"大丈夫报国,而待人耶!"即整军而进,大败之。诏赐世祖所服貂裘、宝鞍,及缯锦七百匹,介胄军器有差。

二年,诸王将帅议防边,皆曰:"贼往岁不冬出,可休兵境上。"阔里吉思曰:"不然,今秋候骑渐少,所谓鸷鸟将击,必匿其形,备不可缓也。"众不谓然,阔里吉思独严兵以待。是冬,笃哇、彻彻秃等果出兵,袭合剌合塔之地。阔里吉思三战三却之,乘胜逐北深入,马蹶被执。贼诱使降,不从,又欲以女妻之,阔里吉思毅然曰:"我帝婿也,非帝后命而再娶可乎"!贼不敢逼。成宗悯阔里吉思陷贼,欲遣使询其消息。其家臣有阿昔思者,众称其可用,乃遣阿昔思使于笃哇,遇之稠人中。阔里吉思一见,即问:"两宫安否?"次及其嗣子。语未毕,为左右引去。阔里吉思竟不屈而死。

九年,赠推忠宣力崇文守正亮节保德功臣、太师、开府仪同三司、上柱国、驸马都尉,谥忠献。并追赠曾祖阿剌兀思高唐忠武王,祖字要合高唐武毅王,父爱不花高唐武襄王。

以子术安幼,诏阔里吉思弟术忽难袭高唐王,尚宗王兀鲁爵女叶绵干真公主,卒,继尚宗王奈剌不花女阿实秃忽鲁公主。术忽难才识英伟,善抚众,境内又安。痛阔里吉思死节,表请恩恤。又请翰林学士承旨阁复勒其事于碑。教养术安过于己子。至大元年,术忽难进封赵王。时术安已长,术忽难以王位让之。术安既袭赵王,尚晋王甘剌麻之女阿剌的纳八剌公主。一日,召王傅脱欢、司马阿昔思谓之曰:"先王旅殡卜罗,荒远之地,神灵靡托,吾痛不欲生,若得请于朝归葬先茔,吾死瞑目无憾矣。"二人白其事于知枢密院事也里吉尼,奏闻,武宗嘉叹曰:"术安孝子也。"赐阿昔思黄金一瓶,与脱欢子失忽都鲁、术忽难子阿鲁忽都、断事官也先等十九人,驰驲以往,复赐从者钞五百贯。淇阳王月赤察儿等遣兵六百人,护其行至殡所,启视面如生,遂归葬焉。

阿里八觯尚宗王完泽女奴伦公主。镇国子聂古台尚拖雷女独木干公主,袭北平王,追封郇王,无子,以术忽难嗣。术忽难以赵王让还术安,而己还袭郇王,卒,谥忠襄。

巴而术阿而忒的斤亦都护,亦都护者,畏兀儿国之王号也。畏兀儿即唐之回鹘,以和林为王庭。会昌中,回鹘内乱,又为邻国所攻,焚其牙帐,诸部溃散。余众徙于火州,兼有别失八里之地,北至阿术河,南接夏之肃州,东至兀敦、甲石哈,西界吐番,改称畏兀儿。至巴而术阿而忒的斤之父月仙帖木儿,为西辽属国。

及巴而术阿而忒的斤嗣位,西辽主直鲁古使其太师僧沙均监其国,恣睢自擅。巴而术阿而忒的斤不能堪,用国相偰理伽帖木儿计,结蒙古为外援,遂杀沙均,遣其臣别吉思与阿邻帖木儿等来纳款,时太祖四年也。受命未行,适太祖遣使者安鲁不也奴等至其国。巴而术阿而忒的斤大悦,厚礼之,命别吉思等偕使者入朝,致辞曰:"闻往来人言,可汗雄威大度,善抚百姓,方弃哈剌契丹旧好,遣使通诚,并以古儿汗国情上达。不意远辱天使先临下国,譬云开见日,冰泮得水,喜不自胜。而今而后,愿率部众为臣为子,竭犬马之劳。"

是时,蔑儿乞脱黑脱阿中流矢死,其子忽秃等函其父首渡额儿的失河,将来奔,先遣其属额不干通款于畏兀儿,巴而术阿而忒的斤杀之。忽秃至,与畏兀儿人战于崭河,败走。巴而术阿而忒的斤知蔑儿乞为太祖深仇,别遣使者曰阿儿思兰斡乞,曰忽察鲁斡乞,曰孛罗的斤,曰亦难海牙,轻骑出别吉思等之前来告捷。既而别吉思等偕安鲁不也奴等亦至。太祖大悦曰："亦都护果能输诚戮力于我,仍遣安鲁不也奴等往劳,且征方物。"寻遣使赍珍宝方物入贡。

六年春,觐太祖于客鲁涟行宫,奏言:"倘恩顾臣使远近知臣得托陛下襟带之间,附四子之末,幸甚!"太祖感其言,字以皇女阿勒可敦公主,序在第五子之列。

十四年,车驾亲征西域,巴而术阿而忒的斤率万人从行,与皇子术赤同克养吉干城。奉命率所部先归。后又从征西夏,有功。初,太祖以阿勒可敦公主字巴而术阿而忒的斤,其正妃妒,不令娶。迨妃死,太宗即位,方议遣公主下嫁,公主旋卒。未几,巴而术阿而忒的斤亦卒。

子怯石迈因嗣。卒,弟萨仑的斤嗣。宪宗初,萨仑的斤来朝。别失八里有造飞语者谓:萨仑的斤欲尽杀奉天方教之部民,其仆讦于官。时赛甫曷丁监治别失八里,要萨仑的斤归,询之,无其事。然其仆犹坚证之,事闻于朝,命忙哥撒儿覆按。刑讯萨仑的斤诬服,乃杀之。命其弟玉古伦赤的斤代立。宪宗方有慊于太宗子孙,凡太宗旧人在畏兀儿者,缘此斥逐殆尽。玉古论赤的斤卒,子马木剌的斤嗣,率探马赤万人从宪宗入蜀,围合州,师还,卒。

至元三年,世祖命其子火赤哈儿的斤嗣。后为海都所攻,畏兀儿部众迸散,诏火赤哈儿的斤收抚之。二十二年,笃哇、卜思巴率兵十二万,围火州,声言:"阿只吉、奥鲁赤有众三十万,犹不能抗我,汝敢以孤城拒我乎!"火赤哈儿曰:"吾祖宗世国于此,生为吾家,死为吾墓,终不能从尔也。"围六月,不解。笃哇以书系矢射于城中曰:"我亦太祖诸孙,何以不附我。且汝祖曾尚公主,汝能以女与我,则罢兵。不然,且亟攻汝。"火赤哈儿曰:"吾岂惜一女,不救民命。然吾终不见之。"出其女也立亦黑迷失,厚载以茵,縋城下与之。笃哇乃解去。后火赤哈儿入朝,世祖嘉叹。尚定宗女巴哈儿公主,并赐钞二十万锭赈其民。火赤哈儿以火州荒残,徙于州南哈密力之地。兵力寡弱,北军奄至,战殁。三子:纽林的斤,次钦察台,次雪雪的斤。

纽林的斤尚幼，诣阙请兵为父复仇，世祖壮其志。尚太宗女孙不鲁罕公主，公主卒，尚其妹八卜叉公主。诏纽林的斤留永昌，俟与北征诸将同发。会吐番脱思麻作乱，命以荣禄大夫、平章政事，领本部探马赤万人镇吐番。至大初，召还，嗣为亦都护，赐金印。延祐三年，始稽故实，封为高昌王，别赐驼纽金印，为设王傅官。其王印行于汉地，亦都护印行畏兀儿境内。八卜叉公主卒，继尚安西王阿难答女兀剌真公主。复立畏兀儿城。五年，卒。三子：曰帖木儿补化，曰篯吉，曰太平奴。

帖木儿补化，大德中尚阔端太子女孙朵儿只思蛮公主。至大中，从父入朝，留备宿卫，又事皇太后于东朝。以中奉大夫领亦都护事。又出为巩昌等处都总帅达鲁花赤，让王位于叔父钦察台，辞不受，乃嗣为高昌王。至治中，领甘肃诸军仍治本部。泰定中，召还。自此畏兀儿之地入于察合台后王。帖木儿补化旋奉命与威顺王宽彻不花等分镇襄阳，拜开府仪同三司、湖广行省平章事。致和元年，以怀王命召至大都，佐平内难。时湖广行省左丞有罪，诏诛之，帖木儿补化为之申请，竟获免。其人素与帖木儿补化不协，皆服其雅量。留拜开府仪同三司、上柱国、录军国重事、知枢密院事，以亦都护高昌王让其弟篯吉。天历二年，拜中书左丞相。三月，改太子詹事。十月，又拜御史大夫，改知枢密院。元统元年，再为御史大夫。后至元六年，拜中书左丞相，监修国史。至正元年，罢。十一年，有谮帖木儿补化于丞相脱脱者，诬以谋害大臣，脱脱奏杀之，并杀御史大夫韩嘉纳，又欲杀帖木儿补化弟太平奴。刑部尚书宋文瓒以无信谳驳之，始获免。

篯吉，至顺二年以亦都护高昌王让太平奴。卒，子月鲁帖木儿袭。卒，子桑哥袭。

雪雪的斤，驸马都尉、中书右丞相，封高昌王。子朵儿的斤，驸马都尉、江浙行省丞相，封荆南王。朵儿的斤子伯颜不花的斤。

伯颜不花的斤，字苍崖，偲傥好学。初用父荫，同知信州路事。又移建德路。徽州贼犯遂安，伯颜不花的斤将义兵败之，又擒淳安叛贼方清之，以功擢本路总管。至正十六年，授衢州路达鲁花赤。明年，行枢密院判官。阿鲁灰引兵经衢州，军无纪律，所过剽掠。伯颜不花的斤曰："阿鲁灰以官军而为民患，此国贼也。"乃帅兵逐之出境。迁浙东都元帅，守衢州。顷之。擢江东道廉访副使。

十八年二月，江西陈友谅遣贼党王奉国等号二十万寇信州。明年正月，伯颜不花的斤自衢引兵援之，奉国败走。时镇南王大圣奴、枢密院判官席闰等屯兵城中，闻伯颜不花的斤至，开门出迎，罗拜马前。伯颜不花的斤登城四顾，誓以破贼自许。后数日，贼复攻城，伯颜不花的斤大犒士卒，约曰："今日破贼，不用命者斩。"乃命裨将大都闾将阿速诸军及民兵为左翼，出南门；高义、范则忠将信阳一军为右翼，出北门；自与忽都不花将沿海诸军为中军，出西门。直入贼营。斩首数千级。贼乱，几擒奉国。援贼突至，忽都不花复勒兵力战破之。

二月，友谅弟友德营于城东，绕城植木栅，攻我益急，又遣伪万户周伯嘉来说降。高义潜与贼通，绐忽都不花等，谓与奉国相见，则兵衅可解。忽都不花信之，率范则忠等十人往见，奉国囚之不遣。明日，奉国令高义以计来诱伯颜不花的斤。时伯颜不花的斤坐城上，见高义单骑来，伯颜不花的斤谓曰："汝诱十帅，无一人还，今复来诱我耶？我头可断，足不可移。"乃数其罪斩之。由是，日夜与贼鏖战。

夏四月，有大呼于城下者曰："有诏。"参谋海鲁丁临城问：诏自何来？曰："江西来。"海鲁丁曰："此贼耳。吾元朝臣子，可受尔伪诏乎？"呼者曰："我主闻信州久不下，知尔忠义，故来诏，尔徒守空城欲何为耶？"海鲁丁曰："汝闻张睢阳事乎？"伪使者不答而去。伯颜不花的斤笑曰："贼欲我降尔，城存与存，城亡与亡，吾计之熟矣。"时军民唯食草苗茶纸，既尽，括靴底煮食之，又尽，掘鼠罗雀以食。

六月，奉国亲来攻城，昼夜不息。贼穴地百余道，或鱼贯梯城而上。万户顾马儿以所部叛，城遂陷。席闰降，大圣奴、海鲁丁皆死之。伯颜不花的斤力战不胜，乃自刎。

其部将蔡诚尽杀妻子，及蒋广与贼巷战。诚遇害，广为奉国所执。贼爱广勇敢，诱之降。广曰："我宁为忠死，不为降生。汝等草寇，吾岂屈汝乎？"贼怒磔之。

有陈受者，信州人，伯颜不花的斤知受有膂力，募为义兵。战败，为贼擒，骂不屈，贼焚杀之。

先是，伯颜不花的斤援信州，尝南望泣下曰："我为天子司宪，知上报天子，下拯生民，余皆无可恤，所念者太夫人耳。"即日入拜其母鲜于氏曰："儿今不得事母矣。"母曰："尔为忠臣，吾即死复何憾？"鲜于氏，太常典簿枢之女也。伯颜不花的斤因命子也先不花奉其母间道入福建，以浙东廉访司印送行御史台，力守孤城而死。事闻，赐谥曰桓敏。

史臣曰：阿剌兀思、巴而术阿而忒的斤，咸早识真主，自托于肺附之列，宜可以凭藉恩宠，世为藩臣。乃阿剌兀思为部人所杀，亦都护之疆域亦见并于强邻，虽其子孙不失富贵，然社稷则墟矣。殆所谓积弱之余，不能自振者欤。

新元史卷一一七
列传第一四

札木合　塔而忽台　托黑托阿

　　札木合，札只剌氏。太祖九世祖孛端察儿生札只剌歹，其母乃札儿赤兀惕兀良合之妇，已有身，为孛端察儿所掠，及生子，名以札只剌歹，义谓他人子也，是为札只剌氏之祖。札只剌歹生土古兀歹，土古兀歹生不里不勒术鲁，不里不勒术鲁生合剌合答安，合剌合答安生札木合。

　　札木合幼与太祖亲密，约为按答。太祖十一岁，于斡难河冰上为髀石之戏，札木合以狍子髀石赠太祖，太祖以灌铜髀石报之。又与太祖习射，以牛角骲箭赠太祖，太祖以柏木髇头骲箭报之。二人情好甚笃。

　　烈祖卒，部众多叛去，札木合亦率所部归于泰亦兀赤。太祖光献皇后为蔑儿乞人所掠，太祖求救于王汗，约札木助太祖。太祖使合撒儿、别勒台告于札木合，札木合允之，且曰："吾闻三种蔑儿乞：托黑脱阿在不兀剌客额儿之地，答儿兀孙在斡儿洹、薛凉格两河间塔勒浑阿剌勒之地，答儿马剌在合剌只客额儿之地。若以猪鬃草缚筏，径渡勤勒豁河，至托黑脱阿所居，犹从天窗入室，其部众可袭而虏之。"议定，使王汗取道不儿罕合勒敦，太祖待札木合于孛脱罕孛斡儿只之地。札木合率二万骑溯斡难河而西，来会师。既而，王汗与其弟札合敢不，分率二万骑，东逾不儿罕合勒敦，趋太祖行营客鲁涟河源不儿吉之地。太祖至不儿罕山塔纳河边，逆王汗不遇，乃

改道至乞沐儿合阿因勒合剌合纳，始与王汗军合。遂溯斡难河源至
孛脱罕孛斡儿只，则札木合已先三日至矣。札木合愠曰："吾与人期
会不避风雨，达达辈一诺如盟，何后也？"王汗愧谢。乃合军而北结
筏夜渡勤勒豁河，袭蔑儿乞部众，大破之。脱黑脱阿与答亦儿兀孙
遁走，获其妻孥，并执答儿马剌。太祖遂迎归光献皇后。王汗返土
兀剌河之黑林，太祖与札木合返豁儿豁纳黑主不儿。

　　太祖以金带牝马赠札木合，札木合亦以金带有角白马赠太祖，
重与太祖约为按答，岁余无间言。一日，太祖与札木合同游于忽勒
答合儿崖，札木合曰："吾缘崖而下，则放马者有营帐可居，至涧底，
则牧羊者有水可饮，真形势之地也。"太祖不答。俟宣懿皇后至，告
之。时光献皇后在侧，言于太祖曰："吾闻札木合喜新厌旧，彼殆厌
我矣。向所言。得勿有图我之意乎？不如去之。"太祖以为然，乘夜
间行，西还阔阔纳浯儿。及太祖为可汗，使阿儿该合撒儿、察兀儿罕
三人告于札木合，札木合以太祖之去归咎于阿勒坛、忽察儿之离
间，以好言复复太祖，然心实忌之。

　　后札木合之弟给察儿居于斡列该不剌合之地，与太祖部下答
儿马剌牧地相近。给察儿掠答儿马剌之马，答儿马剌追之，伏于马
鬃上射杀给察儿，夺马而回。札木合怒，率所统十三部共三万人来
伐。十三部者，曰泰亦赤兀、亦乞列思、兀鲁兀特、布鲁特、忙忽特、
那牙勤歹、巴鲁剌思、巴阿邻歹、合塔斤、撒勒只兀特、朵儿边、塔塔
儿及札答兰本部也。是时，太祖在古连勒古之地，驸马孛秃父捏坤
在泰亦兀赤部下，遣使来告变。太祖亟召集部众，为十三翼，以拒
之。战于答兰巴泐渚纳。太祖兵败退。札木合断捏兀歹部人察合
剌安之首，系于马尾而去。

　　辛酉，宏吉剌、亦乞列思、豁罗剌思、朵儿边、塔塔儿、撒勒只兀
特、合塔斤等部会于刊河，立札木合为古儿汗。至秃拉河，举足踢岸
土，挥刀斩林木，而誓曰："有泄此谋，如土崩，如木断。"遂潜师来
袭。有火力台者闻之，以语其妻舅麦儿吉台。麦儿吉台使告于太祖，
骑以剪耳白马。夜经一古阑，其将曰忽兰把阿秃儿，曰哈剌蔑儿巴

歹，见而执之。然二将亦心附太祖，赠以良马使去。火力台遇载札木合白帐者，疾驰得免，见太祖具告其事。太祖自古连勒古起兵，迎战于亦提火儿罕之地，大败之，札木合遁走。

明年，札木合又合乃蛮、蔑儿乞、斡亦剌、泰亦兀赤、朵儿边、塔塔儿、合塔斤、撒勒只兀特诸部攻太祖，太祖与王汗合兵拒之。太祖以阿勒坛等为前锋，王汗使其子桑昆为前锋。阿勒坛漏师于札木合将阿不出。次日，两军阵于阔亦田之地，札木合军中有不亦鲁黑、忽都合者，能以巫术致风雨，欲顺风纵击太祖。忽反风，雨雪，天地晦冥，诸部兵不能进，多坠死涧谷中。札木合见事败，乃言："天不佑我！"策马溃围而去。诸部皆溃散。札木合遂大掠合答斤等部。自此札木合不能复振，降于王汗。

太祖与王汗伐乃蛮。札木合言于王汗曰："帖木真按答曾遣使于乃蛮，今迁延不进，必与乃蛮通。"王汗始疑太祖。

及太祖灭王汗，札木合复奔于乃蛮。太祖亲征乃蛮，札木合见太祖军容甚盛，谓太阳汗曰："汝初视蒙古兵如粘罷羔儿，谓蹄皮亦不留。今吾观其气势，殆非昔比矣。"遂引所部遁去，又遣使以乃蛮军事告于太祖。太祖擒杀太阳汗，朵儿边、塔塔儿、合塔斤、撒勒只兀惕等部皆降。

札木合部众尽溃，率左右五人遁入倘鲁山。一日，左右炙羱羊而食，札木合呵之，五人怒，乃缚札木合致于太祖。札木合使谓太祖曰："鸦获家鸶，奴执主人，按答必有以处之。"太祖以辜恩卖主，不可恕，并其子孙诛之，命苴杀五人于札木合之前。使人谓札木合曰："我昔与汝为按答，如车之有辕。汝自离我而去，今又相合，可以从我矣。"札木合曰："吾两人自幼为按答，因为人离间，故参差至此。吾羞赧不敢与按答相见。今按答大位已定，如不杀我，则似领有虱，衽有刺，必使按答不能安寝，愿赐速死为幸，若使不见血而死，吾魂魄有知，犹当护按答子孙。"太祖乃令其自杀。或云太祖卜杀札木合不入，乃送于伊而乞歹，伊而乞歹截其手足。札木合曰："此事之当然，使我获彼，亦必出此也。"札木合谲诈有口辨，时人以薛禅称之。

尝为蔑儿乞人所败,只余三十人,无所归。使人告脱黑脱阿,请为其子;许之。乃往依脱黑脱阿。一日,见树间有雀巢,默识之。越日,复过其地,乃谓众曰:"前年我至此,见有雀哺鷇于此树,不知是此否?"往视之,果有雀巢;众服其强记。后脱黑脱阿独居一帐,无左右,札木合与三十人径入。脱黑脱阿疑惧,问其来何为。札木合曰:"我来视护卫何如耳。"脱黑脱阿益惧,以金杯酹马湩于地,与之盟,尽返其部众焉。

时太祖仇人附札木合者曰泰赤兀赤部长塔而忽台,蔑儿乞部长脱黑脱阿,俱为太祖所灭。

塔儿忽台,太祖五世祖海都次子扯儿黑领昆之后。令稳,辽官名,蒙古语讹为领昆。瓴昆长子莎儿郭都鲁赤那,与托迈乃汗同时。其子俺巴该,继哈不勒之汗位,娶妇至塔塔儿部。塔塔儿执之,送于金,金人杀之。俺巴该子哈丹太石。哈丹太石子布达归附太祖。布达子速敦诸颜领速而图斯部众。塔而忽台乃泰亦赤兀阿达尔汗之子,与同祖兄弟忽力儿把阿秃儿、盍库兀库楚,皆为泰亦赤兀部长。初,阿达尔汗与烈祖亲好,继而不叶,至以兵相攻。

烈祖崩,太祖方十三岁,塔而忽台兄弟强盛,太祖部众多叛从泰亦赤兀,札木合亦归之。于是塔而忽台遂与太祖相仇。塔而忽台性狠毒,人称之曰开勒而秃克。太祖尝为所获,枷太祖项,一老妪怜之,为梳发,以毡裹其项。既而,太祖逸去,遇速而图斯人锁而干失剌救之,事具《赤老温传》。

后札木合与塔而忽台等集三万人攻太祖,战于答兰巴泐渚纳,太祖失利。泰亦兀赤部下朱里耶人出猎,遇太祖于乌者儿哲儿们山。朱里耶队以粮糗不给,已归其半。太祖坚留之。次日,再猎,分以饮食,复驱兽向之,俾多获。朱里耶人感之,相谓曰:"泰亦赤兀薄待我。帖木真素与我疏,乃厚我如此,真人君之度也。"其部长遂率所部来归。诸族皆谓泰亦赤兀无道,帖木真能抚众,亦相率降附。

巴邻部长述儿哥图额不干与其子纳牙阿擒塔而忽台,欲献于太祖,中道复纵之,惟父子来降。太祖义之。

时蔑儿乞酋脱黑脱阿遣使纠合泰亦赤兀各部,塔而忽台、忽都答儿、忽里儿把阿秃儿、盍库兀库楚等,共会于斡难河沙漠中。太祖与王罕兵至,败之,追及于特秃剌思之地。赤老温以枪掷塔而忽台,中之,坠马。塔而忽台曰:"我固当死,然为锁儿干失剌之子标枪中我,我死不甘心。"遂为赤老温所杀。忽都答儿亦死。盍库兀库楚奔巴儿古真,忽里儿把阿秃儿奔乃蛮。泰亦赤兀部遂灭

脱黑脱阿,蔑儿乞部长也。蔑儿乞为白达达之一种,一名兀都亦,又曰梅格林,居鄂勒昆河、色楞格河之间。脱黑脱阿为兀都亦部长。兀都亦之别部:曰兀洼思,塔亦儿兀孙为部长;曰合阿惕,答儿马剌为部长。是为三种蔑儿乞。

先是,脱黑脱阿之弟也客赤列都娶于斡勒忽纳氏,曰诃额仑;返至中道,遇烈祖与其兄捏坤太石、弟答里台,劫之,也客赤列都惧而逃。烈祖以诃额仑归纳之,是为宣懿皇后。故脱黑脱阿仇烈祖父子。

蔑儿乞部众喜掠人勒赎,太祖幼尝为所掠赎归。及娶光献皇后孛儿台,脱黑脱阿率部众来袭,太祖匿于不而罕山,获孛儿台,以妻赤列都之弟赤勒格儿。太祖求援于王汗及札木合,大败蔑儿乞之众,获答儿马剌,迎孛儿台以归。有蔑儿乞人猎于勤勒豁河,见兵至,走告脱黑脱阿,故脱黑脱阿与塔亦儿兀孙得逸去,奔于巴儿忽真。赤勒格儿谓孛儿台曰:"我如慈乌欲食雁与鹆老,宜有此祸也。"亦挺身走免。

丁巳,太祖与王汗合兵攻蔑儿乞,战于孟察之地,悉以俘获归于王汗。

戊午,王汗复自攻脱黑脱阿于不兀剌客额儿之地,杀其长子土古思,又获其二子忽图、赤老温,脱黑脱阿复奔巴儿忽真。

辛酉,脱黑脱阿遣忽敦忽儿章与泰亦兀赤等部会于斡难河沙漠中,太祖与王汗兵至,败之。脱黑脱阿从札木合及乃蛮不鲁黑汗等合众来攻,又为太祖与王汗所败。

甲子，太祖亲征乃蛮，脱黑脱阿以兵助太阳汗。太祖擒杀太阳汗，脱黑脱阿遁走。

冬，太祖再征蔑儿乞至塔而合，塔亦儿兀孙来降，献女忽兰可敦，谓部众无马不能从。太祖令散其众于辎重后营，每营百人，以分其势。后其众复叛去，塔亦兀儿孙逃至呼鲁哈卜察之地，筑城以守。太祖遣博尔忽、沈伯率右翼兵讨平之，以其妻士拉基乃赐太宗。太祖围脱黑脱阿于台哈勒忽儿罕，尽取麦丹、脱塔黑林、哈俺诸部众，脱黑脱阿与其子奔于不亦鲁黑。

太祖元年，不亦鲁黑败死，脱黑脱阿与太阳汗子古出鲁奔也儿的失河。

三年，太祖以卫拉特人为向导，至也儿的失河。脱黑脱阿中流矢死，部众溃，渡也儿的失河溺死大半。其子忽图、赤老温、赤攸克、呼图罕蔑而根不能得父全尸，函其首去，奔于畏兀儿。畏兀儿不纳，与忽图等战于崭河，逐之。忽图等奔钦察。

十一年，太祖命速不台征之，用铁钉密布车轮上以利山行。复命脱忽察儿率二千骑同往。至吹河，尽歼其众，生擒呼图罕蔑而根，槛送于术赤。术赤命之射，首矢中的，次矢劈首矢之簳，而亦中的。术赤大喜，驰使告太祖，请赦之。太祖曰：“蔑而乞，吾深仇。留善射仇人，将为后患。”仍命术赤杀之。

史臣曰：札木合率十三部之众，与太祖争衡，可谓劲敌矣。然矜凶挟狡，反覆靡常，卒为左右所卖，非不幸也。泰亦兀赤或谓出于勃端察儿之孙纳勤，拉施特曰：“蒙古金字谱，泰亦兀赤之祖为扯而黑领昆，纳勤救海都免于札剌亦之难，其牧地又近于领昆，故讹为泰亦兀赤之祖焉。”

新元史卷一一八
列传第一五

客烈亦王罕　桑昆　札合敢不
乃蛮太阳罕　不月鲁克　古出鲁克
抄思　别的因

　　客烈亦部，未详所出，或谓始居唐麓岭北谦谦州之地，后徒于土拉河。相传其祖生子七人，面黝黑，蒙古语黑为喀喇，故名其部为喀喇，又讹为客烈。后族类繁衍，如只儿起特、董鄂亦特、土马乌特、萨起牙特、哀里牙特，皆其支派；而统名为客烈亦特。言语风俗，大率类蒙古。

　　其酋有默尔忽斯不亦鲁罕，为塔塔儿部酋挐乌尔不亦鲁黑所诱执，献于金，金人钉于木驴毙之。默尔忽斯之妻思复仇，伪降于塔塔儿，愿往献牛酒。挐乌尔许之。乃馈牛十、羊百、皮囊百，皮囊不盛酒而藏壮士于内。挐乌尔宴之，壮士自囊中突出，杀挐乌尔而返。默而忽斯二子：一曰忽儿察忽思不亦鲁黑，一曰古儿堪。默尔忽斯死于金，忽儿察忽思嗣。生八子，脱斡邻勒最长。

　　脱斡邻勒七岁，尝为蔑儿乞人所掠，使春碓。忽儿察忽思赎归。十三岁，又尝同其母为塔塔儿人所掠，使牧驼、羊，乘间逸去。忽儿察忽思卒，脱斡邻勒嗣。脱斡邻勒助金人征塔塔儿有功，受王封，故部众称为王罕。王罕性猜忌，好杀，以事诛其弟台帖木儿、不花帖木儿，又欲杀母弟额儿格喀剌，额儿格喀剌奔乃蛮。其叔父古尔堪举兵逐之，王罕败遁哈喇温山，纳女忽札兀儿于蔑儿乞酋脱黑脱阿，假道奔于烈祖。烈祖伐古尔堪，古尔堪奔西夏，王罕复其有部众，以是德烈祖，约为按答。

烈祖崩，所部多叛归泰亦兀赤。太祖既壮，娶皇后孛而台。新妇觐诃额仑太后，以黑貂裘为贽。太祖用其贽以谒王罕于哈喇屯，王罕大悦，温言抚慰，许为收集旧部。未几，蔑儿乞修烈祖旧怨，袭攻太祖，掠孛而台而去。太祖求救于王罕，并约札只剌部长札木合为应，大败蔑儿乞，迎后返。或云王罕有一妃，为后之妹，蔑儿乞人送后于王罕，王罕乃归之太祖焉。王罕为太祖父执，太祖尊之如父，至是情好益笃。

金遣宰相完颜襄讨塔塔儿，谕游牧诸部出兵。太祖与王罕攻杀塔塔儿部酋蔑古真薛兀勒图，由是王罕受封于金为夷离堇，译义王也。

既而，王罕弟额儿格喀剌以乃蛮兵攻王罕，王罕奔西辽，闻太祖强盛，思归于太祖。道远粮绝，仅有五乳羊，以绳勒羊口，夺其乳饮之，刺橐驼血为食。独骑眇一目之马，行至客苏孤淖尔。太祖往迎之，令各部分以牛羊，宴王罕于图而阿河滨。遂与王罕合兵攻布而斤，又合攻蔑而乞，太祖分所获于王罕。王罕势渐振，再往攻蔑儿乞，杀脱黑脱阿长子土古思，获其忽秃黑台、察勒浑二女，又降其二子忽图、赤老温，俘虏甚众，无所遗于太祖。

金承安四年，又与太祖合攻乃蛮，乃蛮不亦鲁黑罕奔于谦谦州，其部将可克薛兀撒卜剌黑不援，战竟日，胜负未决。王罕夜爇火于原，潜移其众以去。太祖不得已，亦退至撒里罕哈儿之地。可克薛兀撒卜剌黑追王罕，遇其弟必而嘎、札合敢不，获二人之妻子，又入客烈亦界搭而都阿马舍拉之地，大掠。王罕使其子伊而克桑昆御之，又乞援于太祖曰："乃蛮掠我部众，我子能以四良将助我乎?"四良将者，博尔术、木华黎、博尔忽、赤老温也。太祖遣四人赴援。未至，桑昆已败，其部将的斤火里、赤土儿干约塔黑俱战没。博尔术等反败为胜，尽夺所获以归王罕。王罕大悦，遣使告太祖曰："昔也速该俺答曾救我，今其子帖木真复然。欲报之德，惟天知之。吾老矣，一子伊而克孤立。若令伊而克兄事帖木真，是吾不啻有二子，可以高枕卧矣。"遂会太祖于忽剌阿讷兀之地，重申父子之盟，矢之曰："有敌同征，有兽同猎，毋为谗言所间。"未几，蔑儿乞酋脱黑脱阿使其二弟忽敦忽而章，约泰亦兀赤部长盎库兀库楚等，在沙漠中相会。王罕与太祖攻败之。事具《塔而忽台传》。太祖军威大振，蒙古别部皆畏惧不自安。

承安五年，喀答斤、萨而助特、都尔班、宏吉拉特与塔塔儿部众会议，杀一马、一牛、一犬、一牡羊，立誓共袭太祖。已而宏吉拉特部长背约，遣使告于太祖。太祖与王罕自库而各湖进，至不月儿湖，大败之。

是年冬，王罕沿克鲁伦河至库塔海牙之地。札合敢不与王罕部将阿勒屯阿速儿、额勒忽秃儿，伊儿晃火儿、忽勒巴里、纳邻太石等窃议曰："吾兄心性无常，杀戮诸弟殆尽，又虐我部众，今将何以处之？"阿勒屯阿速儿以其言密告王罕，王罕怒，尽执札合敢不及诸将至帐下，面诘之曰："昔日相誓云何？今汝曹如此，吾不与校也。"语毕，唾其面，帐下人亦唾之，而释其缚。阿勒屯阿速儿出语人曰："吾亦与谋，惟不忍于故主，故告之。"后王罕屡责札合敢不，谓："汝心最叵测者。"札合敢不不自安，与额勒忽秃儿、伊儿晃光儿、纳邻太石奔乃蛮。

札木合忌太祖与王罕并力难制，至是侦知二人分兵，乃会宏吉剌等十有一部盟于刊河，欲袭攻太祖，为太祖所败。王罕中立不相助也。既而不亦鲁黑、脱黑脱阿等复合兵攻太祖，太祖乞援于王罕。王罕以兵来会。太祖与王罕自库而库夷河至额喇温赤敦山，桑昆殿后。行及山之隘口，不亦鲁黑已至，见桑昆兵少，谓其左右曰："是可聚而歼之。"遣其将阿忽出及脱黑脱阿之弟为前锋。未阵，桑昆兵已逾隘。不亦鲁黑等从之，遇风雪不能进，乃退至奎腾之地，士马冻死无算。札木合率所部归于王罕。是时，太祖与王罕同居阿拉儿之地，金泰和二年也。冬，太祖又移帐于阿儿怯宏哥儿之地，王罕西还者者额儿温都儿、折儿合不赤孩。太祖欲为术赤聘王罕女超尔别乞。

王罕欲为其孙库世布喀聘太祖女库勒别乞。独桑昆不欲曰："吾妹至彼家，北面倚户立；彼女来，南面正坐，可乎？"不许。由是太祖与王罕有隙。太祖怨王罕收纳札木合，告王罕曰："吾等如白翎雀，他人乃告天雀耳。"蒙古称鸿雁为告天雀，意谓白翎雀寒暑居北方，鸿雁南北无常，喻札木合之反覆也。札木合亦与阿勒坛、忽察儿、合儿答乞歹、额不格真那牙勤、雪格额台、脱斡邻勒、合赤温别乞等说桑昆曰："帖木真与乃蛮通举动如此，岂复可恃，若不早备之，且为君父子后患。"阿勒坛、忽察儿曰："我为君讨诃额仑诸子可也。"额不格真那牙勤与合儿答乞歹曰："我请为君缚其手足。"脱斡邻勒曰："不如先虏其部众，失众则彼将自败。"合赤温别乞曰："桑昆吾子欲何如？高者山，深者水，吾与汝共之。"桑昆遣撒亦罕脱迷额以札木合之言闻于王罕。王罕曰："札木合巧言寡信人也，不足听。"桑昆又使人说之，王罕不为动。桑昆乃自见王罕："吾父在，彼犹蔑视吾，如不可讳。吾祖父之业，彼能容吾自主乎？"王罕曰："儿辈一家，何忍相弃。况彼有德于我，背之不祥。"桑昆咈然而出。王罕呼使反曰："吾老矣，但思聚骸骨于一处，汝乃喋喋不已，好自为之，毋贻吾忧可也。"桑昆遂决意杀太祖。

泰和三年，桑昆伪为许婚，邀太祖饮酒，欲伏兵杀之。蒙力克劝太祖勿往，太祖从之。桑昆见事不就，又欲乘太祖不备掩袭之。王罕部将也客扯阑归语其妻阿剌黑因特，且曰："如有人告于帖木真，当若何酬之。"有牧人乞失力克送马浑至帐外，闻之，以告同牧者巴歹。二人即夜至太祖处告变。太祖移营于赛鲁特而奇特山，分兵至卯温都尔狄斯山侦敌。王罕兵至匿于红柳林中，适伊而乞歹奴牧马见之，奔告太祖。太祖在客兰津阿而忒之地，仓卒拒战。有忙古特部将畏答儿，请绕出敌后，树帜奎腾山上，为前后夹攻之计。从之。将战，王罕问札木合曰："帖木真部下孰善战？"札木合曰"兀鲁兀特、忙古特也，一花簌，一黑簌，当者慎之。"王罕曰："令我只克斤把阿秃儿合答吉当之，以土棉秃别干阿赤黑失仑及斡栾董合亦特巴阿秃儿、豁里失烈门太石率护卫千人为应，最后我以中军之士攻之，蔑不济矣。”然札木合知王罕非太祖敌，自引去，而阴以王罕军事输于太祖。及战，太祖果以兀鲁兀特、忙古特为前锋。合答吉率只克斤人冲其阵，不动。阿赤黑失仑以土棉秃别干兵继进，刺畏答儿堕马。兀鲁兀特将术赤台援之，阿赤黑失仑败却。斡栾董合亦特、失烈门太石并为兀鲁兀特一军所败。桑昆见事亟，径前搏斗，术赤台射之中颊，桑昆创甚。王罕乃敛兵而退。王罕怒责桑昆。阿赤黑失仑曰：“今日之战，忙豁仑部众大半从札木合暨阿勒坛、忽察儿，少半从帖木真，人无兼骑，去亦不远，入夜必宿林中，吾往取如拾马粪耳。”王罕以子受伤，不欲进兵，乃退舍于只惕豁罗罕沙陀。有塔儿忽人合答安答勒都儿罕自王罕处奔于太祖，以阿赤黑失仑之言告。太祖乃自答阑捏木儿格思之地，引军夹哈勒哈河而下，营于董嘎淖尔脱尔哈火鲁罕，是地水草茂美，因休息士马。

遣阿儿海者温告于王罕曰：“我今驻董格淖尔脱尔哈火鲁罕，水草皆足矣。父王罕，昔汝叔古儿堪责汝，谓‘我兄忽儿察忽思不亦鲁黑罕之位，不我与，而汝自据之。汝又杀台帖木儿太石、不花帖木儿二弟。’古儿堪乃逐汝至哈剌温哈卜察，汝仅有数人相从。斯时救汝者何人？乃我父也。汝往哈剌不花，又往土拉坛秃朗古特，后由哈卜察尔而至古苏儿淖尔，以遇汝叔古儿堪。其时古儿堪在忽尔奔塔剌速特，势败而遁，自此入合申不复返。我父夺古儿堪之国以复于汝，由是结为按答，我遂尊汝为父。此有德于汝者一也。再者，父王罕，汝避居于日入之地，隐没于中，汝弟札合敢不在察富古特之地，我举帽招之，大声呼之，以致彼来。彼欲来，而蔑儿乞迫之。我遣将往援，杀薛撒别乞、泰出勒，则我又以汝故而杀我兄弟二人。此有德于汝者二也。再者，父王罕，汝如云中日影，缓缓而升，如火焰缓缓而腾，以来就我。我不及半日，而使汝得食，不及一月，而使汝得衣。人问此何以故，汝宜告之曰：‘在木里察克速儿，大掠蔑儿乞之辎重，悉以与汝，故不及半日而饥者饱，不及一月而裸者衣。’此有德于汝者三也。曩者，蔑儿乞在不兀剌客额儿，我使人往觇脱黑脱阿虚实。汝知有机可乘，不告于我而自进兵，虏忽秃黑台哈敦、察

勒浑哈敦并其子忽图、赤老温,取其奥鲁思而无丝毫遗我。·汝后与
我共攻乃蛮,在拜答剌黑别勒赤儿之地,忽图、赤老温率其部众离
汝而去,可克薛兀撒卜剌黑遂掠汝之奥鲁思。我令博尔术、木华黎、
博儿忽、赤老温尽夺之归,以致于汝。此有德于汝者四也。昔者,我
等在哈剌河滨与忽剌安必儿答秃兀特相近之卓儿格儿痕山,彼此
明约,如有毒牙之蛇在我二人中经过,我二人必不为所中伤,必以
唇舌互相剖诉,未剖诉之先,不可遽离。今有人谗构汝,并未询察,
而即离我,何也? 再者,父王罕,我如鸳鸟,自赤而古山飞越捕鱼儿
淖尔,擒灰色足之鹤,以致于汝。此鹤为谁,朵儿奔、塔塔儿诸人是
也。我又如海东青鹘,越古兰淖尔,擒蓝色足之鹤以致于汝。此鹤
为谁,哈答斤、撒儿助特、宏吉剌特诸人是也。今汝乃仗彼以惊畏我
乎? 此有德于汝者五也。父王罕,汝之所以遇我者,何一能如我之
遇汝? 我为汝子,曾未嫌所得之少,而更欲其多者,嫌所得之恶,而
更欲其美者。譬如车有二轮,去其一则牛不能行,弃车于道,则车中
之物将为盗。系牛于车,则牛困守于此,将至饿毙,强欲其行而鞭
筆之,徒使牛破额折项,跳跃力尽而已。以我二人方之,我非车之一
轮乎?"

又使谓阿勒坛、火察儿曰:"汝二人疾恶我,将仍留我地上乎?
抑埋我地下乎? 我尝告把儿坛把阿秃儿之子及薛撒别乞、泰出二
人,斡难河地讵可无主,我劝其为主而不从。我因汝火察儿为捏坤
太石之子,劝汝为主又不从。汝等必以让我,我由汝等推戴,故思保
祖宗之土地,守先世之风俗,不使废坠。我既为主,则我之心,必以
俘掠之营帐、牛马、男女丁口悉分于汝,郊原之兽围之以与汝,山林
之兽驱之以向汝也。今汝乃弃我,而从王罕! 三河之地,我祖实兴,
慎毋令他人居之。"

又使告脱忽鲁儿曰:"汝祖乃我祖俘为奴仆,故我称汝为弟。汝
父之祖塔塔为扯勒黑领昆都迈乃所虏。塔塔生雪也哥,雪也哥生阔
阔出黑儿思安,阔阔出黑儿思安生也该晃脱合儿,也该晃脱合儿生
汝。汝思得我之基业,阿勒坛、火察儿必不汝与也。在昔王罕所饮

之青马乳,我以起早,亦得饮之。汝辈殆由是妒我。我今去矣,汝辈恣饮之,量汝能饮几何也!"

又谓阿勒坛、火察儿曰:"汝二人今从我父王罕毋有始无终,使人议汝向日所为皆札兀特忽里之力也。今如有人以我故而痛我,将来亦必有人以汝故而痛汝。纵今岁不及汝等,明冬将及汝等矣。"

又告王罕曰:"请遣阿勒屯阿速黑、忽勒巴尔二人为使,或一人来。昔者战时木华黎忙纳儿失银鞍辔黑马,请以归我。桑昆按答当遣必勒格别乞、脱端二人来,或一人,札木合按答、哈赤温、阿赤黑失仑、阿剌不花带、阿勒坛、火察儿亦各遣二人,否则遣一人。使人之来,可在捕鱼儿淖尔遇我。如我他适,则可在哈泼哈儿哈达儿罕之路寻我。"

使者既致各词,王罕曰:"彼言诚有理,惟我子桑昆有以答之。"桑昆曰:彼称我父为好杀人之额不干,詈我为脱黑脱阿师巫,撒儿塔黑臣之羊衔尾而行。今日不能遣使,惟有一战。我胜则并彼,彼胜则并我耳。"即令必勒克别乞、脱端建旗鸣鼓,秣马以待。

太祖既遣使,遂率部众掠宏吉拉特而至巴泐渚纳。王罕亦徙帐于喀尔特库而格阿而特之地。有答力台斡赤斤、阿勒坛者温、火察儿别乞、札木合、忽勒巴里、苏克该、脱忽鲁儿、图海忽剌海、忽都呼特谋杀王罕。事觉,王罕先捕之。于是答力台、斡赤斤、忽勒巴里与撒哈夷特部、呼真部俱降于太祖。阿勒坛者温、火察儿别乞、忽都呼特、札木合奔乃蛮。

是年秋,太祖自巴泐渚纳誓师,将自斡难河以攻王罕。哈里兀答儿、察兀儿罕本在哈萨儿左右,太祖使往绐王罕,伪言哈萨儿欲降。王罕信之,遣亦秃儿干盛血于牛角,往与之盟。三人行至中途,太祖兵亦至。哈里兀答儿绐亦秃儿干下马,执献太祖。太祖付哈萨儿杀之。即日夜兼进,至彻彻儿温都尔,出不意攻之,尽俘其众。王罕方卓金帐,酌马湩高会,与桑昆率数骑突围走,仅以身免。行至中途,王罕曰:"不应与离之人,我自离之。今遭此厄,皆我一人之罪也。"至乃蛮界之捏坤乌孙,为守界将火力速八赤、腾喀沙儿所杀,送其首于太阳罕。

桑昆亡去，经亦即纳城，入波鲁土伯特，日剽掠以自给。部人逐之，逃于兀丹、乞思合儿近地曰苦先古察儿喀思每，为哈剌赤部酋克力赤哈剌获而杀之。桑昆本以父功，金人授为本部详稳官。语讹为桑昆。

王罕二子：长桑昆，次艾忽。艾忽子萨里哲。艾忽二女，嫁于皇孙旭烈兀。萨里哲女，嫁于诸王阿鲁浑。

王罕弟札合敢不，幼时尝为唐古特所虏，唐古特语谓雄强曰赞，丈夫曰普，故称君为赞普，语讹为札合敢不。札合敢不受唐古特封，而有是称，人遂呼以为名。太祖平乃蛮，札合敢不献二女以降。太祖纳其长女，以次女赐少子拖雷，即庄圣皇后也。札合敢不既降，以外戚之恩得自领部曲。已而叛去，术赤台以计诱执之。

乃蛮部，辽时始著，耶律太石西奔，自乃蛮抵畏吾儿，即此部也。基部初居于古谦河之傍，后益强，盛拓地至乌陇古河。乃蛮译义为八，所据之地：一阿而泰山，一喀喇和林山，一哀略以赛拉斯山，一阿而帖石湖，一阿而帖石河，一阿而帖石河与乞里吉思中间之地，一起夕耳塔实山，一乌陇古河。故称其部曰乃蛮。其北境为乞里吉思，东为克烈，南为回纥，西为康里。

其酋曰亦难察贝而喀布库罕，以兵力雄长漠北。客烈亦王罕之弟额而格合剌来奔，亦难察为出兵伐王罕，大破之。王罕奔西辽。亦难察卒，二子，一曰泰赤布喀，一曰古出古敦不月鲁克。初亦难察无子，祷于神而生泰赤布喀。亦难察嫌其阇弱，谓不能保其部众，及卒，泰赤布喀与不月鲁克以争父妾相仇，不月鲁克北徙于起夕耳塔实山。泰赤布喀居其父旧地，后受封于金为大王。蒙古语讹大王为太阳，故称为太阳罕。

太祖与王罕知其兄弟有衅，乘机攻不月鲁克至忽木升古儿、乌泷古河，不月鲁克之将也迪土卜鲁黑率百骑侦敌，马靷断，为太祖兵所执。进至乞湿泐巴失之野，不月鲁克拒战，大败，奔于谦谦州。

其骁将撒卜剌黑称曰可克薛兀,译言老病人也,以兵援之,遇于拜
答剌黑巴勒赤列之地,战一日,无胜负。王罕夜引去,太祖亦退。可
克薛兀追王罕至伊库鲁阿而台之地,王罕弟札合敢卜殿后,为所
袭,辎重、妻子皆失。别遣一军至帖列格秃阿马撒剌,掠王罕部众。
桑昆以中军追之,又为所败,流矢中桑昆马胯。桑昆坠马,几被执。
太祖使博尔术等救之,可克薛兀始败去。

　　金泰和二年,不月鲁克与蔑儿乞、斡亦剌、泰亦兀赤、朵儿边、
塔塔儿、合塔斤、撒勒只兀特诸部立札木合为罕,合兵攻太祖。太祖
与王罕自兀而库夷河至喀剌温赤敦山,不月鲁克等从之,其部将能
以术致风雨,欲顺风击我。忽风反,大雨雪,人马多冻死,遂大败而
返。

　　又二年,太祖袭破王罕,王罕走至乃蛮界之捏坤乌孙,为守将
火力速八赤腾喀沙儿所杀,白其事于太阳罕。太阳罕后母古儿别
速,又为太阳罕可敦,闻之曰:“脱斡邻勒是东邻老王罕,取彼头来
视之,若信,当祭以礼。”头至,置白毡上。乃蛮人有识之者,果王罕
也。乃陈乐以祭之,其头忽有笑容。太阳罕以为不祥,蹴而碎之。可
克薛兀退谓诸将曰:“割死王罕之头而蹴之,非义也。况近日狗吠声
甚恶,事其殆乎。昔王罕尝指古儿别速言:此妇人年少,吾老且死,
泰赤布喀柔软,他日恐不能保我部众。今古儿别速用法严,而我太
阳罕顾性懦,舍飞猎外无他长。吾亡无日矣。”

　　太阳罕忌太祖势日强,欲用兵于蒙古。可克薛兀谏,不听。乃
使其部将卓忽难告汪古部长曰:“我闻有北边林木中之主,欲办大
事。我知天上惟一日、一月,地下亦不得有两主。请汝助我为右手,
我将夺其弓矢。”汪古部长遣使告于太祖,太祖议先攻之。

　　泰和五年春,会诸将于迭灭该河,众以方春,马瘦,俟马肥而后
进。别勒古台请先发以制之。太祖从其言。进兵至乃蛮境外之哈
剌河,乃蛮兵不至,不得战。

　　秋,再议进兵,以忽必来、哲别为前锋。时太阳罕亦遣兵为前
锋,而自与蔑儿乞酋脱黑脱阿、客烈亦酋阿邻太石、卫拉特酋忽都

哈别乞、札只剌酋札木合及朵儿奔、塔塔儿、哈答斤、撒儿助等部连
合驻于阿勒台河、杭海山之间。

太祖营有白马，鞍翻而逸，突入乃蛮军中。乃蛮皆谓蒙古马瘦。
太祖进至撒阿里客额儿之地，部将朵歹言于太祖曰："吾兵少。至
夜，请使人各燃火五处为疑兵，以张声势。"太祖从之。乃蛮哨望者
果疑蒙古兵大至，走告太阳罕。

太阳罕与诸将计曰："蒙古马虽瘦，然战士众，亦不易敌。今我
退兵，彼必尾追，则马力愈乏，我还而击之可以得志。"太阳罕子古
出鲁克闻之，恚甚，曰："吾父何畏葸如妇人，达达种人吾知其数，大
半从札木合在此，彼从何处增兵？吾父生长宫中，虽孕妇更衣、童牛
啮草之地，身所不至。故惧为此言耳。"其将火力速八赤亦曰："汝父
亦难察从不以人背马尾响敌，汝恇怯如此，曷不使汝妇古儿别速来
乎！惜可克薛兀老，吾兵纪律不严，得毋蒙古人应运将兴耶？"言毕
叹息而出。太阳罕大怒曰："人各有一死，七尺之躯辛苦相等，汝辈
言既如此，吾前迎敌可也。"遂决战，渡斡儿洹河至纳忽岭东崖察乞
儿马兀惕之地。

太阳罕与札木合登高瞭敌，见太祖军容严整，有惧色，退至山
上陈兵自卫。札木合谓其左右曰："乃蛮平日临敌，自谓如宰小牛
羊，自头至足不留皮革。汝等今视其能否？"遂率所部先遁。是日战
至晡，乃蛮兵大溃。太阳罕受重伤，卧于地。火力速八赤曰："今我
等尚在山半，不如下为再战之计。"太阳罕不应。火力速八赤曰："汝
妇古儿别速已盛饰待汝得胜而回，汝盍速起。"亦不应。火力速八赤
乃谓其部将十人曰："彼如有丝毫气力，必不如此。我等与其视彼
死，不如使彼视我等之死。"遂与诸将下山力战。太祖欲生致之，而
不从，皆死。太祖叹息曰："使吾麾下将士能如此，吾复何忧。"太阳
罕既死，余众夜走纳忽岭，坠死崖谷者无算。太祖获古儿别速，诮之
曰："汝谓蒙古人歹气息，今日何故至此。"遂纳之。朵儿奔、塔塔儿、
哈答斤、撒儿助四部悉降。古出鲁克奔于不月鲁克。

太祖元年，亲征不月鲁克。不月鲁克方猎于兀鲁黑塔山，太祖

兵奄至,杀之。古出鲁克与脱黑脱阿奔也儿的石河。

三年,太祖以卫拉特降酋忽都哈别乞为向导,至也儿的石河,阵斩脱黑脱阿,古出鲁克复奔西辽。

是时,西辽古儿罕为直鲁古,古出鲁克至西辽,将谒古儿罕,虑有变,令从者伪为己入谒,自立于门外俟之。适古儿罕之女格儿八速自外至,见其状貌,伟之。后询得其实,乃以女晃忽妻古出鲁克。晃忽年十五,性慧黠,以古儿罕喜谀,使古出鲁克迎合其意,古儿罕遂以国事任之。古出鲁克闻其父溃卒多藏匿于旧地,欲纠合部众,以夺古儿罕之国。乃言于古儿罕曰:"蒙古方有事于乞鞬,不暇西顾。若我往叶密里、哈押立克、别失八里,招集溃卒,众必响应,可藉其力以卫本国。"古儿罕从之。古出鲁克既东,乃蛮旧众果闻命附从。又遇货勒自弥使者,约东西夹攻古儿罕。西军胜,则拓地至阿力麻里、和阗、喀什噶尔,东军胜,则拓地至费那克特河。议定,古出鲁克即至鄂思恩,夺西辽之库藏,进攻八剌沙衮。古儿罕自出御之,古出鲁克败退。而货勒自弥之兵已至塔剌思,擒古儿罕之将塔尼古。八剌沙衮城守鄂思恩溃卒以象毁门而入,大掠三日。古出鲁克乘机再进,古儿罕战败,生获之。奉古儿罕为太上皇,篡其国而自立。越二年,古儿罕以忧卒。

古出鲁克既篡立,又纳西辽前宰相之女为妃,貌甚美,与正妃晃忽同信佛教。契丹本举国事佛,及耶律大石西迁,其地盛行回回教。大石听其信仰,不之禁,故上下相安。古出鲁克用其妃之言,定佛法为国教。谕其民奉佛,不得奉谟罕默德。自至和阗,招集天方教士辨论教理。有教士曰阿拉哀丁,与古出鲁克往复驳难,古出鲁克惭怒,晋而缚之,钉其手足于门。又赋敛苛重,每一乡长家置一卒监之。于是民心瓦解,惟望蒙古兵速至。

太祖亦闻之,使哲别伐古出鲁克。哲别入西辽境,谕民各奉旧教勿更易,各乡长皆杀监卒应之。古出鲁克在喀什噶尔,兵未至先遁。哲别追及于撒里黑库尔,古出鲁克匿于苇拉特尼之山谷。哲别遇牧羊人询知古出鲁克踪迹,获而杀之。古出鲁克自太祖三年奔西辽，六年纂直鲁古，十四年为哲别所杀，距太阳罕之死已十有一年。

古出鲁克有子敞温走死。敞温子抄思幼，从母康里氏间行归太祖，给事中宫。年二十五，出从征伐，破代、石二州，不避矢石。太宗四年，从皇帝拖雷败金师于钧州之三峰山。论功，赐汤阴黄招抚等百十有七户，不受；复赐俘口五十、宅一区，黄金鋬带、酒壶、杯、盂各一，再辞，不许，乃受之。擢副万户，与忽都虎留抚河南，寻移随州。九年，签西京、大名、滨、棣、怀孟、真定、河间、邢、洺、磁、威、新、卫、保等路军，得四千有六十余人，以抄思统之。移镇颍州。卒。

子别的因，襁褓时鞠于祖母康里氏，留和林。稍长，给事乞儿吉思皇后。父卒，母张氏迎别的因南来。张贤明，尝从容训之曰：“人之所以成立者，知恐惧、知羞耻、知艰难，否则禽兽而已。”

宪宗四年，以别的因袭父职副万户，镇随、颍二州。别的因身长七尺，多力，尤精骑射，士卒畏服之。

中统四年，入觐，赐金符为寿、颍二州屯田达鲁花赤。时州境有虎食人，别的因缚羊置槛中，诱虎杀之。至元十三年，授信阳府达鲁花赤。信阳亦多虎，别的因加马踢鞍上出猎，命左右燔山，虎出走，别的因掷以踢，虎搏踢，据地而吼，还马射之，立毙。十六年，进常德路副达鲁花赤。会同知李明秀作乱，别的因单骑往谕之降。事闻朝廷，诛明秀。三十一年，进池州路达鲁花赤。大德十一年，迁台州路。卒，年八十一。

子三人：不花，金岭南广西道肃政廉访司事；文圭，有隐德，赠秘书著作郎；延寿，汤阴县达鲁花赤。孙可恭，曾孙与权，皆进士。

史臣曰：“王罕猜忌失众，赖烈祖父子亡而复存，乃听谗子之言，辜恩负德。太阳罕懦而无谋，横挑强敌。考其祸败之由，皆不量智力，轻于一举，身陨国灭，同趋覆辙，愚莫甚焉。古出鲁克乘机篡夺，民心未附，乃强其所不从，而淫刑以逼之，渊鱼丛爵，徒为吊伐之资而已。

新元史卷一一九
列传第一六

木华黎上 字鲁　塔思　霸都鲁
安童　兀都带　拜住

木华黎,札益忒札剌儿氏。祖帖列格秃伯颜,父孔温窟洼。太祖征主儿乞,师还,帖列格秃伯颜使孔温窟洼率木华黎与其弟不合,谒太祖于行在。自是,遂留事左右。孔温窟洼从太祖征蔑儿乞、乃蛮等部,数有功。太祖与乃蛮战,失利,率七骑走,饥不得食,孔温窟洼获一橐驼杀之,炙其肉以献。追骑至,太祖马已惫,孔温窟洼以己马授太祖,身当追骑,死之。后追赠推忠效节保大佐运功臣、太师、开府仪同三司、上柱国、鲁国王,谥忠宣。

孔温窟洼五子,木华黎其第三子也。生时有白气出帐中,神巫异之曰:“此非常儿也。”及长,身七尺,虬须黑面,沈毅多智略,猿臂善射。

太祖征塔塔儿,失道不知牙帐所在,夜卧泽中。大雨雪,木华黎与博尔术张毡裘,蔽太祖,通夕侍立,足迹不移。一日,太祖从十余骑行山谷,顾谓木华黎曰:“倘遇贼,奈何?”对曰:“愿独当之。”已而,贼果自林中突出,矢如雨集,木华黎引满向贼,三发殪三人。贼问:“尔何人?”曰:“我木华黎也。”徐解马鞯,捍太祖出谷中,贼亦引去。

王罕为乃蛮所败,乞援于太祖曰:“闻汝有四良将,能使助我否?”时木华黎与博尔术、博尔忽、赤老温俱以忠勇,号掇里班曲律,译言四骏马也。太祖乃遣木华黎等援之，与乃蛮战于按台山，大败之，返其所掠于王罕。

既而，王罕与太祖有隙，从太祖御王罕于合剌合勒，又从太祖袭王罕，兼程至彻彻儿温都尔，夜斫其营，大破之。王罕走死，诸部皆闻风款服。

太祖即位，以木华黎为左万户，东至合剌温山悉隶之，子孙世袭勿替。是时封功臣九十余人为千户，惟木华黎与博尔术为左、右万户，位诸将之上。太祖尝从容语之曰："吾有汝二人，犹车之两辕，身之两臂也。"

六年，从太祖伐金，渡漠而南。金主使其将独吉思忠将兵筑乌沙堡，欲以逼我。木华黎袭败之，思忠遁走。金将郭宝玉来降。从太祖克西京及昌、桓、抚等州。金兵号四十万，阵野狐岭北，木华黎进曰："彼众我寡，弗致死，未易破之。"遂率敢死士，大呼陷阵，太祖麾诸军继进，大败之。追至浍河堡，又败之，僵尸百里。是役也，金人之精锐歼焉，其后遂不能复振。

七年，从太祖攻德兴府。八年，从入紫荆关，败金兵于五回岭，拔涿、易等州。是时三路伐金，太祖与睿宗为中路，分遣木华黎拔益都、滨、棣等州县，又攻拔密州，屠之。还次霸州，史天倪、萧勃迭儿来降，承制授天倪万户，勃迭儿千户。

九年，从围中都，金主珣请和。太祖北还，命木华黎统诸军取辽西高州，守将卢琮、金朴以城降。初，高州富庶，寨将攸兴哥屡抗我军，木华黎下令，能斩攸兴哥首以献，则城人皆免死。兴哥挺身自归，诸将欲杀之，木桦黎曰："壮士也，留麾下为吾用。"后以功，太祖赐名攸哈喇拔都。

十年，进围北京。金守将奥屯襄率众二十万来拒，逆战破之，斩首八万余级。城中食尽，其裨将完颜习烈、高德玉等杀奥屯襄，推寅达虎为帅，以城降。木华黎怒其降迟，欲坑之。部将石抹也先进曰："北京为辽西重镇，今坑其众，后岂有降者乎？"从之。承制以寅达虎为北京守，以吾也而权兵马都元帅，抚定其地。又遣高德玉、刘蒲速窝儿招谕兴中府。同知兀里卜不从,杀薄速窝儿,德玉走免。已而城中杀兀里卜,推石天应为帅,以城降。承制授天应为兴中府尹,兼兵马都提控。

锦州张鲸聚众十余万,杀节度使,自称临海郡王,亦来降。承制以鲸总北京十提控兵,使从脱栾扯儿必南征。攻略未附州县。鲸怀反侧,木华黎觉之,以石抹也先监其军。鲸称疾,逗留不进,也先执送行在,诛之。鲸弟致据锦州叛,陷平、滦、瑞、利、义、懿、广宁等府州。木华黎率蒙古不花等讨之。进至红罗山,其将杜秀迎降,承制以秀为锦州节度使。又遣史进道攻广宁府,拔之。

十一年,致陷兴中府。木华黎使吾也而等先攻溜石山,谕之曰:"今急攻,贼必赴援,我截其归路,致可擒也。"又遣蒙古不花屯永德县以邀之。致果遣鲸子东平将骑八千、步兵三万,援溜石山。木华黎引兵抵神水县东,与蒙古不花前后夹击。选善射者数千人,令曰:"贼步兵无甲,疾射之!"又麾骑兵突阵,贼大败,阵斩东平及士卒万三千余级。拔开义县,进围锦州。致遣张太平、高益出战,又败之,斩首三千余级。围数月,高益缚致出降,伏诛。广宁刘炎、懿州田和尚亦来降,木华黎曰:"此叛贼,不杀之无以惩后。"遂尽戮其众。进拔复州及化城县,斩完颜众家奴。咸平守将蒲鲜万奴等遁入海岛。辽东、西皆平。

十二年春,觐太祖于土拉河。秋八月,诏封太师、国王、都行省承制行事。木华黎在金人境,金人咸呼为国王。太祖闻之曰:"此喜兆也。"至是遂封国王,赐誓券、黄金印曰:"子孙传国,世世不绝。"以汪古特万人、兀鲁特四千人为木华黎麾下亲军。亦乞剌思人二千,孛徒古儿干统之;忙兀特人一千,木勒格哈儿札统之;翁吉剌特人三千,阿勒赤诺延统之;札剌亦儿人二千,木华黎弟带孙统之;又契丹、女真兵,吾也而与蒙古不花统之。皆受木华黎节制。谕曰:"太行之北,朕自经略;太行以南,卿其勉之。"赐大驾所建九斿大旗,仍谕诸将曰:"木华黎建此旗以号令诸将,犹朕之号令也。"乃建行省于中都,以略中原。

进拔遂城县及蠡州。蠡州力屈始降,大将石抹也先攻城,中炮死,木华黎欲屠之。蔚州人赵瑨从军,为署百户,泣请曰:"母与兄在城中,乞以身赎一城之命。"木华黎义而免之。冬,攻拔大名府,复定益都、淄、登、莱、潍、密等州县。

十三年,自西京逾大和岭入河东,攻太原、忻、代、泽、潞、汾、霍等府州,悉降之。遂拔平阳府,以拓拔按札儿统蒙古军守之,又以义州监军李延桢之弟守忠权河东南路元帅府事。十四年,命萧勃迭儿等攻岢岚州火山军,谷里夹打攻石、隰、绛三州,皆拔之。

十五年,木华黎以河东已下,复北徇燕、赵,至满城县。使蒙古不花将轻骑三千出倒马关,遇金将武仙遣葛铁枪攻台州,不花败之,武仙以真定降,承制以仙权知河北西路兵马事。史天倪进言曰:"今中原粗定,而兵犹抄掠,非王者吊民伐罪之事也。"木华黎曰:"善。"下令禁剽掠,所获老稚皆纵还乡里,军中肃然,民大悦。进至滏阳,金邢州守将武贵迎降。遣蒙古不花分兵略定怀、孟等州。木华黎自以轻骑至济南府,严实籍所隶相、魏、磁、洺等州户三十万诣军门降。

时金兵屯黄陵冈,号二十万,遣步卒二万来袭。木华黎以五百人击走之,遂进薄黄陵冈。金兵阵河南,示以必死。木华黎令骑卒下马,以短兵接战,大败之,溺死者众。复北攻卫州,严实率所部先登拔之。又拔单州,围东平府。承制以实权山东西路行省事,戒之曰:"东平粮尽,其将必弃城走,汝即入城安辑之,慎勿暴苦郡县。"留梭鲁忽秃以蒙古兵三千守之。十六年四月,东平粮尽,其行省蒙古纲、监军王廷玉率众趋邳州,梭鲁忽秃邀击之,斩首七千级。

先是,带孙攻洺州不下。至是,遣石天应拔之。宋将石珪来降,承制以珪为济、兖、单三州都总管,赉以绣衣、玉带。张林来降,承制以林为行山东东路益都、沧、景、滨、棣等州都元帅。金将郑遵亦以枣乡、蒱县降,升为完州,承制以遵为节度使,行元帅府事。

木华黎遂振旅北还,监国公主遣使来迎,以郊劳之礼待木华黎。初,木华黎受专征之命,攻拔七十余城来告捷,且问旋师之期。

太祖谕以尽取金人之地而后返。使者回报，木华黎问："上意何如？"使者曰："惟伸拇指，以奖大王而已。"木华黎又问："果为吾否？"使者曰："然。"木华黎太息曰："上眷吾如此，吾效死宜矣。"是年，木华黎由东胜州渡河引兵而西，夏主闻之惧，遣其臣答海监府等宴木华黎于河南，且遣塔海甘卜将兵五万属焉。木华黎乃引兵东入葭州，金将王公佐迎降，以石天应权行台兵马都元帅守葭州，而自将攻绥德。夏主复遣其臣述仆率兵会之。述仆问木华黎相见之礼，木华黎曰："汝见夏主之礼即是也。"术仆曰："未受主命，不敢拜。"乃引去。及木华黎进逼延安，术仆始赟马而拜。木华黎攻拔马蹄寨，距延安三十里。金延安守将合达率兵三万，阵于城东。蒙古不花轻骑觇之，驰报曰："彼见我兵少，轻我，当佯败以诱之，可以取胜。"从之。夜半，将士亟进，伏于城东十五里两谷中。次日，蒙古不花望见金人，即弃旗鼓佯走。金人果追之，伏发，万矢雨下，金人大败，斩首七千余级，获马八百匹。合达走入延安，坚壁不出。木华黎知城不易拔，乃南徇洛川，拔鄜州，获金将完颜六斤、纥石烈鹤寿、蒲察娄室等。进至坊州，闻金复取隰州，木华黎遂自丹州渡河，攻隰州，拔之。获其守将轩成，以田雄权元帅府事。又攻拔代州。斩其守将奥敦丑和尚。

十七年，命蒙古不花引兵出秦陇，以张声势。自率大兵道云中，攻拔孟州四蹄寨、晋阳县义和寨，进拔三清岩及霍州山堡。金将胡天作拒守青龙堡，金主复命其将张开、郭文振等援之，次弹平寨东三十里不敢进。其裨将定住、提控王和执胡天作以降，迁天作于平阳。其后定住潜天作于郡王带孙杀之。

八月，有星昼见，术士乔静真曰："观天象，未可进兵。"木华黎曰："上命我平定中原，今关中、河南均未下，若因天象而不进兵，天下何时定耶？"

冬十月，连拔荥州胡平堡、吉州牛心寨，遂进攻河中府。金将侯小叔婴城固守，会小叔出迎枢密院官，大军乘之而入，小叔奔中条山。木华黎召石天应曰："河中吾要害地，非君不能守。"乃以天应权河东南北路关西陕右行台,平阳守将李守忠、太原守将攸哈喇拔都、隰州守将田雄,并受天应节制。天应造浮桥以济师,木华黎乃渡河,拔同州、蒲城县,径趋长安。金将合达拥兵二十万坚守不下,命兀胡、太不花与合达相持。又遣按赤将兵塞潼关,而自率大军西围凤翔府,月余又不下。木华黎谓诸将曰:"吾奉命征讨,不数年取辽东、西及山东、河北,不劳余力。前攻延安,今攻凤翔,皆不克,岂吾命当尽耶?"乃解围循渭水而南,遣蒙古不花出牛岭关,徇凤州。

时侯小叔伺我军既西,率轻骑袭河中府,石天应战死。小叔入城,即烧毁浮桥,以断援兵。会先锋元帅按察儿自平阳赴援,急攻之,复克河中。木华黎乃以天应子斡可为河中守将,仍督造浮桥。

十八年,师还,浮桥未就。木华黎顾谓诸将曰:"桥工未毕,岂可坐待。"复攻拔河西十余堡。三月,渡河至闻喜县,疾笃,召其弟带孙,谓曰:"我为国家佐成大业,东征西讨垂四十年,所恨者南京未下耳!汝其勉之。"卒,年五十四。后太祖亲攻凤翔,谓诸将曰:"使木华黎在,朕不至此矣。"至治元年,赠体仁开国辅世佐命功臣太师、开府仪同三司、上柱国、鲁国王,谥忠武。子孛鲁。

史臣曰:木华黎经略中原,收金之降将而用之,知人善任,有太祖之风,其为功臣第一宜哉!子孙绳绳,世挺贤哲,自古功臣之胄,永保富贵者有之矣,未有将相名臣如札剌儿氏之盛者也。

孛鲁,通诸国语,善骑射。年二十七,觐太祖于行在。会遭父丧,东归嗣国王。时西夏主李德旺与金连和,密诏孛鲁讨之。太祖十九年九月,克银州,斩首数万级,获生口马驼牛羊数十万,俘监府塔海。

明年春,太祖班师至自西域,孛鲁入朝和林。同知真定府事武仙杀都元帅史天倪,孛鲁承制命天倪弟天泽代领帅府事。

二十一年,宋将李全陷益都,执元帅张林送楚州。九月,郡王带孙帅兵围全于益都。十二月,孛鲁以大军继之,先遣李喜孙招谕,全欲降,部将田世荣等不从,杀喜孙。二十二年三月,全突围走,邀击败之，全仍入保城。四月，城中食尽，全乃降。诸将皆曰："全势穷而降，非心服，不诛且为后患。"孛鲁曰："诛一人易耳，山东诸城未下者多，全素得人心，杀之不足立威，徒失民望。"乃表全为山东淮南楚州行省，以全部将郑衍德、田世荣副之，郡县果闻风款附。

时滕州尚为金守，诸将以盛暑，欲缓进攻。孛鲁曰："主上亲征西域数年，未闻当暑不战，我等敢自逸乎！"促进兵。金兵屡战皆北，开门出降，以州属石天禄。分命先锋元帅萧乃台屯济、兖，阔阔不花屯潍、沂、莒，以备宋；按札儿屯河北，以备金。

九月，师还，至燕京，猎于昌平，民持牛酒以献，却之。及去，厚赐馆人。闻太祖崩，奔丧漠北。明年三月，卒于雁山，年三十有二。至治二年，赠纯诚开济保德辅运功臣，谥忠定，其余官爵如其父。六子：长塔思，次速浑察，次伯亦难，次野蔑干，次野不干，次阿里乞失。

塔思，一名查剌温。木华黎自幼器之。年十八，袭父孛鲁爵，镇西京。

武仙围潞州，太宗命塔思救之。仙闻之，退军十余里。时大兵未至，塔思帅十余骑觇敌形势，仙疑有伏，不敢犯。塔思曰："日暮矣，待明旦击之。"是夜，金将布哈来袭，我师不利，退守沁南。敌攻陷潞州，守将任志死之。太宗遣万户额勒知吉歹与塔思复取潞州，仙宵遁，邀击之，斩首七千余级。

太宗二年，伐金，将西攻凤翔，命塔思扼守潼关。

三年十二月，帝攻河中府，克之。金签枢草火讹可遁，为塔思所追斩。

四年春，皇弟拖雷与金兵相拒于邓州，太宗命塔思从亲王阿勒赤歹、口温不花渡河以为声援。至三峰山，与拖雷兵合，大败金兵，事具《拖雷传》。四月，车驾北还，留塔思与忽都虎略地河南。金陈州防御使兀林答阿鲁兀剌守邳州，大军攻之不下。塔思临城，以国语谕之曰："河南、河北皆我家所有，汝邳州不过一掌大地，城破之日，男女龆龀不留，徒死何益？"阿鲁兀剌遂以城降。时太宗以攻汴事委速不台，塔思请曰："臣之祖父，累著勋伐。自臣袭爵，曾无寸效，往岁潞州失利，罪当万死，愿分攻汴城一隅，以报陛下。"帝命卜之，不利，乃止。

五年九月，从皇子贵由征辽东，禽蒲鲜万奴。

明年秋七月，塔思入朝和林。时诸王百官大会于八里里答兰答八思之地，太宗曰："先帝创业，垂四十年。今河西、女直、高丽、回鹘诸国皆已臣附，惟宋人尚倔强不服。朕欲躬行天讨，卿等以为何如？"塔思对曰："臣不逮先臣武，然杖国威灵以行天讨，汛埽江淮，归我版籍，臣敢以死自力，不劳乘舆践卑湿之地。"帝说，赐黄金甲、玻璃带及良弓二十，命与皇子阔出总军南伐。

七年冬，拔枣阳。阔出别徇襄、邓。塔思攻郢。郢濒汉江，城坚固且多战舰。塔思结筏，命刘拔都儿将死士五百，乘以进攻。自引骑兵沿岸迎射之，宋兵溺死过半，余入城固守不下。俘生口马牛数万而还。

八年十月，复徇蕲、黄诸州。蕲守将来犒军，遂去之。进拔符离、六安焦家寨。是岁，受拨东平岁赐五户丝三万九千有十九户。

九年，至汴京。守臣刘甫置酒大庆殿，塔思曰："此故金主所居，我入臣也，岂可处此。"遂移燕甫家。是年十月，复与口温不花攻光州，守将黄舜卿降。口温不花略黄州。塔思攻大苏山，多所斩获。

十年正月，至安庆，次北峡关，宋汪统制帅兵三千降，迁之尉氏。三月，入朝和林。九月，太宗宴群臣于万安宫，塔思大醉。帝语群臣曰："塔思神已逝矣，其能久乎。"十二月，还西京。明年三月，卒，年二十有八。

二子：硕笃儿、霸都鲁，皆幼；弟速浑察袭国王。硕笃儿既长，诏别赐民三千户为食邑，得建国王旗帜，降五品印一、七品印二，置官属如王府故事。硕笃儿子忽都华，孙忽都帖木儿，曾孙宝哥，玄孙道童，以次袭。

霸都鲁，从世祖伐宋，渡江围鄂，命以舟师趣岳州，遇宋将吕文德自重庆赴援，败之。

会宪宗崩，世祖以霸都鲁总军留戍，轻骑先还。既即位，定都燕京，曰："朕居此以临天下，用霸都鲁之言也。"先是，世祖在潜邸，尝从容与霸都鲁论天下形势，曰："今中原稍定，主上仍都和林，居回鹘故地，以休兵息民何如？"对曰："帝王必宅中以抚四方，朝觐会同道里惟均。中都负山襟海，南俯江淮，北连朔漠，右挟韩赵，左控齐鲁。大王必欲佐天子大一统，非都燕不可。"及是定都，故有此谕焉。

中统二年，卒于军。大德八年，赠推诚宣力翊卫功臣，追封东平王，谥武靖，余官如祖父。妻帖木伦，宏吉剌氏，世祖察必皇后同母女兄也。

四子：长安童，次定童，次霸虎带；次和童，袭国王。

安童。中统初，世祖召入长宿卫，年方十三，位在百僚上。母宏吉剌氏，通籍禁中。世祖一日见之，问及安童，对曰："安童虽幼，公辅器也。"世祖曰："何以知之？"对曰："每退朝必与老成人语，未尝接一年少，是以知之。"世祖悦。

四年，阿里不哥降，执其党千余人，将置之法。安童侍侧，谏曰："人各为其主，陛下甫定大难，遽以私憾杀人，何以安反侧？"帝惊曰："卿少年，何从得老成语？此意正与朕合。"由是深重之。

至元二年秋八月，拜光禄大夫、中书右丞相，增食邑至四千户。辞曰："今三方虽定，江南未附，臣以年少，谬膺重任，恐四方有轻朝廷心。"帝动容有间曰："朕思之熟矣，无以逾卿。"冬十月，召许衡至，令入省议事，衡以疾辞，安童亲候之，与语良久，既还，累日念之不释。三年，帝谕衡曰："安童尚幼，未更事，善辅导之。汝有嘉谟，当先告安童，使达于朕。"衡对曰："安童聪敏，且有执守，告以古人所言，悉能领解，臣不敢不尽心。但虑中有人间之，则难行；外用势力纳入其中，则难行。臣入省之日浅，所见如此。"帝召安童以衡言告之，且加慰勉焉。四年三月，安童奏："宜令儒臣姚枢等入省议事。"帝从之。

五年，廷臣密议立尚书省，以阿合马领之，乃先奏安童宜位三公。事下诸儒议，商挺言曰："安童，国之柱石，若为三公，是崇以虚名而实夺之权也，不可。"众曰然，事遂罢。七年四月，奏曰："臣近言：'尚书省、枢密院各令奏事，并如常制；其大政，从臣等议定，然后上闻。'既得旨矣，今尚书省一切径奏，违前旨。"帝曰："岂阿合马以朕颇信之，故尔专权耶。不与卿议，非是。"敕如前旨。

八年，陕西省臣也速迭儿建言，比因饥馑，盗贼滋横，若不显戮一二，无以示惩。敕中书详议，安童奏曰："强、窃均死，恐非所宜。罪至死者，宜仍旧待报。"

十年春三月，奏以玉册、玉宝上皇后宏吉剌氏，以玉册、金宝立燕王为皇太子，兼中书令，判枢密院事。冬十月，帝谕安童及伯颜等曰："近史天泽、姚枢纂定《新格》，朕已亲览，皆可行，汝等岂无一二可增减者，亦当一一留心参考。"时天下待报死囚五十人，安童奏其中十三人因斗殴杀人，余无可疑。于是诏以所奏十三人免死从军。十一年，奏阿合马蠹国害民数事；又奏各部与大都路官多非其人，乞加黜汰。并从之。

十二年七月，诏以行中书省枢密院事，从北平王那木罕出镇北边，以阿合马之谮也。初，北平王奉命驻北边，御叛王海都，河平王昔里吉，诸王药木忽儿、撒里蛮、脱黑帖木儿各率所部以从。至是，复命安童辅之，遣昔班使于海都，谕使罢兵入朝。适安童袭破叛王禾忽部曲，获其辎重，海都惧而遁，谓昔班："汝归以安童之事告，非我不欲降也。"海都狡谲，盖籍此事以归过朝廷云。十三年十一月，安童饮诸王酒，不及脱黑帖木儿。脱黑帖木以为轻己，怒，与药木忽儿等劫北平王以叛，械系安童，事具《那木罕传》。

二十一年三月，始从王归，待罪阙下。帝召见，慰劳之。顿首谢曰："臣奉使无状，有累圣德。"遂留寝殿，语至四鼓乃出。冬十一月，和礼霍孙罢。复拜中书右丞相，加金紫光禄大夫。二十二年，右丞卢世荣以罪诛，诏与诸儒条其所用人及所为事，悉罢之。

二十三年夏,中书奏拟漕司诸官姓名,帝曰:"如平章、右丞等,朕当亲择,余皆卿等职也。"安童奏曰:"比闻圣意欲倚近侍为耳目,臣猥承任使,若所行非法,从其举奏,罪之轻重,陛下裁处。今近臣乃伺隙援引非类,曰某居某官、某居某职,以奏目付中书施行。臣谓铨选之法,自有定制,其尤无事例者,臣常废格不行,虑其党有短臣者,幸陛下详察。"帝曰:"卿言是也。今后若此者勿行,其妄奏者,即入言之。"

二十四年,宗王乃颜叛,世祖亲讨平之。宗室讠圭误者,命安童按问,多所平反。尝退朝,自左掖门出,诸免死者争迎谢,或执辔扶之上马,安童毅然不顾。有乘间言于帝曰:"诸王虽有罪,皆帝室近亲,丞相虽尊,人臣也,何悖慢如此!"帝良久曰:"汝等小人,岂知安童之意,特辱之使改过耳!"是年,复立尚书省,安童切谏曰:"臣力不能回天,乞不用桑哥,别相贤者,犹不至虐民误国。"不听。二十五年,见天下大权尽归尚书,屡求退,不许。二十六年,罢相,仍领宿卫事。

先是,北安王遣使祀岳渎,时桑哥领功德使,给驿传。及桑哥平章尚书省事,忌安童,诬奏北安王以皇子僭祀岳渎,安童知之不以闻,指参知政事吕哈剌为证。世祖召问之,对曰:"时桑哥主祠祭,北安王使者实与臣往来,安童未尝知其事也。"桑哥不能对。

安童天姿厚重,人莫能测。公退即引诸儒,讲经史,孜孜忘倦,二十余年未尝一日稍辍。所居堂庑卑陋,或请建东西室,安童曰:"屋可以蔽风雨足矣,置田宅以资不肖子弟,吾不为也。"闻者叹服。

三十年正月,卒,年四十九。雨木冰三日,世祖震悼曰:"人言丞相病,朕固弗信,果丧予良弼。"诏大臣监护丧事。大德七年,赠推忠同德翊运功臣、太师、开府仪同三司、上柱国、东平王、谥忠宪。碑曰《开国元勋命世大臣之碑》。后加赠推忠守正同德翊运功臣,进封鲁王。后至元二年,又赠推忠佐运开国元勋,于所封地建祠,官为致祭。

初,安童过云州,闻道士祁志诚名,屏骑从见之。志诚语以修身治世之要。及复拜右丞相,力辞,帝不允,乃往决于志诚。志诚曰:"昔与公同相者何人,今同列何人?"安童悟,见帝辞曰:"臣前为相,年尚少,幸不偾陛下事者,以执政皆臣师友。今事臣者,序进与臣同列,臣为政能加于昔乎?"帝曰:"谁为卿言此?"安童以志诚对。帝称叹久之。故安童再相,屡求去,其声誉亦逊于前云。子兀都带。

史臣曰:世祖武功文德自比唐太宗,安童为相,庶几房、魏。观其尊崇儒术,汲引老成,君臣一德,信无愧于贞观之治矣。及为奸人谗构,未竟所施,惜哉!

兀都带,器度宏达,世祖时袭长宿卫。父殁,凡赐赙之物,一无所受,以素车朴马归葬祇兰秃先茔。事母以孝闻。成宗即位,拜银青荣禄大夫、大司徒,领太常寺事。常侍掖庭,赞画大政,帝及中宫咸以家人礼待之。

大德六年正月,卒,年三十一。至大二年,赠输诚保德翊运功臣、太师、开府仪同三司、上柱国、东平王、谥忠简。加赠宣力迪庆保德翊运功臣,进封兖王,余如故。子拜住。

拜住,五岁而孤,其母怯烈氏抚之成人。至大二年,袭为怯薛官。廷祐二年,拜资善大夫、太常礼仪院使。年甫二十,吏就第白事,适拜住阅杂戏,出稍迟。怯烈氏厉色责之。后为宰相,侍英宗内宴,英宗素知其不饮,强以酒。及归,怯烈氏戒之曰:"天子试汝酒量,汝当谨敕勿湎于酒,以负上恩。"拜住之贤,皆其母教之也。太常事简,拜住退食后,辄延儒者咨访古今,竟日无惰容。尝曰:"吏事可习而能,至于学问乃宰相之资,非受教于儒者不可。"

四年,进荣禄大夫、大司徒。五年,进金紫光禄大夫。六年,加开府仪同三司,余并如故。英宗在东宫,闻其贤,遣使召之。拜住谓使者曰:"嫌疑之际,君子所慎,我为天子近臣而私与东宫来往,我固得罪,亦非东宫之福。"竟不往。

英宗即位,拜中书平章政事。会诸侯王于大明殿,诏读太祖金匦宝训,拜住音吐明畅,莫不竦听。夏五月,宣徽使失列门与中书平章政事黑驴等谋逆,英宗御穆清阁,命拜住率卫士擒斩之,其党与皆伏诛。

进拜中书左丞相。自世祖建太庙,至是四十年,未举时享之礼。拜住奏曰:“古云礼乐百年而后兴,郊庙祭享此其时矣。”英宗曰:“朕能行之。”敕有司上亲享太庙礼仪。七年冬十月,有事于太庙。至治元年春正月孟享,始备法驾,设黄麾大仗,英宗服衮冕,出崇天门,拜住摄太尉以从。礼毕,拜住率百僚称贺于大明殿,赐金帛有差。又奏建太庙前殿,议禘祫配享等礼。

时国丧未除,元夕,英宗欲宴于禁中,张灯为鳌山。参议张养浩疏谏,拜住袖其疏入告,英宗立止之,仍赐养浩帛,以旌其直。三月,从幸上都,次察罕淖尔。英宗以行宫庳隘,欲广之。拜住奏曰:“此地苦寒,入夏始种黍粟,今兴土木之工,恐夺农时,且陛下初登大宝,宜勤求民瘼,营造非所亟也。”英宗亦从之。英宗尝谓拜住曰:“朕委卿大任,卿宜念先世勋德,尽心国事。”拜住顿首曰:“臣有所畏者三:畏辱祖宗;畏天下事大,识见小;畏年少不克负荷,无以报称。惟陛下时加训饬,幸甚。”

延祐间,朔漠大风雪,驼马尽死,流民多鬻子女。拜住请立宗仁侍卫司以收养之,英宗即以拜住领宗仁蒙古侍卫亲军都指挥司事,赐三珠虎符。或言佛教可治天下,英宗以问。拜住对曰:“浮屠之法,自治可也,若治天下,舍仁义则纲纪乱矣。”英宗又问拜住曰:“今有如唐魏征之敢谏者乎?”对曰:“盘圆则水圆,盂方则水方。有唐太宗纳谏之君,则有魏征敢谏之臣。”英宗并嘉纳之。英宗性刚明,委任拜住,事无大小,咸咨访之。一日,侍坐便殿,拜住信手拈笔作古钱形,而以朱笔分为肉好。英宗览之,大悦,书皮日休诗:“我爱房与杜,魁然真宰辅。黄阁三十年,清风一万古。”于其侧,以房、杜期拜住焉。

然拜住与铁木迭儿并相,铁木迭儿贪而谲险,其党与布列左右,拜住不能声其恶而去之。至铁木迭儿已死,罪状明白,英宗果于刑戮,奸党畏诛,煽构逆谋,而拜住以宰相兼宿卫大臣犹莫之知也,卒致英宗见弑,拜住亦不免于难,君子惜之。

初,铁木迭儿恶平章政事王毅、右丞高昉,因大都诸仓粮储亏短,欲奏诛之。拜住密为营救,二人皆获免。铁木迭儿复引参知政事张思明为左丞,思明与铁木迭儿比以倾拜住。二年,英宗赐安童碑,诏拜住立于良乡。铁木迭儿久称疾,闻拜住行,将起视事,入朝至宫门。英宗遣速速劳以酒,谕使明年入朝。铁木迭儿怏怏而返。未几,拜住复从幸上都,奏召张思明至,数其罪,杖而罢之。铁木迭儿旋病死,拜住遂代为右丞相。

先是,司徒刘夔买失业民田,赂宣政使八剌吉思矫诏出库钞六百五十万贯售为寺僧廪田,其实抵空券于寺僧而已。铁木迭儿及铁失等均取赂焉。真人蔡道泰杀人,又赂铁木迭儿,俾有司平反其狱。拜住举奏二事,命御史鞫之,尽得其实。八剌吉思、刘夔、蔡道泰先后皆坐死,特宥铁失不问。

三年夏五月,又夺铁木迭儿官谥,仆其碑,铁失等始惧。英宗在上都,夜不寐,命作佛事。拜住以国用不足谏止之。铁失等复诱群僧言:国有灾沴,非作佛事及大赦天下无以禳之。拜住叱曰:"尔等不过图得金帛,又欲庇罪人耶?"奸党知必不免,益萌逆志。八月,晋王猎于图喇之地,铁失遣斡罗思告曰:"我与赤斤铁木儿、也先帖木儿、失秃儿谋已定,事成迎立大王。"又令斡罗思以其事告晋王内史倒剌沙。晋王命囚斡罗思,遣使赴上都告变。未至,车驾南还次南坡,铁失、也先帖木儿、失秃儿与前中书平章政事赤斤铁木儿、前云南行省平章政事完者、铁木迭儿之子前治书侍御史锁南、铁失之弟宣徽使锁南、典瑞院使托火赤、枢密院副使阿散、签书枢密院事章台、卫士秃满及诸王按梯不花、博罗、伊鲁帖木儿、曲吕不花、兀鲁思不花等以铁失所领阿速兵为外应,杀拜住,遂弑英宗于行幄。

晋王即位,铁失等伏诛。诏有司备仪卫,百官前导,舆拜住画相于法云寺,大作佛事,观者数万,有叹息泣下者。

拜住端亮有祖风,初拜左丞相,近侍传旨以姓名注选者六七百人,拜住奏阁之,除授依选格次第,奸吏束手。尤惩贪墨,按治不少贷。英宗尝语左右:"汝辈慎之,苟罹国法,朕虽贳汝,拜住不汝恕也。"及进右丞相,英宗遂不置左相,使拜住独任大政。拜住首荐张珪为平章政事,又荐侍讲学士赵居信、直学士吴澄,请不次用之。英宗以居信为翰林学士承旨,澄为翰林学士。自延祐末,水旱相仍,民不聊生,拜住振立纪纲,修举废坠,轻徭薄赋,以休息百姓,海内宴然称为良相云。

泰定初,中书奏拜住尽忠效节,殒于群凶,乞赐褒崇,以光后世。诏赠清忠一德功臣、太师、开府仪同三司、上柱国,追封东平王,谥忠献。至正初,改至仁孚道一德佐运功臣,进封郓王,改谥文忠。

子:答剌麻硕理,宗仁蒙古卫亲军都指挥使;因牙纳失理,一名笃麟帖木儿,宗仁卫亲军都指挥使、大宗正府札鲁忽赤、宣徽使、知枢密院事。

史臣曰:春秋宋督弑其君与夷及其大夫孔父,谷梁子曰:督欲弑而恐不立,于是先杀孔父,孔父闲也。是故铁失欲弑英宗,而恐不立,则先杀拜住,拜住闲也。比事而观之,如拜住之危身奉上,洵无愧于孔父者哉!

新元史卷一二〇
列传第一七

木华黎下　速浑察　乃燕　硕德　别里哥帖木儿
相威　撒蛮　脱脱　朵儿只　朵儿直班　乃蛮台　带孙
忽图鲁　塔塔儿台

速浑察，从太宗伐金，又从皇子阔出伐宋，攻枣阳，入郢州。太宗十一年，袭兄爵，驻于桓州西阿儿查秃之地，总燕京行省蒙古、汉军。凡他行省事，必先取决可否，而后上闻。赏罚明信，人莫敢犯。太宗尝遣使至其部，见纪纲整肃，还朝具以上闻。帝曰："真木华黎家儿也。"速浑察严重有威，诸王使者入见，皆仓遽失辞。左右或请待以宽恕，速浑察曰："尔言诚是也，然为政宽猛，各视乎时。今中原初附，民心未安，万一守土吏弛纵，反侧复生，悔之何及？"未几卒。延祐三年，赠宣忠同德翊运功臣，追封东平郡王，谥忠宣，余官如祖父。又进封鲁国王，改谥忠烈。

四子：曰忽林池，曰乃燕，曰相威，曰撒蛮。

宪宗以速浑察仲子乃燕好学有贤名，命袭爵国王。辞曰："臣有兄忽林池当袭。"宪宗曰："汝兄柔弱，恐不胜任，且汝父亦以仲子袭爵。"忽林池亦固让，乃燕顿首涕泣力辞不得命，则曰："王爵必不敢受，上不以臣为不肖，请代兄行军国之事。"于是忽林池袭国王，事无巨细，必与乃燕谋，剖决精当，事无壅滞。

世祖在潜邸，常与论事。乃燕援据典要，世祖嘉之，因赐号曰薛禅。乃燕小心谨畏，每诲群从子弟曰："先王百战，以启藩封，子孙何功德而坐享之？常恐不堪福禄，堕先王之业，矧骄佚乎？汝曹戒之。"及卒，世祖悲悼。至元八年，赠中奉大夫、辽东等处行中书省参知政事、护军，追封鲁郡公。

二子：曰硕德，曰伯颜察儿。

硕德，中统初自西台入宿卫，奏对称旨。世祖谓左右曰："硕德通敏如此，乃燕有子矣。"命典朝仪。凡宗室外戚之讼弗决者，使谳之，咸服其公允。帝尝问安童："卿族人可继卿者为谁？"对曰："性行淳雅，智辩明哲，无逾硕德。"帝韪之。会初设通政院，命以嘉议大夫、同知院事。

硕德奏：辽东韩拙、吉烈灭二部数入寇，宜遣近臣谕之。帝难其人，执政请即使硕德往。召问之，对曰："先臣从太祖定天下，不避万死，以身殉国。陛下不以臣年少愚戆，俾效犬马之力，臣请行。"帝悦，赐御鞍对衣以遣之。女真旧土有水达达万户府，兵、民乏食，请赈，有司格其事不下，诉于硕德。命核有司之侵匿者，给之，全活甚众。征东元帅府道沮洳，夏行舟，冬以犬驾杷驶冰上，硕德相山川形势，除道以通往来，人便之。韩拙、吉烈灭二部居海岛，硕德檄诸万户，据其险要，遣人至岛中招谕之。于是胁从者悉降，仅戮贼首数人，余无所问。帝大悦，赐玉笠顶、连珠束带。

未几，西北诸王有异志，帝召谕硕德曰："卿虽劳，然非卿无可为朕使者。"硕德顿首受命。及至，宣布太祖圣训及朝廷之德意，诸王皆叹服曰："真天使也。"复命，奏西事甚悉。帝谓左右曰："汝辈如出使，当以此人为法。"赐珠质孙衣以旌之。俄以疾卒。赠推忠宣惠宁远功臣、岭北行省中书右丞，追封鲁郡公，谥忠敏。子别里哥帖木儿。

别里哥帖木儿，早孤，其母宏吉剌氏以国书授之。性至孝，母疾，成宗遣尚医诊视，或言有刲股疗疾者，别里哥帖木儿闻之，即刲肉以进，疾遂愈。

仁宗即位,擢金通政院事。帝尝问周文王之父子及周之所以兴,别里哥帖木儿奏对甚详。帝赐以卮酒,奖谕之曰:"卿蒙古人中儒者也。"延祐四年卒,年三十三,赠河南行省中书平章政事,追封鲁国公。子朵尔直班。

相威,性厚重。喜延士大夫听其读书,至忠臣、良将,必抚案称快。

至元十一年,从伐宋。由正阳取安丰,渡江东下,会伯颜兵于润州,分三道并进。相威将左军,申明约束,江阴、华亭、澉浦、上海诸城,悉望风款附。又与阿术合兵攻扬州。

十三年入觐,时海都有异志,授相威征西都元帅,使镇西边。

十四年,置行御史台于扬州,召拜行台御史大夫。上言:"陛下以臣为耳目,臣以监察御史、按察使为耳目。非其人,则臣之耳目先自闭塞,下情何以上达。"帝然之,命慎选监察御史、按察使。每除目至,必集台中僚属议可,不协公论者即罢去。相威又奏便民十五事,如:并行省,汰冗官,钤镇兵,业流民,录故官,禁馈遗,浙盐运司隶于行省,行大司农营田司并于宣慰司,理讼分南北,公田召佃减租,革亡宋公吏之弊;皆当时要政,并见施行。先是,行省平章阿理伯言:"有罪者,乞与台臣同问。相威奏:"行省断罪,以意出入,行台何由举正。宜从行省问讫,然后体察为宜。"从之。浙东盗起,宣慰使昔里伯之弟阿速与王权府等纵兵俘掠平民,相威遣御史商琥阅治,得释者以数千计。奏执昔里伯治其罪。寻又敕相威检核阿里海牙、忽都帖木儿等俘丁三万二千余人,尽释之。

十六年,入觐,会河南行省左丞崔斌劾平章阿合马不法事,帝使相威与枢密副使博罗至大都鞫之,阿合马称疾不出。博罗欲还,相威厉声曰:"吾奉旨来,若敢抗旨耶?"令舆疾对簿,首责数事,皆引伏。既而诏释阿合马不问,仍褒谕相威使还台。

大军征日本失利,帝震怒,命阿塔海依旧为征东行省丞相,议再举,廷臣无敢谏者。相威奏言:"倭不奉职贡,可伐而不可恕,可缓而不可急。向者师行期迫，战舰不坚，前车已覆，后宜改辙。为今之计，惟有修战舰，练士卒，整兵耀武，使彼闻之，亟图御备。需以岁月，彼必息玩，出其不意，乘风疾往，可一举而平也。"帝意释，兵遂不出。

二十年，以疾请入觐，进翻译《资治通鉴》，帝赐皇太子，俾经筵进讲。未几，拜江淮行省左丞相，行至蠡州而卒，年四十有四。

子牙老瓦丁，行台御史大夫。孙脱欢，集贤大学士。

撒蛮，自襁褓时世祖抚育之如己子。同舟济江，虑其有失，系之御榻。年十余，侍左右。世祖尝诏之曰："男女异路，古制也，况掖庭乎，礼不可废。汝其司之。"既而近臣孛罗衔命出，行失次，撒蛮执而拘之。世祖怪孛罗久不复命，询得其故，命释之。撒蛮曰："令自陛下出，陛下自违之，他日何以责臣下？"世祖谢之，由是有大任之意。会以疾卒，年仅十七。子脱脱。

脱脱，少孤，其母孛罗海教之。稍长，直宿卫，复受教于世祖，尤以嗜酒为戒。既冠，仪观甚伟。

从驾征乃颜。王师既陈，旌旗蔽野。鼓未作，谍报贼至。脱脱即环甲，帅家僮数十人驰突而前，贼众披靡。帝驻骅山颠，望见之，亟遣使召还，劳之曰："卿勿轻进，此寇易禽也。"视其刀已折，马亦中箭矣。顾谓近臣曰："撒蛮不幸早死，脱脱幼，朕抚而教之，常恐其不成立。今若此，撒蛮有子矣。"亲解佩刀及御马赐之。仍从皇孙铁穆耳讨乃颜余党哈丹，马陷于淖，哈丹兵却而复进，脱脱弟阿剌瓦丁挥戈击贼，脱脱乃免。

自以受帝命戒酒，而未能遽绝，及宫车晏驾，即屏杯勺，命家人勿以酒进。成宗闻而善之，曰："札剌儿氏如脱脱者无几，真可大用也。"加资德大夫，由宿卫长出为上都留守。入为通政院使、虎贲卫亲军都指挥使。

大德三年，朝议江浙地大人众，非世臣有重望者不足以镇之。进荣禄大夫，拜江浙等处行中书省平章政事。濒行，命中书祖道都

门外。始至，严饬左右，咨访掾属。时朱清、张瑄所行多不法，虑事
发觉，预以黄金五十两、珠三囊交欢脱脱。脱脱大怒，系其使以闻。
成宗悦，赐黄金五十两。十一年，卒于位，年四十四。子朵儿只。

　　朵儿只，生一岁而孤。稍长，事母至孝，喜读书。至治二年，授
中奉大夫、集贤学士，时年未及冠。同官如郭贯、赵世延、邓文原诸
老宿皆重之。

　　天历元年，朵罗台国王以起兵应上都，为文宗所杀。二年，诏以
朵儿只袭国王。后至无四年，朵罗台弟乃蛮台谓国王己所当袭，诉
于朝。丞相伯颜妻欲得朵儿只大珠环，价直万六千锭。朵儿只不与，
慨然曰："王位我祖宗所传，不宜从人求买。"于是乃蛮台以赂得为
国王，而除朵儿台辽阳行省左丞相。

　　六年，迁河南行省。先是，河南盗杀行省官，以诖误逮系者数百
人。朵儿只至，知其冤，欲释之。而平章政事纳麟乃元问官，执不从，
又劾朵只庇罪人。朵儿只闻之，不与辨。

　　至正四年，迁江浙行省左丞相。汀州寇发，朵儿只遣将士招捕
之，威信所及，数月即平。赐九龙衣、上尊酒。居二年，境内宴然。杭
人请建生祠，如前丞相故事，朵儿只辞之曰："昔我父为平章，我实
生于此地，宜尔父老有爱于我。然今天下承平，我叨居相位，唯知谨
守法度，不辱先人足矣，何用虚名为！"

　　七年，召拜御史大夫。秋，拜中书左丞相。冬，迁右丞相、监修
国史，而太平为左丞相。郯王产没官，朵儿只使掾史簿录之。明日，
掾史复命。韩嘉讷为平章政事，不知出丞相命，变色叱之曰："公事
宜自下而上，何竟白丞相！"令客省使扶之出。朵儿只不为动，人咸
服其量。九年，罢相，复为国王，就国辽阳。

　　十四年，诏脱脱总兵南讨。中书参议龚伯璲建言："宜分遣宗王
及异姓王俱出军。"吴王朵儿赤厚赂伯璲获免，朵儿只独曰："吾国
家世臣，天下有事，正效命之秋，岂暇与小人通贿赂哉。"即率所部，
听脱脱节制。脱脱遣朵儿只攻六合，拔之。既而诏削脱脱爵，罢其

兵权。朵儿只以本部兵守扬州。十五年，卒于军，年五十二。

初，朵儿只为集贤学士，从丞相拜住在上都。南坡之变，拜住遇害。铁失、赤斤铁木儿等并欲杀朵儿只，其从子朵儿直班方八岁，走诣怯薛官失都儿求免，故朵儿只得免于难。朵儿只为相，务持大体，而太平则兼理庶条，趋附者众，朵儿只处之淡然，中外皆号为贤相云。

二子：朵儿帖木儿，翰林学士；俺木哥失里，袭国王。

朵儿直班，字惟中。父别理哥帖木儿。朵儿直班甫晬而孤，育于从祖母。拜住，从父也，请于仁宗，降玺书护其家。稍长，好读书。年十四，入见文宗，适将幸上都，亲阅御衣，命录于簿，顾左右无能书汉字者，朵儿直班引笔书之。文宗喜曰："世臣之家乃能知学，岂易得哉。"命为尚衣奉御，寻授工部郎中。

元统元年，擢监察御史。首上疏，请亲祀宗庙，赦命不宜数。又陈时政五事：一曰："太史言三月癸卯望月食既，四月戊午朔，日又食。皇上宜奋乾纲，修刑政，疏远邪佞，专任忠良，庶可消弭灾变。"二曰："亲祀郊庙"。三曰："博选勋旧世臣之子，端谨正直者，前后辅导，使嬉戏之事不接于目，俚俗之言不及于耳，则圣德日新。"四曰："公赏罚，则民心服。"五曰："弭盗贼，振饥民。"又条陈九事上之，一曰："比日幸门渐启，刑罚渐差，无功者觊觎希赏，有罪者侥幸求免。恐刑政渐隳，纪纲渐紊，劳臣何以示劝，奸臣无所警惧。"二曰："天下之财皆出于民，民竭其力以佐公上，而用犹不足，则嗟怨之气上干阴阳之和，水旱灾变所由生也。宜颛命中书省官二员督责户部详定减省，罢不急之工役，止无名之赏赐。"三曰："禁中常作佛事，权宜停止。"四曰："官府日增，选法愈敝，宜省冗员"。五曰："均公田。"六曰："铸钱币。"七曰："罢山东田赋总管府。"八曰："蠲河南自实田粮。"九曰："禁取姬妾于海外。"

正月元日，朝贺大明殿，朵儿直班当纠正班次，即上言："百官逾越班制者，宜同失仪论，以惩不恪。"先是，教坊官位在百官后，御史大夫撒迪传旨使入正班，朵儿直班执不可。撒迪曰："御史不奉诏耶？"朵儿直班曰："事不可行，大夫覆奏可也。"西僧为佛事内廷，醉酒失火，朵儿直班劾其不守戒律，延烧宫殿。撒迪传旨免其罪，朵儿直班又执不可，一日间传旨者八，乃已。

丞相伯颜、御史大夫唐其势二家奴怙势为民害，朵儿直班巡历至漳州，悉捕其人致于法，民大悦。及还，唐其势怒曰："御史不礼我已甚，辱我家人，我何面目见人耶？"答曰："朵儿直班知奉法，他不知也。"唐其势从子马马沙为钦察亲军指挥使，恣横不法，朵儿直班劾奏之。马马沙怒，欲使其党刺杀朵儿直班，会唐其势伏诛，事乃已。迁太府监，改奎章阁学士院供奉学士，进承制学士，皆兼经筵官，又迁侍书学士、同知经筵事。朵儿直班年甫弱冠，又世家子，独以经术侍帝左右，世以为盛事。

至正元年，罢学士院，除翰林学士，进资善大夫。于是经筵亦归翰林，仍命朵儿直班知经筵事。时嶷嶷以翰林学士旨直经筵，在上前敷陈经义，朵尔直班则为翻译，曲尽其意，多所启沃，禁中语秘不传。俄迁大宗正府也可札鲁火赤，谳狱，引谕律令，曲当事情。有同僚年老者，叹曰："吾居是官四十年，见公论事殆神人也。"宗王有杀其大母者，朵尔直班与同僚拔实力请于朝正其罪，时相难之。出为淮东肃政廉访使。迁江南行台治书侍御史，未行，又迁江西行省左丞，以疾不赴。起为资正院使。

五年，拜中书参知政事、同知经筵事，提调宣文阁。纂集《至正条格》，朵尔直班谓是书上有祖宗制诰，安得独称今日年号，又律中条格乃其一门耳，安独以为书名。时相不能从，惟除制诰而已。有以善音乐得幸者，敕用为崇文监丞。朵尔直班它拟一人以闻。帝怒曰："选法尽由中书省耶？"朵尔直班顿首曰："用幸人居清选，臣恐后世议陛下。今选它人，臣之罪也，省臣无与焉。"帝悦，迁右丞。寻拜御史中丞。监察御史劾奏别儿怯不花，章甫上，黜御史大夫懿怜真班为江浙行省平章政事。朵尔直班曰："若此，则台纲安在？"乃再上章劾奏，并留懿怜真班，不允。台臣皆上印绶辞职。帝谕朵尔直班曰："汝毋辞。"对曰："宪纲隳矣,臣安得独留。"帝为之出涕。朵尔直班即杜门待罪。

寻出为辽阳行省平章政事,阶荣禄大夫。至官,询民疾苦,知米粟羊豕薪炭等皆乡民贩负入城,贵室僮奴、官府隶卒争强买之,仅酬其半直。又其俗编柳为斗,大小不一,豪贾猾侩得以高下其手,民咸病之。即饬有司厉防禁,齐称量,诸物毕集而价自平。又存恤孤寡,平准钱法,清铨选,汰胥吏,慎句稽,兴废坠,巨细毕举。召为太常礼仪院使,俄迁中政使,又迁资正使。

会盗起河南,帝忧之。十一年,拜中书平章政事,阶光禄大夫。首言:"治国之道,纲常为重,前西台御史张恒伏节死义,不污于寇,宜首旌之,以劝来者。"又言:"宜守荆襄、湖广以绝后患。"又数论:"祖宗用兵,不专于杀人。今倡乱者止数人,乃尽坐中华之民为畔逆,岂足以服人心。"其言颇迕丞相脱脱意。时脱脱倚信左司郎中汝中柏、员外郎伯帖木儿,两人因擅权用事;朵尔直班正色立朝,无所附丽。是年,出为陕西行台御史大夫。省、台素以举措为嫌,不觌面论事。朵尔直班曰:"多事如此,恶得以常例论。"乃与行省平章朵朵五日一会集。寻命与朵朵便宜讨贼,即督诸军复商州。修筑奉元城。募民为兵,出库所藏银为大钱,射而中的者赏之,由是人人皆奋。金、商义兵以兽皮为矢房,状如瓠,号毛葫芦军,列其功以闻,赐敕书褒奖之。金州由兴元、凤翔达奉元,道里回远,乃开义谷,置七驿,人便之。

十二年,御史大夫也先帖木儿败于河南,西台御史蒙古鲁海牙、范文等十二人劾奏之。朵尔直班当署字,顾谓左右曰:"吾其为平章湖广矣。"未几,命下,果然。也先帖木儿者,脱脱之弟,章既上,脱脱怒,故左迁朵尔直班,而御史十二人皆见黜。是时湖广行省权治澧州,以江淮道梗,从间道至重庆,以达澧州。既至,人心始定。汝中柏、伯帖木儿言于脱脱曰:"不杀朵尔直班,则丞相终不安。"乃命朵尔直班专供军食。右丞伯颜不花承风旨,数侵辱之。朵尔直班不为动。会官军复武昌,至蕲、黄。伯颜不花欲诬以转运失期,达剌罕军帅王不花奋然曰：“平章坐不重茵，食无珍味，为我曹供军食。今百需立办，犹欲诬之。是无人心也。”伯颜不花意沮。朵尔直班素有风疾，未几卒于黄州兰溪驿，年四十。

朵尔直班在经筵，开陈大义。采前哲遗言，各以类次，为书凡四卷：一曰《学本》，二曰《君道》，三曰《臣职》，四曰《国政》。明道、厚伦、制行、稽古、游艺五者，《学本》之目。敬天、爱民、知人、纳谏、治内五者，《君道》之目。宰辅、台察、守令、将帅、瞀御五者，《臣职》之目。兴学、训农、理财、审刑、议兵五者，《国政》之目。帝览而善之，赐名曰《治原通训》，藏于宣文阁。二子：铁固思帖木而、笃坚帖木而。

乃蛮台，阿里乞失之孙，忽速忽尔之子也。阿里乞失，追封嗣莒王，谥忠惠。忽速忽尔嗣国王，卒，追封冀王，子朵罗台嗣国王。天历元年，燕铁木儿立文宗于大都，朵罗台奉上都之命讨之，进至古北口战失利，后为文宗所杀。二年，命朵儿只袭国王。

乃蛮台，朵罗台弟也，大德五年奉命征海都、笃哇，以功赐貂裘、白金，授宣徽院使，阶荣禄大夫。延祐七年，拜岭北行省右丞。旧制，募民中粮以饷边。是岁，中者三十万石，用事者挟私为市，减其数为十万，民进退失措。乃蛮台请于朝，凡所输者悉受之，为明年之数，民感其德。

至治二年，改甘肃行省平章政事，佩金虎符。甘肃岁籴粮于兰州，多至二万石，距宁夏各千余里至甘州，自甘州千余里始达亦集乃路，而宁夏距亦集乃仅千里。乃蛮台令挽者自宁夏径趋亦集乃，岁省费六十万缗。

天历二年，迁陕西行省平章政事。关中大饥，诏募民入粟，赏以官。四方富民应命输粟，露积关下。初，河南饥，告籴陕西，而陕西民遏其籴。至是关吏及河南人，修宿怨，留粟使不得入。乃蛮台杖关吏而入其粟。既而粟虽多，贫民无钞以籴。乃蛮台取官库未毁昏钞，得五百万缗，识以省印，畀民籴粟，俟官给赈饥钞，如数易之，民赖以济。拜西行台御史大夫,赐金币、服玩。奉命送太宗旧铸皇兄之宝于察合台后王燕只哥𫚖,乃蛮台素严重,至其境,礼貌益尊。

至顺元年,迁上都留守,佩元降虎符,虎贲亲军都指挥使,进开府仪同三司,知岭北行枢密院事,封宣宁郡王,赐金印。寻出镇北边。国初,诸军置万户、千户、百户,金、银符未备,惟加枪缨以示等威。至是,乃蛮台为请于朝,皆缩符。后至元三年,诏乃蛮台袭国王,赐珠络半臂并海东名鹰、西域文豹。六年,拜岭北行省左丞相,仍前国王、知行枢密院事。

至正二年,迁辽阳行省左丞相,以年逾六十,上疏辞职。诏以麦四百石、马二百匹、羊五百头给其军士之贫乏者。八年,卒。赠摅忠宣惠绥远辅治功臣、太师、开府仪同三司、上柱国,追鲁王,谥忠穆。

乃蛮台身长七尺,性明果善断,射能贯札,历官亦有名迹。惟赂伯颜,夺朵儿只国王位,为时论所少云。

子二:长野仙溥化,入宿卫,掌速古儿赤,特授朝列大夫、给事中,拜监察御史,除河西廉访副使、淮西宣慰副使,累迁中书参知政事,拜御史中丞,改中书右丞;次晃忽而不花。

带孙,木华黎弟。孔温窟洼五子:长、次失名;第三子为木华黎;第四子为不合,以佐命功封千户;第五子为带孙,封东阿郡王,卒。

长子秃马台嗣,卒,弟茶合台嗣。秃马台二子:曰札尔忽,曰忽图鲁。

忽图鲁从宪宗伐蜀,攻嘉定诸城,降之,赐金符。再统蒙古军五部,共万人。至元五年,召还。札尔忽以征南万户从丞相伯颜伐宋,战没。伯颜奏以忽图鲁袭万户,定未下州郡,镇扬州。十五年,以昭勇大将军兼扬州路达鲁花赤,降浙东贼杨震龙,监真定、河南二路上万户府。兄子舒温直长,以兄爵让还之。江南行台荐其行义,除福建闽海道肃政廉访使。

元贞初,八番蛮叛,以忽图鲁为宣慰使都元帅,进镇国上将军。建议立宣抚司,以招徕之。戈布、喇台、乞即、落东等番,恃险不服,讨之。部落降者三千户。未几，平连思、娄浴、暮梅、求那诸蛮，皆降。明年，八番蛮酋罗陈、罗何、罗廉部五千户降，忽图鲁率以入觐。成宗大悦，赐金织衣。

大德五年，迁广西两江道宣慰使都元帅，诛叛酋易奚晚、高仙道等，遂深入左右江溪洞。明年，地州酋罗光殿、天州酋罗仲宪各率所部降，得三万四千户。七年，移浙东道，为政宽简，吏民爱之。八年，丁母忧归。十年，卒，年六十四。

子曰佛宝，宁国路总管；曰按坛不花；曰安僧，历八番、淮东、福建三道宣慰使，告归养母，天历初起为淮东宣慰使；曰博罗，兵部尚书。

塔塔儿台，带孙郡王之后。父曰忙哥，从宪宗入蜀，攻合州。宪宗崩，塔塔儿台护丧北归。会阿里不哥僭立，留不遣，乘间脱去，追骑执以北还，将杀之。亲王阿速歹、玉龙答失曰：“塔塔儿台乃太师国王之亲族，不可杀也。”遂免。至元元年，从阿速歹入朝，授怀远大将军，佩金虎符，世袭东平达鲁花赤。命宿卫士四十人，给驿送之官。为政镇静不扰，郓人安之。卒，年四十有二。

四子：只必，至元十四年袭职，阶少中大夫。尝出家藏书二千余卷，置东平庙学，使学徒讲肄。寻进嘉议大夫、江南湖北道提刑按察使，改浙西。大德八年入觐。明年春，卒，年五十有一。只必除按察使，弟秃不申袭东平达鲁花赤。秃不申知民疾苦，岁饥，请于朝发廪以振。加太中大夫。士民刻石，纪其政绩。卒，年五十有一。五子：曰不老赤，曰塔实脱因，曰阿鲁灰，曰完者不花，曰留住马。皆以次袭职。

新元史卷一二一
列传第一八

博尔术　玉昔帖木儿　阿鲁图　纽的该
博尔忽　布而古儿　月赤察儿　塔刺海

佤头　塔察儿　密里察而　宋都台　伯里阁不花

赤老温　察刺　脱帖穆儿　月鲁不花
阿刺罕　健都班

　　博尔术，阿鲁剌特氏。与太祖同出于海都。海都三子，长曰伯升忽儿多黑申，太祖六世祖也；次曰察剌孩领忽，泰亦赤兀之祖也；次曰抄直斡儿帖该，生六子，其第三子曰阿鲁剌特，子孙以其名为氏，博尔术之祖也。父纳忽，以财雄于部中，人呼为纳忽伯颜。

　　太祖微时，要儿斤部人盗太祖惨白色骗马八匹去，太祖自追之，见道傍马群中一少年捅马，问盗马者踪迹。少年曰："今晨日未出，有人驱马八匹过此，其毛色与公言合。"即以良马授太祖，自骑一马与太祖同往，告太祖曰："我父纳忽伯颜，我博尔术也。"及至盗马家，与太祖疾驱所失马而返。盗众来追，一人掣马竿居前。博尔术言："将弧矢来，吾为公返斗。"太祖谢曰："恐以吾事伤汝，或自当之。"遂弯弓注矢以向盗。盗手竿而立。相持至日暮，群盗趑趄，竟不敢前。遂夺马而返。时博尔术甫十三岁。太祖欲分马与之，博尔术固辞。至其家，宰羊烹之，盛以革囊，赠太祖为行粮。太祖归，乃使别勒古台邀之;博尔术不告于父,而从太祖。自是,遂留事左右。

太祖称汗,命博尔术长众怯薛,仍以其弟斡歌连扯儿必为宿卫。时诸部未平,博尔术警夜,太祖寝必安枕。或与太祖论事,恒达旦不寐。君臣之分益密。

王罕子桑昆,为乃蛮骁将可克薛兀撒卜剌黑所袭败,辎重尽失,王罕乞援于太祖,且曰:"请以四良将助我。"太祖遣博尔术与木华黎等援之。博尔术乞太祖良马曰赤乞布拉,太祖戒之曰:"是不可鞭,欲疾驰,以鞭拂其鬣可也。"比至,桑昆已为乃蛮将所败,失马。博尔术以己马授之,而自乘赤乞布拉,鞭之不进。忽忆太祖言,横鞭拂鬣,即疾驰如电。大败乃蛮,尽返所夺于王罕。王罕大悦,又召博尔术往。时博尔术方宿卫行营,以弓箭付人,自谒王罕。王罕馈以衣一袭、金樽十,博尔术受之。归见太祖,自请擅离宿卫之罪。太祖使受王罕之馈,且奖其谨敕焉。

壬戌,从征塔塔儿,战于答兰捏木儿格思,下令跬步勿退。博尔术絷马腰间,踞而引弓,分寸不离故处。太祖称其胆勇。太祖中流矢坠马,博尔术拥太祖累骑而行。夜卧泽中,遇大雪,博尔术与木华黎以毡裘覆太祖,烧石温其凝血,竟夕植立不移。又尝失利,与大军相失,独博尔术与博尔忽从。太祖饥,博尔术以带钩钓大鱼烹以进。太祖叹息曰:"吾异日当有以报汝也"。

其后,太祖与王罕战于合剌合勒只惕沙陀。翌日,简阅将士,失太宗、博尔术、博尔忽三人。又一日,博尔术始至,太祖曰:"博尔术无恙,天赞我也。"博尔术曰:"向者之战,臣马伤于矢,夺敌马始免于难。"未几,博尔忽与太宗亦至。博尔术曰:"中道见敌尘高起,向卯危温都儿前忽剌安不鲁合惕去矣。"太祖乃率诸将徙帐于答兰捏木儿格思。

太祖即位,大封功臣,授博尔术右翼万户,属地西至阿尔泰山,与木华黎同为元功,位在诸将上。初,太祖叔父答阿儿台降于王罕,至是太祖欲诛之,博尔术力谏,始宥其罪。皇子察阔台分封西域,敕从博尔术受教,博尔术教以"涉历险阻,必择善地居之,勿任意留顿。"太祖闻之,谓察阔台曰:"吾之教汝,亦不逾此矣。"博尔术以旧恩宿卫,未尝独将,故无方面之功。然太祖亲征,无役不从,为太祖所倚重。及卒,太祖痛惜之。

子孛蛮台,太宗赐广平路一万七千三百户为食邑,从宪宗伐蜀。大德五年,追赠博尔术推忠协谋佐运功臣、太师、开府仪同三司,封广平王,谥武忠;孛蛮台推诚宣力保顺功臣、太师、开府仪同三司、广平王,谥忠定。孛蛮台子玉昔帖木儿。

玉昔帖木儿,弱冠袭万户,器量宏达,莫测其际。世祖闻其贤,驿召赴阙,解御服银貂赐之,并赐号月吕鲁那颜,译言能官也。国制重内膳之选,特命玉昔帖木儿领其事。侍宴内廷。玉昔帖木儿行酒,诏诸妃皆为答礼。

至元十年,拜御史大夫。江南既定,益封功臣,赐全州清湘县户为分地。时阿合马用事,并省内外诸司,援金制,并各道提刑按察司入转运司。监察御史姚天福谓玉昔帖木儿曰:"按察司之设,所以广视听,备非常,虑至深远,不但绳有司而已;不宜罢。"玉昔帖木儿骇然曰:"微公言,几失之。"夜入世祖卧内,白其事。世祖大悟,复立诸道提刑按察司。二十二年,中书省臣请以玉昔帖木儿为左丞相,御史中丞撒里蛮为御史大夫。世祖曰:"此事朕当思之。"帝以风宪之长,难于得人,故独任玉昔帖木儿几二十年,不以为相也。

二十四年,乃颜反,世祖亲征,分二军;蒙古兵以玉昔帖木儿统之,汉兵以李庭统之。战于辽河,蒙古骑兵三十营,间以汉兵步队,进退与骑兵共。骑一马,见敌则下骑先进。自晨至午,大破其众。获乃颜。诏选乘舆橐驼百蹄赐之。玉昔帖木儿谢曰:"天威所临,风行草偃,臣何力之有。"车驾还上都,命皇孙帖木儿与玉昔帖木儿剿乃颜余党,执其酋金家奴以献,戮同恶数十人于军前。

二十五年,哈丹秃鲁干复叛。命玉昔帖木儿及李庭等讨之,败其众于也烈河。哈丹秃鲁干遁,时已隆冬,声言俟明年进兵。乃倍道兼行,过黑龙江,捣其巢穴,斩馘无算。哈丹秃鲁干走高丽。诏赐内庭七宝带以旌之,加太傅开府仪同三司,移驻杭爱山,以御北边。二十九年,加录军国重事知枢密院事,特赐步辇入禁中。位望之崇,廷臣无出其右者。

三十年,成宗抚军北边,以玉昔帖木儿辅之,请授皇太子玉玺,从之。

三十一年,世祖崩,成宗奔丧至上都。诸王咸会。玉昔帖木儿谓晋王甘麻剌曰:"大行宾天已逾三月,神器不可久旷。皇太子玉玺已授于皇孙,王为宗盟长,奚俟而不言。"甘麻剌曰:"皇帝践祚,臣请北面事之。"于是宗王、大臣合辞劝进。玉昔帖木儿曰:"大事已定,吾死无憾矣。"成宗即位。进秩太师,赐尚方玉带宝服,还镇北庭。

元贞元年冬,入朝。两宫赐宴如家人礼,赐其夫人秃忽鲁质孙服及他珍宝。十一月,卒,年五十四。大德五年,赠宣忠同德弼亮功臣,依前太傅、开府仪同三司、录军国重事、御史大夫,追封广平王,谥贞宪。

三子:曰木剌忽,袭封万户;次脱怜;次土土哈,袭封广平王。延祐六年,土土哈由中丞拜御史大夫,仁宗谕之曰:"御史大夫职任至重,以卿勋旧之裔,故特授此官。卿当思祖父忠勤,仍以古名臣为法。"延祐七年五月,英宗即位,有告土土哈谋废立,坐诛,并籍其家。六月,收土土哈广平王印,诏木剌忽袭王封。天历二年,以木剌忽附上都,毁其广平王印,以哈班袭广平王。哈班,脱怜子也。哈班卒,木剌忽子阿鲁图袭。

阿鲁图,由经正监袭为怯薛官。拜翰林学士承旨,迁知枢密院事。至元三年,袭封广平王。

至元四年,脱脱罢相,帝问谁可代者,脱脱荐阿鲁图。五月,拜中书右丞相、监修国史,并录军国重事,时修辽、金、宋三史,阿鲁图代脱脱为总裁。书成,与平章政事帖木儿达识、太平奏上之,鼓吹导从进至宣文阁。帝具礼服迎之,因谓群臣曰:"史既成书,前人善者可以为法,恶者可以为戒,非独为君者当然,人臣亦宜知之。"阿鲁图顿首谢。

右司郎中陈思谦条时政得失,阿鲁图曰:"左右司之职,所以赞助宰相。郎中与我辈共议,自可见诸行事,何必别为文字自有所陈耶?郎中若居他官,可以建言,今居左右司而建言,将置我辈于何地耶?"思谦愧服。一日,与同僚议除刑部尚书,宰执有所举,或难之曰:"此人柔软,非刑部所宜。"阿鲁图曰:"今选侩子耶? 若选侩子,须强壮。尚书详谳刑狱,不枉人、坏法,即是好官,何用强壮者?"其议论知大体,多如此。

先是,左丞相别儿怯不花欲与阿鲁图陷脱脱。阿鲁图曰:"我等岂必久居此位,当有罢退之日,人将谓我何?"别儿怯不花屡以为言,终不从。六年,别儿怯不花乃讽御史劾奏阿鲁图不称职,阿鲁图即避于城外。亲旧皆为不平,请阿鲁图见上自陈,辨其是非。阿鲁图曰:"我功臣世裔,岂以丞相为难得耶?但上命我,不敢辞,今御史劾我,我宜自去。且御史台世祖所设置者,我抗御史,即与世祖抗矣。"阿鲁图遂罢去。十一年,复拜为太傅,出守和林,卒。

纽的该,博尔术四世孙,佚其祖父名。早入宿卫,累迁同知枢密院事。既而坐事罢官。后至元五年,奉使宣抚达达诸部,摘发有司不公不法者三十余事,擢知岭北行枢密院事。

十五年,召拜中书平章政事,迁知枢密院事。十七年,诏纽的该讨山东诸贼,旋加太尉,总山东诸军,守东昌。十八年,田丰再陷济宁,进逼东昌。纽的该弃城走,退屯柏乡。俄召还京师,拜中书添没左丞相,与太平同居相位。

纽的该有识量。张士诚降,纽的该处置江南诸事,咸得要领,士诚大服。已而罢知枢密院事,卧病,谓其所知曰:"太平真宰相才,我病固不起,太平又不能久于其位,可叹也。"二十年,卒。

初,皇太子决意罢太平政事,纽的该闻之曰:"善人,国之纪也,苟去之,国将何赖。"数于帝前左右太平,故皇太子之志不获逞。纽的该卒，皇太子竟逼令太平自杀。

　　博尔忽，许兀慎氏。太祖讨主儿乞部，博尔忽尚幼，为部将者卜客所掠，归于诃额仑太后，抚以为子。既壮，有智勇，与木华黎、博尔术、赤老温齐名。又与汪古儿同典御膳。

　　太祖与王罕战失利，太宗陷阵，博尔忽从之。太宗项中矢创甚，博尔忽吮其血，与太宗共骑而返。太祖甚感之。

　　初，太祖灭蔑儿乞，其部人曰合儿吉勒失剌逸去。已而至诃额仑太后帐，诡言乞食。拖雷方五岁，为合儿吉勒失剌所持，拔刀欲杀之。博尔忽妻阿勒塔泥急出，提其发，刀坠于地。哲台、者勒蔑在帐外宰牛，闻阿勒塔泥呼，即入杀合儿吉勒失剌。论功，阿勒塔泥第一，哲台、者勒蔑次之。

　　及太祖即位，授博尔忽第一千户，且曰：“博尔忽侍我左右，虽战事危急，或暮夜雨雪之时，必供我饮食，不使我空宿。其赦罪九次，以为恩赏。”

　　太祖十二年，秃马惕复叛。太祖遣纳牙阿与朵儿伯朵黑申讨之，纳牙阿以病不行，太祖踌躇良久，乃改命博尔忽。秃马惕部众素强，又道险，林木茂密，难于用兵，诸将皆惮往。博尔忽问使者：“此上意，抑他人所举？”使者曰：“上意也。”博尔忽曰：“如是，我必往，妻子惟上怜之。”时秃马惕酋都秃勒莎额里已死，其妻勃脱灰儿塔浑将其众拒险以守。闻博尔忽将兵至，使人伏于林中，狙击之。会日暮，博尔忽从左右三人离大军前行，伏发，遂为所害。博尔忽族人布而古儿勇敢亚于博尔忽，累擢万户，隶博尔忽，将右翼。太祖最爱之，与博尔忽同时战殁。太祖闻博尔忽死，议亲征。木华黎、博尔术力谏乃止。复遣朵儿伯朵黑申讨平之，以秃马惕民百户赐博尔忽家为奴。后又以淇州为博尔忽食邑，复增赐沅州六千户。赠推忠佐命著节功臣、太师、上柱国、开府仪同三司，追封淇阳王。

　　二子：长脱欢，次塔察儿。脱欢与父同时封千户，扈宪宗亲征，屡有功。以蜀地暑湿，劝宪宗还军，不从，宪宗遂崩于合州。女乌式真为世祖皇后。脱欢子失里门，从世祖征云南，亦阵殁。失里门子月赤察儿。

月赤察儿，六岁而孤。事母石氏，以孝闻。世祖知其贤，且悯失里门死王事，年十六召见，奏对称旨。世祖叹曰："失里门有子矣！"即命领四怯薛。至元十七年，长一怯薛。明年，代线真为宣徽使，兼领尚膳院、光禄寺。

二十六年，世祖亲征海都。月赤察儿奏曰："丞相安童、伯颜，御史大夫月吕鲁，皆受命征讨，臣不可以后之。"世祖曰："汝亲佩橐鞬为宿卫近臣，功自不小，何必以先登陷阵为能，继祖父耶？"

二十八年，桑哥既立尚书省，杀异己者钳天下之口，纪纲大紊，平章政事也速答儿潜以其事白月赤察儿奏劾之。既而言者益众，桑哥遂伏诛。以首发大奸，赐没入桑哥黄金四百两、白金三千五百两及水田、水硙、别墅。

是年，世祖令四怯薛人及诸府人凿渠，西导白浮诸水，经都城中，东入潞河，以达粮艘。度其长阔画地，分赋之。月赤察儿率其属著役者服，操畚插，以为众先。渠成，赐名通惠河。世祖语左右曰："此渠非月赤察儿，不能速成如此。"

成宗即位，加开府仪同三司、太保、录军国重事，兼知枢密、宣徽院事。大德元年，拜太师。

初，叛王海都、笃哇据金山南北，再世为边患。常屯戍重兵，以防侵轶。五年，朝议以诸将纪律不严，命月赤察儿副晋王统防军。是年，海都、笃哇入寇。八月朔，战于铁坚古山。未几，海都悉众至，战于合剌合塔，我军失利。次日，复战。我军分五队，月赤察儿自将一队，率麾下力拒之。海都始却。后海都死，笃哇请降。时武宗亦在军中，月赤察儿遣使与武宗及诸王将帅议曰："笃哇降，为我大利。若待上命，往返阅两月，恐失事机。笃哇妻，我弟马兀合剌之妹，宜遣马兀合剌报之。"众以为然。既遣使，始以其事闻。成宗嘉奖之，不责其专擅之罪。既而，马兀合剌复命，笃哇遂降。

叛王灭里帖木儿屯于金山,武宗出其不意先逾金山待之,月赤察儿以诸军继进,灭里帖木儿亦降。是时,海都子察八儿与叛王秃苦灭俱奔于笃哇。至大元年,月赤察儿奏曰:"诸王秃苦灭本怀携贰,而察八儿游兵近境,素无悛心,倘合谋致死,恐为国患。臣以为昔者笃哇首请降附,虽死,宜遣使安抚其子宽彻,使不我异。又诸部降人宜处于金山之南,吾军屯田于金山之北,就彼有谋,吾已捣其腹心。"奏入,命月赤察儿移军于阿答罕三撒海之地。其后察八儿、秃苦灭合谋攻怯伯,为所败,进退失据,果相率来降,于是北边始定怯伯,宽彻弟,笃哇之次子也。

武宗立和林等处行省,以月赤察儿为右丞相,依前太师、录军国重事,封淇阳王。四年,月赤察儿入朝,武宗宴于大明殿,眷礼优渥。寻以疾卒,年六十有三。赠宣忠安远佐运弼亮功臣,谥忠武。

初,世祖以湖广行省延袤数千里,内包番洞,外按安南,非贤能不足以镇抚之。月赤察儿举哈剌哈孙为湖广平章政事,凡八年,蛮夷服其威德,入为丞相,天下称贤。世以月赤察儿有知人之鉴。

七子:长塔剌海,次马剌,次佤头,次也先帖木儿,次奴剌丁,次伯都,次也逊真。

塔剌海,少侍皇太子真金于东宫。后佩虎符,为左都威卫使,兼宣徽、徽政二使。

武宗即位,五月,诏塔剌海曰:"卿事裕宗皇帝、裕圣皇后,为善则多,不善则不闻也。卿其相朕。"塔剌海奏:"中书大政所出,臣未尝学问,且枢密、宣徽、徽政三使所领已繁,又长怯薛,春秋扈跸狝狩,诚不敢舍是以奸大政。"固辞,不许。遂拜中书左丞相。

成宗时,尝赐塔剌海江南田六千亩,武宗又加赐田千亩。辞曰:"万亩之田,岁入万石。臣待罪宰相,先规私利,人谓臣何?请入米万石于官,以苏江南百姓之困。"武宗嘉许之。进位太保、录军国重事,兼太子太师,又进阶开府仪同三司,未几迁右丞相、监修国史。

武宗尝手授太尉印于塔剌海,辞曰:"世祖未尝以此官授人,臣请固辞。"许之。至大元年,加领中政使。是年四月,从幸上都,卒于怀来。赠智威怀忠昭德佐治功臣,追封淇阳王,谥辉武,改谥惠穆。塔剌海与父月赤察儿并为宰相,月赤察儿封淇阳王,亦追封塔剌海淇阳王云。

马剌,由内供奉为大宗正府也可札鲁忽赤。武宗时,奏曰:"臣家以武显,臣方壮,不效命于仇敌,臣实愧赧。"武宗大悦,遥授左丞相,行大宗正府也可札鲁忽赤,统岭北防军。卒。

马剌子完者帖木儿,御史大夫、太保,嗣淇阳王。后至元元年,监察御史言:"完者帖木儿乃贼臣也先帖木儿骨肉之亲,不宜居大位。"诏安置完者帖木儿于广海。

孤头,又名脱儿赤颜。年六岁,裕圣皇后命侍武宗。武宗抚军北边,以孤头领仁宗府四怯薛太官服奉御。是年,授宣徽使,复加仪同三司、右丞相,赐江南田万亩,辞不受。至大元年,拜太师,兼前卫亲军都指挥使。十一月,武宗面谕曰:"公祖父宣力王家,公之辅朕,克谦克谨,翼翼小心,今旌德录功,爵公为郡王,已敕主者施行。"孤头固辞,乃赐海青、白鹘、文豹。二年,兼知枢密院事。三年,加录军国重事,又命为尚书省左丞相,孤头又辞。上鉴其诚,听焉。皇庆元年,命佩父印,嗣淇阳王,仍开府仪同三司。孤头缘潜邸旧恩,富贵震一时,虽无当时之誉,然谦谨自守,为朝廷所倚信。卒。

弟也先帖木儿嗣淇阳王,累官知枢密院事。铁失弑英宗,也先帖木儿预其谋。泰定帝即位,伏诛。

塔察儿,一名俺盏,骁勇善战,幼直宿卫。

大兵略定燕、赵,命为燕南断事官。睿宗监国,以燕京盗贼横行,有司不能禁,遣塔察儿与耶律楚材穷治其事,诛首恶十六人,民始安堵。

太宗三年,拜行省兵马都元帅,分宿卫及诸王、驸马亲军,使塔察儿统之。自河中府渡河伐金,克潼关,取陕西。四年春,金西安节度使赵伟降。进克洛阳,金留守撒合辇投水死,玳瑁寨任元帅等皆率众迎降。时睿宗已败金兵于三峰山,诏塔察儿会诸将围汴京。塔察儿与金兵战于南薰门外,败之。

金主奔归德,遂之蔡州。塔察儿复率师围蔡,筑长围困之。宋将孟珙以兵来会。蔡倚柴潭为固,珙决潭入汝,大兵亦决练江以泄潭水。冬十二月,堕其外城,复破其西城。塔察儿按兵缓进,欲生致金主。五年正月,金主自缢,其左右焚之,奉御绛山请瘗其遗骨;塔察儿义而许之。

蔡州平,塔察儿奏:"金人既灭,宋或迫我,何以抵御?请亘大河南北,东自曹、濮,西抵秦、陇,分兵镇戍,以遏宋寇。"诏从之。由是京兆、凤翔等路次第抚定。

六年秋,宋人入寇,诏塔察儿率所部南征。八年春,宋息州守将崔太尉来降,光、息诸州悉定。诏以息州及瑇瑁寨户口赐塔察儿为农田养老户。九年,围宋寿州,卒于军。

子别里虎台。宪宗二年,授行省兵马都元帅,率蒙古四万户及诸翼汉军,收淮南未附州县。七年,从诸王塔察儿攻樊城,战殁。长子密里察而,次宋都台。

密里察而,事世祖于潜邸。中统元年,授大河以南统军。五年,授保甲丁壮射生军达鲁花赤。至元四年,袭蒙古军万户,从攻樊城。卒。泰定元年,赠明威将军,洪泽屯田万户府达鲁花赤,追封平阳郡侯。长子阿鲁灰,次伯里阁不花。

宋都台,袭兄职,从取襄、樊。十一年,从平鄂、岳等州,授昭毅上将军。又攻拔归、峡等州,进克江陵,以兵镇潭州。十二年,克江州,授都元帅,佩虎符,兼领江东西大都督。进克南昌,获宋将万将军。次塔水,又获宋骁将熊飞。龙兴守将刘槃以城降。宋都台绥辑降众,秋毫无犯。南康、吉、赣、袁、瑞、临、抚等州,次第皆平。十三年,宋都台奏言:"江西虽附,闽、广诸郡尚阻兵,乞增兵进讨。"诏以襄、汉兵四千,又益以安庆、蕲、黄等路戍兵,使宋都台统之。是年,卒于广东。

阿鲁灰袭领其军,至元十八年授江西道都元帅。卒。

伯里阁不花,十九年袭都元帅。峒獠董辉等叛,讨平之,授昭勇大将军、蒙古军万户,赐三珠虎符。三十年,以蒙古军戍湖广,从平章刘国杰讨叛寇,所至有功。元贞元年,率蒙古军二千人扈从上都,加镇国上将军,赐弓、刀、鞍、辔。大德三年,从武宗北伐,诏以所部屯田称海。六年,授河南淮北蒙古军都万户府副都万户,仍屯田。九年,以北庭宁谧,诏有司资送伯里阁不花还河南。延祐元年,卒。泰定元年,赠辅国上将军、枢密副使、护军,追封云中郡公,谥襄愍。

子昔里伯吉,袭明威将军、河南淮北蒙古军都万户府副都万户,累进昭毅大将军。性简重,善抚士卒。卒。子八撒儿袭。

赤老温,速勒都孙氏。

父锁儿罕失剌,本泰亦兀赤部下人。太祖为泰亦兀赤酋塔儿忽台所执,命荷校徇军中。一夕,塔儿忽台等宴于斡难河上,使一童子监视太祖。太祖击童子眩仆,涌水而逸。比童子苏,大呼荷校者脱走,泰亦赤兀人分道追之。锁儿罕失剌见太祖仰面卧水中,即语太祖:“汝慎自匿,吾不以告人也。”既搜太祖不获,锁儿罕失剌言于众曰:“是荷校者焉往?明日再缉可也。”众散去,锁儿罕失剌复至太祖卧处,嘱太祖亟逃。太祖私念曩传宿锁儿罕失剌家,其子赤老温、沈伯俱怜我,夜脱我校,盍往投之。昧爽,入门。锁儿罕失剌大惊,赤老温兄弟曰:“鹡鸰雀丛草,犹能蔽之。彼窘而投我,而不之救,可乎?”乃脱太祖校,匿于羊毛车中,使其妹合答安守之。泰亦兀赤人大索部中,次第至锁儿罕失剌家,见羊毛车,欲搜之。锁儿罕失剌曰:“酷暑如此,羊毛中有人安能禁受?”搜者始去。锁儿罕失剌赠太祖栗色马、火镰、弓矢,又煮羊羔盛之革囊,佐以马乳,为途中之食。太祖始得归。

及太祖败泰亦兀赤于斡难河岭上,有一妇人大哭,呼:“帖木真救我!”太祖使问之,自言为合答安,其夫为兵所执,将见杀,故呼帖木真救之。太祖驰往,已无及。遂延见合答安,纳之。又明日,锁儿罕失刺亦至。太祖诘其来迟,对曰:"吾归心已久,但恐早来,妻子为泰亦兀赤所杀耳!"

太祖即位,大封功臣,锁儿罕失刺言,愿得薛凉格河边牧地。太祖从之。并赐号答刺罕,子孙世为豁儿赤,与大宴礼,赦罪九次。赤老温、沈伯并为千户。

赤老温与木华黎、博尔术、博尔忽齐名。一日,与敌战,坠马。敌将欲刺之,赤老温腾起,反刺杀敌将。太祖大悦。后从太祖平泰亦兀赤,以枪掷塔儿忽台,中之,遂为赤老温所杀。沈伯率右翼兵讨蔑儿乞酉带亦儿兀孙,亦有功。

赤老温早卒。二子:曰纳图儿,曰阿刺罕。

纳图儿,御位下必阇赤。从伐金,数有功。后从攻西夏,战殁。

子察刺,从太祖征西域,以功授业里城子达鲁花赤。后事太宗于潜邸,从太宗经略中原,赐金符,改授随州军民达鲁花赤。卒。

子忽纳,袭父职。以随州孤绝,改治南阳府之昆阳。至元十三年,以管军万户从大军伐宋渡江,后加金虎符,授湖广行省枢密院判官。宋平,擢江西湖东道肃政廉访使。卒。忽纳有惠政,民绘像祠之,赠通议大夫、佥枢密院事、上轻车都尉,追封陈留郡公,谥景桓。子式列乌台,次脱帖穆儿。

脱帖穆儿,字可与。以勋家子入直宿卫。大德十年,用台臣荐,佩金符,为武德将军、东平管军上千户所达鲁花赤。泰定三年,移镇绍兴,摄军民万户府事。宋郡人蔡定父坐事系狱,定乞以身代,不许乃自沈于江。郡守为出其父,立庙卧龙山之阳,请敕额曰"悯孝祠"。岁久,居民侵其地,官不问。脱帖穆儿谓守令曰:"承宣风教,郡县责也。"即日使归其侵地,庙复立。大军伐宋,至天台,民妇王氏为兵所获,至清风岭,啮指血题诗石上,投崖死。脱帖穆儿移文郡县,立祠祀之。礼部侍郎泰不花出守绍兴,行乡饮酒礼,迎脱帖穆儿莅其事。脱帖穆儿有威仪,人望而敬之。至正四年卒,年八十四。

五子:曰大都,袭东平上千户所达鲁花赤;曰哈剌;曰月鲁不花;曰笃列图,至正五年进士,衢州路衡阳县丞;曰王者不花。

月鲁不花，字彦明。未冠，受学于绍兴韩性。为文援笔立就，中江浙省试右榜第一。元统元年，成进士，授台州路录事司达鲁花赤。州无学，月鲁不花首建孔子庙，延名儒以教学者，士论翕然。丁忧归，服除，授行都水监经历。寻擢广东道廉访司经历，召为行水监丞，改集贤待制，迁吏部员外郎。奉使江浙，籴谷二十四万石，第户产高下，以为籴之多寡，事立办。既而军饷绌，又奏命籴于江浙，召父老以大义谕之。民闻月鲁不花至，皆从命，不逾月而兵食足。

至正十三年，丞相脱脱南征，以月鲁不花督馈饷，擢吏部郎中。寻拜监察御史，奏言：“天子宜躬祀南郊，殷祭太室。”又言：“皇太子天下之本，宜简老成为辅导，以成其德。”帝并嘉纳之。再擢吏部侍郎。时廷议欲设局长芦，造海船三百艘。月鲁不花言其不便，事获寝，然忤执政意，左迁工部侍郎。会重选守令，出为保定路达鲁花赤。保定岁输粮于新乡，民苦之。月鲁不花请改输于京仓，著为令。俄拜吏部尚书，父老数百人诣阙乞留监郡，以苏凋瘵。诏：以尚书，仍知保定路事。

十七年，贼渡河，月鲁不花修城浚壕，以备战守。奏请五省八卫兵出戍外镇者，宜留护本部。诏允之。遂兼统黑军及团结西山八十二寨民兵，声势大振。贼再犯保定，皆不利退走。进中奉大夫，赍上尊四、马百匹。顷之，召还为详定使。月鲁不花去一月，保定竟陷于贼。改大都路达鲁花赤。执政以耶律楚材墓地给番僧，月鲁不花持之，卒弗与。转吏部尚书。初，永平贼程思忠据府城。其党雷帖木儿伪降，事觉，为官军所杀。至是，诏月鲁不花招抚思忠，众皆危之。月鲁不花毅然曰：“臣死君命，分也。奈何先计祸福？”竟入城谕贼，思忠感泣纳降。还拜翰林侍读学士。俄复授大都达鲁花赤。召见宣文阁，帝与皇后、皇太子皆遣使赐内醞。

进资善大夫，拜江南行台御史中丞。陛辞，帝御嘉禧殿慰劳之，赐上尊、金、币。皇太子亦书“成德诚明”四字赐之。江南道梗，月鲁不花航海赴绍兴。顷之，进一品阶，改浙西肃政廉访使。已而张士

诚据杭州，月鲁不花谓其侄同寿曰："吾家世受国恩，恨不能杀贼以
图报，乃与贼同处耶！"使同寿具舟载其孥，而自匿柜中，以稿秸蔽
之，脱走至庆元。士诚知之，遣铁骑百余，追至曹娥江，不及而返。

　　俄改山南道肃政廉访使，浮海北行，至铁山，遇倭船甚众。贼登
舟，攫月鲁不花，令拜伏。骂曰："吾国家大臣，宁为贼拜乎！"遂遇
害。家奴那海乘间刺贼首，杀之，与月鲁不花次子枢密院判官老哥、
兄子百家奴，俱死。事闻，赠推忠宣武正宪徇义功臣、金紫光禄大
夫、福建行省平章政事、上柱国、邓国公，谥忠肃。

　　阿剌罕，为老温第二子也。以恭谨事太祖。太祖尝被创甚，阿
剌罕疗之七日而愈。

　　子锁兀都，太宗命侍阔端太子于河西。其妻为只必帖木儿王保
母。

　　锁兀都一子曰唐台斛，领王府怯薛官及所属民匠户。

　　唐台斛诸子，知名者曰健都班，领王府怯薛管军民诸色人匠。
至顺二年，授永昌路总管。泰定二年，迁本路达鲁花赤，阶中顺大
夫。又迁王府中尉。天历二年，只必帖木儿入觐，荐其从臣五十人
为宿卫，以健都班为第一。奏对称旨，拜同佥太常礼仪院。俄迁监
察御史、中书省左司员外郎，累擢治书侍御史。卒。

　　史臣曰：太祖困约时，博尔术独慕义相从，赤老温则冒死以救
之，博尔忽受命讨贼捐躯，膇而不悔，咸有国士之风。玉昔帖木儿、
月赤察儿出入将相，为时名臣。月鲁不花尤以节义显《春秋》之法，
善，善及子孙。贤者之宜有后，谅矣哉。

新元史卷一二二
列传第一九

速不台 兀良合台　阿术　卜怜吉歹
也速觲儿

速不台，兀良合氏。兀良合为塔立斤八族之一。蒙古俗，闻雷
匿不敢出。兀良合人闻雷则大呼与雷声相应。故人尤骁悍。

速不台远祖捏里必，猎于斡难河上，遇敦必乃汗，因相结为按
答。捏里必生孛忽都，众目为折里麻，译语有知略人也。孛忽都孙
合赤温，生哈班、哈不里。哈班二子：长忽鲁浑，次速不台，俱善骑
射。太祖在巴勒渚纳，哈班驱群羊以献，遇盗被执。忽鲁浑兄弟继
至，以枪刺一人杀之，余党逸去，遂免父难。忽鲁浑以百户从太祖，
与乃蛮战于阔亦田之野，遇大风雪。忽鲁浑乘风射之，敌败走。

速不台，以质子事太祖，亦为百户。太祖即位，擢千户。七年，
从太祖伐金，攻桓州，先登，拔其城，赐金帛一车。

十一年，太祖以蔑儿乞乘我伐金收合余烬，会诸将于和林，问：
"谁能为我征蔑儿乞者？"速不台请行。太祖壮而许之。山路险峻，
命裹铁于车轮，以防摧坏。速不台选裨将阿里出领百人先行，觇蔑
儿乞之虚实，戒之曰：汝止宿必载婴儿具以行，去则遗之，使若挈家
而逃者。蔑儿乞见之，果以为逃人，不设备。十三年，速不台进至吹
河大破之，尽歼其众。

十四年，太祖亲征西域，命速不台与者别各率万人，追西域主
阿剌哀丁，戒以"遇彼军多，则不与战，而俟后军。彼逃，则亟追勿

舍。所过城堡降者,勿杀掠。不降则攻下之,取其民为奴。不易攻,则舍去,毋顿兵坚城下。"时西域主弃撒马尔罕远遁,速不台、者别渡阿母河,分路追之。西域主逃入里海岛中,未几病死。尽获其珍宝以献。事具《西域传》。太祖曰:"速不台枕戈血战,为我家宣劳,朕甚嘉之。"赐以大珠银瓮。速不台与者别遂入其西北诸部,诸酋皆望风纳款。

西域军事略定,十六年,太祖命速不台与者别进讨奇卜察克,循里海之西入高喀斯山,大破奇卜察克之众,杀其部酋之弟玉儿格。其子塔阿儿匿于林中,为奴所告,执而杀之。速不台纵奴为民,还以闻,太祖曰:"奴不忠于主,肯忠事他人?"并戮之。奇卜察克酋遁入斡罗斯境,速不台、者别引兵至喀勒吉河,与斡罗斯战于孩儿桑之地,斩获无算。速不台奏以蔑儿乞、乃蛮、怯烈、康邻、奇卜察克诸部千户,通立一军。从之。初,太祖命速不台、者别以三年为期,由奇卜察克返至蒙古地,与太祖相见。至是,二将凯旋,遵太祖之命而返。

十九年,太祖亲征西夏,以速不台比年在外,恐其父母思之,遣归省。速不台奏,愿从西征,太祖命度大碛以往。二十一,年破撒里畏兀、特勒、赤闵等部,及德顺、镇戎、兰、会、洮、河诸州,得牝马五千匹,悉献于朝。二十二年,闻太祖崩,乃还。

太宗即位,尚秃灭干公主。从太宗伐金,围庆阳。我军及金人战于大昌原,败绩。命速不台援之。二年,速不台与金将完颜彝战于倒回谷,又失利,为太宗所责。睿宗曰:"兵家胜负不常,宜令速不台立功自效。"遂命引兵从睿宗南伐。

三年冬,出牛头关,遇金将合达率步、骑十五万赴援。睿宗问以方略,速不台曰:"城居之人,不耐劳苦。数挑战以劳之,乃可胜也。"睿宗从之。明年正月,大败金于三峰山,合达走钧州,追获之。合达问:"速不台安在? 愿识其人。"速不台出曰:"汝须臾人耳,识我何为?"合达曰:"人臣各为其主,我闻卿勇盖诸将,故欲见之。"其为敌国畏服如此。

三月，从太宗至汴。金人议守汴之策，舍里城而守外城。外城，周世宗所筑，坚不可攻。速不台以步、骑四万围之，又征沿河州县兵四万，募新兵二万，共十万人，分屯百二十里之内。大治攻具，驱降人负薪填堑，彀强弩百张，攻城四隅，仍编竹络盛石投之，未几积石高与城等。守者亦仿制竹络，盛所投之石还击之，复以铁罐盛火药掷于下，爆发，声闻数十里，名曰震天雷，迸裂百步外。我军冒牛皮至城下，穴隧道。城人缚震天雷于铁绳，縆击之，又制喷火筒箭，激射十余步。我军惟畏此二器。攻十又六日，城不下，乃许金人和，纳其质曹王讹可。

四月，车驾北还，留速不台统所部兵镇河南。速不台谬为好语曰："两国已讲好，尚相攻耶？"金人就应之，出酒炙犒师，且赂以金币。乃退驻汝州，托言避暑，掠其粮饷，俟饥疲自溃。已而金飞虎卫士杀使臣唐庆等三十余人，和议中败。速不台复帅师围汴，金主弃汴北走。明年正月，追败之于黄龙岗，金主南走归德。未几，又走蔡州。金崔立以汴降，速不台杀金荆、益二王及宗室近属，俘其后妃、宝器，献于行在。

七年，太宗以奇卜察克、斡罗斯诸部未定，命诸王拔都讨之，而以速不台为副。八年，速不台首入布而嘎尔部，太祖时其部降而复叛，至是悉平之。九年，入奇卜察克。奇卜察克别部酋八赤蛮数抗命，太宗遣速不台出帅，即曰："闻八赤蛮有瞻勇，速不台可以当之。"至是八赤蛮闻速不台至，大惧，遁入里海。速不台俘其妻子以献。十年，复从拔都入斡罗斯，悉取斡罗斯南北诸部，事具《拔都传》。

当拔都攻斡罗斯之属国马札儿部，速不台与诸王五道分进。马札儿酋贝拉军势盛，拔都退渡漷宁河，与贝拉夹水相持。上游水浅，易涉、复有桥，下游水深。速不台欲结筏潜渡，绕出敌后。诸王先济，拔都军争桥，反为敌乘，没甲士三十人并摩下将八哈秃。既济，诸王又以敌众，欲邀速不台返。"速不台曰："王自返，我不至杜恼河马札剌城，不返也。"乃进至马札剌城，诸王继至，遂攻拔之。拔都与诸王言曰："漷宁河之战,速不台救迟,杀我八哈秃。"速不台曰："诸王惟知上游水浅,且有桥,遂渡而与战,不知我于下游结筏未成。今但言我迟,当思其故。"于是拔都亦悟。后大会,饮以马乳及葡萄酒,言征贝拉时事,推功于速不台。拔都与诸王饮酒先酢,诸王怒,拔都驰奏其事。时定宗先归,太宗切责之,谓诸王得有斡罗斯部众,实速不台之力云。

太宗崩,诸王会于也只里河,拔都欲不往。速不台曰:"大王于族属为兄,安得不往?"拔都卒不从其言。定宗即位,速不台俟朝会毕,遂请老,家于秃剌河上。定宗三年,卒,年七十三。至大三年,赠效忠宣力佐命功臣、开府仪同三司、上柱国,追封河南王,谥忠武。子兀良合台。

兀良合台,太祖时以功臣子,命监护皇孙蒙哥。后掌宪宗潜邸宿卫。太宗五年,从定宗擒布希万奴于辽东。又从诸王征奇卜察克、斡罗斯、孛烈儿诸部。定宗元年,又从拔都讨孛烈儿乃、捏迷思部,平之。定宗崩,拔都与诸王大将会于阿勒塔克之地,定议立宪宗。定宗皇后遣使告拔都,宜更议。兀良合台对曰:"议已定,不能复变。"拔都曰:"兀良合台言是也。"宪宗遂即大位。

宪宗二年,命世祖讨西南夷诸部,以兀良合台总军事。三年,世祖师次塔拉,分三道而进。兀良合台由西道逾宴当岭,入云南境,分兵攻白蛮察罕章诸寨,皆下之。至阿塔剌所居半空和寨,倚山带江,地势峻险。兀良合台立炮攻之。阿塔剌自将来拒。兀良合台遣其子阿术逆击之,阿塔剌败遁,并其弟阿叔城俱拔之。

是年十二月,世祖入大理都城,国王段兴智迎降,获大理将高祥于姚州,留兀良合台攻诸蛮之未下者,遂班师。四年,兀良合台攻乌蛮,次罗部府,败蛮酋高华,进至押赤城。城三面濒滇池,兀良合台以炮攻其北门,又纵火焚之,皆不克,乃鸣钲鼓震之,使不知所为。凡七日,伺其惰,阿术乘虚而入,遂克之。余众依阻山谷,命诸将掩捕之。围合,阿术引善射者三百骑四面蹙之。兀良合台先登陷阵,尽歼其众。又攻拔纤寨。至干德格城,环城立炮,以草填其堑而渡,阿术率所部搏战城上,克之。

五年,攻不花合因、阿合阿因诸城,又攻赤秃哥寨及鲁鲁斯国塔浑城、忽兰城,皆克之。鲁鲁斯国请降。阿伯国有胜兵四万,负固不下。阿术突其城而入,乃举国请降。又攻拔阿鲁山寨及阿鲁城,遇赤秃哥军于合打台山,大败之,杀获几尽。凡平大理五城八府四郡,及乌、白蛮三十七部。

六年征白蛮波丽部,其酋细蹉甫降,与段兴智同时入觐,云南平。诏以便宜取道,与铁哥带儿兵合,遂自乌蒙赴泸江,破秃剌蛮三城,击败宋兵,夺其船二百艘于马湖江,通道于嘉定、重庆,抵合州。

七年,献夷捷于朝,请依汉故事,以西南夷为郡县;从之。赐其军银五千两、彩币二万四千匹,授银印,进都元帅。还镇大理。

秋九月,遣使招降交趾,不报。遂伐之。其国主陈日煚,隔洮江,列象骑以拒。兀良合台分兵为三队济江,部将彻彻都从下游先济,兀良合台居中,驸马怀都与阿术殿后。仍授彻彻都方略曰:"汝既济,勿与之战,蛮必逆我。俟其济江,我使怀都邀之,汝夺其船。蛮败而返走,无船以济,必为我擒。"彻彻都违命,登岸即纵兵击之,日煚虽大败,得乘舟逸去。兀良合台怒曰:"先锋违我节制,国有常刑。"彻彻都惧,饮药死。兀良合台入交趾,日煚遁海岛。得前所遣使者于狱,以破竹钳其体入肤,一使死焉。兀良合台怒屠城人以报之。越七日,日煚请内附,乃大飨将士而还。

是年,宪宗大举伐宋。八年,侵宋播州,士卒遇炎瘴多病,兀良合台亦病,遂失利。诏兀良合台还军趋长沙。兀良合台率骑三千,蛮僰万人,拔横山寨,入老苍关,徇宋内地。宋将以兵六万来拒。遣阿术自间道袭败之。自贵州入静江府,连克辰、沅二州,直抵潭州。宋将向士璧固守不下。世祖遣铁迈赤迎兀良合台于岳州,乃解围引军而北。作浮桥于鄂州之新生州,以济师。宋将夏贵率舟师断我浮桥,进至白鹿矶,又获我殿兵七百人。兀良合台力战,始渡江,与世祖军合。

世祖中统元年夏四月,兀良合台至上都。至元九年,卒,年七十二。追封河南王,谥武毅。子阿术。

初,兀良合台事宪宗于潜邸,及拔都议立宪宗,兀良合台实助之。世祖即位,宪宗诸子从阿里不哥于和林,兀良合台为宪宗旧臣,世祖疑而忌之。故讨阿里不哥,兀良合台以宿将,独摈而不用焉。

阿术,有智略,临阵勇决。从兀良合台征西南夷,率精兵为候骑,所向有功,平大理、乌白等蛮,及伐安南,阿术出奇制胜,尤为诸将推服。兀良合台驻军押赤城,奉命会师于鄂州。濒行,阿术战马五十匹为秃剌蛮所掠,侦之,有三蛮寨,匿马山巅。阿术率健士攀崖而上,生获蛮酋,尽得前后所盗马一千七百匹,乃屠押赤城而去。宪宗劳之曰:“阿术未有名位,挺身许国,特赐黄金三百两,以勉将来。”

中统三年,从诸王拜出、帖哥征李璮有功。九月,授征南都元帅,治兵于汴。至元元年八月,略地两淮,军声大振。

四年八月,侵宋襄阳,取仙人、铁城等栅,俘生口五万。军还,宋兵邀于襄、樊。阿术乃自安阳滩济江,留精骑五千阵牛心岭,复立虚寨。燃火为疑兵。夜半,敌果至,斩首万余级。初,阿术过襄阳。驻马虎头山,指汉东白河口曰:“若筑垒于此,襄阳粮道可断也。”五年,遂筑鹿门、新城等堡,又筑台汉水中,与夹江堡相应. 自是宋兵援襄者不能进。

六年七月,大霖雨,汉水溢,宋将夏贵、范文虎相继率兵来援,复分兵出入两岸林谷间。阿术谓诸将曰:“此张虚形,不可与战,宜整舟师备新堡。”诸将从之。明日宋兵果趋新堡;大破之,获战船百余艘。于是分水军筑圆城,以逼襄阳。文虎复率舟师来救,来兴国又以舟师侵百丈山;前后邀击于淌滩,俱败之。

九年三月,破樊城外郭,增筑重围以困之。宋裨将张贵装军衣百船,自上流入襄阳,阿术要击之,贵仅得入城。九月,贵乘轮船顺流东走,阿术与元帅刘整分泊战船以待,燃薪两岸如昼,阿术追战至柜门关，擒贵，余众尽死。加同平章事。先是，宋兵植木江中，联以铁锁，中设浮梁以通襄、樊援兵，樊城恃此为固。至是，阿术以机锯断木，以斧断锁，焚其桥，襄兵不能援。十年，遂拔樊城，襄阳守将吕文焕惧而出降。

是年七月，奉命略淮东。抵扬州城下，守将千骑出战。阿术伏兵道左，佯北。宋兵遂之；伏发，擒其骑将王都统。

十一年正月，入觐，与参政阿里海牙奏请伐宋。帝命政府议，久不决。阿术进曰：“臣久在行间，备见宋兵弱于往昔，失今不取，时不再来。”帝乃从其议，诏益兵十万与丞相伯颜、参政阿里海牙等同伐宋。三月，进平章政事。

秋九月，师次郢之盐山，得俘民言：“宋沿江九郡精锐，尽聚郢州东、西两城，今舟师出其间，骑兵不得护岸，此危道也。不若取黄家湾堡，东有河口，可拖船入湖，转入江中为便。”从之。遂舍郢州而去，行大泽中，忽宋兵千骑突至。时从骑才数十人，阿术即奋槊驰击，所向畏避，追斩五百余级，生擒其将赵文义、范兴。进攻沙洋、新城，拔之。次复州，守将翟贵迎降。

时夏贵锁大舰扼江口，两岸备御坚严。阿术用禆将马福计，回舟沦河口，穿湖中，从阳罗堡西沙芜口入大江。十二月，军至阳罗堡，攻之不克，阿术谓伯颜曰：“攻城，下策也。若分军船之半，循岸西上，对青山矶止泊，伺隙捣虚，可以得志。”从之。明日，阿术遥见南岸沙洲，即率众趋之，载马后随。宋将程鹏飞来拒，大战中流，鹏飞败走。诸军抵沙洲，攀岸步斗，开而复合者数四，敌稍却，出马于岸上骑之，宋兵大败，追击至鄂东门而还。夏贵闻阿术飞渡，大惊，引麾下兵三百艘先遁，余皆溃走，遂拔阳罗堡，尽得其军实。

伯颜议师所向，或欲先取蕲、黄，阿术曰：“若赴下流，退无所据，上取鄂、汉，虽迟旬日，可以万全。”乃水陆并趋鄂、汉，焚其船三千艘，烟焰涨天，汉阳、鄂州大恐，相继降。

十二年正月，黄、蕲二州降。阿术率舟师趋安庆，范文虎迎降。继下池州。宋丞相贾似道拥重兵拒芜湖，遣宋京来请和。伯颜谓阿术曰:"有诏令我军驻守,何如?"阿术曰:"若释似道不击,恐已降州郡今夏难守,且宋无信,方遣使请和,而又射我军船,执我逻骑。今日惟当进兵,事若有失,罪归于我。"二月辛酉,师次丁家洲,与宋前锋孙虎臣对阵。夏贵以战舰二千五百艘横亘江中,似道将兵殿其后。时伯颜已遣骑兵夹岸而进,两岸树炮,击其中坚,宋军阵动,阿术挺身登舟,手自持舵,突入敌阵,诸军继进,宋兵遂大溃。似道东走扬州。

四月,命阿术分兵围扬州。庚申,次真州,败宋兵于珠金砂,斩首二千余级。既抵扬州,乃造楼橹战具于瓜洲,漕粟于真州,树栅以断其粮道。宋都统姜才领步骑二万来攻栅,敌军夹河为阵,阿术麾骑士渡河击之,战数合,坚不能却。众军佯北,才逐之,我军回击,万矢雨集,才军不能支,擒其副将张林,斩首万八千级。

七月庚午,宋将张世杰、孙虎臣以舟师万艘驻焦山东,每十船为一舫,联以铁锁,以示必死。阿术登石公山,望之,舳舻连接,旌旗蔽江,曰:"可烧而走也。"遂选强健善射者千人,载以巨舰,分两翼夹射,阿术居中,合兵而进,以火矢烧其篷樯,烟焰涨天。宋兵既碇舟死战,至是欲走不能,前军争赴水死,后军散走。追至圌山,获黄鹄白鹞船七百余艘,自是宋人不复能军。

十月,诏拜中书左丞相,仍谕之曰:"淮南重地,李庭芝狡诈,须卿守之。"时诸军进取临安,阿术驻兵瓜洲,以绝扬州之援。伯颜兵不血刃入临安,以得阿术控制之力也。

十三年二月,夏贵率淮西诸城来附。阿术谓诸将曰:"今宋已亡,独庭芝未下,以外助犹多故也。若绝其声援,塞其粮道,尚恐东走通、泰,逃命江海。"乃栅扬之西北丁村,以断高邮、宝应之馈运,贮粟湾头堡,以备捍御;留屯新城,以逼泰州。又遣千户伯颜察儿率甲骑三百助湾头兵势,且戒之曰:"庭芝水路既绝,必从陆出,宜谨备之。如丁村烽起,当首尾相应,断其归路。"六月甲戌,姜才知高邮米运将至,果夜出步骑五千犯丁村栅。至晓,伯颜察儿来援,所将皆阿术麾下精兵,旗帜画双赤月。众军望其尘,连呼曰:"丞相来矣!"

宋军败溃，才脱身走，杀其骑兵四百，步卒免者不满百人。壬辰，李庭芝以朱焕守扬州，挟姜才东走。阿术率兵追袭，杀步卒千人，庭芝仅入泰州，遂筑垒以守之。七月乙巳，朱焕以扬州降。乙卯，泰州守将孙贵，胡惟孝等开北门纳降，执李庭芝、姜才，斩于扬州市。阿术申严士卒，禁暴掠。有武卫军校掠民二马，即斩以徇。两淮悉平，得府二、州二十二、军四、县六十七。九月辛酉，入见世祖于大明殿，陈宋俘。第功行赏，实封泰兴县二千户。

寻受命讨叛王昔刺木等。十七年，卒于别失八里军中，年五十四。赠开府仪同三司、太尉、并国公，谥武宣。加赠推诚宣力保大功臣、上柱国，追封河南王，改谥武定。子卜怜吉歹。

卜怜吉歹，至元二十七年为江浙行省平章政事。婺州贼叶万五寇武义县，卜怜吉歹将兵讨平之。十一月，改江淮行省平章政事。二十八年，奏言：“福建盗贼已平，惟浙东一道地极边，恶贼所巢穴。今复还三万户，以合剌带一军戍明、台，亦怯烈一军戍温、处，札忽带一军戍绍兴、婺州。其宁国、徽州，初用土兵，后皆与贼通。今以高邮、泰州两万户戍汉阳者易地戍之。扬州、建康、镇江三城跨据大江，人民繁会，置七万户府。杭州行省诸司府库所在，置四万户府。择濒海沿江要害二十二所，分兵阅习水战，伺察盗贼。钱塘控扼海口，仅置战船二十艘，故海贼屡出夺船，请增置战船百艘、海船二十艘。”世祖俱从之。迁河南行省左丞相。延祐元年，封河南王。

卜怜吉歹性宽恕。一日掾吏田荣甫抱文牍请印，卜怜吉歹命取印至，荣甫误触之坠地，印朱溅卜怜吉歹新衣，卜怜吉歹色不稍动。又郊行，左右捧笠侍，风吹笠坠，碎御赐玉顶，卜怜吉歹笑曰：“是有数也。”谕使勿惧。论者拟之后汉刘宽云。

子童童，中奉大夫、集贤侍讲学士，累官江浙平章政事。

也速儁儿，本名帖木儿，避成宗讳改名。忽鲁浑之孙，大宗正札鲁忽赤哈丹子也。雄毅有谋略，读书能知大意。幼事世祖于潜邸。

阿术伐宋,言于帝,以也速觮儿为副,从阿术攻拔襄、樊。至元十一年,伯颜与阿术会于襄阳,分三道并进。阿术由中道将渡江,也速觮儿献捣虚之计,夜半绝江径济。黎明,与宋将夏贵战于阳罗堡,败之,遂入鄂州。宋都督贾似道与大军相拒于丁家洲,其前锋孙虎臣来逆战。也速觮儿乘高望之,见其阵势首尾横,决以战舰冲之。似道先遁,其众一时俱溃。十二年,阿术攻扬州,使也速觮儿与宋将战于扬子桥,出奇兵断真州运道。宋将张世杰以舟师屯扬子江中流,从阿术击之,以火箭烧其船篷,大败世杰于焦山下。宋平,授行中书省断事官,阶怀远大将军。十五年,进昭勇大将军。

十六年,除淮东道宣慰使,迁镇国上将军,奉中书省檄奏报边事,也速觮儿入对便殿,出奏读于怀中。帝召近臣进读,适左右无其人,也速觮儿奏,臣亦粗知翰墨,乃诵其文,而以国语译之,敷陈明畅。帝悦,使纵横行殿中,以察之。命参知中书省事。二十二年,安童自北庭归,奏也速觮儿蒙古人,又通习汉文,久淹下位,宜加擢用,帝问:“居其上者谁也?”对曰:“参政郭佑,参议秃鲁花、拜降。”即日擢中奉大夫、中书参知政事,位郭佑上,仍敕之曰:“自今事皆责成于汝。二十三年,进资德大夫、中书左丞。二十四年、拜荣禄大夫、尚书省平章政事。从讨乃颜,复与诸将擒其将金家奴、塔不觮等。帝以也速觮儿家贫,赐钞五千锭。

二十七年,武平地震,奸人乘灾异相扇诱,有宗王三人皆为所诳。帝虑乃颜余党复为乱,遣也速觮儿率兵五百人镇抚之。以便宜蠲田租、弛商税,运米万石以赈民灾,鞫三宗王,谕以祸福轻重,皆引伏。事闻,帝甚韪之。自辽阳行省至上都,道路回远,也速觮儿奏请从高州以北开新道裁旧驿五,其三备他驿物力之乏绝,其二隶于虎贲司,给田宅为屯户,公私便之。

是时,桑哥秉政久,恣为贪虐,也速觮儿劾其奸,帝始悟。后完泽等复相,继言之,桑哥竟伏诛。未几,拜江浙行省平章政事。大德二年卒,年四十五。也速觮儿喜荐士,凡所甄拔,多至通显。至正八年,赠推忠宣力守正佐理功臣、太傅、开府仪同三司、上柱国,追封安庆王,谥武襄。

三子:忽速觽,江浙行省平章政事;探进,御史中丞;木八剌沙,南阳府达鲁花赤。孙:脱因纳,陕西行台御史大夫;纽儿该,同知都护府事;古纳剌,上都留守。

史臣曰:速不台与者勒蔑、忽必来、者别齐名,太祖拟之四猎犬,常为军锋。者勒蔑等前卒,独速不台历事三朝,年逾耆艾,子孙俱为名将,至其曾孙启王封。乃知道家三世之忌,非古今通论也。

新元史卷一二三
列传第二○

者勒蔑 也孙帖额　　忽必来　　者别

　　者勒蔑,兀良合氏。父札儿赤兀歹,与烈祖有旧。太祖初生,札儿赤兀歹以貂鼠里袄献。时者勒蔑亦在襁褓,言于烈祖,请俟长大为太祖服役。及太祖娶光献皇后,往见王罕于土兀剌河,归至不儿罕山,札儿赤兀歹率者勒蔑来附,者勒蔑与博尔术及太祖弟别勒古台从太祖避蔑儿乞之难,捍御甚力。后者勒蔑之弟察兀儿罕亦慕义归于太祖。

　　太祖称汗,命者勒蔑与博尔术为众怯薛长。太祖与泰亦兀赤战于斡难河,颈疮甚,者勒蔑吮其血,至夜半,太祖始苏,渴索饮。者勒蔑裸入敌营,挈一桶酪返,来往无觉者。调酪饮太祖,遂愈。太祖问:“何为裸入敌营?”者勒蔑曰:“我如被擒,便谓本欲来降,事觉,解衣就戮,乘间得脱走。彼必信我言,而用我,可以盗马驰归。”太祖嘉叹之。自是人称为者勒蔑乌该。乌该者,译言大胆贼也。及王罕来袭,太祖分军于卯温都赤山,以者勒蔑为前锋,败之。太祖攻乃蛮太阳罕,以者勒蔑与者别、忽必来、速不台为前锋,一战擒之。

　　太祖即皇帝位,大封功臣,授者勒蔑千户,赦罪九次。其子也孙帖额为豁儿赤千人之长,者勒蔑弟察兀儿孩亦授千户,太祖使为哈萨儿使者,伪请降于王罕。事具《王罕传》。者勒蔑与者别、忽必来、速不台同以骁悍名,又归附独早,以先卒,故功名不及者别、速不台之著。

也孙帖额以附诸王为乱，为宪宗所诛。太祖尝谓："诸将之勇，无过也孙帖额，终日战而不疲，不饮、不食而不饥渴。然不可使为将，以其视人犹己，士卒疲矣，饥渴矣，而彼不知也。故为将必知己之疲、己之饥渴，而后能推之于人云。"

忽必来，巴鲁剌思氏，与族人忽都思同侍太祖左右，又与太祖弟合撒儿同为佩刀宿卫。太祖伐四种塔塔儿，誓师破敌勿掠弃物，俟军事毕散之。及战胜，阿勒坛、火察儿、答里台三人背约，帝怒，使忽必来与者别尽夺所获，分于军士，于是一军肃然。太祖伐乃蛮，遣忽必来与者别为前锋，至撒阿里客额儿，遇乃蛮哨探，游骑往来相逐。我队中羸马有逸入敌营者，太阳罕信为蒙古马瘦，利速战，遂进兵，为太祖所擒。事具《乃蛮传》。

太祖践尊位，谓忽必来曰："凡刚硬不服之种族，汝皆服之。汝与者勒蔑、者别、速不台四人，如我之猛犬，临阵以汝四人为前锋。博尔术、木华黎、博尔忽、赤老温随我主儿扯歹、亦勒答儿立我前，使我心安。以后军事汝皆长之。"又曰："别都温性执拗，汝怒之，吾亦知之，故不令其管兵，今试与汝同为千户，视其后效何如。"其见倚重如此。六年，命忽必来征合儿鲁兀惕部，降其部长阿儿思兰。未几卒。

者别，别速特氏。托迈力汗第九子钦达台之后也。国语九为伊苏，又转为别速。别速特人素附泰亦兀赤，与太祖交恶。太祖败泰亦兀赤等于阔亦田之野，别速特部众溃散，者别匿于林薮。太祖出猎见之，令博尔术追捕，乘太祖战马而往，马口色白，国语名为"察罕忽失文秫骊。"博尔术射者别不中，者别射其马毙之，遂逸去。后与锁儿罕失剌来降。太祖问："阔亦田之战，自岭上射断我马项骨者为谁？"者别曰："我也。若赐死只污一掌地。若赦其罪，愿效命以报。"太祖嘉其不欺，遂赦而用之。先为什长，浡擢为千户。

太祖即位五年，金人筑乌沙堡，命者别袭杀其众。六年，太祖自将伐金，以者别与亦古捏克为前锋，拔乌沙堡、乌月营。至居庸关，金人守御甚固，者别回军诱敌，金人悉出追之，大败。者别遂入居庸，抵中都城下。复攻东京，不拔，夜引去。时已岁除，金人谓大军已退，不设备。逾数日，者别倍道疾趋，突入其城，大掠而还。八年，金兵复守居庸，仍为者别所取。

十一年，太祖北还，时古出鲁克盗据西辽，命者别征之。明年，师至垂河，所过城邑望风降附，古出鲁克西奔。又明年，者别使曷思麦里逾葱岭追之，及诸撒里黑昆，斩其首以徇。诸部军中获马千匹，皆口白色者，归献于太祖曰：“臣请偿昔者射毙之马。十四年，太祖亲征西域，以者别为前锋，速不台为者别后援，脱忽察儿又为速不台后援，追西域主阿拉克丁。西域主窜海岛而死，俘其母、妻及珍宝以献。复攻下西域各城，入其西北邻部曰阿特耳佩占，曰角儿只，曰失儿湾，皆望风款服。

十六年，西域略定。太祖复命者别与速不台进军里海之西，以讨奇卜察克。军入高喀斯山，奇卜察克、阿速、撒耳柯思等部据险邀之。者别以众寡不敌，乃甘言诱奇卜察克谓：“我等皆同类，无相害意，何必助他族以伤同类？”奇卜察克信其言而退。者别引军出险败阿速等部，急追奇卜察克，纵兵奋击，杀其霍滩之弟玉儿格及其子塔阿儿，告捷于太子术赤，请济师。时术赤驻军于里海东，分兵助之。十七年冬，新军至，乘冰合，渡浮而嘎河，遂下阿斯塔拉干城。遇奇卜察克兵，又败之，军分为二，俱引而西：一军追败兵过端河，一军至阿索富海之东南，平撒耳柯思、阿速等部，遂自阿索富海履冰以至黑海，入克勒姆之地。两军复合。

霍滩遁入斡罗斯境，乞援于其婿哈力赤王穆斯提斯拉甫。哈力赤王集斡罗斯南部诸王于计掖甫，议出境迎击。者别、速不台遣使十人来告：“蒙古所讨者奇卜察克，与斡罗斯无衅，必不相犯。奇卜察克素与贵国构兵，盍助我以攻仇敌？”斡罗斯诸王谓：“先以此言饵奇卜察克，今复饵我，不可信。”执十人杀之。者别、速不台复遣使谓：“杀我行人，曲在汝。天夺汝魄，自取灭亡。请一战以决胜负！”

库滩又欲杀之。斡罗斯人释之，约战期。哈力赤王先以万骑东渡帖尼博耳河，败前锋裨将哈马贝，获而杀之。诸王皆引兵从之。至喀勒吉河，与大军遇。时斡罗斯军分屯南北，南军为计掖甫、扯耳尼哥等部，北军为哈力赤等部及奇卜察克之兵。哈力赤王轻敌，独率北军渡河，战于孩儿桑之地。胜负未决。奇卜察克兵先遁，我军乘之，斡罗斯兵大溃。哈力赤王走渡河，即沉其舟，后至者不得渡，悉为我军所杀。南军不知北军之战，亦不知其败，我军猝至，围其垒，三日不下。诱令纳贿行成，俟其出，疾攻之，斩馘无算。我军西至帖尼博河，北至扯耳尼哥城及诸拂敦罗特城、夕尼斯克城而止。捷书至太祖行在，诏以马十万匹犒师，封术赤于奇卜察克，以辖西北诸部。十九年，术赤西行，者别与速不台归术赤部兵，自率所部东返。中道卒。

初，者别名只儿豁忽阿歹，太祖以其射毙战马，赐名者别，国语梅针箭也。

子忽生孙，为千户。忽生孙子哈拉，从旭烈兀入西域。者别弟蒙都萨洼儿，侍拖雷左右。其子乌勒思，亦入西域。者别后，在西域者甚众。

史臣曰：者勒蔑、忽必来、者别，所谓熊罴之士，不二心之臣也。者勒蔑屡拯太祖所于患难，忽必来之勇素为太祖所知，其视者别奋自降虏者盖不侔矣。然其功名反出者勒蔑、忽必来之右。吾益叹太祖弃仇雠、任智勇，其雄略为不可及也。

新元史卷一二四
列传第二一

术赤台　怯台　哈答
畏答儿　博罗欢　伯都

　　术赤台，兀鲁特氏。其先纳臣拔都，太祖八世祖蔑年土敦第七子也，生二子：长曰兀鲁特、次曰忙兀特，子孙遂以名为氏。术赤台为兀鲁特之六世孙。兀鲁特与忙兀特、札剌儿、宏吉剌、亦乞列思，归附太祖最早，号为五投下。

　　术赤台，有胆略，勇冠一时。始附札木合，后见札木合残暴，与忙兀特部长畏答儿各率所部归于太祖。

　　王罕袭太祖于卯温都儿山，太祖仓卒闻变，阵于合剌合勒只沙陀。王罕问札木合："帖木真部下诸将，勇敢者为谁？"札木合曰："兀鲁特、忙兀特二部人健斗，兀鲁特花藜，忙兀特黑藜，当者慎之。"于是，王罕使其骁将合答黑失当二部，而以阿赤黑失伦、豁里失列门继之。是时，王罕之众数倍于我，其子桑昆有智勇，人畏之。将战，诸将见众寡不敌，言于太祖，请使术赤台为前锋。太祖从之。畏答儿亦愿为前锋。遂各率所部以进，败合答黑失等。阿赤黑失伦以土棉秃别干之众援之，刺畏答儿堕马，忙兀特人还救之。术赤台率兀鲁特一军转战而前，连败土棉秃别干、斡栾董合亦特及豁里失烈门所领护卫千人，直入王罕中军。桑昆见事亟，亲来搏战，术赤台射中其颊。桑昆创甚，王罕始敛兵而退。是役也，微术赤台力战，几败。

　　王罕已退，太祖引军至答兰捏木儿格，仅有二千六百骑。太祖自将其半循合泐合水西岸，术赤台与畏答儿将其半循东岸而行，使术赤台说宏吉剌部降之。太祖遂驻于董嘎淖尔、脱儿哈火鲁罕。后太祖袭王罕于彻彻儿温都water，复以术赤台与阿儿孩合撒儿为前锋，昼夜兼行，出其不意攻之。王罕父子方酌马湩于金帐，不设备，其部众悉为太祖所俘，王罕父子走死。又从太祖伐乃蛮，术赤台为第二军队。乃蛮平，王罕之弟札合敢不降而复叛，术赤台以计诱执之。太祖尝谕之曰："朕望术赤台如高山前之日影。"其见重如此。

太祖称尊号，授千户，命统兀鲁特部，世世勿替，又赐宫嫔亦巴合以赏其功，即札合敢不之女也。仍命亦巴合位下之岁赐，依旧给之。太祖谓亦巴合曰："昔汝父媵汝二百人，且使阿失黑帖木儿、阿勒赤黑二人为汝主膳。今以其半从汝往兀鲁特氏，留阿失黑帖木儿及其余百人为记念。"或云太祖一日得恶梦，不怿，遂以亦巴合赐术赤台云。

十一年，术赤台与合撒儿、脱仑徇女真故地，攻大宁城克之。后卒。

弟察乃，亦封千户，为怯薛长，领侍卫千人。

术赤台子怯台，有才武，与父同时封千户。从太祖伐金与宏吉剌人薄察，别将疑兵屯居庸北口。者别绕攻南口，克之，遂入居庸。及攻中都，怯台与哈台将三千骑驻近郊，以断援兵之路。怯台以父佐命功封郡王。

二子：曰端真，曰哈答。

怯台卒，端真嗣封。太宗八年，赐端真德州二万户为食邑。至元十八年，又增二万一千户，肇庆路连州及德州属邑俱隶焉。

世祖讨阿里不哥，哈答与畏答儿之曾孙忽都忽跪言："臣祖父幸在先朝屡立战功。今北讨，臣等又幸少壮，愿如祖父以力战自效。"世祖允之。从诸王合丹、驸马纳陈为右翼，战于昔木土，又战于失烈延塔兀之地，以功赐黄金，将士受赏有差。李璮叛，世祖遣诸王哈必赤等讨之，哈答亦在军中。

哈答三子：曰脱欢，曰庆童，亦怜真班。

脱欢，从诸王彻彻讨宏吉剌叛者只儿瓦台，获之。又从破昔里吉、药木忽儿于野孙河。

世祖征乃颜，庆童扈从，力疾以战，卒于军中。二子：曰塔失帖木儿，曰朵来。塔失帖木儿一子，曰匣剌不花。

自怯台以下，凡九人，皆袭爵，加封号为德清郡王。

畏答儿，忙兀特氏。纳臣拔都次子忙兀特六世孙也。与兄畏翼俱事太祖。时泰亦兀赤部落强盛，与太祖有隙，畏翼率其众叛附泰亦赤兀。畏答儿力劝之，不听，追之，又不肯还，畏答儿乃还事太祖。太祖曰：“汝兄去，汝何为独留？”畏答儿无以自明，取矢折而誓之。太祖遂与畏答儿约为按答，又呼为薛禅。

太祖拒王罕，虑众寡不敌，先谓术赤台曰：“伯父，欲使汝为前锋，何如？”术赤台以鞭拂马鬣，未及答。畏答儿自奋请行，谓：“我犹凿，诸君犹斧，斧非凿不入，我请先之。当出敌背，树我帜于奎腾山上。不幸战殁，有三子，惟上怜之。”遂怒马陷阵，败王罕骁将合答黑失。其后援阿赤黑失伦骤至，刺畏答儿坠马。术赤台继进，大败之。畏答儿创甚，太祖亲为敷药，留宿帐中。后月余，自合浏合水移营，资粮匮乏，畏答儿力疾出猎。太祖止之不可，遂创发而死。太祖痛惜之，葬于合浏合水上斡而讷兀山。太祖灭王罕，获其将合答吉，使领只儿斤降众百人，役属于畏答儿妻子。

太祖即位，大封功臣，追封千户。又别封其子忙哥合勒札为千户，命收集忙兀特族人之散亡者。太宗思其功，复以北方万户封忙哥合勒札为郡王。九年，大料汉民，分城邑以赐诸王、贵戚，失吉忽都虎主其事，定畏答儿薛禅位下岁赐五户丝，授忙哥合勒札泰安州万户。太宗讶其少，忽都虎对曰：“臣今差次，惟视旧数多寡，忙哥合勒札旧裁八百户。”太宗曰：“不然。畏答儿本户虽少，战功则多，其增封为二万户，与十功臣皆异其籍。”术赤台之孙端真争曰：“忙哥合勒札旧兵不及臣家之半，今封户顾多于臣。”太宗曰：“汝忘尔先人横鞭马鬣事耶？”端真遂不敢言。

忙哥合勒札卒,孙只里瓦觯、乞答觯鲁,曾孙忽都忽、兀乃忽里、哈赤,先后袭郡王。畏答儿曾孙博罗欢最知名。

博罗欢,畏答儿幼子醮木曷之孙,琐鲁火都之子也。年十六,为本部札鲁忽赤。中统初,从世祖讨阿里不哥,以功赐马四百匹,金帛称是。寻诏入宿卫,逾近臣曰:"是勋阀诸孙,从其出入禁闼,无禁止之。"

李璮反,命将忙兀特一军围济南,分兵略定益都、莱州。又奉诏谳狱燕南。以明允,赐衣一袭。至元八年,皇子云南王忽哥赤为省臣宝合丁毒杀,事闻,敕中书省择治其狱者,凡奏四人,皆不称旨。丞相线真举博罗欢,且言:"设败事,臣请从坐。"遂命之。博罗欢辞曰:"臣不敢爱死,但年少目不知书。"乃以吏部尚书别帖木儿辅其行,谓博罗欢曰:"别帖木儿知书,可使主簿,责其事,是否一以委卿,他日慎无归咎副使也。且闻卿不善饮,彼土多瘴,宜少饮敌之。"未至四五驿,宝合丁迎馈金六籯,博罗欢以云南去朝廷远,不安其心,将惧而生变,乃为好语遣之。既至,尽以金归行省,而竟其狱,论如法。归报,世祖顾线真曰:"卿举得人。"诏凡忙兀部事无巨细,悉统于博罗欢,如札剌亦儿事统于安童者比。授右卫亲军都指挥使,赐虎符,大都则专右卫,上都则兼总三卫。

十一年,授中书右丞。伐宋,分军为二,诏右受伯颜、阿术节度,左受博罗欢节度。俄兼淮东都元帅,军下邳,罢山东经略司,而以其军隶之。博罗欢召诸将谋曰:"清河城小而固,与泗州、昭信、淮安相犄角,未易卒拔。海州、东海,石秋,至此数百里,守必懈,轻骑倍道袭之,其守将可擒也。"师至三城,果下,清河闻之,亦降。及宋主奉表内附、淮东诸州犹城守。诏博罗欢进军,拔淮安南堡,战白马湖,又战宝应,释高邮不攻,由西小河达漕河,据涛头堡,断通、泰援兵,遂拔扬州,淮东平。益封桂阳、德庆二万一千户,赐西域药及蒲桃酒、介胄、弓失、鞍勒。

十四年,讨只儿瓦台于应昌,败之。赐玉鞶带、币帛,与博罗同署枢密院事。以中书右丞行省北京，未几，召还。

时江南新附，尚多反侧，诏募民能从征讨者，使自为一军，其百户、千户惟听本万户节度，不役他军，制命、符节，一与正同。博罗欢方寝疾，闻之，附枢密董文忠奏言："今疆土寝广，胜兵百万，指挥可集，何假无赖侥幸之徒。此曹一践南土，肆为贪虐，斩刈平民，奸其妇女，橐其货财，贾怨益深，叛将滋众。非便。"召舆疾入对，赐座与语，帝悟。适常德人诉唐兀带一军残暴其境，如博罗欢所策。敕斩以徇，凡所募军皆罢。

帝以哈剌思、博罗思、斡儿洹、薛凉格四水上屯田军，与戍军不相统属，遣博罗欢往监之。十八年，又以右丞行省甘肃。时西北防军仰哺于省者十数万人，十石不能致一，米石百缗，博罗欢馈饟不绝，军以无饥。

二十一年，拜龙虎卫上将军、御史大夫、江南诸道行御史台事。黄华反，征内地兵进讨平之。贼多虏良民，博罗欢令监察御史、提刑按察司随在检察，遣还故土。以疾罢归。

乃颜叛，帝将亲征。博罗欢曰："昔太祖分封东诸侯王，其地与户臣皆知之。以二十为率，彼得其九，忙兀、兀鲁、札剌亦儿、宏吉剌、亦乞列思五诸侯得其十一。辜较息耗，彼此宜同。然要其归，五部之力终赢彼二。今但征兵五部，自足当之，何烦乘舆。臣疾且愈，请事东征。"时帝计已决，赐博罗欢甲胄、弓矢、鞍勒，命督五诸侯兵从驾行。次撒里，秃鲁花党塔不带逼行在。会久雨，王师乏食，诸将请退。博罗欢曰："两阵之间，勿作事先。"已而彼军先动，博罗欢悉众乘之，转战二日，身中三矢，斩其驸马忽伦，遂擒诛乃颜。既而哈丹复叛，诏与诸王乃蛮台讨之。从三骑轻出，遇敌游兵，返走。抵绝涧，广可二丈，深加广之半。追兵垂及，博罗欢跃过，三骑皆没。未几，哈丹自引去，斩其子老的于阵。往返凡四载，凯旋，俘其二妃。敕以一赐乃蛮台，一赐博罗欢。世祖陈金银器于延春阁，如东征诸侯王、将帅分赐之，博罗欢辞。帝曰："卿虽善让，岂可听徒手归。"始拜受。

河南宣慰司改行中书省，拜平章政事。濒行，赐以海东白鹘。寻有诏括马，毋及勋臣家。博罗欢曰："吾家群牧连坰，不出马佐国，无以为方三千里官民倡。"乃先入马十有八匹。河流迁徙无常，民讼退滩，连岁不绝，或献诸王求为佃民自蔽。博罗欢奏正之，仍著为令。

元贞二年，改陕西行省平章政事，未行，奉命仍留河南。寻入朝，奏忙兀一军戍北，岁久衣敝，请以位下泰安州五户丝岁入一斤，积四千斤，输内库，易缯帛，分赍所部。从之。敕递车送达军中。陛辞，赐世祖所佩弓矢、鞶带。中书平章剌真、宣政院使大食蛮合奏："往年伐宋，分军为二，右属伯颜、阿术，左属博罗欢。今伯颜、阿术皆有田民，而博罗欢独不及。"帝曰："胡久不言，岂彼耻于自白邪？"其于高邮州已籍之民赐五百户。以上中下率之，上一，而中下各二，并赐圈背银椅。

大德元年，叛王药木忽儿、兀鲁思不花来归。博罗欢闻之，遣使驰奏曰："诸王之叛，皆由其父，此辈幼弱，无所与知。今兹来归，宜弃其前恶，以劝未至。"成宗深然之。改湖广行省，赐鞍勒。行次汝宁，会并福建行省入江浙，在道授江浙行省平章政事，赐白玉带。部民张四省，恃富陵轹府县，肆为奸利，自刻木牌，与交钞杂行，又盗海堤石筑其私居。博罗欢欲斩之，中书刑曹当以杖。然由是豪姓始畏法敛迹。大德四年卒，年六十有五。累赠推忠宣力赞运功臣、太师、开府仪同三司、上柱国，追封泰安王，谥武穆。

四子：浑都，山东宣慰使；次伯都；次也先帖木儿，河南行省参知政事；次博罗。

伯都，幼颖悟嗜学，不以家世自矜。大德五年，擢江东道廉访副使。十年，改江南行台侍御史。岁大饥，奏请以十道赃罚钞赈之。入为金书枢密院事，领食儿别赤。至大二年，拜江南行台御史大夫。四年，换陕西行台，进阶荣禄大夫，赐玉带一、钞五万缗。

延祐元年，拜甘肃行省平章政事。时米价腾涌，陆挽每石费二百缗。伯都修除运道，省四百余万缗。诏赐名鹰、甲胄、弓矢及钞五千缗以劳焉。四年,换江浙行省,入为太子宾客。奏陈正心修身之道,帝嘉纳之。复除江南行台御史大夫,皇太后以东宫官留之。未几,以目疾告归寓于高邮。

至治元年,起为御史大夫,辞不拜。赐平章禄,养疾于家。敕内臣购空青于江南,治其疾。二年春,来朝,赐金纹衣及药。三年,赐钞五万缗及西域酒药,伯都辞,并归平章禄于有司。

泰定元年,再征入朝。卒。赠银青荣禄大夫、江浙行省左丞相、上柱国,追封鲁国公,谥元献。朝廷知其贫,赙钞二万五千贯。御史台又奏赙三万五千贯,仍还其赐禄,伯都妻宏吉剌氏曰:“始吾夫仕于朝,不敢虚受廪禄。今没而受之,非吾夫意也。”卒辞之。子笃尔只,将作院判官。

史臣曰:太祖初兴,兵力尚弱,是以十三翼之战败于札木合。术赤台、畏答儿独不论胜败,诚心归附,可谓有择君之识矣。太祖拒王罕,术赤台、畏答儿俱为元功,不幸畏答儿以创死,人遂疑术赤台迁延不进。夫势有利钝,知兵者当因其势乘之,岂必以敢死为勇决乎。太宗訾术赤台横鞭马鬣,非知兵者之言也。

新元史卷一二五
列传第二二

答阿里台　蒙力克 脱栾
伯八儿　阔阔出　豁儿赤兀孙
察合安不洼　纳牙阿

　　答阿里台斡赤斤,把儿坛之少子,太祖季父也。答阿里台始从泰亦赤兀中归太祖,答兰捏木克格思之役与阿勒坛、忽察儿违命掠塔塔儿所弃辎重,太祖夺其所获,分给于众。三人怨望,叛附王罕。及王罕败亡,入乃蛮。乃蛮又灭,穷来归命。太祖怒其反复,密令诛之,毋使人见。博尔术、木华黎、忽都虎谏曰:“骨肉相残如火自灭,额赤格之兄弟惟答阿里台在,宁忍废绝。愿以额赤格故,曲矜之。”太祖闻三人言,遂宥之。

　　其后太祖以其子大纳耶耶及从人二百付皇侄阿勒赤歹。其后人常在阿勒赤歹后王部下。太宗时,以宁海、登、莱三州为答阿里台后人分地。至元九年八月,大纳耶耶之子阔阔出请以三州自为一路,与诸王比,岁赋惟入宁海,无输益都。从之。答阿里台四世孙拔都儿,延祐五年封宁海王,赐金印。五世孙买奴,泰定三年正月壬子,封宣靖王,镇益都。天历二年,文宗即位,入觐,赐控鹤二十人。至顺二年,置王傅等官,立宫相都总管府,给银印。后至元二年,进封益王。至正十六年,毛贵陷益都,买奴遁走。

　　答阿里台又有后人曰布儿罕,从旭烈兀征西域,不敢与诸王子抗礼。旭烈兀谓王子年少，许布儿罕与之并坐。布儿罕之子曰库鲁克。又有布剌儿赤乞颜惕者，仕于阿鲁浑，张大盖，亦答阿里台后人。

蒙力克，晃豁坛氏。父察剌合。烈祖崩，太祖母子寡弱，部众多叛附泰亦兀赤。察剌合劝阻之，脱朵延吉儿帖以枪刺察剌合背，不顾而去。察剌合创甚，太祖为之涕泣。蒙力克与烈祖相亲爱，烈祖临崩，以家事托之，又使召太祖于宏吉剌氏。太祖称之为额赤格。后太祖与札木合战于答兰巴泐诸纳，蒙力克率其七子先后来归。癸亥，王罕子桑昆绐太祖议昏，太祖以十骑往，中道过蒙力克家，白其事。蒙力克劝太祖勿往，以方春马瘦为辞，太祖从之。太祖称尊号，命蒙力克隅坐，论军国重事，与其子脱栾并封千户。

脱栾，蒙力克长子也。太祖伐乃蛮，大搜军实，以脱栾与朵歹、多豁勒忽、斡歌连、不只儿、速亦客秃六人，同为扯儿必。后从皇弟合撒儿取金辽西诸州。又奉命督蒙古、契丹军并张鲸所总北京十提控汉军南征，鲸中道叛诛。脱栾仍帅诸军进讨，降真定，克大名，至东平阻水，大掠而还。从驾征西域，又从征西夏。

先是，太祖将征西域，征兵西夏。西夏主李遵顼与廷臣议。其臣阿沙敢不大言谓使者曰：“汝主内度力不足，何以为汗？”于是定议不助兵。使者归报，太祖大怒，遂伐西夏，围其都城。遵顼先使其子德旺居守，奔西凉。太祖解围去。至是复征之。脱栾从驾至阿儿不合，地多野马，因纵猎。太祖骑为野马惊突，坠而伤股，驻跸搠斡儿合惕之地。是夕，帝不豫。翌日，也遂皇后以告崑驾诸王、百官，议进退之计。脱栾谓：“唐兀惕，城郭之国，其民土著，不能转徙。今且退军，须圣躬康复，再讨之。”众然其议，入奏。太祖谓：“唐兀见我退军，必以我为怯。不如于此养病，使人于唐兀，视彼如何复命，再为进止。”遂遣使责西夏主之抗命。时遵顼已内禅德旺，德旺不承侵蒙古之言，阿沙敢不自承言之，因谓使者曰：“汝蒙古夙以善战名，我今驻营贺兰山,广张天幕,饶有橐驼。汝与我战,胜则取之。若愿金银、币帛,请向中兴、西凉自取可也。"使还以闻。太祖大怒曰:"彼如此狂言,我军安可径退。虽死必往证其言。"明年春,师入西夏,阿沙敢不走据山寨。我师仰攻破之,擒阿沙敢不,尽获营帐橐驼,杀其精壮,余听我军俘得者自分之。是夏,太祖避暑察速秃山,分遣诸将取甘、肃、西凉等府州,逼近中兴。是时李德旺已殂,从子睍嗣位,遣使乞降。太祖令脱栾前往安抚。及西夏主朝行在,太祖已崩,遗诏秘不发丧,俟夏主来朝杀之,而灭其族。脱栾奉遗诏,手刃西夏主睍,尽杀其族人。以功赐西夏主行宫器皿。未几卒。脱栾子伯八儿。

伯八儿。世祖即位,以旧臣子孙擢为万户,命成欠欠州。至元十二年,诸王昔里吉、脱帖木儿叛,伯八儿以闻,且请讨之。未得命,为昔里吉、脱帖木儿所袭败,死之。脱帖木儿虏其二子八剌、不兰奚,分置左右岁余,待之颇厚。八剌险结脱帖木儿左右也伯秃,谋报父仇,后为也伯秃家人泄其谋。八剌知事不成,率家族南奔。脱帖木儿遣骑追之,兄弟俱被执。脱帖木儿责之曰:"我待汝厚,汝反为此耶?"八剌曰:"汝叛君之贼,害我父,掠我亲属。我誓将杀汝,以报君父之仇。今力穷就执,从汝所为。"逼令跪,不屈。以铁挝碎其膝,终不跪。与不兰奚俱见杀。幼子阿都兀亦,官河北河南道肃政廉访使。

阔阔出,蒙力克第四子也。为巫,形如狂人,尝隆冬裸行风雪中,好言休咎,往往奇中。蒙古人号为帖卜腾格里,译言天使也。

太祖灭王罕,阔阔出即以符命之说进,谓:"闻天语,将畀帖木真以天下,号曰成吉思。"丙寅,群臣议上尊号,以为札木合称古儿罕,不逾时而败,不祥,欲废之而别择美号。有请用阔阔出前说者,遂上尊号曰成吉思可汗。阔阔出即以符命被宠,又藉父劳,兄弟七人势倾一时。

尝挞合撒儿,合撒儿诉于太祖,太祖不问也。阔阔出复谮之曰:

"长生天有命,帖木真、合撒儿迭为百姓主,不除合撒儿,事未可知。"太祖惑其言,欲杀之,以太后救之获免,事具《合撒儿传》。

其后有九种言语之人,从阔阔出,聚于太祖群牧场。帖木格斡赤斤属人亦有往者。斡赤斤使部将莎豁儿往索逃人,反为阔阔出所殴,且缚马鞍于背,驱归以辱之。明日,斡赤斤自往,阔阔出兄弟七人群起欲殴之。斡赤斤惧不敌,婉词逊谢。阔阔出使长跽帐后,以示罚。

斡赤斤归,愤甚。翌日,入谒太祖,卧未起。斡赤斤直趋榻前,奏其事,且大哭。太祖未及言,光献皇后垂涕曰:"晃豁坛之子何为者? 曩既挞合撒儿,今又辱斡赤斤。可汗见在,彼尚任意凌践诸弟。如不讳,其肯服汝弱小儿子约束耶?"语毕亦哭。于是太祖谓斡赤斤曰:"阔阔出今日来,任汝处之。

斡赤斤乃选三力士以待。既而蒙力克率七子入见,阔阔出甫坐,斡赤斤与三力士搏阔阔出颠,而折其脊,弃于左厢车下。斡赤斤入奏:"阔阔出偃卧不肯起。"蒙力克知其已死,泣言:"我佐可汗,创大业相从至今,"辞未半,其六子攘袖塞户立,势汹汹。太祖遽起曰:"辟我即出,立帐外!"佩弓箭者趋而环侍。太祖命以青庐覆阔阔出尸,严其扃锸。比三日,失尸所在。太祖曰:"阔阔出挞吾弟,又无端从而谮之。皇天震怒,俾死无归骨地矣。"困切责蒙力克而释之。自阔阔出死,蒙力克父子之势遂衰。

豁儿赤兀孙,巴阿邻氏。始属札木合,而心归太祖。及太祖与札木合分牧而西,豁儿赤兀孙夜与阔阔搠思举族从之,谬言曰:"昔我始祖孛端察儿所掠兀良合真妇人,先后生札木合之祖暨吾祖,是二祖者异父而实同母,则我于札木合诚不当背之他适。顾昨者神明示我,见有惨白乳牛触札木合牙帐若车,折去一角,其牛作人语曰:'札木合将我角来。'又见无角犍牛曳一大帐榱木,循帖木真所行辙迹而来,亦作人语曰:'长生天命帖木真为众达达主,我今载国往送之。'"部众以老人言必不谬,往往忻动,争附太祖。豁儿赤兀孙谓太祖曰:"君他日得国,何以报我?"太祖曰:"汝言若征,赐汝万户。"
曰:"万户何足道,容我取部中美妇人三十为妻。且我纵不择而言,
言必见听。"

即而,部族果推太祖为可汗,上成吉思尊号。乃敕豁儿赤兀孙
娶三十妻。巴阿邻部原有三千人,益之以迭该、阿失黑二人同管之
阿答儿斤、赤那思、脱额列思、帖良古惕等四种民,以为万户。蒙古
俗以别乞为尊,别乞者服白衣,骑白马,位在众人上,岁时主议。太
祖以其为巴阿邻氏之长子,复赐别乞之号。

既而豁儿赤兀孙以秃马惕妇女最美,索取三十。秃马惕人执
之以叛。太祖使斡亦剌部长忽都合别乞就近招抚,亦被执。复杀大
将博尔忽。最后遣朵儿伯朵黑申,讨平之,尽取其民。释豁儿赤兀
孙、忽都合别乞以归,竟赐秃马惕妇女三十人酬其夙愿焉。

察合安不洼,捏古歹氏。早从太祖。札木合与太祖战于巴泐渚
纳,我军失利,察合安不洼殁于阵。札木合悬其首于马尾而去。太
祖即位,以其子纳邻脱斡邻为千户,受孤独之赏。纳邻脱斡邻言:有
弟捏古思散在各部落内,愿收集其众,以觅之,太祖许之,命其子孙
世袭捏古歹千户。

纳牙阿,巴阿邻氏。与太祖有旧。父失儿古额秃为巴阿邻部长,
属于泰亦赤兀。太祖败泰亦赤兀于答兰巴泐渚纳,失儿古额秃率二
子阿剌黑、纳牙阿,执泰亦兀赤酋塔儿忽台欲献之。纳牙阿曰:"塔
儿忽台吾父子之主人,若执而献之,帖木真将以叛上之罪先杀吾父
子,不如纵之使去。"失儿古额秃从之。及归于太祖,具言纵塔儿忽
台事。太祖甚嘉之,谓纳牙阿知义理,异日可任大事。

甲子,太祖灭乃蛮,篾儿乞酋答亦儿兀孙惧,因纳牙阿献女请
降,即忽兰皇后也,以道阻留纳牙阿营中三日。太祖疑纳牙阿有私,
欲严诘之,先诘忽兰皇后。皇后曰:"向者之来,中道阻兵,遇纳牙
阿,云是可汗腹心大官,暂住其营三日以避乱,否则事不可测。如可

—

汗加恩，有全受于父母之遗体在，不可诬也。”既而太祖纳忽兰皇后，果处女也。由是益重纳牙阿。

及即位，以其父为本部左千户，而授纳牙阿中军万户，仅下木华黎一级。二年，秃马惕叛，命纳牙阿讨之，纳牙阿以病不行。太祖踌躕良久，改命博尔忽，竟战殁。纳牙阿子阿里黑巴罢。孙阔阔出，从旭烈兀，仕于西域。

新元史卷一二六
列传第二三

忽都虎 曲出　阔阔出　　察罕 木华黎
塔出　亦力撒合　立智理威　韩嘉讷

忽都虎失吉,塔塔儿氏。太祖征塔塔儿,虏其部众。得一带金鼻圈之小儿,归于诃额伦太后。太后曰:"是必贵种。"遂养以为子,赐名忽都虎。

十余岁即善射。一日,大雪,忽都虎见鹿群,逐而射之,至夜未返。太祖问古出古儿,对以射鹿未返。太祖不从,欲鞭古出古儿。未几,忽都虎至,云遇三十鹿,已射死二十七,皆在雪中。太祖大奇之。

太祖建号,命为断事官。凡经忽都虎科断之事,书之册以为律令,后世不得擅改,又以忽都虎为太后养子,恩赏视诸弟,赦罪九次。

太祖十一年,取金中都,命忽都虎与翁古儿、阿儿海合撒儿往中都检视府藏。金守藏官哈答、国和私献金帛,翁古儿、阿儿海合撒儿受之,忽都虎独不受,簿录府藏物,与哈答、国和俱诣行在。太祖问忽都虎:"哈答曾馈汝否?"对曰:"有之,特不敢受。"太祖问故,曰:"城未下,一丝一缕皆阿勒坛汗物。城下,则为国家之物,岂敢私取,故不受。"太祖奖其知礼,厚赉之,而责翁古儿、阿儿海合撒儿。

十七年,太祖征西域,至塔力堪。西域主札拉勒丁在嘎自尼,蔑而甫酉汗蔑力克以兵四万从之。太祖命忽都虎率谟喀哲、谟而哈尔、乌克儿古儿札、古都斯古儿札四将将兵三万进讨。初,汗蔑力克已降复叛，忽都虎不知也。迨汗蔑力克潜师会札拉勒丁，忽都虎始觉，夜半追及之。忽都虎持重，不敢夜战，俟次日击之。汗蔑力克乘夜疾引去。比晓，札拉勒丁亦至。先是，漠喀哲、漠而哈尔分兵围斡里俺城，将下。札拉勒丁驰往救之，二将以众寡不敌退，与忽都虎军合。忽都虎仍前进，与札拉勒丁遇，交绥，无胜负。忽都虎令军中缚毡象偶人列士卒后，以为疑兵。次日，又战，敌望见偶人，果疑援至。札拉勒丁呼曰："我众彼寡，不足畏也。"张两翼而进围。既合，札拉勒丁使其众下马，以待战酣，乃齐令上马冲突。我军大败，兵士死伤者众。败奏至，太祖曰："忽都虎素能战，特狃于常胜，今有此败，当益精细增阅历矣。"忽都虎见太祖，极论乌克儿古儿札、古都斯古儿札二将不晓兵机，临敌无布置，以致覆败。太祖自将攻札拉勒丁，至忽都虎战处，问乌克儿二将列阵何地，札拉勒丁列阵何地，以二将择地不善切责之。

太宗即位，授中州断事官，诏括户口，命忽都虎领其事。忽都虎括中州户，得一百四万以上。七年，皇子阔出伐宋，以忽都虎副之，徇襄邓诸州房人民牛马数万而还。

忽都虎年逾九十始卒。蒙古人祝福寿者，必曰如忽都虎云。国初设官至简，总裁庶政，悉由断事官，任用者必亲贵大臣。忽都虎为两朝断事官，恩眷尤渥。世祖问典兵治民之要，张德辉对曰："使宗室之贤者如口温不花使典兵，勋旧如忽都虎者使主民，则天下均受其赐矣。"其为人所推重如此。

初，诃额伦太后养子四人：曰忽都忽、博尔忽、曲出、阔阔出。或云忽都忽为孛儿台皇后养子，称太祖为额怯，称孛儿台为赛因额格，座次在太宗之上。博尔忽自有传，曲出、阔阔出附著左方。

曲出，蔑儿乞氏。年五岁，太祖伐蔑儿乞得之，太后养以为子。太祖即位，分太后及皇弟斡真处一万户，委付四人，曲出居其一。后从太祖伐金，战于居庸北口。曲出与拖雷横冲其阵，大败金将亦列等，太祖厚赏之。

阔阔出，泰兀特氏。为太后养子。后从札木合叛附客烈亦王罕。王罕败，其子桑昆奔川勒地，无水。阔阔出与其妻从桑昆觅水，阔阔出窃桑昆马而走，其妻曰："桑昆父子以美衣食养汝，今汝弃之，不义孰甚！"留所赍金盂于道上，俾桑昆持以取饮。阔阔出来归，太祖怒其反复，戮阔阔出，而改嫁其妻。

察罕，初名益德，唐兀乌密氏。乌密即鬼名之异译。西夏国族，或曰姓逸的氏，逸的又益德之异译以名为氏也。父曲也怯律，其妾怀察罕未娠，不容于嫡，以配牧羊者。察罕稍长，其母以告，且曰："嫡母有弟矣。"

察罕幼武勇，牧羊于野，植其杖，脱帽置杖端而拜。太祖出猎，见而问之。对曰："二人行则年长者尊，独行则帽尊，故致敬。且闻有贵人至，故先习礼仪。"太祖异其言，挈之归，语光献皇后曰："今日得佳儿，可善视之。"命给事内廷。及长，赐姓蒙古，更名察罕，妻以宫人宏吉剌氏。

六年，从太祖伐金。金将定薛以重兵守野狐岭。太祖使察罕觇虚实，还言彼马足动，不足畏也。太祖遂鼓行而进，大破之。师还，以察罕为御帐第一千户。七年，太祖围西京，遣察罕攻奉圣州拔之。十二年，复破金监军爪尔佳于霸州，金遣使求和，乃还。十六年，从太祖征西域，攻拔布哈尔、撒马儿罕二城。西域主阿剌哀丁留兵扼铁门关不得进，察罕先驱开道，斩其将，余众悉降。二十一年，又从攻西夏，取甘、肃等州。察罕父曲也怯律为夏守甘州，察罕射书招之，且求见其弟。遣使谕城中早降。会其副阿绰等三十六人袭杀曲也怯律父子，并杀使者，登陴拒守。城下，太祖欲尽坑之，察罕言百姓无罪，只戮三十六人。夏主坚守中兴，太祖遣察罕入城，谕以祸福。夏主请降。太祖崩，诸将受太祖遗命，诱夏主至而杀之。又议屠中兴，察罕力谏而止，全活无算。

太宗即位，从略河南北州县，赐马三百匹、珠衣、金带、鞍勒。七

年,皇子阔出与忽都虎伐宋,命察罕为斥候。又从诸王口温不花南
伐,克枣阳及光化军。分遣察罕攻真州,宋知州邱岳拒之,以强弩射
杀致师者,察罕遂引去。九年,复与口温不花克光州。十年,察罕围
庐州,欲造舟巢湖,以扰江淮。宋守将杜杲乘城力战,又以舟师扼淮
水口,我军不得入,乃去庐州,攻拔天长县及滁、泗等州。授马步军
都元帅。

六皇后称制二年,察罕奏令万户张柔总诸军驻杞县。初,河决
西南,入陈留,分为三道,杞县居中滩。宋人恃舟楫之利,由亳、泗以
窥汴、洛。柔筑城,建浮桥,为进战退守之计,边圉始固。四年,察罕
率三万骑与柔攻宋寿州,进攻扬州。宋将赵葵请和,遂班师。定宗
即位,赐黑貂裘一、镔铁刀十。

宪宗即位,召见,累赐金绮、珠衣,命以都元帅领尚书省事,赐
开封、归德、河南、怀、孟、曹、濮、太原三千户为食邑,及诸处草地
一万四千五百余顷。五年卒,赠推忠开济翊运功臣、开府仪同三司、
上柱国、太师,追封河南王,谥武宣。

察罕尝脱靴藉草而寝。鸮鸣其旁,心恶之,挞以靴,有蛇自靴中
坠出。归,以其事闻太祖。太祖曰:"鸮人所恶者,在尔则为喜神,宜
戒子孙勿食鸮。"察罕子十人,长木华黎。

木华黎,事宪宗,直宿卫。从攻钓鱼山,以功授四斡耳朵怯怜口
千户。世祖至元四年,都元帅阿术攻宋襄阳,略地至安阳滩,宋兵扼
我归路,木华黎击败之。阿术坠马,木华黎挟以超乘,力战却敌,特
赐金二百五十两,佩金虎符为蒙古军万户。五年,复从攻襄阳,卒于
军。赠推诚宣力功臣、荣禄大夫、平章政事、柱国,追封梁国公,谥武
毅。次布兀剌里辛子塔出,察罕弟阿波古子亦力撒合、立智理威,均
有名。

塔出,幼孤,长骑射。至元元年,入侍世祖。四年,给察罕食邑
赋税之半,又还其逋户二十。七年,降金虎符,授昭勇大将军、山东

统军使,镇莒、密、胶、沂、郯、邳、宿、即墨等州县。统军司改枢密院,授金枢密院事。略地涟、海,获人畜万计,表言降人蒋德胜,宜加赏赉,以劝来者。诏赐黄金五十两,白金倍之。十年,又改金淮西等处行枢密院事。城正阳,以扼淮海诸州,宋陈奕率安丰、庐、寿等州兵,数挠其役。塔出选精锐拒之,奕遁去。宋人复造战舰于六安,欲攻正阳。率骑兵焚其战舰,又败宋兵于横河口。

十一年,改淮西行枢密院为行中书省,以塔出为镇国上将军、淮西行省参知政事,略安丰、庐、寿等州,俘生口万余,赐葡萄酒二壶,仍以曹州官园为第宅,给城南牧地。宋夏贵帅舟师十万围正阳,决淮水灌城几陷。诏塔出援之,道出颍州,遇宋兵。塔出发公库弓矢,驱市人出战。预度颍之北关攻易破,乃徙民入城,伏兵以待。是夜,宋人果焚北关,火光烛天。塔出率众从暗中射之,矢下如雨,宋军退走。至沙河,大破之。明日,长驱直入正阳。时方霖雨,坚壁不出,雨霁,与右丞阿塔海各帅所部渡淮,至中流,殊死战。宋军大溃,追奔数十里,夺战舰五百余艘,正阳围解。塔出乃上奏:"方事之殷,宜明赏罚,俾将士有所惩劝。"帝纳其言,颁赏有差。

十二年,从丞相伯颜败贾似道于丁家洲。顺流东下,至建康、丹徒、江阴、常州,皆望风迎降。时扬州未附,谍告扬州人将夜袭丹徒,守将乞援。塔出设伏以待。敌果夜至,塔出扼西津邀击之,斩获无算。入朝,赐玉带,旌其功,授淮东左副都元帅,仍佩金虎符。

十三年,改通奉大夫、参知政事,领淮西行中书省事。时沿淮诸州新附,塔出禁侵掠,抚疮痍,境内帖然。俄迁江西都元帅。征广东,宣布恩信,所至溪峒纳款,广东遂平。十四年,加赐双虎符,以参知政事行江西宣慰使。宋益王昰、广王昺走岭海。复改江西宣慰司为行中书省,迁治赣州,授资政大夫、中书右丞,行中书省事。

十五年,帝命张宏范、李恒总兵攻崖山,塔出留后以供军费。初江西甫定,帝命隳其城。塔出表言:"豫章诸郡皆瀦江为城,霖潦泛溢,无城必至垫溺,隳之不便。"帝从之。端州张公明诉左丞吕师夔谋为不轨,塔出廉知其诬,曰:"狂夫欲胁求货耳!若遽闻之朝廷,则大狱滋兴,连及无辜。且师夔既居相位,讵肯为狂悖之事,迟疑不决,恐彼惊疑,反生异谋。"乃斩公明而后闻。帝韪之。

十七年,入觐,赐赍有加,复命行省江西。以疾卒于京师,时年三十七。妻默呀氏,以贞节称,旌其门闾。

二子:"宰牙,袭中奉大夫、江西宣慰使;必宰牙,辽阳行中书省右丞。

亦力撒合,事诸王阿鲁忽,居西域。至元十年,召为速古儿赤,甚见亲幸。有大政时咨之,称以秀才而不名。

奉使河西,还诸王只必帖木儿用人太滥。帝嘉之。擢河东提刑按察使,劾平阳路达鲁花赤泰不花。召还,赐黄金百两、银五百两,以旌其直。进江南行台御史中丞。帝出宝刀赐之曰:"以镇外台。"时阿合马子忽辛为江浙行省平章政事,亦力撒合发其奸赃,奏劾之。并劾江淮释教总摄杨琏真加诸不法事,诸道悚动。

二十一年,改北京宣慰使。诸王乃颜镇辽东,亦力撒合察其有异志,密请备之。二十三年,罢宣慰司,立辽阳行中书省,以亦力撒合为参知政事。已而乃颜果反,帝自将讨之。亦力撒合管馈运。辽东平,进行省左丞。二十七年,命尚诸算吉女,帝为亲制资装,并赐玉带一。改四川行省左丞。二十九年,再赐玉带。成宗即位,入觐,卒于京师。弟立智理威。

立智理威,为裕宗东宫必阇赤。至元十八年,除嘉定路达鲁花赤。时以垦田、均赋、弭盗、息讼诸事课守令,立智理威课最,使者交荐之。会盗起云南,声言欲寇成都。立智理威入觐,白其事。执政疑为不然,帝曰:"云南朕所经理,未可忽也。"乃赐御膳以劳之。又谓立智理威曰:"汝归,以朕意告诸将,叛则讨之,服则舍之,毋多杀以伤生意,则人心定矣。"立智理威还,宣布上意,境内帖然。

俄召为泉府卿,迁刑部尚书。有小吏诬告漕臣刘献盗仓粟,宰相桑哥方事聚敛,众阿宰相意,锻炼其狱,献遂诬服。立智理威曰:

"刑部天下持平,今漕臣以冤死,何以正四方?"即以实闻,由是忤桑哥意,出为江东道宣慰使。

元贞二年,迁四川行省参知政事。有妇人弑其夫,狱数年不决,逮系数十人。立智理威至,考讯得实,尽释冤诬。

大德三年,以参知政事为湖南宣慰使,又改荆湖。部内公田为民累,随民所输租取之,虽水旱不免。立智理威问民所不便,凡十余事,上于朝,而言公田尤切。朝议遣使核之,卒不果行,七年,再迁四川行省参知政事。八年,进左丞云南王入朝,道中以驿马猎。立智理威曰:"驿马所以传命令,非急事且不得驰驿,况猎乎!"王闻之,为之止猎。

十年,入觐,赐白金对衣,加资德大夫,改湖广行省左丞。湖广,贡织币,以省臣领作,买丝他郡,多为奸利,工官又加刻剥,故匠户日贫,造币益恶。立智理威不遣使,令工匠自买丝,工不告病,岁省费数万贯。他路仿其法,皆称便焉。

至大三年,卒,年五十七。赠资德大夫、陕西行省右丞、上护军、宁夏郡公,谥忠惠。再赠推诚亮节崇德赞治功臣、荣禄大夫、中书平章政事、柱国、秦国公。

二子:长买嘉奴,翰林学士承旨;次韩嘉讷,御史大夫。至正十二年有诬韩嘉讷与高昌王帖木儿补化谋害丞相脱脱,为脱脱所贬死,海内冤之。

史臣曰:太祖复仇,塔塔儿种人高如车辕者尽杀之。忽都虎独以仇种,收为太后养子。察罕见弃于父,邂逅兴王,得赐国姓,功名之立,殆有天幸欤?亦力撒合案脏吏、劾奸僧,立智理威辨漕臣之枉,当官奉法,棘棘不阿,贤矣哉!

新元史卷一二七
列传第二四

耶律楚材　铸　希亮　有尚

　　耶律楚材，字晋卿，辽东丹王突欲八世孙。父履，金尚书右丞，通术数，尤邃于太元。楚材生，履私谓所亲曰：“吾年六十而得此子，他日当为异国用。”因取《春秋左氏传》楚材晋用之语，以为名字。楚材三岁而孤，母杨氏教之学。及长，博极群书，援笔为文，如宿构者。金制，宰相子得试补省掾。楚材不就，章宗特敕应试，中甲科，考满授开州同知。

　　宣宗南渡，完颜承晖留守中都，行尚书省事，表楚材为左右司郎中。太祖克中都，访辽宗室，闻其名，召诣行在。楚材身长八尺，美须髯，音如洪钟。帝伟之，谓曰：“辽金世仇，朕为汝雪之。”对曰：“臣祖父皆北面事金，既为臣子，敢仇君父耶！”帝重其言，处之左右，呼为吾图撒合里而不名，国语长髯人也。

　　西夏人常八斤善治弓，谓楚材曰：“国家尚武，而明公欲以文进，不亦左乎？”楚材曰：“治弓尚须弓匠，岂治天下不用天下匠耶！”帝闻之甚喜，日见亲用。十四年，从太祖征西域。二十年，又从征西夏。

　　明年冬，大军克灵武，诸将争取金帛，楚材独收遗书及大黄两驼。既而士卒病疫，得大黄辄愈，人始叹服。时州县长吏专生杀，燕京留后长官咸得卜尤贪暴，杀人盈市。楚材闻之泣下，即奏请州县不奉玺书，不得擅征发，囚当大辟者，必待报，违者罪死。燕京多盗，未夕，辄劫人财物，不与则杀之。睿宗监国，遣楚材偕中使往穷治其事。楚材诇得盗姓名，捕下狱，皆势家子弟也。其人赂中使求缓之，楚材曰："信安咫尺未下，不严惩此辈，恐大乱起。"中使惧，从其言，戮十六人于市，民始安堵。

初，太祖尝指楚材谓太宗曰："此人天赐我家，尔后军国之事当悉委之。"太宗将即位，宗王会议未决。楚材言于睿宗曰："此宗社大计，宜早定。"睿宗曰："事未集，宜别择吉日。"楚材曰："过是无吉日矣。"乃定策，撰礼仪，告皇兄察合台曰："王虽兄，位则人臣，礼当拜。王拜，则莫敢不拜矣。"察合台然之，率宗王、大臣拜于帐下。既退，察合台抚楚材背曰："真社稷臣也。"蒙古尊属有拜礼自此始。部长来朝以冒禁应死者众，楚材奏曰："陛下新登宝祚，愿无污白道子。"从之，国俗尚白，故楚材之言如此。

蒙古无赦令，楚材屡言之。诏自庚寅正月朔以前事勿治。楚材条便宜十八事颁天下：请各路设长吏牧民，设万户总兵，使势均力敌，以遏骄横之渐；中原之地，财赋所出，宜存恤其民，州县非奉上命敢擅行科差者罪之；贸易借贷官物者罪之；蒙古、回回等人种地不纳税者死；监主自盗官物者死；应犯死罪者，具由申奏，命下然后行刑；贡献礼物者禁断。帝悉从之，惟贡献一事不允，曰："彼自愿奉上者，宜听之。"楚材曰："蠹害之端，必由于此。"帝曰："卿所奏，朕无不允，卿不能从朕一事耶？"楚材乃不敢复言。

自太祖有事西域，仓廪府库无尺帛、斗粟，中使别迭等言："汉人无益于国，宜空其地为牧场。"楚材曰："陛下将南伐，军需宜有所资，诚均定中原地税、商税、酒、醋、盐、铁、山泽之利，岁可得银五十万两、绢八万匹、粟四十万石，足以供给，何谓无益？"帝曰："试为朕行之。"乃奏立十路征收课税使，凡长贰悉用士人，如陈时可、赵昉等，皆当时之选。因从容进说周孔之教，谓："天下得之马上，不可以马上治之。"帝深然之。由是儒者渐获进用。三年，帝幸云中，十路咸进廪籍及银绢。帝笑谓楚材曰："汝不去朕左右，而能使国用充足如此。"乃亲酌大觞赐之。即日拜中书令，事无大小，一委楚材。

　　宣德路长官太傅秃花失陷官粮万余石，自恃勋旧，密奏乞免。帝问："中书省知否？"对曰："不知。"帝取鸣镝，欲射者再，叱之出，使白中书省偿之。仍敕：凡事先白中书，然后奏闻。中使苦木思不花奏拨山后一万户，以为采金银、种葡萄等户，楚材言："太祖遗诏，山后百姓与蒙古人无别，缓急可用。不如将河南俘户贷而不诛，使充此役，且以实山后之地。"从之。楚材又奏："诸路民户疲乏，宜令蒙古、回鹘、河西人分居诸路者，与民户一体应输赋役。"事亦施行。

　　四年，从帝幸河南。诏：陕、虢等州山林洞穴逃匿之人来降者免死。或谓降民反复，宜尽戮之。楚材奏："人给一旗执之，使散归田里。"全活无算。国制：凡攻城，城中一发矢石，即为拒命，既克，必屠之。汴京垂拔，大将速不台奏言："金人抗拒日久，多杀士卒，宜屠城。"楚材驰入奏曰："将士暴露数十年，所欲者土地人民耳！得地无民，将安用之。"帝犹豫未决，楚材曰："凡工匠及厚藏之家，皆聚于城内，杀之则一无所得矣。"帝始允之，诏除完颜氏一族外，余皆原免。

　　时城中一百七十万户，楚材奏选工匠及素业儒、释、道、医、卜者迁于河北，官为瞻给。又遣人求孔子后，得五十一代孙元措，奏袭衍圣公，与以林庙之地。荐名儒梁陟、王万庆、赵著等，使直讲于皇子。置编修所于燕京，经籍所于平阳。由是文治兴焉。

　　军还，遗民被俘者多亡去。诏居停逃民及资给衣食者灭其家，并连坐乡社。逃民无所得食，多踣死道路。楚材从容进曰："河南平，其民皆陛下赤子，去将安之！岂有因一俘，杀数百人者？"帝悟，立除其禁。金亡，惟秦、巩二十余州久不下，楚材奏曰："吾民逃罪者，皆聚于此，故冒死拒战，图延命于旦夕。若赦之，则不攻自下矣。"从之。诸城果开门出降。

　　六年，诏括中原户口。忽都虎等议以丁为户，楚材不可。皆曰："本朝及西域诸国法如此，岂有舍大朝成法而袭亡国之政者。"楚材曰："自古中原之国，未有以丁为户者，若行之，丁逃，则赋无从出矣。"卒从楚材议。时将相大臣所得俘户，往往寄留诸郡，几居天下之半。楚材因奏括户口,籍为良民,匿占者罪死。

七年,朝议以回回人伐宋,中原人伐西域。楚材曰:"中原、西域相去数万里,未至敌境,人马疲乏,兼水土异宜,必生疾疫,宜各从其便。"争论十余日,议始寝。

八年,有奏行交钞者,楚材曰:"金章宗时初用交钞,与钱并行,有司以出钞为利,收钞为讳,谓之老钞,至以万贯易一饼。今日当为鉴戒,印造交钞,不宜过万锭。"从之。

秋七月,忽都虎上户口籍,帝欲裂州县赐亲王、功臣。楚材曰:"裂土分民,异日有尾大不掉之患。不如多以金帛赐之。"帝曰:"朕已许之,奈何?"楚材曰:"请朝廷置吏收其赋税,与之,使毋擅科征可也。"帝然之。始定天下赋税:每二户出丝一斤,给国用;五户出丝一斤,给诸王、功臣。地税,上田亩三升,中田二升半,下田亩二升,水田亩五升;商税三十分而一;盐价银一两四十斤。永为定额。朝议以为太轻,楚材曰:"异日必有以利进者,则今已为重矣。"

国初,盗贼充斥,周岁不获正贼,令本路民户偿其失物,前后积累万计。又官吏贷回回银本,年息倍之,次年并息又倍之,谓之羊羔利,往往质妻子不能偿。楚材奏请悉以官银代还,凡七万六千锭,仍奏请无论岁月远近,子本相侔,更不生息。

中使脱欢奏选室女,楚材格其事不下,帝怒。楚材曰:"向所刷室女二十八人,足备使令,今又行选刷,臣恐重扰百姓,欲复奏陛下耳。"帝良久曰:"可。"遂罢之。帝欲收民间牝马,楚材曰:"汉地宜蚕桑五谷,非产马之地,异日必为民害。"亦从之。

九年,楚材奏曰:"制器者必用良工,守成者必用儒臣。儒臣之效,非积数十年之久,殆未易见也。"帝曰:"可择其人官之。楚材奏命宣德州宣课使刘中随路校试,以经义、词赋、论分三科,士俘为奴者,亦令应试,其主匿弗遣者死。凡得士四千三百人,免为奴者四之一。又请汰三教冒滥者,僧道中选给牒住寺观,儒中选则复其家。楚材初言僧道中避役者多,合行选试,至是始行之。

时诸路官府,自为符印,僭越无度。楚材奏并仰中书依式铸造,于是名器始重。因奏时务十策,曰:"信赏罚,正名分,给俸禄,封功臣,考殿最,定物力,汰工匠,务农桑,定土贡,置水运。帝虽不能尽用,亦择而行之。

十年,天下旱蝗。帝问御灾之术,楚材曰:"今年租赋乞权行停阁。"帝恐国用不足,楚材奏仓库之储可支十年,帝允之。初籍天下户得一百四十万,至是逃亡者十四、五,而赋仍不减,天下病之。楚材奏除逃户三十五万,民赖以苏。

富人刘忽笃马等扑买天下课税,楚材曰:"此剥下罔上之奸人,为害甚大。"奏罢之。尝曰:"兴一利不如除一害,生一事不如省一事。"世称为名言。

先是,楚材定课税之额,每岁银一万锭,后增至二万二千锭。译史安天合诣事左丞相镇海,引回回人奥都剌合蛮扑买课税,增至四万四千锭。楚材曰:"虽取四十四万亦可得,不过攘夺民利耳,民穷为盗,非国之福也。"帝不听,楚材反复辩论,声色俱厉。帝曰:"汝欲搏斗耶?"楚材力不能夺,乃太息曰:"民之穷困,自此始矣!"楚材每陈天下利病,生民休戚,词气恳切,言与泣下。帝曰:"汝又欲为百姓哭耶?"

帝嗜酒,楚材屡谏不听,乃持酒槽铁口进曰:"曲糵能腐物,铁尚如此,况人五脏!"帝悟,语近臣曰:"汝辈爱君忧国之心,有如吾图撒合里者耶。"以金帛赐之,敕近臣日进酒三钟而止。

楚材初拜中书令,引镇海、粘合重山为同事,权贵不能平。咸得卜尤嫉之,潜于宗王皇叔曰:"楚材多用南朝旧人,必有二心,宜奏杀之。"宗王遣使奏闻,帝察其诬,责使者遣之。后有告咸得卜不法者,帝命楚材鞠之,奏曰:"咸得卜性倨傲,又暱群小,易得谤。今将南伐,他日治之未晚也。"帝私谓左右曰:"楚材不较私仇,真长者,汝辈宜效之。"有道士诬其仇为逃军,结中使及通事杨惟忠执而杀之,楚材按治惟忠,中使诉楚材违制。帝怒,暴系楚材,既而自悔,命释之,楚材不肯解缚,进曰:"臣备位宰相,陛下以臣有罪而系之,又以臣无罪而释之,反覆轻易如戏小儿,国有大事何以行焉!"众失色,帝曰:"朕宁无过举?"乃温言谢之。转运使吕振、副使刘子振以赃抵罪,帝责楚材曰:"卿言孔之教可行,何故有此辈?"对曰:"孔子之教,万世由之,如天之有日月也。岂得缘一人之失,而废万世常行之道乎!"帝意乃释。

十三年冬十一月,帝崩。皇后以储嗣问,对曰:"此事非外臣所敢议,且有先帝遗诏,遵之则社稷幸甚。"皇后称制,奥都剌合蛮以贿得执政,大臣悉畏附之,惟惮楚材沮其事,以银五万两赂之。楚材不受。皇后以御宝空纸付奥都剌合蛮,使便宜填行。楚材奏曰:"天下者,先帝之天下,号令自先帝出,今如此,臣不敢奉诏。"寻有旨:奥都剌合蛮奏准事理,令史不书者,断其手。楚材曰:"军国之事,先帝悉委老臣,令史何与焉?若事不合理,死且不避,况断手乎!"因厉声曰:"老臣事太祖、太宗三十余年,不负国家,皇后岂能以无罪杀之。"后虽怒其忤己,亦以先朝勋旧,深加敬惮焉。

皇后称制三年夏五月,卒,年五十五。有谮于后曰:"楚材为宰相二十年,天下贡赋半入其家。"后命中使麻里札覆视之,仅琴阮十余,及古今书画、金石、文字数十卷,无它物。

楚材从释万松受佛学。一日,万松造之,楚材方饭,惟以菜根蘸油盐而已。其俭于自奉如此。

旁通天文历算及医卜之书。大祖亲征西域,祃旗之日雪三尺,帝疑之。楚材曰:"此克敌之征。"冬,雷,又问之,对曰:"苏尔滩当野死。"已而果然。苏尔滩,西域王号也。蒙古未有历学,太祖十五年,西域人奏五月望夕月食,楚材曰:"否。"果不食,明年,楚材奏十月望当月食,西域人曰不食,是夜月食八分。帝曰:"汝于天上事尚无不知,况人事乎!"是年八月,长星现西方,楚材曰:"女真将易主矣。"明年而金主殂。帝出兵,必命楚材卜,帝亦自灼羊脾以相符应焉。太宗十三年十一月,帝出猎,楚材以太乙数推之,亟言不可。左右皆曰:"不骑射无以为乐。"猎五日而帝崩。皇后称制二年五月,荧惑犯房,楚材奏:"当有惊扰,然无事。"未几亲王斡赤斤引兵至,人心震骇,后欲西迁避之,楚材曰:"朝廷天下根本,岂可动摇,臣观天道,必无患也。"后数日而事定。楚材尝言:西域历五星密于中法,乃作麻答把历,又以日食躔度与中法不同,以《大明历》浸差故也,乃定其父所撰乙未元历以行于世云。

至顺元年,赠经国议制寅亮佑运功臣、太师、上柱国,追封广宁王,谥文正。二子:铉,监开平仓,早卒;铸。

铸,字成仲,幼聪敏,善属文,尤工骑射。楚材卒,领中书省事,上言宜疏禁网,采历代善政之可行者八十一事以进。从宪宗伐宋,领侍卫骁果,屡出奇计,赐尚方金锁甲及内厩骢马。

宪宗崩,阿里不哥叛,铸弃妻子自归,世祖召见,赏赐优渥。中统二年,拜中书左丞相,将兵戍北边,从帝败阿里不哥于上都之北。

至元元年,迁右丞相,加光禄大夫,奏定法律三十七章,吏民便之。二年,命行省山东,迁调所部官吏,寻召还。初,太庙雅乐只有登歌,诏铸制宫县备八佾之舞。四年,乐成,表上之,赐名《大成之乐》。六月,改荣禄大夫,平章政事。七年,复拜左丞相。十年,迁平章军国重事。十三年,诏监修国史。十四年冬,无雪,帝问勤民之政,对曰:"糜谷之多,无逾曲蘖,祈神赛社费亦不资,宜一切禁止。"从之。十九年,复拜左丞相,奏言:"有司采女扰民,请大州岁取三人,小州岁二人,择可者留之,余遣还,著为令。"从之。二十年冬,坐不纳职印,妄奏东平人谋逆,及党罪囚阿里沙,免官,仍籍家资之半,徙山后。二十二年,卒,年六十五。

至顺元年,赠推忠保德宣力佐治功臣、太师、开府仪同三司、上柱国、懿宁王,谥文忠。九子:希征,希勃,希亮,希宽,希素,希固,希周,希光,希逸。

希亮,字明甫。初乃马真皇后命以赤帖古氏归铸,生希亮于和林南之凉楼。皇后遂以其地名之曰秃忽思,后改今名。宪宗使铸核钱谷于燕京,铸奏言:"愿携诸子往受学读书。"帝允之,乃命希亮师事北平赵衍。铸扈驾南征,以希亮从。

宪宗崩于蜀，铸护辎重北归，至陕西，世祖即位，阿里不哥叛，遣使召大将浑都海。铸说浑都海等入朝，不听，乃弃妻子挺身归世祖。浑都海知铸去，胁希亮母子至甘州，从阿里不哥将阿蓝答儿于焉支山。既而浑都海、阿难答儿俱败死，其余众北走，推哈剌不花为帅。希亮匿于甘州北沙陀中，为所获。初，哈剌不花从宪宗伐蜀，疾病，铸召医诊之，遗以酒肉。至是释希亮缚，谓之曰："我昔受汝父恩，此图报之时矣。"希亮逾天山，至北庭都护府。明年，至昌八里城，逾马纳思河，抵叶密里城，至于火孛之地。

三年，从定宗幼子火忽大王至忽只儿之地。会宗王阿鲁忽至，诛阿里不哥守将唆罗海，复从火忽及阿鲁忽还叶密里城，王遗以大珠二，使穿耳带之。希亮辞曰："不敢伤父母之遗体。"王文解金带遗之。后辗转至也里虔城，哈剌不花兵至，希亮从二王还不剌城，哈剌不花败死，乃函其头遣使报捷。四年，至可失哈里城，阿里不哥兵复至，希亮又从二王至浑八升城。

先是，铸言于世祖："臣妻子皆留朔漠。"至是，世祖遣不花出使于二王，因以玺书征希亮赴阙。六月，由苦先城至哈剌火州，道伊州，涉大漠而还。八月，觐世祖于上都，面奏边事及羁旅困苦之状。帝悯之，赐钞千锭、金带一、帛三十匹，命为速古儿达鲁花赤。至元八年，授奉训大夫、符宝郎。

十三年，宋平，帝使希亮问诸降将，日本可伐否。夏贵等皆云可伐。希亮奏曰："宋、辽、金相攻日久，今海内混一，百姓甫得休息，俟数年后兴师未晚也。"帝然之。太府监令史卢挚言于监官："各路贡布惟平阳独长，诸集赛台争取之，若截与他路等，则息争，且所截者可为髹漆器皿之用。"从之。后帝闻其事，监官当挚盗截官布罪，帝命斩之，希亮遇挚呼冤，命缓刑，具以实奏。诏董文忠谳之，竟释挚而责御史大夫塔察儿等曰："此事，御史当言而不言，微秃忽思，不枉杀此人耶！"

十四年，转礼部尚书，寻迁吏部尚书。帝驻跸察纳儿台之地，希亮自大都至，奏对毕，董文忠问近事。希亮曰："囹圄多囚耳。"帝敬枕卧,忽悟,问其故。对:"近奉旨,汉人盗钞六文者死,故囚多。"帝惊问:"孰传此语?"左右曰:"脱儿察言:陛下在南坡,以告蒙古人者。"帝曰:"朕戏言,乃著为令耶!"命希亮返大都,谕中书省除之。

十七年,以足疾致仕。至大三年,武宗访求旧臣,除翰林学士承旨,知制诰兼修国史。希亮类次世祖言行以进,英宗命取其书置禁中。泰定四年,卒,年八十一。希亮性至孝,在北庭,藏祖父画像,四时奠祭穿庐中,曲尽诚敬。朔漠之人,咸来聚观,叹曰:"此中华之礼也。"著有《愫轩集》三十卷。赠推忠辅义守正功臣、资善大夫、集贤学士、上护军。追封漆水郡公,谥忠嘉。

有尚,字伯强。

祖思忠,字天祐,楚材仲兄也,从金宣宗南渡,累官都水监使,充镇抚军民都弹压。太宗四年,楚材奉诏索思忠北还。金哀宗召见于宣德殿,思忠不欲往,哀宗冀和议可成,赐金帛而遣之。思忠自投于内东城濠中而死。

父钧,仕蒙古,提领东平路工匠长官,佩金符。赠昭文馆大学士、漆水郡公,谥庄慎。

有尚资禀绝人,受业许衡,为高第弟子。其学以诚为本,仪容辞令,动中规矩。

至元八年,衡授集贤大学士、国子祭酒,奏以有尚及王梓、韩国永、苏郁、孙安、高凝、姚燧、姚燉、刘季伦、吕端善、刘安中、白栋等十二人为伴读,皆衡之弟子也。十年,衡乞疾归,诸生祖饯于都门外。衡谓诸生曰:"他日能尊严师道者,耶律君也。汝等当以事我之礼事之。"未几,朝廷复以有尚等为助教,领学事。久之,拜监察御史,不赴,除秘书丞。

二十年,出为苏州知州,为政以宽简得民。州无职田,岁征于民,有尚独不取。裕宗在东宫,召为詹事院长史。有尚既去国学,事颇废,廷议以谓非有尚不足以继衡,授国子监司业。时学馆未建,师弟子皆僦屋而居,有尚屡以为言,二十四年,始设国子监官,增广弟子员，建学舍居之。擢有尚国子祭酒，阶奉议大夫。二十六年，乞养归。

大德元年，复召为国子祭酒。寻除集贤学士，兼前职。累迁太常卿、集贤学士。八年，丁父忧归。朝廷思用宿儒，以安车召之，累辞不允。又明年，拜昭文馆学士，兼祭酒。丞相哈剌合孙令使者述朝廷伫望之意，勿以老病辞，乃就职。武宗即位，大臣奏有尚久列三品，宜叙迁。帝曰："是儒学旧臣也。"拜昭文馆大学士，兼国子祭酒，进中奉大夫。

有尚前后五居国学，其教士以义理为本，凡文词小技，破裂圣人之大道者，皆屏黜之。后以年老致仕，使者护送归乡里。延祐六年，遣使者，赐上樽，士论荣之，七年，卒于家，年八十六。赠资德大夫、河南行省右丞、上护军，追封漆水郡公，谥文正。

史臣曰：蒙古初入中原，政无纪纲，遗民慄慄不保旦夕。耶律楚材以仁民爱物之心，为直寻枉尺之计，委赘仇邦，行其所学，卒使中原百姓不至践刈于戎狄，皆夫人之力也。传所谓，自贬损以行权者，楚材其庶几欤。

新元史卷一二八
列传第二五

亦鲁该　阿勒赤　　忽难　　迭该

古出古儿　木勒合勒忽　布拉忽儿　汪古儿

者歹　朵豁勒忽　　合剌察儿

阔阔搠思　豁儿豁孙　蒙古兀儿　客帖

木格　　速亦客秃　种索　轻吉牙歹

答亦儿　　阿儿孩合撒儿

八剌扯儿必　八剌斡罗纳儿台　掌吉

帖木儿　　蔑格秃　　合答安

薛亦兀儿　也客捏兀邻　朵歹

晃答豁儿　速客孩　晃孩

合儿忽答　别都温　赤歹

朵儿伯多黑申

附朵罗阿歹等十有七人

亦鲁该,雪泥惕氏,与迭该同为太宗傅。太祖临崩,称为忠直,受顾命辅翼太宗,又护太祖梓宫北还。弟阿勒赤,亦授千户,管护卫散班。

忽难,格泥格思氏,授术赤下万户。太祖尝谓博尔术、木华黎曰:"忽难夜为雄狼,白日为乌鸦。"其见重于帝如此。

迭该,别速氏。初为太祖牧羊。及即位,授千户,使收集无户籍之部众。弟古出古儿,太祖车工也,与木勒合勒忽同管一千户。木勒合勒忽,札答剌氏,掌牧养有功。古出古儿又管御膳,及告老以布拉忽儿代之,布拉忽儿擢行军万户,以汪古儿代之。

汪古儿,乞颜氏,与其父蒙格秃俱事太祖。汪古儿管御膳,又称海萨特,乃蛮语也,译为管酒樽事。太祖即位,授千户,使收集伯牙兀部众。

者歹,忙忽特氏。太祖去札木合,者歹与弟朵豁勒忽追从之。或云,者歹父有二兄,欲归泰亦兀赤,弟不从,二兄杀之。有巴而忽人抱其婴儿匿羊毛车中,其兄刺以枪不中。后又匿饭釜中。追太祖平泰亦兀赤,乃以此子来归,即者歹。太祖使带弓箭,与合赤温、多豁勒忽、斡哥来同侍左右。太祖灭塔塔儿,其部人合儿吉逸去,乞食于诃额伦太后。时拖雷方幼,合儿吉抽刀斫之,为博尔术妻阿勒塔泥所掣,刀堕。者歹与者勒蔑在外宰牛,闻之入,杀合吉儿。论功,阿勒塔泥第一,者歹、者勒蔑次之。太祖既位,授者歹拖雷下千户。朵豁勒忽,亦授千户,管护卫散班。太宗二年,朵豁勒忽与金人战失利,太宗以私憾杀之。后语皇兄察合台曰:"吾有四过,其一则杀忠义之朵豁勒忽也。"

哈剌察儿,巴鲁剌思氏。父速忽薛禅。太祖去札木合,速忽薛禅率其子从之。太祖即位，授哈剌察儿察合台下千户。木华黎伐金，遣使告捷，太祖伸拇指奖之。木华黎大悦，问使者："获拇指之奖者凡几人？"对以博尔术、博尔忽、忽必来、赤老温、哈剌察儿、者歹、乞失里黑、巴歹。博尔术等以力战，乞失里黑、巴歹以告王罕阴谋，惟哈剌察儿、者歹事佚。

阔阔搠思，巴邻氏。与迭该、兀孙老人同为术赤千户。太祖以察合台性刚，改使阔阔搠思辅导之。太祖议立嗣，察合台诟术赤，为阔阔搠思所斥，事具《术赤传》。又术赤傅豁儿豁孙、蒙古兀儿、客帖，察合台傅木格，氏族均佚。

种索，那牙勒氏；轻吉牙歹，斡勒忽讷兀惕氏；亦从太祖者，俱授千户。

答亦儿，氏族佚。太祖自诃脱喇儿攻布哈尔，答亦儿为前锋将，招降奴尔城。

阿儿孩合撒儿，札剌亦儿氏，薛扯朵抹黑之子，与弟八剌扯儿必同事太祖。阿儿孩管护卫散班，所领皆勇敢之士，临敌常为前锋。金中都降，太祖使阿儿孩与忽都虎、汪古儿至中都，检视府藏。守藏吏献金帛，忽都虎不受，阿儿孩、汪古儿受之，为太祖所责。

八剌，从太祖征西域，与朵儿伯多黑申追札拉哀丁入印度，攻拔壁遏城，掠拉火耳壁萨乌尔蔑里克甫尔诸城而返。八剌尝问太祖："上神武如是，其先有兆应否？"太祖曰："朕未即位之先，独出，遇六骑攒射，朕无一伤。朕杀此六人，并获其马而返。所谓兆应者，如此而已。"又有八剌斡罗纳儿台，与札剌儿氏八剌同名，故缀氏以别之，亦授千户。

掌吉，氏族佚。宪宗即位，坐诱诸王为乱，伏诛。

帖木儿,氏族佚。定宗崩,诸王会议,帖木儿为和林总管,定宗皇后使帖木儿莅会。

蔑格秃,氏族佚。太宗即位,使绰儿马罕征西域,以蔑格秃与斡豁秃儿为大军后援。

合答安,塔儿忽惕氏。父答勒都儿罕,故又称合答安答勒都儿罕,以别于同名者,太祖称汗,与汪古儿、薛赤兀儿同为保兀儿赤。

薛赤兀儿,豁罗剌思氏,后与曷思麦里同为必阇赤。

也客捏兀邻,氏族佚。太祖选护卫万人,命也客捏兀邻等十人分领之,称为也客诺延。太祖征西域,从拖雷攻拔赛儿奴城。

朵歹,那牙兀氏。太祖称汗,命朵歹总管家人,及即位,管护卫散班。太祖伐乃蛮,朵歹请设疑兵于阿里客豁儿之地,夜令各燃五炬,以张兵势,太祖从之。事具《乃蛮传》。

晃答豁儿,晃豁坛氏,与其子速客该俱事太祖。太祖称汗,遣速客该与答该告于王罕。太祖败王罕,还至统格黎河,又遣速客该与阿儿孩致命王罕,责之。后晃答豁儿从太祖征西域,与晃孩、绰儿马罕俱为火儿赤。晃孩,氏族佚。

合儿忽答,沼列氏。太祖将袭王罕,遣合儿忽答与者勒蔑之弟察兀儿罕为哈萨儿使者,伪请降于王罕,事具《王罕传》。

别都温,朵儿别氏。太祖嫌其性拗,忽必来言于太祖,始与忽必来同为千户。

赤歹,宏吉剌氏。初为阿勒赤牧人。王罕与札木合袭太祖,赤歹在卯温都山牧马，见尘起有急兵，走告太祖，事具《王罕传》。太祖即位，授管护卫千户。

朵儿伯多黑申，朵儿别台氏。太祖即位，授千户。博儿忽征秃马惕战殁，太祖使朵儿伯多黑申讨之，从刺安不合之地，潜师袭之，槎山通道，径据山巅，俯视秃马惕全部，尽得虚实，遂虏其部众而返。后又从太祖征西域，与八刺追札拉哀丁。

太祖功臣，见于《秘史》者，或自有传或附传。其余无事实及氏族并佚者，凡十又七人，附著左方：

朵罗阿歹，氏族佚。

马刺勒，氏族佚。

兀都台，氏族佚。

忽儿察儿思，氏族佚。

翁吉阑，氏族佚。

抹罗合，氏族佚。

余鲁罕，氏族佚。

阔阔，氏族佚。

朵里不合，氏族佚。

亦都合歹，氏族佚。

塔马赤，氏族佚。

合兀阑，氏族佚。

倒温，氏族佚。

秃亦迭格儿，氏族佚。

者迭儿，氏族佚。

斡刺儿驸马，氏族佚。

忽里勒，氏族佚。

新元史卷一二九
列传第二六

乞失里黑 巴歹　塔里察　　抄兀儿
哈散纳　绍古儿 忽都虎
铁迈赤 虎都铁木禄　塔海
拜延八都鲁　纽儿杰 布智儿
俺木海 忒木台儿　抄儿
纯只海 帖古迭儿　大达里　咬住

乞失里黑，斡罗纳儿氏，与弟巴歹俱为也客扯连牧马。也客扯连者，合不勒罕之孙，始附太祖，后与阿勒坛、忽察儿等间太祖于王罕，潜谋来袭。也客扯连至家，与其妻言之，且曰："今设有人往报帖木真，不识彼将何以赏之？"时巴歹适送马乳至，闻其语，出告乞失里黑。乞失里黑往侦之，见也客扯连之子纳都客延坐帐外，磨镞自言曰："汝自饶舌，安能防人之口？"乞失里黑谓巴歹曰："信矣。"二人即乘夜告于太祖，避于卯温都儿山阴。太祖灭王罕，以王罕金撒帐、金酒器并管酒局之人赐之。太祖即位，乞失里黑、巴歹并封千户，赐号答剌罕，遇大宴喝盏。乞失里黑从太祖征西域，平西夏，俱有功。又从太宗伐金，以病卒。

子塔里察，从睿宗间道攻河南，又从塔察儿破蔡州，以功赐顺德为食邑。孙囊家台,从宪宗伐蜀,卒于军中。

抄兀儿,沼列台氏。事太祖为麾下部曲。太祖驻兵彻彻儿山,哈剌赤、散只儿、朵鲁班、塔塔儿、宏吉剌、亦乞列思诸部会于坚河忽兰也儿吉之地,谋奉札木合为局儿可汗,潜师来袭。有塔海哈者,与抄兀儿为婚媾,抄兀儿往视之,并辔而行。塔海哈以鞭筑其肋,抄兀儿回顾,塔海哈目之。抄兀儿悟,乃下马佯卧,塔海哈遂以诸部之谋告之曰:“事急矣,汝将何往?”抄兀儿大惊,即驰还,遇火鲁剌人也速该,言其事。也速该曰:“我左右只幼子及家人火力台耳。”因使火力台偕抄兀儿往,且誓之曰:“汝至彼,惟见帖木真夫妇及我婿哈撒儿则告之,苟泄于他人,必断汝腰膂。”中道遇忽兰八都哈喇蔑力吉台之游兵,为所执。其人亦心附太祖,赠以獭色马而释之。既又遇送氅车白帐于札木合者,抄兀儿疾驰获免。见帝,悉以所闻告之。帝以兵迎战于海剌儿阿带亦儿浑之野,札木合败走,宏吉剌部来降。太祖赐抄兀儿以答剌罕之号。卒。

子那真事世祖为也可扎鲁花赤。那真卒,子伴撒袭。伴撒卒,子火鲁忽台袭,致和元年执倒剌沙使者察罕不花并其金字圆牌献于文宗,赐金带。尝奏言:“有犯法者治之,当自贵人始;穷乏不给者救之,当自下始。如此,则得众心。”其言最切于时弊云。

哈散纳,怯烈氏。从太祖征王罕有功,同饮巴渚泐纳水。后管领阿儿浑军,从平西域,下薛迷斯干诸城。太宗时,仍命领阿儿浑军并回回人匠三千户,驻于寻麻林。寻授平阳、太原两路达鲁花赤,兼管诸色人匠。卒。

子揑古伯,从宪宗攻钓鱼山有功,卒。

绍古儿,麦里吉台氏。太祖时,同饮巴渚泐纳水,扈从亲征。已而从破信安,略地河西,赐金虎符,授洺磁等路都达鲁花赤。复从破河南。太宗命领济南、大名、信安等处军马。宪宗元年,卒。

子拜都袭。拜都卒，子忽都虎袭，移睢州。从世祖渡江，攻鄂州，还镇恩州。中统三年，从征李璮有功，寻命修邳州城，率所部镇淮南。十一年，从丞相伯颜渡江，有战功。又从参政董文炳攻沿海郡县，还镇嘉兴，行安抚司事。十二年，加昭勇大将军，职如故。十四年，授嘉兴路总管府达鲁花赤，寻擢镇国上将军、黄州路宣慰使，寻罢黄州宣慰司，复旧任。十六年，改授浙西道宣慰使，加招讨使。奉诏征占城，以其国降表、贡物入见，帝嘉之，厚加赏赉。二十四年，从征交趾，明年还师，授邳州万户府万户。三十年，卒。

铁迈赤，合鲁氏。善骑射。初事忽兰皇后帐前为挏马官。从太祖定西夏。又从皇子阔出、行省铁木答儿定河南，累有战功。宪宗伐宋，遣元帅兀良哈台自云南捣宋，与诸军合。时世祖方围鄂州，闻兀良哈台至长沙，遣铁迈赤将劲卒千人、铁骑三千迎之。兀良哈台得援，始抵江夏。世祖即位，从讨阿里不哥于昔木土之地。至元七年，授蒙古诸万户府奥鲁总管。十九年，卒。

子八人，虎都铁木禄最显。

虎都铁木禄，字汉卿。好读书，与士大夫游。其母姓刘氏，故人又称之曰刘汉卿。仁宗尝谓左右曰："虎都铁木禄字汉卿，虽汉之名卿，何以过之，汝等以汉卿称之宜矣。"

至元十一年，从丞相伯颜伐宋。既入临安，遣视宋宫室，护帑藏。谕下明、台等州。又从平章奥鲁赤入觐，授忠显校尉，总把，再转昭信校尉。改奉训大夫，荆湖占城等处行中书省理问官。一日，以军事入奏，世祖大悦，曰："虎都铁木禄辞简意明，令人乐于听受。昔以其兄阿里警敏，令侍左右。斯人顾不胜耶？"敕都护脱因纳志之。

平章政事程鹏飞建议征日本，奏为征东省郎中。帝顾脱困纳曰："鹏飞南士也，犹知其能。姑听之，候还，朕当擢用。"征东省罢，征虎都铁木禄还。丞相阿里海牙遣郎中岳洛也奴奏留之。

　　二十三年，从皇子镇南王征交趾。北还。时桑哥方擅威福，遂告归。二十八年，哈剌合孙拜湖广行省平章政事，询旧人知方面之务者，众荐虎都铁木禄，遣使驿致武昌。后奏事京师，称旨，擢给事中。台臣奏为广西海北道廉访司副使，陛辞，帝留之旧职。三十年，湖广行省平章刘国杰奏伐交趾，造战船五百于广东。帝曰："此重事也，须才干者济之。"遂以虎都铁木禄督其事，敕曰："汝还，当显汝于众。"未几，帝崩，改福建行省郎中。累迁中顺大夫、湖南宣慰司副使。

　　峒酋岑雄叛，奉诏谕之，雄为帖服。改河南行省郎中，擢同佥枢密院事，拜礼部尚书。大臣奏核实江南民田，虎都铁木禄奉诏使江西，以田额旧定，重扰民不便，置不问。止奏茶、漕置局十七所，以七品印章敕授局管五十一员，增中统课缯五十万。转兵部尚书，阶正议大夫。未几，出为荆湖北道宣慰使，进中议大夫，已命复留之。

　　延祐三年，浙东商舶以贸易激变，遣虎都铁木禄宣慰闽、浙。后卒于官。从子塔海。

　　塔海，少隶土土哈部下充哈剌赤。至元二十四年，扈驾征乃颜。二十六年，入觐，帝命充宝儿赤，扈驾至和林，赐只孙服。大德四年，授中书直省舍人，迁中书客省副使。武宗即位，赐中统钞五百锭。寻进和林行省理问所官，改通政院佥事。历和宁路总管，改汴梁路。

　　先是，朝廷令民自实田，有司绳以峻法，多虚报以塞命，其后差税无所出，民多逃窜。塔海言其弊于朝。由是省虚粮二十二万石。后改庐州总管，有飞蝗北来，民患之，塔海祷于天，蝗自引去，亦有堕水死者，人皆以为异。岁饥，民乏食，开仓减直粜之，全活甚众。

　　天历元年，枢密院奏以塔海守潼关及河中府，赐白金、钞、币，宣授佥书枢密院事。未几，西军犯南阳，塔海督诸卫兵御之；赐三珠虎符，进大都督，阶资善大夫。卒。

　　拜延八都鲁，札剌台氏。幼事太祖，赐名八都鲁。太宗七年，命领所部兵,与塔海甘卜出秦、巩入蜀,有功。

宪宗三年,又与总帅汪德臣立利州城。四年,破宋军鹿角寨,夺其军资。七年,从都元帅纽邻城成都及围云顶山,宋将姚统制降。帝亲征,纽邻进兵涉马湖江,留拜延八都鲁镇成都,降属县诸城,得其民,悉抚定之,赐黄金五十两、衣九袭。诸王哈丹、乃欢、脱脱等征大理还,命拜延八都鲁率兵迎之。道过新津寨,与宋潘都统遇,一战败之。中统二年,元帅纽邻上其功,授蒙古奥鲁官。

子外貌台,孙兀浑察。至元六年,拜延八都鲁告老,兀浑察代领其军,从行省也速答儿征建部有功。十六年,从大军征斡端,又有功赏银五十两。二十一年,诸王术伯命兀浑察屯乞失哈里之地,以御海都。时敌军众,兀浑察以勇士五十人拒之,擒其将也班胡火者以献。王壮之,以其功闻,赐银六百两、钞四千五百贯,授蒙古军万户,赐三珠虎符。三十年,卒。

次子袭授曲先塔林左副元帅,寻卒。弟塔海忽都袭,进镇国上将军都元帅,改授四川蒙古副都万户。至治二年,以疾退。子孛罗帖木儿袭。

纽儿杰,脱脱里台氏。身长八尺。善骑射,能造弓矢。尝道逢太祖骑士别那颜,邀与俱见太祖,视其所挟弓矢甚佳,问谁造者,对曰:“臣自造之。”适有野凫翔于前,射之,获其二,并以二矢献而退。别那颜从之至所居,见其子布智儿,别那颜奇之,许以女妻。布智儿父子遂俱事太祖。纽儿杰赐号拔都,宪宗时卒。

布智儿,从征回回、斡罗斯等国,每临敌,必力战。尝身中数矢,太祖亲视之,令人拔其矢,流血,闷仆几绝。太祖命取一牛,剖其腹,纳布智儿于牛腹,浸热血中,移时遂苏。宪宗即位,以布智儿充燕京等处行尚书省事、天下诸路也可札鲁忽赤,印造宝钞。赐七宝金带只孙十袭,又赐蔚州、定安为食邑。

布智儿性酷暴,一日杀二十八人,内一人既杖,复追斩以试其刀,为世祖所切责。世祖即位,布智儿附阿里不哥,有二心,帝徙布智儿于中都,使孟速思监护以往。未几,卒。

子四人。长好礼,事世祖,备宿卫。丞相伯颜伐宋,奏好礼督水军攻襄樊,从渡江入临安,以功擢昭毅大将军、水军翼万户府达鲁花赤。次别帖木儿,吏部尚书。次补儿答思,云南宣慰使。次不兰奚,袭兄职为水军翼万户招讨使,镇江阴,移通州。子完者不花,辽阳省理问。

奄木海,八剌忽馯氏。与父孛合出俱事太祖,征伐有功。帝尝问攻城之策,对曰:“攻城宜炮石,力重而能及远。”帝即命奄木海为炮手。九年,木华黎南伐,帝谕之曰:“奄木海言,攻城用炮甚善,汝能任之,何城不破。”赐金符,授随路炮手达鲁花赤。奄木海选五百余人教之,后平诸国,多赖其力。

太宗四年,从围南京。宪宗二年,特授虎符,擢都元帅。从宗王旭烈兀征木剌夷、报达,俱有功。卒。子忒木台儿。

忒木台儿,以战功授金符。袭炮手总管。至元十年,筑正阳东西二城,置炮二百,与宋人战,却之。十三年,从丞相伯颜伐宋,驻军临安之皋亭山,同忙古歹等八人,率甲士三百入宋宫,取传国宝。宋太后请解兵延见内殿,期明日出降。至期,果遣贾余庆等奉玺宝至军前。以功授行省断事官,复令其子忽都答儿袭炮手总管。

十四年进昭勇大将军、炮手万户,佩元降虎符,镇平江之常熟。州有乱民拥众自称太尉者,行省会诸军讨之,忒木台儿父子自为一军,斩贼酋戴太尉,擒朱太尉。十五年,兼平江路达鲁花赤。寻改徽州、湖州。卒。忽都答儿后擢炮手万户,改授达鲁花赤。卒。

抄儿,别速氏。从太祖平诸国有功。又从伐金,殁于阵。

子抄海,从平山东、河南。复殁于阵。

抄海子别帖,从世祖攻鄂州,又从忽哥出太子西征大理国,亦战殁。

别帖子阿必察，至元五年授蒙古千户，赐金符，从伐宋，渡江，夺阳罗堡，擢宣武将军、蒙古军总管，领左右手两万户。下广德，又从阿里海涯袭琼州，帅死士夺白沙口。十六年，命管领侍卫军。卒。

纯只海，珊竹台氏。宿卫太祖，从征西域有功。太宗五年，授益都行省军民达鲁花赤，从塔出攻拔徐州。九年，以益都为诸王伊克分地，改京兆行省都达鲁花赤。至怀州，大疫，士卒多病，遂留镇怀孟。未几，代察罕总兵河南，复授怀孟路达鲁花赤。

十一年，同官王荣潜怀异志，伏甲，执纯只海，断其两足跟，复以帛塞其口，置佛寺中。纯只海妻喜里伯伦率众夺出。纯只海从二子走旁郡，乞援讨杀荣。帝遣使至怀孟，以荣妻孥资产赐纯只海，驱城中万余人至郭外戮之。纯只海力争曰："罪在荣一人，于民何与？若朝廷怒使者不杀，吾任其咎。"使者还奏，帝韪其言。纯只海给荣妻孥券，纵为良民，以其宅为官廨，一无所取。郡人德之，为立生祠。入觐，帝以纯只海太祖旧臣，赐第于和林。寻卒，敕葬山陵之侧。皇庆初，赠推忠宣力功臣、金紫光禄大夫、上柱国、温国公，谥忠襄。后又赠宣忠协力崇仁佐运功臣，进封定西王。

六子，知名者曰塔出，曰昂阿剌，曰大达立。塔出，袭管军总管，早卒。昂阿剌，袭怀孟路达鲁花赤。孙台加懰，瓜州等处达鲁花赤，改镇守徽州路泰州万户府达鲁花赤。卒，子脱烈袭。脱烈子帖古迭儿。

帖古迭儿，字元卿。袭父职，治军严整，百姓安之。前后累平剧贼。漳州李志甫叛，江浙万户以兵会讨者九人。帖古迭儿伟貌虬髯，贼称为黄胡子万户，见辄败走。平居延接儒生，讲经义，恂恂如寒素云。

大达里，纯只海第六子也。中统初，兄塔出以管军总管卒，其母携塔出子黄头暨大达里入见，诏大达里袭兄职，大达里让于黄头，上嘉其能让，别授大达里怀孟军奥鲁官。

中统三年，从大军破李璮。至元六年，从大军攻襄、樊，筑万山堡，俱有功。九年，宋将张顺自襄阳乘夜突，图走，大达里率所部以火攻之，尽歼其众，生擒都统副将四人，获战舰二十艘。又从大军围安阳堡。主将录前后功，奏上，世祖大悦曰："大达里名阀，朕所知，他日当大用之。"赐白金、锦段有差。十一年，樊城降，进攻襄阳，大达里请说其守将纳款。及入城，守将吕文焕宴大达里于城楼，盟而出。后三日，文焕出降。伯颜与诸将议攻郢州，大达里言："郢州据北岸，城坚，攻不易。"伯颜使大达里率千骑巡视形势，至黄家原，有小河入汉江约十里。归言：请越郢不攻，径渡江可也，众谓："水浅，何以行舟？"大达里请编竹藉淖上曳之行，伯颜从之。郢将赵都统率万骑来追，大达里为殿，败之，斩赵都统，抵汉口。大达里言："敌皆巨舰，吾舟十不当一。可分攻阳逻堡，夜以劲卒乘战舰溯流，捣其不备，南岸可得也。"伯颜、阿术与大达里意合，诘旦，遂登南岸。鄂、汉、黄、蕲既下，伯颜留大达里与郑鼎守蕲州，曰："以鼎之勇，大达里之智，足以御敌矣"。

十三年，移大达里守建德。未几，衢、婺等州皆叛，宣抚使唆都讨之。大达里宴唆都于射圃，众报贼且至，大达里与诸将击球为乐，如不闻。密与唆都引兵出，大破之，境内以安。十七年，赐金虎符，迁福建道宣慰使兼万户。卒。赠平章政事、柱国、温国公，谥恭惠。

子和卓，袭总管；次帖木儿，吏部郎中；次咬住；次合剌，万户。

咬住，以功臣子入直宿卫。从大达里下襄、樊，所至有功，授行军上千户。大达里卒，以昭勇大将军、虎符万户，将其父军。寻奉旨："尔祖纯只海，事太祖，征带阳汗、回鹘、唐兀；尔父大达里，佐伯颜、阿术伐宋；尔惟胄嗣，可任父官。"即授镇国上将军、福建宣慰使、管军万户。

时江南初定，多反侧，咬住弭乱未萌，民翕然颂之。未几，改怀孟万户府达鲁花赤，又换建德路达鲁花赤。杨振龙叛，咬住擒斩之。行省责咬住擅发兵，竟抑其功赏，咬住词不屈。又从行省平章史杠讨处、婺二州贼，释俘口万余。

至元二十九年，省臣入觐，奏咬住劳绩。帝曰："咬住，朕所知者。"擢征行左军元帅。

咬住在镇十年，律下严，无敢恣横者。大德二年，致仕。以子察罕袭职。七年，起为大宗正府也可札鲁花赤。至大元年，卒，年五十八。赠荣禄大夫、平章政事、温国公，谥懿靖。子铁木儿，袭万户，官至章佩太监。

新元史卷一三〇
列传第二七

阔阔不花　　按札儿　忙汉　拙赤哥
肖乃台　抹兀答儿　兀鲁台　脱落合察儿
吾也而　拔不忽　槊直脯鲁华
撒吉思卜华　明安答儿　# 乃丹　忒木台
奥鲁赤　脱桓不花

阔阔不花，按摊脱脱里氏。魁岸，有膂力。太祖命木华黎伐金，分术马赤为五部，各置将一人，阔阔不花为五部前锋都元帅。性不嗜杀，以威信服人。略定滨、棣诸州，俘流民四百余口，俱籍其姓名，遣归乡里。徇益都，守将迎降，悉以财物分赐将士。

太宗四年，从大军攻汴，分兵渡淮，略寿州，射书谕以祸福。城人感泣，以彩舆奉金公主开门送款。阔阔不花下令，军士擅入城剽掠者死，城中帖然。公主，哀宗之姑，东海郡侯女，所谓小四公主者也。

八年，太宗命五部将分镇中原：阔阔不花镇益都、济南，按札儿镇平阳、太原，孛罗镇真定，肖乃台镇大名，怯烈台镇东平。括民、匠，得七十二万户，以三千户赐五部将。阔阔不花得户六百，立官治其赋，俾置长吏，岁给五户丝。以疾卒。

子黄头代为术马赤都元帅，从丞相伯颜伐宋，道卒。子东哥马袭职，累迁右都威卫千户，卒。

按札儿，客列亦秃别干氏。从太祖伐金，寻隶国王木华黎摩下，充五先锋之一，转战河北、山东、山西及辽左，无役不从。

太祖十四年，河中府降，木华黎北还，以按札儿领前锋总帅，摄国王事，统所部屯平阳。金将乞石烈牙吾答屯陕西，窥伺河东，畏按札儿威名，不敢犯。十七年，元帅石天应守河中，作浮桥于河，通陕西。明年正月二日，金将侯小叔自中条山乘夜来袭，城陷，天应死之。小叔烧浮桥以自守。按札儿自平阳进兵，攻杀小叔，复取河中。

是年三月，木华黎卒，孛鲁嗣国王，以平阳重地，仍令按札儿屯戍。太宗元年，金将武仙围潞州，嗣国王塔思由大同南下援之。武仙退驻州东十余里，塔思至，营垒未定。是夜，金将布哈来袭，我军战不利，按札儿之妻奴丹氏被获，送于汴京。金主闻按札儿名，因召见奴丹氏谓之曰："今纵尔还，能偕尔夫来，当有厚赏。"奴丹氏佯诺之，遂得还。太宗闻而嘉之，诏奴丹氏预前锋事。

二年，按札儿从驾围凤翔，明年克之。四年正月，又从塔思会拖雷兵，破金师于钧州三峰山。四月，车驾北还，留按札儿偕都元帅速不台围汴。城中识按札儿旗帜，惧曰："其妻犹勇且义，况其夫乎！"金亡，论功，赐平阳户六百十有四、驱户三十、猎户四。未几，卒。二子：曰忙汉，曰拙赤哥。

至元十五年，忙汉为管军千户。先后从征乃颜、海都。二十七年，授蒙古侍卫亲军千户，佩金符。元贞元年，命领探马赤军，从宗王出伯西征。改授昭信校尉、右都卫威千户。大德元年，召还。至大四年，卒。子乃蛮袭。

拙赤哥，从世祖渡江，围鄂州。至元三年，从诸王不者克征李璮，战死。

子阔阔术，为御史台都事。三十一年，国王速浑察之孙硕德既殁，家有故玺，将鬻之，命阔阔术以示中丞崔彧、御史杨桓辨，其文曰"受命于天,既寿永昌",以为秦玺也。或献之皇太子妃,赐阔阔术钞二千五百贯、金织文缎二。成宗嗣位,授阔阔术佥汉中道廉访司事,终廉访使。

肖乃台,客列亦秃别干氏。以忠勇侍太祖左右。时木华黎、博尔术为左右万户,太祖从容问肖乃台:"汝愿谁属?"对言:"愿属木华黎。"即赐金符,领蒙古军,隶木华黎麾下为前锋。

二十年,武仙杀史天倪,据真定以叛。监军李伯佑求援于嗣国王孛鲁,孛鲁命肖乃台帅蒙古兵三千,与史天泽兵合进逼中山。仙遣骁将葛铁枪来拒,肖乃台击之,败诸新乐。会日莫,阻水为营。贼宵通,遂取中山、无极,进拔赵州。仙弃真定,奔双门砦。肖乃台与天泽入城,抚定其民。未几,仙潜结水军为内应,夜开城南门纳仙。肖乃台仓卒以步卒七十人逾垣奔藁城。迟明,部曲稍集,势复振,还攻真定。仙奔西山抱犊寨。将士忿城民反覆,驱万余人出,将屠之。肖乃台曰:"反覆在贼,小民被其迫胁,何罪焉?若不胜一朝之忿,匪唯自屈其力,且坚他城不降之心。"杀叛者三百人,余尽释之。

初,仙之叛也,其弟贵质国王中军,闻而遁去。肖乃台遣弟撒寒追及于紫荆关斩之,俘其妻子而还。肖乃台遂逾太行,拔太原长胜寨,斩仙治中卢奴。引兵而东,败宋将彭义斌,追斩之。至大名,守将苏椿以城降。进败金安抚王立刚于阳谷,金东平行省蒙古纲弃城遁,别将邀击败之,遂定东平。又与蒙古不花徇河北怀、卫、孟诸州。

太宗四年,从大军渡河,徇睢阳。至阳驿店,遇金将完颜兀里及庆山奴,临阵斩兀里。庆山奴走,马踬,擒之。五年,金哀宗入蔡,塔察儿会宋师围之。肖乃台与史天泽分攻城北面。六年正月,结筏渡汝水,血战连日,克之。金亡,肖乃台功多,命并将史氏三万户军,镇东平。八年,赐食东平三百户,且命严实为治第宅,分拨牧地,日膳供二羊及衣粮等。以老病卒。子七人,抹兀塔儿、兀鲁台最知名。

抹兀塔儿,从嗣国王忽林池行省于襄阳,略地两淮。宪宗八年,从世祖渡江,攻鄂州。中统元年,从讨阿蓝答儿、浑都海,有功。二年,从败阿里不哥于昔木士。三年,从平李璮。授提举本投下诸色匠户达鲁花赤。卒。子四人,火你赤,江南行台御史大夫。

肖乃台次子兀鲁台,中统三年从石高山奉旨拘集探马赤军,授本军千户。至元八年,授武略将军,佩银符。十年,从攻樊城,以功换金符。十一年,从渡江伐宋,以功累进武节将军。明年四月,卒于军中。

子脱落合察儿袭职,从参政阿剌罕攻独松关,授宣武将军。寻命管领侍卫军。枢密院录其渡江以来前后功,十八年进怀远大将军。二十年,江西行省命讨武宁叛贼董琦,平之,换虎符,授江州万户府达鲁花赤。二十四年,移镇潮州,贼张文惠、罗半天等啸聚,奉江西行枢密院檄讨之,斩贼首罗大老、李尊长等。卒于军。

吾也而,撒勒只兀歹氏。父图鲁华察,以武勇称。吾也而状貌甚伟,腰大十围。

太祖六年冬,与者别袭破东京。十年,从木华黎取北京,即授北京总管、权兵马都元帅。金将挞鲁据惠和渔河口不下,击斩之。又帅史天祥禽赵守玉于兴州。明年,木华黎讨锦州张致,吾也而别将攻溜石山。致平,以功赏马十匹、甲五事。十二年,兴州监军兴儿叛,吾也而往讨,所乘马中箭殪,仍力战破贼。十五年,从木华黎围东平,先登陷阵,生挟二将以还。明年,从攻延安,不克,矢中右股。攻鄜州克之,禽金骁将张铁枪以献。又明年,从攻凤翔不下。

十八年,从嗣国王孛鲁征西夏。明年,克银州。二十一年三月,从郡王带孙围李全于益都,全降,所属三十余城悉下。

太宗元年,入觐。命与札剌亦儿台豁儿赤征辽东。三年,又同征高丽,克受、开、龙、宣、泰、葭等十余城。高丽惧,请和,乃还。既而复叛,再讨之。十二年,攻拔昌、朔等州,高丽屡乞罢兵,吾也而谕之曰:“若能送质子则可。”十三四月,王瞰乃以族子永宁公綧为己子,充秃鲁花,从吾也而入朝。以功为北京、东京、广宁、盖州、平州、泰州、开元七路兵马都元帅,佩虎符。

定宗时,高丽岁贡不入。宪宗即位,召问其事。对曰:"臣虽老,倘藉威灵,指挥三军,敌国犹可克,况东夷小丑乎?"帝壮其言,问饮酒几何? 对曰:"唯所赐。"时有一驸马在侧,素能饮,帝命与角饮为笑,赐锦衣、名马。俄谢病归。七年,复来朝,宪宗闵其老,曰:"太祖时老臣,独卿无恙。"赐赉甚厚,以其仲子阿海代之领军。八年秋九月,卒,年九十有六。追封营国公,谥忠勇。子撒礼。

撒礼子拔不忽,幼颖悟,其师周正方更名之曰介,字仲清。初为同知北京转运司事,累迁濮州尹、平滦路总管、江南浙西道提刑按察使,移山北淮东道,召为刑部尚书,复除江东宣慰使。以病目去官,延名儒张翌、吴澄教其子。至大元年卒。

槊直脯鲁华,蒙古克烈氏。率其部二百人从太祖征乃蛮、西夏有功。及伐金,使为木华黎前锋,袭金群牧监获战马甚众,分属诸军,军势大振。七年,从破辽东、西诸州,唯东京未下,获金使,遣往谕之。槊直脯鲁华曰:"东京,金旧都,备严而守固,攻之未易下,以计破之可也。请易服与其使偕往说之,彼将不疑,俟其门开,以大军赴之,则克矣。"如其计,遂取东京。后从攻大名,中流矢卒。武宗时,赠太傅,追封卫国公,谥武敏。子撒吉思卜华。

撒吉思卜华,嗣其父职。太宗元年,赐金符,安辑河北、山东诸州。史天泽为真定、河间、济南、东平、大名五路万户,命撒吉思卜华佩金虎符以达鲁花赤监其军。

金宣宗徙汴,立河平军于新卫以自固。撒吉思卜华数攻之,不拔。四年正月,太宗自白坡济河而南,撒吉思卜华渡自河阴,攻郑州,守将马伯坚降。及金哀宗出奔,帝命撒吉思卜华追蹑之。会其节度使斜捻阿卜弃新卫赴汴,撒吉思卜华遂入而据之。明年正月,哀宗自黄陵冈济河。撒吉思卜华与其将白撒战于白公庙,败之。

哀宗走归德,撒吉思卜华薄北门而军,左右皆水。史天泽言于撒吉思卜华曰:"此非驻兵之地,彼若来犯,则进退失据矣。"不听。先是,河北之战,金将蒲察官奴之母为蒙古军所得,挟之来为诱降计。官奴即因母与忒木台约和，诡言欲劫金主降。忒木台信之，还其母，固定和计。官奴日往来军中讲议，或乘舟中流会饮，探知撒吉思卜华营在王家寺。遂以五月五日，帅其忠孝军四百五十人，出南门登舟，由东而北。我军习见官奴往来，犹以为议和也，不设备。是夜，杀我外堤逻卒，四更至王家寺斫营。我军仓卒接战，官奴军小却，以小船载其军七十人自后夹攻。撒吉思卜华腹背受敌，一军皆覆，溺水死者凡三千五百余人。

金亡，命大臣忽都虎料民分封功臣。撒吉思卜华妻杨氏自陈曰："吾舅及夫皆死国事，独见遗，何也？"事闻，赐新卫民二百户。撒吉思卜华赠太师，追封卫国公，谥忠武。弟明安答儿。

明安答儿，善骑射。撒吉思卜华战殁，嗣国王塔思承制以明安答儿领其行营。寻授蒙古汉军万户。后从围淮安，因粮于敌，未尝匮乏，军士咸乐为用。宪宗三年，从昔烈门太子伐宋，卒于钧州。赠太保，追封卫国公，谥武毅。

子腯虎，从世祖北征叛王，挺戈出入其阵。帝壮之，赐号拔都，赐白金四百五十两。从讨李璮，亦有战功。次子普兰溪，光禄大夫、徽政使。

乃丹，达里伯氏。其部落在和林之外千余里，世有都剌合之地。乃丹闻太祖起兵，率其众来附，命隶国王木华黎部下，从收云中、九原，取辽西，俱有功。卒。子二人：忻都、合剌。

忻都，以材武从国王平河朔，早卒。子九人：哈剌、朵忽兰、瘦瘦儿、阿里罕、爱不哥察儿、忽里罕、万奴、众家奴、忙驴，皆有勇略，常为诸军冠。忽里罕、万奴、阿里罕子高奴及合剌子纽邻，俱战殁。爱不哥察儿，至大元年授宣抚将军、韶州路达鲁花赤，卒。子纳怀，廉慎端直，武宗闻其名拜监察御史，累官吉安路总管，兼管劝农事。

忒木台，札剌台氏。祖豁火察儿、父朔鲁罕俱骁勇、善骑射。太祖亲征，豁火察儿常为前锋。朔鲁罕，从太祖败金人于野狐岭，中流矢，帝亲为敷药。及卒，帝叹息曰：“朔鲁罕，吾之一臂，今亡矣。”赐其家马四百匹、锦绮万段。

忒木台，从征康里，俘其部长以献。又从太祖征西夏有功。木华黎卒，命忒木台以行省领兀鲁、忙兀、怯烈、宏吉剌、札剌儿五部之众。河南平，赐户二千。从宪宗征蜀，卒于军。忒木台尝屯兵河南、太原、平阳，民德之。及卒，皆为立祠。子奥鲁赤。

奥鲁赤，早事宪宗，特见亲任，从攻钓鱼山。至元五年，又从阿术攻襄阳，授蒙古军万户。明年，赐虎符，袭父职，领蒙古军四万户。十一年，从伯颜渡江，围鄂州。遣许千户同宋俘持金符抵城东南门招之，守将张晏然以城降。迁昭毅大将军。大兵出独松关，宋兵败溃。

十三年，宋主降，分讨未下州郡，加镇国大将军、行省参知政事。未几，行湖北道宣慰使，诏括逃亡。有司拘良民千余人，无所归，众议隶于官。奥鲁赤曰：“民被兵，幸而骨肉完聚，复羁之可乎？”悉纵为民。征诣阙，赐赉优渥，擢行省左丞，行宣慰使。十八年，移宣慰司于澧州，讨平剧贼周龙等。复召入觐，进右丞，改荆湖行枢密院副使。

二十三年，拜湖广行省平章政事。夏四月，诏诣上都，命佐镇南王征交趾。以其子脱桓不花袭万户。既而，师出无功，改江西行省平章政事。二十六年，以疾乞退，不允，改同知行枢密院事。

成宗即位，进光禄大夫、江西行省平章政事。大德元年，卒，年六十六。赠推忠开武协运佐治功臣、金紫光禄大夫、大司徒、上柱国，追封郑国公，谥忠宣。二子：拜住、脱桓不花。

拜住，蒙古亲军副都指挥使。

脱桓不花，行省左丞、蒙古军都万户。从世祖征乃颜有功。又佐仁宗入定内难，拜湖广行省平章政事，进左丞相。卒，赠守忠翊正济美演德功臣、上柱国,追封郑国公,谥宣简。二子:普答剌吉、察罕帖木儿。

　　普答剌吉,袭都万户,枢密副使。卒,赠保忠经武致德宣惠功臣、江西行省右丞,追封常山郡公,谥荣襄。

　　察罕帖木儿,袭都万户。

新元史卷一三一
列传第二八

阿剌浅　阿剌瓦而思 不别

斡都蛮　**哈只哈心　昔里钤部**

爱鲁　小钤部　**赵阿哥潘** 重喜

塔本 阿里乞失铁木儿　迭里威失

锁咬儿哈的迷失　**曷思麦里**

　　阿剌浅,西域赛夷氏。赛夷者,西域族长之名,因以为氏。又称札八儿火者。火者,其官名也。太祖在巴泐渚纳,阿剌浅自汪古部驱驼羊,沿额而古涅河易貂鼯,遇太祖,倾心归附。为饮巴泐渚纳水十九人之一。

　　太祖灭王罕及乃蛮太阳罕,欲伐金,乃遣阿剌浅使于金以觇之,金人不为礼。然往返之间,尽得金人虚实及道路之险易。太祖遂自将伐金,金人恃居庸之险,冶铁锢关门,布铁蒺藜百余里,以精兵守之。太祖召阿剌浅问计,对曰:"从此而西有间道曰紫荆口,骑行可通,臣尝过之。若勒兵出此,一日便至。"太祖留喀台布札与金守将相持,令阿剌浅前导,疾趋紫荆口。金人闻之,遣奥敦分兵拒守。比至,太祖兵已度险,逆战于五回岭,大破之。时喀台等亦入居庸关。遂尽得金之险要。后太祖入中都,览山川形势,谓左右曰:"朕得至此者,阿剌浅之功也。"又谓阿剌浅曰:"汝引弓四射,随箭所落，悉以地界汝。"太祖北还，留阿剌浅与石抹明安等守中都，授黄河以北铁门以南天下都达鲁花赤，赐养老一百户。

栖霞道士邱处机，太祖闻其名，遣使征之。路过宣德，皇太弟斡赤斤遣阿剌浅迓之，并命护送至行在。及处机东归，又命阿剌浅送至中都。时山东新附，人多反侧，阿剌浅欲与处机弟子尹志平同往招谕之，处机不允。阿剌浅曰："若大兵一到，杀戮必多，愿真人救之。"处机良久曰："虽不能救，犹愈坐视其死。"乃为招谕书，俾志平与阿剌浅同往焉。处机语阿剌浅："我尝识公。"阿剌浅曰："我亦尝见真人。"他日，处机问："公欲极一身贵显，抑子孙蕃衍？"阿剌浅曰："身后富贵安在，有子孙以承宗祀足矣！"处机曰："闻命矣。"后果如其言。

阿剌浅长身美髯，雄勇善骑射，每战被重铠，驰突如飞。兼通蒙古、汉语，前后凡九使金，皆得要领。太宗即位，设诸色站赤，命阿剌浅与脱忽察儿董其事。卒，年百十有八岁。赠推忠佐命功臣、太傅、开府仪同三司、上柱国，追封凉国公，谥定武。二子：阿里罕、明里察。

阿里罕，从父出入行阵，勇而善谋。宪宗伐蜀，为兵马都元帅。

子哈只，湖南宣慰使，赠推诚保德功臣、金紫光禄大夫、司徒、凉国公，谥安惠。

哈只子：养安，陕西行省平章政事；阿思兰，太府监丞；补孛，太仆寺丞。

养安子阿葩实，太仆寺卿。

明里察，赠开府仪同三司、上柱国，追封凉国公，谥康懿。子：亦不速金，户部尚书；哈剌，陕西行省参知政事。

阿剌瓦而思，回鹘八瓦耳氏，仕回鹘为千夫长。太祖驻跸八瓦耳之地，阿剌瓦而思率其部众来降，从太祖征西域。卒于军。

子阿剌瓦丁，从世祖北征有功。至元二十九年，卒，年一百二岁。

　　子赡思丁,有子五人:鸟马儿,陈州达鲁花赤;不别,隆镇卫都指挥使;忻都,监察御史;阿合马,拱卫直司都指挥使;阿散不别,骁勇善骑射,历事成宗、武宗、仁宗,计前后所赐褚币四十万缗,他物称是,阶荣禄大夫,三珠虎符。

　　子斡都蛮袭职。致和元年,自上都来降,丞相燕帖木儿以为裨将,率壮士百人,围灭里帖木儿等于陀罗台,擒以献,赐衣一袭及秃秃马矢甲、金束带各一,白金百两,钞二百锭。天历元年九月,充同金行枢密院事。十月,从击忽剌台、马札儿等军于芦沟桥,败之,追至紫荆关,多所俘获,以功赐所籍倒拉沙子泼皮宅。二年,进同知枢密院。三年,以隆镇卫都指挥使兼领拱卫司。卒。

　　哈只哈心,阿鲁浑氏,西域人。太祖征西域,哈只哈心扼阿母河,筑垒坚守,力屈始降。太祖按剑问之,先断其发将戮之。哈只哈心正色对曰:"臣各为其主,非罪也。死不过污一席地,何恨,但恐无名尔。"太祖壮而释之。因进言:"失剌子城坚固,不易攻,请往招之。"太祖驻兵马鲁城,使哈只哈心单骑至失剌子谕以祸福,其酋遂内附。以功擢领怯怜口。既班师,隶皇孙旭烈兀部下。至元五年,卒,年一百十七岁。

　　子阿散,大名路税课提领。阿散子:昭都剌,大都路警巡达鲁花赤;凯霖,彰德路达鲁花赤。哈只哈心娶于荀氏,阿散二子皆以荀为氏。

　　昔里钤部,河西人。自其父答尔沙必吉以上七世相西夏。必吉,译言宰相也。其先本沙陀部长,从唐赐姓为李氏,以别于西夏国姓为小李,后又讹为昔里。答尔沙官肃州钤部。生子以官配姓,名曰昔里钤部,又名益立山,在西夏累官沙州钤部。其兄以肃州钤部来聘,与馆接使察罕深相纳,输诚内附。及太祖围肃州,射书城外,约以城降。事觉,全家被害。太祖二十一年,昔里钤部遂率部曲来降,隶国王木华黎帐下。二十二年,与忽都帖木儿招谕沙州。其守

将伪以牛酒犒师,伏发,忽都帖木儿马踬,追兵垂及,以己所乘马授
之,使先奔,自乘踬马为殿。木华黎壮其勇,问曰:"汝临死地,而易
马与人,何也?"曰:"我新附者,战死不足轻重,不可陷国之宿将。"
帝闻而嘉之。从克沙州,帝怒城久不下,欲屠之。泣请曰:"臣亲属
咸在,愿赐全宥;且抗命者数人,若屠城,恐坚未降者心。"许之,城
人赖以获免。

太宗七年,从诸王征西域,至宽田吉思海。又从拔都征斡罗斯,
攻拔也里赞城。十一年,至阿速灭怯思城,坚守不降。率死士十人
蹑云梯先登,大呼曰:"城破矣!"众蚁附而上,遂拔之。赏西京名马,
赐号拔都。十二年,班师。授千户,赐只孙为四时宴服。寻命佐也
马赤为其部断事官。

定宗即位,授大名路达鲁花赤,先后与断事官合达及卜只儿同
署燕京行省。宪宗元年,复为大名路达鲁花赤,佩金虎符。凡监大
名十有四年,号令明肃,豪右屏息。一日,释菜庙学,见礼殿且圮,喟
然曰:"泽宫若此,何以兴善于民。"即日完葺之。其邮传官署,皆以
次修举。漳水岁泛溢,夹岸为堤,植槐柳于上以固崩啮,且充材木之
用,后公私赖之。卒,年六十九。追赠太师,谥贞献。

三子:爱鲁;次罗合,大名路行军万户;次小钤部。

爱鲁,袭大名路达鲁花赤,佩虎符。至元五年,诸王忽哥赤镇云
南,使爱鲁将卫士从之。讨金齿诸部蛮,以射手五百人歼其众数千,
诸部詟服。六年,再入金齿,定其租赋,招降火不麻等三十四砦。七
年,改中庆路达鲁花赤,兼管爨僰军。

十年,赛典赤行省云南,使爱鲁疆永昌田。十一年,使阅中庆户
籍,皆核其隐匿,增入甚多。初,世祖征云南,假道吐蕃,嫌其回曲。
十三年,思、播二州平,改道从蜀入,命爱鲁开两道,陆出乌蒙,水由
马湖江。乌蒙合都掌、圈豕、鹅夷诸种拒命,累战始服。自是,水陆
邮传皆达叙州。又开左右两江道,达于邕州。平溪洞蛮獠五十余州。
十三年,忙部、也可不薛叛,爱鲁讨平之,迁广南西道左右两江宣抚
使,兼招讨使。十六年,迁云南诸路宣慰使、副都帅。十七年,复立

云南行省,拜参知政事。诏将万人,合湖广、四川兵,讨罗氏鬼国,平之。十八年,乌蒙白水蛮杀万户阿忽以叛,复讨平之。

十九年,入觐京师,擢右丞。亦奚不薛再叛,与四川都元帅也速答儿、湖南行省脱理察合兵进讨。也速答儿以地炎瘴,转输不继,奏请旋师。诏许之,留药刺海屯其地。久之,亦奚不薛纳款,仁普诸酋皆降,得户四千。二十二年,乌蒙阿谋杀宣抚使以叛,爱鲁与右丞拜答儿讨之。拜答儿知爱鲁习山川道理,命诸将悉听指授,分道进兵,禽阿谋以归。

二十四年,进右丞,改尚书右丞。镇南王征交趾,诏爱鲁将六千人会之。自罗罗斯入交趾境,败其兵四万于兀木门,平三十八栅,先大军一月至王城,其王与世子皆乘舟遁于海。明年,师还,感瘴疠,卒,年六十三。

爱鲁不吝赏赉,能得人死力,大小百余战,未尝败衄,为一时名将。赠银青光禄大夫、平章政事,谥毅敏。皇庆元年,加赠乘忠执德威远功臣、开府仪同三司、上柱国、太师,封魏国公,谥忠节。

三子:教化,特进中书平章政事,孝友有蕴藉,临事精核;也先帖木儿,江西行省平章政事;骨都歹,大名路达鲁花赤。

小钤部,袭大名路达鲁花赤。冬猎,民不堪命,监察御史姚天福按之。赂侍御史安兀失纳,天福又搜获其赂。奏闻,小钤部论死。

赵阿哥潘,土播思乌思臧掇族氏。始附宋,赐姓赵氏。世居临洮。

祖巴命,富甲诸羌。

父阿哥昌,貌甚伟,有勇力,金贞佑中以军功至熙河节度使。金亡,保连花山,以其众来归。皇子阔端承制,以阿哥昌为叁州安抚使。时兵兴,城无居人,阿哥昌招抚流民,立城垒,课耕桑,以安辑之。年八十,卒于官。

阿哥潘,事亲以孝闻。从伐蜀,与宋都统制曹友闻屡战,胜负相当。以破大安功最,授同知临洮府事。破朝天关,从嘉陵江至阆州,获战船三百艘。攻利州,生得其刘太尉,败宋师于潼川。宋制置使刘雄飞进攻青居山,阿哥潘击之,宵溃,四川大震。进逼成都,略嘉定,平峨眉太平寨,擒其将陈侍郎、田太尉,余众悉降。大小五十余战,皆先登陷阵。

宪宗初,世祖以皇弟南征大理,道出临洮,见而奇之,命摄元帅,城益昌。时宋兵屯两川,堡栅相望,矢石交击,历五年而城始完。宪宗伐蜀,以阿哥潘为选锋,攻西安,下之,赐金符,授临洮府元帅。帝驻钓鱼山,合州守将王坚夜来斫营,阿哥潘率壮士逆战,手杀数十人,坚引去。明日陛见,帝喜曰:“有臣如此,朕复何忧。”赏黄金五十两,赐号拔都。中统元年,诏还镇临洮。岁饥,发私廪粟二千余石、芜菁子百石,以赈贫乏,人赖不饥。郡当孔道,传置旁午,有司弊于供给。阿哥潘以私马百匹充驿骑,羊千口代民输。帝闻而嘉之,诏京兆行省酬其直。阿哥潘曰:“我岂以私惠而邀公赏耶!”卒不受。以军事赴青居山,道为宋兵所邀,战殁。

阿哥潘好畜良马,岁择五驷贡于朝,子孙遵之不替。先是勋臣子孙为祖父请谥者,帝每靳之,至是敕大臣锡以美谥,曰桓勇。

子重喜,始给侍皇子阔端为亲卫。从世祖征哈剌章,数有功。中统元年,浑都海反,从总帅汪良臣引兵至拔沙河纳火石地逆战,以功授征行元帅。四年,从讨忽都、达吉、散竹台等,克之。诸王只必帖木儿承制,使袭父职为元帅。入觐,赐金虎符,为临洮府达鲁花赤。

时解军职而转民官者,例纳所佩符。有旨:“赵氏世世勤劳,其金符勿拘常例,使终佩之。”

重喜在郡,劝农兴学,省刑敦教,以善治闻。请致仕不许,诏其长子官卓斯结袭为达鲁花赤。擢重喜巩昌二十四处宣慰使。卒,谥桓襄。

官卓斯结性静退,辞官闲处二十余年,仁宗闻其名,召不起。子德寿,云南行省左丞。

塔本，伊吾庐氏。以好扬人善，人称之曰扬公。父宋五设托陀，托陀者，其国主所赐号，犹华言国老也。

塔本初从太祖讨诸部。复从围燕京，下平滦、白霫诸城，军士有妄杀人者，塔本戒之曰：“国之本，民也。杀人得地，何益于国。且杀无罪，以坚敌心，非上意。”太祖闻而善之，赐金虎符，俾镇抚白霫诸郡，号行省都元帅，管内得承制除县吏，死囚得专决。

久之，徙治兴平。兴平经兵火后，民户凋残。塔本召父老问所疾苦，为除之，民大悦，归者四集。塔本始至，户止七百，不二三年，乃至万户。出己马以宽驿人，官吏贷银，其子钱不能偿者，焚其券。与贫农耕牛，比岁告稔，民用以饶。太宗二年，诏以中山府、平定州及德州之平原县隶行省。六年，盗李仙、赵小哥作乱，塔本止诛首恶，宥其诖误。

乃马真皇后称制二年，卒。遗命葬以纸衣瓦棺。赠推诚定远佐运功臣、太师、开府仪同三司、上柱国，追封营国公，谥忠武。子阿里乞失铁木儿。

阿里乞失铁木儿，嗣父职为兴平等处行省都元帅。其为治一遵先政，虽同僚不敢私役一民。从大军伐高丽。宪宗六年，卒。赠宣忠辅义功臣、荣禄大夫、平章政事、柱国，追封营国公，谥武襄。子阿台。

阿台，当袭父职。适罢行省为平滦路总管府，宪宗命阿台为平滦路达鲁花赤。始至，请蠲银、盐、酒等税课八之一，细民不征。

世祖即位，来朝，赐金虎符。诸侯王道出平滦，供给费银七千五百两，户部不即偿，阿台自陈上前，尽取偿以归。置甲乙籍，籍民丁力，民甚便之。至元十年，进怀远大将军。岁饥，发粟赈民。或持不可，阿台曰：“朝廷不允，愿以家粟偿官。”僚属始至。阿台必遗之盐、米、羊、畜、什器，曰：“非有他也，欲其不剥民耳。”姻族穷者，月有常给，民有丧不能葬者，与之棺椁、布帛、资粮。滦州为古孤竹国，庙祀伯夷、叔齐以励风俗。

二十一年，进昭武大将军。二十四年，乃颜叛，献马五百匹佐军。世祖大喜，已而得乃颜银瓮，亟以赐之。二十五年，入朝，以疾卒。赠推忠宣力功臣、资德大夫、中书右丞、上护军，追封永平郡公，谥忠亮。子迭里威失。

迭里威失，少好读书，成宗时入宿卫，授河西廉访司佥事，拜监察御史，迁淮西廉访副使，召为中书左司员外郎，改枢密院参议，迁判官。

延祐四年，授翰林侍讲学士，出为河间路总管。属岁饥，出俸金及官库所积赈之，活数十万人。河间当水路要冲，四方供亿皆取给焉。迭里威失立法调遣，民便之。复建言增置便习弓马尉一人，益逻兵之数，于是盗贼屏息，陵州奸民结党横行，迭里威失收系狱中，悉杀之，一郡肃然。后拜辽阳行省参知政事。子锁咬儿哈的迷失。

锁咬儿哈的迷失，年十二，宿卫英宗潜邸，掌服御诸物。英宗即位，拜监察御史，首言："国家政柄，总归中书，不得隔越奏事。凡有奏行布告，并从中书省送国史翰林院，详定可否。"廷议题之。著为令。至治元年春，诏起大刹于京西寿安山，锁咬儿哈的迷失与御史观音保、成珪、李谦亨上章极谏，以为东作方始，而兴大役，以耗财病民，非所以祈福也。且岁在辛酉，不宜兴筑。初，司徒刘夔妄献浙右民田，冒领内帑钞六百万贯，丞相帖木迭儿分取其半，监察御史发其奸，遂嫉台臣。至是，帖木迭儿之子琐南为治书侍御史，密奏曰："彼宿卫旧臣，闻事有不便，弗入告，乃讪上以扬己之直，大不敬。"帝遂杀锁咬儿哈的迷失与观音保，杖珪、谦亨，黥而窜之。

泰定初，赠锁咬儿哈的迷失资德大夫、御史中丞、上护军，追封永平郡公，谥贞愍。赐其妻子钞五百贯、良田千亩，仍树碑于墓道以旌之。

曷思麦里，西辽虎思斡儿朵人。事西辽主直鲁古，为柯散城八思哈长官。太祖遣哲别伐西辽，时乃蛮太阳罕子古出鲁克已篡直鲁古之位。者别至垂河，曷思麦里率柯散等城官吏迎降。者别以曷思麦里为前锋，引大军逾葱岭，追斩古出鲁克于撒里黑昆，传首徇未下诸城，皆望风款服。

太祖十四年，从者别渡阿母河，入呼拉商，追贷勒自弥苏尔滩，战于秃马温山。追至可疾宁城西可隆堡，射伤苏尔滩之马，收其珍宝而还。中途攻破玉儿堡，获苏尔滩之母、妻。又取谷德痕城。未几，可疾宁亦降。乘胜略西北邻部阿在儿拜展，其酋鄂思贝克降。遂驻冬于麦加，招降西南山中曲儿忒种人，略曲儿只部。

十五年，者别再入曲儿只，曷思麦里仍为前锋。以道路险阻，退而东行，渡古尔河，破设里汪之沙马起城。进攻打耳班，逾太和岭，败阿速军，乘胜入奇卜察克。明年冬，自阿速履冰渡黑海，入于撒吉刺之地，招降黑林城。十七年，乞卜察克以斡罗思援军至，大军与战于孩儿桑，大败之，事具《者别传》。

十九年，大军凯旋，者别中道卒。曷里麦里率所部东还。会太祖亲征西夏，曷思麦里以所获珍宝及七宝伞觐帝于阿刺思不刺思行在所。帝顾谓群臣曰："者别尝称曷思麦里之功，其躯干虽小，声闻甚大。"就以所进珍宝，听称力自取。仍命与薛赤兀儿同为必阇赤。曷思麦里言："向所招降人，尚留亦刺八里，愿率以从征。"许之。

太宗三年，从车驾伐金，次怀孟州，命领奥鲁事。明年，从败金人于三峰山，授怀孟州达鲁花赤，佩金符。五年，金中京留守强伸来寇，曷思麦里与昔里吉思、锁刺海等力战，却之。又遣蒲察寒奴、乞失里札鲁招降金总帅范真。是年，太宗以曷思麦里宣劳西域有年，命其二子捏只必、密里吉分袭怀孟达鲁花赤、必阇赤。曷思麦里，以札鲁忽赤归西域。行省帖木迭儿奏留之。明年，进怀孟、河南二十八处都达鲁花赤，所隶州县，不从命者，承制得籍其家。宪宗元年，卒。

密里吉袭怀孟达鲁花赤，中统三年，从征淮西，战殁。

史臣曰：曷思麦里，西辽旧臣也。藉蒙古之兵，枭古出鲁克以复故国之仇，可谓义烈。虽功名逊于者别，其忠于所事，则非者别所及也。

新元史卷一三二

列传第二九

札剌亦儿台豁儿赤 _{塔出}

阿只乃 _{怀都}　塔孩拔都儿

阿塔海　速哥　_{忽兰}　失鲁孩

麦里　昔里吉思

札剌亦儿台豁儿赤,札剌亦儿氏,以氏为名,亦译为撒里塔。事太祖为宿卫。契丹人乞奴、鸦儿、喊舍等驱辽东遗民渡鸭绿江,窜据高丽江东城。十二年,以哈真为元帅,札剌亦儿台副之,帅蒙古军,兼督耶律留哥契丹军、蒲鲜万奴将完颜子渊军,讨之。破和、孟、顺、德四城,麟州都领洪大纯帅其子福源迎降。十二月,使著古与至高丽乞粮,且征兵。高丽输米千石,遣其将赵冲、金就砺帅师来会。又明年正月,契丹平,札剌亦儿台与冲约为兄弟,冲请岁输贡赋。札剌亦儿台曰:"道路梗阻,汝国来往不易,我国每岁遣使不过十人,可赍以去也。"于是高丽王曔遣其权阁门祗候尹公就中书注书崔逸持牒文来行营,遣使报之,定约而还。十五年,著古与再使高丽归,盗杀诸途。由是与高丽绝信使者七年。

太宗初,金平章温迪罕哥不霭行省于辽东,连结高丽与蒲鲜万奴以拒命。太宗命札剌亦儿台帅北京元帅吾也而、辽王薛阇,义、川等州节度使王荣祖,都提控耶律捏儿等渡辽,先讨哥不霭,拔盖州、宣城等十余城，哥不霭走死。

三年，追讨高丽杀信使之罪，遂围新兴镇，屠铁州，洪福源帅降民千五百户导札剌亦儿台攻州郡之未附者。九月，至西京，入黄凤州，克宣郭州，取城邑四十余。使阿儿秃与福源招谕王皞，皞使其弟淮安公侹请和。十一月，屠平州。元帅唐古拔都儿等至王京，王皞遣御史闵曦犒师。十二月，蒙古军分屯王京城外，闵曦复来犒。札剌亦儿台遣使持牒入城谕降。王皞使弟侹献方物。札剌亦儿台复征贿，王皞又献国贶，且遣使上表自陈。札剌亦儿台遂承制置京府及州县达鲁花赤七十二人，以也速迭儿帅探马赤军留镇之。

明年正月，率所部先归，遣使二十四人持玺书谕高丽王。三月，王皞遣中郎将池义深、录事洪巨源、金谦等赍国贶牒文送札剌亦儿台行营。四月，又遣其上将军赵冲及御史薛慎来上表称臣，献方物。五月，帝以将征蒲鲜万奴，遣遣九人征兵高丽。七月，高丽权臣崔瑀胁迁其王于江华岛，并遣内侍尹复昌往北界诸城，夺蒙古所置达鲁花赤弓矢，达鲁花赤射杀之。八月，其西京巡抚闵曦亦谋杀达鲁花赤，不果。是月，札剌亦儿台复奉命讨高丽。先贻书诘责王皞，皞一再答书自辩。十二月，札剌亦儿台至王京，攻处仁城，为高丽人金允佳所射杀。别将帖哥引军还。子塔出。

塔出，以勋臣子，至元十七年授昭勇大将军、东京路总管府达鲁花赤。十八年，召见，赐钞六十锭，旌其廉勤，授开元等路宣慰使。二十二年，入觐，帝慰劳久之，且问曰："太祖命尔父札剌亦儿台圣旨，尔能记否？"塔出奏对称旨，帝嘉之，赐以玉带、弓矢，拜龙虎卫上将军、东京等路行中书省右丞。复授辽东道宣慰使。

塔出探知乃颜谋反，遣人驰驿上闻。命领军一万，偕皇子爱牙赤备御之。女直、水达达官民与乃颜连结，塔出遂弃妻子，率麾下十二骑直抵建州。距咸平千五百里，与乃颜党太撒拔都儿等合战，两中流矢。其党帖哥、抄儿赤等欲袭攻皇子，塔出扈从皇子渡辽水。乃颜军来追，塔出转斗而前，射其将帖古歹，镞出于项，堕马死。追兵始退。遂还军懿州。州老幼千余人，焚香罗拜道傍，泣曰："非宣慰公，吾属无遗种矣。"塔出至辽西罢山北小龙泊，得叛将史秃林台、卢全等纳款书，期而不至，即遣将讨擒之，又获其党王赛哥。复与曲迷儿大王等战，破之，将士欲俘掠，塔山禁止之。与诸将汉爪、脱脱台等追乃颜余党，北至金山。帝嘉其功，召赐黄金、珠玑、锦衣、弓矢、鞍勒。

二十八年，赐明珠虎符，充蒙古军万户。是年，讨哈丹于女直，还攻建州。明年，哈丹涉海南，奔高丽。塔出复进兵讨之。入朝，赐珍珠上服，拜荣禄大夫、辽阳等处行中书省平章政事，兼蒙古军万户，卒。子答兰帖木儿，中奉大夫、辽阳省参知政事。

阿只乃，亦译为阿术鲁，斡罗纳儿氏。与饮巴泐渚纳水。太祖元年，授千户。屡从征讨，赐银印，领兵收附辽东女真，还，赐金甲、珠衣、宝带。从太祖征西夏，大战于额里合牙。西夏主李睍惧，乞降，来朝行在。时帝已崩，脱栾扯儿必遵遗诏杀之，分给西夏主资产于阿只乃。复从太宗伐金，下宿、泗等州二十余城。诸王闵阿只乃年老，命其子不花代领军职。

中统二年，不花卒。子幼，以兄子怀都袭。

怀都，从亲王哈必赤讨李璮，围济南。夏四月，璮夜出兵冲突，怀都力战，斩首百余级，俘二百余人，璮退走入城。秋七月，破济南，诛璮。哈必赤第其功居最，诏赐金虎符。领蒙古、汉军，攻海州，略淮南庐州。

至元三年，充邳州监战万户。四年，领山东路统军司，从伐宋。至襄阳，西渡汉江，宋遣水军绝归路，怀都选士卒泅水，夺战舰二十余艘，斩首千余级。六年，略地淮南天长，至五河口，与宋兵战，败之。七年，诏守鹿门山、白河口、一字城。九年春，怀都请攻樊之古城堡。堡高七层，怀都夜勒士卒，攀援而上，遂拔之，斩宋将韩拨发，擒蔡路钤。襄阳既降，帅师城正阳，复略地南丰，获生口无算。

十二年夏,宋将夏贵来攻正阳,怀都领步卒薄西岸,至横河口,逆战败之。十二年,北渡,至栅江堡,败宋军。复南渡江,驻兵镇江,谍报宋平江军出常州,怀都领兵千人,至无锡,与宋兵遇,大战,歼其众。秋七月,行省檄怀都领军护焦山江岸,仍驻扬州湾头立木城,以兵守之。九月,权枢密院事,复守镇江。宋殿帅张彦、安抚刘师勇攻吕城,怀都与万户忽剌出、帖木儿追战至常州,夺战船百余,擒张彦及范总管。冬十月,从右丞阿塔海攻常州,宋朱都统赴援,怀都帅所部至横林店与之遇,奋击,大破之。十一月,克平江,徇秀州,仍抚治临安迤东新附军民。

十三年秋,偕元帅撒里蛮、帖木儿、张弘范徇温州、福建,所至州郡迎降。十四年,授镇国上将军、浙东道宣慰使,讨台、庆叛贼,战于黄奢岭,又战于温州白塔屯寨,转战至漳、泉、兴化,平之。十六年,召至阙下,赐玉带、弓矢,授行省参知政事,至处州,以疾卒。

子八忽台儿,官至通奉大夫、浙东道宣慰使都元帅,平浙东、建宁盗贼,数有功。

不花子忽都答儿既长,分袭蒙古军千户,从平宋有功,授浙西招讨使,改邳州万户,加荣禄大夫、平章政事。卒。

塔孩拔都儿,逊都思氏。始与其兄赤勒古台、弟泰亦赤兀歹事札木合,继而弃之,归于太祖。以赤勒古台同皇弟合撒儿带刀宿卫为兀勒都赤,泰亦赤兀歹与忽图抹里赤主饲马群为阿都兀赤,塔孩与阿儿孩合撒儿、速客该、察兀儿孩四人,掌远近巡察之事,特被亲信。常与速客该往来奉使于王罕,后同饮巴泐渚纳水。太祖即位,授赤勒古台第十四千户,塔孩第二十四千户。塔孩从太祖征西域,与阿剌黑、速客图攻白纳克城,降之。进围忽毡城,其守将帖木儿以精兵千人屯赛浑河中洲,矢石不能及。塔孩等填石以进,帖木儿不能守,遁去,遂克忽毡。后卒。子卜花,袭职。孙阿塔海。

阿塔海,魁伟有大度,才略过人。既袭千户,从大帅兀良合台征云南，身先行阵。师还，事世祖于潜邸。至元九年，命督诸军攻襄阳。襄阳下，第功授镇国上将军、淮西行枢密院副使。筑正阳东西城。五月霖雨，宋将夏贵乘淮水溢，来争正阳。阿塔海率众御之，贵走，追至安丰城下而还。

拜中书右丞、行枢密院事，渡江，与丞相伯颜军合，克池州。十二年，师次建康。宋镇江守将石祖忠降，其扬州守将李庭芝遣兵突围来攻，阿塔海率师救之，宋兵望风退走。时真、泰诸城尚为宋守，镇江地扼襟喉，城壁不完，阿塔海乃立木栅，以保障居民。又分兵屯瓜洲，以绝扬州之援。宋将张世杰、孙虎臣帅舟师阵于江中焦山下，阿塔海与平章阿术登南岸督诸军大破之。宋殿帅张彦与平江都统刘师勇袭吕城，遣万户怀都击之，获彦。十月，并行枢密院于行中书省，仍以阿塔海为右丞。克常州，降平江、嘉兴。十三年正月，会兵临安，宋降，以其幼主、母后入觐。诏赴瓜洲。与阿术议淮南事宜。

十四年，授荣禄大夫、平章政事、行中书省事。十五年二月，召赴阙，拜光禄大夫、行中书省左丞相，移治临安。十八年，迁征东行省丞相，征日本，遇风舟坏，遂失利。二十年，行同知沿江枢密院事。二十三年，行江西中书省事，入朝。二十四年，扈从征乃颜，师还，奉朝请居京师。二十六年十二月，卒，年五十六。赠推忠翊运宣力功臣、开府仪同三司、太师、上柱国，追封顺昌王，谥武敏。子阿里麻，江淮行枢密副使、江南行台御史大夫。

速哥，蒙古怯烈氏。父怀都事太祖，尝从饮巴泐渚纳水。

速哥为人，外质直而内沈勇，雅为太宗所知。命使金，觇其虚实，语之曰："即不还，子孙无忧不富贵也。"速哥顿首曰："臣死，职耳。况奉陛下威命以行，必无他虑。"帝悦，赐御马。至河，金人闭之舟中，七日始登南岸，又三旬乃至汴。及见金主，曰："天子念尔土地日狭，民力日疲，故遣我致命，尔能修岁币，通好不绝，则转祸为福矣。"谒者令下拜，速哥曰："我大国使，肯为尔屈乎！"金主壮之，取金卮饮之酒。速哥饮毕，即怀金卮出，默识其地理厄塞、城郭人民之强弱。既复命，备以虚实告，且以所怀金卮献。帝喜曰："我得金于汝手中。"复以赐之。始下令征兵南伐。大兵至河北岸，方舟欲渡，金人阵于河南。帝令仪卫导速哥居中军，亲率偏师掠阵策马登岸。及金亡，诏赐金护驾士五人，曰："以旌汝为使之不辱也。"速哥昔过崞州，盗杀其马，至是兼以崞州民赐之。

太宗八年，帝从容谓速哥曰："我将官汝，西域、中原，惟汝择之。"速哥再拜曰："幸甚！臣意中原便。"帝曰："西山之境，八达岭以北，汝其主之。汝于城中构大楼居其上，使人皆仰望汝。汝俯而谕之，顾不伟乎。"乃以为西山大达鲁花赤。

受命方出，有回回六人讼事不实，将抵罪，遇诸途，谓监刑者曰："姑缓其刑，当入奏。"复见帝曰："此六人者，名闻西域，以小罪诛之，恐非所以怀远人也。愿以赐臣，臣得笞辱之，使悔过迁善，为他日用。"帝意解，召六人谓之曰："生汝者速哥也，其竭力事之。"后六人有至大官者。速哥卒，年六十二。赠推忠翊运同德功臣、太师、开府仪同三司、上柱国，追封宣宁王，谥忠襄。

六子：曰长罕，曰玉吕忽都撒，曰合里都，曰忽兰，曰忽都儿不花，曰不花。长罕、玉吕忽都撒、合里都，皆从兀鲁赤太子出征，以战功显。

忽兰，以母为后戚，得袭职。乙未抄户籍，前赐崞州户已入官籍，更赐山西户三百。郡县捕盗不获，法当计失物直倍偿，郡县苦之。有甄军判者，率群盗杀人浑源界。县以失捕当偿，忽兰曰："此大盗也，县岂能制哉！"即遣千人捕甄杀之，其害乃除。

忽兰性纯笃，然好佛法。尝施千金修龙宫寺，建金轮大会，供僧万人。卒，年四十二。赠太保、金紫光禄大夫、上柱国，追封云国公，谥康忠。

子天德于思，颖悟过人。世祖闻其贤，令袭父爵。养母完颜氏以孝闻。海都寇边，天德于思抚循其众，守备甚完。帝闻而嘉之，赐驯豹、名鹰，使得纵猎禁地。卒，年三十九。赠太傅、仪同三司、上柱国，追封云国公，谥显毅。子孙世多显贵。

失鲁孩那颜,沼兀列台氏。从太祖同饮巴泐渚纳水。授千户,统沼兀列部从征诸国。卒于河西。

子麦吉,从太祖平金。

孙麦里,从定宗平乞卜察克、阿速、斡罗斯诸国。又从宪宗征蜀。中统初,诸王禾忽附阿里不哥,麦里以为上初即位,而禾忽为乱首,不可不诛,与其弟桑忽答儿帅所部讨之。一月八战,夺所掠札剌亦儿台、塔塔儿诸部民而还。桑忽答儿为禾忽所杀。帝闻,遣使者以银钞羊马迎致麦里,赐号答剌罕。寻卒。子秃忽鲁。

昔里吉思,佚其氏族。从太祖征西域。太宗时,从睿宗伐金,师次京兆府。会亦来哈鼐作乱,昔里吉思挺身斫贼阵,众皆披靡。俄失所乘马,走还军中。睿宗嘉其功,妻以侍女唆火尼。世祖尤爱之,命侍左右。其妻为皇太子乳母,皇太子待以家人之礼,得饮白马潼。二子:曰塔出,曰撒里蛮。

塔出,官宝儿赤迭只斡儿朵千户。塔出子千家奴,从伐乃颜,战殁。帝命籍乃颜人口赐之。

撒里蛮,从讨阿里不哥,赐号拔都儿,授光禄少卿,仍袭千户。累迁金宣徽院使。以千户从征乃颜,赏金盏二。入为同知宣徽检事。成宗即位,拜宣徽使,加大司徒。卒。子帖木迭儿,袭千户,累迁宣徽使,遥授左丞相。

新元史卷一三三
列传第三○

镇海　粘合重山 南合
牙剌洼赤 马思忽惕　刘敏 王德真
杨惟中　孛鲁欢 也先不花　答失蛮
按摊　阿荣　搠思监　忙哥撒儿 伯答沙

　　镇海,怯烈氏,或曰本田氏,至漠北始改为怯烈氏,或曰当时同名者三人,以管屯田故称田镇海云。镇海以百户从太祖同饮巴勒渚纳水。与亲王、大臣大会斡难河上,共上太祖尊号曰成吉思汗。太祖倚眷日密,授札鲁忽赤。从征乃蛮,赐御马。又从攻西辽,赐珍珠旗,佩金虎符,为必阇赤。总属官金符十人、银符五十人,命屯田于阿鲁欢之地,且城之,因名其地曰镇海。

　　七年,从太祖伐金,师次抚州,与金将忽察虎战,流矢中左胁,裹创复战,竟拔其城。赐白金以旌之。燕京下,命镇海登大悲阁,环射,四箭所至园廛邸舍,悉以赐之。

　　太祖崩,受顾命奉太宗践阼,拜中书左丞相。后尚右,又改右丞相。凡中书省文书,行于西域、畏兀儿诸国者,用畏兀文,镇海主之;行于中国及契丹、女真者,用汉文,耶律楚材主之。然仍于年月之前,镇海书畏兀字曰付与某人,用相参验。帝收天下符节,独镇海符节听留。四年,偕速不台、塔察儿围汴京,赐九龙旗、乘舆、椅、盖。五年,破蔡州,以功赐恩州千户为汤沐邑,世食其赋。先是,收天下童男女及工匠置局于弘州。既而得西域织金绮纹工三百户及汴京织毛褐工三百户,皆分隶弘州,命镇海世掌之。太宗崩,六皇后称制,素不喜镇海,罢其官。定宗即位,复拜右丞相。定宗以寝疾不视事,事多决于镇海与喀达克。卒,年八十四。

其后宪宗伐宋,常拊髀叹曰:"使吾有镇海,何忧江南,惜其亡矣!"或曰宪宗即位,杀定宗用事大臣,镇海、喀达克皆诛死,莅杀镇海者为丹尼世们。疑莫能详也。

世祖即位,以镇海旧部及降人千户为贵赤,授其孙庄家千户,曾孙也里卜花百户,为十七投下之一焉。

镇海子十二人,知名者:曰要束木,札鲁忽赤,佩金符。曰孛古思,从世祖征云南,率千人架浮桥于金沙江以济师,以功授益州都等路宣慰使,赐金虎符、玉带。中统二年,改东平路副达鲁花赤。寻迁济南等路宣慰使。至元二年,迁南京路达鲁花赤,讨平蕲县贼,以病乞归。授保定路达鲁花赤,卒。曰阔里吉思,子:八十八,金河东廉访司事;按摊不花,淮东廉访副使。孙脱烈,靖州达鲁花赤。

史臣曰:许有壬撰镇海碑,称镇海卒于乙未八月。定宗元年丙午至宪宗元年辛亥,中无乙未。意者镇海诛死,子孙讳其事,妄言卒年,而不悟其年事之不合也。

粘合重山,一名钧,金女奚烈氏。初为质子,知金亡,遂委质于太祖。授必阇赤,直宿卫,赐马四百匹。从攻西夏,执大旗指麾将士,手中流矢不动。太宗即位,数侍内宴,因谏曰:"臣闻天子以天下为忧,忧之则治,忘忧则乱。今置酒为乐,此忘忧之术也。"帝深纳之,以重山与史天泽、刘黑马为三万户,统汉军。三年,立中书省,拜重山为左丞相。时耶律楚材为中书令,帝委以国事,而以重山佐之。

七年,从皇子阔出伐宋,诏军前行中书省事,许便宜从事。重山收降民三十余万。师还,复入中书视事,赐中厩马十匹、贯珠袍一袭。卒,赠太尉,追封魏国公,谥忠武。子南合。

南合,初为江淮安抚使。十年,诏嗣其父行军前中书省事。时大将察罕围寿春,七日城始下,欲屠其城。南合曰:"不降者,独守将耳,其民何罪?"由是城人获免。

初,世祖伐宋,南合进曰:"李璮受国厚恩,专制一方,然其人多诈,叛无日矣。"帝然之。中统元年,迁西京等处安抚使。已而,立宣抚司,改西京路宣抚使。明年,拜中书左丞、中兴等路行中书省事。三年,迁秦蜀五路行中书省事。是年,李璮反,帝使谕南合曰:"卿言犹在吾耳,璮果反矣。卿宜严防西边。"南合奏曰:"臣谨受诏,不敢以西事累陛下。"至元元年,进中书平章政事。五年,卒。追封魏国公,谥宣昭。

子博温察儿,河中知府。孙世臣,同知京畿都漕运使。

牙剌洼赤,忽鲁谟斯人。太祖征西域,皇子拙赤等下兀笼格赤,牙剌洼赤挈其二子马俺木惕、马思忽惕来降。从驾追札剌勒丁,中道哥疾宁,留牙剌洼赤守之。西域略定,分置达鲁花赤监治不合儿、薛米思坚、兀笼格赤、兀丹、乞思合儿、兀里羌、古先、答里勒等城,以太师耶律阿海总领之,命马思忽惕同知其事。

牙剌洼赤从驾东归,佐太宗定西域丁赋,授燕京行省札鲁忽赤,断汉民公事,且掌中原财赋。有西域商人奥都剌合蛮请扑买中原银课二万二千锭,以四万锭为额,太宗从之,以为提领诸路课税所官。牙剌洼赤不以为然。及六皇后称制,益任奥都剌合蛮以财政,罢牙剌洼赤官,祸且不测。马思忽惕在西域,闻之惧,亡命依亲王拔都。其后奥都剌合蛮伏诛,定宗仍以牙剌洼赤管中原财赋,马思忽惕治突厥斯单薛米思坚等处财赋,并锡金狮符。

宪宗初立,太宗孙失烈门、定宗诸子忽察、脑忽等合谋为变。事觉,捕其从官,鞫问辞服,廷臣请穷治其狱。帝以初政,不欲多行杀戮,见牙剌洼赤立户外,呼入问之曰:"汝老成人,更事多,何独无言?"对曰:"臣西域人也。请得言西域事。昔者希腊王阿来珊德已

灭波斯,欲入印度,将领中多异议,令出不行。阿来珊德遣使询于其
傅阿里斯拓忒耳。使者致命,阿里斯拓忒耳无言,与使者至园中,遇
树之蔽碍者,令仆从芟伐,或竟拔其根株,易以新植。使者悟,归报
阿来珊德,乃诛诸不从令者,使人代将之。竟平印度而回。"帝闻是
言,遂诛三王之党预逆谋者凡七十人。仍命牙剌洼赤与不只儿等行
尚书省事于燕京,管印造宝钞,马思忽惕与纳怀、塔剌海充别失八
里行尚书省事。其父子同被四朝宠遇如此。

中统时,阿里不哥僣号,与察阿歹后王阿鲁忽交兵久之。阿里
不哥使马思忽惕往议和,阿鲁忽以马思忽惕治不合见、薛米思坚等
城财赋,军用饶足,马思忽惕遂留事察阿歹后王。其后八剌合谋攘
旭烈兀后王呼拉珊之地。至元五年冬,遣马思忽惕为使,阳谓阿梅
河左右之地,本属公家,成吉思四子皆得分其岁赋,阴则探道路、诇
军事。马思忽惕至,阿八哈大王厚礼之,赠以成吉思御服,出示岁计
簿籍,明无余财。马思忽惕既得簿籍,不辞而去。来时沿途留骑以
待,易马疾驰,追者及诸河,已在舟中矣。及笃哇立,仍以马思忽惕
治呼拉珊财赋。马思忽惕在西域前后五十余年,所至府库裕而民不
扰,有善理财之名。

刘敏,字德柔,一字有功,宣德人。太祖七年,大军次山西,敏年
十二,从其父母避兵于德兴禅房山,尽室被俘。敏隶于一大将麾下。
一日,御营犒宴,敏辄入,坐共食。上见之,亲问姓名,敏跪而自陈,
并诉主将不见恤,无以自赡。上怜之,命改隶中宫。阅二年,能通诸
部语,赐名玉出干,出入禁闼为奉御。

十八年,授安抚使,便宜行事,兼燕京路征收税课、漕运、盐场、
僧道、司天等事,给以西域工匠千余户,及山东、山西兵,置二总管
府。敏从子二人,佩金符,为二府长,以敏总之,赐玉印,佩金虎符。
敏奏佐吏宋元为安抚副使,高逢辰为安抚佥事,李臻为参谋。契丹
人在燕京,往往中夜挟弓矢掠民财,敏戮其渠魁。又豪家冒籍良民
为奴者众,敏悉归之。选习星历者为司天太史,兴学校,进名士为之

师。

太宗即位，改造行宫幄殿。七年，城和林，建万安宫，设宫闱司局，立驿传，以便贡输，皆以敏董其役。既成，宴赐甚渥。十三年，授行尚书省，诏曰："卿之所行，有司不得与闻。"俄而牙剌洼赤自西域回，奏与敏同治汉民，帝允之。牙剌洼赤素刚尚气，耻不得自专，使其属忙哥儿以流言诬敏，敏出手诏示之，乃已。帝闻之，命汉察火儿赤、中书左丞粘合重山、奉御李简诘问得实，罢牙剌洼赤，令敏独任。复辟李臻为左右司郎中，臻在幕府二十年，参赞之力居多。

六皇后称制，以敏与奥都剌合蛮同行省事。仍命与牙剌洼赤同管中原财赋。四年，请以子世亨自代，帝许之，赐世亨银章，佩金虎符，赐名塔塔儿台。帝谕世亨有不从命者黜之。又赐其子世济名散祝台，为必阇赤，入宿卫。

帝伐宋，幸陕右，敏舆疾请见。帝曰："卿有疾，不召而来，将有言乎？"敏曰："臣闻天子出巡，义当扈从。但中原初定，劳师远伐，恐非计也。"帝弗纳。敏还，退居年丰。世祖南征，过年丰，敏入见，谕之曰："我太祖励精图治，汝及见之。今汝春秋高，其汇次圣政以为后世法。"未几，以病归于燕京。夏四月，卒。与敏同为太祖奉御者，有王德真。

王德真，字济准，隆兴丰利人。九岁而孤。太祖败金军于野狐岭，获德真，爱其风骨，命后宫抚养之。稍长，通蒙古语，善于译说。太祖以德真汉人，定官名为奉御，与也速拜儿、塔布台、札固剌台三人同列，皆当时勋贵也。德真知无不言，或至夜分，犹敷陈于御榻之下。又命德真兼掌二皇后宫政，皇后抚之如子。从平西夏，太祖欲屠城，德真谏曰："陛下一视同仁，非敌百姓也。"太祖说，遂赦之。

太宗即位，以先朝亲旧，不欲劳以烦剧，赐金符，授德兴人匠达鲁花赤。四年，崔立以南京降，从速不台入南京。后除德兴、燕京、太原人匠达鲁花赤。中书令耶律楚材从容谓德真曰："君佐命旧臣，宜入中书，相与同心辅政。"德真固辞。六皇后称制，以德真为西京等路廉访使，世祖南征，又以德真为平阳、太原等路廉访使；皆不就。至元九年卒，年七十一。

杨惟中，字彦诚，弘州人。幼事太宗，知读书，有胆略，太宗器之。奉命使西域，籍其户口而归。皇子阔出伐宋，命惟中于军前行中书省事，克宋枣阳、光化等军，光、随、郢、复等州，及襄阳、德安府，凡得知名士数十人，收伊、洛诸儒著述送燕京，立宋大儒周敦颐祠，建太极书院，延赵复、王粹讲授其间，慨然欲以道济天下。

太宗崩，乃马真皇后称制，惟中代耶律楚材为中书令，以一相总庶务。

定宗即位，平阳路断事官斜彻横恣不法；诏惟中宣慰，惟中按诛之。金将武仙余党散入太原、真定，据大明川，用金天兴年号，众至数万。诏会诸道兵讨之，不克。惟中仗节开谕，降其渠帅，余党悉平。

宪宗即位，世祖以太弟开府金莲川，立河南道经略司于汴梁，奏惟中等为使，俾屯田唐、邓、申、裕、嵩、汝、蔡、息、亳、颍诸州。监河桥万户刘福为河南道总管，性贪酷，虐害遗民二十余年。惟中至，召福听约束，福称疾不至。惟中设大挺于坐，复召之，使谓曰：“汝不奉命，吾以军法从事。”福不得已，以数十人拥卫见惟中，惟中即握大挺击仆之。数日福死，河南大治。迁陕西四川宣抚使，时诸军帅横侈病民，郭千户者尤甚，杀人之夫而夺其妻，惟中戮之以徇，关中肃然。语人曰：“吾非好杀，国家纲纪不立，致此辈贼害良民，无所控告，虽欲不杀可乎！”

世祖伐宋，奏惟中为江淮京湖南北路宣抚使，建行台，蒙古、汉军诸帅并听节制。师还，卒于蔡州，年五十五。中统二年，追谥忠肃。

孛鲁欢，怯烈氏。父昔剌斡忽勒，兄弟四人，长曰脱不花，次曰怯烈哥，季曰哈剌阿忽剌，俱隶王罕部下。王罕与太祖有隙，脱不花率其属二百户来降，经雍古部，为部长所留，居之忙兀鲁地。脱不花遣其子要速特儿伪为贾人，至太祖告其事。太祖使脱仑扯儿必往索之，雍古部长乃归其兄弟于太祖。太祖问脱不花："汝为王罕何官？"对曰："质子也。"乃使为质子，宴享班大臣之列。从太祖征西域，赐畏兀儿户五百四十八。后从拖雷伐金，又从速不台征西域，从拔都征钦察，病卒。昔剌斡忽勒为千户，早卒。孛鲁欢其长子也。

　　幼事睿宗，为护卫。定宗崩，与亲王拔都拥立宪宗。即位之日，文臣以孛鲁欢为班首，掌宣发号令、朝觐、贡献及内外闻奏诸事。二年，又以孛鲁欢掌必阇赤写发宣诏及诸色目官。赐真定之束鹿为其食邑。宪宗崩于军中，以序以贤，世祖当立，而先朝旧臣阿蓝答儿等谋立阿里不哥，孛鲁欢亦附之。至元元年，阿里不哥来降，帝令四亲王、三大臣鞫其逆谋。阿里不哥曰："孛鲁欢、阿蓝答儿二人劝我：先帝崩，两兄将兵在外，我为留守，应即大位。"帝乃诛孛鲁欢等，释阿里不哥不问。后赠推诚赞治功臣、仪同三司、太傅、昌国公，谥庄愍。孛鲁欢四子：曰也先不花；曰木八剌，御史中丞；曰答失蛮；曰不花帖木儿，荣禄大夫，四川行省平章政事。

　　也先不花，初袭必阇赤长。裕宗封燕王，世祖命也先不花傅之，谓裕宗曰："也先不花，吾旧臣子，端方明敏，闲习典故，汝可每事咨之。"

　　二十三年，拜云南行省平章政事。阿郎、可马丁诸种僰夷为变，讨平之。立登云等路、府、州县，得户二十余万。

　　大德二年，迁湖广行省平章政事。会河南妖贼，事连湖广平章刘国杰、右丞燕公楠，朝廷驿召二人。也先不花附奏，辨其虚诬，事得释。先是，也先不花与二人不相能，当时咸称为长者云。八年，迁河南行省平章政事。河决落蓁堤，也先不花督有司塞之，身先吏士，功立就。九年，进拜湖广行省左丞相。至大二年，卒。天历二年，赠推忠守正佐运翊戴功臣、太师、开府仪同三司、上柱国，追封恒阳王，谥文贞。子五人：曰亦怜真，累拜湖广行省左丞相，天历二年赠推诚辅治宣化保德功臣、太傅、开府仪同三司、上柱国，追封武昌

王,谥忠定;曰秃忽鲁,累拜中书右丞相、御史大夫、太傅、录军国重
事,天历二年赠怀忠秉义昭宣弼亮功臣、太师、开府仪同三司、上柱
国,追封广阳王,谥清献;曰答思,湖南宣慰使;曰怯烈,中政使;曰
按摊。

答失蛮,幼事世祖于潜邸,掌第一宿卫、奏记,兼监斡脱总管
府。及即位,拜户部尚书,兼内八府宰相。凡马湩、祭天、燔肉、告神
诸典礼,皆答失蛮掌之。十八年,改总管府为泉府司,旋为丞相哈剌
哈孙所奏罢。二十五年,答失蛮请复立泉府,帝从之。是年,乃颜叛,
答失蛮扈驾亲征,诏诸王以下以军法便宜从事。乃颜平,哈丹又叛,
诏答失蛮从皇孙讨之。哈丹走高丽死,迁宣政院使。二十六年,海
都寇北边,又扈从世祖亲征,至杭海,置西北驿传而还。二十八年,
拜荣禄大夫、泉府大卿。
元贞元年,海都复入寇,成宗召答失蛮曰:“卿名素重,非身往
不可。”加银青光禄大夫、平章军国重事,发卫士千人从行。大德三
年,兼翰林院学士承旨,领泉府司事。八年,卒,年五十七。赠推忠
益国辅治功臣、开府仪同三司、太师、上柱国、高昌王,谥忠惠。

按摊,有至性,以孝闻。事成宗,袭为必阇赤长。也先不花有疾,
命给七乘传,使省父于湖广。未几,拜海北海南道宣慰使、都元帅。
海岛生黎叛服不常,按摊素有声威,生黎王高等二十余洞,皆愿输
租税如平民。至大二年,擢中书右丞、浙东道宣慰司都元帅。奔父
丧,以哀毁卒。天历二年,赠秉义效忠著节佐治功臣、太保、开府仪
同三司、上柱国、中书左丞相,追封赵国公,谥贞孝。子阿荣。

阿荣,字存初。幼事武宗,直宿卫。累迁湖南道宣慰副使。岁
饥,分廪禄为粥,以食饿者。迁湖广行省左右司郎中,入金会福院
事。寻除吏部尚书。泰定初,出为湖南道宣慰使,旋改浙东道宣慰
使都元帅,以疾辞。天历初,起为吏部尚书、参议中书省事。二年,

拜中书参知政事，知经筵事，进奎章阁大学士、荣禄大夫、太禧宗禋院使、都典制神御院事。久之，谒告归。至元元年，卒。

阿荣精数学，逆推事成败及人祸福，多奇中。天历三年，廷试进士，阿荣与虞集会于直庐，语集曰：“更一科后，贡举当辍。辍两科，而复，则人材大出矣。”又曰：“君犹及见之，荣则不及矣。”后三年，卒。元统三年，科举罢。至正元年，始复。如其言。

掤思监，亦怜真之子也。早岁，性宽厚，寡言语，皆以远大许之。泰定初，袭长宿卫，为必阇赤怯薛官。至顺二年，除内八府宰相。元统初，出为福建宣慰使都元帅。后至元三年，拜江浙行中书省参知政事。是岁，督海运漕米三百余万石，悉达京师，无耗折。六年，迁湖北道肃政廉访使，未行，改江浙行省右丞。福建盐法久坏，诏掤思监往究其私鬻、盗鬻及出纳之弊，至则悉廉得其利病，为罢行之。

至正元年，改山东肃政廉访使，寻召拜中政使。明年正月，除陕西行台御史中丞。三月，复为中政使。八月，调太府卿。四年，拜中书参知政事，寻迁右丞。六年，迁御史中丞，除翰林学士承旨，俄复为中丞。又由资政使迁宣徽使。九年，除大宗正府也可札鲁忽赤，寻复入中书为右丞。十年，迁平章政事，阶光禄大夫。十一年，拜御史大夫，进银青荣禄大夫。十二年，复为中书平章政事，从丞相脱脱平徐州有功。十三年，拜御史大夫，寻又为中书平章政事。

十四年九月，奉命讨贼淮南，身先士卒，面中流矢不为动。十五年，迁陕西行省平章政事，召拜知枢密院事。俄复拜中书平章政事，兼大司农分司，提调大都留守司及屯田事。一日，入侍，帝见其面有箭瘢，深叹闵之，进为首平章。十六年，复迁御史大夫。四月，拜中书左丞相。明年三月，进右丞相。十八年，加太保，诏封其曾祖孛罗欢为云王，祖也先不花为瀛王，父亦怜真为冀王。

掤思监居相位久，无所匡救，又公受贿赂，物议喧然。是年冬，监察御史燕赤不花，劾掤思监任用私人朵列及妾弟崔完者帖木儿印造伪钞，事将败，令朵列自杀以灭口。掤思监乃请解机务，诏止收

其印绶。而御史答里麻失里、王彝言不已,帝终不听。会辽阳贼势
张甚,明年,起为辽阳行省左丞相,未行。二十年三月,复拜中书右
丞相,仍诏谕天下。

时宦者资正院使朴不花乘间用事为奸利,搠思监与朴不花相
表里,四方警报壅不上闻。孛罗帖木儿、扩廓帖木儿各拥强兵于外,
以权势相轧,搠思监与朴不花党于扩廓帖木儿,诬孛罗帖木儿以不
轨,二十四年三月,下诏削其官爵,且命扩廓帖木儿讨之。宗王不颜
帖木儿、秃坚帖木儿等皆称兵与孛罗帖木儿合,上表言其无罪,京
师震恐。帝乃窜搠思监于岭北,朴不花于甘肃,悉复孛罗帖木儿等
官爵,然诏书虽下,而搠思监、朴不花仍留京师。

四月,孛罗帖木儿遣秃坚帖木儿称兵犯阙,必得搠思监、朴不
花乃已。帝不得已,缚二人畀之,皆为孛罗帖木儿所杀。搠思监始
至,孛罗帖木儿释其缚厚礼之。逾三日,方诘其浊乱天下之罪,又笑
谓搠思监曰:“前赂汝七宝数珠一串,宜见还。”搠思监使取似此者
六串,至孛罗帖木儿,视之,皆非也。因怒曰:“宰相贪婪如此,我安
能不正其罚。”遂杀之。已而御史复奏:“搠思监矫诏杀丞相太平,盗
用钞板,私家草诏,任情黜陟,鬻狱卖官,费耗库藏,使天下八省之
地悉致沦陷,乃误国之奸臣,究其罪恶,大赦难原。曩者,奸臣阿合
马之死,剖棺戮尸,搠思监之罪,视阿合马尤甚。今虽死,必宜剖棺
戮尸,以泄众愤。”诏从之。而台臣言犹不已,遂没其家产,窜其子宣
徽使观音奴于远方。

怯烈氏四世为丞相者八人,至搠思监竟隳其世业焉。

史臣曰:孛罗帖木儿跋扈,搠思监不量力而讨之,使喋血京师,
幽皇后,杀宰相,身既不免,国亦几亡。是故激孛罗帖木儿以成其悖
逆者,搠思监之罪也。然其人庸懦,劲者方之阿合马则过矣。

忙哥撒儿,札剌儿氏。曾祖赤剌温孩亦赤、祖搠阿,并事太祖。
搠阿精骑射,太祖爱之,号为蔑儿干。尝与贼遇,将战,有二飞鹜至,
命搠阿射之。请曰:“射其雄者,抑雌者?”太祖曰:“雄者。”搠阿一发

堕之。贼望见惊曰："是善射若此，飞鸟且不能逃，况人乎！"不战而去。

太祖征蔑儿乞，兵溃，搠阿与其弟左右力战以卫太祖。会者勒蔑来援，贼乃引退。搠阿生那海，那海生忙哥撒儿。太宗平金，念那海世勋，赐食洛阳百七十五户。

忙哥撒儿事拖雷，恭谨过其父。定宗以为札鲁忽赤。宪宗在藩邸，深知之。从征斡罗思、阿速、乞卜察克诸部，常身先诸将，及颁赏，则退然一无所取；宪宗益重之，使治藩邸分民。间出游猎，则命为军长，动如纪律。虽太后及诸嫔妃小有过失，知无不言，邸中人敬惮之。乃授为也客札鲁忽赤，义谓大断事官。

既拜命，出帐殿外，欹桌坐熊席，其僚列坐左右者四十人。忙哥撒儿问曰："王以我长此官，诸公谓我当用何道以称职？"众皆默然。又问，有夏人和斡居下坐，进曰："夫札鲁忽赤之道，犹宰之刲羊也，解肩者不使伤其脊，在持平而已。"忙哥撒儿闻之，即起入帐内。众不知所为，皆咎和斡失言。既入，乃为宪宗言之。宪宗召和斡，命之步，曰："可用材也。"和斡由是知名。

定宗崩，亲王拔都大会宗亲，议立宪宗。畏兀八剌曰："失烈门，皇孙也，太宗尝言其可以君天下。"时诸大臣闻八剌言，皆默然。忙哥撒儿独曰："汝言诚是，然乃马真可敦立定宗时，汝何不言耶？拔都汗固亦遵太宗遗言者。有异议，吾请斩之。"众莫敢支吾，宪宗之位始定。

已而察合台后王燕只吉歹二子与失烈门、忽察、脑忽三王欲乘大会燕饮作乱，剡车辕，藏兵器其中，以至在道辕折、兵器见，御者克薛杰上变。忙哥撒儿即发兵拒之，忽察等不虞事遽觉，仓卒不能战，好言赴会。宪宗付忙哥撒儿鞫治，忙哥撒儿悉诛之。宪宗以其奉法不阿，委任益专。当刑者，辄以法处决，然后上闻。或卧未起，忙哥撒儿直造金帐前，叩箭房，帝问何言，即可其奏。尝以所御大帐行扇赐之。

三年秋，授万户。冬，病酒卒。

帝以忙哥撒儿当国时多所诛戮,及是咸腾谤言,乃为诏谕其子脱欢、脱儿赤曰:

汝高祖赤剌温孩亦赤,暨汝曾祖搠阿,事我成吉思皇帝,皆著劳绩,惟朕皇祖实嘉赖之。汝父忙哥撒儿,自其幼时,事我太宗,朝夕忠勤,罔有过咎。从我皇考,经营四力。逮事皇妣及朕兄弟,亦罔有过咎。暨朕讨定斡罗思、阿速、隐儿别里乞卜察克之域,济大川,造方舟,伐山通道,攻城野战,功多于诸将。大赉有绩,则退然无欲得之心。惟朕言是用,修我邦宪,治我搜田,辑我国家,罔不咸乂。惟厥忠,虽其私亲,与朕嫔御,小有过咎,无有比私。故朕皇妣,迨朕昆弟,无不嘉赖。朝之老臣、宿卫耆旧,无不严畏。不其勤劳,命为札鲁忽赤,迨朕皇考受民,布昭大公,以辨狱慎民,爰作朕股肱耳目,众无哗言,朕听以安。

自时厥后,察合台阿合之孙,太宗之裔定宗、阔出之子,及其人民,越有他志。赖天之灵,时则有克薛杰者,以告于朕。汝父肃将大旅,以遏乱略,额勒只吉歹等谋是用溃,悉就拘执。朕取有辜者,使辨治之,汝父体朕之心,其刑其宥,克比于法。又使治也速蒙哥、不里狱,亦克比于法。

惟尔脱欢、脱儿赤,自朕用汝父,用法不阿,兄弟姻亲,咸丽于宪。今众罔不怨,曰"尔亦有死耶",若有慊志。人则虽无死,朕将宠之如生。肆朕训汝,尔克明听朕言,如是而有福,不如是而有祸。惟天惟君,能祸福人。惟天惟君,是敬是畏。立身正直,制行贞洁,是汝之福,反是勿思也。能用朕言,则不坠汝父之道,人亦不能间汝矣。不用朕言,则人将仇汝,伺汝,间汝。怨汝父者,必曰"汝亦与我夷矣",汝则殆哉。汝于朕言,弗慎绎之,汝则有咎,克慎绎之,人将敬汝、畏汝,无间伺汝,无慢汝怨汝者矣。

又,汝母汝妇,有谗欺巧佞构乱之言,慎勿听之,则尽善矣。

至顺四年,追封忙哥撒儿兖国公。四子:曰脱欢,万户;曰脱儿赤,脱儿赤子明里帖木儿,翰林学士承旨;曰也先帖木儿;曰帖木儿不花。

帖木儿不花子伯答沙,幼英敏端重,长入宿卫,历事成宗、武宗,官宣徽院使。成宗崩,护梓宫北葬,守陵三年乃还。

延祐四年,拜中书右丞相。时承平日久,朝廷清明,百姓乂安,号称极治。

仁宗崩,铁木迭儿专政,改集贤大学士。未几,以大宗正札鲁忽赤出镇北方。泰定间,还朝。

天历初,上都兵溃,伯答沙奉玺绂来上,拜太傅,仍札鲁忽赤。卒,贫无以为殓,人称其廉。追封威平王。

三子:曰马马的因,曰泼皮,曰八郎。八郎期而孤,母乞要歹氏年二十守志不它适。八郎后亦为大宗正札鲁忽赤。

史臣曰:镇海、粘合重山、杨惟中,俱非宰相之才。牙剌洼赤导宪宗以杀戮,忙哥撒儿又以酷济之,盖长君之恶者。孛鲁欢拥戴阿里不哥,蒙古之家法如此,死非其罪,宜其有后也。

新元史卷一三四
列传第三一

耶律留哥 <small>薛阇　收国奴　古乃　善哥</small>
蒲鲜万奴　　王珣 <small>荣祖</small>

耶律留哥,契丹人,仕金为北边千户。太祖起兵,金人疑契丹遗民有异志,下令契丹一户,以二女真户夹居防之。留哥不自安,遁至隆安、韩州,聚众剽掠。时有耶律的,与之合,招集亡命,数月间,众至十余万,推留哥为都元帅,的副之。

太祖命阿勒赤那颜略地至辽东,遇之,问所从来,留哥曰:"我契丹军也,欲往附大国,道阻逗留于此。"阿勒赤曰:"我奉命讨女真,适与尔会,岂非天乎!然尔欲效顺,以何为信?"留哥乃帅所部会阿勒赤登金山,刑白牛、白马,北向折矢以盟。

金遣咸平兵马都总管完颜承裕来讨,声言有得留哥骨肉一两者,赏金银如之,仍世袭千户。留哥度不敌,驰表乞援。太祖使阿勒赤、宇都欢、阿鲁都罕引千骑会留哥,与金兵对陈于迪吉纳兀儿。留哥以侄安奴为先锋,横冲承裕军,大败之,献所获辎重。太祖召阿勒赤还,以可特哥副留哥屯其地。

其部众遂推留哥为辽王,建元元统,都广宁,立妻姚里氏为妃,以耶律厮不为郡王,坡沙、僧家奴、耶律的、李家奴等为丞相、元帅、尚书,统古与、著拨行元帅府事。时太祖八年三月也。金知广宁府温迪罕青狗退守盖州,妻子陷于广宁。金遣青狗往谕留哥降,不从。青狗竟留事之。金主怒,复遣咸平宣抚蒲鲜万奴来讨。留哥逆战归仁北细河上,万奴大败,收散卒奔东京。安东同知阿怜惧,遣使降于留哥。于是留哥尽有辽东诸州,定都咸平,号为中京。金左副元帅移剌都以兵来攻,又为所败。

十年正月,蒲鲜万奴僭号于东京,北袭咸平,东略婆速。留哥侦知万奴兵出,国内空虚,乘间袭破东京。耶律厮不等劝留哥称帝,留哥不从。是冬,与其子薛阇奉金币九十车、金银牌五百,至桉檀孛鲁罕入觐。

时大朝会,敕汉人引见先纳款者。太傅耶律阿海奏:"刘伯林纳款最先。"太祖曰:"伯林纳款虽先,然迫而来降,未若留哥杖义效顺也,其先留哥。"既见,尽献所赍,并以子薛阇为质。太祖大说,谓左右曰:"凡留哥所献,告之于天,乃可受也。"陈以白毡,七日而后纳于库。问留哥何官,对曰:"辽王。"命赐金虎符,仍为辽王。又问户籍几何,曰:"六十余万。"太祖命以三千人为秃鲁花军,遣蒙古三百人偕留哥所遣乞奴、秃哥二人往取之。先是,东京之破,可特哥纳万奴妻李仙娥,留哥不直之。及是以闻,太祖怒可特哥悖法,命执之来。可特哥惧,与耶律厮不等给众,言留哥已死,杀所遣蒙古三百人以叛,惟三人逃归告变。太祖慰留哥曰:"尔毋以失众为恨,吾他日倍此封尔,不吝也。草青马肥,资尔甲兵,往取妻孥。"

十一年乞奴、金山、青狗、统古与等推耶律厮不僭号于澄州,称大辽收国王,建元天成,以留哥兄独剌为平章,青狗为元帅。未几,青狗叛归金,厮不为其下所杀,推其伪丞相乞奴监国,与行元帅鸦儿等分兵民为左右翼,屯开、保二州间。金盖州守将完颜众家奴以兵三万讨之,战于开州馆,不克,退屯大夫营。留哥引蒙古军数千适至,得兄独剌并妻姚里氏,户二千。乞奴、鸦儿引兵数万,渡鸭绿江,侵高丽宁朔、定戎之境。留哥乃招抚懿州、广宁,徙居临潢。未几,金山杀乞奴,自称大辽收国王,改元天德。是岁十一月,帅众践冰,渡大同江,入西海道。十二月,屠黄州。明年,统古与杀金山,而代其位,喊舍又杀之。

十三年冬,留哥领所部契丹军,与蒲鲜万奴将完颜子渊,从元

帅哈真、札剌亦儿台入高丽,围喊舍于江东城。遣使至高丽乞粮征
兵,高丽输米千石,且使其将赵冲、金就砺帅师来会。明年正月,克
江东城,喊舍自经死。留哥收其众而还,置之西楼。自留哥入觐,辽
东反复,耶律厮不僭号七十余日,金山二年,统古与、喊舍共二年,
至是留哥复定之。

十四年,留哥卒,年五十六。妻姚里氏入奏,会太祖征西域,皇
太弟斡赤斤居守,承制以姚里氏佩虎符,权领事者七年。二十一年,
车驾东还,姚里氏挈次子善哥、铁哥、永安及从子塔塔儿,孙收国
奴,入觐于阿里湫行在。太祖曰:“健鹰飞不到之地,尔妇人乃能来
耶!”赐之酒,慰劳甚至。姚里氏奏曰:“留哥既殁,其长子薛阇扈从
有年,愿以次子善哥代之,使归袭爵。”太祖曰:“薛阇为蒙古人矣,
当令善哥袭其父爵。”姚里氏拜且泣曰:“薛阇者,留哥前妻所出嫡
长也,宜立。善哥者,婢子所出,若立之,是私己而蔑天伦,窃以为不
可。”太祖嘉叹其贤,给驿骑四十,从征西夏,赐夏俘九口、马九匹、
白金九锭,币器皆以九计,许以薛阇袭爵,而留善哥、塔塔儿、收国
奴于朝,先遣其季子永安从姚里氏东归。

二十二年,遣薛阇归,谕之曰:“昔尔父起兵辽东,会我蒙古军,
又能割爱,以尔事我。继而奸人耶律厮不等叛,人民离散。欲食尔
父子之肉者,今岂无人! 我以兄弟视尔父,则尔犹吾子,尔父亡矣,
尔其与吾弟别勒古台并领辽东军马,以为第三千户。”

太宗二年,从伐宋,赐马四百匹、牛六百头、羊二百嗷。三年,奉
命从札剌亦儿台东征,收其父遗民,移镇广宁,行广宁路都元帅府
事。十年,薛阇卒,年四十有六。

子收国奴袭爵,行广宁路总管军民万户府事,易名石剌,从征
高丽有功。宪宗即位元年,以石剌三世为国宣劳,命更造虎符赐之,
佐诸王也古及札剌亦儿台控制高丽。九年,卒,年四十五。

子长古乃嗣。中统元年,从诸王合丹、不者克讨阿蓝答儿及浑
都海于山丹,平之。三年,从征李璮。至元六年,朝廷并广宁路于东
京,去职。是岁卒,年三十有六。子忒哥。

薛阇弟善哥,赐名蒙古歹,隶诸王口温不花。太宗二年,从拔天城堡。明年,克凤翔。四年,引兵三千从渡河,平金。后伐宋,又从拔光州、枣阳,由千户迁广宁尹。至元元年卒,年五十。有二子,天祐袭广宁千户,改广宁县尹。

蒲鲜万奴,女真人。初仕金为尚厩局使。金泰和六年,以翼副统与阿鲁带、完颜达吉不,从都统完颜赛不败宋将皇甫斌于溇水上。万奴别将断真阳路,与诸军追击至陈泽,斩获有功。金宣宗立,万奴累擢咸平招讨使。

太祖九年,与耶律留哥战归仁北,败绩。金主御下严,万奴畏罪不自安,又闻车驾南迁,思据地自擅。忌东北路招讨完颜铁哥兵强,征其部骑兵二千并泰州军三千,及其户口,实咸平。铁哥不遣。会万奴代完颜承裕为辽东宣抚,即坐铁哥罪,下狱杀之。北京留守奥屯襄、宣差蒲察五斤表万奴有异志。金主疑三人不协,诏谕每事同心并力备御。万奴益不自安。

十年正月,遂据东京叛,自称天王,国号大真,建元天泰,以兵北取咸平,走耶律留哥,东京诸猛安、谋克多从之。高丽畏万奴势强,因其乞粮,给以八千石。四月,万奴掠上古城,别将攻望云驿三义里。五月,据大宁镇。先后为金同知婆速路兵马都总管纥石烈桓端部将温迪罕怕哥辇等所败。九月,万奴自帅所部,出宜风及易池,与桓端战,众溃。是时,耶律留哥谍知万奴兵东出,国内空虚,乘间与可特哥以兵袭破东京。

万奴进退失据。十月,来降,以其子帖哥入质。既而杀辽东行省右丞耶律捏儿哥,复叛去,帅众栖于海岛。明年四月,破金兵于大夫营,转入女真故地,自称东夏国,改金上京会宁府曰开元,都之。哈真、札剌亦儿台讨喊舍于高丽,万奴命完颜子渊帅女真军二万往会焉。先是,金主闻万奴叛,遣侍御史完颜素兰与近侍局副内族讹可,由山东航海赴辽东,命驻于铁山,体访消息。后审其果叛,乃诏谕高丽及辽东行省平章温迪罕哥不霭讨之。万奴又与哥不霭相结。

太宗即位，先命札剌亦儿台征辽东，哥不霭走死，乃进征高丽。
且遣也速迭儿为札剌亦儿台后援。高丽平。五年，命诸王阿勒赤歹、
嗣国王塔思，各帅本部左手军讨万奴。九月，围其南京，城坚如立
铁，裨将石抹查剌约别将攻其东南，自奋长槊，超登西北隅，斩陴卒
数十人。大军乘之，城遂拔。开元、恤品两路亦先后下。万奴就擒，
斩之。

万奴自乙亥岁僭号，至是凡十有九年而亡。

万奴之相曰王浍，金宣宗授右谏议大夫，充辽东安抚司参谋
官，后遂为万奴宰相。年九十余卒。世谓有知来之术云。

史臣曰：辽东之乱，耶律留哥、蒲鲜万奴与兵事相终始。留哥无
御众之才，以归附独早，转祸为福。万奴，金之旧将，一旦反噬，自称
东帝，倜向无常，卒归夷灭。皆盗贼之雄，何足算也。

王珣，字君宝，本耶律氏。金正隆末，契丹窝斡叛，祖父成从母
避难辽西，更姓王氏，遂为义州闻义人。

珣武力绝人，善骑射。年三十余，遇道士，奇珣之相，谓之曰：
"君他日因获一青马而贵。"珣不信。岁余，有以青马来鬻，珣私喜
曰："道士之言验矣。"乃倍价买之，后乘以战，进退无不如意。又得
一刀，其铭曰："举无不克，动必成功。"常佩之，每有警，刀必先鸣，
故所向克捷。

金末，豪强各拥众自保。乡人推珣为长，旬月之间，招集遗民至
十余万。

太祖十年，木华黎略地奚霫，珣率吏民出迎，承制以珣为元帅，
兼领义、川二州事。十一年春，张致僭号锦州，阴结开义杨伯杰等掠
义州。珣出战，伯杰引去。致兄子复以千骑来寇，珣选十八骑突其
前，一卒枪刺珣，珣挥刀杀之，其众溃走。时兴中亦叛，木华黎围之，
召珣以兵来会。致乘虚袭义州，家人皆遇害。及兴中平，珣无所归，
木华黎留之，遣其子荣祖驰奏其事。帝谕之曰："汝父子宣力我家，

不意为张致所袭陷。归语汝父，俟逆党平，彼之族属、城邑、人民，一以付汝，吾不吝也。仍免徭赋五年，使汝父子世为大官。"珣以木华黎兵复开义，擒伯杰等杀之。进攻锦州，致部将高益缚致妻子及其党千余人以献。木华黎悉以付珣，珣但诛致家，余皆释之，始还义州。

十二年，入朝，赐金符，加金紫光禄大夫、兵马都元帅，镇辽东便宜行事，兼义、川等州节度使。珣貌黑，人呼为哈剌元帅。从木华黎略山东，至满城，命珣还镇，戒之曰："新附之民，反覆不常，非尽坑之，终必为变。"对曰："国朝经略中夏，宜以恩信结人，若杀降，宁有复至者乎！"于是降民皆获免死。十九年正月卒，年四十八。四子，荣祖最知名。

荣祖，字敬先，珣长子也。性沉厚，音吐如钟。珣初附于木华黎，以荣祖为质，稍见任用。珣卒，袭荣禄大夫、崇义军节度使、义州管内观察使。从嗣国王孛鲁入朝，帝闻其勇，选力士三人与之搏，皆应手而倒。欲留置宿卫，会金平章政事哥不霭行省于辽东，咸平路宣抚使蒲鲜万奴僭号于开元，遂命荣祖还，副札剌亦儿台讨之。拔益州、宣城等十余城，哥不霭走死。金将郭琛、完颜泄鲁马、赵遵、李高奴等犹据石城，复攻拔之，泄鲁马战死，遵与高奴出降。虏生口千余，荣祖皆放为良民。方城未下，荣祖遣部卒贾实穴其城，城崩被压，众谓已死，弗顾也。荣祖曰："士忘身死国，安忍弃之。"发石，实犹未死，一军感激。有言义州人怀反侧者，札剌亦儿台将屠之，荣驰驿奏辩，乃止。

太宗元年，授北京等路征行万户，换金虎符，从伐高丽，围其王京。高丽王遣弟淮安公侹奉表纳贡。五年，从讨万奴，擒之。赵祁以兴州叛，又从诸王按只台平之。祁党犹剽掠景、蓟间，复从大将唐兀台讨之。将行，荣祖曰："承诏讨逆人耳，岂可戮及无辜。"唐兀台然之，由是免死者众。再从征高丽，破十余城，高丽王遣子綧入质。帝赐锦衣，旌其功。又从诸王也忽略地高丽，降天龙诸堡，遂下瓮子

城、竹林寨、苦苦数岛。赐金币,官其子兴千户。移镇高丽平壤,帝
遣使谕之曰:"彼小国负险自守,釜中之鱼,不久自死,缓急可否,卿
当熟思。"荣祖乃募民兵屯戍,辟地千里。高丽王大惧,遣其世子倎
出降;荣祖遂以倎入朝。

　　中统元年夏,诏荣祖诣阙,进沿边招讨使,兼北京等路征行万
户,赐宝鞍、弓矢。还镇,以病卒,年六十五。

　　子十三人:通,兴中府尹;泰,权知义、锦、川等州总管;兴,征东
千户;遇,襄阳路管军万户;达,东京五处征行万户;廷,镇国上将
军、中卫亲军都指挥使;璲,江西湖东道提刑按察使。

新元史卷一三五
列传第三二

耶律阿海　秃花　秃满答儿　忙古带
移剌捏儿　买奴　　石抹也先
　查剌　库禄满　　石抹明安　咸得卜
石抹孛迭儿　　石抹海住
　世昌　　耶律忒末　天祐

耶律阿海,金桓州尹撒八儿之孙,尚书奏事官脱迭儿之子也。善骑射,通诸国语。金末,使于王汗,见太祖姿貌异常,因进言:"金国戎备废弛,俗日侈肆,亡可立待。"帝喜曰:"汝肯臣我,以何为信?"阿海对曰:"愿以子弟为质。"明年,复出使,与弟秃花俱往,慰劳加厚,遂以秃花为质,直宿卫。阿海亦留事太祖,参预机谋,常在左右。

及王汗来袭,太祖与诸将同休戚者,饮巴泐渚纳水为盟,阿海兄弟皆预焉。既败王汗,金人讶阿海久不反,命拘其家属于瀛州。阿海殊不介意。帝闻之,妻以贵臣之女,给户食其赋。从攻西夏诸国,累有功。

太祖即位,敕大将者别略地漠南,阿海为先锋。六年,从破乌沙堡。八年,从拔宣德,乘胜次居庸北口。阿海奏曰:"好生乃圣人之大德,愿止杀掠,以应天心。"帝嘉纳焉。遂分兵略燕南、山东诸路,还驻中都近郊。金主惧，请和。太祖谕其使曰："阿海妻子，何故拘系弗遣？"金人即归其妻子。

九年拜太师，行中书省事。从帝攻西域，拔布哈尔、撒马尔干等城，留监撒马尔干。未几，以疾卒，年七十三。至元十年，追谥忠武。

三子：长忙古台，次绵思哥，次捏儿哥。

忙古台，太祖时佩虎符、监战左副元帅，阶金紫光禄大夫，管领契丹、汉军，守中都，招安水泊等处。卒，无子。

捏儿哥，佩虎符为右丞，行省辽东。万奴叛，举家遇害。

绵思哥，袭太师，监撒马尔干城。久之，请还内郡。改中都路也可达鲁花赤，佩虎符。卒。

二子，买哥，通诸国语，太祖时为奉御，赐只孙服，袭其父职。时供亿浩繁，屡贷于民，买哥悉以私帑偿之。事闻，赐银万两。从宪宗攻蜀，师次钓鱼山，卒于军。妻移剌氏，以哀毁卒，特谥贞静夫人。七子，知名者曰：老哥、驴马。

老哥，历提刑按察使，入为中书左丞。

驴马，备宿卫为必阇赤，迁右卫亲军都指挥使。至元二十四年，世祖宴于柳林，命驴马居其父位次，赐只孙服。二十五年，戍哈丹秃，有战功，以老乞骸骨。

驴马七子：五台奴，袭父职；拔都儿，中书右丞；文谦，兴国路总管；卜花，早卒；蒙古不花，荆湖北道宣慰使；虎都不花，一名文炳，湖州同知；万奴，人匠副总管。

秃花，又译为统灰，国语质子也。帝即位，封千户，与阿海同亲任用事。从伐金，为向导，率刘伯林一军招降山后诸州。九年，金将研答、札剌儿来降，太祖命与石抹明安会攻中都。又从木华黎收山东、河北有功，拜太傅、总领也可那延。封濮国公，赐虎符、银印，岁给锦币三百六十匹，镇宣德。太宗即位，立汉军七万户，以秃花统万户札剌儿、刘黑马、史天泽伐金。卒于西和州。

子朱哥嗣，仍统刘黑马等诸万户，与都元帅塔海绀卜伐蜀，卒于军。

子宝童有疾不任事，以朱哥弟买住嗣，别授宝童随路新军总管。买住言于宪宗曰："今欲灭宋，当先定成都以为根本。"帝然之，使率诸军攻嘉定，未下而卒。以兄百家奴嗣。

自朱哥至百家奴，并袭太傅、领也可那延。

秃满答儿，百家奴子也，常留中宿卫，后代百家奴为成都管军万户。

至元十一年，从忽敦攻嘉定，修平康寨以守之。十二年，从汪田哥攻九顶山，嘉定降。又从忽敦徇泸、叙诸州，围重庆，守合江口，又以舟师塞龙门，败其援兵，十三年，泸州叛，从汪田哥攻之。泸州坚守不下，秃满答儿夜率所部，夺其水城。黎明，遂克泸州。复从围重庆，败守将张珏于城下，重庆降。赐虎符，授夔州路招讨使。迁四川东道宣慰使，仍兼夔州路招讨使，改同金四川等处行枢密院事，迁四川行省左丞。尚书省立，改尚书省左丞，进右丞。卒。

忙古带，宝童子也。沈雄有胆略，世祖时，赐金符，袭父职为随路新军总管，统领山西两路新军。从行省也速带儿征蜀，攻拔重庆、泸州，俱有功，擢万户。至元二十一年，迁云南都元帅，从攻罗必甸，诏率所部入缅，迎云南王。金齿、白衣、答奔诸蛮往往伏险要为劫掠，忙古带奋击败之，凡十余战，开金齿道，奉王以归，迁副都元帅。二十四年，从诸王阿台征交趾，至白鹤江，与交趾昭文王战，夺其战舰八十七艘。又从云南王攻必甸，破之。二十九年，入觐，赐金、币有差。

成宗即位，擢镇国上将军，授乌撒乌蒙等处宣慰使，兼管军万户。迁大理金齿等处宣慰使都元帅。六年，乌撒、罗罗斯叛，云南行省使忙古带讨平之。事闻，赐钞三千贯、银五十两、金鞍辔、弓矢，以旌其功。九年，讨普安罗雄州叛贼阿填，昼夜不解甲，一日之间合战者九，擒阿填杀之。十年，进骠骑卫上将军，遥授云南诸路行中书省左丞，行大理金齿等处宣慰使、都元帅。十一年，卒于大吉州，年五十八。至大四年，赠龙虎卫上将军、平章政事，追封濮国公，谥威愍。子：火你赤，船桥万户达鲁花赤；旺札拉不花，云南诸路兵马右副元帅。

移剌揑儿，契丹人，沈毅多谋略。金人欲官之，辞不受。闻太祖举兵，私谓所亲曰："为国复仇，此其时矣！"率其众百余人来降且献伐金十策。帝召见，与语，奇之，赐名赛因必阇赤。又问生于何地，揑儿对曰："霸州。"因号为霸州元帅。

太祖十年，授兵马都元帅，佐木华黎取北京。及张致据锦州叛，使揑儿与吾也而、脱兰阇里必合兵讨之。致平，迁龙虎卫上将军、兵马都提控元帅。兴州达鲁花赤重儿叛，复与吾也儿讨平之，赐金虎符。

从木华黎围凤翔，先登，手杀数十人，左臂中流矢，裹创进攻丹、延诸州。木华黎止之，对曰："创不至死，敢自爱耶！"木华黎壮之，赠以所乘白马。明日，介其马，饰以朱缨，简骁骑七十人，与金人战。木华黎登高望之，见其驰突万众中，曰："此霸州元帅也。"金人大败，丹、延十余城皆降。迁军民都达鲁花赤、都提控元帅，兼兴胜府尹。

二十一年，从太祖征河西，取甘、合、辛、蛇等州。复从郡王带孙攻益都，下胶、莱、淄等州。太宗元年，卒。追赠推忠定力保德功臣、开府仪同三司、上柱国，封定国公，谥武毅。子买奴。

买奴，太宗召见，问曰："汝年小，能袭父爵乎？"对曰："臣虽年小，国法不小。"太宗异其对，顾左右曰："此儿甚肖其父。"以为为高州等处达鲁花赤，兼征行万户。

从札剌亦儿台攻高丽花凉城，监军张翼、刘拔都陷于敌，买奴怒曰："两将陷贼，义不独生！"力战，斩其大将一人。进攻开州，获守将金沙密，遂下龙、宣、云、泰等十四城。

太宗五年，从诸王阿勒赤歹征蒲鲜万奴，有功。未几，召还。兴州赵祚反，土豪杨买驴等附之。仍从阿勒赤歹往讨，斩贼将董蛮等，围买驴于险树塞，三月不下。买奴令健卒刘五儿循塞北小径上大树，悬绳引百人登，直前奋击，买驴投崖死，余党悉平。以功赐金鞍良马。

又从唐古征高丽，围王京，取其西京而还。赐金锁甲，加镇国上将军、征东大元帅，佩金符。出镇高丽，将行，以疾卒，年四十。赠推诚效义功臣、荣禄大夫、平章政事，追封兴国公，谥显懿。

买奴子元臣，别名哈剌哈孙。年十六，入宿卫，进止有度。世祖谓丞相和礼合孙曰："此勋臣子，非凡器也。"以为怯薛必阇赤，袭千户，将其父军。从伐宋，攻淮西，戍清口，取瓜州，下通、泰诸州。至元十三年，预平宋功，进阶武义将军、中卫亲军总管，佩金虎符。

十四年，翁吉剌部只儿瓦台叛，围应昌，时皇女鲁国公主在围中，元臣帅所部兵驰救，击败只儿瓦台，追执诸鱼儿泺。公主赐赉甚厚，奏请暂留元臣镇应昌，以安反侧。居一岁，召还，迁明威将军、后卫亲军副都指挥，还镇。又三岁，召还。加昭勇大将军。十九年，世祖以所籍没权臣阿合马家妇人赐之，辞曰："臣家世清素，不敢自污。"帝嘉叹不已。

二十二年，进昭毅大将军，同金江淮行枢密院事；院罢，归高州。车驾亲征乃颜，元臣率家僮五十人谒行在，自请扈驾讨贼。二十八年，移金湖广行枢密院。时溪洞施、容等州蛮獠作乱，元臣亲入敌境，谕降其酋鲁万丑。三十年，卒于官。赠安远功臣、龙虎卫上将军、同知枢密院事，追封兴国公，谥忠靖。

子迪，中奉大夫、湖广宣慰使都元帅。

石抹也先，本辽述律氏，辽之后族也，入金后改为石抹氏。祖库烈儿，誓不食金禄，率部落远徙，年九十而卒。父脱罗毕察儿，有五子，也先其仲子也。

年十岁，从其父问辽亡事，即愤曰："儿能复之。"及长，勇力过人,多智略。金人征为奚部长,让其兄赡德纳,而自匿于北野山,射狐兔以食。闻太祖起朔方,即来降,建言:"北京,金根本地,先取之,则中原可传檄而定。"太祖悦,命隶木华黎麾下取北京。

师次高州,木华黎使也先率千骑为先锋。也先曰:"兵贵出奇,何用多为?"谍知金新易北京留守将至,也先与数骑邀而杀之。怀其敕命径至北京,谓守门者曰:"我新留守也。"入府中,问吏列兵城上何为?吏以边备对。也先命尽撤之,曰:"寇至在我,无劳尔辈。"是夜,下令易置其将佐部伍。越三日,木华黎至,也先开门纳之,得户十万八千、兵十万,资粮器械山积,降金将寅答虎等四十七人、城邑三十有二。

木华黎以北京抗命,城下,将屠之。也先谏曰:"降而复屠,则未下者,人将死守,天下何时可定?"因以其事上闻,诏赦之,授也先御史大夫,领北京达鲁花赤。时石天应等据兴中府,也先分兵降之,奏以为兴中尹。又副脱忽兰阇里必,监张鲸等取燕南未下州县。至平州,鲸称疾不行,也先执鲸送行在。帝责之,鲸对:"臣实病,非敢叛也。"帝曰:"今呼汝弟致为质,当活汝。"鲸诺宵遁,也先追斩之,时致已杀使者应其兄矣。致伏诛,也先籍其私养士十万二千人号黑军,上于朝。赐虎符,进镇国上将军,以御史大夫提控诸路元帅府事。

后从木华黎攻蠡州北城,先登,中礮石卒,年四十一。子:查剌,次咸锡、博罗、侃。

查剌,亦善射。袭御史大夫,领黑军。太祖十四年,诏以黑军分屯真定、固安、太原、平阳诸郡。及南征,尽以黑军为前列,败金将白撒、官奴于河北。渡河再战,尽歼其众。论功,黑军为最。太宗五年,从国王塔思讨万奴,获之,事具《万奴传》。十三年,授真定、北京两路达鲁花赤。卒,年四十。四子:库禄满。

库禄满,卓荦有大志。关弓满石,画的去百步射之,无不中。袭父职为黑军总管。宪宗八年,从大军攻襄阳,昼夜苦战,与从弟度剌攀云梯而上,手杀数百人。度剌死之。中统三年,从讨李璮于济南分地以守。璮数率精锐冲突,库禄满辄挫之。后攻城,中流矢卒,年四十一。

库禄满临阵,每身先士卒。或诫之,曰:"恶死好生,人之常情。吾不以身率之,谁肯捐躯以效命乎?男子当援桴死事,岂咕咕死户牖下,效儿女子耶?"闻者壮之。子良辅、家儿。

良辅,袭总管。至元十七年,以功擢昭毅大将军、沿海副都元帅。二十一年,改沿海上副万户。大德十一年,致仕。子继祖,袭万户。

家儿,丰县尹。

继祖子宜孙,自有传。

石抹明安,桓州人。幼尝骑杖为马,令群儿前导,行列整肃,无哗者,父老见而异之。

太祖七年,大军克金抚州,金主命纥石烈九斤来援,明安为裨将,阵于温根达坂。九斤谓明安曰:"汝尝至蒙古,识其汗,可往见之,问举兵之故,彼若不逊,即诟之。"明安如所戒,太祖使缚以俟命。既而大败金兵,太祖召明安诘之曰:"我与汝无怨,奈何众辱我?"明安曰:"臣欲归顺,恐九斤见疑,故如所戒,得乘机至上前,不然何以自达?"太祖善其言,释之。八年,金复遣明安等乞和,太祖允之。后来降,太祖命领蒙古军抚定云中东西两路。

九年,金主迁汴,其纠军斫答等杀其主帅来降。是时,太祖欲休兵北还,明安谏曰:"金有天下十七路,我甫得云中两路。使彼并力而来,则难敌矣。且山前民久不习战,可传檄而定,兵贵神速,岂宜犹豫!"太祖从之,即命明安与撒木哈由古北口进围中都。诸将议屠城,明安奏曰:"攻而后降,城中人固当死,若生之,则州郡之未附者必闻风自至。"太祖从之。

十年春正月,克通州,金将蒲察七斤降。是时,中都围急,金主

遣御史中丞李英、元帅左都监乌古论庆寿来援，人负粮三斗，庆寿
亦自负以率其众。明安将五百骑邀之，遇于永清，佯败。金兵来追，
大破之，获李英及粮车千余，未几，金将完颜合住、监军阿兴松哥，
复以步兵万二千人来援。明安将三千骑，战于涿州旋风寨，复破之，
获松哥，合住遁。四月，克万宁宫及富昌、丰宜二关，分兵拔固安县。

初，大军破顺州，兵士缚密云主簿完颜寿孙以献，明安用为掾
吏。俄逸去复来，问其故，对曰："有老父在城中，往就之，今已没，故
来。"明安义而释之。五月，金丞相完颜承晖仰药死，中都官属率父
老开门请降。明安谕之曰："负固不服，非汝等罪，守者之责也。"悉
宥之，仍赈以粟，众皆感悦。

太祖驻桓州，明安遣使告捷，即以明安守中都，加太傅，兼管蒙
古、汉军兵马大元帅。后以疾卒，年五十有三。

子咸得卜袭职，性贪暴，杀人盈市。耶律楚材闻之泣下，奏请禁
州县非奉玺书不得擅征发，囚当大辟必待报，违者罪死。咸得卜始
稍戢。

次子忽都华，太宗时复为燕京等处行尚书省事，兼蒙古、汉军
都元帅。

石抹孛迭儿，契丹人。父桃叶儿，徙霸州。孛迭儿仕金为霸州
平曲水寨管民官。木华黎至霸州，孛迭儿迎降。木华黎奇其才，擢
为千户。太祖九年，从木华黎觐太祖于雄州，赐银符，充汉军都统。
太祖次牛阑山，欲尽戮汉军，木华黎以孛迭儿可用，奏释之，仍隶其
麾下，从平高州。

十年，授左监军，佩金符，与都元帅吾也而分领红罗山、北京东
路汉军，又从脱忽阑必攻洺州，城守甚坚，孛迭儿率众先登，拔之。
十二年，从木华黎定山东沂、密等州。十三年，又从定太原、平阳、
忻、代、泽、潞、汾、霍等州。十四年，又从平岢岚、吉、隰、绛等州。擢
龙虎卫上将军、霸州等路元帅，统黑军镇守固安水寨。既至，令军士
屯田，且耕且战，披荆棘，造庐舍。数年之后，城郭悉完，为燕京之外

蔽。

太宗二年,入觐,赐金符。三年,从国王塔思定河南。五年,从讨万奴于辽东,平之。孛迭大小百余战,所至有功,七十以疾卒。

石抹海住,名德亨,字仲通,以小字行。木华黎承制授馆陶县尹。从克磁州,未尝戮一人。又得鹿邑、太康生口五千余,悉纵之。从攻彰德有功,迁奉国上将军、彰德路总管,兼行军总元帅府事。卒。石抹本辽之萧氏,金改为石抹氏,海住后更为萧氏,以复其旧云。

子珪,征南千户。

孙世昌,字荣甫。幼端重。年十三,袭千户,已雄伟如成人。从讨李璮及复宿、蕲等州,皆有功。至元六年,取宋五河口,手馘四十余人,搏战舟中,血流没髁,得战舰二。卒于军中,年二十五。妻段氏,至元二十二年以节孝旌其门。子:恒,袭千户,从镇南王征交趾,以疾归,封武略将军、临漳县男;谦,仁和县尹。谦子剌哈不花,内邱尹。

耶律忒末,祖丑哥,仕辽为统军都监,迨辽亡,丑哥夫妇俱死。忒末仕金,仍为都监。宣宗迁于汴,忒末及子天祐率众三万内附,授忒末帅府监军,天祐招讨使,从元帅史天倪略赵州平枣、强、栾城、元氏、柏乡、赞皇、临城等县。太师木华黎承制加忒末洺州等路征行元帅。与天祐略邢、洺、磁、相、怀、孟,招花马刘元帅有功,木华黎又承制授忒末真定路安抚使、洺州元帅。进兵临泽、潞,降其民六千余户,以功迁河北西路安抚使,兼泽、潞元帅府事。太祖十七年,致仕,退居真定。

天祐袭职,从天倪攻取益都诸城,略沧、棣,得户七千,兼沧、棣州达鲁花赤,佩金符。十九年,攻大名拔之。明年,金降将武仙据真定以叛,杀守将史天倪。忒末父子夜逾城而出,会天倪弟天泽自北京还,遇诸满城,合蒙古诸军与贼战,走武仙,复真定。朝廷以天泽袭兄爵,而以天祐镇赵州。明年,仙复犯真定天泽奔槁城,忒末与其妻子在真定者皆陷焉。仙遣其仆刘揽儿持书诱天祐曰:"汝能杀赵州官吏以附,当活父母,仍授汝元帅,不尔尽烹之。"忒末密令揽儿语天祐曰:"仙狡猾,汝所知也,毋以我故堕其机阱,以亏忠节。"天祐得书恸哭,至槁城以书示天泽,天泽曰:"王陵之事,前史所称,汝能遵父命,功不在王陵下也。"天祐乃趋还赵州,率众殊死战,仙怒,尽杀忒末家十八人。天祐战屡捷,监军张林密通仙,启关纳贼。天祐斩关出,复收散卒围城。二十二年,贼弃城走,追至槁城,会天泽兵至,夹击杀林。加奉国上将军、潞州征行元帅,兼赵州安抚使。后致仕,卒。

新元史卷一三六
列传第三三

仳里伽帖木儿　岳璘帖木儿　都尔弥势

哈剌普华　偰文质　偰列篪　撒吉思

答理麻　哈剌阿思兰都大

塔塔统阿　玉笏迷失　力浑迷失

哈剌亦哈赤北鲁　阿邻帖木儿　沙剌班

世杰班　野里术　铁哥术　孟速思

阿失帖木儿　八丹　阿散　亦辇真　昔班

斡罗思密

仳理伽帖木儿，畏兀儿人，国相暾欲谷之后也。

暾欲谷数世至克直普尔，袭国相、答剌罕，锡号阿大都督。西辽授以太师、大丞相，总管内外藏事，国人称之为藏赤立。卒，子岳彌袭。岳彌七子：曰达林思彌，曰亚思彌，曰衢仙，曰博哥，曰博礼，曰合剌脱因，曰多和思。

亚思彌子仳理伽帖木儿，年十六，袭国相、答剌罕。时西辽尚强，威制畏兀儿，命太师僧沙均监其国骄恣擅权。亦都护患之，谋于仳理仳帖木儿。对曰："能杀沙均，挈吾众归大蒙古，彼且震骇矣。"

遂袭杀沙均，以功加号伽理杰忽的，进授其妻明别吉号赫斯迭林。左右有嫉之者，谮于亦都护曰："沙均珥珠，先王宝也，仳理伽帖木儿匿之。"亦都护怒，索珠甚急。仳理伽帖木儿度无以自明，乃亡归太祖；赐金虎符、狮纽银印、金螭椅、金济逊衣，护卫四人，以二十三城为食邑，又赐银五万两，后卒。弟岳璘帖木儿。

岳璘帖木儿，初奉亦都护命来朝，后为质子。从太祖征讨有功，皇弟帖木格斡赤斤求师傅，帝命岳璘帖木儿教之，以孝弟、仁厚为先，帝闻而嘉之。

从太宗平河南，徙鄜县民万余户于乐安。俄授河南等处都达鲁花赤，佩金虎符，赐宫女四人。岳璘帖木儿所得赏赉，悉散于亲旧。径河西，所过榛莽又乏水，为之凿井置堠，戍行旅称便。

以中原多盗，充大断事官。从帖木儿格斡赤斤镇抚燕京等路。寻复监河南等处军民，卒。年六十七。后赠宣力保德功臣、山东道宣慰使，谥庄简。

子十人，曰益弥势普华，曰都督弥势普华，曰怀朱普华，曰都尔弥势，曰八撒普华，曰旭烈普华，曰和尚，曰合剌普华，曰独可理普华，曰脱烈普华。

都尔弥势，初从撒吉思讨李璮，以功授行省郎中，除博兴州、沂州达鲁花赤。

伯颜伐宋，慨然曰："此吾立功报国之日也。"叔父撒吉思嘉其志，乃举以自代。与从子撒里蛮俱隶伯颜麾下。宋丞相贾似道屯于丁家洲，都尔弥势为前锋，败之。与宋殿师孙虎臣战于焦山，又败之。又从破常州。擢断事官。

宋平，授安丰路达鲁花赤，权处州达鲁花赤。时新附之民多阻兵自保，都尔弥势单骑招降，兵不血刃。人以四哥佛子称之。阿合马用事，乃告归。大军征日本，起为征东都元帅，又与丞相阿答海等异议，辞不行。已而大军果无功而返。卢世荣欲荐为参知政事，亦力辞。迁同知浙东宣慰司事，改行省郎中，累迁太平路达鲁花赤、广西道提刑按察使。卒于官。

哈剌普华，幼侍母奥敦氏居益都。尝叹曰："幼而不学，必堕吾宗。"岳璘帖木儿奇其志，使习畏兀儿书及经史。记诵通敏过人。李璮叛，合剌普华与其母相失，撒吉思以行省讨贼，合剌普华从之，得其母归。撒吉思言于世祖，召直宿卫。命至益都，置广兴、商山二冶于四脚山，授商山铁冶都提举，佩金虎符，让职于弟。大军伐宋，授行都漕运使，帅诸翼兵万五千人督馈饷。

宋平，上疏言："亲肺腑，礼大臣，以存国家之体。兴学校，奖名节，以励天下之才。正名分，严考察，以定百官之法。通钱币，却贡献，以厚生民之本。"又言："江南新附，宜登用旧族，力穑通商，弛征薄敛，以驯抚之，不然，恐尚烦圣虑。"帝采用其言。

属漕米二十万石。舟覆，损十之一，又每斛视都斛亏三升。时阿合马专政，责偿舟人。合剌普华抗言："朝廷不任亏损，臣独当其咎。"阿合马怒，出为宁海州达鲁花赤。迁江南道宣慰使。未行，改广东都转运使，兼领诸番市舶。

东莞、香山、惠州贩徒构乱，哈喇普华与招讨使答失蛮讨平之。条盐法之不便者，悉除其害。按察使脱欢大为奸利，哈剌普华劾罢之。遂与都元帅课儿伯海牙、宣慰都元帅白佐等，分讨剧盗欧南喜。

未几，右丞唆都征交趾，使哈剌普华护饷道。至东莞、博罗二县界，遇贼欧钟等。众寡不敌，为所执。贼欲奉为主帅，不屈遇害于中心冈。是夕，其妻希吉特勒氏梦其来告曰："吾死矣。"知事张德、刘闰亦梦之。赠户部尚书、守忠全节功臣，追封高昌郡侯。谥忠愍。希吉特勒氏有节行，有司旌之。

子偰文质，十岁时，刲股肉以愈母疾。延祐初，为广德路总管，改潭州路，又迁赣州路，擢同知宣慰司事、副都元帅。徭民叛，以计诱其酋龙半天等诛之，余众悉降。迁吉安路达鲁花赤，致仕，卒。次越伦质。

　　偰质五子:偰直坚、偰哲笃、偰朝吾、偰列吾、偰玉立,皆第进
士,时人称其里为五桂坊。偰直坚,宿松县达鲁花赤。偰哲笃,史部
尚书,建议改钞法,丞相脱脱从之。累官江西行省右丞。偰朝立,翰
林待制,至正中出为泉州达鲁花赤,有名绩。越伦质子善著,偰哲笃
子偰百僚逊,善著子偰正宗、阿儿思兰,皆相继成进士。偰列篪,字
世德,以父官江西,遂家焉。由翰林待制擢潮州达鲁花赤,有惠政;
至正中授河南路经历,贼攻府城,偰列篪守北门,城且陷,投井死,
妻、子从殉者十一人。

　　撒吉思,阿大都督和多思之次子也。为斡赤斤国王必阇赤,领
王傅。斡赤斤卒,长子只不干蚤世,孙塔察儿幼,庶兄脱迭欲废适自
立。时乃马真皇后称制,撒吉思与火鲁和孙驰白其事,后乃授塔察
儿以皇弟宝,袭国王。撒吉思以功与火鲁和和孙分治国王本部事:
黑山以南撒吉思治之,其北火鲁和孙治之。

　　撒吉思从宪宗攻钓鱼山,建言宜乘势定江南,不当顿兵坚城
下。帝不能用。及崩,阿里不哥争立,诸王多附之,撒吉思驰见塔察
儿,力言宜推戴世祖,塔察儿从之。世祖即位,闻撒吉思前言,授北
京宣慰司使,仍赐宫人翁吉剌氏及金帛、章服。

　　李璮叛,撒吉思从宗王不者克讨平之。王以益都民从乱当屠,
撒吉思争曰:"王者之师,诛止元恶,胁从罔治。"不者克从之,众情
大说。授山东行省都督,迁经略、统军二使,兼益都路达鲁花赤,辞
不拜,上言山东重镇,宜选亲贵临之,世祖不许。赐京城宅一区、益
都田千顷,及璮马群、园林、水磑。兵后民无牛具,为之上闻,验民丁
力,官给之。

　　时董文炳为山东路经略使,收集益都旧军充武卫军戌南边。诏
撒吉思与文炳议军民籍,每十户唯取其二,其海州、东海、涟水移入
益都者,亦隶本卫。既而分益都军民为二,文炳治军,撒吉思治民,
有统军抄不花者,田游无度,害稼病民,元帅野速塔儿据民田为牧
地,撒吉思随事表闻。敕杖抄不花,令野速答儿还其田。璮故将毛

璋谋执撒吉思，帅所部归宋，事觉，撒吉思袭璋杀之。尝慕古人举仇之义，璮旧部，得与子弟参用，公论多之。山东岁屡歉，请于朝，发粟赈之。又奏蠲其田租，士民刻石颂德。卒，年六十有六。追赠安边经远宣惠功臣、河南行省右丞、上护军，封云中郡公，谥襄惠。

孙曰答里麻，曰约著。约著，隆禧观使，以伯父及父名皆有里字，乃以里为氏。

答里麻，弱冠入宿卫。大德十一年，授御药院达鲁花赤，迁回回药物院，寻出金湖北、山南两道廉访司事。召拜监察御史。时丞相帖木迭儿专权，答里麻帅同列亦怜真、马祖常等劾其罪，风纪大振。擢河东道廉访副使。隰州民赛神，因醉殴杀姚甲，为首者逸去。有司逮同会者系狱，历岁不决。答里麻曰："杀人者既逃，存亡不可知。此辈皆违误无罪，而反桎梏耶？"悉纵之。

至治元年，帖木迭儿复相，专务报复，答里麻谢病归。明年，改燕南道廉访副使。开州达鲁花赤石不花歹有政绩，同僚忌之，诬其与民妻俞氏饮。答里麻察俞氏乃八十老妪，石不花歹实不与饮酒，抵诬告者罪，石不花歹复还职。行唐县民砍桑道侧，有人借斧削杖，其人夜持杖劫民财，事觉，并逮斧主下狱。答里麻原其不知情，纵之。深州民妪殴儿妇死，妇方抱其子，子亦死。妪年七十，同僚议免刑，答里麻曰："法，罪人七十免刑，为其血气已衰，不任刑也。"妪能杀二人，何谓衰，卒死狱中。至治元年，除济宁路总管。济阳县有牧童，持铁链击雀，误杀同牧者，系狱数岁。答里麻曰："小儿误杀，宜末减罚铜遣之。"

泰定元年，擢福建廉访使。朝廷遣宦官伯颜督绣段，横取民财，宣政院判官术邻亦取赂于富僧，答里麻皆劾之。迁浙西廉访使。会文宗发江陵，阿儿哈秃来求赂不获，还谮于朝。召至京师，将罪之。比至，帝怒解，迁上都同知留守。天历元年八月，明宗崩，文宗入正大统，使者旁午，事无缺失误。帝嘉之，特赐锦衣一袭。三年，迁淮东廉访使。明年，召拜刑部尚书。新君即位，赐诸王、驸马、妃主及宿卫官金帛,答里麻建议唱名给散,无虚冒者,费大省。帝复赐黄金腰带,以旌其能。

元统元年,擢辽阳行省参知政事。高丽使者道过辽阳,谒省官,各奉布四匹、书一幅,用征东省印封之。答里麻诘其使曰:"国制设印,以署公牍,防奸伪,何为封私书?况汝出国时,我尚在京,未为辽阳省官,今何故有书遗我?汝君臣何欺诈如是耶?"使者愧服。三年,改山东廉访使。时山东盗起,答里麻以为官吏贪污所致,先劾去之,而后上擒贼方略。朝廷嘉纳之。除大都路留守。帝宴大臣于延春阁,特赐答里麻白鹰,以表其廉。帝尝命答里麻修七星堂。先是,修缮必用金银装饰,答里麻独令画工图山林景物,左右皆不以为然。是岁秋,车驾自北京还,观之大悦,以手抚壁叹曰:"有心哉,留守也。"赏赉有加。

至正六年,擢河南行右丞,改翰林学士承旨。七年,迁陕西行台中丞。时年六十九,致事。后召商议中书平章政事,不拜,赐终身全俸。未几卒。

哈剌阿思兰都大,畏兀氏。父玉龙阿思兰都大。都大,译言巨室也。

太祖四年,畏兀亦都护纳款。时蔑里乞酋托克塔败死,其子忽都等涉也的儿石河,将奔畏兀。亦都护拒之,败忽都等于真河。以蔑里乞为帝仇,遣哈剌阿思兰都大与察鲁等四人来告战事,具奏亦都护之诚款。帝曰:"果如尔言,其告亦都护以方物来献。"对曰:"陛下幸哀怜,亦都护身且不敢有,何论方物。"复命亦都护遣哈剌阿思兰都大赍宝货金织段以献。由是高昌内附。哈剌阿思兰都大亦留事太祖,直宿卫,从太祖伐金,卒于柳城。后赠资善大夫、湖广行省右丞、上护军,追封范阳郡公。

子阿塔海牙,用宿卫积劳,除塔山屯田捕打提举,不就,卒于京师。赠江浙行省平章政事,追封赵国公。

阿塔海牙子阿思兰海涯,由达鲁花赤入为监察御史,累迁江南行台御史大夫。文宗即位,眷遇九渥,以玉刻署押赐之,廷臣皆羡为异数。后致仕,卒于家。弟赛因海牙,同金宣徽院事。

塔塔统阿,畏兀儿人。通本国文字,乃蛮太阳汗尊之为傅,掌其金印及钱谷。太祖平乃蛮,塔塔统阿怀印遁去。已而就擒,太祖诘之曰:"乃蛮人民疆土悉入我矣。汝怀此安归?"对曰:"臣之职也,将以死守,求故主归之耳。岂敢有他。"太祖曰:"忠臣也。"问是物何用?曰:"出纳钱谷,委任人才,一切用为信验。"太祖善之,命侍左右。后文牍始用印,仍命掌之。又问畏兀儿文字,塔塔统阿奏对称旨,遂命教诸皇子以畏兀儿字书。

太宗即位,命司内府玉玺、金、帛,且以其妻吾和利氏为皇子哈剌察儿乳母,时加赐予。塔塔统阿召诸子谕之曰:"上以汝母鞠育皇子,故加赐予,汝等岂宜有之。当先供皇子,有余则可分受。"太宗闻之,以为廉,由是益加礼遇。卒。至大二年,赠中奉大夫,追封雁门郡公。

四子:长玉笏迷失,次力浑迷失,次速罗海,次笃绵。

玉笏迷失,少有勇略,浑都海叛于六盘,玉笏迷失为皇孙脱脱守营垒,拒战,败之。追至只必勒,适阿蓝苔儿以人兵来与浑都海合,玉笏迷失众寡不敌,死之。

力浑迷失,有膂力。尝猎于野,与众相失,遇盗三人,欲褫其衣。力浑迷失手搏之,尽仆,执盗以归。太宗召见,选力士与之搏,无相对者。帝壮之,赐金,命备宿卫。

速罗海,袭父职,仍司内府玉玺、金、帛。

笃绵,旧事哈剌察儿,世祖即位,从其母入见,欲官之,以无功辞,命备宿卫。奉使辽东。卒,封雁门郡公。子阿必实哈,陕西行省平章政事。

哈剌亦哈赤北鲁,畏兀儿人,性聪敏。亦都护月仙帖木儿闻其名,自畯里迷国召为断事官。月仙帖木儿卒,子巴而术阿阿而忒斤

嗣位,年少,西辽王直古鲁遣契丹人沙均监其国,且召哈剌亦哈赤
北鲁至,以为诸子师。会巴而术阿而忒斤杀沙均,而附于太祖,更遣
阿怜帖木儿都督等四人使西辽。阿怜帖木儿都督者,哈剌亦哈赤北
鲁婿也。语之故,于是与其子月朵失野讷驰归太祖,太祖大悦,即命
诸皇子受学,仍使月朵失野讷以质子宿卫。

　　十四年,哈剌亦哈赤北鲁从征西域,经别失八里东独山,见城
空无人。太祖问:“此何城也?”对曰:“独山城。往岁大饥,民皆流徙,
然此地当东路要冲,宜屯田。臣昔在唆里迷国,有户六十,愿移居
之。”帝曰:“善。”即遣月朵失野讷佩金符往取之,父子皆留居焉。后
六年,太祖西征还,见田野垦辟,大悦。问哈剌亦哈赤北鲁,已卒,乃
赐月朵失野讷都督印,兼独山城达鲁花赤。卒。子乞赤宋忽儿,太
宗时袭职,赐号答剌罕。四子:曰塔塔儿,曰忽栈,曰火儿思蛮,曰月
儿蛮。

　　世祖命火儿思蛮,从雪雪的斤镇云南。

　　月儿思蛮事宪宗,袭父职,兼领僧人。后因笃哇据别失八里,尽
室徙平凉。与其子阿的迷失帖木儿入觐,诏入宿卫为必阇赤。寻从
安西王忙哥剌出镇六盘。忙哥剌卒,其子阿难答嗣。成宗即位,遣
使入朝,因奏:“阿的迷失帖木儿父子,本先帝旧臣,来事先王,服勤
二十余年。愿归陛下用之。”帝从之,授阿的迷失帖木儿汝州达鲁花
赤。累官秘书太监。卒。子阿邻帖木儿。

　　阿邻帖木儿,善国书,历事累朝。由翰林待制累迁荣禄大夫、翰
林学士承旨。英宗时,以旧学日侍左右,陈说祖宗以来及古先哲王
嘉言懿行。翻译诸经,纪录故实,总治诸王、驸马、番国朝会之事。天
历初,北迎明宗入正大统,明宗一见,甚悦,顾左右曰:“此朕师也。”
明年,进光禄大夫、知经筵事。子曰沙剌班,曰秃忽鲁,曰六十,日咱
纳禄。

　　沙剌班,字敬臣,惠宗师也。帝即位,礼遇优渥。尝入侍禁中,
寝于便殿之侧。帝以藉坐方褥,所谓朵儿别真者,扶而枕之。患头
疡,帝亲为傅佛手膏。伯颜当国,有宗王译奏:“‘薛禅’二字,自为世

祖庙号，人臣遂不敢用。今太师伯颜功高德重，请赐以'薛禅'名字。"御史大夫帖木儿不花为伯颜心腹，欲怂恿执政允之。沙剌班言于帝曰："此事关系甚重，不可曲从。"命学士欧阳玄、监丞揭傒斯会议，以"元德上辅"四字代之。

沙剌班累官翰林学士承旨，拜中书平章政事、大司徒、宣政院使。卒，追封北庭王，谥文定。沙剌班希帝意，请立奇氏为皇后，时论少之。

子世杰班，字彦时，为尚辇奉御，惠宗亲爱之。帝黜丞相伯颜，世杰班与其谋。帝制洪禧小玺，贮以金函青囊，命世杰班掌之，悬项下或置于袖中，其母不知也。有问以内廷之事，则答以他语，其慎密如此。累官翰林学士承旨。

野里术，高昌人。

父达识，有谋略，为国人所服。太祖西征，亦都护惧，以锦衣、貂帽召达识谋之，达识劝亦都护执贽称臣，以保其国。由是擢为尚书。

太祖班师，诸王言于帝曰："闻达识之子野里术骁勇善骑射，所将部落又强大。盍召用之。"帝韪其言，命以驿马五百匹迎。野里术既至，帝甚重之。十七年，太祖征西域，野里术从亲王按只台力战有功。按只台方以绛盖障日，闻野里术议事，喜见颜色，既退，撤其盖送之十里。命兼四环卫之必阇赤。太宗四年，从伐金。六年，副忽都虎籍汉人户口，均其赋役。顷之卒。子铁哥术。

铁哥术，沈鸷有才识。军兴，文檄交驰，铁哥术以国书译之，无遗漏者，世祖嘉之。至元中，擢棣州达鲁花赤，调德安府达鲁花赤。宋遗民蔡知府据城叛，铁哥术率众先登，身被数创，犹麾众力战，遂克之。主将议屠城，铁哥术曰："叛者蔡知府数人，城民何与焉。请诛其党与而止，毋滥杀。"主将从之，迁婺州达鲁花赤。卒。成宗敕其孙海寿返葬京师，赠荣禄大夫、江浙行省平章政事、柱国，追封荣国公，谥简肃。

三子，长义坚亚礼，幼给事裕宗。至元十五年，为中书省宣使。

奉使河南,适大疫,义坚亚礼命村坊构室庐,备医药,以畜病者,全活甚众。迁直省舍人。征考上都储峙,赐锦衣貂裘一袭以旌其能。累迁湖州路达鲁花赤,次月连术,同知安隆府事。次八札,同知宣政院事。

义坚礼亚子海寿,累官杭州路达鲁花赤,有惠政。卒,赠翰林直学士,追封范阳郡侯,谥惠敏。

孟速思,畏兀儿氏,世居别失八里,后徙大都,祖父八里木,父阿的息思,皆有名。孟速思年十五,尽通畏兀国书。太祖闻而召之,一见大悦,曰:"此儿眼中有火,他日可大用。"使侍睿宗,管显懿庄圣皇后分邑。复侍世祖于潜邸。

世祖伐宋,孟速思与不只儿俱为断事官。宪宗崩,密白世祖:"神器不可久旷,宜早即大位。"诸王塔察儿、也孙哥、合丹等皆然之。世祖立,眷顾益重。及阿里不哥叛,不只儿有二心,孟速思知之,奏徙不只儿于中都,监护以往。帝又使迎安藏于和林。至元初,诏与安童并拜丞相,固辞。然尊礼与丞相等。凡所引荐,皆当世之选。帝语安童及月鲁那演等曰:"贤哉孟速思,求之彼族,诚为罕也。"四年,卒,年六十,帝痛惜之,特谥敏惠。大德十一年,赠推忠同德佐理功臣、太师、开府仪同三司、上柱国,追封武都王,改谥智敏。

十一子,曰脱因,宣政院使、太府卿;曰帖木儿不花,翰林学士承旨;曰小云者,同知安西路总管事;曰也送干,平阳达鲁花赤;曰买奴,开府仪同三司、大司徒、翰林学士承旨,领章佩监;曰阿失帖木儿;曰乞带不花;曰叔丹,吉州达鲁花赤;曰月古不花,中书左丞;曰火你赤,云南都元帅。

脱因子:曰察牙孙,四川行省左丞;曰僧家奴,行大司农少卿;曰本牙失理,同知澧州事;曰五十,唐州达鲁花赤。也送干子,曰阿思兰,开成路达鲁花赤。买奴子,曰朵儿克吉班。翰林侍读学士。月可不花子,曰朵儿克,檀州达鲁花赤。

阿失帖木儿，性聪强，能传家学。至元十五年，从征乃颜有功，授枢密院都事。徽仁裕圣皇后召入内廷，命以字学授成宗及晋王。十九年，迁枢密院断事官。大德二年，迁翰林侍读学士，复命以字学授武宗。累擢翰林学士、正议大夫。武宗即位，以师傅恩，特拜荣禄大夫、大司徒、翰林学士承旨、知制诰兼修国史。未几。加金紫光禄大夫，领太常礼仪院使。至大二年，卒。年六十，赠推诚保德济美功臣、太师、开府仪同三司，追封武都王，谥忠简。

子：别帖木儿，庐州达鲁花赤；木忽秃，澧州达鲁花赤；宽者，太常少卿。

八丹，畏兀儿氏。

父小云石脱忽怜。太祖四年，亦都护入朝，朝小云脱忽怜为其国吾鲁爱兀赤，译言大臣，其父为的斤必里杰提，译言智福大相，俱从之。父子遂留事太祖。小云石脱忽怜尤为帝所亲幸，后给事拖雷，庄圣皇后抚为养子。真定，拖雷分地，命为宣差、都达鲁花赤、断事官。四子：曰八丹；曰速浑察，从皇弟旭烈兀征西域；曰哈剌哈孙，中书右丞，行中书省事，后以本官袭父职；曰间间，官宣慰使。

八丹事世祖，为宝儿赤、鹰房万户。从征哈剌有功，赐男女口，金铤、银瓮。从征阿里不哥，战于昔门秃，日三合，斩获甚众，赐金铤。又从裕宗北征，至镇海你里温，赐银椅、钞、币，命还守真定。未几，又命行省扬州。八丹辞曰："臣自幼未尝去陛下左右。"改隆兴府达鲁花赤，遥授中书右丞，谕之曰："隆兴府朕之旧居，汝往居之。"八丹又辞，帝不允。从晋王甘剌麻征海都有功，赐金铤。未几卒，赠银青荣禄大夫、大司徒。

子五人：曰阿里，鹰房千户；曰石得，安西王相府官；曰德服，汝宁府达鲁花赤；曰阿散；曰腊真，由会同馆使、同知通政院，累官中书平章政事，兼翰林学士承旨、通政院使，卒。

腊真子察乃，由陕西行台御史大夫入为通政使，泰定中拜中书平章政事，卒。

察乃子十人：曰孛孛实，河东山西道宣慰使；曰老汉；曰亦辇真；曰老章，知枢密院事；曰草地里，真定路达鲁花赤；曰捏烈秃，宫传；曰答剌海；曰罗罗，江东建康道肃政廉访使；曰撒马笃，中书参知政事；曰伯颜帖木儿，光禄少卿。

阿散，八丹第四子，通畏兀儿文，兼长骑射。裕宗在东宫，以奉训大夫为詹事判官。

至元二十四年，除真定路达鲁花赤。累进正议大夫。真定滨滹沱，多水患。阿散奏言冶河，即古之太白渠旧，合洨水于栾城县北，经赵州南而东入大陆泽；今冶水由平山西入滹沱，其势益张；若浚冶而复嘉场堰，使冶水循故道，滹沱湍悍之势可杀。廷议从之。堰成，规利者恶害其私，决之，遂为台臣所劾，罢其事。

元贞元年，拜甘肃行省平章政事，赐玉带。大德三年入觐。帝慰劳之，赐三珠虎符，统领西边军马，仍旧平章政事，八年卒，年五十。

子班祝，金河东山西道肃政廉访司事。

亦辇真，察乃第三子。幼敏慧，为英宗御位下必阇赤。泰定初，授内八府宰相。初，高丽王阿难答失里袭位，其从弟完者笃诉于朝，阿难答失里入觐留弗遣。至是，命亦辇真送阿难答失里归其国。亦辇真宣布朝廷德意，人皆悦服。亦辇真弟老章，从明宗于朔漠。及帝北还，亦辇真奉玺绶迎于杰坚察罕。帝大悦，即除翰林学士，阶资善大夫。故事，诸王入朝，从翰林求进，馈遗甚厚，亦辇真悉拒不纳。

惠宗即位，擢资政大夫、山东山西道肃政廉访使。复召为通政院使，奉命巡视驿传，历答八失剌哈孙，抵晃火儿目连之地，以便宜革驿传弊政。东胜州之吴栾、永兴、马牛三驿牧地，为人所侵冒，讼久不决，亦辇真谳得其实，众皆辞服。乃正其经界，缓其逋租，民德之，立德政碑于三驿。未几，迁山东西道宣慰使。江淮贼起，亦辇真与诸将讨之。至邳州，遇贼二百人，诸将逡巡引却，亦辇真独与亲兵十二人拒之，斩首七十余级。俄拜辽阳行省左丞。时贼在胶州，亦辇真曰："代者未至，我岂敢遣贼。"遂整众东行，至沂水，而代者至，乃还。以疾卒于辽阳，年五十二。

昔班，畏兀儿人。

父阙里别斡赤，身长八尺，智勇过人。从太祖征西域，数立战功，将重赏之，自请为本国坤闾城达鲁花赤。从之，仍赐田卒二百。

昔班尝授太宗皇长子合失书；合失，海都之父也。后事世祖潜邸，长必阇赤。中统元年，授真定路达鲁花赤，入为宗人府札鲁忽赤。阿里不哥争立，"昔班奉世祖命督饷，给河西军。还至西京北，闻万户阿失铁木儿等方选士卒，将从阿里不哥。昔班矫制召其军赴行在，阿失铁木儿狐疑未决，昔班委曲谕之。且曰："可汗兄也，阿里不哥弟也。从兄顺，又何疑焉。"阿失铁木儿请至夜熟议，翌旦复命，且以兵围昔班而待。明日至，曰："从尔之言矣。"即便宜以西京钱粮给其军，率之以行。及入见，帝叹曰："战陈之间，得一夫之助，犹为有济。昔班以二万军至，其功岂少哉！"

海都叛，遣昔班往谕，使罢兵、置驿来朝，海都听命，既退军置驿，而丞相安童袭禾忽大王部曲，尽获其辎重。海都惧，将逃，谓昔班曰："我不难杀汝，念我父尝受书于汝，姑遣汝归，以安童事上闻，非我罪也。昔班以闻，世祖曰："汝言是也。先是来者，亦尝有此报。"十三年正月，拜中书右丞，参议政事，妻以宗女不鲁真公主。三月，改户部尚书。明年，复使海都，谕来朝。海都辞以畏死，昔班不得要领而归。昔班奉命奔走三年，风沙翳目，遂失明。命为翰林学士承旨，给全俸养老。年八十九而卒。

子斡罗思密，至元二十三年授浙东宣慰使。浙东盗起，僭称天降大王，斡罗思密讨平之。移镇广西，招降峒蛮罗天佑。年六十九卒。

子咬住，至大三年授典用监卿。有盗世祖御带者，悬赏五千锭购贼,咬住擒获之,盗伏诛,咬住辞赏。武宗嘉其不伐,予之千锭。累官荣禄大夫、宗正府札鲁忽赤。

　　史臣曰:蒙古灭乃蛮,得畏兀儿文字用之,故畏兀儿人多显者。其后百余年,偰氏,畏兀儿之世家也,反以中国文学知名。彼此一时,亦视人主之好尚而已。

新元史卷一三七
列传第三四

严实 忠济 忠嗣 忠范 王玉汝 张晋亨
晋亨子好古 齐荣显 岳存 王德禄 信亨祚
毕叔贤 阎珍 孙庆 齐珪 珪子秉节

严实,字武叔,泰安长清人,为人美仪观,略知读书,志气豪放,喜施与。

太祖八年,大兵略河北、山东,已而北归。金东平行台调民兵,署实为百户。九年春,泰安张汝楫据灵岩山,遣其将攻长清;实败之。以功授长清尉,东阿、平阴、长清三县提控捕盗官,摄长清令。张林以益都附宋,乘势西略,实出城督民租,比还,城已陷,俄以兵复之。行台疑实通于宋,欲杀实,实挈家壁于青崖崮,倚林为声援。十五年八月,宋使赵拱谕京东州县,过青崖,实因降宋,分兵四路,所至州县皆下。

是年冬,木华黎至济南,实知宋不足恃,遂挈二府、六州户三十万,诣军门降。木华黎承制,拜实金紫光禄大夫、行尚书省事。进攻曹、濮、单三州,皆克之。偏将李信守青崖有罪,惧诛,乘实出,杀实妻杜氏及其兄彬,降于宋,十六年,实以蒙古兵攻信杀之,从木华黎围东平。木华黎谓实曰:"东平粮尽必弃城走,汝入即安辑之。"以实权东平行省。又谓千户扎拉儿台曰:"东平破,可命实与石珪分南北守之。既而守将蒙古纲遁走,实入城,建行省。扎拉儿台以木华黎命,使实略定东平以北恩、搏等州,石珪移治曹州。

十七年,宋将彭义斌复取京东州县,实将晁海以青崖降。实家属又为义斌所获。十八年,都元帅史天倪攻河卫,实以兵会之,与金将布哈等战失利,实为所擒。天倪使壮士要于延津,实得脱归。二十年四月,义斌攻东平,实求援于孛里海,兵久不至,城中食尽,乃与义斌连合。义斌亦欲藉实收河朔,而后图之,以兄礼事实。时实众尚数千,义斌不之夺,而留其家属不遣。六月,义斌缘真定西山,与孛里海等军相望,实自拔归于孛里海。后义斌战于赞黄五马山,败溃,史天泽擒义斌斩之。于是,京东州县复为实有。是年冬,带孙郡王取彰德,明年取濮州、东昌,太宗元年孛鲁取益都;实皆从行有功。

四年八月,朝太宗于牛心帐殿,赐坐,宴飨终日。太宗欢甚,赐实金虎符,数顾实左右曰:“严实,真福人也。”八年,复朝于和林,授东平路行军万户,偏裨赐金符者八人。实所领凡五十四城,后割大名、彰德外属,而益以德、兖、济、单四州。太宗雅知实不便鞍马,诏实毋从征伐。实病风痹久,或劝迎良医,实笑曰:“人岂不死,吾得无疾病以殁足矣。”十二年四月,卒,年五十九。

实在东平,以宋子贞为评议官,兼提举学校,延致名儒康晔、李昶、徐世隆、孟祺等于幕府,四方之士闻风而至,故东平文学,彬彬称盛。实亦折节自厉,从儒者问古今成败,至仁民爱物之事,辄欣然慕之。带孙郡王克彰德,驱老弱数万欲屠之,听实谏而止。及破濮州,复欲屠之,实谏,获免者又数万。大兵由武关出襄、邓,攻拔河南州县,实知俘戮必多,载金帛往赎之,且约束部将毋妄杀。岁大饥,流民多殍。国法,匿逃亡,保社皆缘坐。流民无所托,僵尸塞路,实作糜粥,置道傍哺之,全活无算。王义深者,彭义斌别将也,义斌败奔于金,实家属在东平者,皆为所害。金亡,实获义深妻子,厚恤之。其宽厚长者类若此。

中统二年,追封实为鲁国公,谥武惠。七子:忠贞、忠济、忠嗣、忠范、忠杰、忠裕、忠祐。

忠贞,金紫光禄大夫,先实卒。子度,甘肃行省左丞。

　　忠济，一名忠翰，字紫芝，从实入见太宗，赐虎符，袭东平路行军万户、管民长官，初统千户十有七。宪宗五年，入朝，命括新军，山东益兵二万有奇。忠济弟忠嗣、忠范为万户，以次诸弟及旧将之子为千户，使忠济统之，戍蕲县。九年，世祖南征，诏忠济帅所部会鄂。中统二年还京帅，命忠范代之。

　　忠济在东平，借贷于人，为部民纳逋赋。债家执文券来征，世祖命出内藏偿之。至元二十二年，特授资德大夫、中书左丞、行江浙省事，以老辞。二十九年，赐钱万五千缗，宅一区，召其子瑜入侍。三十年，卒，谥庄孝。

　　忠济早岁骄恣，朝廷恒虑其难制，及谢事后，贵而能贫，安于义命，世以是多之。

　　忠嗣，少从张澄、商挺、李桢学，略知经史大义。授东平人匠总管，领单州防御使事。宪宗五年，充东平路管军万户。七年，从忠济略地扬州，攻召伯埭，有功。九年，从忠济渡淮，分兵出挂车岭，与宋人相拒三昼夜，杀获甚众。又从攻蕲州，及渡江围鄂州，战甚力。师还，赐金虎符。

　　中统三年，宋人攻蕲州，徐州总管李杲哥叛降于宋。忠嗣从大军复徐州，执杲哥杀之。赐银二百两、币五十匹。四年，罢归，卒于家。

　　忠范，代兄忠济为东平路行军万户。至元九年，金成都行省事，战失利，逮至京师，会赦免。十二年，授国信副使，偕廉希贤使于宋，至独松关，为宋将张濡所杀。

　　史臣曰：严实降于宋，又降于蒙古，盖亦乘时徼利之士。迨中原粗定，挈沟壑转徙之民，置之衽席之上，兴学养士，文教蒸蒸，虽学道爱人者何以尚此。宜乎功名之盛不及张柔、史天泽，而令闻独远也。

凡严实行台官有名迹者,得十有二人,附著左方:

王玉汝,字君玮,郓州人,严实署为掾吏,稍迁行台令史。中书令耶律楚材过东平,奇之,授本路奏差官。夏津灾,玉汝奏请复其民一岁。

太宗十年,以东平地分封诸功臣,各私其入,不隶有司。玉汝曰:"若是,则严公事业存者无几矣!"夜哭于楚材帐后。明日,楚材召问之。曰:"玉汝为严公之使,今严公地分裂,而不能救止,无面目还报,将死于此。是以哭耳。"楚材恻然良久,使诣帝前诉之,玉汝进言:"严实以三十万户归朝廷,崎岖患难,卒无异志,岂与他降人同。今裂其土地,非所以旌有功。"太宗嘉玉汝忠款,罢其事。迁行台知事,遥领平阴令。

实子忠济嗣,授左右司郎中,总行台之政。定宗即位,食邑东平者复欲剖分实地,玉汝力争于上,事始已。宪宗即位,命常赋外岁出银两,谓之包垛银,玉汝曰:"民力不支矣!"率诸路管民官诉之阙下,减三分之一。累官泰定军节度使,兼兖州管内观察使,充行台参议。后以病谢事,忠济强起之。未几卒。

张晋亨,字进卿,南宫人。

兄颢,金同知安武军节度使事,领枣强令,率所部降于严实,进安武军节度使,战殁。

木华黎承制,以晋亨袭颢职。晋亨性畏慎,实器之,以女妻焉。其子忠贞入质,遣晋亨从之。太祖二十二年,从孛鲁攻益都,以功迁昭毅大将军,领恩州刺史,兼行台马步军都总领。再迁镇国大将军。太宗六年,从实入觐,授东平路行军千户。从围安庆,攻光州之定城,略信阳,又别攻六合,拔之。

实卒,其子忠济奏晋亨权知东平府事。东平贡赋率倍他道,又簿书狱讼日不暇给,晋亨任七年,甚获民誉。宪宗即位,从忠济入觐。时包银制行,廷议户赋银六两,诸道长吏有辄请试行者。晋亨面责之曰："诸君为亲民之吏，民利病且不知乎？今知而不言，罪也。承命而归，事不克济，尤罪也。且五方土产不同，任土而赋之，则民便而事易济，必责民输银，虽破产有不能办者。"大臣以闻。明日，太宗召见，如其言以对。帝韪之，乃蠲户额三分之一，仍听民输他物，遂为定制。帝欲赐晋亨金虎符，辞曰："虎符，为长一道者所佩，臣佩虎符，非制也。不敢受。"帝益悦，改赐玺书、金符，恩州管民万户。

中统三年，李璮叛，晋亨从忠范败贼于遥墙泺，改本道奥鲁万户。四年，授金虎符，分将本道兵充万户，戍宿州，建言："汴堤南北沃壤，宜屯田以资军食。"乃分兵屯垦，期年，遂获其利，至元八年，改淄莱路总管，寻兼军事。十一年，大举伐宋，晋亨在选中，闻命就道，曰："此报效之时也，当率所部。"由安庆渡江，伯颜留戍镇江；战焦山、瓜州，皆有功。十三年，卒。三子：好古、好义、好礼。

好古，字信甫，晋亨权知府事，忠济以好古领其父军，戍宿州，旋授行军千户。从围樊城，又从略扬州，攻邵伯埭，拔之。中统元年，兼恩州刺史。未几，移戍蕲州。宋人来攻，好古力战，死之。时晋亨在济南军中，闻之曰："吾儿得其死矣。"至元元年，以好古殁于王事，命其弟好义、好礼并袭职为千户。

齐荣显，字仁卿，聊城人，父旺，金同知山东西路兵马都总管。荣显九岁代父任为千户，佩金符，从妻父严实屡立战功。攻濠州，宋兵背城为阵，荣显薄之，所向披靡。部将王孝忠力战，中钩戟，荣显断戟拔孝忠出。大帅察罕壮之。进拔五河口，擢权行军万户府，守宿州。堕马伤股，改提领本路课锐，又改本路诸军镇抚，兼提控经历司。值断事官钩校诸路积逋，官吏多遭诟辱，荣显从容辨理，悉为蠲贷。从实入朝，授东平总管参议，兼领博州防御使。及大兵伐宋，道出东平，索供给银二万锭，荣显诣断事官诉之，得折充赋税。中统元年，告归，卒于家。

　　岳存字彦诚，大名冠氏人。严实承制帅府都总领，守冠氏。金将郑偶据大名，来攻。存坚守，偶复自将万人围之。存率死士百余人，突出西门，博战，偶退走。从实拒武仙于彰德西，败之。迁明威将军，领冠氏主簿。明年，存率五百人自彰德北还，遇金将张开，众万余。存兵入林中，戒之曰：“彼众我寡，不可轻动，听吾鼓声为节。”乃命骑居前，步卒在后，距敌二十步，鼓之，直薄开众，开遁走，不损一卒而还。旋擢本县丞，移楚丘。告老归，卒于家，年六十九。

　　子玉祯，袭父职冠氏县军民弹厌。从围襄、樊，筑百丈山、鹿门等堡。又监战船于镇江，战焦山，擢千户。宋平，从张宏范觐世祖于柳林，赐金饰、银鞍勒，擢福州路总管。累迁建康路总管，有惠政，民勒碑记之。至大二年，卒，年七十二。

　　王德禄，兴中府人。以骑兵从王守玉屯东平，又从守玉归于严实，以功累迁同知兖州军事。与宋将彭义斌战、殁于阵。

　　信亨祚，字光祖，上谷人。率乡曲千余人壁梁山，归于严实，署五翼都总领，佩金符。金济南兵来袭青崖，一战败之，斩获甚众。后守曹州，不解甲者三年，又从实破黄山，取恩州，皆先登陷阵。又从大军破彭义斌将刘庆福，迁同知曹州事。实治军严，动以军法从事，亨祚从容救止，多所全活。泰安人司仙统万余户壁于徂徕山，因亨祚自归，亨祚受之，秋毫无所犯。卒年四十九。

　　毕叔贤，永清人，为金济南总管成江养子，李全据益都，以叔贤为帐前都统，迁统制。大军围益都，城中食尽。全闭户欲自经，以试众心向背。叔贤排户入，说全曰：“公死城即破，大兵一纵，城民无噍类矣。公降，必不死，何惜屈一身而不为城民计乎？”全遂纳降。后从成江归于严实，实倚重之。妖人李佛子之狱，诖误万人，实欲尽诛之。叔贤谏曰：“民自陷于死已可哀，况其老幼。公一言之重，人获更生。何忍坐视而不救乎?"实恻然感动,别白讹误,全活甚众,并以金缯赎之。十五年,实承制授行军总领,遥授邹平、齐河两县令。累迁濮州刺史,改营屯都总领,复并本路税课所长官。卒。

阎珍,上党人,仕金为为公府掾。金上党常公张开壁马武寨,遣别将李松守潞州。严实从大兵略地,开道,城民推珍为主,遂以城降。实承制授珍为潞州招抚使。有谮于实者,言珍多敛部民金,私贮之。实按籍问之,出入皆有朱墨可寻。实嘉叹,加元帅左监军,兼同知昭义军节度使事。又用实荐,迁左副元帅、昭义节度使,佩金虎符。武仙复叛,执珍送马武寨,有营救之者,释不诛,迁珍于河南。后复归于实。卒。

孙庆,济南人。严实壁青崖峒,庆往从之。实与彭义斌连和,密告难于国王孛鲁。大军来援,与义斌遇于赞皇西山。时实率所部从义斌,庆献计,援兵至,我宜入北军以张其势,成败在此一举,几不可失。实即驰赴之。义斌大败,寻被获。授庆济南府军资库使,改行尚书省应办使。累行本路镇抚军民副弹压,兼府领事。后罢职。复起为都指挥使。卒。

齐珪,滨州蒲台人。从严实攻德州,有功,授无棣县尹,摄政行千户,后兼总管,镇枣阳。李璮叛,征枣阳兵会讨,仅留赢卒数千。时珪摄万户,与宋人对垒,以东门外濠狭,命浚广之。宋将聂都统、陈总管果率兵万余抵东门,阻于濠,不能仰攻。珪复率众力战,敌退走。事闻,赐金符,真授千户。至元二年,致仕,举子秉节自代。卒于家。

秉节,字子度,宪宗四年,宋人围海州,秉节往援,突阵,擒其二将。五年,从大军伐宋,筑新城白河口堡鹿门山,略地郢州大洪山黄山洞。七年,擢上千户,旋擢万户。十一年,从丞相伯颜攻郢,克武矶堡,擒宋将阎都统。十二年,大军败宋贾似道于丁家州,使秉节屯建康,与宋将赵淮战于西离山,淮遁去。迁武义将军。又从定太平、安庆诸路,与宋将张咨议战于昆仑山,斩之。十四年,授宣武将军、管军总管。黄州叛,秉节往讨之,斩叛将余总辖于阵。十七年,授明威将军。二十三年,移饶州,擒安仁剧盗蔡福乙。二十五年,擢广威将军、枣阳万户府副万户。二十八年,卒,年六十二。

子英嗣。英亦有武略,不妄杀降卒。时称珪三世为仁义将军。

新元史卷一三八
列传第三五

史秉直 进道　天倪　楫　权　元亨　天安　枢
天泽　格　耀　天祥

　　史秉直,永清人。祖伦,筑室得藏金,遂饶于财。金末,中原大乱,叹曰:"财者,人之命也,安可独享。"乃遍周贫乏,建家塾,招徕学者。岁大祲,发粟八万石赈之。父成珪,亦倜傥好施。

　　秉直,读书尚气概。太祖八年,木华黎率师南伐,所向残破。秉直聚族谋曰:"世乱如此,吾家百口何以自保?"已而知降者皆无恙,即率乡民万人诣涿州军门降。木华黎欲官之,秉直辞而荐其子。乃以子天倪为万户,而命秉直统降人家属屯霸州。秉直拊众有方,远近来降者十余万家。寻迁于漠北,降众道饥,秉直所得牛羊悉杀以食之,全活无算。九年,从攻北京,城降。诏以吾也尔为北京路都元帅,秉直行尚书六部事。吾也尔虽为大帅,其军府事一委秉直,又以秉直主馈饷,军中未尝乏绝。

　　天倪以都元帅行真定府事,降将武仙副之。天倪将赴真定,秉直密戒之曰:"观仙之词气,必不为我用,宜备之。"天倪谓:"大人奈何教儿猜中,而不信人。"秉直怒,乃携其孙楫、权还北京,曰:"吾不忍其并及于难也。"既而仙果袭杀天倪,人始服其先识。太宗二年,以老病谢事归。幅巾赢马,逍遥里巷,见者不知其为贵官也。卒;年七十一。弟进道,子天倪、天安、天泽。

进道,字道远,大兵徇燕、赵,进道与秉直共白于母。其母曰:
"吾决以天道,莫若顺之。"遂偕秉直谒国王木华黎。木华黎器其才,
深加抚慰。九年,从木华黎围北京。十年三月,城降,木华黎遣进道
及要鲁火赤、吾也尔等进兵,攻兴州,守将赵玉望风纳款。以功进义
州节度使,命管领北京勾当。十一年,锦州守将张致叛,从木华黎讨
平之。又令招谕广宁。兵至,即迎降。就命进道守广宁。寻改留守
北京,迁北京管民长官万户。进道治北京十余年,推诚御众,不为钩
距谲诈之事,轻徭薄赋,阖境安之。尝谓人曰:"幼不能事父母,长不
能事兄,吾于义诚有阙矣。且吾兄居镇阳,吾思之,吾兄得北向思我
乎?"愀然变色者久之。太宗六年,荐张翼自代,致仕归。卒年六十
五。

天倪,字和甫,姿貌魁杰。初生时有白气贯于庭中,及长,好学,
日诵千言,大安末,举进士不第,叹曰:"大丈夫立身,何必文事! 使
吾拥百万之众,功名可唾手取也。"木华黎见而奇之,承制授万户。
天倪乃进言曰:"金迁都于汴,失策之甚者也。辽东、西诸郡,金之心
腹地,我若据大宁以扼其吭,则辽阳可不攻自下矣。"木华黎善之。

初,伦卒,乡人感其德,结清乐社以祀伦,凡四十余社。至是,天
倪选其壮勇万人为义兵,号清乐军,以从兄天祥为先锋,所向无敌,
分兵略三河、蓟州,诸寨皆望风款服。太祖九年,入朝,召见行幄,赐
金符,授马步军都统,管领二十四万户。从木华黎攻高州,又攻北
京,皆降之。

十年,授右副都元帅。改赐金虎符。八年,克平州,金经略使乞
住降。进兵真定,其将武仙不下,乃移兵趋大名,众谓城坚不可猝
拔。天倪循视良久,使攻其西南隅。劲卒屡上、屡却,天倪一跃而登,
守者辟易,遂克之。十一年,清州监军王守约、平州推官合达,俱以
城叛,欲从海道南归。天倪追袭至乐安,金益都行省忙古以兵来援,
败之,杀守约,擒忙古,斩首万级。

十二年,徇山东诸郡,部卒有宰民豕者,立斩之,军中肃然,金

知中山府李明、赵州李珝、邢州武贵、威州武振、磁州李平、洺州张立等，皆降。十四年，从木华黎徇河东，至绛州。城人甃石为团楼御敌，天倪穴地攻之，楼陷，遂拔其城。木华黎大喜，赏绣衣、鞍马。

十五年，武仙降，木华黎承制以天倪为金紫光禄大夫、河北西路兵马都元帅，行府事；仙副之，天倪言于木华黎曰："今中原粗定，而所过犹纵钞掠，非王者吊民伐罪之意。且王奉天子命，为天下除暴，岂可效他将所为。"木华黎曰："善。"下令：敢有剽掠者，军法从事。远近大悦。十六年，金怀州元帅王荣、潞州裴守谦、泽州王珍皆以城降。十七年，攻济南水寨，破之。

十八年，徇山西，不浃旬，定四十余寨。未几，还军真定。宋大名总管彭义斌侵河北，天倪逆战于恩州，败之。

二十年，武仙部将据西山腰水、铁壁二寨叛，天倪捣其穴，尽掩杀之。仙怒，会义斌复陷山东郡县，仙谋叛，乃设宴邀天倪。有知其事者，止天倪毋往，不从，遂为仙所害。先是，天倪击鞠夜归，有大星陨马前有声，心恶之，已而果及于难，年三十九，妻程氏闻乱，恐为贼污，自杀。子五人：楫、权，其三子俱死于难。

楫，字大济。太宗十一年，知中山府。宪宗三年，世祖驻六盘，召天泽议经略司事，天泽奏："臣摄兄天倪军民之职，天倪有二子，长子楫管民政，次子权又握兵柄。臣可退休。"世祖曰："昔成吉思汗封功臣十人为千户，谕众曰：'所有年幼者，汝等无疑，此人父兄俱有功，安得不报。'且功臣中，岂无一门三要职者？"竟不许辞。寻迁楫征南行军万户翼经略，徇地蕲、黄。楫善抚士卒，所向有功。后天泽又请使楫袭其父职。世祖叹曰："今争爵者多，让爵者少，卿深可嘉尚。吾自有官与楫。"即以楫为真定兵马都总管，佩金虎符。

朝廷始征包银，楫请以银与物折，仍减其元数，以纾民。诏从之，著为令。各道以楮币相贸易，不得出境，二三岁辄一易，钞本日耗，商旅不通。楫请立银钞相权法。人以为便。或请更盐法，按籍计口给之，楫争其不可曰："盐铁从民贸易，岂能如差税例配之。"议

遂寝。元氏民有诉府僚于达官者,鞫之无实,将抵死,楫力为营解,
达官曰:"是欲陷于汝辈死地,汝救之,何也?"楫曰:"诛之足以惩
后,然不若宥之以愧其心。且人命至重,妄言罪不至死。"乃杖而遣
之。

中统元年,授真定路总管、同判本道宣抚司事。所举州县佐吏
有文学者三十余人,后皆知名。四年,以天倪为武仙所杀,籍仙宅赐
楫。会天泽言:"兵民之官,不可并在一门,行之请自臣家始。"楫即
日解印绶归。卒年五十九。

五子:炫,常德管军总管;辉,知孟州;燧,同知东昌事;煊,潼关
提举;炀,金广西按察司事。

权,字伯衡,勇而有谋。宪宗二年,天泽以万户改河南经略使,
命权代为万户。四年,屯邓州,败宋将高达于樊城。世祖伐宋,次鄂
州,闻宪宗崩北还,使权总兵屯江北岸之武矶山。中统元年,降诏奖
谕,赐金虎符,授真定、河间、滨棣、邢洺、卫辉等州路并摩哩紀军兼
屯田民户沿边镇守诸军总管万户,其所属万户、千户悉听节制。三
年,改授江汉大都督,依前屯戍。宋将夏贵攻邳州,徐邳总管李呆哥
出降。贵既去,呆哥自陈能保全一州,权奏闻其事。诏自呆哥以下,
并原其罪。已而呆哥降贵事发觉,诏诛之,并责权妄奏。

至元元年,入觐上都。六年,复诏赴上都,问取宋方略。对曰:
"樊城为襄阳之外郭,若先克樊城,则襄阳不战自降。然后东、西并
举,事必有济。"帝善其言。

七年,宋人入寇,权引兵趋荆子关,大破之。赐白金五百两,权
悉与麾下分之。夏贵以战舰万艘载锐卒,欲截江面,权进攻破之。赐
衣币、弓矢、鞍勒。未几,转饷随州,贵复引兵钞夺,权又败之。赐白
金七百两,授河南等处宣抚使。未行,赐金符,复充江汉大都督,总
制兵马,总管屯田万户。天泽请罢子弟兵柄,授镇国上将军、真定等
路总管,兼府尹。徙东平,又徙河间。卒。谥武穆。三子:烜,大中
大夫、同知两淮转司事;烁,善化县尹。烜子元亨。

元亨，字太初，至元二十九年，以大臣荐，入见皇太子于隆德殿，命直宿卫。出为龙兴路同知，擢黄州通判，移婺州。执政以元亨阀阅近臣，不宜限年劳，由奉训大夫进朝列大夫。元亨有吏能，豪民诈乘传肆为奸利，元亨以法绳之，余皆惕息。婺州不产铜，元亨言于行省，罢铸钱，民尤颂之。延祐四年，迁饶州路同知，未赴任而卒，年五十四。

初，天倪卒，子楫、权幼，天泽袭为万户，及长，天泽辞万户，世祖弗许，别授二子官。烜卒，弟炼未仕，元亨母张氏使以父爵让炼，由是炼得善化县尹。人皆称史氏之世让焉。

天安，字金甫，从秉直降木华黎，以其兄天倪为万户而质天安军中。太祖十一年，从讨锦州张致，平之。十四年，又从略地陕西，生擒鄜州张资禄，号张铁枪，骁将也。武仙杀天倪于真定，天泽进兵野头，天安亦率所部来赴，并力攻仙，败之。以功授行北京元帅府事，屯真定。

宋人聚兵于邢州之西山，为仙声援，遣其党赵和行间，诬倅副李甲、刘清输款为内应，守将械二人送府，大帅趣命戮之，天安揣知其诈，请鞫之，得实，乃斩和以徇。太宗四年，从伐金。师还，讨剧盗果满、苏杰等，悉平之。六年，权真定路等路万户，赐金符。定宗元年，入觐，赐黄金、裘、马。宪宗五年，卒。子枢。

枢，字子明，年二十余，以功臣子知中山府，有治绩。宪宗四年，初籍新军，诏大臣求可以慎固封守，闲于将略者。擢枢征行万户，配以真定、相、卫、怀孟新军，戍唐、邓二州。五年，败宋舟师于汉水之鸳鸯滩，赐金虎符。

八年，宪宗伐宋，枢从天泽觐帝于大散关。帝劳之，枢奏曰："臣祖、父，受国厚恩，今陛下亲总六师，暴露万里之外，臣愿出死力，以报国恩之万一。"帝壮其言，命为前锋，从攻宋剑州。州侨治于苦竹崖,前阻绝涧,深数百尺。枢率壮士数十人,縋而下。及城降,大宴诸将,帝顾皇后,使饮枢酒,谕降将曰:"此国家殊礼,尔等有功,礼亦如之。"九年,从天泽败宋将吕文德于嘉陵江,追至重庆而还。

世祖即位,改赐金虎符。中统二年,从天泽扈驾北征。三年,从天泽围李璮于济南。枢营于城西南,夹涧为栅,淫雨暴涨,栅木坏,枢曰:"贼乘吾隙,今夜必出。"命作苇炬数百待之。迨夜,贼果至,飞炬掷之,风怒火烈,弓弩兼发,贼大溃,死者无算。未几,璮就擒。

至元四年,宋人攻开、达诸州,以枢为左壁总帅,佩虎符。七年,高丽权臣林衍死,其党裴仲孙、金通精等立承化公为王,窜珍岛。进枢昭勇大将军,高丽凤州等处经略使,佩虎符,领屯田事。八年五月,枢与经略使忻都等进兵至高丽,谓诸将曰:"贼势方张,未易力胜。况盛暑,弓力弛弱,猝不可用。宜分军三路,多张旗帜,以疑之,吾潜师捣穴,可破也。"诸将从其计,大破珍岛贼,平其地而还。

十二年,复以万户从丞相伯颜伐宋,赐锦衣、鞍勒、弓矢,仍给天泽帐下十人。宋平,署安吉州安抚使。时新附之众,所在依险阻自保,枢以威信招纳之,皆复业为民。

十四年,移疾还。十九年,起为东京路总管,辞不赴。二十一年,以卢世荣荐,拜中书左丞。世荣败。坐免。二十三年,复授中奉大夫、山东西道宣慰使。二十四年,卒,年六十七,子:焕,昭勇大将军、后卫亲军都指挥使,佩金符;辉,奉训大夫、秘书少监。

天泽,字润甫,身长八尺,音吐如钟,善骑射,膂力过人。天倪帅真定,署天泽帐前军总领。

太祖二十年,天泽送其母还北京,甫行,而天倪为武仙所害,府经历王缙追及天泽于中途,曰:"变起仓卒,部曲虽散走,尚在近郊,公能回辔而南,则不招自至矣。"天泽毅然曰:"兄弟之仇,不反兵,虽死何敢避。况不必死耶!"即倾赏装,购甲仗南还。次满城,收兵千余、马七百四。遣监军李伯佑诣国王孛鲁言状,且请济师。

孛鲁承制授天泽都元帅,使笑乃觯率蒙古兵三千援之,合势攻

仙。生擒其将葛铁枪，军威大振。遂复中山、赵州，进屯野头，仙惧
奔西山抱犊砦。三月，遂复真定。

六月，宋将彭义斌以兵应仙，天泽御于赞皇，擒斩之。未几，仙
令谍者入城匿大历寺为内应，夜半斩关纳仙。天泽逾城走，求援于
藁城董俊。俊授以锐卒数百人，与笑乃觷军合，攻仙。二十一年八
月，天泽夜袭真定，克之。仙复走抱犊砦，笑乃觷忿民从贼，驱万余
人将杀之。天泽曰："此为其所胁耳。杀之可悯。"力争于笑乃觷，始
得释。天泽招集流散，官府、民居日以完葺。以抱犊诸砦仙之巢穴，
急攻之，仙败遁，相、卫二州遂平。

太宗即位，议立三万户，分统汉兵。适天泽入觐，太宗素知天
泽，以杖麾天泽及刘黑马、萧札剌居右，诏为万户，其居左者悉为千
户。遂以真定、河间、大名、济南、东平五路兵隶于天泽。二年冬，武
仙屯汲县，天泽合诸路兵围之。金将完颜合达以十万众来援。战不
利，诸将皆北，天泽独绕出敌后，夹攻之，仙弃城走。

四年，太宗由白坡渡河，诏天泽以兵会河南，招降太康、睢、柘
等州县。金徐州行省完颜庆山努入援，败之于杨驿店。庆山努马踬
被擒，见天泽，问为谁？天泽曰："我真定史万户也"庆山努曰："是天
泽乎？吾国已残破，公其以生灵为念。"后庆山努卒不屈死。

五年春，金主突围而出，使完颜白撒自黄龙冈袭新卫。天泽率
轻骑赴之，白撒等败走蒲城，俘斩八万余人。金主奔归德，天泽会诸
军于城下。新卫达鲁花赤撒吉思不花欲背水而营，天泽曰："此非驻
兵之地，若敌至，则进退失据矣。"不听。会天泽以事至汴，撒吉思不
花全军皆没。金主自归德迁蔡州，元帅倴盏率大军围之，天泽当其
北面，力战有功。蔡州平，天泽还军真定。

时政烦赋重，贷钱于西北贾人以代输，数倍其息，谓之羊羔利，
民不能堪。天泽奏请官为代偿，本息平而止。岁饥，假贷以充民赋，
积一万三千锭，天泽罄家资率属吏偿之。又请以中户为军，上下户
为民，著为定籍，从之。

七年，从皇子曲出伐宋，攻枣阳，天泽先登拔之。又攻襄阳，宋

舟师数千陈于峭石滩，天泽挟两舸直前捣之，宋师覆溺无算。九年，从口温不花攻克光州。次复州，宋舟师栅湖中，天泽曰："栅破，则城自下。"募死士四千攻其栅，破之，复州降。进攻寿春，乘胜而南，所向辄克。

宪宗三年，入觐，赐卫州五县为分邑。世祖在潜邸，知汉地不治，河南、陕西尤甚，请以天泽及赵璧为经略使。天泽均赋税，更钞法，建行仓，立屯田、保甲，境内大治。七年，诏阿蓝答儿钩较诸路财赋。阿蓝答儿性苛刻，锻炼罗织，无所不至，独以时望容假天泽。天泽曰："我为经略使，愿责我而宽属吏。"由是获免者甚众。

八年，从宪宗伐蜀。明年夏，驻合州钓鱼山，疫作，议班师。宋将吕文德以艨艟数千溯江而上，战不利。帝命天泽御之，天泽分两翼，截江为阵，自率麾下迎敌，夺战舰数百艘，追至重庆而还。

中统元年，世祖首召天泽，问以治安之道，天泽疏奏："立省部以正纪纲，设监司以督诸路，施恩泽以安反侧，屏贪残以任贤能，颁俸秩以养廉，禁贿赂以防奸，则上下丕应，内外休息。"帝嘉纳之，以天泽为河南等路宣抚使，俄兼江淮诸翼军马经略使。帝问窦默曰："朕欲求如唐魏征者，岂有其人乎？"默对曰："深谋远虑有宰相才，则史天泽其人也。"帝以为然。二年夏五月，拜中书右丞相。天泽谓同官曰："天泽本武夫，岂堪负荷。但事理未安者，老夫通译其间，为诸君条达之。何敢言相？"人多其能让。初宪宗时，括民户百余万，至是诸色占役者大半，天泽悉奏罢之。秋七月，从世祖讨阿里不哥，次昔木土之地，线真将右军，天泽将左军，合势蹙之，阿里不哥败走。

三年，李璮叛，诸王哈不赤讨之，复命天泽往。闻璮入济南，笑曰："豕突入笠，无能为矣！"乃进说于哈必赤曰："璮兵精，不宜力角，当以岁月毙之。"于是，深沟高垒，遏其奔轶，城中食尽，出降，生擒李璮，斩于军门。

初，天泽将行，帝临轩授，诏俾诸将皆听节度。天泽未尝以诏示人，及还，帝慰劳之，悉归功于诸将。其谦慎如此。言者谓李璮之叛，由诸将权太重。天泽遂奏："兵民之官，不可并在一门，行之请自臣家始。"于是史氏解兵符者十七人。

至元元年，加光禄大夫。三年，皇太子领中书省，兼判枢密院事，以天泽为辅国上将军、枢密副使。四年，复加光禄大夫，改左丞相。六年，降授为平章政事。大军攻襄阳，诏天泽与驸马忽剌出往经画之，赐白金楮币。天泽相要害，建地堡，以绝襄阳声援，为必取之计。七年，以疾还。八年，进开府仪同三司、平章军国重事。

十年春，与平章阿术等进攻樊城，拔之，襄阳降。十一年，诏天泽与丞相伯颜总大军，自襄阳水陆并进，以左丞相行中书省于荆湖。天泽至郢州，疾笃，还襄阳，帝遣近侍劳问赐药饵，天泽附奏曰："臣大限有终，死不足惜，但愿天兵渡江，慎勿杀掠。"语不及他。十二年二月，卒，年七十四。帝闻，震悼，赙白金二千五百两，赠太尉，谥忠武，后累赠太师，追封镇阳王。

天泽平居，未尝自矜其能。及临大事，毅然以天下自任。言约而理核，气和而色庄。年四十始折节读书，尤熟于《资治通鉴》。至论成败得失，虽老师宿儒自以为不及也。拜相之日，门庭悄然，或劝以权自张，天泽举韦澳告周墀之语曰："愿相公无权。爵禄刑赏，天子之柄，何以权为！"言者惭服。初天泽取卫州，获卫士蒲察辅之，问金之名士，以近侍局副使李大节对。及克归德，获大节，署为参谋，委以一路之事，常署空名，委割数十事，畀大节用之。又使王昌龄治食邑，凡蠹民之政，昌龄一切罢之。失职者造为诬谤，天泽不顾也。其知人之明，多类此。天泽髭已白，用药染之。世祖见而问曰："史拔都之髭，何乃更黑耶？"对曰："臣览镜见白髭，窃悼衰暮效力于陛下之日浅，故染之。"帝大喜。世祖时，汉人赐名拔都者，惟天泽与张宏范、张兴祖三人云。

九子：格；樟，真定顺天新军万户；楒，卫辉路转运使；杠，湖广行省右丞；杞，淮东道廉访使；梓，同知漕；楷，同知南阳府；构，中书左丞。

格，字晋明。宪宗二年，以卫州之汲、胙城、新乡、获嘉、苏门五县封天泽，即以格为节度使。从宪宗伐宋。宪宗崩，至和林，留谦州，五年始得归。大军围襄阳，格请从，授怀远大将军、亳州万户，佩虎符。天泽诫之曰：“战事无居人后。”襄阳下，赐白金、衣裘、鞍马、弓矢。大军次盐山，距郢州二十里，宋将夏贵锁战舰绝江为阵，以拒我师。格麾下千户马福尝从世祖渡江，请为向导，拖舟由沙武口入湖，达于江。平章阿术将二十五万户，以五万户为前列，择一人帅之，格居其一。军先济，为宋将程鹏飞所却，格身被三创，力战，鹏飞乃败走。阿术奏格轻进，挠军法。世祖贷之，赐白金五百两。阿术东下，格从阿里海涯围潭州，攻铁坝，炮石伤肩，又中流矢，格拔矢，先登克之。遂以格为军民安抚使，戍潭州。

旋入觐，加定远大将军。格以天泽所服玉带，赐物也，奏上之。帝曰：“太尉所服，汝服何嫌？”即以玉带赐格。自是格班诸将，独服一品服。从攻静江，众以辒辌自蔽凿城，格当炮礌之冲，辒辌不能前，乃率死士攀堞，蚁附而上，拔之。阿里海涯北还，留格戍静江。格乘胜徇定广西昭、贺、梧、浔、藤、容、象、贵、郁林、柳、融、宾、邕、横、廉、钦、高、化十八州，广东肇庆、德庆、封三州，除其三年田租，发仓稻以赈贫民。遣万户郑何、朱国宝、刘五刚、赵圭、赵修己戍昭、贺等州，千户马天麟、宋景、刘君进、花礼、完颜世英、李宗、张武、邹瑛、阎国顺、脱欢戍浔、宾、容、象等州。又以千户兼民职，则权分而令不专，皆便宜加以军民总管。事闻，诏即授十千户为总管。初，静江未下，溪洞诸蛮皆附于云南。至是，格遣使谕之，来降者五十余洞。云南行省平章赛典赤以书让格曰：“吾与先太尉共事久，汝奈何有吾成功。”各上其事于朝，诏听格节度。擢昭勇大将军、广西宣抚使。寻罢宣抚，改镇国上将军、广南西道宣慰使。

宋将张世杰据福州，传檄岭南，诈言夏贵已复濑江州县。诸将恐江路绝，不能北归，皆托计事返静江。格曰：“此虚声忒我耳！君辈勿擅弃戍地。”行省又议弃肇庆等三州，并兵戍梧州。格曰：“弃地则示贼以怯，宜分兵戍之。”行省从格言，众心始定。土贼苏仲据镇龙山,横、象、宾、贵四州皆受其害,格讨平之。世杰分兵破浔州,又遣其将罗飞围永州,判官潘泽民间道告急于格,格率所部援之,殄其众。

进攻宋都督曾渊子于雷州,渊子走硇州,世杰将兵数万欲复取雷州,万户刘仲海击败之。世杰悉众来攻,城中粮绝,格漕钦、廉诸州粟以给之,世杰解围去。诏格移戍雷州。岭南平,行省议户赋酒醋算,格曰:"两广地狭而户少,俗悍而产贫,征之,适急其为盗耳。"事遂寝。张宏范请复将亳州兵,乃还格邓州万户。寻拜参知政事,行广南西道宣慰副使。入觐,拜资德大夫、湖广行省右丞。日本用兵,诏格督造战舰六百艘,送扬州。要束木来为左丞,钩考战舰费,欲以危法中格,无所得而止。寻迁江西右丞,进左丞,复还湖广为右丞,进平章政事。二十八年,卒。五十八。

时要束木定州县赋籍,责偿十五万锭,会赦令下,要束木犹以为不应贷。格曰:"今重赋于民,民不能堪。又格恩命不下,倘大乱起,孰任其咎?"要束木始减收五万锭。未几,要束木伏诛,格已先卒矣。

子耀、荣。荣袭邓州旧军万户。

耀,字焕卿,权子。至元六年,以格为亳州万户,从围襄阳。时格无子,言于天泽,请以耀为子,天泽许之。行省授耀千户,从参政崔斌破土寇赵宣机,耀射杀数人,贼夺气。斌叹曰:"真将种也!"

阿里海涯拔静江,留格戍之。或问其故,曰:"吾去而静江叛,戍将必诛。史宣慰功臣子,朝廷当宽宥之。"

耀从格戍静江,徇定广东、西州县,以功授同知潭州总管府事,摄德庆府总管,讨平肇庆贼赵都,迁潭州路治中。改广东道宣慰副使。唆都将兵至广州,耀主办馈运,事治而民不扰。改浙东道宣慰副使,从省臣破山贼柳分司,又从讨杨镇龙、娄蒙才等,皆擒斩之。

张宏范自南海还,求将亳州兵,还邓州于史氏,诏允之。是时令诸将位至省臣者,许自择,欲相去将,欲相罢将。格已官右丞,奏请以张温代为邓州万户,世祖曰:"史天泽之兵,岂可使他人代将。"问格:"谁可授万户者?"格奏:"臣子耀可。"耀固辞,请俟弟荣长授之。及格卒,诏以耀袭邓州旧军万户,耀以弟荣入觐,奏曰:"荣为臣所后,父格之子,今年十四岁,宜代臣为万户。"世祖曰:"昔天泽让职于兄子,今汝复让职于弟,真天泽子孙也。"

至元二十九年,以将讨爪哇,授耀福建等处行省平章政事,赐金虎符。未几,改命史弼,耀不行。

成宗即位,拜江浙行省左丞。会人告省臣迎诏,裼衣上香,引耀为征。遣御史按问耀,言未见其裼,但不束带耳。当国者庇其人,摭耀他事,免官。

大德元年,起为江浙行省左丞,移湖广二年,复还江西。以屯田赣州,兵多死于瘴疠,广东宣慰司加丁粮于田租之外,皆按治主者之罪。入为大司农,核公帑逋缗钱数千万,率势家贷为贸易,负子钱不归,耀悉征入之,不徇请托。九年卒。年五十,泰定三年,追谥义襄。耀性刚狷,虽勋贵不肯少下之。廉于财,所至赁屋以居。

子壎,瑞州总管,迁江西行省左丞。卒。

天祥。父怀德,秉直从祖弟也。从秉直降于木华黎,命怀德就领黑军。后从木华黎攻大宁,先登,擒其二将,中流矢卒。

天祥初署都镇抚,木华黎选降卒勇健者二百人隶之。太祖九年,从木华黎略地高州,攻拔惠和、金源等十五城,惟大宁固守不下。天祥获金将完颜胡速,木华黎欲杀之,天祥曰:"杀一人无损于敌,且天祥尝许以不死。杀之,何以取信于后。"乃释为千户。

怀德卒,天祥痛愤,战愈力。十年,与吾也而攻北京,降其将寅达虎、乌古伦。进略北京傍近诸寨,擒都统不剌,释其缚,谕以利害,不剌感泣,愿效死。天祥命与降将王都统往谕楼子崖等二十余寨,悉降之,得胜兵八千人。惟西乾河答鲁、五指山杨赵奴不降,天祥攻之,赵奴死,答鲁败走。授西山总帅兵马。兴州守赵守玉反,天祥与吾也而分道讨平之。答鲁复聚众寇龙山,以槊刺吾也而堕马,天祥驰救获免，复与战，败之，答鲁死。进克兴中府。

十一年，从木华黎擒张致于锦州，得黑军五百人，命天祥统之。

十一年春，觐太祖于鱼儿泺，赐金符，授提控元帅。攻拔金、苏复等州，获金将完颜㪍、耶律神都马，迁镇国上将军、利州节度使、所部降民都总管、监军兵马元帅。武平贼祁和尚拒命，天祥击斩之。遂擒金将巢元帅以献。又讨兴州叛将重儿，斩之。十三年，权兵马都元帅，蒙古、汉军、黑军并听节制。从木华黎攻拔河东平阳等路八十余城。

十五年，略地至真定，天祥谓木华黎曰："攻之恐戮及无辜，不如先往谕之。不从，加兵未晚。"木华黎许之，守将武仙果降，已而请留天祥守真定，木华黎曰："天下未定，天祥智勇之士，不可离吾左右。"乃使秉直子天倪守真定，而以天祥为左副都元帅，引兵南屯邢州。仙兄贵以万人壁邢州西山，负固不降。天祥率完颜胡速等扳援而上，尽掩捕之。贵大惊，谓天祥曰："公若有羽翼者，不然何能至此。"遂以众降。又从木华黎败金人于黄龙冈，拔单、滕、兖三州。

木华黎围东平久不下，怒吾也而不尽力，将手剑斩之，天祥请代攻。木华黎大悦，赐皮甲一，又以己铁铠被之。鏖战良久，木华黎使人止之曰："尔力竭矣，宜少息。"赐以金鞍名马。十六年，从拔绥德、鄜、坊等州。十七年，木华黎攻青龙、金胜诸堡，花帽军坚守不下，既破，欲屠之，天祥力谏而止。

十八年，赐金虎符，授蒙古、汉军兵马都元帅，镇河中。是冬，略地西夏，还，遇贼狙，射伤额，遂失明。十九年，归北京，授北京等七路兵马都元帅。太宗二年，入觐，乞致仕。不许。三年，太宗用兵河南，强之行，使转漕，馈诸军饷。

四年，命天祥领民兵数千，屯霸州之益津，行元帅府事，赐衣一袭。会天祥金疮发，睿宗闻而悯之，授海滨和众利州等处总管，兼领霸州御衣局人匠都达鲁花赤，行北京七路兵马都元帅府事。宪宗八年卒，年六十八。

天祥长身骈胁，膂力绝人，性好施予。太宗七年，括中州户口，天祥纵其奴千余口为良民,人尤颂之。

子:彬,江东提刑按察副使;槐,袭御衣局人匠都达鲁花赤。

史臣曰:史秉直之降附,盖为保全宗族之计。然其父子卒以功名显。余既叹秉直之知去就,又叹用人者能各尽其智勇也。天泽出入将相,不伐不施,世祖谓:"郭子仪、曹彬终身无大过,朕所见者惟史天泽似之。"知言哉!

新元史卷一三九
列传第三六

张柔 宏彦 宏略 宏范 珪

张柔,字行刚,涿州定兴人。少慷慨,尚气节,以豪侠称。右额有异肉如钱,怒则坟起。贫不事产业,尝曰:"大丈夫当为公侯,田舍翁不足道也。"金贞祐间,河北盗起。柔年三十四,有女道士蔡氏语之曰:"金祚将讫,君当为诸侯辅新朝。"以兵法授之。柔聚众保西山东流寨,选壮士以自卫,盗不敢犯。县人张信假柔势,纳流人女为妻,柔鞭信百,而还其女。信憾之,谋杀柔。既而信有罪当诛,柔救之获免,部众益服柔之威德。

中都经略使苗道润承制授柔定兴令,累迁青州防御使。道润表其才,加昭毅大将军,遥领永宁军节度使,兼雄州观察使,权元帅左都监,行元帅府事。道润为其副贾瑀所杀,瑀使告柔曰:"吾得除道润者,以君不助兵故也。"柔怒叱其使曰:"瑀杀吾所事,吾食瑀肉且未足快意,反以此言戏吾耶!"遂移檄道润部曲,会于易州军市川,誓复仇。适道润麾下何伯祥得道润所佩金虎符以献,因推柔行经略使事。金主加柔骠骑将军、中都留守,兼大兴府尹、本路经略使,行元帅事。

太祖十三年,大兵出紫荆口,柔战于狼牙岭,马蹶被执,遂以众降。太祖还其旧职,得便宜行事。柔攻下雄、易、安、保诸州,获贾瑀,剖其心以祭道润。瑀部将郭瑀亦降,尽有其众,徙治满城。

金真定帅武仙来攻,柔从数骑跃马直抵仙营,敌众披靡,获其旗鼓以归。又明日，益张旗帜为疑兵，援桴径进，仙大败，僵尸数里。乘胜攻完州，命部将聂福坚架飞梯，跃而登城，巩彦辉率突骑继之，城遂拔。获州佐甄同，词色不挠，柔义而释之。十四年，仙复来攻，败之，进拔郎山、祁阳、曲阳诸城寨。既而中山叛，柔引兵围之，与仙将葛铁枪战于新乐，流矢中柔额，折其二齿，拔矢以战，斩首数千级，遂克中山。仙复攻满城，柔登城拒战，为流矢所中。仙兵大呼曰："中张柔矣。"柔不为动，开门突击，仙败遁。又败仙兵于祁阳，进攻深泽、宁晋、安平，拔之。分遣别将攻下平棘、藁城、无极、栾城诸县，拓地千余里。由是深、冀以北三十余城，缘山鹿儿、野狸等寨相继降。一月之间，与仙十七战，仙望风辄败。

方献捷于行所，次宣德，而易州军叛，逐其守卢应，据西山马头寨以自保。柔闻之，即引还，出奇兵，破其寨，叛者皆伏诛。加荣禄大夫、河北东西等路都元帅，赐号拔都，将士迁授有差。

蒙古帅屠赤台数凌柔，柔不为下，乃潜柔于行省曰："张柔骁勇无敌，向被执而降，非其本意。今委以兵柄，威震河朔，失今不图，后必难制。"行省召柔至，囚之土室，屠赤台立帐寝其上，环以甲骑，明日将杀之。屠赤台一夕暴死，柔始获免。

二十年，武仙既降复叛，杀元帅史天倪，其弟天泽来乞援。柔遣骁将乔惟忠等率千余骑赴之，仙大败。遂分遣惟忠、宋演略彰德，聂福坚略大名。玺书授柔行军千户、保州等处都元帅。二十二年，移镇保州。州毁于兵，十余年为盗薮。柔划市井，定民居，修官廨，引泉水入城，疏沟渠以泄之，迁庙学城东南，增其旧制，屹然为河朔重镇。

太宗四年，从睿宗伐金，语其部将曰："吾用兵杀人多矣，宁无冤者。自今以往，非与敌战，誓不杀人。"大兵围南京，柔军于城西北，金人屡出战，柔皆却之。金哀宗自黄陵冈渡河，败走归德。崔立以南京降，柔入城，于金帛无所取，独入史馆，取《金实录》并秘府图书，访求耆献及燕赵大姓十余家，卫送北归。从大军围归德，城濒水，诸将背水而营。柔曰："敌开门击我，必挤我于水中。"众不听。既而金人果乘夜来袭，众溃乱。柔率百余骑援之，敌败走。复益兵而出，势张甚。柔命舣舟南岸，示无还意。下令登舟者斩，使一卒执大旗，立堤上，伏战士于下，伺敌至击之。敌竟不敢逼而退。金主走蔡州，州恃柴潭为阻。宋孟珙以兵来会，决其南，潭水涸。金人惧，开门死战，柔中流矢如猬，为金人所获。珙麾兵救之，挟柔出。已而宋后夺柴潭楼，柔使聂福坚先登，破外城，又遣张信堕其西城，诸军齐奋，东城始陷。大将下令屠城，一小校缚十人以待。一人貌独异，柔问之，状元王鹗也，乃解其缚宾礼之，后卒为名臣。六年，柔入朝，太宗历数其功，班诸将上，赐金虎符，升万户。

七年，从皇子阔出伐宋，拔枣阳。又从大帅太赤攻徐、邳，夺其外城。宋守将出战，诸军悉力拒之。柔绕出敌背击之。敌溃走，溺死者甚众。又与史天泽邀击溃走者，尽戮之。后从大帅察罕出许州，略淮东、分戍许、郑两州，而还。九年，诏屯兵曹武以逼宋，道出九里关，柔欲率所部径进。或言道隘，宋必设伏，柔不听。从以二十骑，方解甲而食，伏起，围数重，左右皆失色。柔怒马驰突，竟与二十骑达于曹武。复攻拔洪山寨，寨据山顶，四壁斗绝，柔肉薄而上，划其垒。遂会诸军围光州，柔夜遣巩彦辉率劲卒二百伏城西南，柔攻其西北，城人悉力拒，柔、彦辉乘虚而入，拔其外城，宋守将降。又进攻黄州，宋重兵据三山寨，地险绝，柔诱敌出战，潜遣死士从间道鱼贯而上。会天雾，守者不觉，遂崩溃，斩馘数万。柔壁于黄州西北隅，城人有乘舟出者，柔曰：“此侦我者也，夜必袭我不备。”乃分军为三，以待之。宋人果夜至，柔大败之，宋人惧，请和。柔乃班师，使王安国摄行府事，戍光州。

察罕攻滁州，柔以二百骑往。城久不下，察罕欲解去，柔请决战。既阵，柔突入宋军，宋将执柔䭾曳之，遇救得还，飞石中柔鼻，裹创复战。夜遣巩彦辉劫其营，焚城东南隅，柔率锐卒先登，竟入滁州。十一年，诏以本官节制河南诸翼兵马征行事，河南三十余城皆属焉。

柔辟王汝明为书记。汝明年二十余，始见柔，说以军事，柔与语竟日,不觉堕尘尾于地,自是深重之。明年,诏柔等八万户伐宋,王汝明说柔曰:"明公终岁用兵,惟资两淮粮谷以给军食,非久远计也。莫若用许、郑两州戍兵开屯垦,以给粮储。"柔从之。十三年,赐御衣数袭、名马二、尚厩马百匹。柔帅师自五河口济淮,略和州,进攻寿州。裨将赵明、石文战殁,柔哭之曰:"当为婚姻,不负汝也。"师还,命王汝明、聂福坚将千人屯田于襄城。察罕奏柔总诸军屯杞县。初,河决于汴西南,入陈留分而为三,杞居中潠。宋人恃舟楫之利,由亳泗以窥汴,柔乃夹河筑连城,通以浮桥,为进战退守之计。未几,又败宋兵于泗州,王汝明漕襄城粟数千斛至,军食以济。冬,还军杞县,命子宏范娶赵明女,以己女妻石文之子,人皆服其信义。乃马真皇后称制五年,柔帐下吏夹谷显祖得罪亡走,上变诬柔。诏逮柔至和林讯之,执政素知柔,以百口保之,卒辩其诬,显祖伏诛。柔闻陵川郝经贤,请教其诸子经,为柔论经国大要,柔深加礼敬焉。

宪宗即位,换金虎符。三年,柔遣王安国与总管叱剌攻宋庐州。四年,王安国略汉南,深入而还。柔遣张信戍颍州,自帅山前汉军城亳州,移戍之。五年,安国复侵宋,率水军出台子湾,抵蒙县。柔会元帅不怜吉歹,攻蕲州及五河口,自亳州以南筑甬道抵百丈口,中为横堡,又东六十里立栅水中,由是宋之舟师不能北犯。奏入,宪宗大悦,赐衣一袭、翎根甲一、金符九、银符九,颁将校之有功者。

九年,分遣裨将张果、王仲仁,从宪宗入蜀;王安国、胡进、田伯荣、宋演从塔察儿攻荆山;柔自从世祖攻鄂。世祖出大胜关,柔出虎头关,与宋兵遇于沙窝,柔子宏彦击败之。世祖济江,柔以兵来会,使何伯祥作鹅车,洞掘其城,别遣勇士先登。城垂陷,宪宗凶问至,宋亦行成。世祖北还,使统诸军以俟后命。

中统元年,世祖即位,诏班师。阿里不哥叛,征柔入卫,至卢朐河,复止之。分其兵三千五百人卫京师,以子宏庆为质子。二年正月,入朝于上都,廷议削诸侯权,选耆德监之。诸万户惧,请柔阻其事。柔言于上曰:"今治郡者皆年少,未习于政事,若获罪不加以刑,则废法,重绳之,则没其先世之微劳。请使老成人监之为便。"世祖大悦，遂立十道安抚司。诸万户皆怒，已而咸德之。三年，柔请老，年已七十，封安肃公，以第八子宏略袭其职。李璮反，诏柔与子宏范率精兵二千入卫，未几复止其行。宋夏贵出蕲州为璮声援，宏范败之。

至元三年，城大都，起柔判行工部事，将二十万人以受役，子宏略佐之。御史台建，博罗请以柔为御史大夫，帝曰：“台臣构怨之地，非所以处功臣也。”议封柔国公，帝以柔起于燕，成功于蔡，诏自择之。柔曰：“燕，天子所都，臣封蔡足矣。”乃进封蔡国公，刻印赐之。五年六月卒，年七十九。赠推忠宣力翊运功臣、太师、开府仪同三司、上柱国，谥武康。延祐五年，进封汝南王，谥忠武。

子十一人：福寿，早卒；宏基，顺天宣权万户；宏正，袭宣权万户；宏规，从郝经受《左氏春秋》，顺天、涿州等路新旧军奥鲁总管；第四了宏彦、第八子宏略、第九子宏范最知名。

宏彦，从郝经受学，善骑射，前后杀虎以百数。从伐宋荆山有功，授新军总管。攻鄂州，先登者再。中统元年，扈驾上都，改顺天路新军总管。三年，授新军万户，佩金虎符。至元二年，授鄂州万户。十六年，裕宗在东宫，召为侍卫亲军副都指挥使。年四十告老，八十而卒。

宏略，字仲杰。宪宗五年，入朝，授金符，权顺天万户。从征蜀，以其幼，赐锦衣还。柔致仕，授宏略金虎符、顺天路管民总管、行军万户，仍总宣德、河南、怀孟等路诸军屯亳州，中统三年，李璮反，求救于宋将夏贵。贵乘虚北夺亳、滕、徐、宿、邳、沧、滨七州，新蔡、符离、蕲、利津四县，杀守将。宏略率战船御之于涡口，贵退保蕲县，宏略水陆并进。宋兵素惮亳军，焚城宵遁。尽复所失地。李璮既诛，追问当时与璮通书者，独宏略书劝以忠义，事得释。朝廷惩璮叛逆，务抑诸侯权以保全之，因解宏略兵职，宿卫京师，赐只孙冠服，以从宴享。

至元三年，城大都，佐其父为筑宫城总管。八年授朝列大夫、同
行工部事，兼领宿卫亲军、仪鸾等局。十三年，城成，赐内帑金扣、璠
瑁卮，授淮东道宣慰使。十四年，宋广王昺据闽、广，时东海县储粟
数万，行省檄宏略将兵二千戍之，仍命造舟运粟入淮安。宏略雇民
舟，有能载粟十石者与一石，人争趋之，一月而毕。

十六年，迁江西宣慰使。会饶州盗起，犯都昌。宏略以饶州虽
属江东，与南康只隔一湖，寇不灭，则南康必有相扇而起者。乃使人
捣其巢穴，缚贼酋磔于市，余党溃散。下令曰：“不操兵者皆为平民，
余无所问。”顷之，以疾归。有谲贵臣子在江南买田宅，词引宏略。或
谓宏略曰：“公但居亳，未在江南，入见宜自明。”宏略曰：“吾明之，
则言者获谴矣。吾宁引疾家居。”

二十九年，见世祖于龙虎台，请曰：“臣之子玠长矣，愿备宿
卫。”从之，且赐以酒曰：“卿年未老，谢事何为？”特命为河南行省参
知政事。元贞二年卒。赠推忠佐理功臣、银青荣禄大夫、平章政事、
上柱国、蔡国公，谥忠毅。子三人：玠、瑾、琰。

宏范，字仲畴。年二十，兄宏略为顺天路总管，上计，留宏范摄
府事，吏民服其明决。蒙古军肆暴，宏范杖之，入其境无敢犯者。

中统初，授御用局总管。三年，改行军总管，讨李璮于济南，濒
行请毡帐。柔曰：“汝欲即安耶？”不与。戒之曰：“汝围城勿避险地，
险则己不敢懈，兵必致死。且主将知其险，有来犯，必赴救，可因以
立功。勉之。”宏范营城西，璮出军突诸将营，独不向宏范。宏范曰：
“我营险地，璮乃示弱于我，必以奇兵来袭，谓我不悟也。遂筑长垒，
内伏甲士，而外为壕，开东门以待之，夜令士卒浚壕益深广，璮不知
也。明日，果拥飞桥来攻，未及岸，兵陷壕中，得跨壕而上者，入垒
门，遇伏皆死，降两贼将。柔闻之曰：“真吾子也。”璮既诛，朝廷罢大
藩子弟，宏范例解总管。

至元元年，宏略入宿卫，授宏范顺天路管民总管，佩金虎符。二
年，移守大名。岁大水，宏范辄免本县租赋。朝廷罪其专擅，宏范请

入见，进曰："臣以为朝廷储小仓，不若储之大仓。"帝曰："何说也？"对曰："今岁水潦不收，必责民输租，仓库虽实，民死亡殆尽，明年租将安出？曷若活其民，使不逃亡，则岁有恒收，非陛下大仓乎？"帝悦其言，诏勿问。然卒坐盗用官钱免官。

六年，括诸道兵围宋襄阳，授益都淄莱等路行军万户，复佩金虎符。戍鹿门堡，以断宋饷道，且绝郢之救兵。宏范建言曰："国家取襄阳，为延久之计者，所以重人命而欲其自毙也。曩者，夏贵乘江涨送衣粮入城，我师无御之者。其境南接江陵、归、峡，商贩行旅士卒络绎不绝，宁有自毙之时乎？宜城万山以断其西，栅灌子滩以断其东，则庶几速毙之道也。"帅府奏用其言，移宏范兵千人戍万山。

既城，与将士较射出东门，宋师奄至。将佐皆谓众寡不敌，宜入城自守。宏范曰："吾与诸君在此，敌至不战可乎？敢言退者死。"即擐甲上马，遣偏将李庭当其前，自率二百骑为长阵，令曰："闻吾鼓则进，未鼓勿动。"宋军步骑相间突阵，宏范军不动，再进再却，宏范曰："彼气衰矣。"鼓之，前后奋击，宋师奔溃。

八年，筑一字城逼襄阳。破樊城外郭。九年，攻樊城，流矢中其肘，襄疮见主帅曰："襄、樊相为唇齿，故不可破。若截江断其援兵，水陆夹攻，樊必破矣。樊破，则襄阳何所恃！"从之。明日，复率锐卒先登，遂拔樊城。未几，襄阳亦下。偕宋将吕文焕入觐，赐锦衣、白金、宝鞍，将校行赏有差。

十一年，丞相伯颜伐宋，宏范率左部诸军循汉东略郢西，南攻武矶堡，取之。大兵渡江，宏范为前锋。宋相贾似道督兵屯芜湖，殿帅孙虎臣据丁家洲。宏范转战而前，诸军继之，似道败走，宏范长驱至建康。伯颜大会诸将，出库金行赏。宏范后至，伯颜曰："祖宗之法，以军事命集，罪加后至者，虽贵近无所贷，尔何为后至？"宏范曰："临阵居先，受赏在后，何为不可？"伯颜默然而止。十二年五月，帝遣使谕伯颜：方暑，宜少驻以待。宏范进曰："圣恩待士卒诚厚，然缓急之宜，不能遥度。今敌已夺气，正当乘破竹之势取之。岂应迁缓，使敌得为计耶？"伯颜然之，驰驿至阙，面论形势。诏进兵。

十三年，次瓜洲，分兵立栅，据其要害。扬州都统姜才以二万人出扬子桥，宏范佐都元帅阿术御之，与宋兵夹水阵。宏范以十三骑径度冲之，阵坚不动，宏范引却。一骑跃马挥刀，直趋宏范，宏范旋辔刺之，应手顿毙马下。其众溃乱，追至城门，斩首万余级。宋将张世杰、孙虎臣等率水军阵于焦山，宏范率所部横冲其阵，宋帅大败。追至圌山之东，夺战舰八十艘，俘馘千数。上功，改亳州万户，赐名拔都。

是年，复从董文炳由海道会伯颜，进次临安近郊。宋主上降表，以伯侄为称，往返未决。宏范将命入城，数其大臣之罪，皆屈服，取称臣降表上。未几，台州叛，宏范遣人持书谕之，守将杀使焚书，宏范力疾攻拔之。部将请屠城，宏范不许，但诛其守将，台民感悦。十四年，师还，授镇国上将军、江东道宣慰使。

十五年，宋张世杰立广王昺于海上，闽、广响应。宏范入觐，自奋请讨之，乃授蒙古、汉军都元帅。陛辞，奏曰："汉人无统蒙古军者，乞以蒙古信臣为帅。"帝曰："汝知尔父与察罕之事乎？其破安丰也，汝父欲留兵守之，察罕不从。师还，安丰复为宋有，进退失据，汝父深悔之，以委任不专故也，岂可使汝复有汝父之悔。"面赐锦衣、玉带，宏范不受，以剑甲为请。帝出武库剑甲，听自择，且谕之曰："剑汝之副也，不用令者，以此处之。"将行，荐李恒为副，从之。

至扬州，选将校水陆二万人，分道南征，以弟宏正为先锋，戒之曰："选汝骁勇，非私汝也。军法重，我不敢以私挠公，勉之。"宏正所向克捷。攻三江寨，拔之。进克漳州，又攻鲍浦寨拔之。由是濒海郡县皆望风降附。获宋丞相文天祥于五坡岭，使之拜，不屈，宏范义之，待以宾礼，送至京师。及宏范卒，天祥在京师为之垂涕焉。

十六年正月庚戌，由潮阳港乘舟入海，至甲子门，获宋斥候将刘青、顾凯，乃知广王所在。辛酉，次崖山。宋军千余艘碇海中，建楼橹其上，隐然坚壁也，宏范引舟师赴之。崖山东西对峙，其北水浅，舟胶，非乘潮不能进，乃由山之东转南入大洋，始得逼其舟，又出奇兵断其汲路。宋人以乌蛋船十余舣大舟之北，宏范夜操小艇，带劲兵潜袭之。取乌蛋船载草,乘风纵火。宋预以泥涂舰,悬水筒无数,火船至,钩而沃之,竟莫能毁。宏范乃与李恒画图定计,授恒以战舰二,使守北面。

二月癸未,将战,或请用炮。宏范曰:"火起则舟迸散,非计也。"明日,四分其军,军其东南北三面,宏范自将一军相去里余,下令曰:"宋舟潮至必东遁,急攻之,勿令去。闻吾乐作乃战,违令者斩。"先麾北面一军乘潮而战,不克,李恒等顺潮而退。乐作,宋将以为休息,少懈。宏范率舟师复犯其前,命将士负盾而伏,令之曰:"闻金声起,先金而妄动者斩。"飞矢集如猬,伏盾者不动。舟将接,鸣金撤舟中布幕,弓弩火石交作,顷刻破其七舟,宋师大溃。宋丞相陆秀夫抱其主昺赴水死。世杰先遁,李恒追至大洋不及。世杰走交趾,风坏舟,溺死海陵港。其余将吏皆降。岭海悉平,勒石纪功而还。

十月,入朝,赐宴内殿,慰劳甚厚。未几,以染瘴疠疾作,帝命尚医诊视,敕卫士监门,止杂入毋扰其病。病甚,沐浴易衣冠,扶掖至中庭,面阙再拜。退坐,命酒作乐,与亲故言别。出所赐剑甲,付嗣子珪曰:"汝父以是立功,汝佩服勿忘也。"语竟,端坐而卒,年四十三。赠银青荣禄大夫、平章政事,谥武烈。至大四年,加赠推忠效节翊运功臣、太师、开府仪同三司、上柱国、齐国公,改谥忠武。延祐六年,加保大功臣,进封淮阳王,谥献武。

宏范喜读书,身长七尺,修髯如画,歌诗踔厉奇伟,著有《淮阳集》。子珪。

珪,字公瑞。年十六,摄管军万户。至元十七年,拜昭勇大将军、管军万户,佩其父虎符,镇建康。未几,宏范卒,丧毕,世祖召见,珪奏:"臣年幼,军事重,聂祯者,从臣祖、父,久历行阵,幸以副臣。"帝叹曰:"求老成自副,常儿不知出此。"厚赐而遣之,遍及从者。十九年冬,以使事入觐。初宏范以功高,凡内宴,赐座诸王上。至是,特敕珪坐宏故处。

还镇,贼起芜湖及宣、徽二州。珪率所部讨之,芜湖平,乃言于行省曰："宣、徽非我所部,然不敢分彼此,以误军国之事。"遂进讨宣州贼。官兵屡败于贼,败卒有杀民家豕并伤其主者。珪曰："此兵之所以败也。"斩之。明日战,三合三胜。时贼势尚强,珪曰："宣卒败而怯,勿累我。"使张旗鼓为声势,自将所部攻之,贼大败,斩馘三百人,余众悉降。又有吴道子者,以妖术惑众,易珪年少,欲因入谒刺杀珪,珪执而斩之。其党又欲袭珪,珪伏兵山上,令曰："贼至而起。"明日,贼悉众来攻,伏起,蹴贼堕死岩谷者无算,擒其酋磔之。宣州平,移兵讨徽州,获生口三十,纵之归,使散语其人曰:"张万户知汝为逃死计,与官军斗非汝本心。来降,吾能活之。不然,吾杀汝立尽。"明日,有持牛酒来见者,珪厚加抚恤,远近渐以信服。独南岩西坑寨尤险固,又尝败官军,坚守不降。珪选壮士百余人鸟道缘登栅后,度已上,纵兵击之。贼出战,登者已夺其棚,贼回顾失巢穴不得还其孥,由它道走。诸将请邀之。珪不可。已而贼以孥出渐懈,珪曰:"可矣。"追之尽歼其众。南陵盗又起攻宣州,宣州告急。珪帅轻骑赴之,贼见兵无后,拒引众围珪。珪挥槊出入,斩首数千级,振旅而还。宣州人德珪,立生祠祀之。贼平,军中无事。珪迎宋礼部侍郎邓光荐,师事之。光荐授以所著书曰《相业》,谓珪曰:"熟读之,后必赖其用矣。"

珪在军中凡十又四年而复入朝,时至元二十九年也。廷议江淮行枢密院可罢,江浙行省参知政事张瑄领海运,亦以为言。枢密副使暗伯问于珪,珪曰:"见上当自言之。"召对,珪曰:"使行院可罢,亦非瑄所应言。"帝深然之。未几,拜行枢密院副使。太傅月儿鲁诺延言:"珪尚少,请试以金书,异日大用未晚。"帝曰:"不然,是家为国灭金、灭宋,尽死力者三世矣!汉人赐号拔都者,惟史天泽与珪家。史徒持文墨议论,孰与其家功多,今可吝此耶!"进镇国上将军、江淮行枢密院副使。

成宗即位,罢行枢密院。大德三年,遣使巡行天下,珪使川、陕,问民疾苦,以便宜振之,罢冗官无益于民者。使还,擢江南行御史台侍御史,换文阶中奉大夫,迁浙西肃政廉访使。劾罢郡长吏以下三十余人，征赃巨万计。珪得监司奸利事，将发之，事干行省，平章政事阿里欲中以危法，赂遗近臣，妄言珪有厌胜事，且沮盐法。帝遣使杂治之，得行省大小吏及盐官欺罔状，皆伏罪。召珪拜金枢密院事，入见，赐只孙冠服侍宴，又命买宅以赐，辞不受。拜江南行台御史中丞，因上疏极言天人之际、灾异之故，其目有修德行、广言路、进君子、退小人、信赏必罚、减冗官、节浮费，以法祖宗成宪，累数百言。是时中书平章政事梁德珪以受张瑄、朱清贿谪湖广，夤缘近幸求复相位，阿里亦由行省入为中书平章政事，珪并劾之，不报。又驰驿面论其事，亦不报。遂谢病归。久之，拜陕西行台中丞，不赴。

武宗即位，召拜太子谕德。未数日，拜太子宾客，复拜詹事，辞不就。御史中丞久缺，议择人，仁宗时在东宫，曰：“必欲得真中丞，惟张珪可。”即日拜御史中丞。至大四年，帝崩，仁宗将即位，廷臣用皇太后旨，行礼于隆福宫，珪言：“当御大明殿。”御史大夫止之曰：“议已定，虽百奏无益。”珪曰：“未一奏，安知无益！”奏入，帝果移仗御大明殿。赐珪只孙衣二十袭、金带一。帝尝亲解衣赐珪。明日复召，谓之曰：“朕欲赐卿宝玉，非卿所欲。”以帨拭面额，纳诸珪怀，曰：“朕面泽之所存，心之所存也。”

皇庆元年，拜荣禄大夫、枢密副使。徽政院使失列门请以洪城军隶兴圣宫，自以徽政使领之，以上旨移文枢密院，众恐惧承命，珪固不署，事遂不行。是年十二月，拜中书平章政事，纲领国子学，请减烦冗还有司，以清政务，得专修宰相之职，帝从之，著为令。教坊使曹咬住拜礼部尚书，珪曰：“伶人为宗伯，何以示后世！”力谏止之。皇太后以中书右丞相铁木迭儿为太师，万户别薛参知行省政事，珪曰：“太师论道经邦，铁木迭儿非其人。别薛无功，不得为外执政。”帝韪之。是时车驾幸上都，已度居庸，皇太后宫幄在龙虎台，遣失列门召珪切责，杖之，珪创甚，舆归京师，明日遂出国门。珪子景元掌符玺，以父病笃告，遽归。帝惊曰：“向别时，卿父无病。”景元顿首涕泣，不敢言。帝不怿，遣参议中书省事换住赐上樽，拜大司徒，谢病家居。继丁母忧，庐墓侧寝苫啜粥者三年。六年七月，帝忆珪生日,复赐上尊、御衣。

至治二年,英宗召见于易水之上,曰:"卿四世旧臣,朕将畀卿
以政。"珪辞归,丞相拜住问珪曰:"宰相之体何先?"珪曰:"莫先于
格君心,莫急于广言路。"是年冬,起珪为集贤大学士。先是,铁木迭
儿既复相,以私怨杀平章萧拜住、御史中丞杨朵儿只、上都留守贺
伯颜,皆籍没其家。会地震风烈,敕廷臣集议弭灾之道,珪抗言于座
曰:"弭灾,当究其所以致灾。汉杀孝妇,三年不雨;萧、杨、贺冤死,
非致沴之一端乎?死者固不能复生,而清议犹可昭白,毋使朝廷终
失之也。"又拜中书平章政事,侍宴万寿山,赐玉带。

三年秋八月,铁失等弑英宗,逆党夜入京师,坐中书堂,矫制夺
符印。时卫王彻彻秃监省,珪密说之,彻彻秃意动。珪因曰:"大统
应在晋邸,我有密书,非王莫敢致。"彻彻秃恐事泄,珪曰:"事成,王
之功,不成,我甘齑粉,不敢以言累王。"于是彻彻秃使人达其书。泰
定帝即位于龙居河,铁失等皆伏诛。驾至,珪等迎谒,帝顾问曰:"此
张平章也,密书来,甚合朕意。"因探囊出片纸付翰林学士承旨曲出
曰:"此当书于国史者。"铁木迭儿之子治书侍御史锁南,议远流,珪
曰:"于法,强盗不分首从。锁南从弑逆,亲斫丞相拜住臂,乃欲活之
耶!"始伏诛。盗窃仁宗庙主,参知政事马刺兼领太常礼仪使,当迁
左丞,珪曰:"参政迁左丞,虽曰叙进。然太常奉宗祧不谨,当待罪,
而反迁官,何以谢在天之灵!"命遂不下。泰定元年六月,车驾在上
都。先是,帝以灾异,诏百官集议,珪与枢密院、御史台、翰林、集贤
两院官,极论当时得失。珪自诣上都奏之曰:

　　　国之安危,在乎论相。昔唐玄宗,前用姚崇、宋璟则治,后
用李林甫、杨国忠,几致亡国。虽赖郭子仪诸将效忠竭力,克复
旧物,然自是藩镇纵横,纪纲亦不复振。良由李林甫妒害忠良,
布置邪党,奸惑蒙蔽,保禄养祸所致也。前宰相铁木迭儿奸狡
险深,阴谋丛出,专政十年,凡宗戚忤己者,巧饰危间,阴中以
法,忠直被诛窜者甚众。始以赃败,谄附权奸失列门及嬖幸也
里失班之徒,苟全其生,寻任太子太师。未几,仁宗宾天,乘时

幸变，再入中书。当英庙之初，与失列门表里为奸，诬杀萧、杨等，以快私怨。天讨元凶，失列门之党既诛，坐要上功，遂获信任。诸子内布宿卫，外据显要，蔽上抑下，杜绝言路，卖官鬻狱，威福己出，一令发口，上下股栗，稍不附己，其祸立至，权势日炽，中外寒心。由是群邪并进，如逆贼铁失之徒，名为义子，实其腹心，忠良屏迹，坐待收系。先帝悟其奸恶，仆碑夺爵，籍没其家，终以遗患，构成弑逆。其子锁南亲与逆谋，所由来者渐矣。虽剖棺戮尸，夷灭其家，不足塞责。今复回给所籍家产，诸子尚在京师，夤缘再入宿卫。世祖时阿合马贪残败事，虽死犹正其罪，况如铁木迭儿之奸恶哉！臣等议，宜遵成宪，仍籍铁木迭儿家产，远窜其子孙外郡，以惩大奸。

君父之仇，不共戴天，所以明纲常、别上下也。铁失之党，结谋弑逆，君相遇害，天下痛心疾首，所不忍闻。比奉旨："以铁失等既伏其辜，诸王按梯不花、孛罗、月鲁帖木尔、曲吕不花、兀鲁思不花，亦已流窜，逆党胁从者众，何可尽诛。后之言事者，其勿复举"臣等议：古法，弑逆，凡在官者杀无赦。圣朝立法，强盗杀庶民，其同情者犹且首从俱罪，况弑逆之党，天地不容。宜诛其徒党，以谢天下。

《书》曰："惟辟作福，惟辟作威。"臣无有作福作威，臣而有作福作威，害于而家，凶于而国。盖生杀与夺，天子之权，非臣下所得盗用也。辽王脱脱，位冠宗室，居镇辽东，属任非轻，国家不幸，有非常之变，不能讨贼，而乃觊幸赦恩，报复仇忿，杀亲王妃主百余人，分其羊马畜产，残忍骨肉，盗窃主权，闻者切齿。今不之罪，乃复厚赐放还，仍守爵土，臣恐纪纲由此不振。设或效尤，何法以治！且辽东地广，素号重镇，若使脱脱久居，彼既纵肆，将无忌惮。况令死者含冤，感伤和气。臣等议：累朝典宪，闻赦杀人，罪在不原，宜夺削爵土，置之它所，以彰天讨。

刑以惩恶，国有常宪。武备卿即烈，前太尉不花，以累朝待遇之隆，俱致高列，不思补报，专务奸欺，诈称奉旨，令鹰师强收郑国宝妻,贪其家人蓄产,自恃权贵,莫敢如何。事闻之官,刑曹逮鞫服实,竟原其罪。辇毂之下,肆行无忌,远在外郡,何事不为!夫京师,天下之本,纵恶如此,何以为政!古人有言,一妇衔冤,三年不雨。以此论之,即非细务。臣等议:宜以即烈、不花付刑曹鞫之。

中卖宝物,世祖时不闻其事。自成宗以来,始有此弊。分珠寸石,售值数万,当时民怀忿怨,台察交言。且所酬之钞,率皆天下生民膏血,锱铢取之;从以捶挞,何其用之不吝!夫以经国有用之宝,易此不济饥寒之物,又非有司聘要和买,大抵皆时贵与斡脱中宝之人,妄称呈献,冒给回赐,高其值且十倍,蚕蠹国财,暗行分用。如赛不丁之徒,顷以增价中宝事败,具存吏牍。陛下即位之初,首知其弊,下令禁止,天下欣幸。臣等比闻中书乃复奏给累朝未酬宝价四十余万锭,较其元值,利已数倍。有事经年远者三十余万锭,复令给以市舶番货。计今天下所征包银差发,岁入只十一万锭,已是四年征入之数,比以经费弗足,急于科征。臣等议:番舶之货,宜以资国用、纾民力,宝价请俟国用饶给之日议之。

太庙神主,祖宗神灵所妥。国家孝治天下,四时大祀,诚为重典。比者仁宗皇帝、皇后神主,盗利其金而窃之,至今未获。斯乃非常之变,而捕盗之官兵,不闻杖责。臣等议:庶民失盗,应捕官兵,尚有三限之法;监临主守,倘失官物,亦有不行知觉之罪。今失神主,宜罪太常,请拣其官属免之。

国家经赋,皆出于民,量入为出,有司之事。比者建西山寺,损军害民,费以亿万计;刺绣经幡,驰驿江浙,逼迫郡县,杂役男女,动经年岁,穷奢致怨。近诏虽已罢之,又闻奸人乘间奏请,复欲兴修,流言喧播,群情惊骇。臣等议:宜守前诏,示民有信,其创造、刺绣事,非岁用之常者,悉罢之。

人有冤抑,必当昭雪;事有枉直,尤宜明辨。平章政事萧拜住、中丞杨朵儿只等,枉遭铁木迭儿诬陷,籍其家,以分赐人,闻者嗟悼。比奉明诏，还给元业，子孙奉祀家庙，修葺苟完，未及宁处，复以其家财仍赐旧人，只酬以值，即与再罹断没无异。臣等议：宜如前诏，以元业还之，量其值以酬后所赐者，则人无冤愤矣。

德以出治，刑以防奸。若刑罚不立，奸宄滋长，虽有智者，不能禁止。比者也先帖木儿之徒，遇朱太医妻女过省门外，强曳以入，奸宿馆所。事闻，有司以扈从上都为解，竟弗就鞫。辇毂之下，肆恶无忌，京民愤骇，何以取则四方！臣等议：宜遵世祖成宪，以奸人命有司鞫之。臣等又议：天下囚系，不无冤滞，方今盛夏，宜令省、台选官审录，结正重刑，疏决轻系，疑者申闻详谳。边镇利病，宜命行省、行台体究兴除，广海镇戍卒吏病者，给粥食药；死者，人给钞二十五贯，责所司及同乡者，归骨于其家。

岁贡方物有常制。广州东莞县大步海及惠州珠池，始自大德元年，奸民刘进、程连言利，分蜑户七百余家，官给之粮，三年一采，仅获小珠五两六两，入水为虫鱼伤死者众，遂罢珠户为民。其后同知广州路事塔察儿等，又献利于失列门，创设提举司监采，廉访司言其扰民，复罢归有司。既而内正少卿魏暗都剌，冒启中旨，驰驿督采，耗禀食，疲民驿，非旧制，请悉罢遣归民。

善良死于非命，国法当为昭雪。铁失弑逆之变，学士不花、指挥不颜忽里、院使秃古思，皆以无罪死，未蒙褒赠。铁木迭儿专权之际，御史徐元素以言事锁项死东平，及贾秃坚不花之属，皆未申理。臣等议：宜追赠死者，优叙其子孙，且命刑部及监察御史体勘其余有冤抑者，具实以闻。

政出多门，古人所戒。今内外增置官署，员冗俸滥，白丁骤升出身，入流壅塞日甚，军民俱蒙其害。夫为治之要，莫先于安民；安民之道，莫急于除滥费、汰冗员。世祖设官分职，俱有定制。至元三十年以后，改升创设，日积月增，虽常奉旨取勘减

降,近侍各私其署,贪缘保禄,姑息中止。至英宗时,始锐然减
罢崇祥、寿福院之属十有三署,徽政院、断事官、江淮财赋之属
六十余署,不幸遭罹大故,未竟其余。比奉诏:凡事悉遵世祖成
宪。若复循常取勘,调虚文,延岁月,必无实效,即与诏旨异矣。
臣等议:宜敕中外军民,署置官吏,有非世祖之制,及至元三十
年以后改升创设员冗者,诏格至日,悉减并除罢之;近侍不得
巧词复奏,不该常调之人亦不得滥入常选,累朝斡耳朵所立长
秋、承徽、长宁寺及边镇屯戍,别议处之。

　　自古圣君,惟诚于治政,可以动天地、感鬼神,初未尝徼福
于僧道,以厉民病国也。且以至元三十年言之,醮祠佛事之目,
只百有二;大德七年,再立功德使司,积五百有余,今年一增其
目,明年即指为例,已倍四之上矣。僧徒又复营干近侍,买作佛
事,指以算卦,欺昧奏请,增修布施莽斋,自称特奉、传奉。所司
不敢较问,供给恐后。况佛以清净为本,而僧徒贪慕货利,自违
其教,一事所需,金银钞币不可数计,岁用钞数千万锭。凡所供
物,悉为己有,布施等钞,复出其外,生民脂膏,纵其所欲,取以
自利,畜养妻子,彼既行不修洁,适足亵慢天神,何以要福!比
年佛事愈繁,累朝享国不永,致灾愈速,事无应验,断可知矣。
臣等议:宜罢功德使司,其在至元三十年以前及累朝忌日醮祠
佛事名目,只令宣政院主领修举,余悉减罢;近侍之属,并不得
巧计擅奏,妄增名目,若有特奉、传奉,从中书复奏乃行。

　　古今帝王治国理财之要,莫先于节用。盖侈用则伤财,伤
财必至于害民。国用匮而重敛生,如盐课增价之类,皆足以厉
民矣!比年游惰之徒,妄投宿卫部属及宦者、女红、太医、阴阳
之属,不可胜数。一人收籍,一门蠲复,一岁所请衣马刍粮,数
十户所征入不足以给之,耗国损民为甚。臣等议:诸宿卫、宦女
之属,宜如世祖时支请之数给之,余悉简汰。

　　阔端赤牧养马驼,岁有常法,公布郡县,各有常数,而宿卫
近侍,委之仆御,役民放牧。始至,即夺其居,俾饮食之,残伤桑

果,百害蜂起;仆御四出,无所拘钤,私鬻刍豆,瘠损马驼。大德
中,始责州县正官监视,盖暖棚、团槽枥以牧之。至治初,复散
之民间,其害如故。监察御史及河间路守臣屡言之。臣等议:
宜如大德团槽之制,正官监临,阅视肥瘠,拘钤宿卫仆御,著为
令。

兵戎之兴,号为凶器,擅开边衅,非国之福;蛮夷无知,少
梗王化,得之无益,失之无损。至治三年,参卜郎盗,始者劫杀
使臣,利其财物而已;至用大师,期年不载,伤我士卒,费国资
粮。臣等议:好生恶死,人之恒性。宜令宣政院督守将严边防,
遣良使抵巢招谕,简罢冗兵,明敕边吏谨守御,勿生事,则远人
格矣。

天下官田岁入,所以赡卫士,给戍卒。自至元三十一年以
后,累朝以是田分赐诸王、公主、驸马及百官、宦者、寺观之属,
遂令中书酬值海漕,虚耗国储。其受田之家,各任土著奸吏为
脏,巧名多取,又且驱迫邮传,征求饩廪,折辱州县,闭偿逋负,
至仓之日,变鬻以归。官司交忿,农民窘窘。臣等议:惟诸王、
公主、驸马、寺观,如所与公主桑哥剌吉及普安三寺之制,输之
公廪,计月值折支以钞,令有司兼令输之省部,给之大都;其所
赐百官及宦者之田,悉拘还官,著为令。

国家经费,皆取于民。世祖时,淮北、内地,惟输丁税。铁
木迭儿为相,专务聚敛,遣使括勘两淮、河南田土,重并科粮,
又以两淮、荆襄沙碛作熟收征,徽名兴利,农民流徙。臣等议:
宜如旧制,只征丁税,其括勘重并之粮,及沙碛不可田亩之税,
悉除之。

世祖之制:凡有田者悉役之,民田典卖,随收入户。铁木迭
儿为相,纳江南诸寺贿赂,奏令僧人买民田者,免其赋役。臣等
议:惟累朝所赐僧寺田及亡宋旧业,如旧制勿征,其僧道典买
民田及民间所施产业,宜悉役之,著为令。

僧道出家,屏绝妻孥,盖欲超出世表,是以国家优视,无所

徭役，且处之官寺；宜清净绝俗为心，诵经祝寿。比年僧道往往
蓄妻子，无异常人，如蔡道泰、班讲主之徒，伤人逞欲、坏教干
刑者，何可胜数！俾奉祠典，岂不亵天渎神！臣等议：僧道之蓄
妻子者，宜罪以旧制，罢遣为民。

赏功劝善，人主大柄，岂宜轻以与人。世祖临御三十五年，
左右之臣虽甚爱幸，未闻无功而给一赏者。比年赏赐泛滥，盖
因近侍之人，窥伺天颜喜悦之际，或称乏财无居，或称嫁女娶
妇，或以技物呈献，殊无寸功小善，递互奏请，要求赏赐回奉，
奄有国家金银珠玉，及断没人畜产业。似此无功受赏，何以激
劝，既伤财用，复启幸门。臣等议：非有功勋劳效著明实迹，不
宜加以赏赐，乞著为令。

臣所言，弑逆未讨、奸恶未除、忠愤未雪、冤枉未理、政令
不信、赏罚不公、赋役不均、财用不节、民怨神怒，皆足以感伤
和气。惟陛下裁择，以答天意，消弭灾变。
帝不从。珪复进曰：“臣闻日食修德，月食修刑，应天以实不以文，动
民以行不以言，刑政失平，故天象应之。惟陛下矜察，允臣等议，乞
悉行之。”帝终不能用。

未几，珪病增剧，非扶掖不能行。有诏：常见免拜跪，赐小车，得
乘至殿门下。帝开经筵，命右丞相旭迈杰与珪领之，进封蔡国公、知
经筵事，别刻蔡国公印赐之。珪荐翰林学士吴澄等以备顾问，求去
益力。二年夏，得请暂归。

三年春，复遣使召珪。珪至，帝曰：“卿来时，民间何如？”珪奏：
“真定、保定、河间民饥甚，朝廷虽赈以粟帛，惠未及者十之五、六。”
帝恻然，敕有司赡之。拜翰林学士承旨、知制诰兼修国史，经筵如
故。帝见其羸甚，命养疾西山，继得旨还家。

未几，起珪商议中书省事，以疾不赴。四年，卒。

五子：景武，定远大将军、保定等路上万户，佩虎符；景鲁，海北
广东道肃政廉访使；景哲，金河东海右道肃政廉访司事；景元，河南
河北道肃政廉访使；景丞，内政司丞。

天历元年，紫荆关败卒南走保定，沿途剽掠，景武与同知阿里沙率乡民梃毙数百人。参知政事也先捏以兵至保定，执景武兄弟五人，尽杀之，籍其家。诏以珪女归也先捏。廷臣言："保定万户张昌，其诸父景武等既受诛，宜罢所将兵，并夺其金虎符。"不许。

已而御史台言："北兵夺紫荆关，官军溃走，掠保定。本路官与故平章张珪子五人，率民击官军死。也先捏不先奏闻，辄擅杀官吏及珪五子。珪祖父三世为国勋臣，即使景武等有罪，珪之妻女又何罪焉？今既籍其家，又以其女妻也先捏，诚非国家待勋臣之意。"帝曰："卿等言是也。诏中书还其所籍。御史台又论也先捏擅杀之罪，诏窜也先捏于南宁，听珪女还家。

至顺元年，帝以珪议立泰定帝，追怨之，又疑景武等附上都，复籍珪五子家资。

元统初，监察御史王文若奏："珪祖父三世积有勋烈，诸子横罹戕害，官籍其家，宜革正之，以为功臣之劝。"奏寝不报。

史臣曰：张柔平河北，经略江淮有攻城野战之功。宏范崖山之役，功成身殁，赏不酬劳。珪謇謇匪躬，称为贤相。以三世之忠，不能庇其子孙，唏矣！景武兄弟既骈戮，又籍其家，失刑莫甚焉！盖出于文宗之私憾欤。

新元史卷一四〇
列传第三七

张荣　邦杰　宏　宓　刘鼎　张迪　迪子福

张荣,字世辉,济南历城人。父衍,以周急称于乡里。荣貌奇伟,尝从军,流矢贯眦,使人以足抵其额拔之,神色自若。

金末,山东盗起,荣率乡民据济南鷰堂岭,略有章丘、邹平、济阳、长山、辛市、蒲台,亲城及淄州之地。

太祖二十一年,荣举其地纳款于按只台那颜。引见,太祖责其降附之晚,对曰:“山东之地,悉归陛下,臣不能独立。若尚有倚恃,仍不款服。”太祖壮之,抚其背曰:“真赛因拔都儿也。”授金紫光禄大夫、山东行尚书省,兼兵马都元帅,知济南府事。

太宗二年,议取汴。荣请先清跸路,太宗嘉之,赐衣三袭,位诸侯上。四年,大军至河上,荣率死士宵济,守者溃走,夺战船五十艘,麾抵北岸,乘胜破张、盘三山寨,俘获万余。大将阿术鲁欲尽杀之,荣力谏而止。五年,从阿术鲁攻归德。阿术鲁欲杀降人,烹其油以灌城,荣又谏止之。城下,荣单骑入城抚其遗民。六年,攻沛县,守将唆蛾夜捣我军,荣觉之,唆蛾败死,乘胜拔其城。进攻徐州,守将国用安引兵突出,荣逆击败之,用安赴水死。七年,攻拔邳州。又从诸王阔出拔宋枣阳等三县。

时河南流民北徙济南,荣下令分屋与地居之,资以树蓄,且课其殿最,于是污莱尽辟。中书考绩,为天下第一。李璮在益都,私馈以马蹄金,荣却之。年六十一,乞致仕,不许。世祖即位,授济南路万户,并封济南公,致仕,卒,年八十三。赠推忠宣力正义佐命功臣、太师、开府仪同三司、上柱国,追封济南王,谥忠襄。子七人。

长邦杰,字智万。年十七为质子。荣老病,奏请以邦杰袭爵。奥都拉合蛮行省燕京,拟于常赋外征银七两,诸路畏其权重,莫敢言者。邦杰曰:"今天下甫定,疮痍未复,轻徭薄赋以招徕之,犹惧不济;岂宜厚敛,重困吾民!"奏请免征,太宗许之。行省增酒课岁三百锭,邦杰曰:"今正供犹不给,又倍酒税,是驱民于死地也。"力争之,卒如旧额。先是,逃亡者之逋赋,省檄居民代偿,邦杰诣和林奏免之。寻榷盐利,有司欲均赋于民,邦杰又奏寝其事。民翕然颂之。土寇李佛拥众掠东平齐河,邦杰讨平之。母卒,庐于墓侧,哀毁逾礼,先荣卒,年四十四。邦杰勤于抚字,宪宗赐新造虎符及织金币,割河南路将陵、临邑等六县属之,以旌治绩。时论荣之。谥宣惠。

邦直,邳州行军万户。至元二年,坐违制贩马论死。

邦彦,权济南行省。

邦允,知淄州。

邦孚,大都督府郎中。

邦昌,奥鲁总管。

邦宪,淮安路总管,赠宣忠秉义功臣、中奉大夫、河南江北行中书省参知政事、护军,追封济南公,谥贞毅。

荣孙四十人。邦杰子宏,字可大,通诸国语,袭父爵。从宪宗攻钓鱼山。世祖在潜邸,伐宋,宏为前锋,得生口辄询山川地形,途所从出,城郭向背,主将谁,某仓储、兵卒之数,一一奏之,且逆划进取之策,既捷,卒如其言。世祖曰:"汝殆身历耶?何其言之信也。"大军至阳逻堡,宏以四百艘先济,夺大船名白鹞者一,宋师奔溃。世祖围鄂州,宏先诸将攻城,登其陴。师旋,授济南府行军万户、管民总管,佩虎符。

中统三年春,李璮袭陷济南,宏舁其祖荣走京师。荣命宏以剑誓子孙及诸将校曰:"讨贼不用命者死。"众悉奋。初宏亿知璮必反,条其逆迹十事,上闻曰:"诸路城堡不修,而益都因涧为城。国初以全师攻之，数年不下。今更包以砖石，而储粟于内，且留壮丁之转输者于府，志欲何为？又诸路兵久从征伐，不得休息，率皆困弊。而璮假都督之重，拥强兵至五、七万，日练习整厉，名为讨宋，而实不出境。士卒惟知璮之号令，不复禀朝廷之命。平章王文统故璮参佐，倘中外连构，窥伺间隙，以逸待劳，此尤可虑。又大驾前岁北征，群臣躬捍牧圉，而璮独以御宋为辞，既不身先六军，又不遣一校以从。及驾还京师，诸侯朝觐，又不至，不臣之心，路人共知。国家去岁遣使聘宋，实欲百姓休息，璮独不喜，方发兵边境，下窃兵威，上失国信。又如市马，诸路无论军民概属括买，独不及益都。而璮方散遣其徒于别境，高其值以市马。王文统与璮缔交于此尤著。又中统钞法，诸路通行，惟璮用涟州会子，所领中统钞顾于臣境贸易，商人买盐而钞不见售。又山东盐课之额，岁以中统钞计为三千五百锭，近年互为欺诳，省为二千五百锭，余悉自盗，属法制初新，宜复旧额，而欺盗仍前。又前岁，王师渡江，宋人来御，璮乘其隙取宋涟州，辄留岁赋为括兵之用，而又侵及盐课。诚使璮绝淮向南，去杭尚远，方今急务，政不在此。而徒以兵赋假之，不可不虑。今亟宜罢王文统，而择人代璮，且征璮从攻西北，足以破其奸谋。如或不然，尚宜再设都督，内足以分其势，而伐其谋，外足以鼎立而御侮。”

奏上，帝谕近侍以军国密计毋泄。至是，诏诸王合必赤统兵讨璮，以宏为导，宏率所部断璮饷道，璮欲突围走，宏屡却之。以功迁大都督。及城破，宏言于合必赤，城民无罪，请禁剽掠。合必赤从之，遣将分掌门钥，有褫妇人衣者，立斩以徇。于是城民皆免于难。

至元初，迁真定路总管，兼府尹，加镇国上将军。有故吏摭宏诸父罪状，辞连及宏。又言宏在济南，盗用官物。世祖念其功，特原之，而免所居官。

九年，大军围襄阳，起宏为怀远大将军、新军万户，佩金虎符。宋襄阳守将吕文焕纳款，遣使来告：得张济南一言，吾无盟矣。诏宏往谕，文焕即举城降。十年，授襄阳等处统军使，总兵十七万人。十三年，谢病归。卒于家，年五十九，谥武靖。

一

子:元节,袭宏爵宣武将军、征西万户。元里,建昌路达鲁花赤。宏女也速贵为诸王忽剌忽儿妃。忽剌忽儿与乃颜通谋,也速贵以逆顺祸福,反复开谕,不听。及败逮系,诏狱有旨诘问:"汝从乃颜反,亦有人谏汝否?"忽剌忽儿以也速贵之言对。世祖嗟异曰:"是济南张宏女也。"命索于军中,给传返济南,有司供亿。元贞初,山东宪司奏也速贵忠孝大节,赡养不足,乞赐田周恤之,诏加赐钞币二万缗。元节子那怀袭征西万户。

邦宪子宓,字渊仲,幼以质子侍武宗于潜邸,赐名蒙古台。武宗即位,授尚沐奉御。尝诏见便殿,问古圣人可法者,宓对曰:"帝王之德,莫大于孝。臣济南人,济南有舜祠,舜事父母底豫,可法者宜莫如舜。"武宗嘉纳之。后山东蝗旱,命宓至济南祷于舜祠,讫事而雨蝗尽死。还奏,赐金织衣一袭。

仁宗即位,欲授宓二品官。固辞。仁宗谕省臣曰:"朕惟张拔都儿,昔以五十万众归我太祖,世祖念其勋劳,爵以上公,其孙蒙古台事先帝久,欲官以二品,辞不肯受。其以三品官授之。"寻选知滕州,陛辞,赐海东青以宠之。旋入为度支监丞,出知南阳府,未行,转兵马司都指挥使。豫讨铁失赤斤帖木儿逆党,迁彰德路总管。境内患盗,宓令村置一鼓,盗发则击鼓相应,各为守备,盗悉遁。天历初,擢山北廉访副使,寻改保定路总管。时上都兵猝至紫荆关,戍卒溃走保定,大肆剽掠,同知路事阿里哥及平章张珪子景武等率居民梃毙数十人。知枢密院事也先尼至保定,营于城外,绐同知、县尉与张景武兄弟及居民百余人至军中,责以擅杀,尽戮之。复下令屠城,宓方以病在告,即舆疾至也先尼帐下。也先尼踞宓而诟之曰:"汝欲反乎?"宓从容对曰:"我病,不与官事,闻戍卒见敌而溃,剽掠良民,此法所不贷者。民不辨谁何,仓卒杀之。枢密戮百余人,足以相赏。复欲屠城,城中户口万余,若激而生变,孰任其咎耶?愿以身代民死,幸枢密允之。"也先尼气沮,遂杀数人而去。城民闻宓归,咸额手以更生相庆。后台臣言也先尼擅杀之罪,诏刑部鞠之,籍也先尼家,杖一百七,窜南宁。然终无以宓之事上闻者。

宓后调真定路,移平江路。平江积讼牒七百余,宓下车数日,剖
析略尽。时东南诸路富民佃其田于提举司,州县一切不得问,其徭
役则责之贫户。宓言于行省,请罢之。事闻,诏罢平江、杭州、集庆
提举司,民尤称便。元统二年,召为吏部尚书。明年,拜岭北行省参
知政事,谢病归。至正三年,起为山东东西道宣慰使。益都路增油
税至四千五百锭,羡入十倍。宓下令厘革之,益都民勒石颂其事。复
乞致仕,卒于家,年六十六。赠中奉大夫、江浙等处行省参知政事、
护军,追封济南郡公,谥宣懿。

子元辅,松江财赋司副提举。

荣行台官知名者,曰刘鼎、张迪。

史臣曰:张起岩撰《张宏行状》称张氏累世有善政。时论东诸侯
尚忠厚、崇信义,而不夺民力,惟济南为然。予考其时,东平严忠济
骄豪瘝父业,益都李璮包藏祸心,独荣子孙恂恂奉职,恭俭爱民,所
谓岂弟君子求福不回者也。也先尼欲屠保定,张宓冒死以纾其祸。
微宓,则保定之民必揭竿而应上都。文宗罪也先尼,而不赏宓之功,
呜呼,何其暗欤!

刘鼎,字汉宝,济南章丘人。美须髯,有器度,临事才智捷出。金
末,山东大乱,有盗栅历城南山中为民患,官兵不能制。鼎直登其
栅,喻以祸福,盗遂降。以功授历城令。土豪李氏据遥墙泺,恣为奸
利。遥墙泺,县之大泽也。鼎一日往泺中,伏壮士于路侧,诱李出,
执而杀之。

张荣闻鼎名,授为行台掾。益都李全听谗言,分为三道攻济南。
荣欲悉兵拒之。鼎方卧疾,扶掖入见,谓荣曰:"彼众我寡,战必败,
公第入,老夫为公却之。"鼎致书于全及其三帅,三帅勒兵待命。全
发书,抚掌大笑曰:"我固言之矣,此老在,何益。"趣罢兵,修好如
故。太宗五年卒,年五十一。

子,景石,十岁遍通五经。客命赋火镰诗,景石援笔立就,一座

尽惊。官山东转运司经历，以刚介不能从俗，自免归。后除滨州教授。卒，年六十七。子，敏中，自有传。

张迪，字吉甫，本济南章丘人，后徙禹城。迪有膂力，能臂撅石狮子以行，兼控二强弩俱彀满。隶荣帐下，有战功，授济南兵马钤辖，权济南府事。行省自水寨还旧治，迁怀远大将军元帅、右监军、济南府推官，佩金虎符，仍提领历城县事。荣从大军伐宋，荐迪为留后。迪莅政廉明，号称良吏。顷之。卒。

子福，字显祖。好学，能背诵《春秋左氏传》。从荣朝太宗于和林，预伐宋之谋。大军围沛县，城中食尽，率敢死士乘夜突围而出。福力战，却之。擢中书奏差，佩银符。廷议增调诸路兵伐宋，济南路应调二千三百人，民大扰。荣使福面奏："兵兴，役无虚岁。今又增兵，民情震骇。宜寝其命，以安反侧。"世祖从之。迁济南军民镇抚都弹压。行中书省牙鲁瓦赤建议，常赋外增银六两，视丝绵中分折纳。荣子邦杰袭位，使福白于宗王，亟罢其议。迁镇府钤辖，权济南府事。从邦杰入朝面奏，乞休兵以养民力。世祖嘉纳之。后致仕，卒于家，年七十一。

福五子，中子铎最知名。

铎，字宣卿。幼负奇节，读书通大义，以古人自勖。出《中庸》、《大学》授其子弟曰："此宰相之业也。"累迁东昌录事推官。卒。

铎弟铸子范，四川等处副提举，工诗，有《蓬窗稿》、《益斋集》、《旅斋集》。范子起岩，自有传。

新元史卷一四一
列传第三八

董俊　文炳　士元　士选　文蔚　文用　士廉　文直　文忠　士珍　守中　守简　士良　士恭

　　董字用章,真定藁城人。少力田,长涉书史,善骑射。金贞祐间,边事方急,藁城令立的募,射中者拔为将。独俊一发破的,遂领所募兵为统将。

　　太祖十年,国王木华黎南下,俊迎降。十四年,以劳擢知中山府事,佩金虎符。金将武仙据真定,诸城皆应仙。俊率众夜入真定,逐仙走之。十五年春,中山府治中李全叛应仙。俊方屯曲阳,仙来攻,败之黄山下,献捷于木华黎。及仙以众降,木华黎承制授俊龙虎卫上将军、行元帅府事,屯藁城。俊谒木华黎曰:“武仙奸黠,终不为我用,请备之。”木华黎然其言,以俊为左副元帅,升藁城县为永安州,号其众为匡国军,兵、民之事,一委于俊。二十年,仙果杀都元帅史天倪,据真定叛,劳郡县皆为仙守。俊以孤军居反侧间,战士不满千人。仙攻之,不能下,乃纵兵蹂民禾。俊呼语之曰:“汝欲得民,而夺之食,无道贼不为也。?仙惭而去。久之,俊复夜入真定,仙败走,乃纳史天倪弟天泽为帅。

　　太宗四年,会诸军围汴。明年,金主弃汴奔归德,追围之。金兵夜出薄诸军于水,俊力战死之。时年四十有八。

　　俊早丧父,事母以孝闻,待亲故皆有恩意。克汴时,以侍其轴为贤,延归教诸子。尝曰:“射,百日事耳。《诗》、《书》,非积学不通。”

屡诫诸子曰："吾一农夫，遭天下多故，徒以忠义事人，仅立门户，深愿汝曹力田读书，勿求非望为吾累也。"

临阵，勇气慑众，立矢石间，怡然若无事者，虽中伤亦不为动。每慕马援为人，曰："马革裹尸，援固可壮。"故战必先登。或谏，俊曰："我人臣也，敌在前，不死，乃就安避危乎！"初，太宗即位，朝于行在，诸将献户口各增数，吏请如众。俊曰："民实少，它日需求无应，必重敛以承命，是我独利，而民日困也。"藁城有三百余人克期作乱，事觉，戮其渠魁，余并释之。深、冀二州妖人惑众，图不轨，连逮者数万人，有司议当族。俊力请主者，但诛首恶。节度使刘成叛降武仙，俊下令曰："叛者成一人，余能去逆郊顺，即忠义士，吾界其资产，仍奏官之。"众果相率来降。沃州天台寨既降，他将欲掠其子女。俊曰："城降而俘其家，仁者不为也。"力止之。

为政宽明，见人善治田庐，必曲加褒奖，有惰者，则怒罚之。故所部完实，民惟恐其去也。赠翊运效节功臣、太傅、开府仪同三司、上柱国，封寿国公，谥忠烈。加赠推忠翊运效节功臣，改封赵国公。

九子：文炳、文蔚、文用、文直、文毅、文振、文进、文忠、文义。文毅，同知潭州路总管府事。文进，顺德路总管府判官。文振、文义，早卒。

文炳，字彦明，俊之长子也。父卒，年始十六。母李夫人有贤行，治家严。文炳事母，抚诸弟，俨如成人。

太宗七年，以父任为藁城令，时年甫十七。文炳明于听断，同列皆束手下之，吏抱案牒求署字，不敢仰视。县贫，重以旱蝗，征敛日暴，民不聊生。文炳出私谷数千石赈之。前令因军兴，称贷于人，贷家取息岁倍，偿以蚕、麦。文炳曰："民困矣，吾当为代偿。"乃以田庐计值与贷家，复籍县闲田畀贫民为业。于是流离渐复。朝廷初料民，敢隐实者诛，籍其家。文炳使民聚口而居，少为户数。众以为不可，文炳曰："为民获罪。吾所甘心。"民亦有不乐为者，文炳曰："后当德我。"由是赋敛大减。旁县民讼不得直，皆诣文炳求决。文炳尝上谒大府,旁县人聚观之,曰:"吾亟闻董令,董令顾亦人耳,何其明若神也!"府帅需索无厌,文炳抑不予。或谮于府,帅欲中伤之,文炳曰:"吾终不能剥民求利也。"即弃官去。

宪宗元年,世祖受命征大理,文炳率四十六骑从行,人马道死殆尽。及至吐番,只有两人,挟文炳徒行,取死马肉食之,日行二、三十里。会使者过,遇文炳,还白其状。世祖即命其弟文忠以尚厩五马载糗粮迎之。既至,世祖闵其劳,赐赉甚厚。有任使皆称旨,由是日亲贵用事。

九年秋,世祖伐宋,攻淮西台山寨。文炳驰至寨下,谕以祸福,不应。文炳脱胄呼曰:"吾所以不亟攻者,欲活汝众也,不速下,今屠寨矣!"守者遂降。九月,师次阳罗堡。宋兵筑堡于岸,列船江中,军容甚盛。文炳请于世祖曰:"长江天险,宋所恃以为国,势必死守,不夺其气不可,臣请尝之。"即与敢死士数百人先发,率弟文用、文忠,鼓棹疾进。锋既交,文炳麾众上岸搏之,宋师败走。命文用轻舟报捷,世祖方驻香炉峰,因策马下山问战胜状,以鞭仰指曰:"天也!"命诸军毋解甲,明日围城。既渡江,会宪宗崩,闰十一月班师。

明年,世祖即位于上都,是为中统元年,命文炳宣慰燕南诸道。还奏曰:"人久弛纵,一旦遽束以法,不可。宜赦天下,与之更始。"世祖从之。二年,擢山东东路宣抚使。方就道,会立侍卫亲军,帝曰:"亲军非文炳难任。"即遥授侍卫亲军都指挥使,佩金虎符。

三年,李璮反济南。文炳会诸军围之,贼势日蹙。文炳曰:"穷寇可以计擒。"乃抵城下,呼璮将田都帅曰:"反者璮耳,余来即吾人,毋自取死。"田缒城降。田,璮之爱将,既降,众遂乱,擒璮以献。璮兵有沂、涟两军二万余人,勇而善战,主将怒其从贼,配诸军,使阴杀之。文炳当杀二千人,言于主将曰:"彼为璮所胁耳,杀之恐乖天子仁圣之意。向天子伐南诏,或妄杀人,虽大将亦罪之,是不宜杀也。"主将从之。

璮伏诛,山东犹未靖,乃以文炳为山东东路经略使,率亲军以行。出金银符五十,有功者听与之。闰九月,文炳至益都,留兵于外,从数骑衣冠而入。居府，不设警卫，召璮故将吏谓之曰：“璮狂贼，诖误汝等。璮已诛，汝皆为王民。天子至仁圣，遣经略使抚汝，当相安毋惧。经略使得便宜除拟将吏，汝等勉取金银符，经略使不敢格上命不予有功者。”所部大悦。

至元二年，以文炳代史氏两万户为邓州光化行军万户、河南等路统军副使。到官，造战舰五百艘，习水战，凡厄塞要害皆列栅筑堡，为备御计。帝尝召文炳密谋，欲大发河北民丁。文炳曰：“河南密迩宋境，人习江淮地利，宜使河南人战，河北耕以供食。俟宋平，则河北长隶兵籍，河南削籍为民。如是为便。又将校素无俸给、马乘，请使所部千户私役兵四人，百户二人，听其雇役，稍食其力。”帝皆从之。始颁将校俸，以秩为差。

七年，改山东路统军副使，治沂州。有诏和籴本部，文炳命收州县所移文。众谏，文炳曰：“但止之。”乃遣使入奏，曰：“敌人接壤，知吾虚实，一不可；边民供顿甚劳，重苦此役，二不可；困吾民以惧来者，三不可。”帝大悟，罢之。九年，迁枢密院判官，筑正阳两城。

十年，以文炳行枢密院事，守正阳。夏霖雨，水涨，宋淮西制置使夏贵帅舟师十万来攻，文炳登城御之。飞矢贯文炳左臂，文炳拔矢授左右，发四十余矢。箙中矢尽，顾左右索矢，又十余发，力困不能张满，遂闷绝气殒。明日，水入外郭，文炳麾士卒却避，贵乘之。文炳病创甚，子士选请代战，文炳壮而遣之，复自起束创，手剑督战。士选以戈击贵，几获之，贵遂遁去。

是岁，大举伐宋，丞相伯颜自襄阳东下。十一年正月，拜参知政事、行中书省于淮西。文炳会伯颜于安庆，安庆守将范文虎以城降。文炳请于伯颜曰：“大军既疲于阳罗，吾兵当前行。”伯颜许之。宋都督贾似道来御，望风败走。进至和州，文炳谓伯颜曰：“和州与采石对岸，亦坚城也，今不取，异日必为后患。”伯颜使文炳与万户晏彻儿往招之，知州事王喜以城降。

三月，诏以天时向暑，命伯颜军驻建康，文炳军驻镇江。时扬州坚守不下，常州、平江既降复叛。张世杰、孙虎臣约真、扬兵誓死战，陈大船万艘碇焦山下江中，劲卒居前。文炳身犯之，载士选别船。文直子士表请从，文炳顾曰："吾弟仅汝一子，脱吾与士选不返，士元、士秀犹足杀敌，吾不忍汝往也。"士表固请，乃许之。文炳乘轮船，建大将旗鼓，士选、士表船翼之，大呼突陈。战酣，短兵相接，宋兵亦殊死战，声震天地，横尸委仗，江水为之不流。自寅至午，宋师大败，世杰走，文炳追及于夹滩。世杰收溃卒复战，又破之，遂东走于海。文炳船小，不能入海，乃还。俘甲士万余人，悉纵不杀，获战船七百艘。

十月，诸军分三道而进，文炳居左，由江阴并海趋临安。先是，江阴军金判李世修欲降不果，文炳檄谕之，世修以城降，令权本军安抚使。所过民不知兵，凡获生口，悉纵遣之，无敢匿者。张瑄有众数千，出没海上，文炳命招讨使王世强及士选单舸至瑄所，谕以威德，瑄即率所部降。

十三年春正月，次盐官，招之再返不下。将佐请屠之，文炳曰："县去临安近，声势相及，临安约降已有成言，吾轻杀人，则挠大计，况屠一县耶！"于是，遣人入城谕之，城人遂降。文炳会伯颜于临安城北。

宋主㬎既纳款，伯颜命文炳入城，罢宋官府，散其诸军，封库藏，收礼乐器及图籍。文炳尽取宋主诸符玺，上于伯颜。伯颜以宋主入觐，诏留事一委文炳。时翰林学士李槃奉诏至临安，文炳谓之曰："国可灭，史不可没。宋十六主，有天下三百余年，其太史所记具在史馆，宜收之。"乃得宋史及诸注记五千余册，归之国史院。宋宗室福王与芮赴京师，遍以重宝致诸贵人，文炳独却不受。及官录与芮家，具籍受宝者，惟文炳无名。伯颜入朝奏曰："臣等奉天威平宋，怀徕安集之功，董文炳居多。"帝曰："文炳旧臣，忠勤朕所素知。"乃拜资德大夫、中书左丞。

时张世杰奉吉王昰据台州，福建亦为宋守。敕文炳进兵，所过禁士马勿践田麦，曰："在仓者吾既食之，在野者汝又践之，新附之民何以续命。"次台州，世杰遁。诸将先俘州民，文炳下令曰："台人首效顺于我，我不暇有，故世杰据之，其民何罪。敢不纵所俘，以军法论。"得免者数万口。至温州,其守将火城中而遁,文炳追擒之,数其残民之罪,斩以徇。逾岭,漳、泉、建宁、邵武诸郡皆送款。闽人感文炳德,庙祀之。

十四年,帝在上都,适北边有警,欲亲征,急召文炳。四月,文炳至自临安,帝日问来期。及至,即召入。文炳奏曰:"今南方已平,臣无所效力,请事北边。"帝曰:"朕召卿,意不在是也。竖子盗兵,朕自抚定。山以南,国之根本,尽以托卿。卒有不虞,便宜处置以闻。中书省、枢密院事无大小,咨卿而行,已敕主者,卿其勉之。"文炳避谢,不许,因奏曰:"臣在临安时,阿里伯奏诏检括宋诸藏货宝,追索没匿,人实苦之,恐非安怀之道。"即诏罢之。又奏:"昔者泉州蒲寿庚以城降,寿庚素主市舶,臣欲重其事权,使为我捍海寇,诱诸蛮臣服,因解所佩金虎符佩寿庚矣,惟陛下恕其专擅之罪。"帝嘉之,更赐金虎符。宴劳毕,即听陛辞。文炳求见皇太子,帝许之,复敕太子曰:"董文炳所任甚重,见毕即遣行。"太子慰谕恳至。文炳留士选宿卫,即日就道,凡在上都三日。

至大都,更日至中书、枢密,不署中书案。平章政事阿合马方恃宠用事,生杀任情,惟畏文炳。尝执笔请曰:"相公官为左丞,当署省案。"请至再四,不肯署。皇太子闻之,谓宫臣竹忽纳曰:"董文炳深虑,非尔曹所知。"后或私问其故,文炳曰:"主上所付托者,在根本之重,非文移细故。且吾少狥则济奸,不狥则致谗。谗行则身危,而失付托本意。吾是以略其细务也。"

十五年夏,文炳有疾,奏请解机务。诏至上都,命金书枢密院事、中书左丞如故。八月,天寿节,礼成赐宴,帝命文炳上坐,谕宗室大臣曰:"董文炳,功臣也,理当坐是。"每尚食,上食辄辍赐文炳。是夜,文炳疾复作,敕赐御医诊视。疾笃,洗沐而坐,召文忠等曰:"吾以先人死王事,恨不效命边疆,今至此,命也。愿董氏世有男子能骑马备行伍,则吾死瞑目矣。言毕,卒,年六十二。帝闻,悼痛良久,赠金紫光禄大夫、平章政事、上柱国,追封赵国公,谥忠献。世祖眷文炳最厚,尝曰:"朕心,文炳所知;文炳心,朕所知。"故谗间不行。文

炳卒后十余年，奸臣桑哥败，帝诏文炳子士选入，曰：“汝父忠勤不
欺，成吾大事。汝不必远学，学汝父足矣。”其为帝所眷如此。文炳
孝友，居母丧，哀毁骨立，教诸弟如严师。文用、文忠虽贵显，休沐还
家，不敢先至私室，侍立终日，不问不敢对，诸弟有过受笞退，无怨
言。当世言家法者，比之汉万石君云。子士元、士选。

士元，一名不花，字长卿，文炳长子也。自襁褓丧母，祖母李氏
爱之，谓文炳曰：“俟儿能言，即令读书。”宪宗征蜀，士元年二十三，
从叔父文蔚率邓州军西行。次钓鱼山，宋人坚壁拒守。士元请代文
蔚攻之，以所部锐卒先登，力战，以它军不继而还。宪宗壮之，赐金、
帛。

中统初，文蔚入典禁兵，士元选供奉内班，从车驾巡狩北方。会
文蔚病卒，无子，命士元袭为千户，率禁兵戍淮上。士元在军中，修
敕武备，号令肃然。

丞相伯颜克江南，两淮郡县犹为宋守，士元攻拔淮安堡，以功
迁武节将军。从太师博鲁欢攻扬州，驻湾头堡。博鲁欢病还京师，
以行省阿里代领诸军。扬州守将姜才以米运至，出步骑五千阵于丁
村。阿里素不习兵，率轻骑数百出堡，士元与别将哈剌秃以百骑从
之。日已暮，宋兵至者万余，士元谓左右曰：“大丈夫报国正在今日，
勿惧也。”整军欲战，阿里已遁去。士元与哈剌秃以所部迎敌，泥淖
马不能驰，乃弃马步战，至夜，宋兵始退。及明日，阿里来视战地，见
士元卧泥中，身被十七创，甲裳尽赤，肩舁至营而绝，年四十二。哈
剌秃亦战死。文炳闻士元死，一恸而止曰：“真吾子也。”

江淮既平，伯颜入朝言于帝曰：“淮海之役，所损者二将而已。”
帝问其人，以士元与哈剌秃对。曰：“不花健捷过人，昼战必能制敌，
夜战而死，甚可惜也。”至大元年，赠镇国上将军、金书枢密院事，谥
节愍。后加赠推诚效节功臣、资政大夫、中书左丞、护军，追封赵郡
公，改谥忠愍。

士元妻凌氏尝以赐币为士元作服，世祖善之，谓左右曰：“董士

元妻必勤于女红者。"由是有贤名。子守仁，中书参知政事，谥肃诚。

士选，字舜卿，文炳次子也。幼从文炳居兵间，昼治武事，夜读书不辍。文炳败宋兵于金山，士选战甚力。及降张瑄等，丞相伯颜临阵观之，壮其骁勇，遣使问之，始知为文炳子。奏功，佩金符为管军总管。临安降，从文炳入宫，取宋主降表及收其文书图籍，静重识大体，秋毫无所取，军中称之。诏置侍卫亲军诸卫，以士选为前卫指挥使。未几，以职让其弟士秀。帝嘉其意，命士秀将前卫，而以士选同佥行枢密院事于湖广，久之召还。

乃颜叛，帝亲征，召士选至行在所，与李庭同将汉军以御之。乃颜飞矢及乘舆，士选等出步卒横击之，其众败走。缓急进退有礼，帝甚善之。桑哥伏诛，召士选论议政事，以中书左丞与平章政事彻里往镇浙西，听辟举僚属。至部，察病民事，悉以帝意除之。西僧杨琏真伽总摄僧教于杭州，淫恣不法，士选受密旨逮之，械之于市，士民称快。

成宗即位，佥行枢密院于江南。未几，拜江西行省左丞。赣州盗刘六十聚众至万余，自号刘王。朝廷遣兵讨之，主将观望不肯战，贼势益盛。士选请自往，众欣然许之。即日就道，不求益兵，但率掾史李霆镇、元明善二人，持文书以去，众莫测所为。至赣境，捕贪吏病民者治其罪，民大悦。进至兴国县，去贼百里，察知激乱之人，悉置于法，复诛奸民之为囊橐者。于是民争出自效，不数日，遂擒贼首，散余众归农。军中获贼所为文书，旁近郡县富人姓名具在。霆镇、明善请焚之，民心益安。遣使以事平奏于朝。中书平章政事不忽木召其使，谓之曰："董公上功簿耶？"使者曰："某且行，左丞告某曰：'朝廷若以军功为问，但言镇抚无状，得免罪幸甚，何功之可言。'"因出其书，但请黜赃吏数人而已，不言破贼事。廷议深叹其不伐。

拜江南行御史台中丞，廉威素著，不严而肃。入佥枢密院事，俄拜御史中丞。前中丞崔彧久任风纪，善斡旋以就事功。既卒，不忽木以平章军国重事继之，方正持大体，已而多病，遂属之士选。士选风采明俊，中外竦然。

时丞相完泽用刘深言，出师征八百媳妇，及至，士卒死者十已七八。驱民转粟饷军，谿谷之间不容舟、车，必负担以达。一人致粟八斗，率数人佐之，凡数十日乃至。由是民死者亦数十万，中外骚然。而完泽说帝："江南之地尽世祖所取，陛下不兴此役，则无功可见于后世。"帝入其言，用兵意甚坚，故无敢谏者。士选率同列言之，奏事殿中毕，同列皆起，士选乃独言："刘深出师，以有用之民而取无用之地。就令当取，亦必遣使谕之，谕之不从，然后视时而动。岂得听一人妄言，致百万生灵于死地？"帝色变，士选犹辩论不止，侍从皆为战慄。帝曰："事已成，卿勿复言。"士选曰："以言受罪，臣所甘心。它日以不言罪臣，臣虽死何益！"帝麾之起，左右拥士选出。未数月，帝闻师败绩，慨然曰："董二哥之言验矣。吾愧之。"因赐上尊，以旌直言。乃罢兵，诛刘深等。世祖尝呼文炳曰董大哥，故帝以二哥呼士选云。久之，出为江浙行省右丞，迁汴梁行省平章政事，又迁陕西。至治元年卒，追封赵国公，谥忠宣。

士选平生以忠义自许，尤廉介，门生故吏无敢以苞苴进者。治家甚严，言世家有礼法者，必归之董氏。尤礼敬贤士，在江西以属掾元明善为宾友，既又师事吴澄，延虞汲于家塾，以教其子，后又得范椁等数人，皆以文学显。

子守忠，云南行省参知政事、枢密副使，谥靖献；守悫，浙东道廉访使；守思，知威州。

交蔚，字彦华，俊之次子也。重厚寡言，善骑射，膂力绝人。事母至孝，凡所与交，贵贱长幼，待之无异。

太宗十三年，金民兵南行，文炳命文蔚率十又七人，私整鞍马衣甲，自为一队，与众军渡淮。宪宗四年，世祖收大理，还驻六盘山。文炳以文蔚公勤可委以事，解所佩金符让之。帝嘉之，授藁城等处行军千户，镇邓州，是年冬十一月，城光化。明年，城昆阳。六年，城枣阳。文蔚悉总其役。

七年，从大军攻樊，城南据汉江，北濒湖，卒不得渡。文蔚夜率所部，于湖水狭处，伐木为桥，至晓，师毕过，城人大惊。文蔚复统拔都军以当前行，夺其外城，论功居最。九年，从宪宗入蜀，至钓鱼山，地势险绝，惟一径可登。文蔚激厉将士，挟云梯以上。帝亲劳之，厚加赏赉。

中统二年，世祖置武卫军。文蔚以邓州兵入为千户。帝北狩，留屯上都。三年，李璮反，据济南，文蔚以所部围其南面。至元五年七月，卒于上都之炭山。泰定中，赠明威将军、佥右卫使司事、上骑都尉、陇西郡伯。

文用，字彦材，俊第三子也。生十岁，父卒，长兄文炳教诸弟有法。文用学问早成，弱冠试词赋中选。藁城为庄圣太后汤沐邑，太后命择邑中子弟来见，文用始从文炳谒太后于和林。世祖在潜藩。命文用主文书，讲说帐中。

宪宗三年，从世祖征云南大理。七年，世祖命授皇子经，是为北平王、云南王。又使召遗老窦默、姚枢、李俊民、李冶、魏璠等。九年，从世祖伐宋，攻鄂州，宋吕文德将兵来拒，水陆军容甚盛。世祖临江督战，文炳求先进，文用与文忠固请偕行，世祖亲料甲胄，择大舰授之，大破宋师。

会宪宗崩，世祖不即去，文用一日三谏，乃班师。世祖即位，使文用宣谕边郡，且择诸翼军充侍卫，七月还朝。中书左丞张文谦宣抚大名等路，奏文炳为左右司郎中。二年八月，以兵部郎中参议都元帅府事。三年，李璮叛，从元师阔阔讨之。阿术伐宋，召文用为其属，文用辞曰："新制，诸侯总兵者，其子弟勿任兵事。今吾兄文炳以经略使总重兵镇山东，我不当行。"阿术曰："潜邸旧臣，不得引此为说。"文用卒谢病不行。

至元元年，召为西夏中兴等路行省郎中。中兴自浑都海之乱，民间相恐动，窜匿山谷。文用至，镇之以静，为书置通衢谕之，民乃安。始开唐来、汉延、秦家等渠,垦中兴、西凉、甘、肃、瓜、沙等州之地为屯田,归者四五万户,更造舟于河,受诸部落及溃叛之来降者。

时诸王只必铁木儿镇西方,部下需索无算,省臣不能支,文用坐幕府,辄面折以法。其徒积忿,谮文用于王。王怒,召文用,使左右杂问之,意叵测。文用曰:“我天子命吏,非汝等所当问,请得与天子所遣为王傅者辨之。”王即遣其傅讯文用。文用谓之曰:“我汉人,生死不足计。所恨者,仁慈宽厚如王,而其下毒虐百姓,凌暴官府,损王声名。于事体不便。”因历指其不法者数十事,其傅白于王,王即召文用谢曰:“非郎中,我不知也。郎中持此心事朝廷,宜勿怠。”自是谮始不行。二年,入奏经略事宜还,以诏旨行之。

八年,立司农司,授山东东西道巡行劝农使。文用巡行所部,至登州,见其开垦有方,以郡守为能,作诗表异之。莅任五年,政绩为诸道劝农使之最。十二年,丞相安童奏文用为工部侍郎,代纥石里。纥石里,阿合马私人也,安童罢相,即使鹰监奏曰:“自纥石里去,工部侍郎不给鹰食,鹰且瘦死。”帝怒,促召治之,因急捕文用入见,帝望见曰:“董文用乃为尔治鹰食者耶!”置不问,别令取给有司。

十三年,出为卫辉路总管,佩金虎符。诸郡运江淮米于京师,卫当运十五万石。文用曰:“民籍可役者无几,且米船不能以时至,而先为期会,是未运而民已困矣。”乃集旁郡通议,立驿置法,民力以舒。十四年,诣漕司言事。适漕司议通沁水东合御河以便漕,文用曰:“卫为郡,地最下,大雨时行,沁水辄溢出,今又引之使来,岂惟无卫,将无大名、长芦矣。”会朝廷遣使相地形,上言:“卫州城浮屠最高者,才与沁水平,势不可开。”事始寝。

十六年,受代归。裕宗在东宫,数为台臣言:“董文用忠良,何以不见用。”十八年,台臣奏起文用为山北辽东道提刑按察使,不赴。十九年,朝廷选旧臣,召文用为兵部尚书。二十年,江淮省臣建议行台隶于行省,状上,集朝臣议之。文用议曰:“御史台,譬之卧虎,虽未噬人,人犹畏其为虎也。今虚名仅存,纪纲犹不振,一旦摧抑之,则风采荼然,无可复望者矣。昔阿合马用事时,商贾贱役皆行贿入

官，及事败，欲尽去其人，廷议以为不可，使阿合马售私恩，而朝廷
敛怨。乃命按察司劾罢其不称职者，然后吏有所惮，民有所赴诉。则
是按察司者，国家当激励之，不可摧抑之也。"于是廷臣悉从文用
议。

转礼部尚书，迁翰林、集贤二院学士，知秘书监。时中书右丞卢
世荣，以掊克为功，建议曰："我立法治财，视常岁当倍增，而民不
扰。"诏下会议，人无敢言者。文用阳问曰："此钱取于右丞家耶？将
取之于民耶？取于右丞之家，则不敢知。若取诸民，则有说矣。收
羊者岁尝两剪其毛，今牧人日剪其毛而献之，则主者固悦其得毛之
多，然而羊无以避寒热，即死且尽，毛又安所得哉！民财有限，取之
以时，犹惧其不给。今刻剥无遗，尚有百姓乎！"世荣不能对。丞相
安童谓座中曰："董尚书真不虚食俸禄者。"议者出，皆谢文用曰：
"君以一言，折聚敛之臣，吾曹不及也。"世荣竟以是得罪。

二十二年，拜江淮行中书省参知政事，文用力辞。帝曰："卿家
世非他人比。朕所以任卿者，不在钱谷细务，卿当察其大者，事有不
便，但言之。"文用遂行。行省丞相忙兀带，素贵倨，同列莫敢仰视，
跪起禀白如小吏。文用至，则坐堂上，侃侃与论是非，无所迁就，虽
数忤之，不顾也。有以帝命建佛塔于宋故宫者，官吏奉行甚急，天大
雨雪，入山伐木，死者数百人，犹欲并建大寺。文用曰："非时役民，
民不堪命，少徐之如何？"忙兀带曰："参政奈何格上命耶？"文用曰：
"非敢格上命，今日之困民力而失民心者，岂上意耶？"忙兀带意沮，
遂稍宽其期。二十三年，朝廷将用兵日本，文用上书极谏，时论韪
之。

二十五年，拜御史中丞。文用曰："中丞不当理细务，吾当先举
贤才。"乃举胡祗遹、王恽、雷膺、荆玩恒、许楫、孔从道十余人为按
察使，徐琰、魏初为行台中丞，当时以为极选。时桑哥当国，自近戚
贵人见之，皆屏息逊避。文用独不附之。桑哥令人风文用颂己于上
前，文用不答。桑哥又自谓文用曰："百司皆具食于丞相府矣。"文用
又不答。会北边军兴，诛求愈急，文用谓桑哥曰："民惫矣。外难未

解,而内伐其根本,丞相宜思之。"桑哥益怒,乃摭拾台事百端,文用与辩论不为屈。于是具奏桑哥奸状,语密外人不知也。桑哥日诬谮文用于帝,曰:"在朝惟董文用戆傲不听令,沮挠尚书省,谁治其罪?"帝曰:"彼御史之职也,何罪之有!且董文用端谨,朕所素知,汝善视之。"迁大司农。时欲夺民田为屯田,文用固执不可。乃迁为翰林学士承旨。

二十七年,隆福太后在东宫,以文用旧臣,欲使文用授皇孙经,以帝命命之。文用讲说经旨,必附以朝廷故事,反复开悟,皇孙亦特加敬礼。

三十一年,帝命文用诸子入见,文用曰:"臣蒙国厚恩,死无以报,臣之子岂敢滥邀恩宠。"命至再三,终不肯从。世祖崩,成宗即位上都,太后命文用从行。既即位,巡狩三不剌之地,文用曰:"先帝新弃天下,陛下不以时还,无以慰元元之望,宜趣还京师。"帝悟,即时旋跸。帝每召文用,问先朝故事,文用亦盛言先帝虚心纳谏、开国经世之务,奏对或至夜半。

初,帝在东宫,正旦受贺,于众中见文用,召使前曰:"吾向见至尊,甚称汝贤。"至是眷赉益厚。是年,诏修《世祖实录》。迁资德大夫、知制诰兼修国史。文用于祖宗世系功德,近戚将相家世勋绩,皆记忆贯穿,史馆恒质疑于文用。大德元年,请老,赐中统钞万贯以归,官一子,乡郡侍养。六月卒,年七十有四。赠银青光禄大夫、少保、寿国公,谥忠穆。

八子:士亨,昭勇大将军、侍御亲军都指挥使;士恒,南康路总管;士廉,字简卿,以儒业起家为国子师,匾其书室曰"性斋",学者称之。

文直,字彦正,俊第四子也。通经史法律,为藁城令,佩金符。性好施,乡里有贫乏者,每阴济其急,不使之知。卒年五十有二。

子士表,后卫亲军都指挥使,追封陇西郡侯,谥武毅。土表子守义,前卫亲军都指挥使,追封陇西郡侯,谥昭毅。

文忠，字彦诚，俊第八子也。入侍世祖潜邸。从讨云南。又从伐宋与兄文炳、文用败宋兵于阳罗堡，得艨艟百艘。

世祖即位，置符宝局，以文忠为郎，授奉训大夫，居益近密，尝呼董八而不名。至元二年，安童以右丞相入领中书，陈十事，言忤旨。文忠曰："丞相素有贤名，人方倾听，所请不得，何以为政。"遂从旁代奏，条理详明，始蒙允纳。

八年，侍讲学士徒单公履欲奏行贡举，知帝于释氏重教轻禅，乃言儒亦有之，科举类教，道学类禅。帝怒，召姚枢、许衡与宰臣廷辩。文忠自外入，帝曰："汝日诵《四书》，亦道学者。"文忠对曰："陛下每言，士不治经讲孔孟之道而为诗赋，何关修身，何益治国。由是海内之士，稍知从事实学。臣今所诵，皆孔孟之言，焉知所谓道学。而俗儒守亡国余习，欲行其说，故以是上惑圣听，恐非陛下教人修身治国之意也。"帝意始解。

十一年，伐宋，民困供给，文忠奏免常岁横征，从之。又请罢官鬻田器之税，听民自为。时多盗，诏犯者皆杀无赦，文忠言："杀人取货，与窃一钱者均死，恐乖陛下好生之德。"帝悟，敕革之。或告汉人殴伤国人，及太府监属卢挚盗剪官布。帝命杀以惩众。文忠言："今刑曹于囚罪当死者，已有服辞，犹必详谳。是岂可因人一言，遽加重典。宜付有司阅实，以俟后命。"乃遣文忠及近臣突满分核之。皆得其诬状，遂原之。帝因责侍臣曰："方朕怒时，卿曹皆不敢言。非董文忠开悟朕心，则杀二无辜之人，必取议中外矣。"因赐文忠金樽，曰："用旌卿直。"裕宗亦语宫臣曰："方天威之震，董文忠从容谏止，实人臣所难能者。"卢挚奉物诣文忠泣谢曰："鄙人赖公复生。"文忠曰："吾素不知子，所以相救者，为国平刑，岂望子见报哉。"却其物不受。

自安童罢相，阿合马独当国柄，惧廉希宪复入相，害其私计，奏希宪以平章政事行省江陵。文忠言："希宪，国家名臣。今宰相虚位，不可使久居外，以孤人望；且江陵卑湿，希宪病，宜早召还。"从之。

十六年十月,奏曰:"陛下始以燕王为中书令、枢密使,才一至中书。自册为太子,欲使明习军国之事,然十有余年,终守谦退,不肯视事者,非不奉明诏也,盖朝廷处之未尽其道尔。夫事已奏决,而始启太子,是使臣子而可否君父之命,故惟有避逊而已。以臣所知,不若令有司先启太子而后奏闻,其有未安者,则以诏敕断之,庶几理顺而分不逾。"帝即日召大臣,面谕其意行之。复语太子曰:"董八崇立国本者,其勿忘之。"

礼部尚书谢昌元请立门下省,封驳制敕,以绝近习奏请之弊。帝锐意行之,诏廷臣杂议,且怒翰林学士承旨王磐曰:"如是有益之事,汝不入告,而使南方后进言之,汝用学何为!"廷议以文忠为侍中。近臣乘间奏曰:"陛下置门下省,今实其时。然得人则可以宽圣心,新民听。今闻用欺诈之臣,臣实惑之。"其言多指擿文忠。文忠忿辩,帝令言者出,文忠犹诉不止。帝曰:"朕自知之,彼不言汝也。"文炳官中书左丞卒,太傅伯颜言文忠可相,文忠固辞。

十八年,升典瑞局为监,郎为卿,仍以文忠为之,授正议大夫。俄授资德大夫、金书枢密院事,卿如故。车驾行幸,诏文忠毋扈从,留居大都,凡宫苑、城门、直舍、徼道、环卫、管屯、禁兵、太府、少府、军器、尚乘诸监,皆领焉。兵马司旧隶中书,并付文忠。时桑哥累请夺还中书,不报。是冬十月,卒。帝悼惜之,赙钱数十万。大德四年,赠光禄大夫、司徒,封寿国公,谥忠贞。后加赠体仁保德佐运功臣、太师、开府仪同三司、上柱国、赵国公,谥正献。五子,士珍、士良、士恭最知名。

士珍,字周卿。幼从许衡学,淹贯经史,通国语,善骑射。世祖命侍东宫,裕宗尝解御衣赐之。至元十九年,参议枢密院事,谳军户康甲冤,老吏咸服其明断。二十三年,进同知上都留守司事。时桑哥立尚书省,专以钱谷羡余罔上。士珍典仓庾,出纳均平,不事掊克。世祖诘之,对曰:"臣收粟不以高概,多取于民,出粟不以低概,少与于军。臣不为欺,羡余故无自出。"帝感悟。二十八年,除山东东西道肃政廉访使。

成宗即位,召为兵部尚书。大德元年,迁吏部尚书。五年,拜江浙行省参知政事,赐钞万五千缗,以旌其廉。七年,召拜中书参知政事,与右丞相答剌罕、右丞尚文等同心辅政,有中统、至元之风。会河东地震,民多死伤,命士珍发属郡藏粟赈之。八年,出为江西行省左丞,以疾不赴,改陕西行台中丞。至大元年,又移江南行台,皆力辞。

仁宗即位,拜河南江北行省左丞。皇庆二年,御史中丞员缺,仁宗与台臣议其人,既而曰:"方今无逾董士珍者。"驿诏还都,拜御史中丞。仁宗性严毅,士珍执奏或不得旨,至再三,必谕允乃已。帝辄叹曰:"董中丞直人也。"尝一日论事榻前,忤帝意,进曰:臣等死生,至微臣若顾其至微,而使君有过,举国有缺政,何面目立朝廷之上。"中书以四方灾异,欲遣使者巡行郡国,士珍曰:"此时急务,选贤能,任守令,省刑薄敛,其民自安。使者巡行郡国,徒增扰耳。"事遂寝。省、台议禁围猎,欲置犯者极刑。士珍曰:"杀其麋鹿者,如杀人之罪,可乎?"其人语塞。士珍在言路,謇謇自矢,有古直臣风,为它官则务持大体。居中书时,帝议讨西南夷,台臣力谏不纳,士珍侍左右,从容进曰:"台臣言是。"帝意解,遂寝其事。延祐元年卒,年五十九,谥清献。士珍三子:守中、守庸、守简。守庸,御史中丞,坐党附逆臣铁失,免官。

守中,字子平。始入太学,世祖召问时政,条对详敏,如素习吏事者,世祖称之。年二十二,以世胄供奉内廷。历尚服院,出为怀庆路判官,坐事左迁河南行省理问。丁父忧,起为典瑞院丞、金典瑞院事,不赴。服阕,除集贤侍读学士,出为浙江道廉访使。以弟守庸为御史,改河南行省参知政事。河北饥,部使者下令逐流民南渡,守中止而赈之,全活无算。迁湖广行省参知政事。江西岁给蒙山银冶粮四万余石,输银三万五千两,兴国路龙阁诸山亦产银,有请包办兴国银冶者。守中曰:"此奸利之民。"斥弗听。旋改汉中道廉访使。时泰定帝崩，燕铁木儿迎怀王于江陵，使河南行省平章伯颜简兵扈从。守中赴汉中任，过河南，伯颜留之，与闻密议。伯颜遣孛罗守潼关，守中谏，不听。已而潼关果失守。怀王至，召赐白金百两，除河南道廉访使，使将兵守武关。事平，迁湖北道廉访使，晋阶正奉大夫。岁大饥，豪民控米商闭籴城中，斗米至万钱。守中适至，杖其党与七十余人，米大贱。拨贡士庄钱入学养士，俾不至以饥废学。又刻朱子戊申封事于南阳书院，以教学者，士论翕然颂之。后以病乞归。至顺四年，卒于家，年六十一。赠枢密副使，追封赵郡公，谥清献。三子：锴、铉、钥。锴，金群玉内司事。钥，监察御史。

守简，守子敬，士珍第三子也。甫冠，入直宿卫，仁宗察其忠谨，授集贤侍读学士。守简辞，帝曰："朕知卿家法，崇礼让，宜成卿之美。"乃以守简兄守中代之。换守简金典瑞院事。帝赐守简《大学衍义》，适近侍进酒，守简引《衍义》之说以谏，帝大悦。

英宗即位，命守简代祀秦蜀山川。陕西饥，守简移行省开仓廪赈之，复命谢专擅之罪。帝曰："卿朕之汲黯也。"除淮安路总管。岁旱，条荒政便宜奏之。未及报，先以禄廪，倡官民输钱粟流民，为粥食之，土著则给以钱，使不失其业。邗沟涸，发官帑浚之，使饥民得食其力，公私皆以为便。未几，迁汴梁路总管，郡人挽留不得行，由它道而去。有吏于汴而不返葬者，弟利其资，逼寡嫂启冢归其枢，嫂匿其骨之一体，弟诉之，下嫂于狱，豪家又觊以贱价，售其田宅，共贿狱卒杀嫂，以瘐死闻。守简廉得其实，豪家、狱卒与弟皆论死。陈州有恶少，为何人所杀，且诱其妻以逃。事觉，有司逮其族人论死。守简诘吏曰："恶少死，其妻安在？"吏不能对。乃捕其妻至，一讯而服。汴人以为神明。擢海北海南廉访使。广西徭人窃发，官军不能制，守简劾其总兵官罢之。诸将皆肃然听命，徭患遂平。累擢江东廉访使，以疾告归。召为大都路总管，兼大兴尹，辞不就。遣中使赐上樽，强起之。旋除枢密院判官。

至正元年，出为山东廉访使，未行，拜中奉大夫、陕西行省参知政事,复以疾辞。改浙西廉访使,擢湖广行省左丞,又改江南行台御史中丞。先是,建集庆寺,取官没田宅给之,丙有故平章政事张珪别业,未几敕复归张氏,有司犹观望。守简至,立命归之。召还,拜御史中丞。

至正四年九月,迁中书左丞,寻命知经筵事。新进士授官,吏部奏,恐碍入粟补官者。守简曰:"朝廷下诏求贤,将储为公卿也。苟急于此,而缓于彼,人将谓读书不如献粟,恐贻笑于天下后世。"乃授进士官如故事。有司患盗,欲重法以惩。守简曰:"民贫故为盗,不思保民而淫刑以逞,可乎?"或谓去岁汴中乱,连坐者犹未竟其狱,此盗所以起也。守简曰:"罪人已得州县奉行文书,容有不能辨其真伪者,未可以首从论,且事在赦前,使国家失信,何以安反侧?"于是系狱者百余人皆释不问。延议以盗发,禁汉人挟弓矢。帝曰:"董左丞祖父佐祖宗征伐四方,岂得以汉人待之。"赐良弓二,命其族人皆得挟弓矢。四月,惠宗北巡,命守简留于京师,赐御衣一袭。未几,以左丞总裁辽、金、宋三史,复拜御史中丞,进荣禄大夫。至正六年卒,年五十五。赠推诚佐治济美功臣、荣禄大夫、河南行省平章政事、上柱国,追封冀国公,谥忠肃。子铠。

士良,文忠第二子。由曲阳尹累迁开州尹。文忠卒,世祖召见诸子。士良偕其弟士恭入见,帝熟视之,指士良语左右曰:"此儿甚肖其父。"遂命入直宿卫,以母疾谢归。再起为曲阳尹,县陶缥瓷岁贡之。是年,变色为赤,士良曰:"礼奇器,不入公宫。"悉毁之。人服其有识。士良尝以公事至曲阜,孔氏有相争之狱,累年不决,闻士良至,咸愧而相告曰:"吾辈所为,何以见董公?"遂罢讼。泰定四年卒。

士恭,字肃卿,文忠第五子。幼端重,未尝见其嬉笑。文忠卒,世祖召见诸子。士恭年甫十三,命往返步于廷中,正色敛容,周旋中度。帝甚奇之,问学射否? 对以汉人挟兵有禁。帝即以弓矢赐之,仍命董氏一族弛挟兵之禁。后入直宿卫,从成宗至三不剌,命代祀岳湥，复命奏对称旨。世祖常呼文忠为八哥，帝因呼士恭为察罕八哥，其见亲礼如此。大德九年，授典瑞少监。十一年，有位士恭下者，中书奏迁太监。帝怒曰："董少监不迁何耶？特命擢典瑞太监，阶正议大夫。

成宗崩，安西王阿难答觊觎神器，亟索符玺，士恭持不与。仁宗入平内难，士恭奉御宝以进。武宗即位，赐黄金带以旌之。典瑞升为院，拜中奉大夫、同知典瑞院事。四年，出为江南行台侍御史，莅事不务苛细，人服其知大体。皇庆二年，典瑞复为监，授典瑞卿，使属吏佩金字圆牌驰驿召之。有宗室位士恭下，固让之。帝不允，士恭始拜命。帝问民所疾苦，以省刑薄敛对。问臣子之道，以忠孝对。帝大悦。延祐二年，拜陕西行台御史中丞。丞相阿斯罕迎诏便服不拜，又肩舆登堂北面坐。士恭厉色责之，叱左右去其肩舆。翌日，诸御史踵门谢曰："微公，台纲几坠。"未几，谢病归。累除河南江北、淮东西道廉访使，俱不赴。至顺元年卒，年五十三。

子守让，东昌路总管；守训，中书工部司程；守诚，衡水尹，有惠政，县人立碑颂之。

史臣曰：稿城董氏与永清史氏、定兴张氏，皆为功臣之胄。董氏被服儒术，家法尤严，父子兄弟世济其美，出任干城，入为腹心。《诗》云："惟其有之，是以似之。"其董氏之谓与。

新元史卷一四二
列传第三九

汪世显　忠臣　德臣　良臣　惟正

　　汪世显，字仲明，巩昌盐川人。本姓王，父彦忠，隶于汪古部，故改姓汪。世显仕金，屡立战功，为征行从宜，分治陕西西路。时军储匮，世显出家资为豪右率，邻州效之，兵食以足。哀宗以忽斜虎为巩昌总帅，世显同知府事，二人同心固守。及忽斜虎勤王败溃，乃以世显代为总帅。哀宗迁蔡州，欲奔巩昌，以粘葛完展为巩昌行省。蔡州破，完展欲安众以待嗣立者，乃遣人称使者，自蔡州宣谕。世显知哀宗凶问，且嫉完展制之遣使，约会州守将郭斌并力图巩昌。使者至，为斌所拒，且曰：“尔帅欲背国家，任自为之，何为及我？”世显遂袭杀完展，据巩昌。及皇子阔端至，乃率众降。皇子曰：“吾征四方，所至皆下，汝独固守，何也？”对曰：“臣不敢背主失节。”又问曰：“金亡已久，汝不降，果谁为耶”对曰：“大军迭至，莫知适从，惟殿下神武不杀，窃意必能保全阖城军民，是以降也。”皇子大悦，承制授世显旧官。

　　从伐宋，断嘉陵江，捣大安，宋将曹友闻潜兵与诸蛮相为犄角，世显败之。入武信，遂进逼葭萌。宋将依山为栅，世显以数骑袭夺之，乘胜定资州，略嘉定、峨眉。进次开州。宋军屯万州南岸，世显即水北造船以疑之，夜从上游乘革舟以济，败之，追奔至夔峡，与宋援军遇，斩首三千余级。明年，师还攻重庆，会大暑，乃罢归。入觐太宗，赐金符，易其名曰中山，且历数其功。

十三年，蜀帅陈隆之贻书请战，声言有众百万，阔端集诸将议之，咸谓隆之可擒。世显曰："顾临敌何如耳，不必夸辞。"进薄成都，隆之战屡却，坚壁不出。其部曲田显约夜降，隆之觉之，世显曰："事急矣！"亟梯城入救显，得与从者七十余人出，获隆之，斩之。世显复简精锐五百人，捣汉州，州兵三千出战，尽歼之。三日，大军薄其城，克之。

六皇后称制二年，阔端承制拜世显便宜总帅，秦、巩等二十余州事皆听裁决，赐虎符、锦衣、玉带。世显先已已构疾，至是加剧，卒年四十九。中统三年，追封陇西公，谥义武。延祐七年，加封陇右王。七子：忠臣；德臣；直臣，巩昌中路都总领，战殁；良臣；翰臣，兵马都元帅；佐臣，巩昌左翼都总领，战殁；清臣，四州行枢密院副使。

忠臣，字汉辅。以管军总领从攻成都，入其外城。世显陷伏中，忠臣手杀十余人，翼世显而出。后从克叠州，赐金符。世显卒，忠臣让世爵于弟德臣，皇子阔端嘉之，以忠臣为巩昌元帅、知府事。宪宗二年，权都总帅事。世祖征云南，祃牙临洮，忠臣上谒，使督嘉陵漕运。九年，帝自将攻蜀，德臣集诸将问曰："吾境内凋瘵，一旦乘舆至，左右贵近之需索，何以应之？"忠臣曰："吾辈拔身健儿，惟应效死前驱，何至为媚人计，汝但恤吾妻子足矣。"德臣泫然，灌酒于地，誓与诸将同生死。忠臣从宪宗攻苦竹隘，先登，赐银四百五十两。复从攻长宁山，又以先登，赐银币。德臣卒于合州，忠臣集将佐议曰："吾弟殁王事，子惟正虽未冠，宜世其爵。"诸将乃奉惟正为总帅。

中统元年，授忠臣副总帅，戍青居山。三年，玺书褒美，赐虎符，复以弟良臣代之。卒于巩昌，年四十八，谥忠让。

子惟益，袭副总帅。孙安昌，怀远大将军、便宜都总帅。

德臣，赐名田哥，字舜辅。袭爵巩昌等二十四路便宜都总帅，从征蜀，将前军出忠、涪，所向克获。进攻运山，所乘马中飞石死，步战，拔其外城。宋将余玠攻汉中，德臣驰援之，玠闻，遁去。

宪宗素闻其名，入觐，赐印符，命城沔州，数日而毕。进攻嘉定，敌潜军夜出，德臣迎战，杀百人。还至云顶山，宋军乘夜斫营，觉之，擒斩无算。进次隆庆，宋军仍夜出，与力战，大败之。及马漕沟，遇伏兵，获其统制罗廷鹗。又诏德臣城益昌，诸戍皆听节制。世祖以皇弟有事西南，德臣入见，乞免益昌赋税及徭役，漕粮、屯田为长久计，并从之。命置行部于巩昌，立漕司于沔，通贩鬻，给馈饷。奏乞以兄忠臣摄府事，使己得专事益昌。益昌为蜀喉襟，宋人惮其威名，不敢犯。

已而嘉陵漕舟水涩，议者欲弃去。德臣曰："国家以蜀事托我，有死而已，奈何弃之！"尽杀所乘马飨士。袭嘉州，得粮三千余石。云顶守将吕远以兵五千邀战，擒之，复得粮五千石。

获宋提辖崔忠、郑再立，纵令持檄谕苦竹，守将南清以城降，所俘城中民，悉归之。戍卒数百人有去志，德臣揣知之，给券纵去，皆泣谢。未几，山寨相继输款。宋将余晦遣都统甘闰，以兵数万城紫金山，德臣选精卒，衔枚夜进，大破之，闰仅以身免。南清入觐。其下杀清妻子叛，宋将焦远馈以粮，德臣击败远，尽获所馈粮。又败宋援兵，获粮百余艘。鱼关至沔水，迂回为渡百又八，至是为桥梁以通行旅。

宪宗亲征，次汉中，德臣朝行在所。初，成都猝为宋人所围，德臣遣将赴之，约曰："先破敌者，奏领此城。"围遂解。诏俟江南事定，如约以城与之。帝幸益昌，驻北山，谓德臣曰："来者言汝立利州之功，今见汝身甚小，而胆甚大，不知敌曾薄汝城否？"德臣对曰："赖陛下福，未尝一来。"帝曰："彼惮卿威名耳。"赐金带，且俾立石纪功。嘉陵、白水交会，势汹急，帝问："船几何可济？"德臣曰："大军百万，非可久淹，当别为方略。"即命系舟为浮桥，一夕而成，如履坦途。帝顾谓诸王曰："汪德臣言不虚发。"赐白金三十斤，仍命刻石纪功。苦竹既逆命，至是攻之，岩壁峭绝，或请建天桥，帝以问德臣，对曰："臣知先登陷阵而已，他非所知也。"既而桥果无功。乃率将士鱼贯而进，帝望见，叹曰："人言其胆勇，岂虚誉耶！"宋守将赵仲武纳款，杨立犹率所部拒战，德臣奋击，尽杀之。俄有疾，帝劳之曰："汝疾皆为我家。"饮以葡萄酒,解玉带赐之,曰:"饮我酒,服我带,疾其瘳乎!"德臣泣谢。宋龙州守将王德新,遣使来纳款,乞宥州民抗命之罪,奏如其请。进攻长宁,拔之,斩守将王佐。

帝东下,德臣为先锋,抵大获山,夺水门。宋将杨大渊降。已而,运山、青居、大梁皆降。攻钓鱼山,守臣王坚负险,五月不下,德臣死士夜登外城马军寨,杀守寨者,梯折,后军不继,乃还。德臣单骑至城下,大呼曰:"王坚,我来活汝一城军民,宜早降!语未既,几为飞石所中,遂感疾。帝遣使问劳,俾还巩昌,奏曰:"陛下尊为天子,犹冒寒署,服劳于外,臣待罪行伍,死其分也。"卒,年三十有六。中统三年,追封陇西公,谥忠烈。

六子:长惟正;次惟贤,大司徒、中书右丞;惟孝参知政事、昭文馆大学士;惟明,以质子为元帅;惟能,征西都元帅;惟纯,权便宜都总帅、屯田上万户府万户。

良臣,年十六七即从兄德臣军中,每战辄为前锋。以功擢裨将,兼便宜都府参议。宪宗三年,以德臣荐,为巩昌帅,领所部屯田白水。宪宗亲征,军至六盘,良臣还巩昌,供亿所须,民无扰累。诏权便宜总帅府事。良臣奏,愿与兄德臣效力定四川。帝曰:"行军馈饷,所系不轻,汝任其责可也。"以劳赐黄金、弓矢。

世祖即位,阿蓝答儿、浑都海逆命,劫六盘府库,西垂骚动,诏良臣讨之。兵至山丹,贼按兵不战者凡二月。俄大举至耀碑谷,两军相当,良臣慷慨誓诸将曰:"今日之事,系国安危,胜则富贵可保,败则身家并尽。苟能用命,虽死行间,不失忠孝之名。"众踊跃而前。会大风扬沙,昼晦,良臣手刃数十人,贼势沮,众军乘胜捣之,贼大溃,获阿蓝答儿、浑都海。捷闻,赐金虎符,权便宜都总帅。

中统二年,合刺叛,复讨平之。入觐,赐燕,屡称其功,良臣拜谢曰:"臣奉诸王成算,何功之有!"世祖嘉其能让,复赐金鞍、甲胄、弓矢,转同签巩昌路便宜都总帅,凡军民官并听良臣节制。宋将眘万寿帅战船二百,溯江而上,欲掩青居。良臣伏甲数十艘,身先逆战,万寿败走，伏发，几获之。三年，授阆蓬广安顺庆等路征南都元帅。良臣以钓鱼山险绝，不可攻，奏请就近地筑城曰武胜，以扼其冲。四年春，良臣攻重庆，命元帅康脱脱先驱，与宋将朱祀孙战兵交，良臣引兵横击，敌败走，趋城，不得入，尽杀之。

至元六年，授东川副统军。八年，兄子惟正请于朝，谓良臣劳苦，乞身代之。九年，复授良臣昭勇大将军、巩昌等二十四处便宜都总帅，兼本路诸军奥鲁总管。明年，入觐。帝曰：“成都被兵久，须卿安集之。”授镇国上将军、枢密副使、西川行枢密院事，蜀人安之。十一年，进攻嘉定，昝万寿坚守不出，筑垒逼其城。万寿悉军出战，大破之，万寿遂降。良臣统兵顺流而下，紫云、沪、叙相继款附。还围重庆。

十三年，宋涪州安抚杨立，帅兵救重庆者再，良臣皆败走之。宋抚张珏遣将乘虚袭据沪州，良臣还军平之。十五年春，张珏率众突出，良臣奋击，身中四矢。明日，督战益急，珏所部赵安开门纳降，珏遁走。良臣禁俘掠，发粟赈饥，民大悦。四川悉平，捷闻，世祖喜甚，召良臣入觐，授资善大夫、中书左丞、行四川中书省事，赐白貂裘。良臣陈治蜀十五事，世祖嘉纳之。行省罢，改授安西王相，不赴。十八年夏，卒，年五十一。赠开府仪同三司，谥忠惠，加赠推诚保德宣力功臣、陕西等处行中书省平章政事、柱国，追封梁国公。

七子：惟勤，云南诸路行省平章政事；惟简，保宁万户；惟和，同知屯田总管府事；惟永，征西都元帅；惟恭，阶州同知；惟仁，人匠总管府达鲁花赤；惟新，汉军千户。

惟正，字公理。幼颖悟，藏书一万卷，喜从文士游。父卒于军，塔察儿国王使权袭父爵，守青居山。

世祖即位，遂以父爵授之。初，宪宗遣浑都海以骑兵二万守六盘，又遣乞台不花守青居。至是，浑都海叛，乞台不花欲发兵相应。惟正命力士缚乞台不花，杀之。世祖嘉其功，诏东川军事悉听处分。

中统二年，入朝，赐甲胄、宝鞍。三年，诏还巩昌。部长禾秃叛，民大扰,惟正谓诸将吏曰:"禾秃今基若猘犬,方肆狂啮,苟一战不利,则城邑为墟,当胜以不战。"乃发兵躏之,贼欲战不得,相持两月,知其粮尽势蹙,曰:"可矣。"屡战皆捷。禾秃遣三十人来约降,即遣十人还,潜兵蹑其后,出禾秃不意擒杀之。

至元七年,宋人筑合州,诏立武胜军以拒之。惟正临嘉陵江作栅,扼其水道,夜悬灯栅间,编竹笼,中置火炬,照百步外,以防不虞。宋人知有备,不敢近。九年,略江、忠、涪三州,破寨七,擒守将六,降户千六百有奇。会丞相伯颜克襄阳,议取宋,惟正奏曰:"蜀未下者,数城耳,宜并力攻余杭,本根既拔,此将焉往!愿以本兵,由嘉陵下夔峡,与伯颜会钱塘。"帝优诏答曰:"四川事重,舍卿谁托!异日蜀平,功岂在伯颜下耶!"未几,两川枢密院合兵围重庆,命惟正助之,惟正夺其洪崖门,获宋将何世贤。皇子安西王出镇秦蜀,召惟正还。

十四年冬,皇子北伐,藩王秃鲁叛于六盘,王相府命布色台进讨,惟正为副。进次平凉,简精兵八千人而行,至六盘。秃鲁先据西山,惟正分安西兵为左右翼,巩昌兵居中,去秃鲁一里许,皆下马,弯弓。秃鲁遣百骑突阵,惟正令引满毋发,将及,又命曰:"视必中而发。"于是矢下如雨,突骑中者三之一,余尽驰还。惟正麾兵逐之,三逾山,至萧河,擒叛将燕只不花。复进兵,秃鲁亦就擒。安西王至,惟正迎谒,王历称其功。明日,大燕,赏以金樽、貂裘。王妃赐其母珠络帽衣,且曰:"吾皇家儿妇,为汝母制衣,汝母真福人也。"诏惟正入朝,世祖推玉食食之,赐白金五千两、锦衣一袭,授金吾卫上将军、开成路宣慰使。十七年,迁龙虎卫上将军、中书左丞,行秦蜀中书省事,赐玉带。以省治在长安,去蜀远,乃命惟正分省于蜀。惟正留意抚循,人安之。二十年,进阶资德大夫。二十二年,改授陕西行中书省左丞。入觐上都,还至华州卒,年四十四,谥贞肃。

二子:嗣昌,武略将军、成都管军副万户;寿昌,资德大夫、江南行御史台中丞、四川行省平章政事。

史臣曰：汪世显、郭斌，俱为金将。世显袭杀元帅，据巩昌以叛，因降附晚，又窃忠义之名。金之降将，未有如世显之狡者。斌捐躯胝糜妻子，而汪氏累世富贵。其义与利之相反如此。然志士仁人，终不以此而易彼也。

新元史卷一四三
列传第四○

石珪 天禄　　**王珍** 文干
杨杰只哥　　**刘通** 复亨 渊
刘斌 思敬　　**赵柔** 晟
耿福 继元

石珪,泰安新泰人。体貌魁伟,倜傥不羁。金末,渡河,率少壮据险自保,与滕州陈敬宗破张都统等兵于龟蒙山。又败宋将郑元龙于亳州,乘胜引兵入盱眙。会宋贾涉诱杀涟水忠义军统辖季先,众迎珪为帅,称为太尉。

太祖十三,使葛不罕与宋议和。明年,珪令麾下刘顺觇太祖于塔什干城,太祖慰劳顺,且敕珪曰:“如宋和议不成,吾与尔为一家,勿忧不富贵。”顺还告珪,珪感悦,日夜思降。十五年,宋果渝盟,珪弃其妻孔氏、子金山,杖剑渡淮,宋将追之曰:“太尉还,完汝妻子。”珪不顾,宋将沉珪妻子于水。遂率顺及李温等归木华黎。木华黎承制拜珪光禄大夫、济兖单三州兵马都总管、山东诸路行元帅府事,佩金虎符,便宜从事。后金弃东平,珪与严实分守,收辑济、兖、沂、滕、单诸州。十八年,加金紫光禄大夫、东平兵马都总管、山东诸路都元帅。

秋七月,珪攻克曹州,与金将郑从宜战,马仆为所获,送至汴。

金主壮其为人,诱以名爵。曰:"吾身事大朝,官至光禄,复能受封他国耶!假我一朝,缚尔以献。"金主大怒,蒸杀于市。珪怡然就死,色不变。其部下祠兖州祀之。子天禄。

天禄,袭父爵,授龙虎卫上将军、东平路元帅,佩金虎符。时宋将彭义斌取大名及中山,天禄从孛里海败之,又败金将武仙,屡立战功。国王孛鲁奏迁金紫光禄大夫、都元帅。

太宗四年,从皇太弟拖雷伐金,率战船,夜至归德城下,袭其营,杀三百余人。金将陈防御来追,天禄回军复战,金兵退走。明年秋九月,破考城,复围归德。冬十二月,归德降。六年,入觐,改授征行千户,济、兖、单三州管民总管。七年,从札剌温火儿赤渡淮,攻随州,至襄阳夹河寨,败宋兵。又从攻蕲、黄等州。

时诏天禄括户东平,军民赋税并依天禄已括籍册,严实不得科收。天禄病不任职,以子兴祖袭。明年卒,年五十四。

子十人,兴祖袭千户,官武略将军。从伐宋,攻鄂州。至元四年,由宿州率所部抄沿淮诸郡,俘获甚多。统军司赏马二十匹、银五百两、锦二十端。十二年,攻常州,为先锋,功在诸将上。宋亡,第功,擢宣武将军、管军总管,戍温州。平土贼林大年等,招辑南溪山寨归农者三万余户。十六年,晋显武将军,佩金虎符。十九年七月,卒于军。子璡嗣。

王珍,字国宝,大名南乐人。金末,所在盗起,南乐人杨铁枪聚众保乡里,珍从之。大兵略地河朔,铁枪迎降,署珍军前都弹压。铁枪战死,众推苏椿代领其众。宋将彭义斌侵大名,椿战不利,降之,义斌遂据大名。珍弃其家,间道走还军中,按只吉歹大王嘉其诚心归附,以为义子。复从速鲁忽击走义斌,苏椿以大名降,归珍妻子。珍语之曰:"吾非弃汝辈,诚不以私爱夺吾报国之心。"闻者称叹。授镇国上将军、大名路治中、军前行元帅府事。俄迁辅国上将军,复授统摄开曹滑浚等处行元帅府事,兼大名路安抚使。

苏椿有异志，珍觉之，与元帅梁仲先发兵攻椿，椿开南门遁。国王斡真授仲行省，珍骠骑卫上将军、同知大名府事，兼兵马都元帅。从速不台经略河南，破金将武仙于郑州，复与金人战于萧县，斩其将。顷之，仲死，国王命仲妻冉守真权行省，珍为大名路尚书省下元帅，将其军。国用安据徐、邳，珍从太赤及阿术鲁攻破之，授同签大名行省事。从伐宋，破庐、寿、滁等州，珍常身先诸将。宋城五河口，珍帅死士二十人夺之，乘胜连破濠、泗、涡口。

太宗二年，入朝，授总帅本路军马管民次官，佩金符。珍言于帝曰：“大名困于赋调，贷借西域贾人银八千锭，及逋粮五万斛，若复征之，民无生者矣。”诏官偿所借银，复尽蠲其逋粮。已而朝廷议分蒙古、汉军戍河南，以珍戍睢州，修城隍，明斥候，宋兵不敢犯。定宗三年，入朝，晋本路征行万户，加金虎符。在镇九年卒，年六十五。子文干。

文干，善骑射，袭为行军万户。从世祖攻鄂州，先登，中流矢，赐良马、金帛。李璮叛，从哈必赤大王讨平之，论功第赏，文干曰：“增秩则荣及一身，赐金则恩逮卒伍。”乃以白金二千两、器皿百事、杂彩数百缣赏之，文干悉颁于军中。

中统三年，制：“父兄子弟并仕者，罢其子弟。”文干弟文礼为千户，文干自陈愿解己官，而留文礼。诏从之。改同知大名路总管府事，累迁河东山西道提刑按察副使。近臣言其鄂州之功，晋金东川行枢密院事，历金州、卫辉、东平总管。改江东建康道提刑按察使，卒于官，年五十八。发其箧中，钱仅七缗，贫不能归葬。人以此称之。

杨杰只哥，大兴宝砥人。少有勇略。大兵略地燕、赵，率族属降附。从攻辽东，又从元帅阿术鲁克西夏诸城，有功。

太宗元年，皇太弟拖雷赐以金、币，命从阿术鲁攻信安。阿术鲁知其材出诸将右，命裁决军务。信安城四面阻水，其帅张进数月不降。杰只哥曰：“彼恃巨浸，我师进不得利，退不得归，不若往说之。”

进见其来,怒曰:"吾巳斩二使,汝不畏死耶!"杰只哥无惧色,从容言曰:"今齐、鲁、燕、赵地方数千里,郡邑皆闻风纳款,独君恃此一城,亡可立待。为君计,不如归附,可以保富贵。"进默然曰:"姑待之。"凡三往,乃降。

三年,大名守苏椿叛,讨获之。众议屠城,杰只哥曰:"怒一人而族万家,非招来之道也。"众是其言。由是滑、浚等州皆下。四年,大军攻徐州,阻河不得济。杰只哥率劲卒,恁河夺贼舟楫,众遂毕渡,获河南诸郡降人三万余户。进围徐州,金将国用安拒战,杰只哥率百余骑突阵,大败之。皇弟拖雷赐名拔都,授金符,命总管新附军民。

七年,太宗特赐杰只哥种田民户租赋。九年,从阿术鲁攻归德,杰只哥麾诸将缚草作筏渡濠抵城下,梯城先登,拔之。乘胜得五州、十县、四堡、二寨。十年,宋兵至,杰只哥率舟师击之,转战中流,溺死,年四十。子孝先、孝友。孝先,金江北淮东道肃政廉访司事;孝友,镇江路总管。

刘通,字仲达,东平济河人。初从严实来归,收濮、曹、相、潞、定陶诸州县,实荐于太师木华黎,以通为齐河总管,寻授镇国上将军、左副都元帅、济南知府、德州总管、行军千户。太宗赐金符,擢上千户。宋将彭义斌攻齐河城,已登陴,通率六七人鼓噪而进,宋人惊坠,溺死者甚众。明日,复围城三匝,通令守陴者植槊如栉,俄撤去,宋人惧其出攻,遂引退。九年,迁德州等处二万户军民总管。卒。子复亨。

复亨,袭行军千户。从严实略安丰、通、泰、淮、濠、泗、蕲、黄、安庆诸州。宪宗西征,复亨摄万户,统东平军马攻钓鱼山苦竹寨,有功。师还,兼德州军马总管。

中统元年,率所部戍和林,还,授虎符,进武卫军副都指挥使。李璮叛,遣使招复亨,复亨斩之。时诸军乏食,复亨出其私蓄以济师,世祖嘉之,赐白金五千两,复亨固辞。

至元二年,进左翼侍卫亲军都指挥使。四年,迁右翼。九年,加
昭勇大将军、凤州等处经略使。十年,迁征东左副都元帅,统军四
万、战船九百,征日本,由博多舍舟登陆,屡败日本。兵进至今津,战
于百道原,复亨披赤甲,纵横指挥,锋锐甚。日本将三郎景资射复亨
坠马,乃引军还。事具《日本传》。十二年,授昭信路总管。十四年,
迁黄州宣慰使。十五年,改太平路总管,俄授镇国上将军,为淮西道
宣慰使都无帅。二十年,加奉国上将军。三月卒。五子:浩、泽、澧、
渊、淮。浩,中统四年袭千户,至元八年殁于兵。泽,由近侍出为荆
州湖北道宣慰使。澧,知长宁州。俱早卒。渊,至元十一年佩金符,
授进义副尉,为徐、邳屯田总管下丁庄千户。九月,领兵巡逻泗州,
至淮河九里湾,遇宋兵,夺其船三十余艘。十二年三月,与宋安抚朱
焕战于清河,败之,擒十四人,夺其辎重。九月,从右丞别里迷失攻
淮安。十三年,与宋人战于昭信军南靖平山。俱有功。十四年,入
觐,进武略将军、管军总管。十五年,从元帅张宏范征闽、广诸州,以
功授武德将军。十六年,从攻崖山,宏范命渊领后翼军,水战有功。
十七年,进安远大将军,为副招讨。二十一年,迁颍州副万户。二十
四年,从征交趾,镇南王脱欢命别将二万人攻万劫江,又攻灵山城,
大败贼众。还师,讨浙东土寇,平之。三十一年,兼领绍兴浙江五翼
军,守杭州。大德十一年卒。

子无晦,至大元年袭授昭信校尉、颍州副万户。延祐五年,以病
免。六年,改河南江北行省都镇抚。泰定四年,加宣武将军。卒。

刘斌,济南历城人。少孤,鞠于大父。有勇力,从济南张荣起兵,
为管军千户。太宗四年,以功授中翼都统。从攻归德,军杏堆,距陈
州七十里,闻金兵屯州城外,斌率众夜破之。又袭败太康兵,拔其
城。移屯襄阳,军乏食,斌知青陵多积谷,陈可取状。众难之,斌叱
之曰:"青陵前阻大泽,彼恃险,不设备,可必胜也。"乃率百骑夜发,
行大泽中五十余里,遇敌兵,斌挥槊突击,败之,获其粮数千斛。从

攻六安,先登,破其城。

擢济南推官。授本道左副元帅。擢济南新旧军万户,移镇邳州。宪宗九年,病,谓其子曰:"居官当廉正自守,毋黩货以丧身败家。"语毕而逝,年六十有二。追赠中奉大夫、参知政事、护军、彭城郡公,谥武庄。子思敬。

思敬,赐名哈八儿都,袭父职为征行千户。世祖南征,从董文炳攻台山寨,先登,中流矢,伤甚。帝亲劳赐酒,易金符。中统二年,授武卫军千户。从讨李璮,赐银六十锭。四年,授济南武卫军总管,捕盗有功,又赐银千两。至元三年,授怀远大将军、侍卫亲军左翼副都指挥使。四年,命筑京城。

八年,授广卫将军、西川副统军,佩金虎符。九年,宋嘉定守臣昝万寿乘虚袭成都,哈八儿都邀击之,战于青城,宋兵大败,夺所俘二千人还。十二年,转同佥行枢密院事,复攻嘉定,取之。泸、叙、忠、涪诸郡及巴县筹胜、龟云、石笋等寨十九族,及西南夷五十六部,悉来降。十三年,围重庆,败宋将张万,得其舟百余。六月,泸州复叛,杀哈八儿都妻子。哈八儿都讨擒其将任庆,攻破盘山寨,俘九千余户,又获其将刘雄及王世昌等。夜入东门,巷战,杀王安抚等,遂克泸州。复攻重庆,其将赵牛子降。十六年,蜀平,拜中奉大夫、四川行省参知政事。行省罢,改四川北道宣慰使。

十七年,授正奉大夫、江西行省参知政事,平吉、赣盗,民赖以安。二十年卒,年五十三。赠推忠宣力果毅功臣、平章政事、柱国,封滨国公,谥忠肃。

弟:思恭,字安道,累官昭毅大将军、右卫亲军都指挥使;思义,宣武将军、昌国州军民达鲁花赤。

赵柔,易州涞水人。父世英,金易县令。柔有胆略,金末避兵西山,栅险自保。同县刘伯元、蔡友资、李纯等亦各聚众数千,闻柔信义,共推为长。柔明号令,严赏罚,人多服之。

大兵入紫荆关,柔以众降,行省札八儿奏闻,授涿、易二州长官,佩金符。时群盗并起,柔单骑遍入贼寨,说降其众,以功迁真定、涿州等路兵马都元帅,佩金虎符,兼银冶总管。太宗二年,命兼管诸处打捕总管。八年,加金紫光禄大夫,卒。至顺元年,追封天水郡侯,谥庄慎。

四子:守贇、守信、守纯、守政。守贇二子:谦,袭打捕鹰房总管;晟,最知名。守信二子:简,洺水尹,赠荣禄大夫、柱国、魏国公,谥忠宪。简子世安,中书平章政事。守纯子千闾,提领打捕鹰房总管。守政子:允,保定总管府通判;密,大名打捕鹰房府总管。

晟,字子昌,以伯父守贇荫,累官秀容县尹。秀容民家女为妖所冯,术士劾之,辄投以瓦石。晟至,妖不复作,其家绘晟象祀之。转新城尹,时太保曲枢围人牧马于新城,践踏田禾,晟收系之。曲枢怒,使其长史持刑部牒按治晟,卒无所得。

至治元年,诏举守令,部使者以晟应,改中山尹,又转安憙。所至有能名,以台臣荐,拜陕西行台监察御史、金四川道廉访司事。

天历元年,召拜监察御史。首言:“天下已定,不当有彼此之分,上都官吏宜序用。”劾平章政事速速恃功骄恣。帝亲祀太室,速速为礼仪使,称疾不出,又亵服入斋宫,不敬。又劾参知政事也先捏,将兵御西军,逗挠不进,擅杀万户张景武兄弟二人。皆以罪废。除山东道廉访司副使,改燕南道。迁同知储政院事,拜燕南道廉访司使。以年老致仕,不允,拜翰林直学士。

至顺三年,大雨雪,晟上言:“雨水正月中气,春分二月中气,四阳上行,卦为大壮。今自正月雨雪至二月未已,阳和弗兴,阴凝不释。阳为君子为善,阴为小人为恶,宜预防其变。”中书以其言下礼部。是年晟卒,年七十四。明年,赠集贤直学士,追封天水郡侯,谥惠肃。

耿福,字伯禧,祁州束鹿人。沉鸷寡言,善骑射。大兵入中原,河朔盗起，令遁去，束鹿民推福摄县事，号令明信，境内晏然。

太祖八年，木华黎徇地至束鹿，福以众降。九年春，木华黎以冀州不纳使者，命福讨之。福请先招之，果不来，兴师未晚。乃遣福持檄往谕，守将犹疑曰："若遣亲信来，我即降。"福使其妻兄往，守将迎降。冀州平，谒太祖于行在，赐金织衣一袭、名马二、拜镇国上将军、安定军节度使，行元帅府事，佩金虎符。是年秋，武仙悉众来攻，福逆击之，仙不能克，乃以火炮攻北门。城中火起，福祷于真武庙，反风灭火，大雨如注。俄闻刘仲禄以兵迎邱真人行次安平，福宣言于师曰："刘便宜率精兵援我，期以明日破贼。"诸军闻之，胆皆壮。是夜，分兵三队，攻贼。仙弃营走，福追击，斩首数千级，仙仅以身免。顺天帅张柔上其功，加辅国上将军。明年二月卒，年四十九。

子孝祖，袭束鹿军民长官，赠吏部尚书，追封高阳郡公；绍祖，束鹿县尉。孝祖子继元。

继元，字舜臣。幼英悟好学，年十八以质子入宿卫，袭束鹿县尹。官制行，改固安州判官，移锦州。有剧盗据山险，继元至，掩捕无遗，境内以安，民号其山曰耿公山。累官葛城、大同、河间县尹，同知绛州事。

卒。子焕，由中书掾累官监察御史、都事，拜治书侍御史。至元元年以户部尚书晋中书左丞。二年，迁侍御史，拜御史中丞。六年，赐上尊、束帛，致仕。卒。

新元史卷一四四
列传第四一

张子良 懋　　王檝　　高宣 天锡
　　　搭失不花　　邸顺 浃 琮 泽　　张全
思忠　　匡才 国政　　鲜卑仲吉
焦德裕　　李邦瑞 唐庆 张羽
王钧

　　张子良，字汉臣，涿州范阳人。金末，四方兵起，子良率千余人阻水治舟筏，取蒲鱼自给，从之者众，至不能容。子良部勒定兴、新城数万口就食东平，东平守蒙古纲纳之。久之，纲弃东平，檄子良屯宿州，又使移屯寿州。夏全劫其民出鸡口。李敏据寿州，子良率麾下造敏，敏欲害之，子良走归宿州。因以宿帅国用安之众，夺全所劫老幼数万以还。大军围汴，声援尽绝，用安欲以涟水之众入援，道阻不能进。子良与一偏将，昼伏夜行，得入汴，达用安意。金君臣以为自天降也，曲赐劳来，凡所欲皆如用安请，因以徐、宿二州授子良。明年，子良运米五百石于汴，授荣禄大夫、总管陕西东路兵马，仍治宿州。是时，金之命令已不行于陕，而用安亦卒不得逞。徐、宿之间，民无食者出城采旅谷以食，子良严兵护之，防钞掠。猝遇敌，子良被重伤，乃率其众就食泗州。守将欲图之，子良与麾下十数人，即军中缚守将杀之。

太宗十年,率泗州西城二十五县、军民十万八千余口,因元帅
察罕来归。太宗命为东路总帅,授银青荣禄大夫,擢京东路行尚书
省兼都总帅,管领元附军民,进金紫光禄大夫。十二年,赐金符。自
兵兴以来,子良转徙南北,依之以全活者不可胜计。

宪宗即位,授归德府总管,领元附军民。中统二年,改为归德、
泗州总管,降虎符,仍管领泗州军民。至元七年,罢元管户隶诸郡
县,授昭勇大将军、大名路总管,兼府尹。八年卒,年七十八。赠昭
勇大将军、佥枢密院事、上轻车都尉,追封清河郡侯,谥翼敏。二子:
长懋,次亨。亨,佩金虎符,为管军千户。卒,子与立袭。与立卒,子
鉴袭。

懋,字之美。未弱冠,已有父风。领父众,从丞相阿术,城归德
府,留其军镇之。未几,移镇下邳,知归德府事。李璮叛据济南,以
所部戍蔡州。中统元年,授泗州军总把,佩金符。

至元七年,擢济南诸路新军千户。九年,从破襄、樊,有功。十
一年,丞相伯颜南征,其行阵以铧车弩为先,众军继之。懋以勇鸷,
将弩前行,擢为省都镇抚。

临安平,还驻瓜洲,伯颜命懋往谕淮西夏贵,将骑士直趋合肥。
贵出迎,设宾礼。懋示以逆顺祸福,辞旨雄厉,贵受命顿首,上地图
降。还报,伯颜大喜,复令徇镇东、安丰、寿春、怀远、淮安、濠等州
郡,皆下之。十三年,懋驰驿至上都,伯颜上其功,授明威将军、泗州
安抚司达鲁花赤。十四年,改安抚司为总管府,置宣慰使,拜同知淮
西道宣慰司事。十六年,改授怀远大将军,吉州路总管。

部使者刘宣贤之,凡所惩治,朝至夕报可,豪强悚然。万户苏良
恃势虐民,为之翼者,有十虎之目,民苦之。乃上其事于宪府,尽诛
十虎,夺良虎符黜之,民大悦。群盗有白昼劫城者,懋闻之,率从骑
捣其穴,缚盗首以归。流民来归者数千家,相率为生祠祀之。十七
年二月卒,年六十三。赠昭勇大将军、龙兴路总管、上轻车都尉,追
封清河郡侯,谥宣敏。

二子：文焕，以父荫任承务郎、江州路瑞昌县尹；文炳，三汉河巡检。文焕子圭，初为高安县尹，有异政，擢江西检校，拜南台御史，迁淮西、江西二道廉访金事。卒。

王楫，字巨川，凤翔虢县人。父霆，金武节将军、麟游县主簿。楫性倜傥，弱冠举进士不第，乃入终南山读书。泰和中，复下第，诣阙上书，论当世急务，金主俾给事缙山元帅府。寻有元帅高琪荐，特赐进士出身，授副统军，守涿鹿。

太祖将兵南下，楫鏖战三日，兵败，见执，将戮之，神色不变。太祖问曰：“汝曷敢抗我，独不惧死乎？”对曰：“臣以布衣，受金主恩，今既偾军，得死为幸！”帝义而释之，授都统，佩金符，令招集山西溃兵。从大军破紫荆关，取涿、易、保州、中山府，次雄州。节度使孙吴坚守不下，楫入城谕以祸福，吴以城降。

九年，授宣抚使，兼行尚书六部事。从三模合拔都、石抹明安入古北口，攻蓟、云、顺等州，所过迎降，遂围中都。中都降，楫进言曰：“国家以仁义取天下，不可失信于民，宜禁房掠，以慰民望。”时城中绝粒，人相食，乃许军士赍粮入城转粜。于是士得金帛，民获粒食。又议：“田野久荒，兵后无耕牛，宜差官住庐沟桥索军回所驱牛，十取其一，以给农民。”用其策，得牛数千头，分给近县，民大悦，复业者众。三模合、明安俾楫招谕保定、新城、信安、雄、霸、文安、清、沧诸城，皆望风款附，乃置行司于沧州以镇之。遂从明安入觐，授银青荣禄大夫，仍前职，兼御史大夫，世袭千户。

时河间、清、沧复叛，帝命楫讨之，复命驸马孛秃分蒙古军及汉军三千属楫，遂复河间，得军民万口。孛秃恶其反覆，欲尽诛之。楫曰：“驱群羊使东西者，牧人也，羊何知焉！歼其渠魁足矣。释此辈，迁之近县，强者使从军，弱者使为农，此天之所以畀我也，何以杀为？”孛秃曰：“汝能保此辈不复反耶？”楫曰：“可”。即移文保任之。

帝命阔里必与斡赤斤国王分拨诸侯城邑，谕阔里必曰：“汉人中若王宣抚者，可任使之。”遂以前职兼判三司副使。又命省臣总括归附工匠之数,俾大臣分掌之。太师阿海具列诸大臣名以闻,帝曰:"朕有其人,偶忘姓名耳。"良久曰:得之矣,旧人王宣抚可任是职。"遂以命梴。时都城庙学毁于兵,梴取旧枢密院地,复创立之。春秋率诸生行释莱礼,仍取岐阳石鼓列庑下。

二十一年,从征西夏。及秦州,夏人尽撤桥梁为备,军阻不得前。梴夜督士卒运木石,比晓,桥成,军乃得进。明年,奉监国公主命,领中都行省。金将张进据信安,结北山盗李密,转掠近县。梴曰:"都城根本之地,不可无备。"引水环城,调度经费,梴自为券,假之贾人,而敛不及民,民安之。遣其子守谦率所部讨平诸盗。

太宗元年,从大军入关中,克凤翔。请于太宗曰:"此城乡邑也,愿入城访求亲族。"果得族人数十口以归。五年,奉命持国书使宋,以兀鲁剌副之。至宋,宋人甚礼重之,即遣使以金币入贡。梴前后凡五往,以和议未决,卒于宋。宋人重赗之,乃遣使归其柩。

高宣,辽阳人。太宗元年,以宣为元帅,赐金符,统兵从睿宗攻大名。宣进曰:"伐罪吊民,愿勿嗜杀,以称上意。"睿宗召元帅阿术乃谕之,下令军中如宣言。四年正月,从破金兵于三峰山,降宣者三千余户,籍以献,立打捕鹰坊都总管府统之,以宣为都总管,赐金符。卒。皇庆二年,赠推忠宣力功臣、银青荣禄大夫、大司徒,追封营国公,谥简僖。子天锡。

天锡,事世祖潜邸,为必阇赤,甚见亲幸。中统二年,授鹰房都总管。四年,改燕京诸路奥鲁总管,迁按察副使,仍兼鹰坊都总管。天锡语丞相不花、左丞张文谦曰:"农桑者,衣食之本,务本则民衣食自足,古之王政,莫先于此。"丞相以闻,帝悦,命立司农司,以天锡为中都山北道巡行劝农使,兼司农丞。寻迁司农少卿、巡行劝农使。又迁户部侍郎,进嘉议大夫、兵部尚书。卒。后赠推忠保义功臣、太保、仪同三司、柱国,追封营国公,谥庄懿。

子谅。裕宗初封燕王,以谅为符宝郎。俄命袭其父官,为鹰坊都总管。裕宗甚爱之，谓符宝郎董文忠曰："汝为我奏请，以谅所管民户隶于我，庶得谅尽力为我用。"文忠入奏，帝从之。未几，授谅嘉议大夫，迁兵部尚书。卒。仁宗时，赠推诚保德赞治功臣、太师、开府仪同三司、上柱国，追封营国公，谥宣靖。

子塔失不花，成宗命世其祖父官，以居丧辞。大德元年，授奉议大夫、章佩监丞。累迁少监。武宗即位，授中议大夫、秘书监丞。仁宗居东宫，召入宿卫。至大三年冬，迁少中大夫、纳绵府达鲁花赤，且谕之曰："此汝先世所守旧职也。"皇庆元年春，改授嘉议大夫、同知崇祥院事。冬，进资德大夫，为院使。延祐四年夏四月，帝谓塔失不花曰："汝祖尝为司农，今复以授汝。"遂迁荣禄大夫、大司农。英宗居东宫，塔失不花撰集前代嘉言善行，名曰《承华事略》并画《豳风图》以进。帝览之，奖谕曰："汝能辅太子以正，朕甚嘉之。"命置于东宫，俾太子时时省览。六年，改集禧院使。卒。

邸顺，保定行唐人，占籍曲阳。金末，聚众数百人，与其弟常分据石城、元保两寨。太祖九年降，授行唐令。十一年，真定饥民穴地避贼，贼发而唊之，顺擒斩数百人。迁恒州安抚使。

武仙率众来攻，顺败之，赐金虎符，加镇国上将军、恒州等处都元帅。十五年，仙屯于黄、尧两山，顺及弟常又击败之。时西京郝道章，阴结武仙，掠州县，顺擒道章杀之，仙退保真定。又从木华败仙于王柳口，仙遂出降。以功，赐顺名察纳合儿，擢骠骑上将军，充山前都元帅；常，赐名金那合儿。

太宗三年，从攻河南诸路，招降民十余万，以顺知中山府。十一年，赐金符，迁行军万户，管领诸路元差军五千人。定宗二年，屯于五河口，宋兵乘夜来袭，顺掩杀甚众。宪宗三年，攻宋涟水军，举部将肖撒八、耨邻之功以奏，皆赐金符，仍使隶顺麾下。六年卒，年七十四。子浃。

浃，袭父职。从世祖围鄂州，有功。中统元年，浃举部将张宣等十二人，皆赐金符。三年，以归德万户从讨李璮，还守息州。至元十一年，赐虎符，授金州招讨副使。俄迁怀远大将军、金州万户。又改襄阳管军万户、行淮西总管万户事，守庐州。

十四年，移屯隆兴，仍管本翼军民。后又为管军万户，攻赣州崖石寨、太平岩贼有功。十七年，擢镇国上将军、都元帅，镇隆兴诸路，兼管本万户府事，赐银印。吉、赣盗起，迁元帅府以镇其地。三十一年，元帅府罢，仍为万户。未几，佩元降虎符，为归德万户，镇吉安。又统江西各万户，戍广东。大德三年卒，年七十七。赠辅国上将军、北庭元帅府都元帅、护军，追封高阳郡公，谥武敏。

子荣仁，袭佩父虎符，以归德万户镇广东潮州，因疾谢事。子贯袭。贯卒，子士忠袭。士忠卒，子文袭。

琼，顺之族弟。从常来降。太祖二十年，武仙据真定叛，琼败之于黄台。太宗五年，从俺盏破蔡州，授真定诸路万户，选充总管府推官。寻赐金符，授管军总押管，领七路兵马镇徐州。十一年，从察罕攻宋滁州，力战，中流矢卒，子泽。

泽，字润之。通《左氏春秋》。年十一，袭父职。宪宗七年，城鹿邑，避河流啮，移戍颍州。宋夏贵夜悉锐攻东南壁，泽将射士御之。戒更吏促其漏，丙夜伐五鼓，敌以为旦，遽引去。自此贵不敢复犯颍州。

中统四年，尽收诸将符节，泽亦纳金符。明年，制还之。至元初，入觐，赐锦衣、弓矢、鞍勒。从刘国杰围襄阳，掠鸦山，拔平塞寨。功最，受衣币之赐。又从伯颜南伐，下郢州，赐白金三百两。又从阿里海涯下荆南，进武德将军、管军总管。又从攻潭州，流矢贯肘，城拔，进显武将军。明年，从攻静江，炮礧伤首，绝而后苏。从阿里海涯讨平土寇罗飞、张虎、周龙，皆生获之，剥其皮以献，进怀远大将军万户，换虎符。率所总监郴州，位总管上。初至城中，才四百户，泽招怀安辑，期年遂至万户。重修孔子庙，聘进士左云龙为校官。州界鄙州,盗起,宣慰司将调兵讨之。泽曰:"盗始起,官兵遽讨之,民惧俘戮,必惊窜,与盗合。是驱使为贼也。"乃召父老谕之曰:"吾止官军,不使暴,汝佃民有从贼者不坐汝,听汝执送自赎。"得五百人,惟诛首事数人,余悉纵之。

大兵伐占城,所过城市,肆行剽夺。至郴州,泽捕劫抄者,械送军中,责其部将约束不严,皆杖之。既而命彬州造海舰十五艘,度用钱七十五万。泽歃吏侵牟,用未半而工已就。后伐安南,令馈米千石入桂林。泽曰:"自是入桂,陆行千里,负担之民,人胜五斗,二千人为担夫,负资装者半之,行未中道,必委负而逃,可前知也。"乃召丁家曰:"吾将出家资,责诸县令即桂林籴之,上不乏军兴,而下纾民力,何如?"众踊跃从之,后贷钱加息还泽,辞不受其赢。又请罢陶坑银,减酒醋税,皆惠政也。

迁庐州蒙古汉军万户,彬州人号泣遮留,如失父母。又改颖州万户,戍无为军。盗起江南,泽率所部讨之,饶、信等处皆降。破宣、徽二州贼于南陵,斩馘万余。绩溪贼壁塘山,山周十里,峻二百丈,行省官以六万兵攻之,不能下。泽一战破之,困留泽戍徽州。进拜都万户,寻还无为州,复戍郴州。二十一年卒,年六十三。子谦元,袭颖州万户。

张全,大兴永清人。宗族同居百余年,称义门张氏。以良家子从军,隶史天倪麾下,充唐山令,进授都镇抚。太宗四年,以千户从史天泽略地河南,密县西山难民匿山窟中,诸将欲焚其窟。全言于天泽,禁之,全活甚众,人称为佛张镇抚。

子思忠,字立言,从父军中。既冠,嗣父职。至元五年,朝廷会诸道兵取襄、樊,思忠建议筑堡于湝河口,以遏宋人转输之路。从之,以思忠充唐州新野等处提举粮漕。湝河浅深不常,艰于纲运,思忠建数堰以平水势,造江轴车兼通陆运,军饷以济。从攻樊城,先登,中流矢,力战不辍。以劳授都镇抚,其职掌上承主帅方略,指授诸将,军中有所关白,必因都镇抚上达,凡训练、调遣、巡逻之事,皆领之。当时大小四十余营，每遣翼镇抚一员，号曰接手，听将令于都镇抚。其权重如此。

十年春，襄阳降。明年，诏丞相伯颜等水陆并进，次郢州，与宋军相持。思忠按视江北，有一港通湖，可三里许，由湖复入于江。喜曰："吾事济矣。"遂拖舟达湖中，无复阻碍，伯颜大悦。时主帅从偏裨百余骑周巡险要，会天大雪，误抵宋壁，宋兵潜出围之，众将相顾失色。思忠奋槊突击，杀数十人，始得解去。

寻以功授宣武将军，从伯颜败贾似道于丁家洲，遂入建康。丞相阿术分兵趋瓜步，回捣扬州，择勇而有谋者偕往，以思忠为首选。伯颜惜，不遣，奏请权充万户。命未下而卒，年三十九。子四人，用道嗣职为千户。

匡才，邳州人，金邳、徐兵马都巡使。太宗五年，率所部降于都元帅大赤，建言："邳、徐逼宋北边，铜陵、孟山、宿迁、桃源、睢口，皆要地，今不乘胜取之，则邳徐不可守。"大赤然之，使才与裨将百家奴攻拔五城，获宋将马都统、王都统。授沂、邳、东河监军。

八年，邳人袁万作乱，阴结宋将李都统袭邳州，才大败宋兵，擒万斩之。加诸路兵马使。十年，徐州守将张彦叛，合宋将范太尉来攻，才复败之。获鲍太尉。进沂、邳、东河元帅，兼建武军节度副使。十二年，宋兵入境，战不利，殁于阵，年六十五。

才妻高氏有志操。初才以事诣幕府，贼乘虚袭邳，执高氏以去。高氏骂不屈，贼斫其面仆地，卒获免。后大军破贼，分其产畀之，名其田曰夫人庄。子国政。

国政，六岁而孤。宋兵至，国政与高氏相失，高氏冒死求之，得于乱尸中，竟无恙。中统三年，李璮叛，宋人陷邳州，国政母子皆被俘，徙之淮安。宋亡，国政率所部三百余人北归，从行枢密院别乞烈迷失入觐，赐宴便殿，赏衣靴，授扬子县丞。累迁睢州判官、虞城县尹。所至以廉惠称。国政笃孝，母疾，刲肝疗之。又疾剔脑，和药遂愈。丁母扰,庐墓三年,有驯麇至其庐。有司上其事,表所居曰贞孝里。

鲜卑仲吉,字庆仲。其先中山人,后徙滦州。太祖十年,大兵定中原,仲吉首率平滦路军民诣军门降,太祖命为滦州节度使。从阿术鲁南征,充右副元帅,以功赐虎符,授河北等路汉军兵马都元帅。从平蔡州有功,加金吾卫上将军、兴平路都元帅、右监军、永安军节度使,兼滦州管内观察使、提举常平仓事。寻卒。

子准,充管军千户,从札台火儿赤东征高丽。中统元年,赐金符,扈驾征阿里不哥,以功受上赏。三年,从征李璮。至元十年,授侍卫亲军千户、昭武大将军、大都屯田万户,佩虎符。卒。

子诚,袭授宣武将军、高邮上万户府副万户,佩虎符。改授怀远大将军、金武卫亲军都指挥使司事。从征瓜哇,攻八百媳妇,使广东,俱有功。寻以疾卒。子忽笃土袭。

焦德裕,字宽父。其远祖赞,从宋丞相富弼镇瓦桥关,遂为雄州人。父用,金千户,守雄州北门。太祖兵至,州人开南门降,用犹力战,生获之。帝以其忠壮,释不诛,复旧官。徇地山东,未尝妄杀一人。年六十二卒。

德裕通《左氏春秋》,有拳勇,善射,从其舅解昌军中。武仙败,禅将赵贵、王显、齐福等保仙故垒,数侵掠太行。太宗择廷臣有才辩者往招之,杨惟中以德裕荐。遂降齐福,擒赵贵。王显亡走,德裕追射杀之,其地悉平。诏赐井陉北障城田。

中统三年,李璮平,世祖命德裕曲赦益都。四年,赐金符,为阆蓬等处都元帅府参议。宋夏贵围宣抚使张庭瑞于虎啸山,实薪土塞水源,人无从得饮。帅府檄德裕援之。德裕夜薄贵营,令卒各持三炬,贵惊走,追及鹅溪,馘千人,获马畜兵仗万计。擢京畿漕运使。至元六年,金陕西道提刑按察使事。八年,转西夏中兴道按察副使。

十一年,从丞相伯颜南征,授金行中书省事,遂从下安庆。至镇江焦山寺，僧诱居民叛，丞相阿术既诛之，欲戮其徒众，德裕谏止之。宋平，赐予有加，奉敕求异人、异书。平章阿合马潛丞相伯颜杀丁家洲降卒，事奏，以德裕为中书参知政事，欲假一言证成之，德裕辞不拜。久之，复佥行省事。

十四年，改淮东宣慰使。淮西贼保司空山，檄淮东四郡守为应。元帅帖哥逻得其檄，即械郡守许定国等四人使承反状，将籍其家。德裕言："四人者皆降将，有地有民，岂肯他觊，奈何以疑似杀之。且安知非反间耶？"乃尽复其官。拜福建行省参知政事。二十五年卒，年六十九。赠荣禄大夫、平章政事，追封恒国公，谥忠肃。

二子：简，余姚州知州；洁，信州治中。

李邦瑞，字昌国，以字行，京兆临潼人。幼嗜学，读书通大义。被掠，逃至太原，木华黎兵至，邦瑞迎降。太原守将器之，具鞍马遣赴行在。太宗二年，奉使于宋，至宝应不得入。未几，命复往，谕行尚书省李全护送，宋仍拒之。复奉诏以行道出蕲、黄，宋遣贱者来迓，邦瑞怒叱之，宋改命行人，乃定约而还。赐车骑、衣袭，并银十锭。邦瑞奏："宗族离散，乞归寻访。"帝允之，并谕速不台、察罕、也速、达海等，邦瑞宗族有隶诸部者归之。六年，从诸王阔出经略河南，凡所历四十余城，绘图以进。授金符、宣差、军储使。卒。子荣。

太宗时使于金，为金人所杀者有唐庆。至元中使于宋，为宋人所杀者有张羽。

庆事太祖，为管军万户、权元帅左监军。二十五年，赐虎符，使金。太宗四年，复以庆为国信使，取金质子，督岁币，以金曹王来见帝于官山。七月，使庆再往，令金主黜帝号称臣。金飞虎军夜半入馆舍，杀庆及其弟山禄、兴禄，并从者十七人，金主不问，和议遂绝。金灭，购庆尸不得，厚恤其家，赐金五十斤。子政，中统三年入见，诏计其家口给粮养之。

张羽，字飞卿，陕西人，以千户议中书省事。至元十三年，大兵渡江，羽请至临安为陈祸福，抵中江，宋人杀之。诏官其子一人，复其家。

　　王钧，凤翔岐山人。金末，关中群盗蜂起，钧集乡兵万人壁拙山后，移壁三棱堡。侦知贼巢窟，纵奇兵击之，擒贼首张嵩、杨政等，复招降剧贼梁七兄弟，并将其众。授都提控，再迁凤翔安抚使。率邠、泾诸州流民，复凤翔，进拜都元帅。凤翔大饥，移民就食秦州，与汪世显连兵拒守。

　　金亡，明年始来降。太宗义其后服，不之罪，使将所部从大军伐蜀。是年，攻拔大安军。太宗八年，围成都，克其郛。入觐，以功赐金符，仍故官。九年，克遂宁。十年，袭万州，累战皆捷。改平凉长官、元帅，兼征行元帅。再从伐蜀，入成都，虏其将以归。宪宗驻跸六盘，平凉为近郡，使者征发旁午，皆取给钧家。后运粟沔阳，率十石致一石，钧为民代输三千石，阖郡翕然颂之。钧由此罄其家资。以老病致仕，使子赟袭其职。后卒。归葬，民沿途哭之，为位以祭者至数万人。

　　赟，由知平凉府迁同知安西路总管府事。卒。

新元史卷一四五
列传第四二

赵天锡 贾亨　赵瑨 秉温 秉正

赵迪 椿龄　贾塔剌浑 六十八

乔惟忠　袁湘　王兆 刘会

赵祥　聂珪　靳和 用

王守道　李伯祐　杨彦珍

吴信　段直 王珪　周献臣

梁成

　　赵天锡，字受之，东平冠氏人。祖诚，岁饥发粟赈饿者，为乡里所推重。父林，金贞祐之乱，以乡豪保县城，授冠氏令。大军略洺州，林坚守不降，城陷，死之。

　　天锡，初为本县防城提控，后避兵于洺州。防御使苏政召置幕府，仍充冠氏令。乃挈乡人壁桃源、天平诸山。太祖十六年，降于行台严实，从征泽、潞有功，迁元帅左都监，兼冠氏令如故。

　　十九年，宋将彭义斌据大名，天锡度冠氏不能守，率所部往依大将孛里海。义斌败，授镇国上将军、左副元帅、同知大名路兵马都总管事。二十年，复为冠氏令。先是，冠氏守将李泉降于义斌，大兵至，怒城民反覆，欲屠之。天锡悉力营护，活老幼数万人。后泉在大名，又结苏椿等，纳金将郑偶，欲复取冠氏。一日，偶自将万人来攻，天锡率死士乘城力战三昼夜，偶知不可攻，乃引去。太宗元年，朝于行在，上便民数事，优诏答之。四年，严实败于黄龙冈，将佐十余人为金所俘，天锡皆以计活之。五年，用实荐，授行军千户，赐金符。十年，从伐宋，病卒，年五十。

天锡天资厚重，造次必以礼，事母至孝，在军中未堂妄笞一人。冠氏屡经寇乱，户口凋耗，天锡敝衣粝食，劝课农桑，数年之后，流亡复业，宾至燕享犒劳如承平故事，来往者皆称为乐土云。

天锡姊有勇略，自将万余人，锦衣绣帽从横无敌，东西数千里咸以女王目之。天锡子贾亨。

贾亨，字文甫，袭父行军千户。宪宗九年，从世祖渡江攻鄂州，有功。至元年五年，总管山东诸翼军。从围襄、樊。贾亨别抄蕲、黄以五百人拔野人原写山寨，修白河新城。七年，偕元帅刘整入朝，授征行千户，赐金符及衣带、鞍马。从攻樊城，拥盾先登，拔之。十一年，败宋将夏贵于淮西，益以济南、汴梁二路新军。十二年，从攻镇江，与宋将孙虎臣、张世杰战于焦山，杀获甚众。江南平，进宣武将军。

十四年，授虎符、怀远大将军、虔州路总管府达鲁花赤。未行，盗发澉浦，行省檄为招讨使，率所部平之。未几，处州盗季文龙、章焱作乱，文龙自称两浙安抚使，据处州天庆观。贾亨将三百骑讨之，走章焱。文龙复率众来援，贾亨与万户忽都台合兵攻之，贼大溃，文龙溺死。忽都台欲尽戮州民，贾亨不从。兵房掠，贾亨捕为首者斩之，还所掠于民，阖境悦服。

十五年，龙泉贼张三八杀庆元县达鲁花赤也速台儿，衢州贼陈千二、遂昌贼叶一丙六遥与三八连合，贾亨以孤军转战，前后斩首三千余级，贼悉平。十七年，改处州路管军万户。卒，年五十七。

赵瑨，蔚州飞狐人。父昆，金帅府评事。兄圭，亦为金将，守飞狐城。昆卒，圭奉母如蠡州，留瑨于飞狐。

太祖八年，大军至飞狐，瑨迎降。十二年，木华黎署瑨为百户，从攻蠡州。裨将石抹也先战死，木华黎怒，将屠城，晋泣曰："母与兄在此，愿以一身赎城中民命。"木华黎义而许之。从攻易州，城中死士突出，瑨力战，中流矢，出脑后。城下，擢冀州行军都元帅，佩金虎符。瑨让于圭，从之，改授瑨冀州军民总管，迁易州达鲁花赤，佩金虎符。太宗伐金，瑨输矢二十余万至行在，帝大喜，命权中书省事。五年，赵扬据兴州叛，瑨讨平之，迁中山、真定二路达鲁花赤。

中统三年，立十路宣慰司，以瑨为顺天路宣慰使。至元元年，转淄莱路总管。六年，改太原路。十二年，擢燕南道提刑按察使。十四年，改河南道。后致仕，卒年八十三。皇庆元年，赠仪同三司、太保、上柱国，追封定国公，谥襄穆。子秉温、秉正。

秉温，事世祖于潜邸，命受学于太保刘秉忠。从征云南大理。中统初，行右三部尚书事。至元八年，预制朝仪，授礼部尚书、知侍仪司事、秘书少监，购求天下秘书。十九年，迁昭文馆大学士，知太史院、侍仪司事。《授时历》成，赐钞二百锭，进中奉大夫。二十九年，编《国朝集礼》成，官其子袭侍仪使。后卒。皇庆元年，赠金紫光禄大夫、司徒、云国公，谥文昭。子和，昭文馆大学士。

秉正，字公亮，瑨次子，秉温弟也。初为新军上千户。世祖自鄂班师，瑨迎谒于定州，奉牛酒以献。帝为下马，坐帐内，瑨进酒，秉正从拜于后。世祖伟其貌，命入直宿卫。

从伯颜伐宋，赐金符，授徽州管军总管，迁金江西湖东道提刑按察司事。丰城尹张甲夤缘东宫近待得官贪虐。秉正按之，张怒曰："吾受东宫教者。"秉正曰："东宫教汝残民耶？"吏不敢书其狱词。秉正曰："吾得罪，必不累汝等。"卒论如法。行部迎刘辰翁、邓光荐诸老宿会于学宫，命诸生师事之。移金汉中道，谢病归。二十八年，起为金河东道提刑按察司事。成宗即位，擢江南行台治书侍御史。大德五年,出为江西廉访使。卒年六十七,谥忠敏。

赵迪,真定藁城人。有膂力,善骑射。金末为义军万户。郡将出六钧强弩,募挽者,独迪能之,署真定尉,迁藁城丞。

大军至藁城,迪率众迎降。太祖十七年,升藁城为永安州,号其军为匡国军,以迪同知节度使事。从太祖征西域,将校多纵意剽掠,独迪治军严,所过秋毫无犯。

初,真定既下,迪亟入索城中藁城人,得千余,诸将欲分取之,迪曰:“是我所掠者,宜归我。”尽纵之去,众皆感泣。后战骨蔽野,迪为大冢瘗之。迁永安军节度使。卒年七十。子椿龄。

椿龄,字寿卿,袭父职为永安军节度使、藁城丞,寻迁县令。有甲乙二人共饮,甲返,乙不知所往。其家讼甲杀之,已诬服。椿龄以不得乙尸,缓其狱,不令甲偿死。逾月,泸沱冰释而尸出,乃醉后堕水死也,甲之诬始白,一县称其详审。

迁西京总管,兼大同尹。诏采民女实掖庭,椿龄上言:“山西距京师甚远,又无大家,民女率寒陋,无可充掖庭之选。徒令嫁娶失时,非朝廷之盛举。”同列不敢署名,椿龄独奏之。事竟报罢。

改南京总管,兼开封尹。未行,裕宗在东宫,留为兵部尚书。未几,改户部,又改礼部。建言:“省部用人,率徇其私,非独名器日滥,且启仕者之争,无忌惮者至遮乘舆自诉,其风不可崇长。”时论韪之。至元十七年,出为陕西汉中道提刑按察使。十八年,迁中奉大夫、荆湖北道宣慰使。二十七年卒,年七十三。子瓛,大中大夫、江州总管。

贾塔剌浑,冀州人。太祖伐金,募能用炮者籍为兵,授塔剌浑四路总押,佩金符以领之。及攻拔益都,擢龙虎卫上将军、元帅左监军,便宜行事。师还,驻谦谦州。

十四年,从太祖征西域,将所部及契丹、女真、唐兀、汉兵攻斡脱剌儿城,塔剌浑督诸军穴城先入,破之,拜元帅,改银青光禄大夫。太宗四年,从睿宗渡汉江,略唐、邓、申、裕诸州。又从大帅太赤攻下徐、邳诸州。六年,卒。子抄儿赤袭。从诸王孙哥、塔察儿伐宋。宪宗八年卒。子冀驴袭,卒。

弟六十八袭。至元五年,从诸军攻襄、樊。九年,六十八率所部戍骆驼岭一字城,立炮樊城南,不发,以怠敌心。俄率锐卒突出,攻其城西,破之。赐银币、鞍马、弓矢。十二年,进宣武将军,从攻宋常州,发炮摧其城,以纳诸军。宋援兵突至,六十八力战却之。临安降,进怀远大将军。再进昭勇大将军。领南军精锐者入宿卫。累进奉国上将军、管领炮手军都元帅。二十年,罢都元帅,更授炮手军匠万户,佩三珠虎符。二十六年,卒。

乔惟忠,字孝先,涿州定兴人。从张柔起兵,保西山之东流埚。金行台授惟忠定远大将军、恒州刺史。柔降于蒙古,招惟忠,不从。及克东流埚,柔嘉其守义,释之。

武仙叛,柔会诸将讨之,使惟忠摄元帅事。仙弃真定走,将聚保于狼山寨,惟忠谓诸将曰:“彼欲归巢穴,我遏之,必致死于我。不如开其归路,彼得归,无斗志,是获兽于穴也。”众从之。仙既过,惟忠奋击,大破之。有别将陷敌,惟忠横戈突阵,援而出之,斩馘无算。

遂会攻彰德,转战至滕州,营于牙山。金人夜袭其营,惟忠挥戈陷阵,诸军继之,敌众骇散。又会攻益都,败援兵于城下。先是,柔开元帅府于满城,以惟忠为元帅都监,迁副元帅。师还,复从柔镇新卫州。

太宗三年冬,从大军破金人于钧州,遂围汴。金哀宗北渡,其丞相白撒围卫州,惟忠力战却之,追奔至黄龙冈。又从围蔡州。金亡,柔入觐太宗,奏言:“臣凭藉国威,所向克捷。臣副将乔惟忠,战功第一,乞加恩泽。”玺书赐金符,授千户。自是连年伐宋,从破枣阳,攻光、黄等州,俱有功。定宗元年卒,年五十五。

惟忠美须髯,沉勇善战,遇克捷,无自得之色。其攻黄州,宋人夜袭诸栅，惟忠率锐卒拒战。主帅举火侦之，见青甲而黄马者战甚力。明日悬赏购其人，惟忠终不自言，其不伐如此。子圭，袭千户。

袁湘，字润夫，太原临泉人。金将王公佐镇葭芦，当蒙古之冲，力不支。一日，问将佐使举所知可与计事者。或荐湘，公佐辟之，授忠显校尉，遥授延长县主簿。以功进武节将军、临泉令。公佐卒，人心惶沮，湘曰："吾不爱一死，敌怨我日久，我死，彼将甘心于民，吾何忍耶？"济河，诣大将孛里海，湘请降，解所佩剑誓曰："所有二于公者，有如此剑。"孛里海义之，以便宜升临泉为州，授湘为守将，遣将州兵略地鄜、延，悉下之。

擢延安路兵马总管。湘敦劝农桑，裁抑游惰，邻民闻之咸逾河而至。又征儒者侯邱、严明、焦举华、张玉明、毕美、邵瑞、张辅等延致幕下，由是礼让大行。

会检料户口，湘止籍主户，漏其侨家浮客。或咎以何独损吾户口，湘曰："若欲肥版籍以炫众耶？一旦赋役下，侨浮必逃亡，祇益累也。"后河东、山西累徙其民，湘谓使者曰："吾所籍止主户，不敢以侨浮为土著，版册具在，可稽也。何如勿徙，使各奠其居，置吏岁集其赋入，是以吾土养吾民，便甚。"使者从之。寻有诏，任民随在占籍。湘犹减浮侨之庸调。同列嫉其能，讦于朝，征湘就辩。湘见贵幸，币赟甚薄，执政嘉其廉直，释之归。世祖驻跸六盘，湘上谒，建言："始延安籍民为兵，皆悬赏募之，人率授银三十两始行。及远戍久役，津馈不加于前，老稚日困，则怯者挺身亡去，悍者连伍俱归。军吏虽以法诛之，莫能止也。非大选阛州民厚籍饶丁更代，以休其力，则兵帐不充。"世祖韪之，责诸道将吏曰："汝辈之来，其所请求不过官资之崇卑，符节之轻重而已。亦尝有一白军民利病，如袁湘者乎？"闻者愧服。自是，虽不自行遣官属奏事，世祖辄曰："若从袁湘所来耶？"即报可。卒年五十九。子克忠，昭勇大将军、陇右道提刑按察使；克良，提举太原柽木司。

王兆，坚州人。少为军吏，非所好，弃去，从旁郡诸豪侠游。太祖十二年，蒙古兵围雁门，游兵至坚州，知州弃城遁。城人推兆与刘会同管州事，兆度不能守，乃与会等持牛酒诣军门上谒，且献攻取之策。主帅伟之，以便宜授兆左监军，会军事判官尽还所俘坚州生口。已而受监国公主教，迁昭武将军、坚州左副元帅。时兵荒之后，兆招集流民，劝课农桑。在职二十年，威惠大行。以老病致仕，卒年八十。

弟斌，善骑射，兆倚为爪牙。武仙余党匿五台山中为盗，斌侦知所在，擒盗首戮之，余党悉平。

兆子玘，权坚州军民。

次官刘会，亦坚州人。由判官迁骁骑将军、坚州都元帅，兼节度使。子泽质于监国公主，深蒙礼遇。泽妻卒，公主赐良家女为继室。会卒，泽袭坚州军民长官。

赵祥，字天麟，繁畤人。金末，徙蔡州之平舆。大军围金主于蔡州，祥纠合义兵数千，发平舆富人藏粟，突围馈城中。金主嘉之，赐银符，命还守平舆。金亡，祥率其众降宋。宋襄阳守将虑降人反覆，欲坑之。太尉江海持不可，使祥戍邓州，以裨将呼延实为之监。祥与实不相能，又知其始谋，益愤。太宗七年冬，大兵略地至邓州，祥突入实营，劫令约束所部毋妄动，即开门迎降，纵实还襄阳以谢宋。

八年二月，皇子曲出伐宋，徙唐、邓、均三州民于洛阳西，以长水为邓州治，令祥权行省事。襄、樊二州民亦徙于洛阳西。祥入觐，奏岁饥，请发大名军储米，运陕州盐，以振之。报可。赐金符、锦衣。旋授邓州长官，以其弟彦为次官。祥在任十二年，垦污莱，建城邑，甚有能名。宪宗三年，史天泽奉命经略河南，还五州民于故土，祥仍为邓州帅。时宋人已复取襄、樊，守以重兵，二州民无所归，皆寓于邓州。祥外捍敌兵，内务耕作，四年积谷七十万石。以疾乞休，不允。卒年六十一。祥有勇力，善射，性坦直。子侃，以平宋功，授诏勇大将军，镇衢州。

聂珪,字廷玉,冀宁寿阳人,少孤,从兄璋学,天资开敏。金摄太原府事赵裕辟为委差官。时德裕寄治榆次之利和寨。

太祖十七年,大军克利和寨,珪率众迎降,授招抚司副使,同都元帅王璋抬抚平定州诸寨。璋卒,珪代为都元帅,而以璋弟贵副之。贵素骄恣,珪稍加检制,贵不平,潜结武仙以叛。二十一年正月,遣步卒戕,珪以弓弦缢之,昇置于城西北隅。至夜,珪帐下督王常等视珪可救,缓共其缢而活之。珪奔于太原,太原继陷,珪挺身走,檄召本路兵复克太原。

都行省恒察遣两千户讨仙,以珪为乡导,袭破仙于石人寨。仙窜仙台寨,珪进围之,仙众溃,遂奔汲县。珪以功,摄平定皋晋威孟辽仪等处总兵都元帅,守令以下听珪选注,赐金虎符。

时遗民据山寨自保,珪攻降石龛、鬶泉等十余寨。北山民兵帅赵德以骁勇闻,屡入寇。珪败德于张家河,生获之,德请降。珪使德入平山境,招抚张山、保安等寨。后德卒以战死。

太宗五年,再攻新寨,拔之。于是河北之南路、西路、诸贼帅悉解甲来降。六年,仙余党复据平定、皋落,珪攻破之,其安抚史雄、康义等俱降。七年,东山罗睺等亦率所部来降,境内始平。时朝延更制,改授珪平定邢晋等州长官。

先是,珪拔新寨,俘男女数千人,大帅习力吉思欲尽坑之,珪不从,众始获免。珪天资仁厚,其为政缓急轻重,悉有条例。家居喜宾客,多购法书名画,与元好问、李治等友善。卒年五十六,赠西阳郡公。

子大本,袭平定等州军民长官。

靳和,字达道,平阳曲沃人。家富,喜施予。

太祖十四年,率义兵三千人降于木华黎,授征南元帅。木华黎南征,留和守曲沃。金将据弹平、青龙诸寨,屡出剽掠,和选募乡兵,且耕且战,境内卒免流殍。太祖嘉之,拜绛阳军节度使,赐金符。后乞致仕,卒。

长子麟,袭节度使。

次子用,初授荣河尹,迁汲县尹。廷议开沁水通漕,用力争不可,以举家没入为请,事获寝。已而沁水涌溢,坏民田千余顷,其言卒验。拜监察御史,出为岭北湖南道廉访佥事。所至廉直有声。卒于官。

王守道,字仲履,真定平山人。金亡,群盗并起,往往杀守令,拥众自保。宣抚司署守道为县尉,因摄令,改真定主簿。史天倪为河北西路兵马都元帅,镇真定,收大名、泽、潞、怀、孟诸城之未附者,以守道为府经历。及金恒山公武仙降,为天倪副,守道谓天倪曰:"是人位居公下,意不平,宜先事备之。"天倪不以为然。未几,果为所害。及仙以城反,史氏旧部与属县豪杰纳天倪之弟天泽为主帅,攻仙。仙走保西山诸寨,执守道家人,以重币诱之。守道不顾。擢庆源军节度使。

天泽为五路万户,署守道行军参谋,兼检察使。真定为庄圣太后汤沐邑,守道频岁入觐,奏对称旨,赐金符、锦衣、金钱。至元七年卒。至大元年,以子颙贵,特赠银青荣禄大夫、大司徒,追封寿国公,谥忠惠。仁宗即位,复加推忠协力秉义功臣、金紫光禄大夫、大司徒、上柱国。

李伯祐,高丽人,为史天倪部将。武仙袭杀天倪,其弟天泽方在燕京购入觐礼币,伯祐驰告之,与从事王玉汝、王缙推天泽领其兄溃卒。又北见国王孛鲁,使奏闻。诏天泽嗣为都元帅,以伯祐为都提控。仙复夜袭真定,伯祐从天泽缒城出,先投下以藉。天泽走藁城,求援于董俊,诸将有异谋者,伯祐手斩之。天泽再取真定,伯祐转镇抚军民571弹压。

从天泽伐宋;以功授金符,摄本路兵马都总管。大军围襄阳,宋人栅峭石滩,环以战舰。天泽将伯祐等二十人攻其栅,伯祐棹轻舸而进，三进三却。宋人以为怯，不设备。遂疾趋敌舰，天泽先登，伯祐继之，平其栅而还。又从拔寿春，授千户。天泽拜河南经略使，以伯祐摄真定万户。又从世祖围鄂。

中统元年，擢侍卫亲军都指挥使，佩金符。李璮反，从大军讨之，战于老鸹口失利。伯祐与董文蔚合，请天泽督师，从之。璮平，伯祐以老致仕，卒年八十三。

子珣，真定管军千户；公懋，沭阳令；珏，江陵总管；琦，宝庆总管；琳，提举越州人匠。初，伯祐致仕时，禁网尚疏，诸将多以家奴代兵。后核兵籍，事发，罪至死。珣为部下所讦，事连伯祐。珏方为质子，乃自承曰：“吾以资用乏，为此事；父兄不知也。”下狱当死，执政知其事，悯之，奏军官未受俸以前，宜减罪。珏始获免。后从大军伐宋有功，应得万户，闻珣卒，子幼，恐夺珣千户，乃弃己功，求代兄子袭千户，曰：“吾父、兄世官也，吾宜及兄。”俟其子壮，授之。人称其孝弟云。

杨彦珍，汴梁杞县人。金末，聚众二万人来降，授万户。从张柔战淮南、北，复徐、邳两州，擢行军千户。又从柔拔光化、枣阳，克信阳军，戍邓州。宋将刘整来袭，战于塔桥、古村、黔陂，屡败之。与游显筑威楚、铁狗两堰，以灌屯田，岁收粟数万石。宪宗四年，以老乞致仕，使子珪袭其职。至元中卒，年七十。

珪，始以副千户领彦珍旧部。江汉督府遣别将袭宋房州，为宋兵所邀截，檄圭援之。战于分道口，斩其副将杜胡。又战于马嘶山通道，房州全军皆出。从史天泽援开、达二州，累战皆捷，获生口五百。又从阿术围襄阳，战于小堰堡南漳鸦及八瓣楼三山，擒宋将解都统、樊提辖于湖城寨，赵总管于野鹅池，刘都官于蚌山，王总管于狢子川。至元六年，襄阳下，授敦武校尉。

十二年，从伯颜攻汉阳，先登，拔之。又从败宋师于阳逻堡，获船五十五艘。又从阿里海涯战于荆口，降其将高安抚。从攻沙市，先登，拔之。徇地峡州，乡民多趋险阻自保，圭择宜都富民骆升为众所信向者，署为邑令，招还五千户。从围潭州，先登，进武略将军、千户，佩金符。从下衡、永、全、道四州，拔静江，进宣武将军、总管，佩虎符。又从拔西融州，召还，进明威将军、副万户，再迁广威将军、万户，戍襄阳。后卒。

圭大小七十余战，身被五创，矢中右手，洞肩汰股贯踵，众推其勇敢云。

吴信，晋宁荣河人。目瞭能夜视，月下射雉兔于百步之外，矢无虚发。

太祖十七年，率众降于木华黎，授镇西元帅，留戍禹门东卫堡。进据汾阴乡，金荣州守将惮信威名，不敢迎击。信遂定荣州。

太宗二年，太傅耶律秃花遣信进攻夹家堡，中伏，士卒溃散。信突围而出，过深阱，跃马过之，如有神助。已而溃卒复集，再战，大破之，堡众遂降。

及境内宁谧，信躬勤稼穑，公私皆足。在任十余年，为政廉平，远近归之。后以疾致仕，卒年六十八。子思，袭荣河诸军奥鲁。

段直，字正卿，泽州晋城人。木华黎略地河东，直率众归之，承制授泽州长官，兼潞州元帅府右监军，佩金符。时天下初定，以泽州冲要，留兵戍之。将士恣为侵暴，民苦之，往往聚为盗贼。直上言，愿罢戍兵，请身任防守。从之。群盗始息。

直见土人避乱者多未复，乃籍其业于亲戚、邻人，约曰："俟主还与之。"于是流亡尽返，户口日增。新法，匿逃亡者籍没，从坐保任。直乃豫为符券，若系官收养以俟诸军物色者，于是匿家皆获免罪。州人俘于他郡者，直又出资赎之。阖境翕然以为乐土。

直乃大修庙学，购书万卷贮之。州人李俊民，累征不起，赐号庄靖先生，直迎而师之，学徒通经预选者至百二十余人。世祖在潜邸，闻而嘉之，特命提举本州学校事。直未拜而卒，年六十五。

子绍隆,袭泽州长官,加武略将军,移知葭州。

同时有王圭,闻喜人。父谨成,金华州节度使,天兴元年,拒大军于新门,兵败死之。圭以父死事,授招抚使,金亡降于蒙古,授征行元帅、孟津令,敦尚儒雅,士论称之。

周献臣,字梦卿,忻州定襄人。

父丕显,质直尚义。有以女奴嫁饥民为赘婿者,岁久并所生男女奴之。丕显教以诉讼法,为有司所直,所生女从母,其余皆免为良。当世贤之。

丕显长子鼎臣,金阳曲令,城陷死之。

献臣其次子也。岱逊郡王略地河东,献臣率众迎降,承制授定襄令。从岱逊南略辽、沁、晋、绛、河解等州,皆望风纳款。复从岱逊安辑灵、夏,以功擢九原府左副元帅,权四州都元帅,行九原府事。未几,又从平河北、山东诸路。

太祖二十一年,武仙围忻州,献臣援之,遇仙骁将姬节使于忻州之南原,敌锐甚。献臣谓麾下曰:"彼众我寡,不可缓也。"乃陷阵而入,大破之,斩首三百余级,围立解。仙复遣骁将董佑袭盂州,遂侵忻州,献臣拒战,互有胜负,中流矢,创甚,意气愈厉,复败佑于盂州之丘石甸,佑仅以身免。自是,仙不敢窥忻州。

太宗二年,车驾南征,诏献臣屯三棱、大胜等寨,以御金人。已而从大军克蔡州。又从大军伐蜀。宣授征行千户,赐金符。后致仕,卒于家,年七十四。献臣用兵有法,赏罚明信,与士卒同甘苦,故所向有功。

子允中,袭父职,累迁宣武将军、太原路行军总管;敏中,忻州诸军奥鲁长官。

襄陵人梁成,与献臣同时,亦有名。成,性刚勇。国王孛鲁选善骑射者,成中选为偏将,从孛鲁拔益都。又从攻河南,授广威将军、都元帅,赐金符。卒。

子正视,以质子从征西域,每战先登,不避矢石,授武略将军,充千户,赐虎符。从也里城,殁于军。子乞住,袭父千户。

新元史卷一四六
列传第四三

刘伯林　黑马　元振　元礼　夹谷常哥

常哥子忙古带　**郭宝玉**　德海　侃

石天应　安琬

　　刘伯林,济南历城人。好任侠,善骑射。金末为威宁防城千户。太祖围威宁,伯林知不能敌,乃缒城诣军门降。帝问伯林,在金国为何官,对曰:"都提控。"即以元职授之,命选士卒为一军,与太傅耶律秃花招降山后诸州。

　　太祖北还,留伯林屯天成堡,遏金兵,前后数十战。进攻西京,赐金虎符,以本职充西京留守兼兵马副元帅。从征山东,攻梁门、遂城,下之。复从大军攻下济、兖诸州。木华黎上其功,赐名马二十匹、锦衣一袭。太祖十三年,从攻太原、平阳。明年,破潞、绛及闻喜诸州县。时论欲徙闻喜民实天成堡,伯林以人艰于食,止之。部曲俘掠万计,悉纵之还。

　　在威宁十余年,务农积谷,与民休息。尝曰:"吾闻活千人者,后必封,吾之所活,何啻万余人,子孙必有兴者。"十六年卒,年七十二。累赠太师,封秦国公,谥忠顺。子黑马。

　　黑马,名嶷,字孟方。始生时,家有白马产黑驹,故以为小字,后遂以小字行。骁勇有胆略,从父大小数百战,出入行阵,略无惧色。

尝率十三人巡逻,遇金兵围之,即搏斗,手刃数人,十三人皆得脱。袭父职,佩虎符,兼都元帅。

太祖十八年,从国王木华黎攻凤翔,不克,回屯绛州。又从孛罗攻西夏。明年,从按真那演攻破东平、大名。二十年,金降将武仙据真定以叛,从孛罗讨之,武仙遁去。金将忽察虎复取山后诸州,黑马逆战隘胡岭,大破之,斩忽察虎。

太宗即位,始立三万户,以黑马为首,萧札剌、史天泽次之,授金虎符,充管把平阳、宣德等路管军万户,仍金太傅府事,总管汉军。从破凤翔、西河、沔州诸城堡。太宗二年,睿宗入自大散关,假道于宋以伐金,命黑马先由兴元、金、房、东下。至三峰山,从大军败金将合达。又从攻香山寨及钧州,赐西锦、良马、貂鼠衣,以旌其功。会增立七万户,仍以黑马为首,萧札剌、史天泽、严实等次之。

五年,从破南京,赐绣衣、玉带。六年,从破蔡州,灭金。七年,同都元帅答海绀卜征西川。十三年,改授都总管万户,统西京、河东、陕西诸军万户,夹谷忙古歹、田雄等并听节制。入觐,帝慰劳之,赐银鼠皮三百为只孙衣。寻命巡抚中原,察民利病。应州郭志全反,胁从诖误者五百余人,有司议尽戮之,黑马止诛其为首者数人,余悉从轻典。

宪宗三年,从车驾至六盘山。商州与宋接境,数为所侵,命黑马守之,宋人敛兵不敢犯。七年,入觐,请立成都,以图全蜀。帝从之,就命管领新旧军民、小大诸务,赐号也可秃立。

中统元年,廉希宪、商挺宣抚川、陕。时密力火者握重兵居成都,希宪与挺虑其为变,以黑马有胆智,使乘驿矫诏诛之。其子诉于朝,世祖谕之曰:“兹朕命也,其勿复言。”三年,命兼成都路军民经略使。泸州被围,黑马已属疾,犹亲督转输不辍。左右谏之,黑马曰:“国事方急,以此死无憾。”遂卒,年六十三。累赠太傅,封秦国公,谥忠惠。子十二人,元振、元礼最显。

元振,字仲举,黑马长子也。从父入蜀,会商、邓间有警,命黑马往镇其地,以元振摄万户,时年方二十。既莅事,号令严明,麾下宿将皆敬惮之。宪宗伐宋,驻跸钓鱼山,以元振与纽邻为先锋。

中统元年,世祖即位,廉希宪、商挺奏以为成都经略使总管万户。宋泸州守将刘整送款请降,黑马遣元振往受之。诸将皆曰"刘整无故而降,不可信也。"元振曰:"宋权臣当国,赏罚无章,有功者往往以计除之,是以将士离心。且整本非南人而居泸州重地,事势与李全何异。整此举,无可疑者。"遂行。黑马戒之曰:"刘整,宋之名将。今遽以城降,情伪不可知。汝无为一身虑,事成则为国家之利,不成则当效死,乃其分也。"元振至,整开门出迎。元振先下马,与整相见,示以不疑。明日,请入城,元振释戎服,从数骑与整联辔而入,饮燕至醉。整心服焉,献金六千两、男女五百人。元振以金分赐将士,而还其男女。宋将俞兴率兵围泸州,昼夜急攻,自正月至五月,城几陷。左右劝元振曰:"事势如此,宜思变通。整本非吾人,与俱死无益也。"元振曰:"人以诚归我,既受其降,岂可以急而弃之。且泸之得失,关国家利害,吾有死而已。"食将尽,杀所乘马犒将士,募善游者赍蜡书至成都求援,又权造金银牌分赏有功者。未几,援兵至。元振与整,出城合击兴兵,大败之,斩其都统一人,兴退走。捷闻,且自陈擅造金银牌罪,帝嘉其通变,赐锦衣一袭、白金五百两。入朝,又赐黄金五十两、弓矢、鞍辔。

黑马卒,元振居丧,起授成都军民经略使。至元七年,时议以勋旧之家事权太重,遂降为成都副万户。十一年,命兼潼川路副招讨使。十二年卒,年五十一。

子纬,袭父职,佩虎符为万户。守潼川,立遂宁诸处山寨。从围钓鱼山,数战有功。授潼川路副招讨,迁副都元帅。复授管军万户,迁同知四川西道宣慰司事。入朝,进四川西道宣慰使,拜陕西行省参知政事。卒。

元礼,黑马第五子也。从父在军中,授金符,为京兆路奥鲁万户。中统四年,迁兴元、成都等路兵马左副元帅。

　　至元元年，迁潼川路汉军都元帅。二年九月，宋将夏贵率军五万犯潼川，元礼所领才数千，众寡不敌，诸将登城望贵军有惧色。元礼曰："料敌制胜，在智不在力。"乃出战，屡破之。复大战蓬溪，自寅至未，胜负不决。元礼谓将士曰："此去城百里，为敌所乘，则城不得入，潼川非国家所有。丈夫当以死战取功名，时不可失也。"即持长刀，大呼突阵，所向披靡，大败贵兵，斩首万余级。捷闻，赐锦衣二袭、白金三锭、名马一匹、金鞍辔、弓矢。召入朝，命复还潼川，立蓬溪寨。

　　元礼又奏："嘉定去成都三百六十里，其间旧有眉州城，可修复之，屯兵以扼嘉定往来之路。"世祖从之。四年，命平章赵宝臣往视可否。或以为眉州荒废已久，立之无关利害，徒费财力。元礼力争之，宝臣是其言，遂兴工，七日而竣。元礼镇守眉州五年，召入朝，乞解官养母，从之。九年，起授怀远大将军、延安路总管。卒。

　　初，伯林与夹谷常哥同守威宁，又同时来降。其父子功名与刘氏相埒焉。

　　夹谷常哥，女真人。既降，在祖命率所部守威宁。金人啗以大官，使反正，常哥缚其使以献。太祖嘉之，擢为万户兼招讨使。卒。后赠定襄郡公，谥忠敏。

　　子忙古带嗣万户，从木华黎平山东、河北。又从睿宗拔凤翔。明年，从破宋人于大散关。俱有功。太宗七年，从塔海绀卜伐蜀。明年上言："兴元形势，西控巴蜀，东扼荆襄；山南之地，无要于此。诚留兵戍守，招徕未降，择便水之田，授以牛种，既省关中馈运，亦制蜀一奇也。"帝从之，授兴元军民安抚使，领屯田事。

　　定宗即位，置行省于兴元，以忙古带领之，宋阆州守将马仲、巴州守将张文贵等皆来降。宪宗元年，宋制置使余玠败利州路元帅王进于金牛堡，遂围兴元。忙古带誓死拒守，城垂陷，会都元帅秃薛以授兵至，玠始遁去。宪宗嘉其功，授军民万户，再赐金虎符。七年，与刘黑马城成都，七日而工毕。中统三年，改赐虎符。四年，致仕，以子坚实嗣,卒年七十。后追封沔国公,谥忠靖。坚实,官至河南行省右丞。

　　郭宝玉,字玉臣,华州郑县人,唐中书令子仪之裔也。通天文、兵法,善骑射。金末,为猛安,屯定州。时童谣曰:"摇摇罟罟,至河南,拜阔氏。"既而太白经天,宝玉叹曰:"北军南,汴梁即降,天下改姓矣。"金人以独吉思忠、完颜承裕行中书省,领珍筑乌沙堡。大军至,思忠等败走,宝玉举兵降。

　　木华黎引见太祖,问取中原之策,宝玉对曰:"中原势大不可忽也。西蕃勇悍可用,宜先取之,藉以图金。"又言:"建国之初,宜颁新令。"帝从之。于是颁条画五章,如出军不得妄杀,刑狱惟重罪处死,其余杂犯量情笞决;军户,蒙古色目人每丁起一军,汉人有田四顷、人三丁者,金一军;年十五以上成丁,六十破老,站户与军户同;民匠限地一顷;僧道无益于国、有损于民者悉禁止之。皆宝玉所陈也。

　　帝将征西域,患其城多依山险,问宝玉攻取之策,对曰:"使其城在天上,则不可取,如不在天上,至则取矣。"帝壮之,授抄马都镇抚。从木华黎取高州,降北京、龙山,复帅抄马从锦州出燕南,破太原、平阳诸州县。

　　十四年,从帝西征,宝玉胸中流矢,帝命剖牛腹置其中,少顷,乃苏。进次忽章河,敌列两阵迎拒,战方酣,宝玉望其众疾呼曰:"西阵走矣!"其兵果走,追杀殆尽。从下寻思干城。次阿母河,敌筑十余垒,陈船河中,俄风涛暴起,宝玉令发火箭射其船,乘胜直前,破护岸兵五万,斩大将佐里,遂屠诸垒,收呼拉商部马里四城。

　　十六年,西域主札剌勒丁南走入铁门,宝玉追之,遂奔印度。帝驻跸大雪山前,时谷中雪深二丈,宝玉请封山川神。十七年三月,封昆仑山为玄极王,大盐池为惠济王。从者别、速不台转战有功,累迁断事官,卒于贺兰。二子:德海、德山。德山以万户从破陕州,攻潼关,卒。

德海，字大洋。资貌奇伟，亦通天文、兵法、金末，为谋克，击宋将彭义斌于山东，败之。知父宝玉北降，遁入太行山，大军至，乃出降，为抄马弹压。

从者别西征，渡乞则里八海，攻铁山，衣帜与敌军不相辨，乃焚蒿为号，烟焰漫野，敌军动，乘之，斩首三万级。逾雪岭西北，进军次答里国，讨平之。二十年，还至峥山，吐蕃帅尼伦、回纥帅阿必丁反，复俱擒斩之。

二十一年春，从元帅阔阔出游骑入关中，金人闭关拒守，德海引骁骑五百，斩关入，杀守者三百人，直捣凌风寨，以后兵不至，引还。太宗元年秋，破南山八十三寨，陕西平。德海导大将夔曲捏拔都，假道汉中，历金、房而东，与金将武仙遇于白河，德海提孤军转战，仙败走，复破金移剌粘哥于邓州。四年春正月，从睿宗败金兵于三峰山。又破金将合喜兵于中牟。完颜斜烈复帅军十万来拒，战于郑州，德海先登破之，杀其都尉左崇。以功迁右监军。五年正月，破金师于黄龙冈。六年，河南复叛，德海往讨之，炮伤其足，以疾归。卒。

德海请遣大臣试天下僧、尼、道士，选精通经文者千人，有能工艺者，则命小通事等领之，余皆为民；又诏天下置学廪育人才。太宗皆从之。子侃。

侃，字仲和。幼为丞相史天泽所器，留于家教养之。弱冠为百户，鸷勇有谋略。太宗五年，金将伯撒复取卫州，侃拒之，破其兵四万于新卫。遂渡河，追金主至归德。又从速不台攻汴西门，以功授总把。从天泽屯太康，复以下德安功为千户。

送兵仗至和林，改抄马那颜。从宗王旭烈兀西征。宪宗三年，至木剌夷。敌堑道，置毒水中，侃破其兵五万，斩其将忽都答而兀朱。五年，至乞都卜。其城在檐寒山上，悬梯上下，守以精兵悍卒。侃架炮攻之，守将火者纳失儿开门降。旭烈兀遣侃往说兀鲁兀乃算滩来降。其父阿力据西城，侃攻之，走据东城，复攻破杀之。六年正

月,至兀里儿城,伏兵,下令闻钲声则起。敌兵果来,伏发,尽杀之,
海牙算滩降。又西至阿刺汀,破其游兵三万,祸捗答而算滩降。至
乞石迷部,忽里算滩降。

从旭烈兀进攻报达,教主哈里发所都也。侃至,破其兵七万,屠
西城。又破其东城,东城殿宇,皆构以沉檀木,举火焚之,香闻百里,
得七十二弦琵琶、五尺珊瑚灯檠。两城间有大河,侃预造浮梁以防
其遁。城破,合里发登舟,睹河有浮梁扼之,乃自缚诣军门降。其将
纣答儿遁去,侃追之,至暮,诸军欲顿舍,侃不听,又行十余里,乃
止。夜暴雨,先所欲舍处水深数尺。明日,获纣答儿,斩之。

又西行三千里,至天房,其酋住石致书请降,左右信其言,易
之,不为备。侃曰:"欺敌者亡,军机多诈,若中彼计,耻莫大焉。"乃
严备以待。住石果来邀我师,侃与战,大败之,巴儿算滩降。

又西行至密昔儿,会日暮,已休,复驱兵起,留数病卒,西行十
余里顿军,下令军中,衔枚而进。敌不知也,潜兵夜来袭,杀病卒,其
酋可刀算滩大惊曰:"东将军,神人也。"遂降。

旭烈兀命侃西渡海,收富浪国。侃喻祸福,兀都算滩曰:"吾昨
所梦神人,乃将军也。"即来降。师还,至石罗子,敌来拒,侃一鼓败
之,换斯干阿答毕算滩降。宪宗九年,破兀林游兵四万,阿必丁算滩
大惧,来降。西南至乞里弯,忽都马丁算滩来降。西域平。侃以捷
告至钓鱼山,会宪宗崩,乃还邓州,开屯田,立保障。

世祖即位,侃上疏陈建国号、筑都城、立省台、兴学校等二十五
事,及平宋之策,其略曰:"宋据东南,以吴越为家,其要地则荆襄而
已。今日之计,当先取襄阳,既克襄阳,彼扬、庐诸城弹丸地耳,置之
勿顾,而直趋临安,疾雷不及掩耳,江淮、巴蜀不攻自平。"后皆如其
策。

中统二年,擢江汉大都督府理问官。三年二月,益都李璮反,夏
贵复来犯边。史天泽荐侃,召入见,世祖问计所出,曰:"群盗窃发,
犹柙中虎。内无资粮,外无救援,筑垒环之,坐侍其困,计日可擒
也。"帝然之,赐尚衣弓矢。夏贵焚庐舍,徙军民南去。侃追贵,过宿

迁县,夺军民万余人而还。赐金符,为徐、邳二州总管。贵以兵三万入寇,侃出战,斩首千余级,夺战舰二百。

至元二年,有言当解史天泽兵权者,天泽遂迁他官,侃亦调同知滕州。三年,侃上言:"宋人羁留我使,宜兴师问罪。淮北可立屯田三百六十所。每屯置牛三百六十,计一屯所出,足供军旅一日之需。"四年,徙高唐令,兼治夏津、武城等五县。从大军克襄阳。江南平,迁知宁海州。居一年,卒。

侃行军有纪律,野爨露宿,虽风雨不入民舍,所至兴学课农,吏民畏服。子秉仁、秉义。

史臣曰:元之兵制,汉人无将蒙古兵者。旭烈兀平木刺夷及报达,郭侃之功在怯的不花诸将之右。其事或虚罔不实,《春秋》之义:信以传信,疑以传疑。今仍采旧史之文,为列传云。

石天应,字瑞之,兴中永德人。善骑射,豪爽不羁,乡人多归之。太师木华黎南下,天应率众迎谒军门。木华黎即承制授兴中府尹、兵马都提控。天应造攻战之具,临机应变,捷出如神,以功拜龙虎卫上将军、元帅右监军。天应旌旗色黑,人目之曰黑军。从木华黎,大小二百余战,常身先士卒,累功迁右副元帅。

太祖十六年五月,拔洺州。九月,从木华黎自东胜渡河,取葭州,进克绥德。天应因说木华黎曰:"西戎虽降,实未可信。此州当金、夏之冲,士卒健勇,仓库丰实,加以长河为限,脱为敌军所梗,缓急非便,宜命将守之。多造舟楫,以备不虞。"木华黎然之,表授金光禄大夫、陕西河东路行台兵马都元帅,以劲兵五千,留守葭芦。遂造舟楫,建浮桥,诸将多言水涨劳费无功,天应下令曰:"有沮吾事者,断其舌!"桥成,诸将悦服。先时,金葭州守将王公佐收合余烬,攻函谷关,将图复故地,及见桥成,遂遁去。

一日,谒木华黎于汾水东,木华黎谕以进取之策。天应还镇,召将佐谓曰:"吾累卿等留屯于此,今闻河东西皆平川广野,可以驻军,规取关陕,诸君以为如何?"或谏曰:"河中虽用武之地,南有潼关,西有京兆,皆金军所屯,且民新附,其心未一,守之恐贻噬脐之悔。"天应曰:"葭州通鄜、延,今鄜已平,延不孤立,若发国书,令夏人取之,犹掌中物耳。且国家之急,本在河南。河中虽迫于二镇,实用武之地,北接汾、晋,西连同、华,若起漕运以通馈饷,则关内可克期而定。关内既定,河南在吾目中矣。吾年垂六十,一旦卧病床第,闻后生辈立功名,死不瞑目也。"

秋九月,遂移军河中。既而金军果潜自中条,袭河中。天应知之,先遣骁将吴泽伏兵要路。泽勇而嗜酒,是夕醉卧,金兵由间道已抵城下。时兵烬后,守具未完,敌乘隙入。天应见火举,知城已陷,左右从者四十余骑,皆劝其渡河。天应曰:"先时人谏我南迁,吾违众而来,今事急弃之,是不武也。纵太师不罪我,何面目以见同列乎!今日惟死而已,汝等勉之。"少顷,敌兵四合,天应力战,至日午,死之。木华黎闻而痛惜,以子焕中知兴中府事;执中,行军千户;受中,兴中府相副官。

初,天应死事时,弟天禹子佐中在军中。伺敌少懈,倒抽其斧,反斫之,突城而出,趋木华黎行营,率蒙古军数千回与敌战,败之。木华黎嘉其勇,奏授金符,行元帅事;寻诏将官各就本职,授兴中府千户。子安琬。

安琬,袭职,佩金符,从征大理、讨李璮皆有功。十三年,分宁盗起,行省檄安琬讨之。贼背山而阵,安琬引兵出阵后,贼惊溃,退而距守。安琬挥兵直抵垒门,贼扬言曰:"愿少容行伍而战,死且不憾。"安琬从之,贼果出,安琬突阵而入,大呼曰:"吾止诛贼首,庸卒非我敌也。"手刃中其背,生擒之。累功至右卫亲军副都指挥使,进阶怀远大将军,赐金虎符。后授大同等处万户,领江左新附卒万人,屯田红城。大德三年,李万户当戌和宁,亲老且病,安琬请代其行,及还,以病卒。

子居谦袭职,后改忠翊侍卫亲军都指挥使。

新元史卷一四七

列传第四四

李守贤　彀　伯温　守正　守忠　　何实
刘亨安　世英　　薛塔剌海　　四家奴
高闹儿　元长　灭里干　　王义
奥敦世英　保和　希恺　希尹　　田雄
史千　张拔都　忙古歹　世泽　　张荣
君佐　孙威　拱

　　李守贤,字才叔,大宁义州人。祖父小字放军,从金将攻宋淮南,飞石伤髀,录功,赏生口七十。主将分命将校杀所掠俘口,有失亡者,罪死。放军当杀五百人,皆纵之去。放军为人营救,亦获免。

　　金大安初,守贤暨兄庭植、守忠,弟守正,从兄伯通、伯温,降于国王木华黎,朝太祖于行在,即命庭植为龙虎卫上将军、右副元帅、崇义军节度使;守贤,锦州临海军节度观察使;守忠为都元帅,守河东。守贤自锦州迁河东南路兵马都总管。

　　太宗元年,朝于和林,加金紫光禄大夫,知平阳府事,兼本路兵马都总管。太宗南伐,道平阳。见田野不治,以问守贤。对曰:"民贫无耕具,且流亡未复,故荒田多。"诏给牛万头,仍徙关中生口垦地河东。三年,平阳当移粟万石输云中,守贤奏:"百姓疲敝,不任挽输。"帝嘉纳之。时河中未下，守贤请自北面凿城先登，如其言，城果下，遂构浮桥以通来往。明年，济河入潼关，大破金将赵雄兵于芮城。

时方会师围汴，留守贤屯嵩、汝二州。金将完颜延寿保嵩山太平寨，众十余万。五年正月望日，延寿等击球为戏，不设备。守贤潜遣壮士数十人，缘崖蚁附以上，杀其守卒，遂纵兵入，破之，下令禁抄掠，悉收余众以归。不两旬，连天、交牙、兰若、香炉诸寨，皆望风俱下，守贤未尝妄杀一人。蓝田贼王祐聚众据虢州南山，守贤使有招之，祐素惮守贤威略，即以所部降。六年冬十月卒，年四十六。

子毅嗣。九年，从太师塔海绀卜伐蜀有功。明年，攻磵门。又明年，征万州，会战于瞿塘峡，获战舰千余艘。十三年，朝行在，授河东道行军万户，兼总管。进兵攻成都，由广元出葭萌，度木爪坡，宋人闻毅至，潜伏以待。毅谍知之，令众衔枚疾进，伏兵不敢动。径克成都。

宪宗南伐，毅造浮桥济援兵，且断宋人往来之路。会江涨，浮桥断，宋将率舟师万艘逆战，毅以所部先犯之，诸军继进，遂大捷。明日，帝召诸将谓曰："汝辈平日自负骜勇，及临敌不能为朕立尺寸功。独李毅摧锋陷阵，视敌蔑如，言勇者如毅乃可耳。"赐白金二百五十两。中统三年，改河东路总管，佩金虎符。移京兆路，加昭勇大将军。未几，转洺磁路。至元七年正月卒，年四十九。子惟则，怀远大将军、平阳征行万户。

伯温，守贤从兄也。兄伯通从国王木华黎讨张致，殁于阵。伯温行平阳元帅府事，镇青龙堡。平阳陷，弟守忠被执，金人尽锐来攻。守卒多遁去。部将李成开水门，导敌入。伯温登城楼，谓左右曰："吾兄弟受方面之寄，今不幸失利，当以死报国，吾弟已被执，我不可再辱。"即拔剑驱家属投井，以刃植柱，刺心而死。金人登楼，见伯温抱柱，目不瞑，咸嗟叹之。

守正，质于木华黎，后为平阳守，活俘虏甚众，授银青荣禄大夫、河南路兵马都元帅。上党、晋阳合兵攻汾州，将陷。守正赴援，众寡不敌，别遣老弱百人曳薪扬尘，多张旗帜，敌谓大兵至，遂解去。汾人持牛酒迎犒，且泣谢曰："幸公完是州，德甚大，愿奉是州以从。"杨铁枪既降复叛，守正擒斩之。轩成据隰州，与守正相拒；中流矢疮甚。金大将合达复以众来攻，守正裹疮战殁。大帅以其兄守忠代之。

守忠，官至银青荣禄大夫、河东南路兵马都元帅，兼知平阳府事，从攻益都北还，部将彭智孙乘间据义州叛，守忠长驱抵城下，力战克之。太祖二十二年四月，金将纥石烈真袭攻平阳，行营招讨使、权国王按札儿屯于洪洞，守忠援之，师溃，婴城自守。副帅夹谷常德潜开东门，以纳金兵。城遂陷，金人执守忠至汴，诱使降。守忠骂之，金人怒，置守忠铁笼中，炙死。

何实，字诚卿，大宁人，父道忠，金北京留守。

实少孤，依叔父以居，家人常入卧内，见一青蛇蜿蜒被中，骇而视之，乃实也。及长，通诸国译语，骁勇善骑射，远近之民慕其雄略，咸倾心归附。

张鲸既纳款，复以叛诛。鲸弟致亦谋叛，使问于实，实叱之曰："天命今在朔方，汝等为不轨，徒自毙耳。"乃籍户口一万、兵三千来归。国王木华黎与论兵事，奇变百出，甚称之。引见太祖，献军民之数，帝大悦，赐鞘剑一，命从木华黎充前锋。

时致据锦州，实与贼遇于神水县，挺身陷阵，大破之。木华黎奏赐鞍马、弓矢。以功，为帐前军马都弹压。十二年，木华黎平河北、山东，使实率四千人徇曹、濮、恩、德、泰安、济宁诸州，薄潍州，与木华黎会，迁兵马都镇抚。十二年，从攻大同、鹰门及石、隰等州。引兵掠太原、平阳、河中、京兆，所向款附。木华黎录其功，表实为元帅左监军。

木华黎卒，子孛鲁嗣。武贵既降复叛，据邢州。实率所部围之，立云梯，先登。城破，贵遁走，逐北四十里，斩首二百余级。实下令，敢有剽掠者斩，军中肃然。孛鲁命实戍邢州，抚恤凋残，邢民敬爱之。孛鲁征西夏，分织匠五百户置局课织，以实领之。

太祖二十二年，赐金虎符，便宜行元帅府事。邢州岁屡饥，请移织匠局于博州，孛鲁从之，悯实劳瘁，檄东平严实与之分治军民。博州兵燹后，公私扫地，实以丝数印会子，权行一方，民获贸迁之利。

太宗二年，收诸将金符。九年，实入觐，贡金币纹绮三筐。次陵州，遇寇，实纵击，毙二十余人，生擒十余人。朝于幄殿，帝欢甚，命所获寇勿杀，仍以赐实，是日，赐坐，与论军中故事，良久，曰："卿效力有年，朕欲授以征行元帅，后当重任。"实叩头谢曰："臣披坚执锐，从事锋镝二十余年，身被十余创，右臂不能举，已为废人，臣不敢辱命，愿辞监军之职，幸得元佩金符，督治工匠。"帝默然不悦，命之射，实谢不能。命入宿卫，密使人觇之，实臂果不能举。始俞其请，赐宴，取金符亲佩之，授以汉字宣命，充御用局人匠达鲁花赤，子孙世其官，更赐白貂帽、减铁系腰、貂衣一袭、弓一、矢百，遣归。宪宗七年，卒。

子九人、孙十七人。子崇礼，授应奉翰林文字、同知制诰兼国史院编修官。

刘亨安，其先范阳人，后迁辽东川州。

国王木华黎经略辽东，其兄世英率宗人隶麾下，分兵收燕、赵、云、朔、河东，以功充行军副总管。河东被兵之后，民物凋残，世英言于木华黎曰："建国以民为本，今平阳诸路遗民殆尽。异日我师复至，孰给转输？收存恤亡，此其时也。"木华黎善之。以绛州边地，难其人，授世英绛州节度使，兼行帅府事。世英卒，无子，国王孛鲁命其族兄德仁袭职。金将移剌布哈攻绛州，城陷，死之。孛鲁承制以亨安领其众，奏赐金虎符，授镇国上将军、绛州节度使，行元帅府事，兼观察使。

太宗二年冬，从大军入关。明年春，从克凤翔。四年，从败金人于三峰山。五年,从平蔡州。既而宋兵入汴,趋洛阳,元帅塔察儿使亨安拒之,与宋军遇龙门北,挈戈突阵,众乘之,宋师大溃,追奔百余里。塔察儿拊其背曰:"真骁将也。"延坐诸将之右,劳赐甚厚。八年,从都元帅塔海征蜀。围成都,亨安为先锋,大破宋兵于城下,生擒其将陈侍郎,有乔长官与亨安争功,未几攻城,乔为炮所伤,亨安负之以出,乔感愧。

亨安从军十年,所获金帛悉推与将佐,故士卒乐为之用。六皇后称制二年二月,卒。子贞,嗣职。

薛塔剌海,大兴人,太祖引兵至北口,塔剌海帅所部三百余人来归。帝命佩金符,为水军炮手元帅。屡有功,进金紫光禄大夫,佩虎符为水军炮手及诸色人匠都元帅,便宜行事。从征西域,俱以炮立功,太宗四年,从睿宗假道金、房,败金兵于钧州三峰山。又从下南京,取鄢陵、扶沟。四月,卒。

子夺失剌,袭为都元帅,略地江淮,卒于军。

弟军胜袭。宪宗八年,从宪宗征蜀,攻苦竹崖、大林平、青居山,破重庆、马湖、天水,赐白金、鞍马,授武卫军炮手元帅,中统三年,李璮据济南叛,又以炮克其城,至元五年,从围襄阳,卒。

丞相阿术欲以千户刘添摄帅府事,子四家奴,年方十六,请从军自效,帝壮而许之,八年,始袭父爵。十年,从阿里海涯克樊城,四家奴以用炮,论功第一。十一年,从丞相伯颜渡江,至郢州,先登,克之。十二年,授武节将军。六月,与宋将夏贵战于峪溪口,夺其船二百余艘。十一月,屠常州。十二月,取平江。十三年,攻镇巢,进围扬州,守臣李庭芝弃城走,追获之。九月,进阶怀远将军。将兵徇浙东,遂入福建。与宋人战于滦江,破之。十六年,进阶镇国将军,留镇扬州。二十二年,改为万户。卒。

高闹儿,女直人,事太祖,从征西域。复从阔出太子、察罕那演伐宋,累有功,授金符总管,管领山前十路工匠军。宪宗悯其老,命子元长袭职。

元长，从世祖渡江攻鄂，还镇随州。至元二年，移镇李阳堡。五年，从元帅阿术建白河口、新城、鹿门山等处城堡。围襄、樊。七年，充李阳军马总管。十年，从攻樊城，先登。十一年，从渡江，与宋人战，杀三百余人，夺其船及铠仗，以功赐虎符，擢宣武将军。进兵丁家洲，败宋将孙虎臣等，夺其船太铠仗无算。又败夏贵于焦湖。从攻常州，先登。又从攻杭州。宋平，护送宋太后幼主至京师。以功进怀远大将军、万户。

二十一年，从镇南王脱欢征安南，追袭安南世子于海口，夺其战舰以还。二十二年，进安远大将军、李阳万户府万户。是年夏，复以兵追袭安南世子于三叉口，中毒矢卒。

子灭里干，初直宿卫，袭父职，领兵戍广东，寻移戍惠州。平谭大獠、朱珍等。元贞元年，移戍袁州，盗蔡陀头以众犯境，一战获之。寻，南恩盗起，复以兵歼之。还，卒于袁州。赠怀远大将军、李阳万户府万户、轻车都尉、渤海郡侯。

王义，字宜之，真定宁晋人。世业农。义有胆智，沉默寡言。金人迁汴，河朔盗起，县人推义摄县事，称为都统。木华黎兵至城下，义率众以宁晋归焉。入觐，太祖赐骏马二匹，授宁晋令，兼赵州以南招抚使。时乱后，农皆失业，所在人相食，宁晋东薮泽，周回百余里，中有小堡曰沥城，义曰：“沥城虽小而完，且有鱼藕菱芡之利，不可失也。”留偏将李直守宁晋，自率众保沥城，由是归附者众。

金将李伯祥据赵州，木华黎遣义袭其城。会大风雨，义帅壮士，挟长梯疾趋，夜四鼓登城，杀守埤者。城中乱，伯祥挺身走天坛寨，一州遂定。木华黎承制授义赵州知州，兼赵、冀二州招抚使。太祖十二年，从大军南取洺州，还至唐阳西九门，遇金监军纳兰率冀州节度使柴茂等，将兵万余北行。义伏兵桑林，先以百骑挑之，诱纳兰至桑林，伏起，金兵大乱，奔还，获纳兰二弟及万户李虎。十三年，拔束鹿，进攻深州，守将以城降。顺天都元帅张柔上其功，擢深州节度使，兼深、冀、赵三州招抚使。

金将武仙以兵四万攻束鹿，谕军士曰："束鹿兵少，城无楼橹，一日可拔也。"义固守月余，仙不能克。一夕，义召将佐曰："今城守虽固，然外无援兵，粮食将尽，岂可坐而待毙。"椎牛飨士，率精锐三千，衔枚夜出，直捣仙营。仙军乱，乘暗攻之，斩馘数千人。仙率余众遁还。悉获其军资器仗。木华黎闻之，遣使送银符十，命义赐有功者。十五年，拔冀州，获柴茂，械送军前戮之。授龙虎卫上将军、武安军节度使，行深、冀二州元帅府事，赐金虎符。

十六年，仙复遣其将卢秀、李伯祥陷沥城，率战舰数百艘沿河而下，义以舟师截其下流，邀击之，士卒皆习水战，敌莫能当。擒秀。伯祥退保沥城，义引兵拔之。伯祥遁走。邢州盗赵大王，聚众数千，据任县固城水寨，真定史天泽集诸道兵攻之，不能下。义引兵薄其城，一鼓破之，获赵大王、侯县令等，余党悉平。义乃布教令，招集散亡，督劝农功，深、冀之间，遂为乐土。未几卒。

奥敦世英，女真人。其先世仕金，为淄州刺史。大兵下山东，州民奉世英及弟保和迎降，皆授为万户。世英偏傥有武略，由万户迁德兴府尹。时金经略使苗道润率众欲复山西，世英拒战，败之，将尽杀所俘。其母责之曰："汝华族也，畏死而降，岂可歼同类，以立威名！"世英感母言，皆宥之。未几，巡部至定襄，卒于军。

保和，由万户升昭勇大将军、德兴府元帅，赐虎符，改雄州总管。寻以元帅领真定、保定、顺德诸道农事，垦田二十余万亩。改真定路劝农事，兼领诸署，赐居第、弓矢、裘马，给户，食其租。年五十六，致仕。保和四子：希恺、希元、希鲁、希尹。

希恺，袭父职。皇太后赐以锦服，曰："无坠汝世业。"大军伐宋，置军储仓于汴、卫，岁输河北诸路粟以实之，分冬月三限，失终限者死，吏征敛舞法，病民尤甚。希恺知其弊而宽之，事集，民无罹法者。寻以劝农使兼知冀州，蒙古军占民田久不归，希恺夺而返之，军无怨言。至元二年，迁顺天府治中。三月，改顺德府。又逾月，擢知河中府。秩满归。时阿合马专政,官以贿成,希恺不往见之,降武德将军、知景州。数月卒。

希元,彰德路漕运使。

希鲁,澧州路总管。

希尹,中统三年,李璮叛,世祖命丞相史天泽讨之,希尹谒天泽面陈利害,愿从军自效。天泽试以骑射,壮之,命充真定路行军千户。与贼战,矢无虚发,贼败走入城中。希尹请深沟高垒,不战而坐待其困。天泽从之,璮就擒。至元十一年,枢密院录其功,自右卫经历,六迁至同知广东道宣慰司事。卒。

田雄,字毅英,北京人,以骁勇善骑射知名,金末署军都统。太祖兵至北京,雄率众出降,隶国王木华黎麾下,从平兴中、广宁诸郡,定府州县二十有九。又从攻邢、相二州,及鄜、坊、绥、葭、诸州,俱有功。木华黎承制授隰、吉二州刺史,兼镇戎军节度使,行都元帅府事,平汾西霍山诸寨。既而金兵至,雄不能守,弃隰州,归于木华黎。太祖十七年,以木华黎命,授河中帅,听石天应节制。

太宗二年,从攻西和、兴元,赐金符,授行军千户,召为御前先锋。别将一军,攻克桢州雷家堡。招纳河南降附,得户三万七千有奇,民皆安堵。五年,授镇抚陕西、总管京兆等路事。雄披荆棘,立官府,开陈祸福,招徕堡寨之未降者,获其人,皆慰遣之,由是归附者日众。雄乃教民力穑,京兆大治。事闻,赐金符,定宗元年,入觐于和林,以疾卒,年五十八。后追封西秦王。

子大明,袭职,知京兆等路都总管府事。

与雄同隶木华黎部下者,有河州人史千。木华黎南下,千率众迎降,授镇西元帅,佩金符。从太宗围凤翔。又从大军略汉中,取河南,俱有功。诏领平阳、太原两路兵,戍关中,为田雄之副。后告归,卒于家。

张拔都,昌平人,太祖南征,拔都率众来降,愿为前驱。遂从大将罕都虎征河西诸蕃，屡战，流矢中颊不少却。帝闻而壮之，赐名拔都。罕都虎亦专任之。金亡，罕都虎为炮手诸色军民人匠都元帅，守真定，卒，无子，以拔都代之。及罕都虎兄子赡阇长，拔都请于朝，归其职于赡阇。后卒于家。

子忙古台，从宪宗攻钓鱼山、苦竹隘二城，亲冒矢石，屡挫而不沮，以勇闻。中统元年，赐银符，预议炮手军府事。寻易金符，为行军千户，从征襄樊有功。卒。

子世泽袭，从丞相伯颜南征，大小十余战，皆有功。又从平广西。明年，收琼、万诸州，拜宣武将军、行军总管。未几，迁行军副万户，加明威将军。从镇南王伐交趾，既还，议再举。有万户脱欢当行，病不能起，世泽曰：“吾祖父以力战荷国厚恩，吾蒙其余泽，当输忠王室，岂可苟为自安计耶！”请代脱欢行，人服其义勇云。

张荣，清州人，后徙鄢陵。从石抹明安降，太祖赐虎符，授怀远大将军、元帅左都监。领军匠，从太祖征西域诸国。十五年八月，至西域莫阑河，不能涉。太祖召问济河之策，荣请造船，以一月为期。乃督工匠造百船，及期师毕济。太祖赏其功，赐名兀速赤。十八年七月，擢镇国上将军、水军炮手元帅。十九年七月，从国王孛罗征河西。二十一年，从征关陕五路。十月，攻凤翔，炮伤右髀。赐银三十锭，养病于云内州。太宗三年七月，卒，年七十三。

子奴婢，袭佩虎符、炮军水手元帅，领诸色军匠。太宗伐金，命由关西小口，收附金昌等州。授怀远大将军。累迁辅国大将军。领蒙古、汉军守均州，宋兵来袭，奴婢大败之。复与宋兵战，流矢中右臂。中统三年，卒。年七十五。

子君佐，袭佩虎符、水军炮手元帅，戍蔡州。五年，从都元帅阿术攻襄阳。至元八年，调守襄阳一字城、骆驼岭，攻南门牛角堡，破之。攻樊城，亲立炮摧其角楼。十年，襄阳降。参政阿里海牙以宋降将吕文焕入朝，敕召蒙古、汉人万户凡二十人陛见，各以功受赏，君佐预焉，命还镇。十一年，从大军渡江，至沙洋。丞相伯颜命率炮手军攻其北面,焚城中民舍几尽,遂破之。赐良马、金鞍、金段。又以火炮攻阳逻堡,破之。十二年,从大军与宋将孙虎臣战于丁家洲,复从丞相阿术攻扬州。是年冬,又从诸军破常州。

十三年,擢怀远大将军,率所部屯真、扬二州间,绝宋粮道。宋制置李庭芝、都统姜才弃城走,扬州平,以君佐为安庆府安抚司军民达鲁花赤。十四年春,安庆野人原及司空山天堂贼,将攻安庆,君佐密侦知之。时城兵仅数百人,君佐命扼贼出没要道;贼不敢入,乃袭陷黄州。大军复黄州,授君佐为黄州达鲁花赤。十五年,加镇国上将军,仍水军炮手元帅。十九年,命率新附汉军万人,修胶莱河以通漕运。二十一年,兼领海道运事。是年卒。

孙威,浑源人,幼有巧思。金贞祐间,应募为兵,以骁勇称,及来降,守将表授义军千户,从军攻潞州、凤翔,皆有功。善为甲,尝以意制蹄筋翎根铠以献,太祖亲射之,不能彻,大悦。赐名伊克乌兰,佩以金符,授顺天、安平、怀州、河南、平阳诸路都总管。威突战不避矢石,帝劳之曰:“汝纵不自爱,独不为吾甲计乎!”因召诸将问曰:“汝等知所爱重否?”诸将对,皆失旨。太祖曰:“能捍蔽汝等以立功名者,非威之甲耶!尔辈何言不及此?”复赐威锦衣。威性仁慈,恐民有横被屠戮者,辄以简工匠为言,全活之。卒,年五十八。至大二年,赠中奉大夫、武备院使、神川郡公,谥忠惠。

子拱,袭顺天、安平、怀州、河南等路甲匠都总管。巧思如其父,常制甲二百八十袭以献。至元十一年,别制叠盾,其制,张则为盾,敛则合而易持。世祖以为古所未有,赐币帛旌之。丞相伯颜南征,以甲胄不足,召诸路集民匠分制。顺天河间甲匠先期毕工,且绘虎豹异兽之形,大为帝所称叹。十五年,授保定路治中,岁饥。议开仓赈民,或曰:“宜请于朝。”拱曰:“救荒事不可缓,若得请而后发粟,则民馁死矣。苟见罪,吾自任之。”遂发粟四千五百石以赈饥民。二十二年,除武备少卿,迁大都路军器人匠总管、工部侍郎。

成宗即位,典朝会供给。赐银百两、织纹段五十匹、帛二十五匹、钞万贯。元贞二年，授大同路总管，兼府尹。大德五年，迁两浙都转运使。盐课旧二十五万引，岁有亏负，拱至，增五万引，恢辨虽充，民无扰累，遂为定额。九年，改益都路总管，兼府尹，仍出内府弓矢、宝刀赐之。卒于官。赠大司农、神川郡公，谥文庄。

新元史卷一四八

列传第四五

郝和尚拔都 天挺　何伯祥 玮

王善 庆端　梁瑛 天翔　杜丰

思明 思忠 思敬　王玉 忱

　　郝和尚拔都,安肃人,出于朵鲁别族,以小字行。幼为国兵所掠,长通译语,善骑射。太祖遣使宋,往返再四,以辨称。授太原府行军元帅,佩金符。

　　太宗三年,授行军万户,七年,从定宗伐宋。围襄阳,宋兵阵汉水上。率先锋数百人,直前突之。宋兵溃走。八年,从都元帅塔海伐宋,克兴元。宋将王连以重兵守剑关;募死士乘夜攻之,遂入关,直抵成都。明年,取夔州,宋舟师来援。和尚拔都乘轻舸径进,既出复入,宋人莫能当。由是以敢战名。

　　十二年,朝太宗于行在,命解衣,数其创痕二十有一,进拜宣德、西京、太原、平阳、延安五路万户,易佩金虎符,以兵二万属之,复赐上厩马二、西域马三,锦帛弓铠有差。六皇后称制三年,朝定宗于宿瓮都之行宫,赐银万锭,辞以"赏厚,臣不敢独受,愿分于将校。"遂奏刘天禄等十一人,皆赐金、银符。

　　定宗三年,诏还治太原,凡租税、盐课,悉蠲其过重者,岁饥,出银六千锭、粟千石,羊千头以赡国用。四年,升万户府为河东北路行省,得以便宜行事。宪宗二年,卒。追赠太保、仪同三司、冀国公,谥忠定。七子：天益，佩金符，太原路军民万户都总管；仲威，袭五路万户；天举，大都路总管兼府尹；天祐，陕西奥鲁万户；天泽，夔州路总管；天麟，京兆等路诸军奥鲁万户；天挺，最知名。

天挺，字继先，受业于元好问。

以勋臣子召见，世祖嘉其容止，诏以文学之事侍皇太子。云南建行省，除参议行尚书省事，寻擢参知政事；又擢陕西汉中道廉访使。未几，入为吏部尚书，寻除陕西行御史台中丞、四川行省参政、江浙行省左丞，俱不赴。

武宗即位，拜中书左丞，与宰相论事不合，辄面斥之。一日，以敷奏明允，特赐黄金百两，不受。武宗曰："非利汝第，旌汝敢言耳。"

仁宗即位，诏天挺与张间等十人共议大政，革尚书省诸弊。出为江西行省右丞，改河南行省。召拜御史中丞。入见，首陈纲纪之要，以猎为谕曰："御史击奸，有似鹰扬禽之，弱者易获也。其力大者，必藉人之力。不然，有伤鹰之患。"仁宗韪之。又上书陈七事，曰：惜名爵、抑浮费、止括田、久任使、论好事、奖农务本、励学养士，诏中书省施行。寻拜河南行省平章政事。时卜怜吉歹为行省丞相，待以师礼。皇庆二年，卒，年六十七。赠光禄大夫、中书平章政事、柱国，追封冀国公，谥忠定。

好问撰《唐诗鼓吹》十卷，天挺为之注，赵孟𫖯序其书，以为唐人之于诗，非好问不能尽去取之工，非天挺亦不能发比兴之蕴云。

子佑，字君辅。仁宗时拜殿中侍史，以廉直称。迁陕西行省参知政事，拜陕西行台侍御史。

孙忠恕，翰林待制，献所著《无逸图》。命预修辽、金、宋三史，书成，即谢病归，卒于家。

何伯祥，字世麟，其先陕州人，后徙易州。父渊，知易州。伯祥以行军千户隶张柔部下。时保定经略使王子昌、信安公张甫坚守不降。子昌，金骁将也，柔命伯祥取之。伯祥薄其城而阵，子昌出走，伯祥追及之，子昌反射伯祥中手贯枪，伯祥策马弃枪，徒手搏之，禽子昌及所佩金虎符，甫亦遁去。伯祥遂攻西山诸寨，悉平之，取三十余城。后从破蔡州，以功授易州等处军民总管。

太宗九年，从察罕伐宋，伯祥拔三十余寨，获战舰万余艘。宋人以兵二万守洪山，伯祥逆战，破之。又从克光州，进攻黄州。有小舟来觇，张柔曰：“此侦者，吾当备之。”命伯祥伏兵赤壁，以伺之。夜，果水陆来攻，伯祥横击宋师，大败之。军还，又拔张家寨，俘斩万级。大帅口温不花、察罕以其功上闻。及张柔入觐，面奏伯祥战功，赐宣命、军符，充易州等处行军千户，兼军民总管，仍赐厩马、衣甲。柔常命伯祥摄帅府事，军事皆咨之。

宪宗二年，又从大军南征，深入敌境。察罕由别道遽还，诸将仓皇失措，伯祥曰：“此必为敌所遏，不如出其不意，使不能测我，乃可出也。”遂直抵司空山寨，为攻取之势。既夜，分所部为十营。营火十炬，伏精卒于营前，黎明，整众徐行。宋兵果追之，遇伏，惊溃，大败之，转战千余里，诸军赖以拔出。帝闻之，赐黄金二百两。

世祖伐宋，以伯祥参预军事，后卒于鄂州。延祐初，赠推忠保节功臣、太保、仪同三司、上柱国，追封易国公，谥忠毅。子瑛、玮。瑛，行军千户，与子德隆俱战殁。

玮，字仲韫。年十六，从张柔见世祖，帝感其父之殁，授玮易州知州，未几，袭行军千户，镇亳州。从围樊城，宋将夏贵帅舟师来援，玮营于城东北，扼其冲。贵纵兵烧北关，进逼玮营，万户脱温不花等邀玮入城，玮不从，率所部力战，贵败走。

至元十一年，伯颜伐宋，以玮为帐前都镇抚。伯颜令军中拒命者屠之。玮谏曰：“丞相吊民伐罪，宜以不杀为本。”伯颜善其言。及克黄家湾、沙洋堡，使玮抚定其民，则沙洋已屠矣。进攻阳罗堡，夏贵列战舰于上下游，玮从阿术先济，奋击之，贵败走。又败贾似道于丁家洲，授武德将军、管军总管，佩金虎符。宋平，进怀远大将军、太平路军民达鲁花赤。俄迁户部尚书，行两淮都转运使。阿合马用事，谢病归。

十八年,召参议中书省事。出为江南浙西道提刑按察使,改大名路总管。二十八年,迁湖南宣慰使。三十一年,拜中书省参知政事。时宰执十二人,玮以政出多门,辞不拜。

大德四年,除侍御史,又以母疾辞。七年,改授御史中丞。玮刚直无所顾忌。奏政要十事,以纾民力、制国用、备荒政、重吏禄、开贤路为急务,且曰:"丞相安童甚贤,而相业前后异者,盖初则有史天泽、廉希宪、许衡诸人为之佐,及再相,则诸人去矣。"成宗嘉纳之。京师孔子庙成,玮请建国学于庙侧,从之。地震,上言:咎在大臣。明日,洪双叔、木八剌沙、阿老瓦丁皆罢政事。既而赛典赤、八都马辛等召还,玮言:"奸党不可复用,宜选正人以为辅弼。"疏入,报闻。御史郭章劾郎中哈剌哈孙受赇,已抵罪。哈剌哈孙结权幸,以枉问逮章。玮言于帝曰:"陛下杀郭章,如祖宗法度何?"帝意解,即释之。

九年冬,将有事于南郊,议配享,玮曰:"严父配天,万世不易。"不果行,成宗崩,左丞相阿忽台奉皇后命,集议成宗祔庙及皇后摄政事。玮曰:"朝廷故事,惟亲王得与此,非臣所敢知。"阿忽台变色,以唐武后为辞。玮曰:"彼有庐陵王,事体不同。"及出,劝右丞相答剌罕、御史大夫塔思不花密白武宗及皇太后,早定大计。

武宗即位于上都,除玮副詹事,复遥授平章政事、商议中书省事。武宗至,群臣郊迎,帝问:"孰为何中丞。"玮出拜,帝曰:"闻卿忠直,其匡朕不逮,勿有所隐。"

至大元年,迁詹事,兼卫率使。拜中书左丞,仍商议中书省事。越王秃烈请置吏自赋,脱虎脱等议建尚书省易钞法,玮皆奏格之。未几,出为河南行省平章政事;佩金虎符,提调屯田事。帝召至榻前,谕曰:"汴事重,屯田久废,卿当为国竭力。"赐黑貂裘、锦衣各一袭。玮行部至扬州,民负镇南王钱,王佣之,岁满没入为奴。玮白王释之。奸人赵万儿造妖言,事觉,连南阳、归德等路数百家,玮按诛万儿,尽释逮系者。岁余,增河南屯田米十七万石。又经理荆湖废屯。岁得米百余万石。以行台钱五十万建国学,买地三千亩立书院于南阳,祠诸葛亮。又请置洪泽芍陂屯田万户府儒学教授。三年,改行尚书省平章政事,卒,年六十六。皇庆中,赠推忠佐理同德功臣、太傅、开府仪同三司、上柱国,追封梁国公,谥文正。子德严,顺德路总管;德温,武略将军、副万户。

王善,字子善,真定藁城人。姿貌雄伟,多智略,金宣宗南迁,河朔群盗蜂起,藁城人推善为首,使捍卫乡里,授本县主簿。

未几,权中山府治中。时武仙在真定,忌善威名,密使知府李济、通判郭安图之。善觉,袭杀二人,来降,授同知中山府事,佩金符。率所部三百人攻武仙,仙遣裨将拒战,善擒斩之。仙走获鹿,使其将段琛城守,善进攻拔之,军势大振。自中山以南,降州县四十有二。

十五年,迁中山、镇定等路招讨使。寻加右副元帅、骠骑大将军,屯藁城。十七年,升藁城为永安州匡国军,以善行帅府事。明年,进金吾卫大将军、左副元帅。武仙既降,善奏:“仙狼子野心,终必反复,请修城堑为备。”十九年,仙果叛,率众来攻,及西门,善力战却之,仙自是不敢复入真定。二十一年,赐金虎符,仍行帅府事。

太宗四年,从攻河南,至郑州,守将马伯坚素闻善名,登陴呼曰:“藁城王元帅在军中否? 愿以城降之。”善免胄应之,伯坚果出降。八年,兼河北西路兵马副总管。十三年,授知中山府事,属县新乐居冲要,迎送供给,倍他县,民不堪命。善出家赀助之,民怀其德。卒。年六十一。皇庆元年,赠银青光禄大夫、司徒,追封冀国公,进赵国公,谥武靖。

子庆渊,行军千户,战殁;次子庆端。从子思义,从征江西广东有功,官广东兵马招讨使,兼领韶州路总管。

庆端,字正甫。初为本路管库官。迁水军提领,训练将士常如临敌。败李璮于老鸹口,以功授金符,为千户。监筑大都城,议用甓,庆端请易以苇,省费不赀。事竣,第劳赏,庆端固辞,且言共事者有

颜进，遂擢进千户，别赐庆端银钞。大军伐宋，使庆端戍清口，宋人
觇知虚实，来攻，守将战没，城垂陷，庆端拔刀誓众，树栅，以手臂创
剧，割之，力战数日，敌卒退。进武节将军、管军总管，领左右中卫
兵。至元初，从世祖北征，还，迁右亲军副指挥使，进侍卫军都指挥
使。庆端建武威营，以处卫兵，又别立神锋军，教以蹶张之技，又作
整暇堂、屏利局，经画田庐，如治家事。其后诸卫皆取以为法。

十九年，设詹事院，就兼詹事丞，有司欲贷威武卫仓谷万石，以
赈饥民。皇太子问庆端，对曰："兵民一体，何问焉！"即日付之，世祖
闻其事，叹曰："真宰相之器也。"帝遣近侍夜出诇察，为逻卒所执，
告以故，卒曰："军中知将令，不知其他。"近侍奏闻，赐庆端黑貂裘
以奖之。及亲征乃颜，敕庆端以所部扈从。庆端年六十余，与士卒
同甘苦，夜不解衣而卧，暇日使士卒为军市，自相贸易。故经年暴
露，士无饥色。事平，世祖北巡，命庆端先归。庆端引义，仍求扈从，
帝嘉奖之。

世祖崩，庆端言于裕圣皇太后，谓："神器不可久虚，宜速定大
计，以慰天下之望。"成宗即位，论翼戴功，拜金吾卫上将军、中书左
丞，行徽政院副使，兼隆福宫左都卫使。大德二年，加荣禄大夫、平
章政事、金书枢密院事，兼使如故。十二月，以疾卒。皇庆二年，赠
金紫光禄大夫、开府仪同三司、上柱国，追封翼国公，谥忠武，子桓，
亦官至平章政事。

梁瑛，汾州平遥人，有勇力，善骑射。太祖十三年，率众降于木
华黎，授元帅左监军，使攻城堡之未下者。瑛招怀降附，甚得人心。
十四年，从按赤那延径回牛、凤栖二岭，攻克平阳、霍州、晋安、沁、
潞等数十州县。又逾太行，略怀、孟等州。十五年，从木华黎入陕西，
天寒，黄河冰合，诸军平渡，遂攻拔祯州，擢征行都元帅，佩虎符，以
平遥县行平安州事，使瑛领之。二十二年，金人陷平阳、太原，摄国
王按札尔檄瑛会兵讨之。敌败之。

太宗元年，入觐，适改定天下官制，特授瑛御前千户，佩金符。

二年，扈驾南征，至凤翔，使瑛别将所部西略宋地，克西和、兴元十余城。四年，从诸将败金兵于三峰山。时降人日众，诸将以粮不继，欲尽杀之。瑛曰："杀降不祥。"凡隶麾下者，皆得免死。十一年，从塔海甘卜伐蜀，略重庆、万州，败宋人于夔州，作皮浑船以济师。奏擢征行万户，留镇兴元。又从塔海围资州，逾月始下。塔海欲坑其众，瑛曰："今始得一城，而坑之，他城未易下也。"事获已。瑛喜曰："吾大小百余战，未尝败衄，所全活者，亦不下数千人，可以无愧于心矣。"十三年，从塔海攻成都，自新井入，诈立宋将帜，以诱城中。宋制置使丁黼夜出战于石笋街，败死，遂克其城。

六皇后称制元年，宋人再陷成都，瑛复从塔海攻之，与先锋秃薛擒其制置使陈隆之，成都平。定宗二年，瑛告老，不允，以瑛充西京、平阳、太原、京兆、延安五路万户，治太原。子翼，袭行军千户。瑛以太原甫定，民多流散，奏请给复三年，于是四方来归者三万余户。宪宗六年卒，年六十六。

三子：翼、羽、天翔。翼，由千户累官成都转运使；羽，太原路行军千户。

天翔，字飞卿。生而颖异，读书能知大义，通习国语，尤善射。年十八，授平遥县尹，召父老十余人询以民事，众曰可，而后行。境内翕然颂之。中统五年，授同知怀孟路奥鲁总管府事。至元九年，改介休县尹，县南北驿冲，诸王使命络绎，天翔迎送供亿，民不扰而事集。承制金兵以戍南边，天翔第民众寡甲乙为伍，咸服其公允。

十三年，用部使者荐，授同知郢州事。州初附，人怀反侧，不逞者聚而为盗，天翔捕首恶，杖杀之，余释不问，一境慴服。擢金岭南广西道提刑按察司事，再迁海北广东道提刑按察副使。宣慰使白甲贪虐，土豪因众怒谋为乱，天翔劾罢之，民心遂靖。转奉议大夫、四川道提刑按察副使。岁饥，天翔欲发廪赈之，众议上闻，天翔独曰："报下，则民殍矣。朝廷罪责吾当身任。"遂发粟四万石，事闻，世祖题之，桑哥秉政，遣使括天下钱谷，檄天翔分理其事。天翔不希旨刬剔,时论称之。建言:"思、播、八番蛮獠怙险为盗,窃宜迁其右部郡县之,且选能吏驭之,使知悚惧。"后设宣抚使镇其地,由天翔请也。俄迁奉政大夫、浙东海右道提刑按察副使,未上。

二十六年,授云南行台侍御史。天翔下车,访军民利病,条汰冗员,薄税敛,省驿传,迁土官,恤兵政,已逋悬,布威德,怀远人,共二十余事,世祖嘉纳焉。入为吏部侍郎。高丽饥,诏天翔往赈,还,除少中大夫、成都路总管。又改西蜀四川道肃政廉访使。命下,而卒。年五十五。

子时中,信州路总管府治中;时正,清河县尹;时仁,浙东海右道肃政廉访司佥事;时义,成纪县尹。

杜丰,字唐臣,汾州平遥人。少倜傥有大志,仕金为平遥县义军谋克,佩银符。太祖取太原,丰率所部降于国舅按赤那延,授兵马都提控。从攻平阳。又从克绛州、解州诸堡,招集流民三万余家,赐金符,擢征行元帅左监军。

太祖十五年,金将上党公张开寇汾州,丰击败之。从皇弟哈察儿略怀、孟,拔温谷、木涧诸寨,又攻克洪洞西山及松平山,斩获万计。十七年,授丰龙虎卫上将军、河东南北路兵马都元帅,便宜行事。

二十一年,从按赤那延克益都,遂略登、莱,降岛民万余。太宗元年,率本部克沁州及铜鞮、武乡、襄垣、浮山、沁源诸县。三年,命丰抚定平阳、太原、真定三路及辽、沁二州未降山寨。七年,授沁州长官。丰在沁州十余年,宽徭薄赋,劝农积谷,民以殷富。定宗二年,致仕。宪宗六年,封沁阳郡公,卒,年六十七。沁人立庙祀之。子三人:思明、思忠、思敬。

思明,字彦昭。丰致仕,思明袭父职。中统初,例迁隰、邓、陕三州刺史,政尚严猛,盗贼屏迹。至元十九年,从伯颜伐宋,攻阳罗堡,先登,授明威将军、吉州路总管达鲁花赤。卒年六十四。

思忠,字信甫。沁州诸军奥鲁长官。高丽金通精构乱,诏思忠讨之,谕以大义,高丽人遂降。还,授承务郎、固镇铁冶提举,思忠曰:"盐铁之政,古人所鄙营利,非余所能。"弃官归。时论高之。

思敬,字亨甫。许衡门人。事世祖于潜邸,累迁治书侍御史。阿合马败,台臣以不早言,皆斥去。思敬为世祖所眷,独留,出为顺德、安西等路总管。再入为侍御史。按治桑哥之罪,台纲振肃。未几,拜参知政事,改四川省右丞,不赴。以中书右丞致仕,卒年八十六,谥文定。

思明子洞,长宁州知州,思敬子肯构,山西道宣慰使;肯播,会州知州;肯获,陕西行省左丞。肯构子宣,光禄大夫、集贤大学士,追封晋国公。肯获子文献,晋宁路同知。

王玉,赵州宁晋人,父守忠,金承信校尉。玉长身骈胁多力,金末为万户,守赵州。大兵至,玉率众降。领本部军从攻邢、洺、磁三州,济南诸郡,号长汉万户。从攻泽、潞诸州,独潞州坚壁不下。玉力战,流矢中左目,竟拔其城。又破平阳,下太原、汾、代等州。师还,署元帅府监军,以赵州四十寨隶焉。

武仙既降复叛,杀元帅史天倪。宋将彭义斌在大名,阴与仙合,玉从笑乃带、史天泽,攻败武仙,擒义斌,驻军宁晋东里寨。仙遣人赍诰命,诱玉妻,妻拒曰:"妾岂可使吾夫为二心臣耶!"仙围之数匝,杀其子宁寿。玉闻之,领数骑突其围,斩获数百人而还。仙遣人追之,不敢进,皆曰:"王将军胆气骁雄,我辈非敌也。"仙乃尽发玉先世二十七冢。玉从史天泽诸将,败仙于赵州,仙粮绝,走双门寨,围之,会大风,仙独脱走,斩其将四十三人,真定遂平,加定远大将军,权真定五路万户,假赵州庆源军节度副使。

有负西域贾人银者,倍其母,不能偿。玉出银五千两代偿之。又出家奴二百余口为良民。时论称之。中统元年卒,年七十。子忱。

忱,字允中。幼明敏。平章赵璧引见裕宗,奏对称旨,命宿卫,掌钱谷计簿。至元十七年,授山北辽东道提刑按察司副使,秩朝列

大夫。驸马伯忽里，数出猎蹂民田，忱以法绳之。司吏耿熙言征北
京宣慰司积年逋负，可得钞二十万锭。帝遣使核实，熙惧事露，擅增
制语，有"并打算大小一切诸衙门等事"凡十二字，逮系官吏至数百
人。忱验问，知其诈，熙乃款伏。裕宗卒，忱建言："陛下春秋高，当
早建储嗣。"章三上，平章不忽木以闻。帝嘉纳之。

二十四年，改河北河南道提刑按察副使，忱以江南人鬻子北
方，名为养子，实为奴，乞禁之。又省部以正军余田出调发，忱言：
"士卒，冲冒寒暑，远涉江海，宜加优恤。"皆从之。颍州朱喜，俘于
兵，既自赎，主家利其资，复欲以为奴。又有诬息州汪清为奴，杀而
夺其妻子田宅者。狱久不决，忱皆平反之。劾罢镇南帅唐兀台，唐
兀台诬奏忱。逮忱至京师，面陈其事，世祖大悟，抵唐兀台罪。迁燕
南河北道肃政廉访副使，帝谓左右曰："此人非素餐者。"敕省台慰
遣之。二十七年，河间盐司盗印钞十余万，忱核正其罪。诸王分地
恩州，以钱贷民，倍其息，忱令子母相当则止，逾者有罚。先是金民
为兵，限私田四顷赡其家，忱曰："一兵岁费不啻千缗，区区限亩，岂
能充给。"奏请增田额以恤之，不报。至是，以戍兵贫乏，敕忱与诸臣
会议，简料真定、顺德、广平等路，得富民数百户充兵额，汰贫兵还，
人皆服其平允。三十年，拜广西道肃政廉访使，秩嘉议大夫，以疾
辞。

元贞元年，起为河东道肃政廉访使。五台山建佛寺，省臣择干
吏工部司程陆信董其役，驱民夫数千入山伐木，死亡大半。忱言于
皇太后，减其役，仍恤死者家，民德之。宗王分地河东，其左右哈塔
不花倚势虐民，忱按其事，已款伏，王为之请，忱不从。会车驾北巡，
哈塔不花亡走，诉忱不法。敕中丞崔彧问之。俄彧卒，哈塔不花又
上诉，敕省台官同鞫之。事皆不实，抵哈塔不花罪。

大德三年，迁江陵路总管，不行，又改汴梁路，河决原武，回回
炮手居鄢陵者万余户，忱督使趋工，不数日堤成，民尤颂之。至大三
年，拜云南行省参知政事，未行，卒，年七十九。追赠河南行省参知
政事、护军、太原郡公，谥宪穆。

忱与姚天福、陈天祥齐名，并以方鲠称于当世云。

　　史臣曰：郝和尚拔都诸人，披坚执锐，为时名将，又俱有贤子，振其世业。郝天挺之文学，王庆端、梁天翔之政事，王忱之谏诤，皆卿士之良也。何玮正色立朝，侃侃訚訚，尤不愧社稷之臣，庶几与张珪、李孟相伯仲矣。

新元史卷一四九
列传第四六

按竺迩　车里　步鲁合答　国宝　赵世延
野峻台　阿巴直　月乃合　马润　马祖常

按竺迩,雍古氏。幼鞠于外祖达工家,达工,术要甲氏,讹为赵家,故按竺迩亦姓赵氏。达工为金群牧使,太祖获其牧马,达工死之。

按竺迩年十四,隶皇子察合台部下。尝从猎射,获数麇,有二虎突出,按竺迩三发皆中之。由是以善射名。

从太祖征西域,以功为千户。二十年,从攻西夏积石州,先登,拔其城,围河州,破临洮,攻德顺,又从攻巩昌,皆有功。

太宗即位,以按竺迩为元帅,镇删丹州,自敦煌置驿通西域。三年,从围凤翔,按竺迩分兵攻西南隅,选死士先登,拔其城,追斩金将刘兴哥。分兵攻西和州,宋将强俊坚壁,欲老我师。按竺迩率死士诟城下挑战,俊怒,悉众出。按竺迩佯走,俊追之,因以奇兵夺其城,生获俊。余众退保仇池,进击,拔之。从攻平凉、庆阳、邠、原、宁夏,皆降。泾州叛,杀守将郭元恕,按竺迩往定之。众议屠城,按竺迩但诛首恶。师还原州,降民弃老幼夜亡走,众曰:"此必反,宜诛之,以儆其余。"按竺迩曰:"此辈惧吾驱之北徙耳。"遣人谕之曰:"汝等若走,以军法从事,父母妻子并诛矣。汝归,保无他。明年草青时,其具牛酒迎我。"民皆复业,豪民陈苟集数千人匿新寨诸洞,众议以火攻之。按竺迩曰:"招谕不出,攻未晚。"遂偕数骑抵寨,纵马解弓矢,召苟遥语之,折矢为誓。苟即率其众罗拜降。

金人守潼关,攻之,战于扇车回,失利。睿宗分兵由山南入金境,按竺迩为先锋,趣散关。宋人已烧绝栈道,复由两当县出鱼关,军沔州。宋制置使桂如渊守兴元。按竺迩假道于如渊曰:"宋仇金久矣。曷从我以洗国耻!今欲假南郑,由金、洋达唐、邓,会大兵以灭金,岂独吾利,亦宋之利也。"如渊遂输刍粮,遣百人,导大兵由武休关东抵邓州,西破小关子。金人大骇,谓我军自天而下。睿宗以玉杯盘、生口三十赏按竺迩假道功。

初,金将郭虾蟆自凤翔突围出,保金、兰、定、会四州。至是金亡,命按竺迩往攻之。围虾蟆于会州,食尽,城陷,虾蟆手剑驱妻子于一室,焚之。有一女奴抱儿出,泣授人曰:"将军尽忠,忍使绝嗣,此其幼子也,幸垂哀悯。"言毕,复赴火死。按竺迩闻之恻然,命收养之。金将汪世显守巩州,按竺迩奏记皇子阔端,请遣使招子。皇子遣按竺迩往,世显果降。太宗劳之曰:"长军民官,何官为尊,任汝自择。"按竺迩固辞。乃拜征行大元帅。赐锦衣。

七年,大军伐蜀,皇子出大散关,分兵令宗王穆哥等出阴平。按竺迩领炮手兵为先锋,破宕昌、阶州。攻文州,守将刘禄坚守不下,谍知城中无井,乃断其汲道,率勇士梯城而上,陷之,禄不屈死。因招徕吐蕃酋勘陀孟迦等十族,赐以金符,略定龙州,遂与大军合,进克成都。师还,成都复叛。

按竺迩言于宗王曰:"陇西州县甫平,人心犹贰,西汉阳陇、蜀之冲,宜得良将镇之。"宗王曰:"无以易汝。"分蒙古千户五人,隶麾下以往。按竺迩命侯和尚等南戍沔州之石门,术鲁西戍阶州之两水关,谨斥堠,严巡逻,境内帖然,敌不敢犯。

十一年,从元帅塔海伐蜀,克隆庆,进攻重庆,围万州,败宋舟师于夔门。十三年,连下西川二十余城,成都守将田显开北门迎降。其制置使陈隆之遁,追获之,缚至汉州,令诱降守将王夔。夔乘夜驱牛,突围走,遂斩隆之。六皇后称制元年,攻拔遂宁、泸、叙等州,进克资州。命按竺迩班师,安辑泾、邠二州。宪宗即位,宋制置使余玠攻兴元,文州降将于德新乘隙叛,执扈、牛二镇将,率众走江油。宪宗召按竺迩还镇。按竺迩遣别将直捣江油,夺扈、牛二将归。

中统元年,世祖即位,叛将阿蓝答儿、浑都海据关陇。时按竺迩以老,委军事于其子,帝遣宗王哈丹、阿曷马等西讨。按竺迩曰:"今内难方殷,岂臣子安卧之时? 吾虽老,尚能破贼。"遂引兵出删丹之耀碑谷,从阿曷马与贼合战。会大风,昼晦,大败之,斩馘无算。捷闻,帝赐玺书褒美,赐弓矢、锦衣。四年卒,年六十九,延祐元年,赠推忠佐运功臣、太保、仪同三司、上柱国,封秦国公,谥武宣。

子十人:车里、国宝、南家台、阿巴直、钦木儿、质儿瓦台、主浑、伯延、察野、连台儿、孛浪台。

车里,袭父职。从都元帅纽璘攻成都,宋将刘整以重兵守云顶山,车里败之,拔其城。又进攻重庆,车里将兵千人为先锋,渡马湖江,败宋兵于马老山。诸军还屯灰山,宋兵夜来劫营,复为车里所败,斩首二百级。世祖即位,赐金符,为奥鲁元帅,又改征行元帅。

至元二年,车里以老疾不任事,命子步鲁合答代领其军。至元八年,授步鲁合答管军千户,佩金符。宋将昝万寿攻成都,金省严忠范遣步鲁合答将兵七百人御之于沙坎,流矢中右颊,拔矢,战愈力,大败其军。十一年,行院汪良臣围嘉定,步鲁合答即率其众攻九顶山,克之,嘉定降。进攻重庆,宋军突围出走铜锣峡,行院呼敦遣步鲁合答追之,至广羊坝,斩首二百级。泸州叛,还军讨之,步鲁合答以所部兵攻宝子寨,岁余不下,造云梯以登。始克之。十六年,重庆降,以功迁武略将军、征行元帅。

二十一年,命统蒙古探马赤军千人从征金齿蛮,平之。都元帅蒙古歹征罗必甸,步鲁合答率游兵为前锋,江水暴溢,率众泅水而渡。傅城下七日,诸军始至,步鲁合答先登,拔其城,遂屠之。又从征八百媳妇,至车厘。车厘者,其酋长所居也。诸王阇阇命步鲁合答将游骑三百往招之降,不听,进兵攻之,步鲁合答毁其北门而入。赐金虎符,授怀远大将军、云南万户府达鲁花赤。卒。子忙古不花,袭管军千户。

国宝，一名黑仔。倜傥有谋略，按竺迩为元帅，军务悉以委之。

中统元年，从攻阿蓝答儿有功。阿蓝答儿部将火都据吐蕃之点西岭，国宝摄帅事讨之。众欲速战，国宝曰：“此穷寇也，宜少缓，以计破之。”火都欲西走，国宝据险要之。挑战，则敛兵自固。相持两月，潜师出其不意，擒之。捷闻，赐弓矢、金绮。

初，按竺迩告老，诏使车里袭征行元帅。车里以病不视事，国宝谓诸弟曰：“昔我先人立功西垂，关陇虽平，而西戎未戢，此吾辈自奋之时也。”乃遣部将谢鼎持金帛说降吐蕃，酋长勘陀孟迦从国宝入觐。国宝奏曰：“文州山川险扼，控制北蕃，宜城文州，屯兵镇之。”乃授国宝三品印，为蒙古汉军元帅并文州吐蕃万户府达鲁花赤。

国宝宣上威德，于是扶州诸羌呵哩禅波哩揭诸酋皆降，从国宝入觐。国宝图山川形势以献，诏授呵哩禅波哩揭为万户，赐金虎符，诸酋长为千户，赐金符。国宝治文州有善政。至元四年，卒。延祐元年，赠推诚佐里功臣、光禄大夫、平章政事、柱国，封梁国公，谥忠宪。国宝子世荣、世延，俱以赵为氏。

世荣，一名那怀，袭怀远大将军、蒙古汉军副元帅，兼文州万户府达鲁花赤，后以功进安远大将军、吐蕃宣慰使议事都元帅，佩三珠虎符。

赵世延，字子敬，一名达察儿，天资秀发，善读书。

弱冠，世祖召见，俾入枢密院、御史台习官政。至元二十一年，授云南诸路提刑按察司判官，时年二十有四。二十六年，擢监察御史，与同列五人劾丞相桑哥不法。中丞赵国辅，桑哥党也，抑不以闻，更以告桑哥。于是五人悉为所挤。桑哥知帝眷世延，独容之。救按平阳达鲁花赤也先忽都赃钜万，鞫左司郎中董仲威杀人狱，皆明允。二十九年，转奉议大夫，出佥江南湖北道肃政廉访司事。修澧阳县坏堤，严常、澧掠卖良民之禁，部内颂之。

元贞元年，除江南行御史台都事，丁内艰，不赴。大德元年，复除前官。三年,移中台都事,俄改中书左司都事。复为中台都事。六年,由山东肃政廉访副使,改江南行台治书侍御史。十年,除安西路总管。安西积讼三千牍,世延既至,不三月,剖决殆尽。陕民饥,省台议,请于朝赈之。世延曰:“救荒如救火,愿先发廪以赈,朝廷设不允,世延当倾家财以偿。”从之,所活者众。

至大元年,除绍兴路总管,改四川肃政廉访司使。蒙古军科差繁重,而就戍往来者扰民尤甚,且军官或抑良民为奴,世延皆除其弊。又修都江堰,民尤便之。四年,迁中奉大夫、陕西行台侍御史。先是,八百媳妇叛,右丞刘深讨之,兵败而还,坐弃市。皇庆元年,复命右丞阿忽台继往,世延言:“蛮夷地,在羁縻,而重烦天讨,致军旅亡失,诛戮省臣,藉使尽得其地,何补于国?今穷兵黩武,实伤圣治。朝廷当选重臣知治体者,付以边寄,兵宜止,勿用。”事闻,枢密院臣以为用兵国家大事,不宜以一人之言为进止。世延闻之,章再上,事卒罢。

二年,拜江浙行省参知政事,寻召还,拜侍御史。延祐元年,省臣奏:“比奉诏汉人参政用儒者,赵世延其人也。”帝曰:“世延诚可用,然雍古氏非汉人,其署宜居右。”遂入之中书,参知政事。明年,迁御史中丞。诏省臣自平章以下,送之官。其礼前所未有,由是为权臣所忌,乃假皇太后,命出世延为云南行省右丞。陛辞,帝特命留之。三年,右丞相帖木迭儿罢。未逾月,复起为太子太师,世延劾其罪恶十有三,诏夺其官。寻迁翰林学士承旨,兼御史中丞,世延固辞,乃解中丞。五年,进光禄大夫、昭文馆学士,守大都留守,乞补外,拜四川行省平章政事,世延议即重庆路立屯田,得江津、巴县闲田七百八十三顷,摘军千二百人垦之,岁和粟万一千七百石。

仁宗崩,帖木迭儿复居相位,锐意报复,属其党何志道,诱世延从弟胥益儿哈忽诬告世延。逮世延置对,中途遇赦。世延以疾抵荆门,留就医。帖木迭儿遣使逮至京师,复使人讽世延唊以美官,令告引同时劾己者。世延不听,乃坐以违诏书不敬,又谋害宰相,当处极刑。帝以事在赦前,不允。帖木迭儿更以它事白帝系之,刑曹逼令自裁,世延不为动。逾年,胥益儿哈忽亡去,中书左丞相拜住屡言世延亡辜,命出狱养疾。光是,帝猎北凉亭,顾谓侍臣曰:"赵世延,先帝所尊礼,而帖木迭儿妄入其罪,数请诛之,此殆报私怨耳,朕岂能从之。"侍臣皆叩头称万岁。帖木迭儿在上京,闻世延出狱,索省牍视之,怒曰:"此左丞相罔上所为也。"事闻,帝语之曰:"此朕意耳。"未几,帖木迭儿死,事乃释。世延侨于金陵。

泰定元年,召还,除集贤大学士。明年,出为江南行台御史中丞。四年,入朝,复为御史中丞,又迁中书右丞。诏:赵世延顷为权奸所诬,中书宜遍移天下,昭雪其辜,仍加翰林学士承旨、光禄大夫。经筵开,兼知经筵事。又加同知枢密院事。

泰定帝崩,燕铁木儿迎文宗于江陵,使世延分典机务。文宗即位,世延仍以御史中丞兼翰林学士承旨,以疾乞归田里,诏不允。用中丞崔彧故事,加平章政事,居前职。天历二年正月,复除江南行台御史中丞,行次济州,三月,改集贤大学士,六月,又加奎章阁大学士,八月,拜中书平章政事。冬,世延至京,固辞,不允。诏以世延年高多疾,许乘小车入内。至顺元年,诏世延与虞集等纂修《经世大典》,世延屡乞解中书政务,专意纂修。帝曰:"老臣如卿者无几,求退之言,后勿复陈。"四月,仍加翰林学士承旨,封鲁国公。六月,燕铁木儿言:"向有旨,惟许臣及伯颜兼领三职,今赵世延以平章政事兼翰林学士承旨、奎章阁大学士。"引疾以辞,帝曰:"朕重老成人,其令世延仍视事中书,果病,不领铨选可也。"七月,监察御史葛明诚言:"世延年逾七十,智虑衰耗,固位苟容,无补于事,请斥归田里。"诏中书议之。燕铁木儿言:"世延以年老屡乞致仕,臣等以闻敕:世延旧人,宜在中书。御史之言,不知前旨也。"帝曰:"御史言,世延固难任中书,其仍以翰、奎章之职任之。"是年,世延乃乞病归,养疾于金陵之茅山。二年,改封凉国公。

元统二年,诏赐世延钱四万缗。至元元年,仍除奎章阁大学士、翰林学士承旨、中书平章政事、鲁国公。明年五月,至大都,十一月卒,年七十有七。至正二年,赠世忠执法佐运翊亮功臣、太保、金紫光禄大夫、上柱国，追封鲁国公，谥文忠。世延尝较定律令，汇次《风宪宏纲》行于世。

五子：野峻台；次月鲁，江浙行省理问官；次伯忽，夔州路总管，天历初囊加台据蜀叛，死于难，赠推忠秉义效节功臣、资善大夫、中书右丞、上护军，追封蜀郡公，谥忠愍。

野峻台，由四川行省左右司郎中、西行台监察御史、河西廉访副使，转黄州路总管。湖广既陷，朝廷察其材，擢四川行省参知政事，命与平章咬住讨贼。咬住军五千，分锐卒八百，使野峻台为前驱。贼方据巴东县，攻拔之。是时，归、峡等州皆为贼所守，野峻台破贼江上，斩溺无算。归、峡平，又进拔枝江、松滋两县，乘胜趋江陵。贼出阵清水门，鏖战至夕，贼退入城。黎明，贼出战，咬住止军百步外，先大陷阵，贼飞枪刺野峻台，杀之。事闻，赠荣禄大夫、陕西行省平章政事、柱国，追封凉国公，谥忠壮。

阿巴直，一名国安。国宝将卒，以子世荣幼，命阿巴直袭其职，兼文州吐蕃万户府达鲁花赤。后以国宝功，赐阿巴直金虎符，进昭勇大将军。十五年，讨叛王吐鲁于六盘山，获之，请辞职授世荣。帝曰："人争，汝让，可以敦薄俗。"录其六盘功，进昭毅大将军、招讨使，使世荣袭其父职。

弟：钦木儿，佩金符、管军万户；质儿瓦台、主浑，俱佩金符、管军千户

月乃合，字正卿，本雍古部，后徙于静州。曾祖帖木儿越哥，金马步军指挥使，因以马为氏。父马庆祥，本名昔里吉思，金凤翔府路兵马都总管判官。大军克凤翔，昔里吉思尽室自焚，其仆抱婴儿出，即月乃合也。金宣宗南迁，赠昔里吉思镇国上将军、恒州刺史，从祀于褒忠庙。

月乃合，幼好学，每奋而自誓曰："吾父死于国难，吾纾家难可

也。"金亡,北渡河,见宪宗于藩邸。帝嘉其端谨,使佐断事官卜儿只。月乃合慨然以治道自任。政事修举,有能名。

宪宗二年,料汉地民籍,凡试通一经以上者,为儒士,复其家,实月乃合为帝言之。又请建常平仓,举海内贤者杨春卿、张孝纯等,分布诸郡,辟马文玉、牛应之等为参佐,后皆至显仕。

九年,世祖南征,使月乃合专馈饷,运济南盐百万斤,以给公私之费。世祖即位,降诏褒谕。阿蓝答儿据鱼儿泺以叛,月乃合市马五百匹以佐军实,帝给券赐其家曰:"后宜偿汝也。"中统二年,拜礼部尚书,佩金虎符。

四年,奏光、颍等州立榷场,岁可得铁一百万七十余斤,铸农器十万件,易粟四万石,官民既便,兼可填服南方。诏以本职兼领已括户三千兴造炉冶,蒙古、汉军并听节制。未行,以疾卒,年四十八。至顺元年,赠推忠宣力翊运功臣、正议大夫、金枢密院事、上轻车都尉,追封梁郡侯,谥忠懿。

子十一人:世忠,常平仓都转运使;世昌,尚书省左右司郎中,赠嘉议大夫、吏部尚书,追封梁郡公;世显,通州知州;世禄,织染局提举;世吉,绛州判官;审温,瑞州路总管。世昌子润。

润,字仲泽。父以文学入官。累迁两淮转运司经历,盐商争先后,岁终盐直不售。润请刻筹,第甲乙,置筒中,使商人自押之,其弊遂除。未几,改太平路当涂县尹。上疏言括马料,民徙户增赋为不便。时宰相桑哥主其事,独润以县令争之。再调常州路武进县,擢奉训大夫、知光州。言利者请籍光州新开田,称岁可得粟十万石。河南行省下其事,润执笔不肯署,吏固请,润曰:"官可免,笔不可署。"卒格其事不行。州无茶税,民采茶自食,转运使捕之抵于法。会朝廷遣使者问民疾苦,润诉其冤,自转运使以下各降黜有差。久之,改漳州路同知。皇庆二年,卒,年五十九。赠中奉大夫、河南行省参知政事,追封梁郡公。所为诗曰《樵隐集》。

子:祖常,最知名;祖义,郊祀法物库使;祖烈,江浙行省承宣使；祖孝，与祖常同举进士，陈州判官；祖谦，保德州同知，迁束鹿县达鲁花赤，有惠政，部使者至县，父老数百人争言其贤，使者以状闻，召为昭功万户知事，卒。

祖常，字伯庸。七岁知学。十岁时，见烛敧侧烧屋壁，解衣沃水以灭火，人咸异之。既长，益笃于学。时名儒张𡎺讲学仪真，往受业其门，质以疑义，𡎺甚器之。延祐初，科举法行，乡贡、会试皆中第一，廷试国人居第一甲，祖常为二甲第一，授应奉翰林文字、同知制诰兼国史院编修。三年，拜监察御史。

是时，仁宗在御已久，犹居东宫，恒饮酒过度。祖常上书“请御大明殿正衙，立朝仪，御史执简，太史执笔，则虽有怀奸利己乞官求赏者，不敢出诸口。天子承天地祖宗之重，当慎为调摄，至于酒醴，近侍进御，应思一献百拜之义。”帝嘉纳之。英宗为皇太子，又上书请简择师傅，时奸臣铁木迭儿为丞相，威权自恣，祖常率同列劾其十罪，仁宗震怒，黜罢之。祖常又奏参议㢸罗、刘吉为铁木迭儿腹心，交通贿赂，左右司都事冯翼霄、刘允中依冯权势，侥幸图进。㢸罗等皆褫职。秦州山移，祖常言：“山不动之物，今移动，由在野有当用不用之贤，在官有当言不言之佞，”疏闻，大臣为家居待罪。祖常荐前平章萧拜住、左丞王毅前与铁木迭儿抗辩是非，当置机要；前御史彻里帖木儿、中书参议韩若愚，皆被铁木迭儿见诬罔，宜早赐录用；翰林承旨刘敏中敛身高蹈，宜赐俸在厉廉隅；国子司业吴澄海内名儒，宜登两院；翰林修撰陈观、刑部主事史惟良，才器方严，宜居谏职。皆一时贤者也。俄改宣政院经历，月余辞归，起为社稷署令。七年仁宗崩，亡何，铁木迭儿复相，左迁祖常开平县尹，因欲中伤之，遂告归。久之，铁木迭儿死，拜住独相，召除翰林待制。泰定元年，立皇太子，擢典宝少监、太子左赞善，兼翰林直学士。除礼部尚书。寻辞归。

天历元年，召为燕王内尉，仍入礼部，两知贡举，一为读卷官，时称得人。迁参议中书省事，参定亲郊礼仪，充读册祝官，拜治书侍御史,历徽政副使,迁江南行台中丞。

元统元年,召议新政,赐白金二百两,钞万贯。又历同知徽政院事,兼知经筵事,遂拜御史中丞。帝以其有疾,诏特免朝礼,光禄日给上尊。祖常在宪台,务存大体。西台御史劾其僚禁酤时面有酒容,以苛细黜之。山东廉访司言孔氏讼事,以关名教寝之,按者亦引去。除枢密副使,复辞归。起为江南行台中丞,又迁陕西行台中丞,皆以疾不赴。至元四年卒,年六十,赠摅忠宣宪协正功臣、河南行省右丞、上护军、魏郡公,谥文贞。

祖常立朝既久,多所建明。尝议:国族及诸部既诵圣贤之书,当知尊诸母以厚彝伦。又议:将家子弟骄脆,恐负任使,庶民有挽强蹶张老死草野者,当设武学、武举,储材以备非常。时虽弗用,识者韪之。祖常工文章,务去陈言,专以先秦、两汉为法,尤致力于诗,圆密清丽。有文集行于世。文宗尝驻跸龙虎台,祖常应制赋诗,甚被叹赏,谓中原硕儒唯祖常一人云。

二子:武子,湖广行省检校官;文子,秘书省著作郎。

史臣曰:雍古氏,回鹘之贵族也。按竺迩父子,为当时名将。至赵世延,乃用文学取贵仕,观其劾桑哥、忏铁木迭儿,岂非謇谔之士,晚节依违,贻固宠之讥。所谓血气既衰,戒之在得者欤。马祖常高才硕学,与元明善、虞集齐名,独以排挽集为士论所不满。惜哉!

新元史卷一五〇

列传第四七

绰儿马罕 希拉们　贝住
岱尔拔图 也速台儿　脱忽察儿
图格察儿　速客图　撒里
成帖木儿　库而古司
阿儿浑 尼佛鲁慈

绰儿马罕，斡帖格歹氏，事太祖为火儿赤。太宗与术赤、察阔台攻克西域乌尔鞬赤都城，尽戮其民，留工匠及妇女分取之，而无所献于太祖。太祖怒，及太宗、察阔台赴行在，不令入见。绰儿马罕与晃孩、晃格合儿诸人曲为营救，且请讨报达哈里发以迎合太祖之意。太祖怒始解，遂命绰儿马罕任西征之事。太宗即位，复以斡豁秃儿及蒙格秃为绰儿马罕后援。

时札拉勒丁据亦思法杭，哈里发立为波斯汗。二年，绰儿马罕将兵三万讨之。札拉勒丁以天寒，我师未必遽进，不设备，遣小校率十四骑往阿刺黑侦敌，至赞章及阿八哈耳，突遇前锋，从骑尽没，小校仅以身免返报。札拉勒丁遂由台白利司走莫干城，纠合部众。兵未集，而绰儿马罕奄至。札拉勒丁复走，与诸酋议，欲还亦思法杭。适阿尼忒部酋遣使诱札拉勒丁西入罗马国，徐图恢复。且请发四千骑以卫之。札拉勒丁乃赴阿尼忒，中途夜饮，我师追及之。札拉勒丁突围而走,至阿尼忒,闭城不纳,绰儿马罕急追之,从者尽死。札拉勒丁单骑入库儿忒山,为仇家所杀。

绰儿马罕既克札拉勒丁,遂入阿尼忒、爱而西楞、梅法而定三部,破沙而来脱及忒勿沙与麻而顿,分军入毛夕耳部,屠谟那萨。又一军东北入必忒力斯、阿而奇斯。分军下梅拉喀,西南至哀而陛耳而还。绰儿马罕营于台白利司,令民输布帛以贡和林,定赋额之数。阿特耳佩占先并于札拉勒丁,至是亦降。绰儿马罕复取阿儿俺,屠甘札,由莫干侵角儿只,别军克哀而陛耳。

太宗九年,入义拉克、阿剌伯二部,报达大震。我师失利而返。十年,再入义拉克、阿剌伯,围侃匿斤城。哈里发遣七千骑赴援,绰儿马罕设伏兵邀之,尽歼其众。部将分下角儿只所属之地,嘎达罕取开达巴古城、法而沙拿速忒城,谟拉尔取商喀耳城,绰儿马罕弟笠拉取嗒程城,察格塔取罗黎城,图格塔取盖恒城。盖恒守将阿拔克为角儿只大将意万乃之子,迎降。绰儿马罕自取脱马尼城、商马素亦而台城、帖弗利司城。十一年,商喀耳等土酋皆纳款。阿拔克与商喀耳酋瓦拉马从绰儿马罕攻降孤尼城、喀而斯城,于是西北诸部略定。太宗命绰儿马罕留镇其地。

十二年,阿拔克偕阿释阿甫妻汤姆塔入朝,汤姆塔前为札拉勒丁妻,阿拔克之女弟也。太宗厚抚之,诏绰儿马罕返其侵地。未几,又诏绰儿马罕:角儿只国及其国之属地岁贡外,勿苛敛。绰儿马罕获札拉勒丁,威震西域。为一时之名将。六皇后称制元年,卒。以副将贝住代之。绰儿马罕子希拉们勇冠三军,蒙古人呼为金柱,从旭烈兀伐报达。阿八喀嗣为汗,以希拉们领角儿只事。

贝住,别速特氏,为绰儿马罕副将,复代绰儿马罕为元帅。乃马真皇后称制二年,贝住伐罗马国。别将约索倭耳分军入西里亚。降木拉梯亚城。其阿勒波部、俺体育部、达马斯克部,俱纳款输岁赋。四年,克凯辣脱城,行太宗之命,使汤姆塔主其地。又入美索卜塔米牙克罗哈城、夕你班城。五年,与报达兵战于牙库拔,失利。定宗崩后一年，攻达枯克城，拔之，杀报达所置官吏，以报牙库拔之役。宪宗二年，复入美索塔米牙，大掠而还。贝住初攻罗马，以炮毁爱而西楞城，复与罗马酋开廓苏战于爱而靖占，大破之。追至舍挖司，降其民，罗马酋遂纳款。小阿眜尼亚酋，闻罗马服，亦纳款于贝住。六年，从旭烈兀伐报达，为右翼大将，涉毛夕耳河，攻报达西北诸城，克之。后卒。子阿拉尔为诸王阿八哈将。

岱尔拔图，又译为艾儿拔都，康里氏。太祖攻布哈尔，以岱尔拔图为前锋，循沙漠僻路，突至努尔城，降其众。太祖使速不台收抚之，令如平日赋额，输金钱千五百底那。岱尔拔都复从速不台征钦察，伐西夏，灭金，又从定宗攻阿速，皆有功。西域呼拉商长官成帖木儿不能抚其民，札拉勒丁旧部喀拉札构乱，岱尔拔都方为八脱吉斯城守将，太宗命会兵讨之。喀拉札据山为堡，攻围二年始下。岱尔拔都以书告成帖木儿，呼拉商人本不从喀拉札，徒以汝贪婪，激民为乱，今可汗命我辖呼拉商，汝宜速去。时元帅绰儿马罕亦征成帖木儿还，以呼拉商、马三德兰两部属于岱儿拔都部。宪宗末，从世祖伐宋，命充怯怜口阿答赤孛可孙，又从大军渡江，攻鄂州。以疾卒。子也速台儿。

也速台儿，从讨阿蓝答儿、浑都海，又从平李璮，伐宋，累功授管军总把。至元十四年，从攻福建兴化，招古田等处五千余户，以功擢武略将军、千户，赐金符。又招手号新军二千五百余人，进宣武将军总管，赐虎符。世祖议讨日本，也速台儿愿往，赐以弓矢，进怀远大将军、万户。二十年，授泰州达鲁花赤。二十三年，迁昭勇大将军、钦察亲军都指挥使。二十四年，从征乃颜有功，明年，卒。赠金吾卫上将军，追封成武郡公，谥显敏。

脱忽察儿，佚其氏族。太祖讨札拉勒丁，以者别为前锋，速不台为者别后援，脱忽察儿又为速不台后援。时蔑而甫汗蔑里克遣使纳降。太祖命者别三人经汗蔑里克之地,勿扰其部众。者别、速不台皆秋豪无犯,脱忽察儿后至,独纵兵暴掠,且征求苛急,民不堪命,蔑而甫部众尽叛,脱忽察儿为其所杀。汗蔑里克遣使言其事于太祖,且馈衣服以谢,然内不自安,卒叛附札拉勒丁。

太祖征西域诸将,以杀掠降众,为人所戕者,又有图格察儿。图格察儿,为拖雷前锋。至你沙不儿城,不知城已降附,纵兵大掠,城民射杀之。后拖雷攻克你沙不儿,图格察儿之妇率万人入城,遇人尽杀之,以报夫仇。

速客图,晃豁坛氏。事太祖,以千户管饮膳。太祖用兵西域,分四路攻之。速客图与阿剌黑、塔孩二人将五千人为一路,东南攻白讷克特城,围三日,降之。分康里兵与民置两地,尽杀康里兵,取工匠从军。忽毡城酋帖木儿玛里克守锡尔河中渚,与城犄角,矢石不能及,又造十二艘,裹以毡泥,御火箭。速客图以兵力不足,请援。援兵至,驱民五万,运石填河,为甬道,达于中渚。玛里克不能守,遂遁。

撒里,塔塔儿氏。父哈剌拔都与兄忽里,俱为太祖忽兰皇后所抚养。撒里从攻西夏之托克奇城,蒙哥见一壮士登城战甚力,问其人,则撒里也。遂擢用之。其后从征西域,至印度斯单,大掠而回。西域屯田,多撒里旧部。子鄂尔多诺颜,袭父职。

成帖木儿,佚其氏族,术赤部将也。术赤伐西域。遣使招降撒格纳克城,城人杀之。进至郑忒城,守将遁。又使成帖木儿招降,遂单骑入,谕以祸福。成帖木儿获免,城亦下。太祖分咸海西南货勒自弥之地,及咸海、里海之北,封术赤。术赤以乌尔鞬赤为货勒自弥都城,使成帖木儿守之。

太宗即位,命绰儿马罕讨札拉勒丁,复命成帖木儿自乌尔鞬赤至呼拉商,捕札拉勒丁余党,即以成帖木儿为呼拉商长官,属于绰儿马罕。呼拉商，西域一大都会也。兵事竣，流民复业，百货充牣如平日。太祖诸子，各置官于呼拉商，以收赋税。太宗遣开里拉特，拔都遣奴萨尔，察阔台遣库尔图喀，睿宗子遣佟嘎，皆为成帖木儿之佐。成帖木儿黩货而虐民，札拉勒丁之旧将喀拉札、徒干桑古尔率康里兵万余人，窜你不沙儿、徒思山中，乱民应之。于是呼拉商全部大扰。

成帖木儿自将攻喀拉札，不能克。开里拉特自萨伯子洼城赴援，力战三昼夜，喀札拉败遁。康里兵三千人走海拉脱，开里拉特追歼之。时太宗又命八脱吉思守将岱尔拔都会讨喀拉札，劳师二年，喀拉札始就擒。岱尔拔都移书成帖木儿言：我已受命代汝为呼拉商长官。绰儿马罕闻成帖木儿之召乱也，亦征之，遂以呼拉商、马三德兰两部属于岱尔拔都。

成帖木儿使开里拉特入觐太宗，誉其才，太宗信之，复命成帖木儿领呼拉商、马三德兰，开里拉特副之，不使受岱尔拔都节制焉。

库尔古司，别失八里人。幼隶术赤帐下，从出猎，适太祖书至，仓卒无读者，惟库而古司能读，术赤悦，令以畏兀文授其子。成帖木儿守乌尔鞬赤，以库而古司治文书，复从至呼拉商，与呼拉商人射里甫哀丁、志费尼人巴海勒丁俱为成帖木儿所任。太宗七年，成帖木儿卒，以奴萨尔代之，毫不治事，皆取决于开里拉特。初，库而古司与巴海勒丁入觐太宗，言西域事甚悉，簿籍出入之数尤明晰，丞相镇海才之。及奴萨尔不称职，太宗欲用库而古司，丹尼司们则请以成帖木儿之子翁古帖木儿嗣父任。镇海独对，力荐库而古司，乃命摄呼拉商长官。奴萨尔解任，开里拉特与射里甫哀丁均失势鞅鞅，遂使翁古帖木儿诬库而古司以罪状，入告。太宗命阿儿浑偕二使者按其事。库而古司亦赴诉于和林，遇诸途。命库而古司返，不从，怒而殴之，齿折，溅血淋漓。库而古司使其仆裹血衣赴和林，自与使者返呼拉商。太宗见血衣，大怒，召诸人严鞫之。开里拉特往，至布哈尔，为怨家所杀。翁古帖木儿坐诬告，以年少为人诖误，宥其罪,令库而古司回任,以阿儿浑亦直库而古司,俾佐之。库而古司集属僚,谕以上意,毋溺职,毋侵官,毋骫法度,吏受赇,簿其赃入官,将士不得妄杀部人,于是民大悦,流亡尽复。初睿宗徙海拉脱民千户于别失八里,库而古司以海拉脱荒残,归其三百户,逾年海拉脱已增至六千户云。

阿儿浑,西域卫拉特氏,通畏兀文。太宗使治文书。既佐库而古司,嫌库而古司专,乃往依察阔台。库而古司执射里甫哀丁,讯以刑,尽得其构陷之事,将入告于太宗,闻太宗崩而返。射里甫哀丁之妻诉于察阔台妃。阿儿浑方用事,遂捕库而古司,使诸王喀喇忽拉台以沙塞其口毙之,而诬为供状以奏,乃马真皇后即以阿儿浑代库而古司之任。

定宗二年,命野里知吉带率绰斯满兵征西域未下诸部,中分西域之地,东属阿儿浑,西属野里知吉带。初,太宗崩,诸王各以敕令征西域财赋。乃马真皇后四年,召内外大臣会议,立定宗。阿儿浑亦往,尽取所奉诸王敕令以献,定宗嘉之,诸王始敛戢。至是求货者复络绎于西域。

宪宗即位,阿儿浑再言其事,宪宗命详定条例以上,乃援牙剌洼赤计丁出赋之例,按贫富分则,一切科敛悉革之,毋听诸王滥发号令,报可。锡阿儿浑狮首金符,充阿母河等处行尚书省事,以巴海勒丁、沙拉智哀丁佐之。万户音杜绰克擅杀守吏,阿儿浑以诏书便宜行事,戮之。于是西域一切之政,始有条理焉。野里知吉带二子从失烈门谋逆,事觉,伏诛,宪宗命捕野里知吉带,付拔都杀之。

阿儿浑子九子人知名者曰尼佛鲁慈,曰合济那兰,曰勒格济,曰萨德尔迷失。

尼佛鲁慈,初佐阿鲁浑长子合赞镇呼拉商。及阿鲁浑杀其相布哈,尼佛鲁慈恐祸及于己,阴勒所部劫合赞营,适合赞他往,遂奔突而基斯单,附于海都。阿鲁浑卒,其弟盖喀图嗣为汗四年,为贝住等所弑。合赞起兵讨贝住,尼佛鲁慈用其妻托绀珠公主之言,仍归于合赞，佐平内乱。合赞嗣位，拜尼佛鲁慈为大将，位群臣右。尼佛鲁慈恃功骄蹇，合赞厌之。其裨将奴尔兰等又诬其通书埃及，请藉埃及兵力以图合赞。遂捕尼佛鲁慈家属，悉诛之。尼佛鲁慈据呼拉商以叛。大德二年，合赞遣兵讨之，尼佛鲁慈奔于海拉脱，海拉脱酋缚献军中，杀之。事具诸王传。自阿儿浑奉命至西域，诸子多尚公主，一门鼎盛，至是族灭云。

史臣曰：西人书载翁古帖木儿献一帐于太宗，为风所仆，太宗不怿。库而古司继献一帐，称太宗意，又献宝石带，太宗束之，腰疾顿愈。然则库而古司之受知，亦由于贿欤。余观成帖木儿贪黩，射里甫哀丁等娼嫉，其人均不足道。然如库而古司、阿儿浑之设施，皆荦荦大政，又恶可没耶。阿儿浑既直库而古司，又诬而杀之，其子卒为人构陷，至于灭族，天道神明，报施不爽，尤可畏哉！

新元史卷一五一
列传第四八

常咬住 _{普兰奚　普化}　**奥屯世英** _贞　**也里迭儿**　**石抹明里**　**刘哈剌八都鲁**　**许国桢** _宸　**韩麟**

　　常咬住，信都人。祖父资，太祖选入宿卫，典御膳。父兀迷笃袭职，兼纳怜总管奴婢。宪宗二年夏，大会诸王于驴驹河上，水忽暴涨，鼎俎失序，兀迷笃躬自营护，竟无废礼，帝甚嘉之。然兀迷笃以此致疾，赐医药费养疾于家，以其奴来兴代之。明年，卒。

　　世祖伐宋，还至顺德，追思兀迷笃之勤，召咬住入见，令直宿卫。至元四年，敕以来兴还之，咬住曰：“来兴奉至尊久，岂宜为臣奴？”顿首固辞。帝悦，赐钞偿之。因谓左右曰：“咬住忠谨，出于天性，宜友贤士，以成其德。”命与董文忠同直。至元九年，遣咬住侍皇太子。一日，复召入。左右谏曰：“畀之而复夺之，不可。”帝笑曰：“朕特戏言耳。”赐巾服、佩刀遣之。三十一年，改中顺大夫、家令司丞。成宗即位，转吏部尚书、内宰司丞，进资善大夫、同知宣徽院事。大德八年卒，年六十一。延祐二年，赠推诚宣力保德功臣、太师、开府仪同三司、上柱国，追封信都王，谥忠懿。二子：普兰奚；次小和尚，内宰司丞。

　　普兰奚，八岁裕宗养于宫中，母疾，刲股和药疗之，不令人知，

裕宗称其孝。丁父忧，哀毁逾制。起为资善大夫、同知宣徽院事。武
宗即位，入侍兴圣宫，进徽政院使，固辞，仍为同知徽政院事。皇庆
元年，擢光禄大夫，封赵国公，赐尚服黄金币、白鹘。延祐二年，加金
紫光禄大夫、徽政院使。卒。

子普化，甫龀，成宗爱之，召入禁中，累迁集贤学士，领典瑞院。
延祐中，加荣禄大夫，守司徒，不拜，卒。

奥屯世英，字伯豪，小字大哥。其先居上京胡里改路，徙蒲城，
遂为蒲城人。其远祖黑风，佐金太祖征伐有功，封王。父闰生，新平
县令。

世英以荫补官，累迁郃水酒税监，充征行都统，领军率其众来
降，以材武为太祖所知，赐虎符，隶朵火鲁虎彻立部下。大军攻陕
西，世英与礼古带偕至富平，主帅命诸将分下各州县，世英欲得蒲
城，从之。至城下，谕以祸福，城人相率出降。世英复从大军攻凤翔，
自陇州克凤州，取武休关，至兴元，又攻巩州，再入宋境。从皇弟拖
雷，由兴元历金、洋诸州，所至城寨无不降附。遂败金兵于三峰山。

金亡，奉命镇河中，招降天和、人和二堡。初，太宗在凤翔，许世
英以河中府尹，会以他事不果。世英入觐，太宗喜曰："曩之所许，今
可相付矣。"世英奏曰："臣名在四大王府，今改属别部，何面目见唐
妃母子？"帝始怒，既而喜曰："汝言是也。"唐妃闻其言，甚悦，礼遇
益厚。十三年，河中船桥官以事诬世英，夺虎符。唐妃言于太宗，复
畀之，授军民万户，便宜行事，改赐金虎符。卒，年六十二。赠嘉议
大夫，追封奉元郡侯。

世英性至孝，大兵围庆阳，战失利。世英家属为金人所获。世
英狼狈北归，每夜焚香祝天，愿得生遇父母，每就寝则泪渍裀席。太
宗悯之。及大兵下河南，下令军中曰："得大哥父母者，生致之，无使
惊怖。"及攻拔许州，有唱者曰："奥屯将军家属在此。"世英驰往视
之，则阖门百口如故。人以为孝感所致云。二子：贞、亮。

贞,字正卿。年十三,世英卒。入见宪宗,诏曰:"世英早附太祖皇帝,统兵南伐,我师失利,叛者如蚁,而世英弃父母、损妻子,束身来归,先帝嘉之。以有昔授,今命其子贞袭万户,佩金虎符。毋少贞,若不奉约束,罪死没入其室。"贞从攻重庆、嘉定诸路,俱有功。世祖即位,贞入觐,赐黄白金锦衣。至元十三年,以贞为南阳府尹,阶明威将军。累迁广南西道宣慰使,改蓬州路总管,又转顺庆、嘉定两路总管。所至有惠政。卒,年六十七。

子金刚奴,金齿大理道宣慰副使、金都元帅府事;银刚奴,锦州判官。

也里迭儿,西域人。事世祖于潜邸。宪宗九年,世祖伐宋,还幸其第。也里迭儿以金缯衣地藉马蹄,帝嘉叹之。及即位,使领茶迭儿局,茶迭儿,译言庐帐也。未几,赐虎符。至元三年,授嘉议大夫,领茶迭儿局诸色人匠总管府达鲁花赤,兼监领宫殿。又命与大兴府尹张柔、工部尚书段天祐同行工部事,监筑宫城。卒。

初部人凿石,肖也里迭儿像,及卒,家人谓其非法,议弃之。帝夜梦也里迭儿若诉事状,诏讯其家人,以实告。帝亟命止之,赐金币为祀事。

子马合谋沙,袭父职,遥授工部尚书。卒。

子:密儿沙;次木八剌沙,领茶迭儿局、工部尚书;次忽都鲁沙,户部尚书;次阿鲁浑沙。

也里迭儿,追赠推诚宣力功臣、太傅、开府仪同三司、上柱国,追封赵国公,谥忠敏。马合谋沙,追赠推诚赞治功臣、太傅、开府仪同三司、上柱国,追封赵国公,谥忠靖。

石抹明里,契丹人。祖合鲁,事太祖为膳夫。睿宗求之,帝听以其僚十人往,敕曰:"皇子方总兵,朕辍尔界之,能以事朕者事之,将用黄金覆汝周身。"睿宗从太宗西征,道中无水,合鲁晨聚草霜,调羹以进,睿宗嘉之。师还,赐金帛甚厚。年八十,卒。

中统初,明里入见,世祖令近侍送明里于裕宗,且曰:"明里,朕亲臣之子,今以事汝。"已而世祖命裕宗以从者十人来,朕将行赏。十人至帝前,帝曰:"第五人非明里耶?"对曰:"然。"帝曰:"上之。"明里越一人立,帝曰:"更上之。"明里又越一人立,帝曰:"止。"赐金文衣一袭。明里出,侍臣相与耳语。帝闻之,曰:"明里之祖合鲁,事太祖、睿宗以及朕兄弟,尔时汝辈安在,顾疑其后来耶!"帝亲征乃颜,明里请从。师还,第功赐白金百两。至元二十八年,为尚食令。

成宗即位,加朝列大夫,赐金带,又赐御衣一袭、钞万五千贯。诏曰:"明里旧臣,其令诸子入宿卫,可假礼部尚书,进阶嘉议大夫,食尚书禄以老。"

武宗即位,诏曰:"明里夫妇,历事帝后,保抱朕躬,朕甚德之。可特加明里荣禄大夫、司徒。其妻梅仙封顺国夫人。赐黄金二百五十两、白金千五百两、衣一袭。"

仁宗在东宫,语宫人曰:"昔朕有疾甚危,徽仁裕皇后忧之,梅仙守视,不解带者七十日。今不敢忘,其赐明里宝带、锦衣、舆马。"至大三年二月,卒,年六十九。

刘哈喇八都鲁,河东人,世业医。至元八年,世祖驻跸白海,以近臣言,得召见。世祖谓其目有火光,异之,留侍左右,初赐名哈喇斡脱克赤。擢太医院管勾。昔里吉叛,宗王别里帖木儿奉命征之,帝谓哈喇八都鲁曰:"当行者多避事,汝善医,复习骑射,能从行否?"对曰:"事君不辞难,臣不行将何为!"即请受甲。帝曰:"医汝事也,甲不可得。"惟赐环刀、弓矢、裘马等物。

一日,从王猎于野,有狐窜草中,哈喇八都鲁一发中之,王大喜。又疗王妃疾愈,王奏为长史。将战,从王请甲,王曰:"上不与汝甲,我何敢与!"因留之,使领辎重。哈喇八都鲁不肯,曰:"大丈夫当效力行陈,乃守营帐如妇人耶!"见有甲者,饮以酒,高其直购之。明日,被以往。王望见,使人问之,免胄曰:"我也。"因慨然曰:"一人为善,万人可激,我为万人激耳!"中道,三遇贼,射哈喇八都鲁皆不中。王解衣衣之曰："此所以识也。"

师次金山，有使者云自脱忽大王所来，曰："我受太祖分地，守此不敢失。凡上所使与昔里吉之过我者，并饮食供给之，无二心，且愿见天子，而道远无向导，今闻王来甚喜，得一见可乎？"王以为信，左右曰："此诈也，脱忽与昔里吉为耳目，愿勿听。"乃使人间道调之，获其游骑三十人，讯之得其情，知脱忽方酣饮。遂出其不意，袭击，大败，因获昔里吉所遣使，知其不为备，又乘势攻之，王乃命哈喇八都鲁献俘行在。帝见其瘠甚，辍御膳羊胾以赐，既拜受，先割其美者怀之。帝问之，对曰："臣将行，值母有疾，不敢以远役告。今归，母幸存，请以君赐遗之。"帝悦，命自今凡赐食，必先赐其母。以功授和林等处宣慰副使，赏赉甚厚。二十三年，迁同知宣慰司事。二十四年，迁宣慰使。

二十五年，海都入寇，尚书首以和林屯粮，奏用怯伯管出纳。帝曰："钱谷非怯伯所知，哈喇斡脱克赤可使也。"进嘉议大夫，与怯伯偕往。

二十六年，海都寇和林，皇子北安王使报怯伯，率其民避去。怯伯与哈喇八都鲁南行六日至巴尔布拉克，距海都军五六十里。怯伯大惧曰："事急矣，不如顺之。"哈喇八都鲁语其弟钦祖、荣祖曰："怯伯有二心矣。"遂潜遁，遇千户忽鲁速，从骑百余人，问之，忽鲁速曰："吾在海都军中，闻怯伯反，宣慰脱身归报天子，我欲往从之。"哈喇八都鲁察其诚，与之谋，乘高结陈，令曰："吾将往责怯伯，汝曹勿动，见吾执弓而起，即相策应。"既见怯伯，哈喇八都鲁诡辞自解，乘间疾去。忽鲁速整阵以出，怯伯遣骑来追，拒却之。道遇送军装者，护送至盐海。及入见，帝喜曰："人言汝陷贼，乃能来耶！"命与酒馔。顾谓侍臣曰："譬诸畜犬，得美食而弃其主，怯伯是也。虽未得食而不忘其主，此人是也。"更其名曰：察罕斡脱克赤，赐钞五千贯。

二十七年，迁正奉大夫、河东山西道宣慰使。奏曰："臣累战而归，衣裘尽敝，河东，臣乡里，愿乞衣锦之荣。"帝以金织文衣赐之，居二年，召还。帝谕之曰："自此而北，乃颜故地曰阿八剌忽者，产鱼,吾立一城名曰肇州,汝往为宣慰使,仍别赐汝名曰小龙儿,或曰哈喇八都鲁,汝择其一可也。"对以小龙儿非人臣所敢当,愿赐名哈喇八都鲁。帝复赐锈衣、玉带及钞五千贯。既至,一日得鱼九尾,皆千斤,遣使来献,俄召还。

三十一年春,世祖崩,太傅伯颜奉皇太后旨,以哈喇八都鲁为咸平道宣慰使。元贞元年,召为御史中丞,行至懿州卒。

许国桢,字进之,绛州曲沃人。祖济,金绛州节度使。父日严,荣州节度判官。世业医。

国桢博通经史,尤精医术。世祖在潜邸,国桢以医征至,疗庄圣太后疾,刻期而愈。太后年五十三,以白金铤如年数赐之。宗王昔班屡请以国桢隶帐下,世祖重违其请,将遣之。辞曰:"国桢蒙恩拔擢,誓尽心以报,不敢易所事。"乃不果遣。

世祖过饮马湩,得足疾,国桢进药味苦,却不服。国桢曰:"古人有言:良药苦口利于病,忠言逆耳利于行。"已而足疾再作,召国桢入视,世祖曰:"不听汝言,果困斯疾。"对曰:"良药苦口,大王既知之,忠言逆耳,愿留意焉。"世祖大悦,以七宝马鞍赐之。

宪宗三年,从世祖征云南,与闻机密,朝夕侍左右。或在告,帝辄不悦。九年,从世祖围鄂州。师还,招降民数十万口,国桢发蔡州军储粮赈之,全活甚众。

世祖即位,录前劳,授荣禄大夫、提点太医院事,赐金符。至元三年,改授金虎符。十二年,迁礼部尚书。国桢疏陈八事,曰:慎财赋,禁服色,明法律,严武备,设谏官,均卫兵,建学校,立朝仪,多见施行。凡所荐引,皆知名士,士亦归重之。帝与近臣言及勋旧大臣,因谓国桢曰:"与朕同履艰难者,惟卿数人在尔。"遂拜集贤大学士,进阶光禄大夫。每进见,帝呼为许光禄而不名,由是内外诸王大臣皆以许光禄称之。拜翰林集贤大学士。卒年七十六。时大臣非有勋德为帝所知者,罕得赠谥,特赠国桢金紫光禄大夫,谥忠宪,人以为荣。后加赠推诚广德协恭翊亮功臣、翰林学士承旨、上柱国,追封蓟国公。

　　初国祯母韩氏，亦以能医侍庄圣太后，赐以真定宅一区。国祯由是家于真定。子宬。

　　宬，字君黼。从其父事世祖于潜邸，赐名忽鲁火孙，俾从许衡学，入直宿卫，忠慎小心。尝因事忤旨，欲罪之，帝后悔，谓近侍帖哥曰：“朕初罪忽鲁火孙，汝何不言？汝二人自今约为兄弟，朕有所谴责，则更相进谏。”乃置金酒中，使二人饮酒为盟。时裕宗居东宫，帝又谕忽鲁火孙曰：“若太子罪汝，将谁谏耶？”遂命宫臣庆山奴亦同饮金酒。俄除礼部尚书、提点太医院事，赐日月龙凤纹绮衣二袭。每外国使至，必命宬应对，辞理明辨，莫不倾服。改尚医太监。帝使画工写其像赐之。转正议大夫，仍提点太医院事。

　　有窃大安阁礼神币者，将论死。忽鲁火孙谏曰：“因敬神而置人于死，臣恐不享其祭。”帝即命释之。忽鲁火孙与丞相安童善，桑哥忌之，数谮于上，帝不之信。桑哥败，系于左掖门，帝命忽鲁火孙往唾其面，固辞，帝称其仁厚，赐以白玉带。且谕之曰：“以汝洁白无瑕，有类此玉，故以赐汝。”

　　成宗即位，迁中书右丞，行太常卿。辞不拜。乃命以中书右丞署太常事。俄改陕西行中书省右丞。时关中饥，议发仓粟赈之。同列以未请于朝不可，忽鲁火孙曰：“民为邦本，今饥馁如此，若俟命下，无及矣。擅发之罪，吾当独任之。”遂发粟。不数日，命亦下。明年旱，祷于终南而雨，岁以大熟，民皆画像祀之。

　　忽鲁火孙不事生业，田宅皆上所赐。有足疾，不能行，仁宗以为先朝老臣，特敕乘小车入禁中，访以旧事。后疾益甚，每国有大政，使近侍即其家问之。特授荣禄大夫、大司徒，食其禄终身。卒。赠推忠守正佐理功臣、光禄大夫、陕西等处行中书省平章政事、柱国，追封赵国公，谥僖简。

　　以医术为国祯所荐者，有韩麟。

麟,字国瑞,真定人。世祖召见便殿,示以西域药。麟奏对称旨,授尚医。帝春秋高,体常不平,麟典领方药。累赐貂裘、玉带,擢御药局副使。

成宗即位,迁太医院副使,晋太使。太医院升二品,进嘉议大夫、金书太医院事。召麟读《资治通鉴》、《大学衍义》,麟开陈义理,帝听之忘倦。御史中丞崔彧言事忤旨,麟乘间奏曰:"台谏,天下耳目,使噤口不敢言事,是自塞其耳目也。"帝悟,彧得无罪,帝问麟:"今儒臣,孰与卿比?"对曰:"集贤学士焦养直学为通儒,非臣所及。"遂召养直入侍左右。帝晚年寝疾,麟言:"治世莫如爱民,养身莫如寡欲。"帝嘉纳之。

至大中。出为淮安路总管,不赴。皇庆元年,拜秘书卿。明年,进昭文馆大学士。延祐六年,卒,年六十七。

新元史卷一五二
列传第四九

月里麻思　塔不已儿 _{重喜}

怯怯里 _{相兀速}　孛罕 _{忽都}

苫彻拔都儿　哈八儿秃 _{察罕}

阿儿思兰 _{阿散真}　失剌拔都儿

口儿吉　阿老瓦丁 _{亦思马因}

失里伯　拜延　合剌江

坤都岱 _{乌克岱}　勖实带

只儿哈郎 _{秃鲁不花　咬住哥}

月里麻思,乃蛮氏。太宗命为断事官忽都虎之副。又同阿术鲁充达鲁花赤,破宿州。太宗十三年,使于宋,从行者七十余人,月里麻思语之曰:"吾与汝等奉命南下。楚人多诈,倘遇害,当死毋辱君命也。"已而抵淮上,宋将以兵胁之曰:"尔命在我,生死顷刻间耳。若能降,官爵可立致。不然,必不汝贷。"月里麻思曰:"吾持节南来,以通国好,反诱我以不义,有死而已。"言辞慷慨,不少屈。宋将知其不可逼,乃囚之长沙飞虎寨二十六年而死。

世祖深悼之,诏复其家,以子忽都哈思为答剌罕。忽都哈思自陈于帝曰:"臣愿为国效命,为父雪耻。"帝嘉纳之,授以均州监战上万户。十八年,以招讨使将兵征日本,战没。

塔不已儿,束吕乣氏。太宗时,以招讨使将兵破信安、河南,授金虎符、征行万户,以疾卒。

子脱察剌袭职。宪宗九年,伐宋,破十字寨,命其子重喜从行。重喜与宋兵战于洋隘口,夺战舰一,流矢中左足,勇气愈倍。时世祖驻跸口北,亲劳之曰:"汝年幼,能宣力如是,深可嘉尚,然继今尤当勉之。"

及脱察剌卒,以重喜袭职。中统三年,从征李璮有功。四年,率所部镇莒州。至元二年,筑十字路城,以重喜为游击军。四年,从抄不花伐宋。至泗州北古城。时蔡千户为宋兵所围,重喜救出之。五年,入觐,赐白金、纳失失段及金鞍、弓矢等。十一年,宋兵围正阳,败之。十二年,从下涟、海诸城,别领五千人径至衡阳店,与宋将李提辖等战,大败之。遂进驻瓜洲。十三年夏六月,宋都统姜才来攻,败之。又从败李庭芝等于泰州。十四年,进昭通大将军、婺州路总管府达鲁花赤,佩已降虎符。未几卒。

子庆孙袭职。初授宣武将军、管军总管,镇守安乐州。十六年,移戍镇江府。十八年,还镇通州。二十年,进明威将军。二十二年,移镇十字路。二十四年,领诸翼军镇太湖,教习水战。二十九年,从征爪哇,擢昭勇大将军、征行上万户。将行,诏留之。皇庆二年,卒。子孛兰奚袭。

怯怯里,斡耳那氏。以千户从阔出攻安丰、寿州。又从诸王塔察儿率蒙古军二千攻荆州,破之,赐马二匹。与万户纳幖以兵略涟海,又从元帅怀都攻襄阳。卒。

子相兀速袭父职。至元十三年,率本部兵从丞相伯颜渡淮,别将千骑攻淮安南门,破之。又从元帅博罗欢筑湾头堡。万户纳儿幖卧疾,令相兀速权领蒙古、女直、汉人三万户,宋扬州都统姜才引兵来寇，相兀速逆战有功。又从丞相阿术袭制置使李庭芝及姜才于泰州，皆获之。十四年，加宣武将军、管军总管。十八年，为蒙古侍卫亲军总管。二十三年，改千户。三十年，擢蒙古侍卫亲军副指挥使司事。易金虎符。加显武将军。

子捏古解，元贞元年为蒙古侍卫亲军百户。大德六年，袭父职，佩金虎符，授宣武将军。延祐四年，迁左翊蒙古侍卫亲军都指挥使，仍所佩符，进怀远大将军。卒。

孛罕，兀鲁带氏。事太祖，备宿卫。太宗时，领蒙古、汉军从攻河中府、潼关及河南诸州县，与拜只思、札忽带、阿思兰攻秦、巩及仁和诸堡。又与拜只思共守长安。太宗七年，授万户。从都元帅塔海绀卜伐蜀。卒于师。

子忽都袭万户。宪宗命将其父军，从都元帅大答攻巴州。又从都元帅纽璘渡马湖江，破宋叙州兵于老君山下。中统元年，宋人以舟师二千犯成都新津，忽都逆击败之。至元元年，授蒙古、汉军总管。二年，从都元帅百家奴败宋将夏贵于淮安。五年，卒。

子札忽带方在宿卫，弟忽都答立袭其职。忽都答立卒，札忽带复嗣为千户，从行枢密院围重庆。守将张珏以劲兵数千挑战，札忽带力战，大破之。回军围泸州。未下，行枢密院遣入朝计事，授定武将军、管军总管。复还攻泸州，登城，搏战而殁。子阿都赤。

苫彻拔都儿，钦察人，初事太宗，掌牧马，从攻凤翔，战潼关，皆有功。后从大将军速不台攻汴京。金人列大栅于河南，苫彻拔都儿率死士往拔之，赐良马十匹。师还，金将高英率众邀于中路，苫彻拔都儿击斩之，赐白金五十两、币四匹。从攻秦州，前锋塔察儿与金将战，金将捽其须，苫彻拔都儿斫金将，乃得脱。蔡州破，金守将佩虎符立城上，苫彻拔都儿以铁椎击杀之，取虎符以献。命从皇子阔出攻枣阳。又从宗王口温不花攻光州，一日五战，光州下，赐黄金五十两、白金酒器一事、马三十匹。百户爱不怯赤自以无勇略，乞苫彻拔都儿自代,遂授为百户。从攻滁州,宋兵败走西山,苫彻拔都儿与千户忽孙追歼之。世祖伐宋,募能先绝江者,苫彻拔都儿与脱欢领兵百人,同宋使谕鄂州降。抵城下,鄂守将杀使者,以军来袭。苫彻拔都儿奋击,大破之。复赐黄金五十两。

中统三年,授蔡州蒙古、汉军千户。冬,宋人犯西平,为苫彻拔都儿所却。至元二年秋,由安庆入庐州,闻宋兵至,设伏于竹林败之。四年秋九月,从元帅阿术败宋兵于襄阳安阳滩。五年,从阿术围襄阳,夺宋将夏贵米舟。阿术入汉江,使与札剌儿引军南略,多所斩获。十年八月,略地淮东。十二年,遣招降滁州,戮其守将王应龙。改武略将军管军千户。十三年,复略地淮东,获其总管二人以献。迁滁州总管府达鲁花赤。宋都统姜才率军取粮高邮,苫彻拔都儿从史弼夺其马及粮橐二万。淮东平,入朝。

十四年,从讨只里瓦歹于怀剌合都。改宣武将军、滁州路总管府达鲁花赤。

十七年,率其子脱欢、孙麻兀入见。奏曰:“臣老矣,幸主上怜之。”帝命以脱欢为宣武将军、管军总管,佩金符;麻兀为滁州路总管府达鲁花赤。后脱欢以征日本功,授明威将军、滁州万户府达鲁花赤,迁昭勇大将军、征行万户府达鲁花赤,佩三珠虎符。又以征爪哇功,迁昭毅大将军,镇守无为、滁州万户府达鲁花赤。卒。次子锁住袭其职。

哈八儿秃,薛亦氏,从宪宗攻钓鱼山,有功。又从亲王塔察儿北征,充千户所都镇抚。从千户脱伦伐宋,没于阵。

子察罕,从塔察儿攻樊城,领扬州等处游击军与宋兵战,有功。至元十一年,从忽都帖木儿攻江陵。又从阿剌罕败宋兵于阳逻堡。阿剌罕选为万户府副镇抚。十二年,从总管脱脱出广德,与宋兵战,败之。赐白金酒器。又从攻独松、千秋等关及诸山寨,抚其降民。赐白金一百两。十三年,中书省檄为瑞安县达鲁花赤。始至,招集逃民十万余户,十四年,擢管军总把,并领新附军五百人,从宣慰唐兀台战于司空山。有功,命以本职兼都镇抚。俄选充侍卫亲军。十六年,授银符、忠武校尉、管军总把。二十四年,赐金符,授承信校尉、蒙古卫军屯田千户。二十五年,进武义将军、本所达鲁花赤。二十七年,迁左翼屯田万户府副万户。大德五年,卒。子大纳袭。

阿儿思兰,阿速氏。宪宗伐阿速部,阿儿思兰偕其子阿散真上谒,帝赐手诏,命专领阿速部众,留其众之半,余悉遣归,以阿散真侍左右。道遇阇里哥叛军,阿散真力战死,帝命裹其尸还葬之。阿思兰言于帝曰:“臣长子死,今以次子揑古来侍,陛下愿用之。”

揑古来,从兀良合台征哈刺章有功。又从伐宋,中流矢卒。

子忽都儿,世祖命从孛罗那颜使于哈儿真,以疾卒。子忽都帖木儿。

失刺拔都儿,阿速氏。

父月鲁达某,宪宗时率阿速十人入觐,充阿答赤。从世祖平大理,兀良合台奏其功,赏俘口。后以金创发,卒。

失刺拔都儿,至自脱别之地,赐白金、楮币、牛马有差。至元二十一年,从伯颜南征有功,仍充阿答赤。二十四年,授武略将军、管阿速军千户,赐金符。乃颜反,从诸王和兀鲁讨之,赐金束带及银交椅。二十五年,进武德将军、尚乘寺少卿,兼阿速千户。从讨哈答安等,败之,获其驼马。又从讨叛王脱脱,擒之。大德六年,卒。

子那海颜袭职。至大二年,进宣武将军、右卫阿速亲军都指挥使,赐二珠虎符。泰定二年,加明威将军。卒。

口儿吉,阿速氏。与父福得来赐,俱事宪宗,直宿卫。世祖时,口儿吉以百户从阿术伐宋,有功,宋平,命充大宗正府也可札鲁花赤。领阿速军,从征海都。师还,命宣抚湖广等处,访百姓疾苦。至大元年,追录前劳,擢左卫阿速亲军都指挥使,进广威将军。卒。

子的迷的儿,由玉典赤改百户,领阿速军。从指挥玉哇失征叛王乃颜，败金刚奴于锁宝赤之地。至大四年，袭父职，授明威将军、阿速亲军都指挥使。卒。

子香山，事武宗、仁宗，直宿卫。天历元年九月，与上都兵战于宜兴。自旦至暮，却敌兵十有三次，以功赐金带，授左阿速卫都指挥使。卒。

阿老瓦丁，西域木发里人，世祖至元八年，遣使征炮匠于宗王阿八哈，以阿老瓦丁、亦思马因应诏。首造火炮置于五门前，帝命试之，各赐衣段。十一年，阿里海涯伐宋，奏乞炮手匠。命阿老瓦丁往，破潭州、静江等路。十五年，授管军总管。十七年，入觐，赐钞五千贯。十八年，屯田南京。二十二年，改元帅府为回回炮手军匠上万户，以阿老瓦丁为副万户。大德四年，告老，以子富谋只袭职。

亦思马因，别马里斯丹人。从大兵攻襄阳。亦思马因置炮于城东南隅。机发，声震天地。守将吕文焕惧，以城降。授回回炮手总管，佩虎符。十一年，卒。

子布伯袭职。从大兵渡江。每战皆有功。十八年，赐三珠虎符，加都元帅。明年，进军匠府万户。迁刑部尚书。以弟亦不剌金为万户，佩元降虎符。布伯改通奉大夫、浙东宣慰使。卒。

失里伯，蒙古氏。

祖怯古里秃，从太祖经略西夏有功。隶于术赤。领宝儿赤，与金人战，殁。

父莫剌合袭其职。从讨阿蓝答儿有功。卒。

失里伯，由枢密院断事官，出为河南行中书省断事官，赐金虎符。至元七年，引水军四万攻襄阳。八年七月，宋将范文虎来援，败之。与诸将围樊城，先登。十年，迁昭勇大将军、耽罗招讨使。入觐上都，改管军万户，领襄阳诸路新军，从丞相伯颜渡江。破独松关，取湖州，行湖州安抚司事。十四年，授湖州总管，进镇国上将军、浙西道宣慰使。十九年，卒。

子塔剌赤，曲靖等路宣慰使。

拜延，西夏人。

父火夺都，以质子降于太祖。太祖立质子军，号秃鲁花，以火夺
都为百户。从元帅纽璘征西川，承制授为千户。忽都叛于临洮，世
祖命火夺都从大军讨之。卒。

拜延，袭千户。至元九年，授征行千户，佩金符。宋人寇，成都
金省严忠范遣拜延击败之。又从也速带儿攻嘉定，从忽敦攻泸、叙、
重庆，皆有功。十二年，授东西两川蒙古、汉军万户总帅。汪田哥用
兵于忠州，拜延将兵二千住涪州为策应。宋人伺田哥回，以舟师邀
于清江，拜延却之，擒副将李春等十七人，夺其军资。十三年，泸州
叛，拜延率所部扼泸之珍珠堡，败其将王世昌，移兵戍暗溪寨。宋合
州将来援。败之，遂克泸州。从行院副使不花围重庆，重庆降，授宣
武将军、蒙古汉军总管。十九年，从汪田哥入觐，擢怀远大将军、管
军万户，改赐金虎符。卒。

子答察儿，金州万户府达鲁花赤。

坤都岱，钦察氏。

父库春，为钦察部酋诸孙。太宗时，速不台平钦察，库春隶速不
台麾下为百户。卒。

坤都岱嗣。从速不台平河中、凤翔，又从围汴京。金亡，从诸王
巴哈及察罕伐宋，破襄阳、郢州、德安，援淮西诸州，登陴陷阵，常为
诸将冠。后戍光州，宋兵来犯，率所部御之。中流矢卒。年五十一。

子乌克岱嗣百户。从攻襄阳，斩宋将白都统。从大军伐宋，由
忠显校尉、蒙古大总把，赐金符，监真定河间、曹州、大名翼各千户。
从伯颜济江，授元帅府知事。擢经历，以给西安、河东蒙古军衣粮。
赐鞍勒、弓矢。累迁泰州同知宣政院断事官，擢朝列院经历。驿征
西蕃负欠金五千两、钞八万五千锭。丁母忧，庐墓，为乡里所称。寻

起为参议院事、西蕃宣慰使,佩虎符。入为吏部郎中,累擢尚书吏部侍郎。卒。

合剌江,宏吉剌氏。

祖纳鲁都,从太祖伐金。授千户。卒。

父门特哥,袭为平阳府达鲁花赤,赐金虎符。卒。

合剌江袭。累官武略将军,晋、潞、吉三州达鲁花赤。至元四年,李璮叛,从宗王合必赤讨之。璮突围出,适当合剌江分地,力战,却贼。合必赤饮以酒,并饮器赐之。世祖又赐白金。卒。

子阿尔答蓝嗣。历晋、朔、应三州达鲁花赤。以治最,拜监察御史。历浙东西、广西等路廉访司佥事、副使。

勖实带,克烈氏。祖昔里吉思、父兀都,世为炮手军千户。至元中,勖实带袭职。从伯颜南伐,以渡江功,授武义将军,佩金符。寻迁武德将军、本军总管,诸将渡江争掠金帛、妇女,勖实带独取图书百卷。士之被俘者,辄赎而归之。宋平,还屯闻喜,建伊川书院以教士。手不释卷,与陈天祥、姚燧、卢挚、赵简友喜。台省交荐之。会卒。勖实带晚改名士希,字及之,有诗五百余篇,曰《伊东拙藁》。

子慕颜帖木儿袭千户,亦有学行。

只儿哈郎,灭里乞台氏。至元二十四年,授昭武大将军、太仆卿。元贞元年,进资德大夫、御史大夫、太仆卿、西域亲军都指挥使司达鲁花赤,佩虎符。寻进荣禄大夫。大德四年,以疾卒。

子秃鲁不花,至大元年,授开府仪同三司、丰国公,遥授平章政事、行太府院使,西域亲军都指挥使,佩虎符。又特授左丞相、行枢密院事。至大元年,卒。

子咬住哥,嘉议大夫、西域亲军都指挥使司达鲁花赤。皇庆二年,进通议大夫。至治三年,改授同知典院院使。兼前职。天历元年,有战功。三年,授云需总管府达鲁花赤。

新元史卷一五三
列传第五○

田嗣叔 子成　孟德 义　郑义
江　巩彦晖 信　刘恩　石高山
隋世昌　贺祉　楚鼎　张均
王昔剌 宁　李天祐

　　田嗣叔，字起宗。其先平阳赵城人，后徙中山。有至性，侍母疾四十余日，衣不解带。岁饥，以粟贷贫民，不能偿即取券焚之。金末，河北盗起，嗣叔聚众自保。后降于睿宗，赐金符，授行军千户。每战，率所部为先锋，号敢死军。后与金兵遇于马黄陂，嗣叔捣其中军，金兵大乱。俄伏发，仓卒为流矢所中，创甚。以忠孝勉其二子，言讫而卒。二子：子实、子成。
　　子成，勇悍多智略。从父攻城略地，身先士卒。言于元帅田镇海，留俘众有工艺者备任使。镇海奏闻，从之，命阅实。未几，饟不继，将屠其老弱及不习工艺者，子成复进言："兵为拯民焚溺，临阵降者，尚不可杀，已为民而杀之，可乎？散于河北，使自食其力，足以结人心。"又从之。活二千余家，号种田户，太宗命其兄子实为总管领之。子成佩父金符，为弘州人匠总管。后致仕。卒。子实孙忠良见《艺术传》。

孟德，济南人。由邹平县令、淄州节度使，累官至同知济南路事。太宗八年，诸王阔端命德为元帅，佩金符，领济南军攻宋徐州、光州，降其众。六皇后称制，按只台大王以德为万户，攻濠、蕲、黄等州。宪宗三年，命德守睢州。五年，移守海州。宋安抚吕文德寇边，德败之，俘其太尉刘海。又与子义从世祖攻鄂州，先登。中统三年，从征李璮。璮平，德以老告归。

义袭为万户。领兵守沂、郯。四年，赐虎符。至元元年，城郯。六年，从山东统军帖赤攻五河口。宋军拒南岸，义率兵渡河击之，宋军败走。九年，迁宿州万户。十一年，宋制置夏贵攻正阳，义夺其战舰数艘，贵遁去。十二年，从攻杨子桥，有功。十三年，改守杭州。九月，从下福建、温、台等处。十四年，授瑞州路达鲁花赤。十月，徙镇闽州。十六年，授招讨使。二十二年，复为沂、郯万户。元贞元年，以老辞职。

子智袭。授三珠虎符、宣武将军，为万户。延祐二年，进明威将军。以病去职。子安世袭。

郑义，冀州枣强人。太师木华黎平河北，义帅其乡人迎降，授虎卫上将军、元州路兵马都元帅，兼景州军民人匠长官，佩金符。从伐金，战殁。

二弟：曰德温，曰甫。德温袭职。从攻徐州，陷阵而死。

子泽袭。从万户史天泽，数有功。

年老，弟江代其职。世祖北征，赐金符，授侍卫亲军副都指挥使，判武卫军事，兼景州军民人匠长官。中统三年，李璮据济南叛，世祖令各州县长官子弟充千户。于是以江子郇为千户，领景州新金军千余人，败贼众于马马桥。璮平，郇以例罢。擢江为都指挥使，赐虎符，寻改左卫。至元八年，从攻襄阳，殁于阵。

郇袭其职，甫以战功，迁同知冀州节度使事，兼管民万户。

二子：渤，袭都元帅，谥宣靖；澧，性高洁，不乐仕进。澧子郁，累官通议大夫、奉元路总管。

巩彦晖，易州人。与兄彦荣俱以武勇称。彦荣以百户隶千户何伯祥麾下，累有战功。后告老，以彦晖代之。诸军伐宋，彦晖从破枣阳，斩首甚众。万户张柔驻曹武镇，彦晖与伯祥别将一军，破大洪诸寨。宋人选兵二万救之，彦晖与伯祥逆战，斩首五百级，生擒其将曹路分等。是夜，宋兵来攻彦晖，率甲士三十人拒之，敌溃走，擒其主将以归。战光州，柔军于东北，夜二鼓，命彦晖率劲卒二百伏西南。五鼓，东北声振天地，彦晖植梯先登，众继之，破其外城。遂急攻，并其子城破之。战滁州，彦晖率浮浑脱者十人，夜渡堑入栏马墙，杀守军三铺，焚其东南角，排寨木帘，大军继之。比晓，拔其城。从大军攻黄州，诸将壁垒未定，柔遣彦晖伏甲二百于赤壁之下。至夜，宋人果水陆并进，彦晖等俟其半过，击之，敌夺溃，生擒十七人。师还，又破张家寨。从攻寿州，夺其门，生擒三人以出。从攻泗州，诸将集城下，为堑水所阻。两军交射如雨，彦晖被重甲径渡。敌将来御，彦晖刺其胸，搏杀之。众毕渡，克其外城。寻登其月城，彦晖部将顾伯祥陷城中，不能出。乃与骁将王进反求之，翼伯祥以归。事闻，赐彦晖银符。宪宗九年，世祖伐宋渡江，次武昌。宋援兵四集，来挑战。彦晖逐之，中伏，围彦晖数匝，彦晖矢尽，短兵接，身被重创。度不免，遂自投水中。敌援之出，载归江州，见宋将不屈，问以事不对，竟死，年五十六。

长子信袭。授银符、易州等处管军总把。中统三年，从征李璮。至元四年，从元帅阿术南征。九年，从攻樊城，先登，夺其土城，焚西南角楼。十一年，从丞相伯颜攻沙阳堡，率勇士五十人，焚其寨，遂破之。是年，从渡江，直抵鄂州下，擒宋将江路分以归。十二年，战丁家洲，杀宋兵七十余人，夺战舰二。江南平，以功擢武略将军、管军千户，镇太平州。十六年，以疾辞。

子思明、思温、思恭。思明初患目疾，以思温袭。及思温卒而思明疾愈，复以思明袭。思明卒，以思恭袭，改怀孟万户府管军下千户，佩金符。

　　刘恩，字仁甫，洺州洺水人，后徙威州。恩以材武隶军籍，累功为百户。俄迁管军总管，佩银符，太傅府经历。从伐蜀，数有战功。中统三年，都元帅纽璘遣恩受刘整降，赐金符。至元三年，宋将以战船五百艘载甲士三万人屯于江上游，先以一万人据云顶山，欲取汉州。恩率千人渡江，与战，败之。授成都路管军万户。六年，从平章赛典赤攻嘉定，过九顶山，与宋军遇，生擒其部将十八人，械送京师。九年，从皇子西平王、行省也速带儿征建都，恩将游兵为先锋，一日三战，皆捷。时大军久驻，食且尽，恩招谕诸蛮，得粮三万石、牛羊二万头，士气益振。建都因山为城，山有七顶，恩夺其五，并断其汲道，建都乃降。入朝，升管军万户，戍眉州。十二年，昝万寿以嘉定降，恩移戍嘉定。安西王遣使召恩至六盘山，问曰："江南已平，四川未下，奈何？"恩曰："以不徇私之重臣，奉诏督责之，则半年可下矣。"王即遣恩与木儿赤乘传以闻。帝然之，命丞相不花等行枢密院于西川，授恩同金院事。十五年，重庆降，不花遣恩招降反侧，旬月之间，得大小州县六十四。入朝，赏赉有加，授四川西道宣慰使。

　　改副都元帅，率蒙古、汉军万人征斡端，进都元帅，宣慰使如故，赐宿烈孙皮衣一、锦衣一及弓刀诸物。师次甘州，奉诏留屯，得粟二万余石。十八年，命恩进兵斡端。海都将玉论亦撒率兵万人拒战，游骑先至，恩设伏以待，大败之。海都又遣八把以兵三万来攻，恩料众寡不敌，敛兵而退。二十二年，授金行枢密院事。卒。子德禄袭成都管军万户。

　　石高山，德兴人。父忽鲁虎从太祖定中原，太宗赐以东昌、广平四千余户，遂徙居广平之洺水。

　　中统三年，高山因平章塔察儿入见世祖，因奏曰："昔太祖皇帝所集按察儿、孛罗、窟里台、孛罗海拔都、阔阔不花五部探马赤军，金亡之后，散居牧地，多有入民籍者。宜加招集，以备驱策。"帝大悦，曰："闻卿此言，犹寐而觉。"即命与诸路招之，既籍其数，仍命高山佩银符领之。

四年，授管军总管，镇息州，军令严肃，寇不敢犯。赐金符奖之。至元八年，从取光州，克枣阳，进攻襄、樊，皆有功。十年，从阿术略地淮南。十一年，从平江南，以功迁显武将军。十二年冬，丞相伯颜命以所部兵取宁国，下令无虏掠，既至城下，喻以祸福，守将开门降，秋毫无犯。复从至焦山，与宋将孙虎臣、张世杰转战百余里，杀获甚多。赐金虎符，进信武将军，镇高邮。

伯颜朝京师，帝问："有瘦而善战者，朕忘其名。"伯颜以高山对，且盛言其功。帝即召见，命高山自择一大郡以佚老，高山辞曰："臣筋力尚壮，犹能为国驱驰，岂敢为自安计。"帝大悦，进显武将军，率所部北征，屯亦脱山。十六年，命同忽都鲁领三卫军，戍和林屯田，以给军储。二十四年，从讨乃颜，有功。赐三珠虎符、蒙古侍卫亲军都指挥使，守卫东宫。成宗悯其老，以其子阔阔不花袭职，赐钞三百锭。大德七年，卒于家，年七十六。

隋世昌，其先登州栖霞人。父宝，徙莱阳，金末管军都统，领镇行村海口。太宗下山东，宝迎降，授莱阳令。历莱州节度判官，终高密令。

世昌其第四子也，善骑射，身长八尺，锻浑铁为枪，重四十余斤，能左右击刺，选充队长。宋兵攻海州，世昌战却之。从攻涟水，世昌树云梯攀缘而上，众从之。遂克其城。授马军千户。

中统元年，宋将夏贵军淮南新城，世昌夜乘艨艟抵城下。宋兵出战，斩首数百级。未几，涟水复叛归宋，世昌军于东马寨，击败宋兵。三年，改步军千户，还镇行村海口。至元元年，朝议分拣正军奥鲁，授莱阳县诸军奥鲁长官。

七年，迁淄莱万户府副都抚镇，守万山堡，建言修一字城以围襄阳。迁管军千户。九年，败宋兵于鹿门山。元帅刘整筑新城，使世昌总其役。世昌立炮帘于樊城拦马墙外，夜大雪，城中矢石如雨，世昌不肯却，炮帘卒立。宋人列舰江上，世昌乘风纵火烧其船百余。

樊城出兵鏖战,世昌创甚,血渍衣甲,勇气愈壮。樊城下,迁武略将军。

从伯颜伐宋,攻新城。巨昌坎其城而登,中数矢,伤臂,昏眩坠地,少苏,复进,遂拔之。明日,丞相伯颜视所坎城高一丈五尺余,论功第一。从诸军渡江,抵南岸,率蒙古哈必赤军步战,大败宋兵,斩其将一人。十二年,从败贾似道于丁家州,以功赐金符。十三年,围扬州,世昌绝其粮道,兼搜湖泊,宋兵闻铁枪名,不敢近。扬州平,充四城兵马使。从平章阿术入觐,授宣武将军、管军总管。十四年,平野人原、司空山等七寨贼,进安抚使,佩金虎符,镇澉浦。十七年,拜定远大将军。二十三年,改沂、郯上副万户。世昌前后百战,遍体金疮,竟以是卒,年六十一。追封定海郡侯,谥忠勇。子国英嗣。

贺祉,益都人。父进,元帅左监军,守淄州;改千户,守胶州。

祉初以质子入宿卫,至元六年袭父职为千户,仍守胶州。七年,宋兵攻胶州,祉固守却之。十年,领舟师五百艘为先锋,攻五河口。军还,殿后。时宋兵以巨索横截淮水,号浑江龙,祉用刀断之,却其救兵,清河城遂降。攻高邮、宝应,战淮安,城下,丞相伯颜以其功上闻,授武节将军。攻泗州,获战船五百艘。还,从右丞别乞里迷失入朝,帝赐以弓矢,锦衣、鞍勒,加宣武将军,镇新城。绝淮安、宝应粮道,获战船六百艘及器械,上于行枢密院,遂命领宝应军民事。十四年,特赐金虎符、怀远大将军。二十年,讨建宁贼黄华,有功。二十四年,以征交趾,请行,湖广行省檄令守辎重,屯思明州。军还,至建康卒。

楚鼎,安丰蒙城人。父玠,金寿春府防御使,守宿州。太宗十一年,以州降。阿术鲁命玠守之。宋兵攻陷宿州,玠战殁,宋人囚鼎于镇江府十有四年,会赦免。

至元十二年,大兵渡江,鼎从知太平州孟之缙降。行省遣鼎谕宁国府守将孙世贤,下之,承制授鼎管军总管,加怀远大将军,镇宁国,剿建平、广德诸盗。鼎与权万户孛罗台护送徽州招抚使李铨子汉英至徽州,谕铨降。十三年,汉英与李世达叛,旌德、太平两县附之。鼎与兀忽纳进兵,用徽人郑安之策,按兵徐入,不血刃而乱定。十五年,鼎始受符印。十八年,东征日本,鼎率千余人从左丞范文虎渡海,大风舟坏。鼎挟破舟板,漂流三昼夜,至一山,会文虎船,因得达高丽之金州合浦。后病卒。

张均,济南人。父山,从军伐宋,以功为总把,战殁。

均袭百户,从亲王塔察儿攻鄂州,面中流矢。中统三年,从征李璮有功,以总帅命升千户,守淄州。至元六年,从左丞董文炳攻宋五河口,转战濠州北,遇其伏兵,均力战败之。十年,攻连州,夺孙村堡。十二年,赐金符,授忠翊校尉、沂郯翼千户。从攻芜湖,夺宋战船,俘四十余人。又从阿塔海战有功,加武略将军。十四年,赐虎符,加宣武将军。

二十二年,擢松江万户。二十四年,从镇南王征交趾。二十六年,从北征,擢明威将军、前卫亲军副都指挥使。三十年,以扈从世祖亲征乃颜功,受赏。成宗即位,命屯田和林。大军讨西北叛王,军粮未尝乏绝。大德元年,改和林等处副元帅。历宣慰司同知,擢都元帅,加镇国上将军。延祐元年,卒。

子世忠,袭前卫亲军副都指挥使。

王昔剌,保定人。初事世祖,以其有勇略,赐名昔剌拔都。从攻钓鱼山及阿里不哥,累功,赐金符,授武卫亲军千户。中统三年,从征李璮于济南。四年春,元帅阿术经略河南,遣昔剌将蒙古、汉军,复立宿州。至元六年,赐虎符,升海州万户。引兵攻盐林山寨,多所俘获。

十年,授同金东川行枢密院事。十五年,从攻夔府,有功。十六年,徙镇万州,卒于军。

二子:宏、宁。宏先佩金符,为左卫千户。及枢密院拟宁袭武职,宁让于宏，于是授宏中卫都指挥使，佩父虎符，而以宁代宏为千户，佩金符。宁从阿剌台、憨合孙北征，追击脱脱木儿于阿纳秃阿之地。师还，又从别急里迷失等击贼外剌，斩首百余级。复从忽鲁忽孙北征，有功。升右卫亲军总管，后改前卫都指挥使司、佥事。子处恭，袭宏职，仕至侍御史。

李天祐，修武人。以百户从大兵破蔡州。又从攻钓鱼山有功，转均州万户府都镇抚。从破襄阳，转战渡江，率骁勇千人登战舰，横出江口。宋人列船以待，天祐持长矛钩其船而攻之，斩获百余级，宋人夺气。擢敦武校尉、总管荆南迤北站赤千户。五年，迁武略将军、荆湖北道屯田总管。募民能田者，躬自率之。尤习于水利，岁收数倍。卒年七十一。

新元史卷一五四
列传第五一

杭忽思 阿塔赤 伯答儿　拔都儿
别吉连　帖赤　帖木儿脱欢　帖木儿不花
忽都思 和尚 千奴　叶仙鼐
帖哥术探花爱忽赤
脱力世官　也罕的斤　旦只儿
脱欢　孛兰奚　怯烈
月举连赤海牙　也速觯儿
昔都儿　阔里吉思　伯行
铁连　谟克博罗

杭忽思，阿速部长也。太宗兵至其境，杭忽思率众来降，赐名拔
都儿，佩金符，领其部众。寻敕选阿速军千人，及其长子阿塔赤扈驾
亲征。既还，阿塔赤入直宿卫。杭忽思归国，遇贼战殁。敕其妻外
麻思领国事。外麻思躬擐甲胄，平叛乱后，以次子按法普代之。

阿塔赤，从宪宗伐宋军于钓鱼山，战有功。帝亲饮以酒，赏白

金。阿蓝答儿、浑都海叛，从大军讨之，腹中流矢。赏白金，召入宿卫。中统二年，扈驾征阿里不哥，追至苏马勒图之地，复以功赏白金。三年，从征李璮，授金符千户。至元五年，从塔卜台伐宋，克金刚台。六年，从攻安庆府。七年，从下五河口。十一年，从下松江诸郡，戍镇巢。宋降将洪福乘醉杀之。世祖悯其死，赐白金五百两、钞三千五百贯及镇巢降民一千五百三十九户，命其子伯答儿袭千户，佩金符。

伯答儿。从讨叛王昔里吉。与只儿瓦台战于押里。复与药木忽儿战于秃剌及斡鲁欢。十五年春，与叛将赤怜战于伯牙之地。五月，又与外剌台、宽赤哥思等战于阿赤牙，其大将塔思不吉为木栅、石城以自守。伯答儿督勇士先登，拔之，矢中右股。元帅别里吉迷失以其功闻，赏白金。二十年，授虎符、定远大将军、后卫亲军都指挥使，兼领左阿速卫事，充阿速拔都达鲁花赤。二十二年，征别失八里军于亦里浑察罕儿之地，与秃呵不早麻战，有功。赐貂裘、弓矢、鞍辔，寻复以银生椅赐之。二十六年，征杭海。大军乏食，其母乃咬真输私财及畜牧等，以佐军储。世祖闻而嘉之，赐予甚厚。大德四年，伯答儿卒。

长子斡罗斯，由宿卫累官佥隆镇卫都指挥使司事，赐一珠虎符。天历元年，谕降上都兵，赐三珠虎符，擢本卫都指挥使。

斡罗斯二子：长都丹，右阿速卫都指挥使；次福定，怀远大将军、右阿速卫达鲁花赤，兼管后卫军。后以兄都丹领右阿速卫。福定复迁后卫，升同佥枢密院事，命领军一千守迁民镇，寻授定远大将军、佥枢密院事、后卫亲军都指挥使，提调右卫阿速达鲁花赤。二年，进资善大夫、同知枢密院事。后至元间，进知枢密院事，因忤伯颜，放海南。寻召还。卒。

拔都儿，阿速氏。世居上都宜兴。宪宗在潜邸，与兄兀作儿不罕及马塔儿沙帅众不归。马塔儿沙，从征蔑吉思城为前锋，身中二矢，先登，拔其城。又从征蜀，至钓鱼山，殁于军中。

拔都儿，从征李璮，围济南，有功，赏纳失思段九，命领阿速军一千常居左右。寻充阿塔赤怯薛百户。后从塔卜台南征，与宋人战于金刚台，又以功受赏。师还，言于帝曰："臣愿从军为国效死。"世祖留之，充孛可孙，兼领阿速军。令鞚引御马。至元二十三年，授广威将军，后卫亲军副都指挥使，赐虎符。明年夏，征乃颜于亦米河，擒金家奴、塔不台以归，赏钞及衣段，加定远大将军。大德元年，卒。

子别吉连袭。至大四年，河东、陕西、巩昌、延安、燕南、河北、辽阳、河南、山东诸翼卫探马赤争草地，讼者二百余起。命别吉连往谳之，悉正其疆界。累官怀远大将军。致和元年，从燕帖木儿入中书省，擒平章政事乌伯都剌等，迎立文宗。使别吉连领卫军，守居庸关诸要害。天历元年十月，梁王王禅兵掩至羊头山，势张甚，别吉连从燕帖木儿击之，突入其军，王禅败走。文宗赐御衣二袭，三珠虎符，及弓矢、甲胄、金帛，旌其功。寻以疾辞。子也连的袭。

帖赤，答答里带氏。同都元帅塔海绀布伐蜀，并将蒙古也可明安、和赤马赖及炮手诸军，攻下兴元、利、剑、成都诸路。中统二年，赐虎符，授西川便宜都元帅。俄进行枢密院，率诸军略定未下郡县。至元元年，迁益都等路统军使，卒于军。二子：帖木儿脱欢、帖木儿不花。

帖木儿脱欢，初以蒙古军千户从伐蜀有功，行枢密院承制授万户，并将列别木、塔海帖木儿、也速带儿、匣剌撒儿四千户军从大军取重庆。徇下流诸城，留戍夔州，兼本路安抚司达鲁花赤，进怀远大将军、蒙古军万户。迁定远大将军，兼嘉定镇守万户、本路总管府达鲁花赤。寻升镇国上将军、诸蛮夷部宣慰使，加都元帅。亦奚不薛叛，与岳剌海会云南兵讨平之。改征缅都元帅，卒于军。子忽都答儿嗣。

　　帖木儿不花，中统初，入备宿卫。至元七年，授虎符，代张马哥为淄莱水军万户，将其众赴襄阳，与宋将范文虎战于灌子滩，夺其战舰，追至云胜洲，大败之。行省上其功，赐白金五十两，并衣甲、鞍辔。九年，授益都、淄莱新军万户。

　　从丞相伯颜伐宋，败其大将夏贵于阳罗堡。论功，赐白金五百两。又从下鄂、蕲、黄、江、常、秀等州，累加昭武大将军。从参知政事阿剌罕，略定绍兴、温、台、福建，授台州路总管府达鲁花赤。迁广东宣慰使。

　　十六年，加都元帅，从攻宋将张世杰于崖山。世杰死，降其众数千人。广东平，领诸降臣及将校有功者入见于大安阁，命太府监视其身制银鼠裘，亲赐之，授中书左丞，行省江西。二十五年，拜四川等处行尚书省平章政事，兼总军务，改行中书省平章政事。卒。

　　忽都思，玉耳别里伯牙吾氏。父哈剌察儿，率所部归太祖。忽都思有膂力，太宗四年从睿宗败金兵于三峰山，赐号拔都。六年，授百户，从攻宋唐、邓州，数有功，赐银币、名马、甲胄、弓矢。宪宗四年，从攻宋汉上铁城寨，战殁。追赠竭忠宣力功臣、资德大夫、中书右丞、上护军。追封沇国公，谥武愍。子和尚。

　　和尚，袭父职。从世祖攻鄂州。又从大军讨李璮，败其众于老僧口，擢阿剌罕万户府经历。至元五年，从攻襄阳，都元帅阿术荐其才可大用。

　　十一年，从丞相伯颜渡江，战于柳子、鲁洑、新滩、沌口，皆有功。十三年，从平章政事阿里海涯攻江陵，宋安抚使高达城守，和尚直抵城下，谕以祸福。达开门出降。以功擢行省郎中。从围潭州，守将李芾坚守不下。十二年，城陷，诸将议屠其民。和尚曰："拒命者宋将耳，民何罪。且列城未附者尚多，若降而杀之，是坚其效死之心也。"参知政事崔斌曰："郎中言是。"阿里海涯从之。由是湖南郡县望风纳款。世祖闻而嘉之。改行省断事官,分徇广西,兼行宣抚司事。

未几,授常德路达鲁花赤,以治最闻,擢岭南广西道提刑按察使。阿里海涯恃功骄恣,和尚据事劾之,不少贷。迁江南浙西道提刑按察使,卒于官,年四十九。赠宣忠守正功臣、银青光禄大夫、司徒、上柱国,追封沇国公,谥庄肃。子千奴。

千奴,以月鲁那延荐,召见大安阁。世祖以其父官授之,拜江南浙江道提刑按察使。是时行省、行台皆治杭州,千奴上言:“两府并在杭州,势逼则权分,情通则威亵,宜移行台于要便之地。”后行台卒移于江东道。

二十六年,累迁淮西江北道提刑按察使。入觐,极言丞相桑哥罪状,帝为之改容。未几,桑哥竟伏诛。二十八年,改立肃政廉访司,授江北淮东道肃政廉访使,进阶广威将军。三十一年,换江东建康道,丁祖母忧归。

大德二年,授太中大夫建康路总管,未行,奉使淮东、西,察官吏能否。还奏军民便宜三十事,多见采用。历江西湖东、江南湖北两道。奏劾中书平章政事伯颜等颛权固位,行台闻于上,伯颜等皆被黜。千奴刚正不挠,朝廷事有不便,必上章极论之,未尝以外吏为嫌。

七年,授大都路总管兼大兴府尹。俄进通义大夫、同金枢密院事。奏言:“蒙古军在山东、河南者,往戍甘肃,资装归其自办,往往鬻田产、卖妻子。戍者未返,代者又继,前后相仍,困苦日甚。请以甘肃邻境兵戍之。其山东、河南戍兵,官为出钱,赎其田产、妻子。”诏从之。未几,迁参议中书省事。

武宗即位,拜荣禄大夫、平章政事、商议枢密院事,兼左翼万户府达鲁花赤,赐玉带。延祐五年,乞致仕,仁宗悯其衰老,从之,仍给半俸终身。

千奴屏居济南,筑先圣祠于历山之下,聚书万卷,延名儒教其乡里子弟。赐额历山书院。家居七年卒,年七十一。赠推忠辅治功臣、光禄大夫、河南行省平章政事、上柱国,追封卫国公,谥景宪。

四子:龙宝,监察御史、洪泽屯田万户;不兰奚,江南行台监察御史;观音保,袭洪泽屯田万户;孛颜勿都,郑州知州,以治行第一,入为翰林国史院经历。

叶仙鼐,畏吾氏。父土坚海牙,以才武从太祖、太宗平西夏及金,俱有功。

叶仙鼐,事世祖于潜藩。从征吐蕃、云南,常为前锋。从伐宋,至鄂州,先登,夺其外城。中统元年,从征阿里不哥,赏白金、貂裘。明年,讨李璮,又以功赏白金五百两。授西道都元帅,金虎符,吐蕃宣慰使。叶仙鼐随地之厄塞,设兵屯镇抚之,恩威兼著。赐金币钞及玉束带。为宣慰使历二十四年,迁云南行省平章政事。寻改江西行省平章政事。至元三十一年,成宗即位,召还,赐玉带,改陕西行省平章政事。谢事归陇右。十年,卒。赠协恭保节功臣、太保、仪同三司、上柱国、巩国公,谥敏忠。

子完泽,太子詹事。至大四年,拜平章政事。皇庆二年,以宣徽院事,除知枢密院事。延祐四年,出为云南行省平章政事。后与弑英宗,伏诛。

帖哥术探花爱忽赤,畏吾氏。

父八思忽都探花爱忽赤,领畏吾、阿剌温、灭里乞、八思四部,从攻四川,战殁。

宪宗命帖哥术管理渴密里、曲先诸宗藩地。浑都海、阿蓝答儿叛,执帖哥术械系之。帖哥术乘间脱走,入觐。世祖赐金符,袭其父职,命率所部讨贼。以功赐衣服、弓矢、鞍勒。又命从诸王奥鲁赤讨建都蛮,平之。擢昭勇大将军、罗罗斯副都元帅、同知宣慰司事。至西番境内,蕃酋遮道不得进,帖哥术战却之,道遂通。赐金符,赏白金及衣二袭。卒于官。子脱力世官。

脱力世官,袭父职为武德将军、罗罗斯副都元帅、同知宣慰司事。定昌路总管谷纳叛,与千户阿夷谋率众渡不思鲁河。脱力世官引兵擒阿夷,杀之。德平路落来民叛,又讨平之。

亦奚不薛诸部未附,诏脱力世官率罗罗斯、蒙古军四百人,罗罗章六百人,从左丞爱鲁讨之。爱鲁命率兵攻罗羽,抵落穿,夺其关,获牛马以给士卒。又与万户兀都蛮攻怯儿部,其酋阿失据寨不下,脱力世官先登拔之。爱鲁遂命脱力世官总左手四翼兵,讨平亦奚不薛。又有蛮子童者,立寨于纳土原山,脱力世官与参政阿合八失夹攻之,贼穷蹙乞降。进兼管军副万户。蛮细狗、折兴等及威龙州判阿遮,皆阻险为乱,脱力世官夜袭其寨,贼败走,获阿遮斩之。

入觐,授三珠虎符,加远远大将军、罗罗斯宣慰使,兼管军万户。既还,括户口,定赋税,以给屯戍。昌州苏你、巴翠等作乱,以云南王命讨降之,徙其众于昌州平川。县千户任世禄以所部二千人乘间遁去,屯威龙州,脱力世官据其要路扼之,世禄降。未几入觐,卒于京师。

子唆南班,由宿卫袭职,佩三珠虎符,晋镇国上将军。

也罕的斤,匣剌鲁氏。

祖匣答儿密立,以斡思坚部哈剌鲁军三千人降于太祖。以千户从征西域,又从睿宗及哲别谕降河西诸城。后从攻临洮,战殁。

父密立火者,从太宗灭金,又从宪宗攻蜀,为万户府达鲁花赤。宪宗崩,大军北还,留密立火者戍成都以备宋。世祖即位,密立火者贰于阿里不哥,廉希宪使别思马袭杀之。

世祖以匣答儿密立死王事,中统二年授也罕的斤千户,数有战功,拔宋五花、石城、白马等寨。至元七年,宋兵入成都,以四百人拒之,相持四日,宋兵败退,追击于眉州,败之。授蒙古、匣剌鲁、河西、汉军万户,戍眉州。从攻嘉定,筑怀远寨以扼其要害,屡败宋兵。

十二年,入朝,赐对衣、玉带、白金百两,加昭勇大将军、上万户,益兵万人。会围重庆,督马湖江两岸水陆兵。十四年,从攻泸州神臂门,先登拔之。又从行枢密院副使卜花攻重庆,屯佛图关,移屯堡子头,宋将赵安开门降。复率所部略地恩州。加昭毅大将军,授嘉定军民、西川诸蛮夷部宣抚司达鲁花赤,增户万余。进奉国上将军、四川宣慰使、都元帅。

十七年,率所部戍斡端,拜云南行省参知政事。二十一年,与诸王相吾答儿、右丞太卜等分道征缅,造舟二百于阿昔、阿和二江,进拔江头城,以都元帅袁世安守之,且图其地形势以献。先是遣黑的儿、杨林等谕缅降,不报。诸叛蛮据大公城以拒官兵,复遣僧谕以祸福,反为所害。乃水陆并进,连拔建都、金齿等十二部,命都元帅合带、万户不都蛮等戍之,缅遂纳款。二十八年,改四川行枢密院副使,卒。

子:火你赤的斤,云南都元帅;也连阿,蒙古军万户。

且只儿,蒙古答答带氏。至元初,从征蜀,败宋兵于马湖江。九年,从征建都蛮。十三年,从败宋兵于峡江。又从拔泸、叙诸州,进围重庆,败宋将张万。泸州叛,且只儿先将所部据红米湾,败宋援兵,进至安乐山,复败之,斩首五百余级。宋兵邀粮运于安乐山,击走之,遂破其石盘寨。十四年,从诸军拔泸州。张万欲引兵向合州,且只儿以锐卒千人邀击于龙坎,万遁走。赐银符,授管军千户。从征斡端,至甘州,赐金符,擢总管。十九年,从诸王合班、元帅忙古带讨斡端,与叛王元卢战,败之。二十年,诸王八巴以兵来攻,且只儿败其众五百人,拔出亡卒二千余人。进副万户。二十六年,授信武将军、平阳等路万户府达鲁花赤。卒。子建都不花袭。

脱欢,札剌儿台氏。

父脱端,为千户,从皇子阔出伐宋。宪宗三年,镇蔡州。卒。子不花袭。不花卒,弟阿蓝答儿袭,阿蓝答儿卒,弟长寿袭,并为千户长。

寿卒,脱欢袭。加武略将军,佩金符。从阿术攻阳逻堡,又从攻拔鄂、汉诸州,建康、太平等路。宋将姜才攻杨子桥,脱欢率锐卒逆之,斩馘无算。俄宋兵又集于堡北,复破之。万户昔里罕入朝,道滁州,为宋兵所遮,脱欢击败宋兵,出昔里罕。从攻扬州,至泥湖,夺战舰三十艘。进攻平江,宋将王邦杰等迎降。至元十三年,大军围高邮,脱欢率所部赴之,未至二十里,遇宋将漕高邮粟,擒之。又败高邮兵于城下。十四年春,授怀远大将军、太平路达鲁花赤。会只里瓦带寇北边,遣脱欢御之,左臂中流矢二,赐铠甲、弓矢、鞍勒、钞千五百缗。十五年,从亲王斡鲁忽台、丞相孛罗西征,加定远大将军、福州路达鲁花赤,改武昌路。卒。

孛兰奚,宏吉剌氏。

祖忙哥,以后族为太祖宿卫。

父律实,状貌魁伟,善骑射。太宗问以兵事,应对称旨,授千户,寻命隶济南王按只吉歹府。从睿宗伐金,有功。仍入为宿卫。卒。

孛兰奚英迈有父风,幼孤,能自刻厉。暇日习弓马,夜则读书。其母尝训之曰:“汝父忠勇,天不假年。汝能自立,则汝父无憾矣。”孛兰奚亦感奋,期成其父之志,袭为济南王府官。世祖征乃颜,孛兰奚以王府兵从,跃马陷阵,所向披靡。世祖望见壮之,及战捷,帝劳之曰:“无忝尔父也。”赐黄金及金织文二匹,授宣武将军、信州路达鲁花赤。时江南初附,孛兰奚宣布德意,与民休息,期年信州大治。使者以闻,帝遣使赐以上尊。俄以疾卒,年三十三。赠河间路达鲁花赤,追封范阳郡侯。

子脱颖不花,历监察御史、河南道廉访使、郴州达鲁花赤。

怯烈,西域人。云南行省平章赛典赤辟为掾。至元十五年,分省大理。缅人入寇,怯烈击却之。授行省左右司员外郎。十八年,平章纳速剌丁遣诣阙面奏边事,世祖爱其聪辨,赐虎符,授镇西平缅麓川等路宣抚司达鲁花赤,兼招讨使。成都、乌蒙诸驿阻绝,怯烈市马给传,往来便之。俄召入询征缅事宜,奏对称旨,赐币及翎根甲。诸王相吾答儿、右丞太卜征缅,命怯烈率兵船为向导,拔其江头城。复从云南王入缅,将兵三千人屯骠甸,招徕蛮峒,民多复业。后入觐,授镇西平缅宣抚司达鲁花赤,兼招讨使、金缅中行中书省事,佩金符。颁诏于缅,缅王稽颡降附,遣世子信合八的入贡。迁通奉大夫、云南行省参知政事,进资善大夫、左丞。二十八年,改四川行枢密院副使。大德四年卒。

月举连赤海牙,畏兀氏。从宪宗攻合州,奉命修药曲以疗疫,赏白金五十两。又从皇子忙哥都征云南。中统三年,火都暨答离叛,从大军讨平之。至元十二年,佩虎符,为陇右河西道提刑按察使。番酋兀朗孩、火石颜谋为乱,从皇子安西王讨平之。十五年,与伯速带讨平土鲁蕃,皇子复赐衣带、金碗。十七年,进嘉议大夫。二十年,进中奉大夫、四川行省参知政事。寻以疾归秦州。大德八年,卒。至顺中,赠推忠宣力定远功臣、资善大夫、陕西行省左丞、护军,追封威宁郡公,谥襄靖。

也速䚙儿,伯牙乌氏。父爱伯,太祖时内附,徙济阴,以五十户从大军伐宋,战殁。

也速䚙儿袭父职,从大军经略襄、樊,攻百丈山、鹊子滩,俱有功。樊城围合,也速䚙儿先登,赐银钞。明年,破复州,以功迁百户。主将言赏不酬劳,世祖擢为千户,赐金符,督五路招讨。至元十六年,改授金虎符、管军总管。宋平,进怀远大管军、万户,领江淮战舰数百艘,东征日本,全军而返。特赐养老户一百及弓矢、鞍辔。二十二年,移镇泰州。是时籍民丁为兵,得万人,以也速䚙儿为钦察亲军指挥使统之。二十四年,诏范文虎将卫军五万镇平滦州,也速䚙儿及右卫金事王通副之。大德三年,卒。

四子:黑厮,袭万户;黑的,牧马户同知;延寿拜颜,哈剌赤;完泽帖木儿,广德万户府达鲁花赤。

昔都儿，钦察氏。父秃孙，从大军讨李璮有功，授百户。至元十年，告老。以昔都儿代之。从攻襄阳、唐、邓等州，授管军把总，赐银符。十四年，从诸王伯木儿追击只儿瓦台、岳不思儿等于哈喇和林，平之，赐金符，进武略将军、侍卫军百户。宋亡，江南郡县犹有未附者，昔都儿白于省臣，愿率所部平之。诸城望风景附。赐虎符，进宣武将军、溪洞右江万户府达鲁花赤。率洞军从镇南王征交趾。二十四年冬十月，屯兵万劫，右丞阿八赤命进兵，拔其一字城，夺战舰七。明年春正月，与交趾兴道王战于塔儿山，右臂中毒矢，裹创力战，诸军乘胜继进，大败之，入其都城。四月，战于韩村堡，擒其将黄泽。是夜，交人劫营，官军坚壁侍之。敌退，追败之，斩馘无算。五月，镇南王引兵还，以昔都儿为前军，至陷泯关，败追兵，迎镇南王于女儿关。交人以兵四万截要路，将士相顾失色，昔都儿率死士奋击，败之，镇南王遂由单已县起趣盏州间道以出。二十六年，赐虎符，授广威将军、炮手匠军万户府达鲁花赤。大德二年卒。子也先帖木儿袭。

阔里吉思，蒙古按赤歹氏。

曾祖八思不花，从太祖平乃蛮诸部，常为先锋，佩虎符。以谕降丰州、云州，擢宣抚使。

祖忽押忽辛，袭父职。宪宗语之曰：“汝所佩虎符旧矣，何以旌世功。”命改制，赐之。中统三年，改河中府达鲁花赤。卒。

父药失谋，襄阳统军司经历，改宿州达鲁花赤，不拜。枢密副使孛罗、御史中丞木八剌引见世祖，奏曰：“此忽押忽辛子也，乞以其祖父虎符赐之。”除金刚台达鲁花赤，累迁建康路达鲁花赤。卒。

阔里吉思，以宿卫充博儿赤。至元二十五年，拜司农少卿，赐金束带。迁司农卿，进秩资善大夫。未几，拜荣禄大夫、湖广行省平章政事，平海南黎峒，入觐，赐玉带、金银、币帛有差。成宗即位，又入觐，赐海东青鹘、白鹘各一。大德二年，改福建行省平章政事，旋改福建道宣慰使、都元帅。迁征东行省平章政事。阔里吉思与高丽王王昛不相能,又多受贿赂。五年,征还,复拜湖广行省平章政事。明年,改陕西行省,以目疾还京师。加金紫光禄大夫、云南行省左丞相。卒年六十六。

子完泽,湖广行省右丞,征广西徭,卒于军中。

伯行,玉吕伯里氏,本西北部人。父忽都,从太祖定中原,遂家于大名路之清丰县。伯行幼孤,大兴尹张柔见而奇之。后从丞相阿塔海镇扬州。阿塔海奏以本州所领四万户移于鄂,易鄂州两万户戍扬州,廷议如所请。湖广行省丞相阿里海涯不从,阿塔海使伯行乘驲至鄂州,宣上旨。语竟,阿里海涯怒而面赤。伯行前曰:"此圣旨,公怒且不敬。"阿里海涯曰:"吾怒阿塔海也。"伯行曰:"圣旨非阿塔海所造,公殆怒上耳。盍姑退。"阿里海涯惧,置酒食谢罪。卒易两万户而返。阿塔海以伯行通国语,使专奏对,岁率乘驲六七返。世祖见而喜曰:"是黑髯使者复来矣。"

至元二十二年,授金坛县尹。未几,迁行省理问官。帝欲再伐日本,阿塔海言其不便,使伯行入奏,帝悟,遂罢兵。帝谕执政曰:"伯行,朕昔以黑髯使者目之,今察其人温良洁正,可当重任。"时桑哥秉政,寝上命不下。阿塔海移江西,奏以伯行自辅,授奉议大夫、行省都镇抚。

二十九年,除庆元路治中。庆元多宋故家,翰林学士王应麟杜门谢客,伯行首加尊礼,俾学者师事之。胥吏侮士大夫,至叱名召立廷下。伯行禁之,俾称其故官。民大悦。

大德元年,迁浙东海右道肃政廉访副使。太傅答剌罕荐其贤,擢工部侍郎。伯行条江南弊政数百事,答剌罕悉革之。十一年,成宗崩。伯行掌诸库键籥,迁尚书。至大元年,加正议大夫。从皇太子幸五台山,顿递如法,民不知劳。赐白金、名马以奖之。丁母忧归,特赐上尊祭墓。起为两浙都转运使,辞不就。再授资国院使,复辞不允。三年，奉使至江南，道卒，年六十一。延祐四年，赠资政大夫、江浙行省左丞、上护军，追封顺义郡公，谥贞惠。

伯行母徐氏守节，教子甚严，及伯行贵，闻其事于朝，诏旌其门。子：和尚，监察御史；教化，同知沔阳府事。

铁连，乃蛮人，居绛州。祖伯不花为宗王拔都傅。铁连魁伟寡言，有智略。早岁宿卫王府。拔都分地平阳，以铁连监隰州。中统初，调平阳马步站达鲁花赤。至元初，海都叛，廷议欲伐之。世祖曰："朕以宗室之情，当怀之以德，其择谨密足任大事者往使焉。"左右以铁连对。遂召见，帝嘉其辩慧，曰："此事非汝不可。然必先诣蒙哥帖木儿，相与计事而后行。"使二人副之。铁连欲直造海都境，视其虚实，副者弗从曰："上命我辈先与诸王议，今遽造敌境，不可。"铁连曰："亲承密旨，汝辈违则当诛。"副者惧而从之。

既至，海都召与宴饮，铁连乃厉声斥之曰："且食勿语，望语言脱口相摭为罪耶！"良久，海都曰："直哉！"酒半，铁连求衣为赐。海都嘉其辩，将解与之。其妃止之，赠以裘二袭，因语其属曰："为使者当如是矣。"

及至蒙哥帖木儿所，具告以故。王曰："祖宗有训，叛者人得诛之。如通好不从，奉师以行天罚，我即外应掩袭，剿绝不难矣。"铁连还，悉以事闻，因言于帝曰："海都兵多而锐，不宜速战，来则坚垒待之，去则勿追，自守既固，必无他虞。"帝然之，敕所受海都裘饰以金，凡朝会服之，以旌其奉使之劳。

后屡使于海都，道遇海都游兵，副者前行失对，遇害。铁连后至，曰："我为天子使，可以非礼犯耶！"游兵语屈，乃曰："前者伪使，此真使也。"释之，遂得还。帝常谓侍臣曰："有铁连，则朕之宗族不失和好矣。"铁连始终凡四往返，历十有四年。

帝谓铁连曰："在朝官之要重者，惟汝所择。"对曰："臣志在王室，其事未办，不敢奉命。今臣母在绛州，老且病，得侍朝夕，幸也。"诏从其请，授绛州达鲁花赤。至元十五年，平阳李二谋乱，铁连捕问,尽得其状。中书奏进其秩,帝曰:"铁连岂惟能办此耶!"加宣武将军。至元十八年,病卒于官,年六十四。

子答剌带嗣,官信武将军、同知大同路总管府事。

谟克博罗,维尼斯国人。从其父来中国贸易。世祖平江南,授为杭州管税官,乞解职返国,从之。时旭烈兀后王阿鲁浑使者至求汉女为妃,世祖以蒙古女库喀奇赐之,媵以宋宗室女,使谟克博罗送之,并使通好于英吉利、法兰西、日斯巴尼亚诸国。谟克博罗与阿鲁浑使者三人,从海道归。逾年,始抵西域忽里模子。阿鲁浑已前卒,盖喀图嗣立,命谟克博罗送女于合赞,阿鲁浑之长子也。谟克博罗著游记,载西域及中国事甚悉。泰西人入中国,著书,以谟克博罗为称首云。

新元史卷一五五
列传第五二

赛典赤赡思丁 纳速拉丁 乌马儿
忽辛 布鲁海牙 廉希宪 廉希贤
廉惠山海牙 阔阔 坚童

赛典赤赡思丁,一名乌马儿,回回人别庵伯尔之裔。别庵伯尔者,西域诸国尊回回教主之名也。赛典赤,犹华言贵族。赡思丁自云:"与中国孔子同世系",言为教主后,同于中国孔氏之贵云。父苦鲁马丁。

太祖征西域,赡思丁率千骑迎降,献文豹、白鹘。命直宿卫,赐号赛典赤而不名。太宗即位,授丰、净、云内三州都达鲁花赤,改太原、平阳二路达鲁花赤,迁燕京断事官。宪宗即位,命与塔剌浑行六部事,改燕京路总管。旋擢本路采访使,多惠政。

世祖中统元年,立十路宣抚司,改燕京路宣抚使。二年,拜中书平章政事。至元元年,出为陕西五路、四川行省平章政事,莅官三年,增户九千五百六十五、军一万二千二百五十五、钞六千二百二十五锭,屯田粮九万七千二十一石,搏节和买钞三百三十一锭。中书奏闻,赐银五千两,命陕西五路、四川行院大小官并听节制。

七年,改军前行尚书省事,镇四川。宋嘉定守将昝万寿与赛典赤对垒,赛典赤推诚待之,万寿心服。未几,召还。万寿请置酒为好,左右难之,赛典赤竟往。酒至,左右复请勿饮,赛典赤笑曰:"汝等何见之小。昝将军能毒我,岂能尽毒我国之人乎!"万寿叹服。八年,大军围襄阳,诏各路进兵以牵制之。赛典赤与金省郑鼎,水陆并进,至嘉定,纵筏断其浮桥,获战舰二十八艘。寻命行省事于兴元,主馈运。

十年,入觐,帝谓赛典赤曰:"云南,朕尝亲至。其地比委任失宜,使远人不安,欲选谨厚者抚之,无如卿者。"赛典赤受命,退朝,绘云南舆图以上。帝大说,拜云南行省平章政事,赐钞五十万缗。

时南平王秃鲁镇云南,惑于左右之言,以赛典赤至,必夺其权,征兵备之。赛典赤遣其子纳速剌丁先谒秃鲁,请曰:"天子命臣安辑云南,今未敢专,请王遣一人来共议其事。"秃鲁闻之,遽詈其下曰:"几为汝辈所误。"明日遣亲臣撒满、立哈乃等至,赛典赤问相见之礼。对曰:"吾等与纳速拉丁偕来,犹兄弟也,请以子礼见。"皆献名马为贽,拜跪甚恭,观者大骇。赛典赤设宴,尽以金银、酒器与之。明日来谢,赛典赤谓之曰:"二君虽宗王亲臣,未有名爵,不可议国事,欲屈为行省断事官,以未见王,不敢擅授。"请一人还报,从之。秃鲁大悦,由是政令一听赛典赤所为。

十二年,奏:"云南诸夷未附,拟宣慰司兼行元帅府事,并受行省节制。"又奏:"哈剌章、云南壤地相等,而州县皆以万户、千户主之,宜改置令长。"并从之。云南俗:男女自相配偶,亲死则火之,无丧祭之仪。其地无桑麻粳稻,子弟不知读书。赛典赤教以媒妁通婚,死者为之棺椁奠祭,又教民播种,为陂池以防旱涝,创建孔子庙明伦堂,以经史授学者。由是旧习渐除。云南以贝为钱,时初行钞法,民不便之,赛典赤奏闻,俾仍其旧。又以山路险远,多盗贼,相地置镇,每镇设土官一人、百户一人,遇盗贼劫掠,则罪之。

有怨家走京师,诬告赛典赤专僭数事,帝命械送赛典赤治其罪。既至,赛典赤脱械谕之曰:汝不知上以便宜命我,故疑我专僭。今贳汝罪,且官之,能竭忠自赎乎?"皆叩头谢,誓以死报。

交趾叛服不常,湖广行省遣兵讨之,失利。赛典赤使人谕以逆顺祸福,且约为兄弟。其王亲至云南,赛典赤郊迎,待以宾礼,遂乞永为藩服。

萝槃甸叛，命赛典赤讨之，有忧色。左右问其故，赛典赤曰："吾非自忧，忧汝辈冒锋镝，不幸无辜而死。又忧汝辈劫掠，使民不聊生耳。"师次罗槃城，三日不降，诸将欲攻之，赛典赤不可。遣使谕之，越三日仍不降，诸将怒请进兵，又不可。俄将校有乘城而上者，赛典赤大怒，鸣金止之，召万户责之曰："天子命我安抚云南，未尝命我杀戮。无主将命而擅攻，于军法当诛。"叱左右缚之，诸将叩头，请俟城下之日军法从事。罗槃酋闻之曰："平章宽仁如此，吾拒命不祥。"乃出降。由是诸夷翕然款服。广南侬士贵、左江李维屏、右江岑从威，共籍户四十万来听命。夷酋入见，必有献纳，赛典赤悉分赐从官，或以赒贫民，秋毫无所取。又以酒食劳诸酋，制衣冠靴袜，易其卉服草履。众皆感悦。

至元十六年，卒，年七十九，百姓巷哭。交趾遣使者齐衰致祭，其祭文有"生我育我，慈父慈母"之语云。帝思赛典赤之功，诏云南省臣守其成规，勿擅改。大德元年，赠守仁佐运安远济美功臣、太师、开府仪同三司、上柱国，追封雍国公，谥忠懿。后进封咸阳王，改谥忠惠。子：纳速剌丁；次哈散，广东道宣慰使、都元帅；次忽辛；次苦速丁兀默里，建昌路总管；次马忽速，云南行省平章政事。

纳速拉丁，累官中奉大夫、云南路宣慰使都元帅。至元十四年，迁大理金齿等处宣慰使都元帅，以兵抵金齿、蒲骠、曲蜡、缅国，招降帖木、乃木、普蒙、帖木、巨木、秃磨欲等寨土官曲腊沟折民四千，孟磨爱吕民一千，磨奈蒙匡黑答八剌民二万，蒙古甸甫禄保民一万，木都弹秃民二万。以驯象十二入贡，赐金五十两、衣二袭，将士赏赉有差。

十七年，授资德大夫、云南行省左丞，寻迁右丞。建言三事：一，云南规措所造金薄贸易病民；一，谓云南有行省，又有宣慰司都元帅府，近宣慰司已罢，而元帅府尚存，行省既兼领军民，则元帅府当罢；一，谓官吏子弟入质，大吏子弟当遣，余当罢。并从之。

二十一年,进荣禄大夫、平章政事。从皇子托欢征交趾,赐银二千两。云南俗尚鬼,相传刬土一尺,则死者旋踵。纳速拉丁告诚之,使刬土者日以闻,于是筑堤防、建庐舍皆无避忌。二十八年,拜陕西行省平章政事。纳速拉丁受代去,云南人范金为像祀之。二十九年,卒。赠推诚佐理协德功臣、太师、开府仪同三司、上柱国、中书左丞相,追封岐国公,谥贞简。后进封延安王,改谥宣靖。

子十二人:伯颜,中书平章政事;次乌马儿;次沙的,云南行省左丞;次阿荣,太常礼仪院使;次伯颜察儿,中书平章政事,赠守诚佐治安惠世美功臣、太师开府仪同三司、上柱国、中书左丞相,追封奉元王,谥忠宪。

乌马儿,累官福建行省平章政事,建泉州、兴化两郡庙学,置学田。又筑兴化、莆田等县海塘为田,以赡贫民,闽人颂之。

至治元年,改江浙行省平章政事,领江淮等处财赋都总管府事。岁饥,出财赋府米十万石贱粜之,又自购米五百石食饥者。是年冬,京师亦岁祲,诏江浙行省每岁海运米二百三十万石,使春运五十八万,以四月至京师,一府愕然,曰:“凡海运以夏至为期,方春,东北风多,安能济事。”乌马儿曰:“吾奉天子命,不敢缓,即时开运。”四月,海道万户府以状闻,运米五十五万石赴都仓讫,官民相庆。时江淮财赋府初立,乌马儿入觐,太皇太后劳而遣之。至是,半岁之输增三十三万锭,太皇太后赐织室锦袄、大官上尊以为宠赉焉。后卒于官。

忽辛,赛典赤第三子也。以世臣子直宿卫,世祖善其应对。至元十四年,授兵部郎中,出为河南等路宣慰司同知。河南多盗,官军缉捕失利,忽辛遣人持檄谕之,有二人来降,忽辛赐以冠服,放还,使招其部党。未几,偕盗魁十余辈至,罗拜庭下,瞻视异常。左右惊怖失措,忽辛使吏籍其姓名为民,以饮食赐之,命服役于左右。群盗闻之,相继款附。二十一年,授云南诸路转运使,累迁汴梁路总管。

三十年,授两浙盐运使。

大德元年,擢江东道宣慰使。改陕西行省御史中丞,又改云南行省右丞。时梁王松山以皇曾孙镇云南,忽辛条诸不便事,白于梁王改之,王不可。忽辛与左丞刘正驰还京师,诏王依所奏施行。于是病民之政,划除始尽。豪民避徭役投充王府宿卫,忽辛按旧额所无者,悉籍为民,去其宿卫三分之二。马龙州酋谋反,事觉,王将释之,忽辛与刘正反复研鞫,尽得奸状,斩之。军粮支给,道有远近,吏夤缘为奸,忽辛籍军户姓名及仓廪之所在,更番支给,弊遂革绝。

先是,赛典赤建孔子庙,置祭田,及卒,田为大德寺所有,忽辛夺还之,令诸路遍立庙学,文教大行。

广南酋沙奴素强悍,尝受宋之金印,忽辛遣使招之,留数月不遣,酋请还。忽辛曰:“汝欲还,可纳印来。”酋不得已,以印上,忽辛置酒宴劳,使赍印入觐。

五年,缅酋负固不服,忽辛遣人谕之曰:“我老赛典赤之子,一切奉先人训,汝国所不便事,当为汝更之。”缅酋闻之,即与使者偕至,献白象一,曰:“此象古所未有,今应圣德而来,敢效方物。”忽辛奏闻,帝大悦。俄有附会图谶以惑王者,忽辛与刘正密奏之,帝遣使者按问,诛之。忽辛偕使者入觐。

八年,改四川行省左丞。又改江西行省。至大元年,拜荣禄大夫、江西行省平章政事。明年,以母老乞养归,卒于家。天历元年,赠守德宣惠敏政功臣、上柱国、雍国公,谥忠简。子伯杭,中庆路达鲁花赤;曲列,湖南道宣慰使。

史臣曰:元末歙人罗文节为普定府知事,豪酋馈以金文,节却之。酋怒曰:“君赛典赤耶?乃不受吾金。”赛典赤之名,为蛮夷所重如此,虽郑子产、楚孙叔敖何以尚之哉!

布鲁海牙,畏吾儿人。祖牙儿八海牙,父吉台海牙,俱以功为其国世臣。

布鲁海牙年十八，随亦都护内附，充宿卫。太祖西征，布鲁海牙扈从，不避劳苦，赐羊马、毡帐，又以西辽菊儿汗女耶律氏配之。太祖崩，拖雷监国，选使燕京总理财赋。使还，庄圣太后闻其廉谨，请于太宗，使管汤沐邑，凡军民匠户在燕京、中山者悉统之，又赐中山店舍、园田、民户二十，授真定路达鲁花赤。

太宗三年，拜燕南诸路廉访使，佩金虎符，赐民户十。未几，授断事官。时断事官得专生杀，布鲁海牙慎于用刑。有误殴人死者，吏论以重法，其子号泣请代，布鲁海牙戒吏，使缚送于市，惧则杀之。其子无惧色，乃曰："误殴人死，情有可原，子而能孝，义无可诛。"遂并释之，使出银以资葬埋。

是时法制未定，奴有罪，主得专杀，布鲁海牙知其非法而不能救，尝出金赎死者数十人。隶军籍者，惮于行役，往往募人代之，又多逃归者。朝廷定制：募代者杖百，逃归者死。命布鲁海牙与断事官卜只儿按顺天等路，得募人代者万一千户，逃者十一人。布鲁海牙悯而奏之，皆得轻减。有丁多产富未至役而逃者，则曰："此而不杀，何以惩后！"其执法平允，类如此。

世祖即位，择信臣宣抚十道，命布鲁海牙使真定。真定富民出钱贷人者，不逾时倍取其息，布鲁海牙使息如本而止，著为令。中统钞法行，以金银为本，本至，乃降新钞。真定无金银，钞不可得。布鲁海牙遣幕僚邢泽往谓平章王文统曰："昔奉太后旨，金银悉送上京，真定南北要冲之地，商贾甚多，今旧钞既罢，新钞不降，何以为政。且以金银为本，岂若以民为本乎！"文统不能夺，立降钞五千锭，民赖以济。俄迁顺德等路宣慰使，佩金虎符。来朝，帝命坐，慰劳之，赐海东青鹘。至元二年秋，卒，年六十九。

初布鲁海牙拜廉访使，命下之日，子希宪适生。喜曰："吾闻古以官为姓，天其以廉为吾宗之姓乎。"故子孙皆姓廉氏。后或奏廉氏仕进者多，宜稍汰之，世祖曰："布鲁海牙功多，子孙亦朕所知，非汝所当预也。"大德初，赠仪同三司、大司徒，追卦魏国公，谥孝懿。

子十三人：希闵，蕲黄等路宣慰使；希宪；希恕，中书平章政事、湖广行省左丞;希尹;希颜;希愿;希鲁;希贡,昭文馆大学士、蓟国公;希中;希括;阿鲁浑海牙,广德路达鲁花赤。孙五十三人,多显仕。

廉希宪,字善甫,一名忻都。幼魁伟,举止异凡儿。九岁,家奴四人盗五马逃,既获,法当死。布鲁海牙将付有司,希宪泣谏止之,俱得免。又尝侍母居中山,有二奴醉出恶言,希宪曰:"是以我为幼也。"即送府狱,杖之。皆奇其有识。年十九,侍世祖于潜邸,恩遇殊绝。希宪笃好经史,手不释卷。一日,方读《孟子》,闻召,怀书以进。世祖问:"读何书?"对曰:"《孟子》。"又问《孟子》大义,对曰:"陈王道,明义利,不忍一牛,推恩四海。"世祖嘉之,目曰廉孟子,由是知名。与近臣校射世祖前,希宪腰插三矢,有欲取以射者,希宪曰:"汝以我为不能耶?但吾弓力稍弱耳。"左右授以劲弓,三发连中。众惊服曰:"真文武材也。"

世祖受京兆分地,命希宪为宣抚使。京兆控制陇蜀,王藩分布左右,发杂羌戎,号难治。希宪讲求利病,抑强扶弱。暇日从名儒许衡、姚枢等谘访治道,首请用衡提举京兆学校,教育人材,为根本计。国制:为士者不隶籍。京兆多豪强,令格不行。希宪至,悉令著籍为儒。贫民贷富家钱,至本息相当,收其本,又以息为券,展转责偿,号羊羔利。负则虐待之,不胜其毒。希宪正其罪,偿利勿过本息,余皆取券焚之,著为令。

初,世祖受命宪宗,经理河南、关右。逸者谓王府人多专擅不法。至是,命阿蓝答儿、刘太平检核所部,用酷吏分领其事,大开告讦。希宪曰:"宣抚司事由己出,有罪当独任,僚属何预。"及事竟,无获罪者。宪宗九年,世祖渡江围鄂州,希宪引儒生百余拜伏军门,因言:"王师渡江,凡士人宜官为赎还,以广示德意。"世祖从之,还者五百余人。

宪宗凶闻至,希宪启曰:"殿下太祖嫡孙,先皇母弟,子惠黎元,率土归心。今大行奄弃万国,神器无主,愿速还正大位,以安天下。"

世祖然之，且命希宪先行审察事变。对曰："刘太平、霍鲁欢在关右，浑都海在六盘。太平性险诈，素畏殿下英武，倘倚关中形势，连结诸将，则不可制。宜遣赵良弼往觇人情向背。"从之。后良弼自关中奏刘太平等反状，卒如希宪言。

　　阿里不哥构乱北边，使脱忽思金兵河朔。真定名士李槃，尝奉庄圣太后命，侍阿里不哥讲读。脱忽思怒槃不附己，械之，希宪白于世祖而释之。宗王塔察儿，东诸侯之长也，世祖欲招徕之，难其使，希宪请行。塔察儿宴希宪，希宪从容说之曰："大王属尊望重，发言推戴，谁敢不协？"塔察儿从其议。还奏世祖，惊曰："此大事，卿何轻率如此。"对曰："《论语》谓：时然后言，臣所言亦惟其时耳。"

　　明年，至开平，宗室诸王劝进，世祖谦让未允。希宪复以天时人事进言，且曰："阿里不哥于殿下为母弟，留守和林，专制有年，或觊望神器，事不可测，宜早定大计。"世祖良久曰："吾意决矣。"明日，遂即位，建元中统。希宪上言："高丽王世子偁久留京师，今闻其父死，宜立为王，遣还国，以恩结之。"又言："宜遣使与宋讲好，敕诸军北归。"帝皆从之。

　　初分汉地为十道，乃并京兆、四川为一道，以希宪为宣抚使。刘太平、霍鲁欢闻之，乘驿急至京兆，谋为变。后一日，希宪至，宣布诏书，遣使安慰六盘。未几，断事官阔阔出遣使来告："浑都海已反，杀所遣使者朵罗台，遣人约密里火者于成都，乞台不花于青居，各以兵来援。又多与蒙古军奥鲁官兀奴忽等金帛，尽起新军。且约太平、霍鲁欢同日俱发。"希宪得报，召僚属谓曰："上新即位，责任吾等，正为今日。不早为之计，悔将无及。"遣万户刘黑马、京兆治中高鹏霄、华州尹史广，掩捕太平、霍鲁欢及其党，获之，悉置于狱。复遣刘黑马诛密里火者，总帅汪惟正诛乞台不花，具以驿闻。时关中无兵，命汪惟良率秦、巩诸军进驻六盘，惟良以未奉诏为辞。希宪即解所佩虎符、银印授之，付银一万五千两以充功赏，出库币制军衣。惟良感激，遂行。又发蜀卒更戍，及在家余丁，推节制诸军蒙古万户八春将之，谓之曰："君所将之众，未以训练，六盘兵精，勿与争锋，但张声势，使不得东，则大事济矣。"会有诏大赦，希宪命绞太平等于狱，尸于通衢，方出迎诏，人心遂安。乃遣使自劾停赦行刑、征调诸军、擅以惟良为帅等罪。帝深善之，曰："《经》所谓行权，此其事也。"别赐金虎符，使节制诸军，且诏曰："朕委卿以方面之权，事当从宜，忽拘常制，坐失事机。"

西川将纽邻奥鲁官，将举兵应浑都海，八春获之，系其党五十余人于乾州狱，送二人至京兆，请杀之。二人自分必死，希宪谓僚佐曰："浑都海不能乘势东来，保无他虑。今众志未一，犹怀反侧，彼见其将校囚执，或别生心，为害不细。若因其惧死，并加宽释，使之感恩效力，就发其余丁，往隶八春，上策也。"纽邻见奥鲁官得释，果大喜过望，切谕其属，人人感悦。

浑都海知京兆有备，遂渡河西趋甘州，阿蓝答儿复自和林率兵应之，又使纽邻兄宿敦为书招其弟。于是成都帅百家奴，兴元帅忙古台，青居帅汪惟正、钦察，俱遣使言，人心危惧，事不可测。希宪遣使谕之，两川诸将凤惮希宪威名，皆从命。时朝议欲弃两川，退保兴元，希宪奏曰："四川已定，无故自堕成功，后悔不及。"帝即拜希宪中书右丞、行秦蜀中书省事。浑都海、阿蓝答儿合军而东，诸将失利，河西大震。会亲王合丹及汪惟良、八春等合兵，复战，大败之，俘斩略尽，枭二叛首于京兆市。事闻，帝大奖之，曰："希宪真男子也。"进拜平章政事，赐宅一区，时希宪年甫三十云。

希宪奏：四川降民皆散处山谷，宜申敕军吏禁止俘掠，违者千户以下与犯人同罪。又禁诸人无贩易生口，由是四川遂安，降者益众。又罢解盐户所摘军，及京兆诸处无籍户戍灵州屯田者，以宽民力。钦察获宋将张炳震、王政二人，以母老，愿赐矜放，希宪皆遣之。因为书与宋四川制置使余玠，谕以天道人事。玠得书感愧，不复轻动。巩昌帅府言，镇戎州有谋叛者，连引四百余人。希宪详推之，惟诛首恶五人。宋将刘整以泸州降，尽系前降宋者数百人待报。希宪奏释之，且致书宰相，待整以恩，当得其死力。宋将家属之在北者，希宪岁给资粮，仕于宋者，子弟得越界省其父母，人皆感之。

　　诏括北京诸郡牛马以济河西,希宪奏曰:"关中凋瘵已极,岁赋不充,不堪此役。"奏入,特复二年。

　　希宪父布鲁海牙为顺德等路宣抚使,入朝面奏曰:"臣子希宪误蒙奖拔,恩逾其分,且事多专,辄恐开后衅。"帝曰:"朕欲大用希宪久矣,第难于代者。卿勿疑惧。"

　　李璮反,事连王文统。平章赵璧素忌希宪勋名,因言:"文统为张易、廉希宪荐引,遂至大用。且关中形胜之地,希宪得民心,有商挺、赵良弼为之辅。此事宜关圣虑。"帝曰:"希宪自幼事朕,朕知其心。挺、良弼皆正士,何虑焉。"蜀伶人费寅为同知兴元府事,后坐法当死,会赦免。希宪恶其为人不用。寅乃为飞语,潜希宪因李璮叛,亦治兵,潜蓄异志。帝惑之,命中书右丞南合代希宪行省,且复验其事,卒无实。诏希宪还京师,陛见,奏曰:"方关陕叛乱,川蜀未宁,事急星火,臣随宜行事,不谋佐贰,如寅所言,罪止在臣,臣请逮系有司。"帝抚御床曰:"当时之言,天知之,朕知之,卿何罪!"慰谕良久。进拜中书平章政事。

　　一日夜半,召希宪入禁中,从容道藩邸旧事,因及赵璧所言。希宪曰:"昔攻鄂时,贾似道作木栅环城,一夕而成,陛下顾扈从诸臣曰:吾安得如似道者用之。刘秉忠、张易进曰:山东王文统,才智士也,今为李璮幕僚。诏问臣,臣对:亦闻之,实未尝识其人。"帝意始释。

　　希宪在中书,振举纲维,综核名实,汰逐冗滥,裁抑侥幸,当时翕然称治。又建言:"国家自开创以来,凡纳土及始命之臣,咸令世守,至今将六十年,州县长吏皆其皂隶僮奴,宜更张之,使考课黜陟。"乃议行迁转法。

　　至元元年,丁母忧,率亲族行古丧礼,勺饮不入口者三日,恸则呕血,不能起,寝卧草土,庐于墓侧。宰执以忧制未定,欲劝之出。既至,闻号痛声,竟不忍言。未几,有诏夺情起复,希宪虽不敢违命,然出则素服从事,入必缞绖。及丧父,亦如之。

　　奸臣阿合马领左右部,专总财赋。会其党相攻,帝命中书推覆,

众畏其权,莫敢问。希宪穷治其事,以状闻。杖阿合马,罢所领归有
司。帝谕希宪曰:"吏废法而贪,民失业而逃,工不给用,财不赡费,
先朝患此久矣。自卿等为相,朕无此忧。"对曰:"陛下圣犹尧舜,臣
等未能以皋陶、稷、契之道,辅佐太平,实为溺职。今日小康,未足多
也"因论及魏征,对曰:"忠臣、良臣,何代无之。顾人主用不用尔。"
有内侍传旨内朝堂,言某事当尔。希宪曰:"此阉宦预政之渐,不可
启也。"遂入奏,杖之。

　　言者讼丞相史天泽,亲党布列中外,威权日盛。诏罢天泽政事,
使待鞫问。希宪进曰:"天泽事陛下久,知天泽深者,无如陛下。陛
下以其可付大事,用为辅相,小人一旦有言,陛下当察其心迹,果有
肆横不法者乎? 今日信臣,故臣敢进言。他日有讼臣者,臣亦遭疑
矣。臣等备员政府,陛下之疑信若此,何敢自保。天泽既罢,亦当罢
臣。"帝良久曰:"卿且退,朕思之。"明日,帝召谕希宪,事遂解。

　　又有讼四川帅钦察者,帝敕中书遣使诛之。明日,希宪复奏。帝
怒曰:"尚尔迟回耶!"对曰:"钦察大帅,以一小人言诛之,民心必
骇,宜逮至京师,与讼者廷对,然后明其罪于天下,诛之未晚。"诏遣
使者按问,事竟无实,钦察得免。

　　希宪每奏议帝前,论事激切,无少回惜。帝曰:"卿昔事朕王府,
多所容受。今为天子臣,乃尔木强耶!"希宪对曰:"王府事轻,天下
事重,一或面从,天下将受其害,臣非不自爱也。"

　　方士请炼大丹,敕中书给所需。希宪以秦、汉故事奏,且曰:
"尧、舜之寿,不因大丹也。"帝曰:"然。"遂却之。时方尊礼国师,帝
命希宪受戒。对曰:"臣受孔子戒矣。"帝曰:"孔子亦有戒耶?"对曰:
"为臣当忠,为子当孝。孔子之戒,如是而已。"

　　五年,始建御史台,继设各道提刑按察司。时阿合马专总财利,
乃曰:"庶务责成诸路,钱谷付之转运,今如此绳治,事何由办?"希
宪曰:"立台察,古制也,内则弹劾奸邪,外则访求民瘼,裨益国政,
无大于此。若去之,使上下专恣贪暴,事岂可集耶!"阿合马不能对。

　　七年,诏释京师系囚。西域人匿赞马丁用事先朝,资累巨万,为

怨家所告,系大都狱,既释之矣,时希宪在告,实不预其事。是秋,车驾还自上都,怨家诉于帝,希宪取堂判补署之,曰:“天威莫测,岂可幸其不署以苟免耶。”希宪入见,以诏书为言。帝曰:“诏释囚耳,岂有诏释匿赞马丁耶?”对曰:“不释匿赞马丁,臣等亦未闻有此诏。”帝怒曰:“汝等号称读书,临事乃尔,宜得何罪?”对曰:“臣等忝为宰相,有罪当罢退。”帝曰:“但从汝言。”即与左丞相耶律铸同罢,时至元七年也。一日,帝问侍臣:“希宪居家何为?”侍臣以读书对,帝曰:“读书固朕所教,然读之而不肯用,多读何为?”意责其不复求进也。阿合马因谗之曰:“希宪日与妻子宴乐尔。”帝变色曰:“希宪清贫,何从宴设?”希宪有疾,帝遣医诊视,医言须用沙糖。时沙糖最难得,家人求于外。阿合马与之二斤,且致密意。希宪却之曰:“使此物果能活人,吾终不以奸人所与服之也。”帝闻而赐之。右丞相安童奏希宪行省河西。帝曰:“河西诸王分地,希宪执法严,于朕意尚不肯曲从,岂听诸王命者。”会嗣国王头辇哥镇辽阳,言者劾其扰民不便。十一年,诏起希宪为北京行省平章政事,肩舆入辞,赐坐,帝温谕良久,且曰:“辽雪户不下数万,诸王、驸马分地所在,彼皆素知卿,故命卿往,体朕此意可也。”故事:亲王使者传令旨,官立听。希宪至,始革正之。

　　有西域人自称驸马,营于城外,系富民,诬其祖父尝贷息钱,索偿甚急。民诉之行省,希宪命收捕之。其人怒,乘马入省堂,坐榻上。希宪命捽下跪,而问之曰:“法无私狱,汝何人,敢擅系良民。”令械之。其人惶惧求哀,国王亦为之请,乃令其待对。遂夜遁。俄诏头辇哥归国,希宪独行省事。朝廷降钞买马六千五百,希宪遣买于东州,得羡余马千三百。希宪曰:“上之,则若自炫。”即与他郡之不及者,以其直还官。长公主及驸马入朝,纵猎,发民牛车,载其所获,征求费至万五千贯。希宪宴公主,从者怨饮食不及,希宪曰:“我天子宰相,非汝庖人。”驸马怒起立,希宪面责之曰:“驸马畋猎,非国制也。费民财不资,我已驰奏矣。”驸马惊,入告公主。公主出,饮希宪酒,曰:“从者扰民,吾不知也。请以钞万五千贯还敛民之直,幸勿遣使者。"自是贵人皆莫敢纵。

十二年，右丞阿里海牙下江陵，图地形上于朝，请命重臣开府镇之。帝急召希宪还，使行省荆南，赐坐，谕曰："荆南入我版籍，欲使新附者感恩，未来者向化，且令宋人知我朝有臣如此，亦足以戢其心。南土卑湿，于卿非宜，今以大事付托，度卿不辞。"赐田以养居者，马五十以给从者。希宪曰："臣每惧才识浅近，不能胜大任，何敢辞疾。然敢辞新赐。"复有诏，令希宪承制授三品以下官。

希宪冒暑疾驱以进。至镇，阿里海牙率其属郊迎，望拜尘中，荆人大骇。即日禁剽夺，通商贩，兴利除害，兵民安堵。首录宋故宣抚、制置二司幕僚能任事者，以备采访，仍择二十余人，随材授职。左右难之，希宪曰："今皆国家臣子也，何用致疑。"时宋故官礼谒大府，必广致珍玩。希宪拒之，且语之曰："汝等身仍故官，或不次迁擢，当念圣恩，尽力报效。今所馈者，若皆己物，我取之为非义；一或系官，事同盗窃；若敛于民，不为无罪。"皆感激谢去。又令敢杀俘获者，以故杀平民论。为军士所虏，病而弃之者，许人收养；病愈，故主不得复有。立契券质卖妻子者，重其罪，仍没入其直。先时，江陵城外潴水为陂，以御敌，希宪命决之，得良田数万亩，分于贫民。发沙市仓粟不入官籍者二十万斛，以赈公安之饥。大纲既举，乃选教官，置经籍，且日亲诣讲舍，以厉诸生。

西南溪洞及思、播田、杨二氏，重庆制置使赵定应，俱越境请降。事闻，帝曰："先朝非用兵不能得地，今希宪能令数千百里外越境纳土，其治效可知矣。"关吏得江陵人私书，不敢发，上之。枢密发于帝前，其中有曰："归附之初，民不聊生。皇帝遣廉丞相出镇荆南，岂惟人渐德化，昆虫草木，咸被泽矣。"帝曰："希宪不嗜杀人，故能尔也。"希宪疾久不愈，十五年春，近臣董文忠言："江陵湿热，如希宪病何？"乃召希宪还，江陵民号泣遮道留之，相与画像建祠。希宪囊橐萧然，帝知其贫，特赐白金五千两、钞万贯。

五月，至上都，太常卿田忠良来问疾，希宪谓曰："上都，圣上龙飞之地，天下视为根本。近闻龙冈遗火，延烧民居，此常事耳，慎勿令妄谈地理者惑动上意。"未几,果有以徙建都邑上奏者,枢密副使张易、中书左丞张文谦与之廷辩,力言不可,帝不悦。明日,召忠良质其事。忠良以希宪语对,帝曰:"希宪病甚,犹虑及此耶。"议遂止。

诏征扬州名医王仲明视希宪疾。既至,希宪服其药,能杖而起,帝喜谓希宪曰:"卿得良医,疾向愈矣。"对曰:"医持善药以疗臣疾,苟能戒慎,则诚如圣谕,设或肆情纵欲,良医何益?"盖以医讽谏也。

会议立门下省,帝曰:"侍中非希宪不可。"遣中命谕旨曰:"鞍马之任,不以劳卿,坐而论道,时至省中,事有必须,执奏肩舆以入可也。"希宪附奏曰:"臣疾何足恤。输忠效力,生平所愿。"皇太子亦遣人谕旨曰:"上命卿领门下省,无惮群小,吾为卿除之。"然竟为阿合马所沮。

十六年春,赐钞万贯,诏复入中书,希宪称疾笃。皇太子遣侍臣问疾,因询治道,希宪曰:"君天下在用人,用君子则治,用小人则乱。臣病虽剧,委之于天。所甚忧者,大奸专政,群小阿附,误国害民,病之大者。殿下宜开圣意,急为屏除,不然不可药矣。"戒其子曰:"丈夫见义勇为,祸福无预于己,谓皋、夔、稷、契、伊、傅、周、召为不可及,是自弃也。天下事苟无牵制,三代可复也。"又曰:"汝读《狄梁公传》乎?梁公有大节,为不肖子所坠,汝辈宜慎之!"

十七年十一月,有大星陨于正寝之旁,流光照地,久之方灭。是夕,希宪卒,年五十。

希宪在中书,宋降将刘整上谒,希宪弟希贡为通报。希宪方读书,不答。希贡出,整复求见。希宪中坐,命整入。整再拜,希宪不予一言。整求退,谓之曰:"此我之私宅,汝欲有所陈,明日当至政事堂见我。"整出,愧赧无人色。未几,宋太学诸生袖诗入见,希宪肃容入,执礼甚恭。诸弟问之,希宪曰:"吾国家大臣,嚬笑系天下轻重。整叛臣也,故折辱之,令其知君臣之义。至寒士,皆诵法孔子者,我不礼敬之,则儒术将扫地矣。"丞相伯颜尝曰:"廉公,男子中真男子,宰相中真宰相也。"其推服希宪如此。

大德八年,赠忠清粹德功臣、太傅、开府仪同三司,追封魏国公,谥文正。加赠推忠佐理翊运功臣、太师、开府仪同三司、上柱国、恒阳王,谥如故。

子六人:孚,佥辽阳等处行中书事;恪,台州路总管;恂,中书平章政事、集贤大学士;忱,邵武路总管;恒,御史中丞;惇,江西等处行中书省参知政事、陕西行省左丞。从弟希贤。

希贤,字达甫,一名中都海牙。伯父布鲁海牙尝曰:“是儿刚果,当大吾家。”年二十余,与从兄希宪同侍世祖,出入禁中,小心慎密。

至元初,北部诸王拘杀使者,世祖使希贤往谕之。希贤宣布上意,辞旨条畅,王悔谢,为设宴,赠貂裘一袭、白金一笏。还奏,帝喜,赐以御膳。寻进中议大夫、兵部尚书。

左丞相伯颜伐宋,既渡江。十二年春,授希贤礼部尚书,佩金虎符,与工部侍郎严忠范、秘书丞柴紫芝持国书使宋。三月丙戌,至广德军独松关,守关者不知为使,袭而杀之。守将张濡以为己功,受赏,知广德军。明年宋亡,获张濡杀之,诏遣使护希贤丧归,后籍濡家资与之。希贤死年二十九。

廉惠山海牙,字公亮,阿鲁浑海牙之子也。惠山海牙幼孤,言及父辄泣下。养母家日不给,敝衣粝食,不以为耻。母丧,哀毁逾礼。年弱冠,大臣欲荐入宿卫,辞曰:“吾世父事世祖以通经,号廉孟子。今方设科取士,愿读书以科第进。”乃入国学积分。

至治元年,登进士第,授承事郎、同知顺州事。有弓匠提举马都剌怙势夺州民田,同列畏之。惠山海牙至,即谳其事,卒还民田。用荐者召入史馆,预修英宗、显宗《实录》。寻拜监察御史,抗章劾中书省臣贪猥,语同列曰:“倘以言责获罪,吾之职也。”既又劾奏明里董阿不当摄祭太庙。迁都水监,疏会通河,堤滦、漆二水,又修京东闸。历秘书丞、会福总管府治中。上疏言,迎佛费财蠹俗。时论韪之。出佥淮东廉访司事,迁江浙行省左右司员外郎,佥河东、河南、江西廉访事,擢江南行御史台经历。时山东盐法大坏,以选除都转运使,未期月，用课最，赏赉金、币、上尊。

至正三年，初行郊礼，召拜侍仪使。明年，预修辽、金、宋三史。迁崇文太监，出为河南行省右丞。迁湖广行省右丞。以武昌失守连坐。既而事白，迁江西行省右丞，就除本道廉访使。未几，江西省治亦陷，惠山海牙走福建。久之，除佥江浙行枢密院事。改拜福建行省右丞。居岁余，奉诏还治省事，且督赋税由海道供给京师。迁行宣政院使。明年，拜翰林学士承旨、知制诰兼修国史。卒年七十有一。

史臣曰：浑都海拥重兵附阿里不哥，与刘太平、霍鲁欢相表里，廉希宪以一书生，揹挂其间，决犹豫，平大乱，可谓智勇矣。及为宰相，划除蠹弊，与民休息，侃然以古大臣之事为己任。元之理学名臣，希宪一人而已。安童、不忽木其次也。

阔阔，字子清，本蔑里吉氏。部族世居不里罕哈里敦之地。其俗骁勇，善骑射，诸族惮之。国初举族内附。

世祖居潜邸，选阔阔为近侍。世祖闻王鹗贤，避兵居保州，遣使征至，问以治道，命阔阔与廉希宪皆师事之。既而阔阔出使于外，追还，而鹗已行，思慕不食者累日。世祖闻而贤之。后宪宗复召鹗至和林，仍命阔阔受学。每旦起盛饰冠服，鹗让之，阔阔深自悔悟。明日，衣纯素以进，鹗乃悦。

宪宗二年，奉命佥诸路军籍，以丁壮产多者充之，所至编籍，无挠累，人皆德之。及还，帝悦，命领燕京匠局。

世祖即位，特授中书左丞。迁大名路宣抚使。时李璮据济南未下，故事死囚呈中书省待报。阔阔与参议乌古论真谋：大名近济南，不便宜从事，无以慑伏叛党，一切重囚皆命戮之于市。时论称其明决。未几，以疾卒，年四十。

子坚童，字永叔。少孤，甫十岁即从王鹗游。及长，奉命入国学，复从许衡游。弱冠入侍禁廷，授中顺大夫、侍仪奉御，迁中议大夫、同修起居注。奉使济南,见杨桓荐贤,遂力荐之。

　　至元二十三年,授嘉议大夫、礼部尚书,迁吏部尚书,秩未满,特授通议大夫、御史台侍御史。二十四年,扈从东征有功,迁燕南河北道提刑按察使。二十八年,授正议大夫、燕南河北道肃政廉访使,拜河南行省平章政事,驿召赴阙,未拜,以疾卒,年三十九。

新元史卷一五六
列传第五三

高智耀 睿 纳麟　李桢　刘容
阔阔出 脱欢　朵儿赤 仁通
暗伯 亦怜真班

　　高智耀，字显达，河西人。祖逸，夏大都督府尹。父良惠，夏右丞相，封宁国公。智耀登进士第，而国亡，遂隐于贺兰山。太宗召见，将用之，固辞。

　　皇子阔端镇平凉，智耀上言："儒者给复已久，不宜与厮养同役，请除之。"皇子从之。宪宗即位，智耀入觐，奏言："儒者所学尧、舜、禹、汤、文、武之道，自古有国家者，用之则治，不用则乱。然欲资其用，宜先养其材。蠲除徭役，固教育人材之先务也。"帝问："儒者何如巫医？"对曰："儒以纲常治天下，岂方技所能比乎。"帝曰："善。前未有以此告朕者。"诏复各路儒户，徭役无所与。

　　世祖在潜邸已闻其名，及即位，尤加礼遇，呼为高秀才而不名。命铸印授之，凡儒户给公文为左验。时士之被俘者，皆没为奴，智耀请朝廷赎之。即拜翰林学士，命巡行各路，赎免三千余人左右。或言其诡滥，帝诘之，对曰："士譬则金也，金色有浅深，谓之非金不可，才艺有短长，谓之非士亦不可。"帝悦。智耀又言："国初庶事草创，纲纪未立，宜仿前代置御史台以司纠劾。"至元五年立御史台，用智耀之言也。

未几，拜西夏中兴等路提刑按察使。会西北藩王遣使入朝，奏言：“蒙古旧俗与汉人不同，今留汉地，建城郭宫室，仪文制度遵用汉法，其故何如？”帝选使报聘谕之，智耀请行。至上京，病卒。

自太宗考选各路儒士后，所在不务存恤，仍与齐民无异。智耀前后上言，正户籍，蠲力役，由是儒术始重，人才渐出。学校中多立祠祀之。后赠崇文赞治功臣、金紫光禄大夫、司徒、柱国，追封宁国公，谥文忠。子睿。

史臣曰：赵氏南迁，中原文献扫荡无余，独拓拔氏建国二百余年，唐之故家遗俗尚有存者，如高智耀、李桢等皆是也。自智耀上言，正户籍，蠲力役，中原之士始知向学。其祀于学校，宜哉！

睿，年十八，以父荫授符宝郎，出入禁闼，恭谨详雅。久之，除唐兀卫指挥副使，累迁礼部侍郎。

出为嘉兴路总管，迁江东道提刑按察使。盗发，声言围宣城，城门昼闭。睿召官吏责之曰：“贼势方炽，吾先示弱，民何以赖？”命开门，听民出入贸易，密治兵以备之。贼惮睿且知有备，不敢进，遂讨平之。除同佥行枢密院事，迁浙西道肃政廉访使。奸民有连结党与，持官吏长短者，其魁曰十老，吏莫敢问，睿悉按法诛之，阖境称快。拜江南行台侍御史，进御史中丞，又改淮东道肃政廉访使。盗窃真州库钞三万缗，有司大索，逮系良民数百。睿廉得其情，悉纵之。已而果获真盗。复拜南台御史中丞。延祐元年卒，年六十六。赠推忠佐理功臣、太傅、开府仪同三司、上柱国，追封宁国公，谥贞简。子纳麟。

纳麟，大德六年用丞相哈剌哈孙荐，入直宿卫，除中书舍人。至大四年，迁宗正府郎中。皇庆元年，出佥河南道廉访司事。延祐初，拜监察御史。以言事忤旨，帝怒甚，中丞杨朵儿只力救之，始解。事具《杨朵儿只传》。四年，迁刑部员外郎。出为河南行省郎中。至治三年，入为都漕运使。未几，擢湖南湖北两道廉访使。天历元年，除杭州路总管。

明年,改江西道廉访使。岁饥,议发粟赈民,行省难之。纳麟曰:
"朝廷如不允,我愿以家赀偿之。"议始决,全活无算。又劾罢贪吏平
章政事八失忽都,民尤颂之。至顺元年,拜湖广行省参知政事,召为
户部尚书,未至,改江南行台侍御史,寻擢只丞。

后至元元年,召拜中书参知政事。迁同知枢密院事。出为江浙
行省右丞,乞致仕,不允。除浙西道廉访使,辞不赴。六年,除行宣
政院使。上天竺僧弥戒、径山僧惠洲犯法,纳麟皆按治之。请行宣
政院设崇教所,升行省理问官四品,以治僧狱。从之。寻拜江浙行
省平章政事。至正三年,迁河南行省。明年,入为中书平章政事。七
年,出为江南行台御史大夫,复召拜御史大夫。八年,进金紫光禄大
夫,请老,不许,加太尉。旋为御史劾罢,退寓平江。

十二年,江淮盗起,复拜南台御史大夫,兼太尉,总制江浙、江
西、湖广三省军马,诏遣直省舍人慰谕之,许便宜从事。会杭州失
守,淮南行省平章失列门引兵来援,次于采石。纳麟以宣城危急,请
失列门先救之,调部将脱火赤率蒙古军为应,大败贼于坝下门,宣
城围解。已而贼陷徽州,游兵至集庆,纳麟命治书侍御史左答纳失
里守城,御史中丞伯家奴屯城外,遗监察御史郑郯征兵于湖广行省
平章也先帖木儿。也先帖木儿时屯和州,引步骑二千人趋集庆,江
浙行省平章三旦八、佛家驴亦引兵来会,贼始败走。十三年,纳麟固
请谢事,从之。十六年,南台移绍兴,复以纳麟为御史大夫,兼太尉。
十八年,召入都,至黑水洋,阻风而返。十九年,由海道趋直沽,八月
至京师,未几卒,年七十。

九子:安安,判江浙行枢密院。纳麟再为南台御史大夫,耄昏,
政事皆决于安安,为当时所讥,时同知秃坚不花在余姚团结民兵,
与慈溪尹陈文昭、绍兴达鲁花赤迈里古思相犄角,安安忌之,恐三
人不受制,绐秃坚不花至,夜半使人杀之。已而国珍亦执陈文昭沈
于海。拜住马代纳麟为御史大夫,又杀迈里古思,绍兴遂为国珍所
据。

　　李桢，字干臣，其先西夏族子也。金末，桢以经童中选。既长，为质子于蒙古。太宗嘉其文学，赐名玉出干必阇赤。从皇子阔出伐宋，太宗命之曰："凡军事必咨于桢而后行。"阔出遣桢及吉登哥赴唐、邓二州，料民实。兵后，连岁凶荒，民流亡殆尽。桢至，振恤饥寒，归者如市。十年，又从察罕伐宋，以功赐金符，授军前行中书省左右司郎中。桢奏：寻访天下儒士，令所在优给之。

　　乃马真皇后称制六年，从察罕围宋寿州，不克。进攻扬州，会霖雨，乃班师。桢表言："襄阳，宋咽喉地，得之则可为取宋之基。"定宗嘉纳之，赐虎符，授襄阳军马万户。宪宗六年，命桢巡哨襄樊。八年，宪宗伐蜀，召桢议事。秋九月，卒于合州，年五十九。

　　刘容，字仲宽。其先西宁青海人。高祖阿勒华，西夏主尚食。西夏平，徙西宁民于云内，容父海川在徙中，后遂为云内人。

　　容幼颖悟，稍长，喜读书。国俗素尚武，容亦善骑射，然非所好。中统初，以国师荐，入侍皇太子于东宫，命专掌库藏。每退，直即诣国子祭酒许衡受学。至元七年，世祖驻跸称海，闻容知吏事，召至，命权中书省掾，以忠直称。

　　十五年，奉命使江西，抚慰新附之民。或劝其受馈遗，归赂权贵。容曰："剥民以自利，吾心何安。"使还，惟载书籍数车，献之皇太子。忌嫉者从而谮之，由是稍疏容。然容亦终不辩。会立詹事院，容上言曰："太子，天下本，苟不得端人正士左右辅翼之，使倾邪侧媚之徒进，必有损令德。"闻者是之，俄命为太子司议。改秘书监，出为广平路总管。

　　富民有同姓争产者，讼连年不决。容至，取谱籍考二人父祖名，得其实，立断之。皇子云南王至汴，道过广平，达鲁花赤欲厚敛以赂左右。容请自往，减其供张之费，民以不病。后卒于官，年五十二。

　　阔阔出，唐兀氏。

祖小丑。太祖定西夏，括诸色人匠，小丑以治弓进，赐名怯延兀兰，为行营弓匠百户，徙和林，卒。

父塔尔忽台袭职。阿里不哥叛，塔尔忽台从战于失亩里秃之地，死之。

塔尔忽台二子：长朵罗台，从万户也速䚟儿、玉哇赤等累战有功，授前卫亲军百户，累官昭信校尉、芍陂屯田千户所达鲁花赤，以疾卒。

阔阔出，其弟也，亦为弓，尝献所造弓。帝称善，问其父何名。阔阔出对曰：“塔尔忽台，臣之父也。”帝见其状貌魁伟，问能射否，左右对曰：“能。”试之果然，遂命侍左右。明年，武备寺复以其弓献，且奏用之。帝曰：“孔子言三纲五常，人能自治，而后能治人，能齐家，而后能治国。汝可以此言谕阔阔出，吾用之未晚也。”俄擢为大同路广胜库达鲁花赤。广胜库贮兵器，时总管兀海涯以库作公署，置甲仗于虚廪，为虫鼠所啮。阔阔出言于帝，复之，且责其偿。使者薛绰不花、纳速鲁丁以檄取鹰房军衣甲弓矢，阔阔出责其入文书。时副使速鲁蛮已命有司封钥其库，将点视之，阔阔出不从。事闻，帝命笞速鲁蛮，罢其官。

大德元年，迁大同路武州达鲁花赤，兼管本州诸军奥鲁劝农事。又监建州、利州，改佥四川道廉访司事。拜监察御史，累官中大夫、大宁路总管。卒于官。

子脱欢，初直宿卫，累拜监察御史，迁四川行省左右司员外郎，四川廉访司佥事，枢密院都事、断事官。在四川，尝上疏曰：

> 内外修寺，虽支官钱，而一椽、一瓦，皆劳民力，百姓嗟怨，感伤和气，宜且停罢，仍减省供佛、饭僧之费，以纾国用，如此则上应天心，下合民志，不求福而福自至矣。回回户计，多富商大贾，宜与军民一体应役，如此则赋役均矣。为国以善为宝，凡子女、玉帛、羽毛、齿革、珍禽、奇兽之类，皆足以丧德、丧志，今后回回诸色人等，不许赍宝中卖，以虚国用，违者罪没，如此则富商大贾无所施其奸伪，而国用有余矣。

其辞恳直剀切，当时称之。

朵儿赤，字道明，西夏宁州人。

曾祖斡道冲，为西夏名儒，位至宰相。

父斡扎箦，守西凉，大兵至，率父老以城降，太祖命副撒都忽为中兴路管民官。大兵西征，督转输，无毫发之私，时号曰满朝清。世祖即位，斡扎箦卒，遗奏因高智耀以进，请慎名爵，节财用。帝嘉纳焉。

朵儿赤，年十五，通《论语》、《孟子》、《尚书》。帝闻其聪敏，欲试用之，召见于香阁。帝曰：“朕闻儒者多嘉言。”朵儿赤奏曰：“陛下圣明仁智，奄有四海，惟当亲君子，远小人尔。古帝王，未有不以用小人而亡者，惟陛下察焉。”帝曰：“朕于戆直忠言，未尝不悦而受之，违忤者亦不肯加罪，盖欲养忠直，而退谀佞也。汝言甚合朕意。”因问欲何仕，朵儿赤对曰：“西夏营田，实占正军，倘有调用，则又妨耕作，土瘠野旷，十未垦一。南军屯聚以来，子弟蕃息稍众，若以成丁者编入籍，以实屯户，则地利辟而兵有余矣。请为其总管，以尽措画。”帝然之，乃授中兴路新民总管。至官，大兴屯垦，塞黄河支流，浚其三以资灌溉。凡三载，赋额增倍。就转营田使，秩满，入觐。帝大悦，擢潼川府尹。时公府无禄田，朵儿赤以官旷地给民，收其租为官禄，潼川仕者有禄自此始。

未几，台臣奏为云南廉访副使，迁山南廉访副使，调云南廉访使。会行省丞相帖木迭儿贪暴，擅诛杀，罗织安抚使法花鲁丁将置极刑。朵儿赤谓之曰：“生杀之柄，系于天子，汝以方面之臣，而专杀，意欲何为。小民罹法，且应审覆，况朝廷命吏耶！”法花鲁丁竟获免，寻复其官。僰夷与蛮相仇杀，时省臣受贿，诬奏蛮反，杀良民。朵儿赤劾罢之。年六十二，卒于官。

子仁通，云南省理问。天历二年三月云南诸王与万户伯忽等叛，仁通率官军讨之，没于阵。

暗伯，唐兀人。祖僧吉陀迎太祖于不伦答儿哈纳之地，太祖嘉其效顺，命为秃鲁花必阇赤兼怯里马赤。父秃儿赤袭职，事宪宗，累官至文州礼店元帅府达鲁花赤。

暗伯性严重刚果，有大志。弱冠，娶妇于敦煌，阻兵不得归，乃往依宗王阿鲁忽。世祖遣薛彻干等使阿鲁忽，以通好，阿鲁忽留使者数年弗遣。暗伯以马驼厚赆之，令逃去。薛彻干等得脱归，具以白世祖，世祖称叹久之。既而，命元帅不花帖木儿等征于阗，暗伯乘间至行营，见薛彻干于帐中。薛彻干曰："公之忠义，已上闻矣。"言于不花帖木儿，遂承制暗伯权充枢密院客省使，护送其妻子来京师。未几，宗王乃颜叛，世祖亲征，暗伯在行间，命为客流速、不鲁合、不周兀等处万户。及诸王哈鲁、驸马秃绵答儿等叛，暗伯率所部战于客流速石巴秃之地，身中七创，所乘马亦中二矢，自旦至晡，鏖战愈力，刺秃绵答儿杀之，生擒哈鲁以献。论功，命长唐兀卫，兼金枢密院事。凡分立诸色五卫军职、袭替屯戍之法，多所更定。历同佥、副枢、同知，至知枢密院事，以疾卒于位。赠推忠保节功臣、资善大夫、甘肃等处行中书省右丞、上护军、宁夏郡公，谥忠遂。

子阿乞剌，知枢密院事；次亦怜真班。

亦怜真班，性刚正，动有礼法。仁宗召见，令入宿卫。延祐六年，超拜翰林侍讲学士。至治二年，调同知通政院事，擢虎符唐兀亲军都指挥使。泰定初，迁典瑞院使。天历二年，选为太子家令。寻擢资政大夫、同知枢密院事。迁侍御史，仍兼指挥使。至顺初，拜翰林学士承旨、荣禄大夫。迁功德使，指挥使如故。已而拜陕西行省平章政事，未行，复为翰林学士承旨。时伯颜为丞相，嫉其论事不阿，出为江南行台御史大夫。寻杀其子答里麻，谪亦怜真班于海南。伯颜败，始召还。

至正六年，拜御史大夫。迁宣政院使。出为甘肃行省平章政事。先事弭西羌之乱，民立石颂之。召还为银青荣禄大夫、知枢密院事，提调太医院。寻加金紫光禄大夫，复为御史大夫、领经筵事，兼宣忠

翰罗思扈卫亲军指挥使。奏言："风俗人心日趋于薄,请禁故吏不许
弹劾所事长官"。太师马札儿台与子丞相脱脱谪居在外,时相欲倾
之,嗾之告变,且扳台臣同时上奏。亦怜真班曰:"为宰相者,孰无闲
退之日,况脱脱父子在官无大咎,奈何迫之于险?"终不从。及监察
御史劾丞相别儿怯不花,帝不听,亦怜真班反复论奏。由是忤上意,
出为江浙行省平章政事。迁湖广行省左丞相。复召知枢密院事。

　　十一年,颍亳盗起,亦怜真班数言得失,不听。复拜江浙行省左
丞相。十二年,移江西。时贼由蕲、黄陷饶州安仁县,乱民应之。亦
怜真班道出安仁,命子哈监朵儿只与江西右丞火你赤等,乘高纵
火,攻败之,余贼皆降。先是,江西行省平章政事道童以宽容为政,
军民懈弛。亦怜真班至,威声大振。十四年八月,以疾卒于官。时
论惜之。事闻,赠推忠佐运正宪乘义同德功臣,追封齐王,谥忠献。

　　九子:长答里麻,为伯颜所杀;普达失理,翰林学士承旨、知制
诰兼修国史;桑哥八剌,同知称海宣慰司事;哈蓝朵儿只,宣政院
使;桑哥答思,岭北行省平章政事;沙嘉室理,岭北行省参知政事;
易纳室理,大宗正也可札鲁火赤;马的室理,金书枢密院事;马剌室
理,内八府宰相。

新元史卷一五七
列传第五四

刘秉忠 秉恕　　张文谦　　窦默
姚枢 炜　燧

　　刘秉忠，字仲晦，初名侃，因从释氏，又名子聪，拜官后始改今名。其先瑞州人，后徙于邢州。太祖十五年，木华黎取邢州，立都元帅府，以其父润为都统。事定，改署州录事，历巨鹿、内丘两县提领。

　　秉忠风骨秀异，志气英爽不羁。八岁入学，日诵数百言。年十七岁，为节度使府令史。居常郁郁不乐。一日，投笔叹曰："吾家累世衣冠，乃为刀笔吏乎！丈夫不遇于世，当隐居以求志耳。"即弃去，隐武安山中。久之，天宁僧虚照招为弟子，使掌书记。后游云中，居南堂寺。

　　世祖在潜邸，僧海云被召，过云中，闻其博学多材艺，邀与俱行。既入见，应对称旨，屡承顾问。秉忠于书无所不读，尤邃于《易》及邵氏《经世书》，至于天文、地理、律历、六壬遁甲之属，靡不精通。世祖大爱之，海云南还，秉忠遂留藩邸。后数岁，奔父丧，赐金百两，仍遣使送至邢州。秉忠初丁母忧，毁瘠骨立，衣一敝裘，三年不易。及父卒，虽从天竺之教，然哀感几于灭性，与执通丧者无以异。服除，复召还和林，上书于世祖曰：

　　　　典章、礼乐、法度、三纲五常之教，备于尧、舜，三王因之，五霸假之。汉兴以来。至于五代，一千三百余年，由此道者，汉文、景、光武，唐太宗、玄宗五君，而玄宗不能有终也。然治乱之道,系乎天而由乎人。天生成吉思皇帝,起一旅,降诸国,不数年而取天下。勤劳忧苦,遗大宝于子孙。

愚闻之曰"以马上取天下,不可以马上治之。"昔武王,兄也;周公,弟也。周公思天下善事,夜以继日,每得一事,坐以待旦,以保周天下八百余年,周公之力也。今皇帝,兄也;大王,弟也。思周公之故事而行之。千载一时,不可失也。

君之所任,在内莫大乎相,在外莫大乎将,内外相济,天下之急务也。然天下之大,非一人所能及;万事之细,非一心所能察。当择开国功臣之子孙,分为京府州郡监守,督责旧官,以尊王法,仍差按察官守,治者升,否者黜,则贤能奋而人才出。

天下户过百万,自忽都那演断事之后,差徭甚大,加以军马调发,使臣烦扰,官吏乞取,民不能当,是以逃窜。宜比旧减半,或三分去一,就见在之民以定差税,招逃者复业,再行定夺。官无定次,清洁者不迁,污滥者不黜。可比附古例。定百官爵禄仪仗,使家给身荣。有犯于民,设条定罪。威福者君之权,奉命者臣之职。今百官自行威福,进退生杀惟意之从,宜从禁治。

天下之民未闻教化,见在囚人宜从赦免,明施教令,使之知畏,则犯者自少。教令既设,又不宜繁,因大朝旧例,增益民间所宜设者十数条足者。教令既施,罪不至死者,皆提察然后决;犯死刑者,覆奏然后断;不致刑及无辜。

天子以天下为家,兆民为子,国不足,取于民,民不足,取于国,相须如鱼水。有国家者,置府库、仓廪,亦为助民;民营产业,亦为资国用也。今宜打算官民所欠债负,若实为应当差发所借,宜依合罕皇帝圣旨,一本一利,官司归还。凡赔偿无名,虚契所负,及还过元本者,并行赦免。

纳粮就远仓,有一废十者,宜从近仓以输为便。当驿路州城,饮食祗待偏重,宜计所费以准差发。关市津梁正税十五分取一,宜从旧制。禁横取,减税法,以利百姓。仓库加耗甚重,宜令权量度均为一法，使锱铢圭撮尺寸皆平，以存信去诈。金银所出，掏砂炼石，实不易为。一旦以饰皮革，涂木石，取一时之华丽，废为无用，甚可惜也，宜从禁治。除帝胄功臣大官以下章服有制外，无职之人不得僭越。今地广民稀，赋敛繁重，民不聊生，何力耕耨以厚产业？宜差劝农官二员，率天下百姓务农桑，营产业。

古者庠序学校未尝废，今郡县虽有学，并非官置，宜从旧制，修建三学，教士以经义为上，词赋论策次之，兼科举之设，已奉合罕皇帝圣旨，因而举之，易行也。开设学校，宜择开国功臣子孙受教，选达才任用之。

关西、河南地广土沃，以军马之所出入，荒芜不治。宜设官招抚，不数年民归土辟，以资军马之用，实国之大事。移剌中书拘榷盐铁诸产、商贾酒醋货殖诸事，以定宣课，虽使从实恢办，不足亦取于民，已不为轻。奥鲁合蛮奏请于旧额加倍榷之，往往科取民间，科榷并行，民无所措手足。宜从旧例办榷，更或减轻，罢繁碎，止科征，勿任献利之徒削民害国。鳏寡孤独废疾者，宜设孤老院，给衣粮以为养。使臣到州郡，宜设馆，不得于官衙民家安下。

孔子为百王师，立万世法，今庙学虽废，存者尚多，宜令州郡祭祀，释奠如旧仪。近代礼乐崩坏，宜刷征太常旧人教引后学，使器备人存，实太平之基，王道之本。今天下广远，虽成吉思皇帝威福所被，亦天地神明之佑也。宜访名儒，循旧礼，奠祭上下神祇，和天地之气，顺时序之行。

见行辽历，日月交食颇差，闻司天台改成新历，未见施行。宜因新君即位，颁历改元。令京府州郡置更漏，使民知时。国灭史存，古之常道。宜修《金史》令一代君臣事业不坠于后世。

国家广大如天，万中取一，以养天下名士宿儒之无营运产业者，使不致困穷。或有营运产业，应输差税，其余大小杂泛并行蠲免，使自给养，实国家养才励人之大者。明君用人，如大匠用材,随其巨细长短,以施规矩绳墨。孔子曰:"君子不可小知而可大受,小人不可大受而可小知。"盖君子所存者大,不能尽小人之事,小人所拘者狭,不能同君子之量。尽其才而用之,成功之道也。君子不以言废人,不以人废言。大开言路,所以成天下、安兆民。天地之大,日月之明,而或有所蔽,且蔽天之明者,云雾也;蔽人之明者,私欲佞说也。常人有之,蔽一心,人君有之,蔽天下。宜选左右谏臣,使讽谕于未形,防维于至密。君子之心,一于理义,小人之心,一于利欲。君子得位,可容小人,小人得势,必排君子。不可不辨也。孔子曰"远佞人",又曰"恶利口之覆邦家者",此之谓也。

今言利者众,非图利国,实欲残民而自利也。宜将国中场冶,付各路课税所,以定榷办,其余言利者并行罢去。古者治世均民产业,自废井田为阡陌,后世遂不能复。今穷乏者益损,富盛者增加。宜禁居官在位者勿侵民利,商贾与民交易,勿擅夺欺罔,真国家之利也。

笞箠之制,宜斟酌古今,均为一法,使无敢过越。禁私置牢狱,及鞭背之刑,以彰好生之德。立朝省以统百官,分有司以御众事,以至京府州县亲民之职无不备,纪纲正于上,法度行于下,天下可不劳而治矣。

世祖览其书而善之,及即位多见施行。秉忠又言:"邢州旧万余户,兵兴以来不满数百,凋坏日甚,得良牧守如真定张耕、洛水刘肃者治之,犹可完复。"世祖即以耕为邢州安抚使,肃为安抚副使。由是流民复业,户口日增。

宪宗三年,秉忠从世祖征大理,恒以天地好生之德劝世祖,故克城之日,不妄戮一人。从伐宋,复为世祖言之,所至全活不可胜计。

中统元年,世祖即位,问以治天下之大经、养民之良法,秉忠采祖宗旧典,参以古制之宜于今者,条列以闻。于是下诏建元纪岁,立中书省、宣抚司。金源旧臣及山林遗逸之士,咸见录用,文物粲然一新。

秉忠虽居左右，犹不改旧服，时人称之为聪书记。至元元年，翰林学士承旨王鹗奏言："秉忠久侍藩邸，积有岁年，参幄帷之密谋，定社稷之大计，忠勤劳绩，宜被褒崇。圣明御极，万物惟新，而秉忠犹仍其野服散号，深所未安。宜正其衣冠，崇以显秩。"奏上，即日拜光禄大夫、太保，参预中书省事，诏以翰林侍读学士窦默之女妻之，赐第奉先坊，给以少府宫籍监户。秉忠既受命，以天下为己任，事无巨细，凡有关于国家大体者，知无不言，言无不听，帝宠任愈隆。燕闲顾问，辄推荐人物可备器使者，凡所甄拔，后悉为名臣。

初，帝命秉忠相地于桓州东滦水北，建城郭于龙冈，三年而毕，名曰开平府。继升为上都，而以燕为中都。四年，又命秉忠筑中都城，始建宗庙、宫室。八年，奏建国号曰大元，以中都为大都。他如颁章服、起朝仪、给俸禄、定官制，皆自秉忠发之，为一代成宪。

帝尝以钱币之制问秉忠，对曰："钱用于阳，楮用于阴。国家龙兴朔漠，宜用楮币，子孙世守之。若用钱，天下将不靖。"帝从之。后武宗铸钱，旋废不用。惠宗再铸钱，而天下亡于盗贼。果如秉忠之言。

十一年，扈从至上都，其地有南屏山，筑精舍居之。秋八月，秉忠无疾端坐而卒，年五十九。帝闻惊悼，谓群臣曰："秉忠事朕三十余年，小心慎密，不避险阻，言无隐情，其阴阳术数之精，占事知来，若合符契，惟朕知之，他人莫得闻也。"出内府钱具棺殓，遣礼部侍郎赵秉温护其丧还葬大都。十二年，赠太傅，封赵国公，谥文贞。成宗时，赠推诚协谋同德翊运功臣、太师、开府仪同三司、上柱国，谥文正。仁宗时，又追封常山王。

秉忠自幼好学，至老不衰，虽位极人臣，而斋居蔬食，终日澹然，不异平昔。自号藏春散人，每以吟咏自适，其诗萧散闲淡，类其为人。有文集十卷。无子，以弟秉恕子兰璋后。

秉恕，字长卿。好读书，受《易》于刘肃。秉忠事世祖，以荐士自任，嫌于私亲，独不及秉恕。左右以闻，召见，遂同侍潜邸，世祖尝赐秉忠白金千两，辞曰："臣山野鄙人，侥幸遭际，器服悉出尚方，金无所用。"世祖曰："卿独无亲故遗之邪？"辞不允，乃受而散之，以二百两与秉恕，秉恕曰："兄勤劳有年，宜蒙兹赏，秉恕无功，敢冒恩乎？"终不受。

中统元年，擢礼部侍郎、邢州安抚副使。二年，赐金符，迁吏部侍郎。三年，升邢为顺德府，赐金虎符。为顺德路安抚使。至元元年，改嘉议大夫，历彰德、怀孟、淄莱、顺天、太原五路总管。淄莱府有死囚六人，狱已具，秉恕疑之，详谳得其实，六人赖以不死。召除礼部尚书，出为淮西宣慰使，会省宣慰司，历湖州、平阳两路总管。平阳饥，辄开仓以赈之，全活者众。年六十，卒于官。赠礼部尚书，谥文定。

张文谦，字仲卿，邢州沙河人。父英，金邢州军资库使。文谦幼聪敏，与刘秉忠同学。既而欲习吏事，英召而责之，谢曰："仰衣食于父母，窃不自安，故勉为此。今闻命矣，愿改业。"乃专心儒术。

太宗十年，试天下儒士，文谦中选，免本户徭役。世祖居潜邸，受邢州分地，秉忠荐文谦可用。召见，应对称旨，命掌王府书记，日见信任。邢州初分二千户为勋臣食邑，岁遣人监领，征求百出，民不堪命。或诉于王府，文谦与秉忠言于世祖曰："今民生困弊，莫邢为甚。盍择人往治之，责其成效，使四方取法，则天下均受王之赐矣。"世祖从之，选安抚使张耕、副使刘肃及李简往。三人协心为治，流亡复归，户增数倍。由是世祖益重儒者，任之以政，其端实自文谦发之。

世祖征大理国，其相高祥拒命，杀信使遁去。世祖怒，将屠城。文谦与秉忠、姚枢谏曰："杀使拒命者，高祥尔，非民之罪，请宥之。"大理之民赖以全活。世祖伐宋，文谦与秉忠言："王者之师，有征无战，当一视同仁，不可嗜杀。"世祖曰："期与卿等守此言。"既入宋境，分命诸将毋妄杀，毋焚人室庐，所获生口悉纵之。

中统元年,世祖即位,立中书省,首命王文统为平章政事,文谦为左丞。文统素忌克,议论之际屡相可否。文谦遽求出,诏以本官行大名等路宣抚司事。临发,语文统曰:"民困日久,况当大旱,不量减税赋,何以慰来苏之望?"文统曰:"上新即位,国家经费止仰税赋,苟复减损,何以供给?"文谦曰:"百姓足,君孰与不足?俟时和岁丰,取之未晚也。"乃蠲常赋什之四,商酒税什之一。

二年春,来朝,复留居政府。三年,阿合马领左右部,总司财用,欲奏请,不关白中书,诏廷臣议之,文谦曰:"分制财用,古有是理,中书不预,无是理也。若中书弗问,天子将亲莅之乎?"帝曰:"仲卿言是也。"

至元元年,诏文谦以中书左丞行省西夏中兴等路。羌俗素鄙野,文谦得蜀士陷于俘虏者五六人,使习吏事,旬月间簿书有品式,子弟亦知读书,俗为一变。浚唐来、汉延二渠,溉田十数万顷,人蒙其利。

三年,入朝。诸势家言有户数千,当役属为私奴者,议久不决。文谦谓以乙未岁户帐为断,奴未占籍者,归之势家可也,其余良民无为奴之理。议遂定。四年六月,裁执政,降为参知政事。五年,淄州妖人胡王惑众,事觉,逮捕百余人,丞相安童以文谦言奏曰:"愚民无知,为所诳诱,诛其首恶足矣。"诏即命文谦往决其狱,惟三人坐弃市,余皆释之。

七年二月,立司农司,以参知政事兼司农卿。十二月,改为大司农司,复拜大司农卿,奏立诸道劝农司,巡行劝课,请开籍田,行祭先农先蚕等礼。复与窦默请立国子学。诏以许衡为国子祭酒,选贵胄子弟教之。时阿合马议拘民间铁,铸农器,高其价以配民,创立行户部于东平、大名以造钞,及诸路转运司蠹政害民,文谦悉于帝前极论罢之。

十三年,迁御史中丞。阿合马虑文谦发其奸,乃奏罢诸道按察司,以风示台臣。文谦奏复之,然自知为奸臣所忌,力求去。会修新历,乃授文谦昭文馆大学士,领太史院,以总其事。十九年,复拜枢密副使。首议肃兵政，汰冗员，选择将士而优恤其家。未及施行。二十年三月，以疾卒，年六十七。

文谦早从刘秉忠洞究术数；晚交许衡，尤粹于义理之学。为人刚明简重，数忤权幸，不以为意。中统初，国学之育人才，司农之勤民事，太史之授人时，凡出于文谦规画者，皆为一代成宪。成宗即位，赠光禄大夫、大司徒，谥忠宣。累赠推诚同德佐运功臣、太师、开府仪同三司、上柱国，追封魏国公。

二子：晏，侍裕宗于东宫，为府正司丞。世祖以宴功臣子，选充邢部郎中。累迁大司农丞。成宗即位，命进讲经史。擢集贤侍读学士、参议枢密院事，迁大学士、枢密判官。出为陕西行台御史中丞。卒。

赠陕西行省平章政事，追封魏国公，谥文靖。次子杲，侍仪司进使。

窦默，字子声，初名杰，字汉卿，广平肥乡人。幼力学，毅然异于常儿。大兵伐金，默与同行三十人俱被俘，惟默得脱归。南走渡河，医者王翁妻以女，使业医。转客蔡州，遇名医李浩，授以铜人针法。金主迁蔡州，默恐兵且至，又走德安。孝感令谢宪子以伊洛性理之书授之，学日进。适中书杨惟中招集儒、道、释之士，默乃北归，隐于大名，与姚枢、许衡讲学，至忘寝食。

世祖在潜邸，遣召之，默变姓名以自晦。使者从其友人往见，默不得已，乃拜命。既至，问以治道，默首以三纲五常为对。世祖曰："人道之端孰大于此。失此，则无以立于世矣。"默又言："帝王之道，在诚意正心，心既正，则朝廷远近莫敢不一于正。"一日凡三召见，奏对称旨。自是敬待加礼，不令去左右。世祖问今之明治道者。默荐姚枢，即召用之。俄命皇子真金从默学，赐以玉带钩，谕之曰："此金内府故物，汝老人，佩之为宜，且使真金见之如见我也。"久之，请南还，命大名、顺德各给田宅，有司岁给衣物。

世祖即位，召至上都，问曰："朕欲求如唐魏征者，有其人乎？"

默对曰："犯颜谏诤刚毅不屈,则许衡其人也。深识远虑,有宰相才,则史天泽其人也。"天泽时宣抚河南,帝即召拜右丞相,以默为翰林侍讲学士。时初建中书省,平章政事王文统颇见委任,默上书曰:

臣事陛下十有余年,数承顾问,与闻圣训,有以见陛下急于求治,未尝不以利生民安社稷为心。时先帝在上,奸臣擅权,总天下财赋,操执在手,贡进奇货,炫耀纷华,以娱悦上心,其扇结朋党、离间骨肉者,皆此徒也。此徒当路,陛下所以不能尽其初心。

今天顺人应,诞登大宝,天下生民莫不欢欣踊跃,引领盛治,然平治天下,必用正人端士,唇吻小人一时功利之说,必不能定立国家基本,为子孙久远之计。其卖利献勤、乞怜取宠者,使不得行其志,斯可矣。若夫钩距揣摩,以利害动人主之意者,无他,意在摈斥诸贤,独执政柄耳,此苏、张之流也。惟陛下察之。伏望别选公明有道之士,授以重任,则天下幸甚。

他日默与王鹗、姚枢俱在帝前,复面斥文统曰:"此人学术不正,久居相位,必祸天下。"帝曰:"然则谁可相者?"默曰:"以臣观之,无如许衡。"帝不悦而罢。文统深忌之,乃请以默为太子太傅。默辞曰:"太子位号未正,臣不敢先受太傅之名。"复为翰林侍讲学士,事具《许衡传》。未几,默谢病归,及文统伏诛,帝追忆其言,谓近臣曰:"曩言王文统不可用者,惟窦汉卿一人,向使更有一二人言之,朕宁不之思耶?"召还,赐第京师,命有司月给廪禄,国有大政辄访之。

默与王磐等请分置翰林院,专掌蒙古文字,以翰林学士承旨撒的迷底里主之;其翰林兼国史院,仍旧纂修国史,典制诰,备顾问,以翰林学士承旨、兼修起居注和礼霍孙主之。默又言:"三代所以风俗淳厚,历数长久者,皆设学养士所致。今宜建国学,博选贵族子弟教之,以示风化之本。"帝并从之。默尝与刘秉忠、姚枢、刘肃、商挺侍上前,默言:"君有过举,臣当直言,都俞吁咈,古之所尚。今则不然,君曰可,臣亦以为可,君曰否,臣亦以为否,非善政也。"明日,复侍帝于幄殿,猎者失一鹘,帝怒,近侍扬言宜加罪责。帝恶其迎合,命杖之，释猎者不问。既退，秉忠等贺默曰："非公，安能感悟至此。"

至元十二年，默年八十，公卿皆往贺，帝闻之，拱手曰："此辈贤者，惜老矣，安得请于上帝，常留事朕，共治天下。"怅然者久之。默虽不视事，帝数遣中使以珍玩及器物存问之。十七年，加昭文馆大学士，卒，年八十五。帝嗟悼，厚加赠赐，皇太子亦赙以钞二千贯，命有司护丧归。

默为人乐易，平居未尝臧否人物，与人居，温然儒者也。至论国家大计，面折廷诤，人谓汲黯无以过之。帝尝谓侍臣曰："朕求贤三十年，惟得窦汉卿及李俊民二人。"又曰："如窦汉卿之心，姚公茂之才，合而为一，斯可谓全人矣。"后累赠太师，封魏国公，谥文正。

子履，累官中书左丞、集贤大学士。方直有父风。卒。有遗腹子弃于外，集贤大学士王约奏，宜收养归宗为履后。诏窦氏收养之。

姚枢，字公茂，本柳城人，后迁河南洛阳。少力学，读书夜分不辍。其母恐过劳，止之；乃塞窗不使见烛，漏三下，方就枕。金末内翰宋九嘉有当时重名，一见枢，称其有王佐之才。太宗选儒者十八人，即长春宫教之，使杨惟中监其事。枢与惟中有旧，往从之。五年，惟中偕枢觐太宗于和林，帝甚重之。大军南伐，诏枢从惟中即军中求儒、道、释及医、卜之士至。拔德安，获名儒赵复，始获见程颐、朱熹之书。十三年，赐金符，为燕京行台郎中。时行台牙鲁瓦赤黩货，以枢幕长，分及之。枢一切拒绝，因弃官去。携家至辉州苏门山，为庙，奉孔子及宋儒周、程、张、邵、司马诸贤，刊群经，惠学者。许衡在魏州，至苏门就录程、朱著述以归，谓其徒曰："曩所授受皆非也。今始闻进学之序。"

世祖在潜邸，遣赵璧召枢至，大喜，待以客礼。询及治道，枢为书数千言以进，首言治国平天下之大经，汇为八目，曰：修身、力学、尊贤、亲亲、畏天、爱民、好善、远佞。次及救时之弊，为条三十，曰：

立省部，则庶政出于一途。辟才行，举遗逸，慎铨选，汰职员，则不专世爵而人才奋。班俸禄，则赃秽塞而公道开。定法律,审刑狱,则收生杀之权,诸侯不得而专。设监司,明黜陟,则善良奸蠹可得而举刺。阁征敛,则部族不横于诛求。简驿传,则州郡不困于需索。修学校,崇经术,旌节孝,以为育人才、厚风俗、美教化之基。重农桑,宽赋税,省徭役,禁游惰,则民力纾,且不趋于浮伪。肃军政,使田里不知行营往复之扰攘。周匮乏,恤鳏寡,使颠连无告者有养。布屯田,以实边戍。通漕运,以廪京都。倚债负,则贾胡不得以子为母,破称贷之家。广储畜、复常平,以待凶荒。立平准,以权物估,却利便以塞幸门。杜告讦以绝讼原。

各疏张弛之方于下,世祖嘉纳焉。

宪宗即位,诏凡军民在赤老温山南者,听世祖领之。世祖既奉诏,宴群臣,酒罢,遣人止枢,问曰:“顷者诸臣皆贺,汝独默然,何耶?”对曰:“今天下土地之广,人民之殷,财赋之阜,有加于汉地者乎?军民吾尽有之,天子何为?异时廷臣间之,必悔而见夺;不若但总兵权,供亿之需取之有司,计之上者也。”世祖大悟,曰:“此吾虑所不及者。”枢又请置屯田经略司于汴以图宋,置都运司于卫以转粟于河南。世祖俱从之。宪宗大封同姓,敕世祖于南京、关中自择其一。枢曰:“南京土薄水浅,不若关中古称天府。”于是世祖愿有关中。

宪宗二年夏,从世祖征大理,至曲先脑儿之地,夜宴,枢陈宋曹彬取南唐不杀一人、市不易肆事。明日,世祖据鞍呼曰:“汝昨言曹彬不杀,吾能为之!”枢贺曰:“圣人之心,仁明如此,民之幸也!”明年,王师入大理,饬枢裂帛为旗,书止杀之令,分布城中,由是民获完保。

六年,宪宗遣阿蓝答儿置局关中。以百四十二条钩考经略宣抚司官吏,下及征商,曰:“俟终局日入此罪者,惟刘黑马、史天泽以闻,余悉诛之。”世祖闻之不乐。枢曰:“帝,君也,兄也;大王为皇弟,臣也。事难与较,莫若卒王邸妃主自归朝廷。疑将自释。”世祖初难之,后思之数日,乃谓枢曰:“从汝,从汝!”时宪宗在河西,闻之不信曰:"是有异心,"曰:"来,诈也。"及世祖见宪宗,相持泣下,竟不令有所白而止,因罢钩考局。

世祖即位,立十道宣抚使,以东平严忠济强横难制,乃命枢使东平。既至,置劝农、检察二司,以监之。均赋役,罢铁官,忠济不敢抗。中统三年,拜太子太师。枢固辞。改大司农。枢奏曰:"昔孔子五十一代孙元措袭封衍圣公,卒,其子与族人争求袭爵,讼之潜藩。帝曰:'第往力学,俟有成德达才,我则官之。'又曲阜有太常雅乐,宪宗命东平守臣辇其歌工与俎豆祭服至日月山,帝亲临观之,饬东平守臣,员阙充补,勿废肄习。且陛下闵圣贤之后,与凡庶等,既命杨庸选孔、颜、孟三族俊秀者教之。乞真授庸教官,以成国家育材之美。王镛练习故实,宜令提举礼乐,使不致崩坏。"皆从之。诏赴中书议事,兼修条格,谕曰:"姚枢辞台司,朕甚嘉焉。省中庶务,须赖一二老成同心赞画,可与尚书刘肃往尽乃心,其尚无隐。"及条格成,与丞相史天泽奏之。

李璮叛,帝问:"卿料何如?"对曰:"使璮乘吾北征之衅,濒海捣燕京,闭居庸关,惶骇人心,为上策。与宋连和,负固持久,数扰边,使吾罢于奔命,为中策。如出兵济南,待山东诸候应援,此成擒耳。"帝曰:"今贼将安出?"对曰:"出下策。"初,帝尝论天下人材,及王文统,枢曰:"此人学术不纯,以游说干诸侯,他日必反。"至是,文统果与璮通谋,伏诛。时回回人乘间上言:"回回虽盗国家钱物,不至如秀才敢为叛逆。"帝曰:"昔姚公茂尝言王文统必反,窦汉卿亦屡发其奸,秀才岂尽反者。"然文统之相,实商挺荐之。至是费寅讼挺为文统羽翼,引陕西行省部事赵良弼为证。于是囚挺上都。而系良弼于狱。会遣阿脱行枢密院于成都,使省臣择其副。枢奏:"惟商挺与赵良弼可,幸陛下宽其前罪用之。"帝乃赦良弼,用为行院副使。

至元三年,行省事于西京、平阳、太原诸路。四年,拜中书左丞,奏罢世袭官,置牧守。或言中书政事大坏,帝怒,大臣罪且不测,枢上言:

太祖开创,跨越前古,施治未遑。自后数朝,官多刑滥,民困财殚。陛下天资仁圣，自昔在潜，听圣典，访老成，日讲治道。如邢州、河南、陕西，皆不治之甚者，为置安抚、经略、宣抚三使司，颁俸以养廉，去污滥以清政，劝农桑以富民，不及三年，号称大治。诸路之民望陛下之拯己。如赤子之求母。先帝陟遐，国难并兴，天开圣人，缵承大统，即用历代遗制，内立省部，外设监司，自中统至今五、六年间，外侮内叛相继不绝，然能使官离债负，民安赋役，府库粗实，仓廪粗完，钞法粗行，国用粗足，官吏迁转，政事更新，皆陛下信用先王之法所致。

今正宜上答天心，下副民望，睦亲族以固本，建储副以重祚，定大臣以当国，开经筵以格心，修边备以防虞，蓄粮饷以待歉，立学校以育才，劝农桑以厚生。乃可以光先烈，成帝德，遗子孙，流远誉。以陛下才略，行此有余。迩者伏闻聪听日烦，朝廷政令日改月异，如木始栽而复移，屋既架而复毁。远近臣民不胜战惧，窃恐大本一废，远业难成，惟陛下图之。

帝为霁怒。

十年，拜昭文馆大学士，详定礼仪事。其年，襄阳下，遂议取宋。枢奏如求大将，非右丞相安童、知枢密院伯颜不可。伯颜既渡江，遣使奏事至。世祖夜召见枢。忧形于色曰："昔朕济江，而家难作。今伯颜虽济江，天意与否，尚未可知。宋家三百年天下，天命未在吾家，先在于彼，勿易视之。所有事宜，可书以进。"枢请严兵守鄂，勿使荆阃断阳逻渡，先遣使责负岁弊留行人之罪。帝从之。

十一年，枢言："陛下降不杀人之诏。伯颜济江，兵不逾时，降城三十，户逾百万，自古平江南，未有如此之速者。今自夏徂秋，一城不降，皆由军官不体陛下之深仁，利财剽杀所致。扬州、焦山、淮安，人殊死战，我虽克胜，所伤亦多。宋之不能为国审矣，而临安未肯轻下，好生恶死，人之常情，盖不敢也。宜申止杀之诏，使赏罚必立，恩信必行，则圣虑不劳，军力不费矣。"又请禁宋鞭背黥面之刑。帝并从之。十三年，拜翰林学士承旨。诏亡宋侍从之臣入见者，先使谒枢，询其学行以备异日之任用。十七年，卒，年七十八，谥曰文献。成宗即位，加赠嘉猷程世旧学功臣、太师、开府仪同三司，追封鲁国公。子炜，枢从子燧、燉。

燉，官至佥江西湖东道提刑按察司事。

炜，字光甫，累官河南行省左丞。泰定二年，奏请禁屯田吏蚕食屯户，及勿进增羡以废裕民之意，又以河屡决，请立行都水监于汴梁，仿古法捍御濒河州县，正官皆兼知河防事。从之。迁陕西行台御史中丞。三年，奏请集世祖嘉言善行，以时省览。帝嘉纳之。炜议论侃侃，为当时名臣，拜陕西行省平章政事。卒，赠推忠秉德佐治功臣、光禄大夫、河南行省平章政事、柱国，追封鲁国公，谥文忠。

燧，字端甫。生三岁而孤，育于伯父枢。枢教督甚急，燧不能堪，杨奂驰书止之曰：“燧，令器也。长自有成，何以急为？”且许妻以女。年十三，见许衡于苏门。十八，始受学于长安。时未尝为文，视流辈所作，惟见其不如古人，则心弗是也。年二十四，始读韩退之文，试习为之，人谓有作者风，稍就正衡。衡亦赏其辞，且戒之曰：“弓矢为物，以待盗也；使盗得之，亦将待人。文章固发闻士子之利器，然先有能名，何以应人之役。非其人而与之，与非其人而拒之，均罪也。岂周身之道乎？”

至元八年，衡为国子祭酒，奏召弟子十二人。燧自河内驿致馆下，时年三十八。由秦王府文学，授奉议大夫，兼提举陕西四川中兴等路学校。十二年，以秦王命，安辑四川。明年，汉嘉新附，入谕其民。又奉命招王立于合州。又明年，抚循夔府。凡三使蜀，皆称职。十七年，除陕西汉中道提刑按察司副使。录囚延安，逮系诖误，皆纵释之。人服其明决。调山南湖北道。二十三年，自湖北入朝。明年，为翰林直学士。二十七年，授大司农丞。

元贞元年，以翰林学士召修《世祖实录》。初置检阅官，究核故事，燧与侍读高道凝为总裁，书成。大德五年，授中宪大夫、江东道廉访使。九年，拜中奉大夫、江西行省参知政事。未几，谢病归。

仁宗居藩邸，开宫师府。燧年已七十，遣正字吕洙，如汉征四皓

故事,起燧为太子宾客。寻拜太子少傅。武宗面谕燧,燧拜谢曰:
"昔臣先伯父枢除是官,尚不敢拜,何况于臣?"明年,授荣禄大夫、
翰林学士承旨、知制诰兼修国史。四年,告归,中书以承旨召;明年,
复召。燧以病,俱不赴。卒于家,年七十六。谥曰文。

　　燧与绛州姬文龙友善。遗命丧礼勿徇流俗,使文龙主其丧,悉
遵古礼焉。燧之学得于许衡,为世名儒。其文豪而不宕,刚而不厉,
春容盛大,有西汉之风。三十年间将相名臣,懿行硕德,皆燧所书。
时高丽沈阳王父子连姻帝室,倾资求燧诗文。燧靳不与。至奉诏乃
与之。王赠谢弊帛、金玉、名画五十筐,燧即时分于属官及胥吏,金
银付翰林院为公用。燧一无所取。人问之。燧曰:"彼小国之君,惟
重货利。吾能轻之,使知大朝不以是为意。"其器识豪迈如此。著有
《牧庵文集》五十卷。子三:壎、圻、域。

　　史臣曰:刘秉忠、张文谦、窦默、姚枢,皆世祖潜邸宾僚,赞帷幄
之谋,以成大业。默请罢王文统,相许衡,世祖不用其言,而事后思
之,又蔽于阿合马之奸,不相衡,而文谦亦为阿合马所挤。呜呼!君
子难进易退,自古则然矣。

新元史卷一五八
列传第五五

商挺 琥 琦　赵良弼　杨果
宋子贞　赵璧　张雄飞

　　商挺，字孟卿，曹州济阴人。其先，本殷氏，避宋讳改焉。父衡，金进士，秦蓝总帅府经历官，河潼失守，为北军所得，不屈死。挺年二十四，东平严实聘为诸子师。实卒，其子忠济辟为经历。

　　世祖在潜邸，闻其名，遣使征至盐川。入对称旨。挺因言，李璮城朐山，东平当馈米万石，率十石致一石，且天久雨，路淖，车运后期罪至死，不若输沂州，使璮众取食，便。世祖从之。

　　陕西四川宣抚使杨惟中辟挺为郎中，挺请减关中常赋之半，以苏民困。又佐惟中诛大猾郭千户，群吏畏服。明年，惟中罢，挺驰奏，关陕重地，非廉希宪不能镇抚中外。遂以希宪为宣抚使，擢挺为副使。寻命兼辖怀孟，境内大治。

　　宪宗八年，宣抚司罢，挺还东平。会宪宗征蜀，世祖将趋鄂汉，次小濮，召挺问军事，对曰：“蜀道险远，万乘岂易轻动。”世祖曰：“卿言正契吾心。”宪宗崩，世祖北还。道遣张文谦与挺计事。挺曰：“军中当严符信，以防奸伪。”文谦还奏，世祖大悟曰：“非商孟卿，无人能见及此。”未几，阿里不哥之使果至，乃执而斩之。世祖召挺至开平。挺与廉希宪密赞大计。

　　及即位，复以希宪为陕西四川宣抚使，挺为副使。时浑都海驻六盘山，以兵应阿里不哥。挺谓希廉曰：“为六盘，有三策：悉锐而东,直捣京兆,上策也;聚兵六盘,观而动,中策也;重装北归,以应和林,下策也。"希宪曰:"彼将何从?"挺曰:"必出下策。"已而果然。乃与希宪定议,令八春、汪良臣等御之。时阿蓝答儿、浑都海等已至山丹,八春战不利,贼陷凉州,犯甘州。良臣以兵来会,听诸王合丹节制,大败贼于甘州。阿蓝答儿自杀,浑都海亦伏诛,关陇遂平。

中统三年,改宣抚司为行中书省,进希宪为右丞相,挺为金行省事,复擢参知政事。初挺荐王文统可大用,璮反,文统与璮通谋。至是,兴元判官费正寅讼挺为文统党,遂逮至上都。世祖召挺便殿,责之曰:"卿在关中,累著治效,而毁言日至,何也?且比年论王文统者甚众,卿何无一言?"挺顿首谢曰:"臣在陕西三年,多过失,然功成归己,事败分咎于人,臣必不敢,请就戮。"会置四川行枢密院,姚枢荐挺,乃授挺行枢密院副使,佩虎符。

至元元年,召拜参知政事。二年,丞相耶律铸行省河东,以挺副之。六年,同金枢密院事,累迁枢密副使。挺定军官品级,给军吏四千人屯田,开垦三万亩,收其获以饷亲军。汰不胜军者户三万,户一丁者亦汰之,丁多业寡、业多丁寡者,许财力相资,合出一军。著为令。

九年,封皇子忙哥剌为安西王,以挺为王相,王曰:"关中事有不便者,可悉更张之。"挺进十策,曰:睦亲邻,安人心,敬民时,备不虞,厚民生,一事权,清心源,谨自治,固根本,察下情。王为置酒嘉纳焉。十五年,王薨,王妃使挺请命于朝,以子阿难答嗣。世祖曰:"阿难答年少,未习祖宗之训,卿姑行王相府事。"

十七年,运使郭琮、郎中郭叔云诬陷王相赵炳,妃命囚炳于平凉狱,琮、叔云毒杀之。世祖廷鞫其事,琮等皆伏诛。王府女奚彻彻,临刑以暧昧语连挺及其子瓛。世祖怒,拘挺,而下瓛于狱。且谓炳子曰:"商孟卿,老书生,可与诸儒共谳其罪。吏部尚书青阳梦炎以议勋奏,世祖疑其朋党。符宝郎董文忠曰:"梦炎素不知挺,臣以其推戴之功语之。"世祖良久曰:"其事果何如?"文忠对曰:"臣固闻之,杀炳之谋,挺不与也。"世祖默然。十八年春,诏藉挺家。是冬,始释挺及瓛。二十年,复起为枢密副使,俄以疾免。三十一年,炳子复讼父冤,挺坐系,百余日乃释。遂筑室于都城南左山,自号左山老人。二十五年卒,年八十。延祐初,赠推诚协谋佐运功臣、太师、开府仪同三司、上柱国、鲁国公,谥文定。子五:琥、璘、瑭、瓛、琦。

琥,字台符。至元十四年,以姚枢、许衡荐,拜江南行御史台监察御史。二十七年,征拜中台监察御史。属地震,琥疏言:“汉文帝时有此异,而无其应。盖以躬行德化而弭。”因条汉文时政以进。又言:“为国之道,在立法、任人而已。法不徒立,须人而行,人不滥用。惟贤是择。”因荐天下名士十余人,世祖皆召用之。三十年,迁国子司业。卒。有《彝斋文集》。

瑭,字礼符。为大卫屯田千户。年三十三,即辞禄养亲。筑室曰晦道堂,取其七世祖宋太子中舍人宗弼,年五十致仕所筑堂名也。

琦,字德符。成宗召入宿卫。仁宗在东宫,奏授集贤直学士。出为大名路治中,不赴。皇庆元年,授集贤侍讲学士。延祐四年,擢侍读官、通奉大夫,赐钱二万五千贯。泰定元年,迁秘书卿。谢病,卒于家。

史臣曰:商孟卿以书生受世祖之知,功参佐命,耄而智昏,党附奸人。虽曰无交通之迹,然坐视冤诬,焉用彼相。其晚节不终,几陷刑戮,非不幸也。

赵良弼,字辅之。赵州赞皇人,本女直术要甲氏,讹为赵家,因以赵为氏。

父悫,金威胜军节度使,兼义沃州管内观察使、右监军、行元帅府事。与大兵战于高邑,被禽不屈死。子良贵,嵩汝招讨使;良贵子谠,许州兵官;悫从子良材,守太原;皆以战败死。

良弼,悫之次子也。明敏多智略。崔立之乱,良弼奉母还赵州,渡河争舟者挺刃及良弼母首,良弼捍以臂,几折,有兵士见而哀之,手援以登,母子始获免。已而试儒士中选。教授赵州。世祖在潜藩,召见,占对称旨。会立邢州安抚司,擢良弼为判官。良弼区画有方,事或掣制,则请于藩邸,二年凡六往返,所请无不从。脱脱以断事官镇邢州,事多沮挠,良弼驰驿白其事,遂罢脱脱,邢大治。世祖分地在关中,奏以廉希宪、商挺宣抚陕西,擢良弼宣抚司郎中。宪宗使刘太平等钩校京兆钱谷,死者二十余人,众皆股栗,独宣抚司一无所坐。

世祖南征,召参议元帅府事,兼江淮安抚使。率士卒先进,五战皆捷,禁焚庐舍、杀降民,所至宣布恩德,民皆安堵。既渡江,攻鄂州,闻宪宗崩,世祖北还,良弼陈时务十二事。世祖嘉纳之。遣至京兆,察访秦蜀人情向背。不逾月,具得实以报,曰:"宗王穆哥无他心,宜以西南事委之。浑都海屯六盘,士马精强,咸思北归。恐事有不测。纽璘总秦、川蒙古诸军,年少鸷勇,轻去就,当宠以重职,解其兵柄。刘太平、霍鲁欢,行尚书省事,阴有据地之志,伯家奴、刘黑马、汪惟正兄弟,夙蒙恩德,并悉心俟命。"其言皆见采用。

良弼凡五上书劝进,曰:"今中外皆愿大王早正宸位,以安天下,事势如此,岂容中止,社稷安危,间不容发。"世祖既即位,立陕西四川宣抚司,复以廉希宪、商挺为使、副,良弼为参议,良弼先行,言于断事官八春曰:"今刘太平思合于浑都海,纽璘迁延不行,当先遣使促纽璘入朝,刘太平还京兆。"八春从其议。至则纽璘果移屯将入泾州,刘太平将趋六盘。闻命乃止。

浑都海叛,良弼与汪惟正、刘黑马议,执其党乞台不花、密利火者诛之。希宪、挺虑有擅杀名,遣使入奏待罪。良弼具密状授使者。言:"始捕二帅时。止令囚以俟报,臣窃以为张皇不便,宜急诛之,擅杀在臣,实不在宣抚司,若上怒希宪等,愿使者出此奏。"帝竟不问,使者以奏白政府,咸谓良弼为长者。是年,改宣抚司为行中书省,拜良弼陕西四川宣抚使、参议行省事。蜀人费正寅以私憾诬廉希宪、商挺在京兆有异志者九事,以良弼为征。帝召良弼诘问,良弼泣曰:"二臣忠良,保无是心,愿剖臣心以明之。"帝意不释。会平李璮,得王文统与璮交通书,益疑挺等。又以良弼多智略,疑为文统游说,械系良弼，下于狱，至欲断其舌。姚枢奏："践阼之初，非良弼诃事关中，恐陛下有西顾之忧。其人忠于陛下，安得与文统蓄异志者比。"帝意始解，赦出之。

至元七年，起良弼为经略使，领高丽屯田。良弼言屯田不便，固辞，遂以良弼奉使日本。先是，数遣使通日本，不得要领，于是良弼请行，帝悯其老，不许，良弼固请，乃授秘书监，充国信使。良弼奏："臣父兄四人死事于金，乞命翰林撰碑文，臣虽死绝域无憾。"帝曰："人臣各为其主，苟忠于所事，虽在前朝，朕亦嘉之，况有贤子为朕使万里之外乎！"命学士王磐撰赵氏家庙碑，给良弼卫兵三千。固辞，独书状官二十四人从行。

八年，与高丽通事徐称、周金贮，至日本筑前金津。金津人以为贼，欲攻之。良弼登岸喻旨。守吏延入板屋，以兵环之，灭烛大噪，良弼泰然自若。明日，其国太宰府官率兵至，问使者来状。良弼数其不恭罪，仍喻以礼意。太宰官求国书，良弼曰："必见汝国王，始授之。不然，则授之大将军。"良弼盛国书于箧，键锁甚严。越数日，复来求书，且曰："我国自太宰府以东，上古使臣未有至者。今大朝遣使至此，而不以国书见授，何以示信？"良弼曰："隋文帝遣裴清来，王郊迎成礼，唐太宗、高宗时，遣使皆见，王何独不见大朝使臣乎？"诘难数四，至以兵协良弼。良弼终不与，但出录本示之。日本太宰府见国书录本，以为不逊，却良弼不纳。良弼使书状官张铎先归，太宰府送良弼于对马岛。

九年，张铎与日本人弥四郎等十二人至京师。良弼本意欲见日本王，说以罢兵修好，既见拒，乃与太宰府守护官议。守护官亦恐兵连祸结，与良弼定约，遣弥四郎伪称使介，修饰其词，偕张铎报命。帝召见张铎，宴劳之，铎奏良弼遣臣入奏，与日本人弥四郎等至太宰府，其守护官云："曩为高丽所绐，屡言上国来伐，岂意皇帝先遣行人下示玺书，然王都去此尚远，愿先遣人从使者回报，故良弼使铎同日本人入觐。"帝疑之，命翰林学士承旨和礼和孙问于姚枢、许衡等，皆对曰："诚如圣算，彼惧我加兵，故使此辈伺吾强弱耳，不宜听其入觐。"帝从之。是年,遣御史康之邵护弥四郎等还日本。

十年,良弼复至太宰府,仍为所拒,乃归至京师。帝召见,问日本事本末,深加褒奖,曰:"卿可谓不辱君命矣。"后帝将讨日本,问于良弼,对曰:"臣居日本岁余,睹其民俗,狠勇嗜杀,不知有父子之亲、上下之礼。其地多山水,无耕桑之利,得其人不可役,得其地不加富。况舟师渡海,风涛莫测,是谓以有用之民力,填无穷之巨壑也。臣谓勿击便。"帝不听。

十一年十二月,以良弼同金书枢密院事。丞相伯颜伐宋,良弼言:"宋重兵在扬州,宜以大军径捣钱塘。"又言:"宋亡,江南士人多废学,宜设经史科,以育人材,定律令,以戢奸吏。"后皆用其议。

良弼屡以疾请告,十九年,奉敕居怀孟。良弼别业在温县。有地三千亩,乃析为二,六于怀州,四与孟州,皆隶庙学,又立赞皇庙学,市学田六百亩,立赵州庙学。市学田一千六百亩,以赡生徒。或问为治,良弼曰:"易发而难制者,惟怒为甚。必克己,然后可以制怒,必顺理,然后可以忘怒,能忍所难忍,容所难容,事斯济矣。"二十三年卒,年七十。赠推忠翊运功臣、太保、仪同三司,追封韩国公,谥文正。子训,陕西行省平章政事。

史臣曰:异哉赵良弼之奉使也,日本拒而不纳,则持国书以返耳;乃使弥四郎等伪称使介,以罔其君,而骄其敌,是谖也,称为不辱君命可乎?

杨果,字正卿,祁州蒲阴人。幼失父母,转徙居许州,以章句授徒为业。金正大中,登进士第。会参政李蹊行大司农于许,果以诗送之,蹊大称赏,荐为偃师令。到官,以廉干称。

金亡,杨奂征河南课税,起果为经历。未几,史天泽经略河南,果为参议。时兵余,法度草创,果随宜赞画,民赖以安。中统元年,设十道宣抚使,以果为北京宣抚使。既至任事,果为喻以自嘲曰:"田妇、越贾,相为室家,言语不通,以意求之,十裁得其一二。每夕,归焚香,祝天而言,越贾不之知。有晓田语者,释之曰:注禄神官,独不能徙远以从近也。"语闻宰相,笑之。明年,拜参政知事。及例罢,犹诏与左丞姚枢等日赴省议事,至元六年,出为怀孟路总管。大修庙学。以尝为中书省执政官,移文申部,特不署名。后致仕,卒于家,年七十五,谥文献。

果性聪敏,美风姿,工文章,尤长于乐府,外若沈默,内怀智用。微时避乱河南。娶羁旅中女,后登科,历显仕,竟与偕老,人以是称之。有《西庵集》行于世。

宋子贞,字周臣,潞州长子人。貌清奇,耳耸过眉一寸,相者以为必寿且贵。好学,工词赋,弱冠,与族兄知柔同补太学生,俱有名于时,人以大、小宋称之。

金末,潞州乱,子贞避地大名。宋将彭义斌守大名,辟为安抚司计议官。义斌死,子贞率众归东平行台。严实素闻其名,用为详议官,兼提举学校。先是,实每令人请事于朝,因近侍奏决,不经中书,与宰相耶律楚材有违言,子贞至,劝实通殷勤于楚材,凡奏请必先白楚材。自是,交欢无间,实因此益委信子贞。

太宗四年,实戍黄陵,与金人战不利,曹、濮以南皆震。有自敌中归者,言兵且大至,人情凶惧。子贞请于实,斩扬言者首以令诸城,境内乃安。大军入汴梁,饥民北徙,饿殍盈道。子贞多方赈救,全活者万余人。士之流寓者,悉引见周给,且荐用之。拔名儒张特立、刘肃、李昶辈于羁旅,与之同列。四方之士闻风而至。

七年,太宗命子贞为行台右司郎中。中原略定,事多草创,行台所统五十余城,子贞仍前代观察采访之制,分三道纠察官吏,立为程式,黜贪堕,奖廉勤,官府始有纪纲。东平将校占民为部曲户,谓之脚寨,擅其赋役,几四百所。子贞请罢归州县。实初难之,子贞力言乃听,人以为平。

实卒,子忠济嗣,尤敬子贞。请于朝,授参议东平路事,兼提举太常礼乐。子贞延前进士康晔、王磐为教官,自孔、颜、孟子孙外,招致生徒几百人,出粟赡之。每季亲临课试。士风为之一变。

世祖南伐，召子贞至汉州，问以方略。对曰："本朝威武有余，仁德未洽。所以拒命者，特畏死尔，若降者不杀，胁从者勿治，则宋之郡邑可传檄而定也。"世祖善其言。

中统元年，授益都路宣抚使。未几，入觐，拜右三部尚书。时新立省部，典章制度，多子贞裁定。李璮叛据济南，诏子贞参议军前行中书省事。子贞单骑至济南，观璮形势，因说丞相史天泽曰："璮拥众东来，坐守孤城，宜增筑外城，防其奔突，彼粮尽援绝，不攻自破矣。"议与天泽合，遂擒璮。

子贞还，上书陈便宜十事，大略谓："官爵，人主之柄，选法宜尽归吏部。律令，国之纪纲，宜早刊定。监司总统一路，用非其材，不厌人望，乞选公廉有才德者为之，今州县官相传以世，非法赋敛，民穷无告，宜迁转以革其弊。"又请建国学教胄子，敕州郡提学课试诸生，三年一贡举。命中书次第施行之。至元二年，始罢州县官世袭。遣子贞与左丞相耶律铸行山东，迁调所部官。还，授翰林学士、参议中书省事。奏请班俸禄，定职田。三年二月，拜中书平章政事，复陈时务之切要者十二策。帝颇悔用子贞晚。

未几，以年老求退，帝曰："卿气力未衰。勉为朕留，措置大事，俟百司差有条理。听卿自便。"十一月，恳辞，乃得请。特敕中书，凡有大事，即其家访问。子贞私居，每闻朝廷事不便。必密陈得失，爱君忧国，不以进退异。卒，年八十一。始病，家人进医药，却之曰："死生有命，吾年逾八十，何以药为？"病危，诸子请遗言，子贞曰："吾平昔教汝者不少，今尚何言耶？"

子渤，字齐彦，有才名，官至集贤学士。

赵璧，字宝仁，大同怀仁人。世祖在潜邸，闻其名召见，呼秀才而不名，使皇后制衣赐之，试服不称，辄为损益，宠遇无与为比。命驰驿四方，聘名士王鹗等。又令蒙古生十人，从璧授儒书。敕璧习国语，译《大学》、《中庸》、《论》、《孟》诸书，时从马上听璧陈说。

宪宗即位，召璧问："天下何如而治？"对曰："请先诛近侍之不法者。"宪宗不悦。璧退,世祖曰:"秀才,汝浑身是胆!吾亦为汝握两手汗也。"一日,断事官牙老瓦赤持印请于帝曰:"此先朝所赐,今陛下登极,将仍用旧印耶,抑易以新者?"时璧侍左右,斥之曰:"用汝与否,取自圣裁。汝敢以印为请耶?"夺其印,置帝前。帝默然久之,既而曰:"朕亦不能为此。"

宪宗二年,授河南经略使。河南万户刘福贪暴,郡中婚嫁,必行赂之,得请而后行。其党董主薄,强取民女有色者三十余人。璧至按其罪,立斩之,尽还民女。刘大惊,时天大雪,因诣璧相劳苦,且酌酒贺曰:"经略下车,诛锄强猾,故雪为瑞应。"璧曰:"如董主簿比者,尚有其人,俟尽诛之,瑞应将大至矣。"刘屏气不敢复言而归。

世祖伐宋,以璧为江淮荆湖宣抚使。大兵围鄂州,宋贾似道遣使来议和,璧请行。世祖曰:"汝登城,必谨视吾旗。旗动,即速归。"璧登城,宋将宋京曰:"北兵若旋师,愿以江为界,且岁奉银、绢疋两各二十万。"璧曰:"大军至濮州时,诚有是请,犹或见从。今已渡江,是言何益!贾制置今焉在耶?"璧适见世祖旗动,乃曰:"俟他日复议可也。"遂还。

世祖即位,拜燕京宣慰使。时供给蜀军,府库已竭,及有用兵北边,璧经画,馈运不绝。中书省立,授平章政事;加答剌罕之号,力辞不就。中统二年,从征阿里不哥以平章政事兼大都督,领蒙古、汉军。是年,始制太庙雅乐。乐工党仲和、郭伯达以知音律在选中,为造伪钞者连坐,系狱。璧曰:"太庙雅乐,大飨用之,岂可系及无辜,而废雅乐之成。"奏请原之。三年二月,复拜中书平章政事。李璮反,亲王合必赤讨之,以璧督馈运。璮平,以平章政事行省山东。

至元元年,官制行,加荣禄大夫。帝欲作文檄宋,执笔者数人,皆不称旨,乃召璧为文。帝大称善,曰:"惟秀才能曲尽我意。"六年,改枢密副使,虽左迁,璧处之泰然,不以为意。六年,宋边臣遣间使约降,帝命璧诣鹿门山都元帅阿术营密议。以璧同行汉军都元帅府事。时阿术卧病,营屯遇雨涨没殆尽,宋将夏贵率兵五万,馈粮三十艘,自武昌援襄阳。璧据险设伏待之,贵果中夜潜上,璧策马出鹿门

山,行二十余里,夺其五舟,大呼曰:"南船已败,我水军宜速进。"贵
慑不敢动。明旦,阿术命诸将渡江以骑兵截贵,璧与水军万户解汝
楫等追贵舟师。遂合战于虎尾洲,贵败走,士卒溺死甚众,夺战舰五
十艘,擒将士三百余人。

高丽王植为其臣林衍所逐,帝召璧还,改中书左丞,同国王头
辇哥行东京等路中书省事,驻兵平壤。时衍已死,璧与国王议曰:
"高丽迁居江华岛有年矣,外虽卑辞臣贡,内恃其险,故使权臣无所
畏忌,擅逐其主。今衍已死,王实无罪,若朝廷遣兵护王归于旧京,
可以罢兵息民,策之上者也。"因遣使以闻,帝从之。

师还,迁中书右丞。冬祀太庙,有司失黄幔,得于神庖灶下,已
污坏。帝闻,大怒曰:"是应坐大不敬律,当斩!"璧争曰:"法止杖断
远流。"其人竟得不死。九年,复拜平章政事。璧平居寡言语,及论
政事,必反覆诘难,务究其利弊而后已。世祖尝称为秀才云。十
三年卒,年五十七。大德三年,赠大司徒,谥忠亮。

子二人:仁荣,中书参知政事;仁恭,集贤直学士。孙二人:崇,
郊祀署令;弘,左藏库提点。

张雄飞,字鹏举,沂州临沂人。父琼,仕金守盱眙。金主疑之,
罢其兵,徙居许州。寻复命守河阴,留家人于许。雄飞幼失母,琼妾
李氏养之。大兵屠许州,惟工匠得免。有田姓者,琼故吏也,自称能
为弓,且诈以雄飞及李氏为家人,由是获全,遂徙朔方,雄飞甫十
岁。至霍州,李欲逃,恐其累己,雄飞知之,顷刻不去左右,李乃变服
与雄飞俱还,寓潞州。雄飞既长,往师前进士王宝英于赵州。金亡,
雄飞不知父所在,求之十余年,终弗得。遂入大都,居数岁,尽通诸
部语。

至元二年,廉希宪荐于世祖,召见,陈当世之务,世祖大悦。授
同知平阳路转运司事,搜抉蠹弊悉除之。帝问处士罗英,谁可大用
者,对曰:"张雄飞真公辅器。"帝然之,命驿召雄飞至,问以方今所
急,对曰:"太子天下本,愿早定以系人心。间阎小人有升斗之储,尚

知付托，天下至大，社稷至重，不早建储贰，非至计也。向使先帝知
此，陛下能有今日乎?"帝方卧，矍然起，称善者久之。

他日，与江孝卿同召见，帝曰:"今任职者非材，政事废弛，譬大
厦将倾，非良工不能搘柱，卿辈能任此乎?"孝卿谢不敢当。帝顾雄
飞，雄飞对曰:"古有御史台，为天子耳目，凡政事得失、民间疾苦，
皆得言，百官奸邪、贪秽不职者，即纠劾之。如此则纪纲举、天下治
矣。"帝曰:"善。"乃立御史台，以前丞相塔察儿为御史大夫，雄飞为
侍御史，且戒之曰:"卿等既为台官，职在直言，朕为汝君，苟所行未
善，亦当极谏，况百官乎! 汝宜知朕意。人虽嫉汝，朕能为汝地也。"
雄飞益自感励，知无不言。

参议枢密院事费正寅素憸狡，密遣人通于宋。事觉，诏丞相线
真等与雄飞杂治之。请托交至，雄飞无所顾，尽得其罪状以闻，正寅
与其党管如仁等皆伏诛。会议立尚书省，雄飞力争，忤旨，左迁同知
京兆总管府事。宗室公主有家奴逃渭南为民赘婿。主过临潼，识之，
捕其奴与妻及妻之父母，皆械系之，尽没家资。雄飞与主争辨，辞色
俱厉。主不得已以奴妻及妻之父母、家资还之，惟挟其奴以去。

入为兵部尚书。平章阿合马在制国用司时，与亦麻都丁有隙，
至是，罗织其罪，同僚争相附会，雄飞不可曰:"所犯在制国用司时，
平章独不预耶?"众无以答。秦长卿、刘仲泽亦以忤阿合马，皆下吏，
欲杀之，雄飞亦持不可。阿合马使人唤之曰:"能杀此三人，当以参
政相处。"雄飞曰:"杀无罪以求大官，吾不为也。"阿合马怒，奏出雄
飞为澧州安抚使，三人竟死狱中。

澧州有巨商二人，犯匿税及殴人事，僚佐受赂，欲宽其罪，雄飞
绳之益急。或曰:"此细事，何执之坚?"雄飞曰:"吾非治匿税殴人
者，欲改宋弊政，惩不畏法者尔。"贫民以乏食，群聚发富家廪，所司
欲论以强盗，雄飞曰:"此盗食，欲救死耳，非强也。"宽其狱，全活者
百余人。澧西南接溪洞，徭人乘间抄掠，雄飞遣杨应中等往谕以威
德，诸徭悉感服。

十四年，改安抚司为总管府，命雄飞为达鲁花赤，迁荆湖北道

宣慰使。有告常德富民十余家,与德山寺僧将为乱,众议以兵讨之。雄飞曰:"告者必其仇也。且新附之民,当以静镇之,兵不可遽用。苟有他,吾自任其责。"遂止,徐察之,果如所言。十五年,荆湖行省阿里海牙以降民千户没入为家奴,自置吏治之,岁责租赋,有司莫敢言。雄飞言于阿里海牙,请归其民于有司。不从。雄飞入朝奏其事,诏还籍为民。

十六年,拜御史中丞,行御史台事。阿合马以子忽辛为中书右丞,行省江淮,恐不为所容,奏留雄飞不遣,改陕西汉中道提刑按察使。未行,阿合马死。朝臣皆以罪去。拜参知政事。阿合马用事日久,卖官鬻狱,纪纲大坏,雄飞乃先自降一偕,于是侥幸超躐者皆降黜。忽辛有罪,敕中贵人及中书杂问,忽辛历指宰执曰:"汝曾使我家钱物,何得问我?"雄飞曰:"我曾受汝家钱物否?"曰:"惟公独否。"雄飞曰:"如是,则我当问汝矣。"忽辛遂伏辜。二十一年春,册上尊号,议大赦天下。雄飞谏曰:"古人言:无赦之国,其刑必平。故赦者,不平之政也。圣明在上,岂宜数赦!"帝嘉纳之,语雄飞曰:"大猎而后见善射,集议而后知能言,汝所言者是,朕今从汝。"遂止降轻刑之诏。

未几,卢世荣以言利进,雄飞与诸执政同日皆罢。二十三年,起为燕南河北道宣慰使,卒于官。

五子:师野、帅谔、师白、师俨、师约。师野,宿卫东宫。荆湖行省平章政事阿里海牙入觐,言之宰相,欲白皇太子,请以师野为荆南总管,雄飞固止之。归谓师野曰:"今日有欲官汝者,汝宿卫日久,固应得官,然我方为执政,天下必以我私汝,我一日不去此位,汝辈勿望有官也。"其介慎如此。

史臣曰:张鹏举刚明廉直,材任宰相。世祖用卢世荣,罢鹏举政事,可谓弃苏合而宝蛣蜣之粪矣。岂好利之心,不能自克,遂为逢君者所蛊惑欤!

新元史卷一五九
列传第五六

伯颜 <small>相嘉失里</small>

伯颜,巴邻氏。

曾祖失儿古额秃,为巴邻部长,率二子阿剌黑、纳牙阿归于太祖,授巴邻部左千户。纳牙阿为太祖中军万户,自有传。

阿剌黑,伯颜祖父也。袭父职,兼断事官。从太祖伐西域,攻拔忽毡城,遂以忽毡为其食邑。

阿剌黑子晓古台,袭千户,从宗王旭烈兀于西域。晓古台生伯颜。

至元初,旭烈兀遣伯颜入奏,世祖伟其言貌,曰:"非诸侯臣也,其留事朕。"以右丞相安童女弟妻之,拜光禄大夫、中书左丞相。伯颜凝重寡言,诸曹白事,尤难决者,徐以一二语判之。众服曰:"真宰相也。"四年,改中书右丞。七年,迁同知枢密院事。

十一年,大举伐宋,与史天泽并拜中书左丞相,行省荆湖。初,世祖与刘秉忠议伐宋。秉忠以无元帅对。及见伯颜,乃谓世祖曰:"取江南有人矣。"姚枢亦奏,如求大将,非安童与伯颜不可。至是,遂与天泽并任焉。天泽又以病,表请专任伯颜,乃以伯颜领河南等路行中书省,诸将并听节制。秋七月,陛辞,帝曰:"昔曹彬以不嗜杀平江南,汝其体朕意,为朕曹彬可也。"

九月甲戌朔,会师于襄阳,分三道并进:唆都以兵一万,由东道趋枣阳;翟招讨以兵一万,由西道老鸦山趋荆南;伯颜与平章政事阿术由中道循汉水趋鄂州,万户武秀为前锋。遇濠水泛滥,无舟楫,伯颜曰:"吾且飞渡大江,岂惮此潢潦。"命壮士负甲仗,骑而前导,麾诸军毕济,次盐山,距鄂州二十里,宋兵十余万,夹汉水城万胜堡,号为新郢,两岸战舰千艘,横铁絙江中,以遏舟师。惟黄家湾有小河,经鹦子山入唐港,可达于江,宋人又为坝筑堡于上,严兵守之。伯颜遣总管李庭、刘国杰攻拔黄家湾堡,凿坝,挽舟出唐港,整列而进,诸将请曰:"郢城,我之咽喉,不取恐为后患。"伯颜曰:"用兵有缓急,攻城,下策也,大军之出,岂为此一城哉。"遂舍郢不攻,由平江堰顺流而下。伯颜与阿术殿后,不满百骑。至泉子湖,郢将赵文义、范兴以二千骑来袭,还军击之,文义、兴俱死,斩获数百人。

十月,次沙洋堡。命断事官杨仁风招之,不应。复遣一俘持黄榜、檄文,传文义首入城,招其守将王虎臣、王大用。虎臣等斩俘,焚黄榜。其裨将傅益以水军十七人降。伯颜复命吕文焕招之,仍不应。乃水陆并进。有裨将李国用以巫术召风,风起,伯颜命炮手元帅张荣实顺风燃炮,焚城中庐舍,城遂拔。万户忙古歹获虎臣、大用等,屠其城。进次新城,使万户帖木儿、史弼列沙洋所馘于城下,射黄榜、檄文以招之。守将边居谊邀文焕语,至城下,飞矢中右臂,奔还。未几,其总制黄顺逾城降,明日副统制任宁亦降,居谊终不出,乃令总管李庭攻其外堡,拔之,诸军蚁附而上,内堡亦破,余众三千人皆战死,居谊阖家自焚。并诛王虎臣、王大用等。遣万户帖木儿等奏沙洋、新城之捷。

十一月丙戌,次复州,安抚使翟贵以城降。阿术使右丞阿里海涯来请渡江之期,伯颜不答,明日又来,仍不答。阿术自至,问之,伯颜曰:"此大事,主上付吾二人,可使余人知吾虚实乎?"潜刻期而去。大军次蔡店。宋淮西制置使夏贵等以战舰万艘,分据要害,都统王达守阳逻堡。荆湖宣抚使朱禩孙以游击兵扼中流,大军不得进。伯颜大会诸将,议渡江。遣总管刘深、千户马福观沙湖水势。福建议,沦河口可通沙芜入江,伯颜使觇沙芜口,贵亦以精兵守之。乃围汉阳军,声言由汉口济江,贵果移军来援。

十二月丙午,大军次汉口。诸将自汉口开坝,引船入沦河。先遣万户阿剌罕巡视阳逻城堡。径趋沙芜,入大江。壬子,伯颜战舰万计,连樯而至,以数千艘泊沦河湾。诸将言:"沙芜南岸有宋战船,可攻而取之。"伯颜曰:"吾亦知其可取,虑汝辈贪小失大,一举渡江,收其全功可也。"进攻阳逻堡,再遣人招之,俱不应。其将士曰:"我辈受宋厚恩,戮力死战,此其时也。安有归降之理?今日犹赌博之孤注,输赢在此一掷。"伯颜麾诸将攻之,三日不克,乃密与阿术议曰:"彼谓我必拔此堡,方能渡江。此堡守御坚固,攻之徒劳。汝今夜以铁骑三千直趋上流,为捣虚之计,诘旦渡江袭南岸,已过,则遣人告我。"乃分遣阿里海涯督万户张宏范、忽失海涯、折的迷失等,先以步骑攻阳逻堡,夏贵来援。阿术出其不意,率万户晏彻儿、忙古歹、史格、贾文备四翼军,溯流西上四十里,对青山矶而泊。是夜,雪大作,遥见南岸尚露沙洲。阿术登舟,率诸将径趋之。史格一军先渡,为宋将程鹏飞所却。总管史塔剌浑继进,擒其将高邦显等。鹏飞身被七创,败走,获船千余艘,遂抵南岸。阿术与镇抚何玮等数十人登岸,与宋军相持。夏贵在江南不能为声援,我军遂起浮桥,成列而济。阿里海牙继遣张荣实、解汝楫等四翼军,舳舻相衔,直攻夏贵。贵引麾下军数千先遁,诸军乘之,斩馘不可胜计。追至鄂州东门而止。阿术遣使告捷,伯颜大喜,急攻阳逻堡,拔之,斩王达。诸将谓,贵大将,不可使逸去,请追之。伯颜曰:"阳逻堡之捷,吾欲遣使告于宋人,今贵走,代吾遣使,不必追也。"

阿术还渡江,议兵所向,或欲先取蕲、黄,阿术曰:"若赴下流,退无所据,先取鄂、汉,虽迟旬日,可为万全计。"伯颜从之。进次鄂州,焚战船三千艘,火照城中,宋人大恐。乃遣吕文焕、杨仁风等谕之曰:"汝国所恃者,江、淮而已,今大兵渡江,如履平地,汝辈何不速降!"知鄂州张晏然、知汉阳军王仪、知德安府来兴国,并以城降,程鹏飞亦以本军降。伯颜承制以宋鄂州民兵总制王该知州事,王仪、来兴国仍旧任。分宋降卒隶诸将,凡逃民悉纵还之。遣万户也的哥、忽都歹入奏。分命阿剌罕先锋黄头,收寿昌粮四十万斛,以济军需。留阿里海涯等，以兵四万，戍鄂、汉。伯颜与阿术率大军东下，以侍卫亲军都指挥使秃满台为诸军殿。

十二年正月癸酉朔，阿术先至黄州，宋知州陈奕降，伯颜承制授奕沿江大都督。遣奕与吕文焕以书招蕲州安抚使管景模，阿术复以舟师造其城下。伯颜至蕲州，景模出降，承制授以淮西宣抚使，留万户带塔儿守之。阿术以舟师趋江州，宋兵部尚书吕师夔、知江州钱真孙及知六安军曹明，皆以城降。伯颜承制，以师夔守江州。师夔宴伯颜于庾公楼，饰宋宗室二女以献，伯颜怒曰："吾奉天子之命，兴师问罪，岂以女色移吾意乎！"斥遣之。知南康军叶闾来降，殿前都指挥使、知安庆府范文虎亦奉书纳款。伯颜至湖口，遣千户宁玉造浮桥以渡，大风，祷于山神，有顷，风息，大军毕渡。

伯颜承制授范文虎两浙大都督，以其从子友信知安庆府事，命万户乔珪戍之。次池州，都统制张林以城降，通判权州事赵昂发与其妻自经死，伯颜命具衣衾葬之。

宋宰相贾似道遣袁克己、宋京致书，请还已降州郡，约贡岁币。伯颜遣襄加歹偕克己入奏，止京以待。且使谓似道曰："未渡江，议和入贡则可，今沿江诸郡皆内附，欲和，则汝自来面议。"襄家歹还，乃释宋京。

贾似道屯于丁家洲，步兵十三万，号百万，孙虎臣为前锋，夏贵以战舰二千五百艘横亘江中，似道将后军。伯颜曰："众寡不敌，宜以计胜。"令军中作大栰数十，置薪刍于上，阳言欲以火攻。宋人昼夜严备，战士少懈。乃命左右翼万户率骑兵夹江而阵，炮声震百里。宋军阵动，我师掠宋战舰，大呼曰："宋人败矣！"似道仓皇失措，遽鸣金收军，军溃。阿术以小旗麾何玮、李庭等率舟师冲击，伯颜命步骑左右犄之，追奔百五十余里，获战舰二千余艘。似道东走扬州，贵走庐州，虎臣走泰州。

进攻太平州，知州孟之缙及知无为军刘权、知镇万军曹旺等，并以城降。大军次建康之龙湾，大赉将士。

宋沿江制置使赵溍遁，都统徐之荣、翁福、茅世雄等以城降，命招讨使唆都守之。镇江府管军总管石祖忠以城降,江东及淮西滁州诸郡亦相继降。

时民乏食,又疾疫,伯颜开仓赈之,兼施医药。宋人大喜曰:"真王者之师也。"伯颜遣左右司员外郎石天麟诣阙奏事,世祖大悦,悉允所请,命伯颜以行中书省驻建康,阿塔海、董文炳以行枢密院驻镇江,阿术别奉诏取扬州。

四月,诏盛夏不利行师,俟秋再举。伯颜奏曰:"宋人据江海,如兽之走险,今已扼其吭,少纵之则逸而逝矣。"世祖语使者曰:"将在外,不从中制,兵法也。宜从丞相言。"五月,复命奉御爱薛召伯颜赴阙,以阿剌罕为参政,留治省事。伯颜至镇江,会诸将计事,令各还戍地,乃渡江北行,入见于上都。七月癸未,进右丞相,让功于阿术,诏以阿术为左丞相。阿术材勇善战,而士心不附,伯颜患之,乃曲加礼敬,由是众皆悦服。

八月癸卯,受命还行省,取道益都,按视溯州防军,调淮东都元帅孛鲁欢、副都元帅阿里伯,以所部兵溯淮而进。九月,至淮安,射书城中,谕守将降,又使降将孙嗣武招之,皆不应。乃使招讨使别里吉迷失攻北城,伯颜与孛鲁欢、阿里攻其南城堡,拔之。十月,进围扬州,留孛鲁欢、阿里伯守湾头新堡。至镇江,罢行院,以阿塔海、董文炳同署院事。

十一月,分兵为三路,期并会于临安:阿剌罕等为右军,以步骑自建康趋独松岭;董文炳为左军,以舟师自江阴循海道趋澉浦、华亭;伯颜与阿塔海由中道,节制诸军水陆并进。

先是,常州守王宗洙遁,通判王虎臣以城降,其都统制刘师勇与张彦、王安节等复推姚訔为帅,坚守不下,彦与安节拒战于吕城,大败,彦以众降。伯颜至常州,命吕文焕射书城上,谕以祸福,不应,文焕又为流矢所中,乃命掾史书榜文射入城中,曰:"常州已附之地,尔等复来据之。大丞相亲临攻击,势易摧枯,然念主上好生、恶杀,务以招徕为先。连日遣人告谕,未见听从。尔之士民勿以归降复叛为疑,约以来日,如出城归附,以保生灵,前罪一无所问,仍依沿江已附州城，一例优加爵赏，四民各令安业。若更执迷坚拒，城破之日，枕尸流血，老幼无遗，宜速深思，无贻后悔。"又不听。乃督帐下亲军攻南城，命亲军先登，竖红旗城上。诸军见而大呼曰："丞相登矣。"师毕登，宋兵大溃，拔其城屠之。昺战死，安节被执不屈死，惟师勇遁去。以行省都事马恕为常州尹。

遣蒙古军都元帅阇里帖木儿、万户怀都，先据无锡州，万户忙古歹、晏彻儿巡太湖，又遣监战亦乞里歹、招讨使唆都、宣抚使游显，会阇里帖木儿先趋平江。

初伯颜出都，帝以手诏付之，使谕宋主。至是遣降人游介实，奉诏书副本使于宋，仍以书谕宋大臣。十二月，宋工部侍郎柳岳等奉其国主及太皇太后书，并宋之大臣与伯颜书来见，垂涕言："太皇太后年高，嗣君幼冲，且在缞绖中。自古礼不伐丧，乞哀恳班师，每年进奉修好。且今日事至此者，皆奸臣贾似道失信误国，非太皇太后之意也。"伯颜曰："主上即位之初，奉国书修好，汝国执我行人至十有六年，所以兴师问罪。今又无故杀我行人。如欲大军不进，将效钱王纳土乎？李主出降乎？尔宋昔得天下于小儿，今亦失于小儿，天道如此，何多言也！"乃遣招讨使抄儿赤，以柳岳来使事，及严忠范所赍国书入奏。

次平江，宋都统王邦杰等出降。遣囊家歹与柳岳至临安。宋尚书夏士林、侍郎吕师孟、宗正少卿陆秀夫又以书来，请尊世祖为伯父，世修子侄之礼，且约岁币银二十五万两，币二十五万匹。伯颜不答，遣忙古带、范文献，会阿剌罕、昔里伯取湖州，留游显、怀都、忽都不花屯兵镇守平江，别遣宁玉守吴江长桥，桥玉所造也。

十三年正月，次嘉兴，安抚使刘汉杰以城降，留万户忽都虎等戍之。宋军器监刘庭瑞又以其宰相陈宜中等书来，伯颜亦不答，遣庭瑞返。宜中遣御史刘岊奉宋主称臣表副本，及致书伯颜，约会长安镇。大军至崇德。宜中又令都统洪模持书同囊家歹来见。已而伯颜次长安镇，宜中等不至。进至皋亭山，宋主遣知临安贾余庆，同承宣使赵尹甫、防御使赵吉甫，奉传国玺及降表诣军前，伯颜受之，召宋宰执议出降。时宋宰相陈宜中已遁，宋主以文天祥代为宰相，辞不拜，自请至军前。大军至临安北十五里，分遣董文炳、吕文焕、范文虎抚慰军民。

伯颜闻宜中与张世杰等挟益王、广王航海去，亟遣右军阿剌罕、奥鲁赤，左军董文炳、范文虎等追之，不及而还。

或请检视府藏簿帐，以知金谷户口多寡，伯颜曰："是欲夤缘噬吾民耳。"乃下令将士敢入城者，以军法论。先是，宋三衙卫士，白昼杀人，乱民亦乘时剽掠，至是始皆敛迹。遣吕文焕持黄榜谕临安军民，遣程鹏飞、洪双寿等入宫慰谕谢太后。太后遣丞相吴坚、文天祥，枢密使谢堂、安抚使贾余庆、内宫郁惟善来见，伯颜慰遣之。以天祥举动不常，疑其有异志，留之。天祥数请归，伯颜笑而不答。天祥怒曰："我此来，为两国大事，何故留我？"伯颜曰："勿怒，汝为宋大臣，责任非轻。今日之事，当与我共之。"使程鹏飞、洪双寿同贾余庆易宋王削帝号降表。伯颜屯临安城北之湖州市，遣千户囊家歹等以宋传国玺入献。

庚寅，伯颜建大将旗鼓，率左右翼万户，巡临安城，观湖于浙江。宋宗室大臣皆来见。张宏范、孟祺同程鹏飞，以所易降表及宋主、谢太后谕未附州郡手诏至。伯颜登狮子峰，观临安形势，命唆都部分诸将守护宫城。癸巳，谢太后复使人来劳问。分置其三衙诸司兵于各翼，以俟调遣，其生募等军，愿归者听。

分遣萧郁、王世英等招谕衢、信诸州。二月，遣刘昂等往淮西招夏贵，仍遣别将徇浙东、西，于是知严州方回、知婺州刘怡、知台州杨必大、知处州梁楮，并以城降。

命阿剌罕、董文炳等见谢太后，宣布德意，以慰谕之。辛丑，宋主率文武百余，望阙拜发降表。伯颜承制，以临安为两浙大都督府，忙古歹、范文虎并为大都督。复命张惠、阿剌罕、董文炳、吕文焕等入城，籍其军民钱谷之数，收百官诰命、符印图籍，悉罢宋官府。移宋王于别馆。禁人勿侵坏宋氏陵寝。是日，大军屯于江浒，潮三日不至，人以为天助焉。

　　癸卯，谢太后命吴坚、贾余庆、谢堂、家铉翁、刘岊、文天祥等为祈请使，杨应奎、赵若秀为奉表押玺官，诣阙请命。伯颜亦拜表称贺。宋福王昰与岊奉书于伯颜，辞甚恳至。伯颜曰：“尔国已降，南北一家，王勿疑，宜速来，共预此事。”且使迓之。夏贵以淮南降。庚申，襄加歹传谕，召伯颜偕宋君臣入朝。

　　三月丁卯，伯颜入临安，使孟祺籍其礼器、册宝、图书。议以阿剌罕、董文炳留治省事，以经略闽、粤；忙古歹以大都督戍浙西；唆都以宣抚使戍浙东；唐兀歹、李庭护送宋君臣北上。初，宋末童谣有云：“江南如破，白雁来过”又谶语云：“亡宋者，百眼将军也。”至是皆应焉。

　　阿塔海等宣诏，趣宋主、母后入觐，听诏毕，即日出宫，惟谢太后以疾独留，隆国夫人黄氏以下宫人从行者百余人，福王与岊、沂王乃猷、驸马杨镇以下官属从行者数千人。宋主求见，伯颜曰：“未入朝，无相见礼。”

　　五月乙未，伯颜以宋主至上都，世祖御大安阁受朝，授宋主显开府仪同三司、检校大司徒，封瀛国公。宋平，得府三十七、州百二十八、关监二、县七百三十三。命伯颜告于天地宗庙，大赦天下。帝劳伯颜，伯颜再拜谢曰：“奉陛下成算，阿术效力，臣何功之有。”复拜同知枢密院事，赐银鼠青鼠只孙二十袭，以陵州藤州户六千为食邑，将校有功者一百二十三人赐银有差。奏言：“江南川渠，通利百货，皆以船运，比之车运，载倍而力省。今南北混一，宜疏浚河渠，令远方贡献京师者，皆由此而达，诚万世之利。”帝从之。其后海运之议，亦发自伯颜云。

　　十四年，诸王昔里吉劫北平王以叛，命伯颜率大军讨之。与其众遇于斡鲁欢河，夹水而阵，相持终日，俟其懈，麾军为两队击之，昔里吉败走。十八年三月，世祖命皇太子抚军北边，以伯颜从，谕之曰：“伯颜才兼将相，忠于所事，汝勿以常人遇之。”皇太子与伯颜论事，辄敬礼有加。是年，颁功臣食邑，益以藤州等处四千九百七十七户。

初,伯颜至上都,诏百官郊迎,平章政事阿合马先半舍谒于道
左,伯颜解所服玉钩条遗之,且曰:"宋宝玉虽多,吾实无所取,勿以
此为薄也。"阿合马疑其轻己,思中伤之,乃谓玉桃盏,宋之至宝,为
伯颜所匿。帝命按之,无验,事始得释,后阿合马死,有献玉桃盏者,
帝愕然曰:"几陷我忠臣也。"别里吉迷失诬伯颜以死罪,帝察其诬,
斥之。未几,别里吉迷失以他罪诛,敕伯颜临视,伯颜与之酒,不顾
而返,帝问其故,对曰:"彼有罪当诛,以臣临之,人且疑陛下为臣报
复矣。"

二十二年秋,宗王阿只吉为海都所败,诏伯颜代总其军。伯颜
令军中采蒫怯叶儿及宿敦之根贮之,人四斛,草实称是。是冬,雨
雪,人马赖以不饥,又令军士捕塔剌不欢之兽食之,积其皮至万余,
人莫知其意,既而遣使辇至京师,帝曰:"是欲易吾缯帛耳。"乃赐帛
为军士衣服。二十四年二月,有上变告乃颜逆谋,诏伯颜侦之,伯颜
多载衣裘入其境,以赐馆人。既至,乃颜设宴,谋执之,伯颜觉,趋
出,与从者分三道逸去。馆人既得衣裘,争以良马与之,遂得脱,驰
还白状。四月,乃颜反,世祖亲征,奏请李庭、董士选将汉军以兵法
布置。贼将金家奴、塔不歹进逼乘舆,庭等大败之,卒擒乃颜。二十
六年,进金紫光禄大夫、知枢密院事,出镇和林。和林置知院,自伯
颜始。

二十九年,诸王明理帖木儿叛,与海都连兵入寇,诏伯颜讨之。
遇贼于阿撒忽秃岭,矢下如雨,伯颜麾军以进,下令退后者斩,大败
明理帖木儿,使速哥、梯迷秃儿等追之。伯颜引军夜还,至必失秃,
卒与贼遇,伯颜坚壁不动。黎明,贼引去,追至别竭儿,速哥、梯迷秃
儿等兵亦至,夹击之,斩首二千级,俘其余众以还。军中获谍者,伯
颜厚赐之遣归,赍书谕明里帖木儿以祸福,明理帖木儿为感泣。

未几,海都复犯边,伯颜留拒之。廷臣有潛伯颜与海都通者,诏
以知枢密院玉昔帖木儿代之,伯颜留大同以俟后命。玉昔帖木儿未
至三驿,会海都复至,伯颜遣使告玉昔帖木儿曰:"公姑止此,待我
剿此寇而来,未晚也。"伯颜与海都战,佯却,凡七日,诸将以为怯,

愤曰:"果畏贼,何不授军于大夫。"伯颜曰:"海都犯边,邀之则遁,诱其深入,一战可擒也。诸君必欲速战,若失利,谁任其咎?"诸将屡请,伯颜还军击败之,海都果脱去。玉昔帖木儿至,成宗饯伯颜,且曰:"公将去,何以教我?"伯颜举酒,谓之曰:"可慎者,惟此与女色耳。军中当严纪律,然恩德不可偏废。冬夏营屯,循旧为便。"成宗悉从之。

三十一年正月癸酉,世祖崩,伯颜总百官以听。兵马司请日出入时鸣钟,以防变故,伯颜呵之曰:"汝将为乱耶!其如平日。"有盗内府银者,宰相欲诛之,伯颜曰:"何时无盗,今以谁之命诛盗耶?"人皆服其有识。

夏四月,成宗即位于上都大安阁,左右部诸王毕会,伯颜仗剑立殿陛,陈祖宗宝训,宣扬顾命,述所以立成宗之意,辞色严肃,诸王皆股慄,趋殿下拜贺。五月乙亥,拜开府仪同三司、太傅、录军国重事,依前知枢密院事。丞相完泽忌之,伯颜知其意,语之曰:"幸送我两罂美酒,与诸王饮,余非所知也。"江南行省累请罢行枢密院,帝问于伯颜,时伯颜已病,张目对曰:"内而省、院,各置为宜;外而军、民,分隶不便。"成宗韪之。三行院遂罢。十二月庚子,卒,年五十九。

伯颜深沈善断,率二十万众伐宋,如将一人,事毕还朝,口不言功。归装惟襆被而已。大德八年,赠宣忠佐命开济功臣、太师、开府仪同三司,追封淮安王,谥忠武。至正四年,加赠宣忠佐命开基翊戴功臣,进封淮王,余如故。

子买奴,金枢密院事;襄加歹,枢密副使。

孙相嘉失里,同金枢密院事、集贤学士,至治末闻南坡之变,奔赴上都,或止之。曰:"吾与国同休戚,今闻难不赴,可乎?"至上都,为逆党所执,寻得释,拜河南江北行省平章政事,迁江南行台御史大夫。卒。

相嘉失里子普达失里,陕西行省平章政事。

　　史臣曰：世祖一见伯颜，擢为宰相，知人之哲，近世未尝有也。然伯颜自灭宋以后，迭遭诬陷，君臣之分，几至不终，良以非亲非贵，踪迹孤危，功名虽盛，适足为谗构之资而已。甚矣！明良契合之不易言也。

新元史卷一六〇
列传第五七

阿里海涯 贯云石　阿剌罕
也速迭儿　忙兀台　完者拔都

　　阿里海涯，回鹘人。胞生剖而出之，其父也先火者欲弃之，母不忍，及长，雄武有胆略。家贫，躬耕养母，喟然曰："大丈夫当立功万里，何至效细民从事畎亩间乎。"释末去，求国书读之，逾月尽其师学。大将卜怜吉歹使其子忽鲁不花从阿里海涯受国书，又荐于世祖潜邸，直宿卫。宪宗九年，从世祖济江。世祖射虎未殪，阿里海涯挺矛刺杀之。攻鄂州，先登，流矢贯其喉。赐银五十两。宪宗崩，诸王大臣议所立。先是，宗王塔察儿有书劝进，世祖忘而置之，及问左右，阿里海涯对曰："在臣所。"出示群臣，议遂定。世祖甚称之。

　　中统三年，授中书省郎中，至元元年，加朝请大夫、参议中书省事。二年，金南京、河南、大名、顺德等路行中书省事，转廉访使，赐虎符。寻领诸路鹰师猎户，再兼领中都路阑遗。四年，拜金制国用司使。

　　五年，刘整议取襄阳，世祖然之，别置行中书省，以阿里海涯同金行省事。乃筑长围，起万山，包百丈、楚山，尽鹿门，以断襄阳援兵。败宋将范文虎于灌滩。时兵事剧，阿里海涯专入奏，能日驰八百里。六年，拜参知河南等路行尚书省事。七年，兼汉军都元帅，分将新军，尚书省罢，复参知行中书省事。宋遣都统张贵、张顺将舟师送袍甲犒城中。自万山接战二十余里，斩顺。贵以余众入城。后贵

乘水涨宵遁,阿里海涯复追斩贵于柜门关。九年,破樊城外城,会有
西域人献新炮。十年正月,以西域炮攻樊城,拔而屠之。

移攻襄阳,一炮中其谯楼,声如雷震,城中汹汹,诸将多逾城
降。刘整欲立碎其城,执守将吕文焕,以逞其意。阿里海涯独不欲
攻,乃身至城下,与文焕言曰:"汝以孤军拒守数年,今飞走路绝,上
嘉汝忠于所事,若降必尊官厚赐,以劝来者,决不杀汝也。"文焕狐
疑未决,又折矢与之誓。文焕感而出降。诏阿里海涯偕文焕入朝,
拜中书参知政事。

十一年,进中书左丞、行荆湖等路枢密院事。阿里海涯奏曰:
"襄阳为自古用武之地,今幸而克之,宜乘胜顺流东下,宋可必平。"
平章阿术亦赞其事。世祖命丞相史天泽议之,天泽曰:"朝廷若遣重
臣如丞相安童、同知枢密院事伯颜者一人,都督诸军,则四海混同,
可以立待也。"乃拜伯颜为行中书省左丞相。阿里海涯进行省右丞,
赏钞二百锭。

九月,会师襄阳,进攻郢州。宋人筑新郢,夹江为城。伯颜使阿
里海涯将数十骑觇新郢虚实,宋范、赵两都统伏兵葭林中,阿里海
涯奋击,大破之,斩两都统而归,以其脑挠酒饮之。

十二月,次沙武口,宋制置使夏贵守诸隘甚固,承阿里海涯麾
兵攻阳逻堡,败贵援兵,遂拔阳逻及青山白湖诸堡。鄂州守将张宴
然、王该等以城降。阿里海涯御军严整,州民安堵,无夺菜秉者。于
是汉阳、寿昌、信阳、德安诸州县皆望风款服。伯颜与诸将会于鄂
州,议曰:"鄂襟带江山,江南要区,且兵粮皆备,今江陵、潭、岳皆未
下,不以大将镇之,上流一动,则鄂非吾有也。"乃使阿里海涯将兵
四万人戍鄂州。

十二年春,略地江陵,与宋将高世杰遇于巴陵。世杰将艨艟千
六百艘、兵二万规袭鄂,阿里海涯遣张荣实、解汝楫败之,追至桃花
滩,世杰降,遂克岳州。承制以降将孟之绍为安抚使。四月,进兵沙
市,纵火攻之,城陷,宋宣抚朱禩孙、制置高达出降。乃入江陵。传
檄郢、随、归、峡、常德、澧、辰、沅、靖诸郡,皆下之。籍其户口财赋来

上。世祖喜,大宴三日,谓左右曰:"伯颜东下,阿里海涯以孤军戍鄂,朕甚忧之。今荆湖定,吾东兵无后患矣。"乃亲作手诏褒之,赐龙凤御服、御帽及珠衣、玉带、貂裘。又别赐金罍一,曰:"俟汝至,当合乐饮之。"以世杰穷而归命,杀之,襆孙征至京师,死,籍其妻孥。命阿里海涯还鄂,以沿江新附州县委之。

阿里海涯至鄂,招潭州守将李芾,不听。乃移兵长沙,拔湘阴。潭人植溈柱江中,自乔口至城下,凡十有五。皆断之,又拔城西栅,射书城中示芾,曰:"速降以活州民,否则屠矣。"芾仍不答。阿里海涯部分诸路,以炮攻之,中流矢,创甚,督战益急。城陷,潭人复作月城以自守。十三年春正月,芾力屈自杀,其将刘孝品等以城降。诸将欲屠之,阿里海涯曰:"潭州户口数百万,屠之非上谕伯颜以曹彬不杀意,其屈法贷之。"复发仓廪食饥者。

遣使徇郴、全、道、桂阳、永、衡、武冈、宝庆及袁、韶、南雄诸郡,其守将皆奉表迎降。

独经略使马暨据静江不下。使俞全等招之,皆为所杀。会宋主降,阿里海涯入觐,拜平章政事。世祖使赍手诏至静江谕之。阿里海涯录上所赐诏以示暨,暨焚之,并杀使者。攻三十余日,城陷。暨与其将黄文政、张虎等突围走,追执之。阿里海涯恐静江民复叛,悉坑之,斩暨等于市。分遣万户秃哥不花徇宾、融、柳、钦、横、邕、庆远,齐荣祖徇郁林、贵、廉、象,托里徇容、藤、梧,皆下之。特磨酉秾士贵、南丹州酋莫大秀,皆请内附。

既而宋益、卫二王称制海上,全、永诸州与潭州属县民文喻才等咸起兵应之,舒、黄、蕲相继煽动。诏阿里海涯讨之。阿里海涯斩喻才等,逾岭至柳州,天暑,军病渴,所乘马跑地出泉,一军饮之,至今名马蹄泉。时宋将赵与珞戍琼州之白沙港,阿里海涯航海攻之,执与珞与冉安国、黄之纪等,皆磔以徇,琼州遂降。八番罗甸蛮酋龙文貌入觐,置宣慰司。八番罗甸、卧龙、罗番、大龙、渴蛮、芦番、小龙、石番、方番、璠番、徨番,并置安抚司以镇之。

十八年,奏请徙行省于鄂州。所定荆南、淮西、江西、海南、广西之地，凡得州五十有八，峒夷山獠不可胜计。其取民，悉从轻赋，所在立祠祀之。

二十一年，敕阿里海涯调汉军七千、新附军八千从镇南王伐安南。阿里海涯自请至海滨，收集占城溃卒，再使南征，且趣其未行者。拜安南行中书省左丞相。会湖广省臣奏请缓师。世祖从之，诏阿里海涯返。

二十三年，入朝，加光禄大夫、湖广行省左丞相。湖广行省左丞要束木，丞相桑哥之姻党也，劾阿里海涯侵盗钱谷，桑哥从中主之。阿里海涯亦劾要束木贪婪。遣参政秃鲁罕等推验，皆希桑哥旨，谓要束木事不实，阿里海涯赃据有征。阿里海涯方以疾留上都。世祖敕尚医诊视，恩礼有加，闻推验者右要束木，竟忿而自杀，以暴卒闻，年六十。秃鲁罕言，阿里海涯虽卒，事之是非仍宜暴白。世祖命竟其事，籍阿里海涯家资运于京师。后赠开府仪同三司、上柱国，追封楚国公，谥武定。至正八年，追封江陵王，改谥武宣。

阿里海涯喜荐人才，由麾下偏裨及降将为相者二人：曰蒙古歹，曰阿剌罕；为平章政事者十一人：曰奥鲁赤、虎都帖木儿、阿里、史格、吕文焕、帖木儿不花、李庭、刘国杰、程鹏飞、史弼；右丞四人，曰唆都、完颜那怀、阔阔出、柔落野讷；左丞四人，曰塔出、唐兀带、刘深、赵修；参知政事十三人，曰贾文备、郑鼎、何玮、张鼎、樊楫、朱国宝、张荣实、囊家歹、乌马儿、孛罗、合答儿、高达、马应龙、云从龙。人才之众，一时莫及焉。

惟自陈功比伯颜，应赐养老户，御史滕鲁瞻劾之。阿里海涯遣使至行台，逮御史。行台御史大夫相威奏其欺谩，事始寝，为士论所訾云。

妻特里氏。世祖复敕以陈、亳、颍元帅郝谦女为次妻，卒，又以其妹继之。自陈州召至京师，顺圣皇后为加帼服。

六子，知名者：忽失海涯，湖广行省左丞；贯只哥，湖广行省参知政事，追封楚国公，谥忠惠；和尚，湖南道宣慰使，监潭州军，赐玉带、一品服。贯只哥子贯云石。

史臣曰:阿里海涯平湖广,使伯颜东下无返顾之忧,功名与阿术相伯仲。乃为要束木所迫胁,至于自裁,以世祖之待功臣,尚有覆盆之狱,逭人罔极。吁,可畏哉!

贯云石,字酸斋,神极秀异。年十二三,膂力绝人,善骑射。稍长,折节读书,为文不蹈袭故常,简峭有法。

袭两淮万户府达鲁花赤,镇永州。初贯只哥御下宽,众玩之。云石济以威严,行伍肃然。一日,呼弟忽都海涯语之曰:"吾宦情素澹,然祖父爵不敢不袭。今已数年,宜让汝。"即解金虎符佩之。

北从姚燧学,燧见其诗文,大异之。仁宗为皇太子,闻云石让爵于弟,谓左右曰:"将相家子弟能如此,诚不易得。"未几,云石以所著《孝经直解》进,甚称帝旨,命侍英宗为说书秀才。仁宗即位,拜翰林学士、知制诰同修国史。奏陈六事:一曰释边戍以修文德,二曰教太子以正国本,三曰设谏官以辅圣德,四曰表姓氏以旌勋胄,五曰定服色以变风俗,六曰举贤才以佐治道。帝览而善之,未报。

一日,云石忽喟然叹曰:"辞尊居卑,昔贤所尚。今侍从之官,与所让军资,孰贵?人将议吾后矣。"乃移疾去官。卖药于钱塘市,变易姓名,人无识之者。尝过梁山泺,见渔父缉芦花絮为被,爱之,欲易以绸。渔父曰:"君欲吾被,当更赋诗。"云石援笔立就,忻然持被而去,远近传之,称为芦花道人。泰定元年卒,年三十九。赠集贤学士、中奉大夫、护军,追封京兆郡公,谥文清。

子阿思兰海涯,慈利州达鲁花赤;次八思海涯。

阿剌罕,札剌儿氏。

祖拨彻,事太祖为火儿赤,又为博儿赤。数有战功,太宗即位,从征关陇,战殁。追赠定威佐运功臣、光禄大夫、司徒,封曹南王,谥忠定。

父也柳干,幼隶皇子岳里吉为卫士长。从皇子阔出伐宋。累功,授万户，迁都元帅。及大将察罕卒，以也柳干代之，拜诸翼军马都元帅。宪宗八年，攻扬州，战殁。追赠宣忠靖远佐运功臣、中书右丞相，封曹南王，谥桓毅。

阿剌罕袭为诸翼蒙古军马都元帅。从世祖渡江，围鄂州。世祖即位，阿里不哥自立于和林，大将阿蓝答儿、浑都海等叛应之。世祖命阿剌罕帅所部西讨，有功。中统二年，又从世祖败阿里不哥于昔门秃，赐金五十两。三年，从诸王不者克讨李璮于济南，阿剌罕与璮战于老仓口，败之。璮伏诛，授都元帅，赐金虎符、银印。至元四年春，改上万户，从都元帅阿术伐宋。九月，师次襄阳西安阳滩，逆战，败宋兵。五年，大军围襄、樊，阿剌罕守南面百丈山、漫河滩，累败宋兵。十年春，襄阳降。

十一年秋，丞相伯颜与阿术会师襄阳，遣阿剌罕率诸翼军攻郢、复诸州。十月，夺郢州南门堡。丞相伯颜亲率骑兵行视汉阳城壁，欲从汉口渡江。宋人以精兵扼汉口，乃遣阿剌罕帅蒙古骑兵倍道兼行，攻破沙洋堡。遂渡江，取鄂州。阿剌罕同断事官杨仁风东略寿昌，得米四十万斛。统左翼军，顺流东下，沿江州郡悉降。

十二年五月，加昭毅大将军、蒙古汉军上万户，屯建康。丞相伯颜受诏赴阙，以阿剌罕留治行省事。拜中奉大夫、参知政事。伯颜还，分军为三道并进，阿剌罕由西道，趋溧水、溧阳，攻破银树东坝，至护牙山，败宋军，斩首七千级。又擒其将祝亮并裨校七十二人，斩首三千级。又与宋兵战，斩首七千级。又败其都统等三人，斩首三千级。克建平县，进攻广德军独松关。先是，宋广德守将张濡杀国信使廉希贤、严忠范等于独松关，及阿剌罕军次安吉州上柏镇，濡率兵拒战。大败之，斩首二千级，生擒其副将冯翼，斩于军前，俘裨将四十二人，濡遁。

十三年春，宋降，诏阿剌罕同左丞董文炳率高兴等，攻浙东温、台、衢、婺、处、明、越及闽中诸郡，追袭宋嗣秀王赵与择至福州。与择以军三万拒战，阿剌罕身先士卒，率高兴、撒里蛮等渡江鏖战，斩其步帅观察使李世达。生擒与择及将吏百八十人，悉斩之。泉州蒲寿庚降,闽、浙平,以参知政事,佩金虎符,行江东宣慰使。

十四年,入觐,进资善大夫、行中书省左丞。俄迁右丞,仍宣慰江东。十八年,召拜光禄大夫、中书左丞相,行中书省事,统蒙古军征日本,行次庆元,卒于军中,年四十九。赠协谋佐理功臣、太师、开府仪同三司、上柱国、曹国公,谥武定。进赠推诚宣力定远佐运功臣、太师、开府仪同三司、上柱国,追封曹南王,谥忠宣。

二子:也速迭儿,袭蒙古军万户。天历初,有拥戴功,由河南行省参知政事拜知枢密院事。帅所部败上都将秃满迭儿于通州,梁王王禅于北皇后店。又从燕铁木儿,败忽都帖木儿等于白浮村,败昔宝赤兵于昌平州北,留守居庸北口。寻行院事,御陕西军,获其西台御史大夫也先帖木儿。明年,复拜山东、河北蒙古军万户,奉命讨囊家台,以病不行。十月,拜河南行省平章政事,兼山东蒙古军大都督,入为集贤大学士。卒。

脱欢,江西、河南行省左丞,拜南行台御史大夫。后至元六年,拜中书平章政事。

初,阿剌罕卒,也速迭儿尚幼,以阿剌罕兄弟之子拜降袭职。拜降,累迁江浙行中书省平章政事,仍领本军万户。拜降卒,也速迭儿始袭焉。

忙兀台,达达儿氏。祖塔思火儿赤,从太宗定中原,为东平路达鲁花赤,位在严实上。

忙兀台,事世祖,为博州路奥鲁总管。至元七年,又为监战万户,佩金虎符。八年,改邓州新军、蒙古万户,治水军于万山南岸。九月,从围襄樊,拔古城,又败宋军于安阳滩,转战八十里,禽其将郑高。俄分军五道攻樊城,忙兀台当其一,率五翼军以进。焚南岸舟,坚云梯于北岸登柜子城,夺西南角楼。既入城,命部将先据仓廪。功在诸将右,赐金百两。襄阳降,同宋安抚吕文焕入觐,赐银五十两及翎根甲。

十一年,从丞相伯颜、平章阿术伐宋,命与万户史格率麾下会盐山岭，遇宋兵，败之。自郢州黄家原入湖，至沙洋堡，竖云梯先登，焚其楼橹，拔羊角坝，遂克沙洋。擒宋将王虎臣等直抵新城，鏖战，自晨至晡，大败之。宋复州守将翟贵以城降。乃率舟师经斗龙口，至沙武入江，遇宋兵三百余艘分道来拒，击走之。次武矶堡，宋将夏贵坚守不下。十月乙卯，平章阿术率万户晏彻儿、史格、贾文备，同忙兀台四军，雪夜溯流西上。黎明，至青山矶北岸，万户史格先渡，宋将程鹏飞拒战，格，被三创，战士二百人皆没。诸将继进，大战中流，鹏飞被七创，败走，舟泊中洲。宋兵阻水不得近，伯颜复遣万户张荣贵等来援，遂拔阳逻堡，斩守将王达，事具《阿术传》。已未，伯颜次鄂州，遣忙兀台谕宋守臣张宴然以城降。十二年正月，复遣忙兀台谕蕲、黄、安庆、池州诸路，皆下之。又与宋降将范文虎谕降和州及无为、镇巢二军。宋降将赵潜叛于溧阳，伯颜命忙兀台讨之。战于丰登庄，斩首五百余级，擒其将三人。复招降湖州守将二人。十二月，行省第其功，承制授行两浙大都督府事。

十四年，改闽广大都督，行都元帅府事。时宋二王逃入海，忙兀台率诸军，与江西右丞塔出追之。次漳州，谕降宋，守将何清降。将王用言：宋主昰已死，张世杰等复立其弟昺于碙洲，其地无粮储，闻琼州宋将欲运粮一万石海道，滩水浅急难运，止有杏磊浦可通舟。忙兀台闻其言，即命诸将以兵守之。由是世杰众饥困，遂败死。

十五年，师还，拜参知政事，诏与唆都等行省福州，镇抚濒海八郡。十月，召赴阙，迁左丞。十六年七月，沙县盗起。诏忙兀台复行省事讨平之。初，忙兀台北还，左丞唆都行省福建。一日，帝命召唆都、李庭，言：“若召唆都，则行省无人，宜令建康阿剌罕往。”帝曰：“何必阿速罕，其命忙兀台往，候唆都还，令移潭州可也。”未几，中书省臣言：“唆都在福建，所部扰民，攻南剑等路，往往杀长吏，及忙兀台至，招来七十二寨，建宁、漳、汀稍安。若移之他处，使唆都复往，恐重劳民。”诏忙兀台仍镇闽。十八年，转右丞。

二十一年，拜江淮行省平章政事。初潮州人陈义、宋末兄弟五人，聚众剽劫，号五虎。及大兵入广东，义等迎降，屡有功。至是，福建省臣言其有反侧意，请除之。帝使忙兀台察之。忙兀台携义入朝，保其无事，且乞宠以官爵。丞相伯颜亦以为言。乃授义同知广东道宣慰司事。其裨将林雄等十人并为百户。

二十二年，脱忽思、乐实传谕中书省，悉代江浙省臣。中书复奏，帝曰："朕安得此言，传者妄也。如忙兀台之通晓政事，亦可代耶？"俄以言者召赴阙，封其家资，遣使按验，无状，进拜银青荣禄大夫、行省左丞相，还镇江浙。

二十三年，奏："以贩鬻私盐者，皆海岛民。今征日本，可募为水工。"从之。赐钞五千贯。役既罢，请以战舰付海漕。又言："省治在杭州，其两淮、江东财赋军实，既南输于杭，复自杭北输京师，往返劳顿，不便。请移省治于扬州。"又言："淮东近地宜置屯田，岁入粮以给兵食，兼饷京师。"帝悉从其言。二十五年，诏江淮管内，并听忙兀台节制。

二十六年，廷议以中原民转徙江南，令有司遣还。忙兀台言其不可，遂止。闽越盗起，诏与不鲁迷失海牙等合兵讨之。御史大夫玉速帖木儿请选将，帝曰："忙兀台已往，无虑也。"未几，盗平，忙兀台屡以病，疏乞骸骨，乃召还。

二十七年，以江西平章奥鲁赤不称职，特命为丞相，兼枢密院事，往代之。到官四十日，卒。

忙兀台在江浙，专愎自用，诬劾行台中丞刘宣，宣自刭死。又易置戍兵，平章不怜吉台言其变更伯颜、阿术成法。帝每戒敕之。既卒。台臣劾郎中张斯立罪状，而忙兀台逼刘宣死及其屯田无成效，始闻于帝焉。

三子：帖木儿不花，字兰奚，袭万户；亦剌出，中书参知政事。

完者拔都，钦察人，父哈喇火者，从宪宗征讨有功。宪宗九年，完者拔都从世祖攻鄂州，以先登受赏。中统三年，从诸王合必赤讨李璮，两战皆败之。至元四年，从万户木花里略地荆、襄，还至安阳滩，遇宋师，败之。又从阿术围樊城，梯城而上，焚其楼橹，以功授武略将军、彰德南京新军千户。

十一年,从伯颜攻克沙洋、新城,由沙芜口渡江。赐金符,领伯颜帐前合必赤军。十二年,与宋将孙虎臣战于丁家洲,大败之。进武义将军。从大军战于杨子桥及焦山,克常州,攻泰州新城,俱有功。宋平,入觐,帝谓左右曰:“真壮士也。”赐名拔都儿,赐金符。迁信武将军、管军总管、高邮军达鲁花赤。军升路,仍为达鲁花赤。

十六年,进昭勇大将军、管军万户。漳州陈吊眼聚众数万,掠汀、漳。七年未平。十七年,枢密副使孛罗请使完者拔都讨之。加镇国上将军、福建等处征蛮副元帅,赐翎根甲,奖谕甚至。时黄华聚众三万,屯建宁,号头陀军,请降。完者拔都虑其反侧,因大猎以耀军容,有一雕起,完者拔都仰射之,应弦而落。华悦服,承制授华征蛮副元帅,使为前驱。十九年,追陈吊眼至千壁岭,擒之,斩于漳州市,余党悉平。

入觐,赐金银、鞍勒、弓矢,授管军万户、高邮路总管府达鲁花赤。二十年,改高邮万户府达鲁花赤。二十三年,以疾召至京师,遣中使存问,仍命良医视之。疾愈,帝大悦,赐医钞万贯。初,江淮行枢密院阿答海率舟师征日本,有司请以完者拔都代之。未命,而行院罢。福建置行中书省,复奏为左丞。帝以道远难之。至是,拜骁骑卫上将军、江浙行省左丞,兼管军万户。

浙西售私盐,吏莫能禁。完者拔都自至松江、上海,收贩盐者五千人隶军籍,私盐遂戢。未几,行省迁杨州,置浙西宣慰司,以中书左丞行浙西宣慰使。二十五年,遥授尚书左丞,兼管本万户军马,宣慰如故。二十七年,擢资德大夫、江西等处行枢密院副使,兼广东宣慰使。元贞元年,以疾作,召还。未几,授荣禄大夫、江浙行省平章政事。大德元年,卒,年五十九。

完者拔都广颡丰颔,髯长过腹,骁勇绝人。大小十七战,未尝败衄。及官高邮路,兴学劝农,有循吏之风。四方之民襁负而至高邮,立生祠祀之。至大初,赠效忠宣力定远功臣、开府仪同三司、太尉、上柱国,追封林国公,谥武宣。

　　五子:帖木秃古思,袭高邮上万户府达鲁花赤,迁资德大夫、遥授中书右丞、淮东淮西道宣慰使;别里怯都,江浙行省左丞,迁资善大夫、燕南河北道肃政廉访使;插都,无锡州达鲁花赤;别里怯,长兴州达鲁花赤;彻里帖木儿,高邮打捕屯田提举。

新元史卷一六一
列传第五八

昂吉儿　哈剌䚟　忽剌出
叶谛弥实　塔里赤　沙全
谒只里　囊家歹

　　昂吉儿,西夏人,姓野蒲氏,世为西夏将家。太祖十六年,父甘卜率所部来降,隶蒙古军籍,仍以甘卜为千户,病卒。

　　昂吉儿领其父军,从征诸国有功。至元六年,授千户,佩金符,略地淮南,所向无前。时塞马畏暑往往病疥疬,昂吉儿率所部马入山疗之,病良已,由是军中马病者率以属昂吉儿,岁疗马以万数。

　　宋输粮金刚台,将深入,昂吉儿将兵断其输道,因上言:"河南边郡与宋对境,宋兵时为边患。唐州东南皆大山,非兵路。信阳州南直九里武阳、平靖、五水等关,宋兵从诸关入信阳,实其咽喉。往年金亡,朝廷得寿、泗、襄、郢,而不留兵以守,卒使宋得之。请城信阳以扼宋。"敕昂吉儿率河西军一千三百人城之。九年,加明威将军、信阳军万户,佩虎符。分阿术所将河西兵与之。加怀远大将军。

　　丞相伯颜渡江,留阿术定淮南东道,其西道则属之昂吉儿,驻兵和州。宋淮西制置使夏贵遣侯都统将兵四万来攻,有谋内应者悉诛之,潜兵出千秋涧,塞其归路,败之,获人马千计。遂攻庐州,夏贵使人来言曰:"公毋攻吾,临安降,吾即降矣。"宋亡,贵举所部纳款。昂吉儿入庐州,民安堵无所犯。迁镇国上将军、淮西宣慰使。

宋丞相文天祥起兵，苏州人张德兴应之，陷兴国、德安诸郡，还据司空山。诏昂吉儿攻之，一战而定，杀张德兴，执其三子以献。

江左初平，官制草创，权臣阿合马纳赂鬻爵，官僚冗滥，一州佩金符者多至三四人，由行省官荐授宣慰使者甚众。昂吉儿入朝，具为帝言之。帝惊曰："有是哉！"因谓姚枢等曰："此卿辈所知，而不为朕言。昂吉儿顾言之耶！"即命偕平章哈伯、左丞崔斌、翰林承旨和鲁火孙、符宝奉御董文忠减汰之，仍通谕江淮军民。

时两淮荆榛蔽野，昂吉儿请立屯田，以给军饷。帝从之。既而阿塔海言：屯田所用人、牛、农具甚众，今有事日本，若复调发民兵，恐不胜其扰。议遂寝。未几，宣慰使燕公楠复以为言，帝乃遣数千人即芍陂、洪泽试之，果如昂吉儿所言，乃以二万兵屯田，岁得米数十万斛。加辅国上将军、河南行省参知政事、淮西宣慰使都元帅。进骠骑卫上将军、行中书省左丞，加龙虎卫上将军、行尚书省右丞，两官皆兼淮西使帅。

帝命阿塔海等领兵十万征日本，昂吉儿上疏，其略曰："臣闻兵以气为主，而上下同欲者胜。比者连事外夷，三军屡衄，不足以言气。海内骚然，一遇调发，上下愁怨，非所谓同欲也。请罢兵息民。"不从。既而师果无功。拜行省平章政事。

昂吉儿官淮西，几二十年，专愎自恣。宋亡，宿盗出没淮海，昂吉儿庇之，受其赂遗。按察使姚天福劾之，昂吉儿遣小校丁文虎刺天福于中途，不及，事具《天福传》。诏遣近侍阿术侍御史万僧讯其事，昂吉儿坐免官。元贞元年，昂吉儿又以擅杀讼天福于京师，事寝不报。未几卒。

子五人，其显者：曰昂阿秃，初为速古儿赤，从征乃颜有功，袭庐州蒙古汉军万户府达鲁花赤，大德初从讨宋隆济，尝出私财，筑室百二十楹居军士，时论称之。曰暗普，海北海南道肃政廉访使。孙教化的，世袭千户。

史臣曰：世祖伐日本，将相大臣不敢沮其事，独昂吉儿抗疏争之,谓兵以气为主,而上下同欲者胜,可谓善料胜负者。其人虽暴恣,其言曷可废欤!

哈剌䚟,哈鲁氏。

父八合,从睿宗伐金,大战三峰山,射中金恒山公武仙,睿宗见而奇之,赐名奥栾拔都。时大雪,军士饥寒濒死,八合杀所乘马食之,多所全活。后从破汝州。卒。赠怀远大将军、沿海翼管军万户、轻车都尉、汝南郡侯。

哈剌䚟,少英迈,负奇略。初,从大军围襄樊,与宋人相距六年,哈剌䚟卧不脱甲胄,由是知名。

十二年,从丞相伯颜伐宋,授管军百户。十月,大军次扬州,宋将孙虎臣遣使告曰:"古者斗将不斗兵,今遣刘都统挑战,请择武勇善斗者当之,勿妄杀士卒。"伯颜召诸将问之,皆相顾莫敢应。哈剌䚟请行,伯颜拊其背曰:"壮士也!"适两将所乘马皆黑,阵于扬子桥,力战数十合,未决胜负。刘都统槊刺哈剌䚟坠地,刘马逸,哈剌䚟上马追之。刘回槊出其左腋下,哈剌䚟挟槊,斩其首以归。观者数万人,欢噪动地。刘号黑马刘,宋骁将也。是日,伯颜以帐前仪卫送哈剌䚟还营,绘战图以进,赏甲胄、银鞘刀。又从丞相阿术与宋人战于焦山,获海船二艘。阿术使招讨王世强造白鹞海船百艘,就四十一万户翼摘汉军三千五百人、新附军一千五百人,命哈剌䚟与世强统之,攻拔宋江阴、许浦、金山、上海、崇明、金浦等县,获海船三百余艘,遂戍澉浦海口。

十三年春,行省檄充沿海招讨副使。宋将张世杰舟师至庆元胸山东门,哈剌䚟追之,获战船四艘,移戍定海港口。秋,宋昌国州、胸山、秀山舟师千余艘,攻定海,哈剌䚟迎击,擒其裨将,并获大舰三艘。宋兵复来攻,哈剌䚟败之,行省檄充蒙古汉军招讨使。十月,哈剌䚟引兵出温州青嶼,招降宋温州守将家之炳。十一月,至福州获宋海船二十艘,擒其将毛监丞等。

十四年,赐金符宣武将军、沿海招讨使,行省檄充沿海经略副

使,与万户刘深行元帅府事于庆元。复檄充沿海经略使,兼左副都
元帅,督造海船。八月,江西行省左丞塔出等攻广南,命哈剌䚟率所
部从之,进昭勇大将军、沿海招讨使,佩金虎符。时宋兵陷温州,哈
剌䚟复取之,进拔朝阳县,宋将陈懿等以畲兵七千人降。塔出攻广
州不利,哈剌䚟引兵会之,谕宋安抚使张镇孙、侍郎谭应斗以城降。
又与宣抚梁雄飞、招讨王天禄追张世杰于香山,获其将李茂等诘
之。茂供世杰与陈宜中攻泉州众尚数千、船八百艘,比至虎头山,遇
风,船坏,众皆溺死,宜中仅以身免。哈剌䚟复追世杰于七洲洋,获
宋主昰之母舅俞如靖,谕宋南恩州守将梁国杰以畲军万五千人降。

十五年还军庆元,条上防海便宜,自南恩州至上海设水站三十
有一,置巡兵警逻。七月,入朝,赐金织纹衣、鞍勒,进昭武大将军、
沿海左副都元帅、庆元路总管府达鲁花赤。十六年,日本商船至庆
元港口,哈剌䚟谍知无他意,言于行省,与贸易而遣之。又擒海贼贺
文达等,获船六十余艘。十八年,进辅国上将军、都元帅,从大兵征
日本,遇飓风乃还。复命哈敕䚟镇庆元。二十一年,罢都元帅,更立
沿海上万户府,以哈剌䚟为达鲁花赤。二十二年,入朝,赐名哈剌䚟
拔都,奏请赐兵士衣装及禁戢私盐数事,世祖嘉纳之,赐锦衣、玉
带、金鞍勒、弓矢有差。

二十四年,加镇国上将军、浙东道宣慰使,仍兼管万户府。二十
五年,枢密以水军无元帅,奏哈剌䚟兼之。明年,拜金吾卫上将军、
中书左丞、行浙东道宣慰使,领军职如故。

大德五年,入朝,进资德大夫、云南行省右丞,偕刘深征八百媳
妇,大军失利,深坐诛,哈剌䚟亦免官。十一年,以疾卒于汝州。哈
剌䚟在浙东有惠政,及卒,浙东民多立庙祀之。皇庆二年,赠荣禄大
夫、中书平章政事、巩国公,谥武惠。

子哈剌不花,袭沿海万户府达鲁花赤。卒。子安坦袭。

忽剌出,蒙古氏。曾祖阿察儿,事太祖为博儿赤。祖赤脱儿,从
太宗征钦察、康里等部有功,为涿州达鲁花赤。卒,伯父哈兰术袭

职,佩金符,以功稍迁益都路蒙古万户,殁于军。

忽剌出,袭哈兰术职,初授昭勇大将军。至元十二年,攻宋六安军,行省命领诸军战舰,遇宋军败之。大军次安庆,忽剌出及参政董文炳为前锋,与宋孙虎臣等战于丁家洲,大败之。战于朱金沙,又败之。七月,及宋人战于焦山。时丞相阿术督战,忽剌出与董文炳冒矢石,沿流鏖战八十里,身被数创,不肯却。宋张殿帅攻昌城,又与万户怀都生获之。

十三年,大军至临安。丞相伯颜命忽剌出守浙江亭及北门。时扬州犹为宋守,忽剌出败扬州军于扬子桥,又败真州军。追李庭芝至通卅海口。江南平,加昭毅大将军。寻迁湖州路达鲁花赤。

十四年,进镇国上将军、淮东宣慰使,戍上都。改嘉议大夫、行台御史中丞。进资善大夫,福建行者左丞。迁江淮行省,除右丞。拜光禄大夫、江浙行省平章政事。以疾卒。

叶谛弥实,朵鲁伯觯氏,宿卫世祖潜邸。世祖常阴视卫士腰带,见叶谛弥实独精好,命佩刀侍左右。从败宋兵于金刚台,又从战于筲箕窝,中流矢坠马,易骑复战,大败之,遣子纽邻请城光州。召面陈得失,赐金鞍一,授昭勇大将军、光州等处招讨使。从伯颜伐宋,总十二万户攻阳逻堡。分镇黄州。徙浔阳,以扼江西。下南康、瑞昌、德安。分攻洪州章江门,不克,谕以祸福,其守将即开门降。遂下抚州、建昌。抚贼张青阻险自保,夜趋七十里,袭其栅,获青,为贼胁从者悉纵之。乐安、崇仁、宜黄等县俱纳款。与诸帅分道取闽,所向克捷。会黄州复叛,帅府以叶谛弥实有威名,召还,使总江西兵讨平之。民为立生祠。

初,湖广兵屯樊口,叶谛弥实言形势不利,其将郑鼎不听,果败死。叶谛弥实得鼎虎符奏闻,迁镇国大将军、广东道宣慰使,拜江西行省参知政事。为同官诬构,左迁招讨使。入觐自明,改江西道宣慰使,以直前枉。拜福建行省参知政事,又改江西。平邵武等处土贼。世祖欲立行枢密院,征行省官一人入议,叶谛弥实奏对称旨,授金书江西等处行院事,至元二十四年卒,年七十。

子伯帖木儿,千户;纽邻,袭万户;野仙帖木儿,同知咸平府事;保保,同知江阴州事。

塔里赤,康里人。父也里里白,太祖时授帐前总校。

塔里赤,幼颖异,好读书,尤善骑射。袭父职。行省奏充断事官。时南北民户主客良贱杂糅,蒙古军牧马草地互相占据,命塔里赤勘定,军民各得其所。从大军克樊城、襄阳。又从丞相伯颜渡江,驻临安。寻命平章奥鲁赤等分为六路追袭宋广、益二王,塔里赤领军至福建,所过伙毫无犯,宋都统陈宗荣率众来降,以功迁福建招讨使。

时诸郡盗起,陈吊眼拥众五万,陷漳州,行省承制命塔里赤为闽广大都督、征南都元帅,总四省军复漳州,生擒陈吊眼,戮于市。复从征叛蛮,败黄圣许等,积功加镇国上将军、三珠虎符、广西两江道宣慰使都元帅。贺州盗起,塔里赤讨平之。改福建宣慰使,又改浙东。金疮发,卒。赠辅国上将军、浙东道宣慰使都元帅、护军,追封临安郡公。

子:脱脱木儿,邵武、汀州新军万户府达鲁花赤;万奴,广西宣慰使都元帅。

沙全,哈剌鲁氏。父沙的,从太祖平金。全初名抄儿赤,五岁为宋军所虏,年十八隶刘整帐下。宋人以其父名沙的,使以沙为姓,而名曰全。

中统二年,整以泸州来归,全与之同行,宋军追之,全力战得脱,授管军百户。至元三年,整出兵云顶山,与宋将夏贵兵遇,全击杀甚众。五年,命整领都元帅事,出师围襄、樊,以全为镇抚。整遣全率军攻仙人山、陈家洞诸寨,破之,升千户,赐银符,败宋将张贵,拔樊城,与整军会。修正阳城,引兵渡淮,败宋将陈安抚。十二年,从丞相阿术与宋将张世杰、孙虎臣大战于焦山,水陆并进,宋人大败,获其将校三十三人。从攻常州,克之,乘胜下沿海诸城。至华亭,戒士卒毋杀掠,宋将遂开门出降,以功授华亭军民达鲁花赤。

时民心未定,有盐徒聚众数万,掠华亭,全击破之,簿其名得六千人,请于行省,遣屯田于淮北芍陂。行省以新附,恐有反侧,委万户忽都忽等体察,欲屠城。全言:"盐卒多非土人,若屠之,枉死者众。"以全家保其不叛,遂止。赐金符,加武略将军,兼领盐场,职如旧。寻升华亭为府,以全为达鲁花赤,赐虎符。时盗贼蜂起,全悉招来之,境内得安。改松江万户府达鲁花赤,始专领军政。

二十二年,召见,迁隆兴万户府达鲁花赤,得请,复旧名曰杪儿赤。未几,帝以为松江濒海重地,复命镇之,赐三珠虎符。卒于官。

谒只里,女真人。祖昔宝味也不干,金进士。谒只里事世祖于潜邸。中统初,命参议陕西行枢密院事,以商挺佐之。比行,入奏曰:"关陕要地,军务非轻。阿脱仰刺国之元臣,陛下方委任之。伏虑临时议论不协,必误大计,倘有异同,臣请得以上闻。"帝可其奏,赐宴而遣之。未几,改行省断事官。复入宿卫。李瓒平,朝议选宿卫之士监汉军,谒只里佩虎符,监军于毗阳。

至元七年,命为军前监战,领诸军围襄阳,筑一字堡以张军势。一时名将刘国杰、李庭等,皆隶麾下。十一年,从丞相伯颜次郢州,将数骑而出,与宋兵遇,有部卒坠马,谒只里横戈,直入其军,救之以还。时粮储不继,谒只里西攻江陵龙湾堡,获粟万石,众赖以济。大兵东下,宋将夏贵迎战于阳罗堡,伯颜未至,众欲俟之。谒只里曰:"兵贵神速,机不可失,宜及其未定而击之。"遂直前冲贵军,获战船百余,贵败走。伯颜上其功,加定远大将军。

十二年,攻常州,造云梯绳桥以登,克之。遂徇下安吉诸州。十三年,宋降,伯颜命谒只里监守宋宫,号令严肃,秋毫无犯。入朝,迁昭勇大将军。未几,拜浙东宣慰使。十九年卒,年四十二。

子:赤老温,袭为万户,累迁江东廉访使;脱脱,淮东宣慰使。

襄加歹,乃蛮人。曾祖不兰伯、祖合折儿,皆为乃蛮大将。

父麻察。太祖平乃蛮，麻察迎降。太祖命与察剌同总管蒙古、汉军。后从世祖伐宋，败阿里不哥于失门秃，从诸王哈必赤平李璮，皆有功，赐金符，卒，赠太傅，封梁国公，谥桓武。

襄加歹，幼习兵事，佩金符为都元帅府经历。从阿术围襄阳，襄阳降，以功授汉阳千户。从丞相伯颜攻复州，败宋兵于风波湖。渡江后，伯颜南攻鄂州，阿术北攻汉阳，襄加歹与张宏范等焚宋艨艟三千艘，两城皆恐惧出降。伯颜军次安庆，贾似道遣宋京、袁克已等来请和，伯颜使襄加歹偕宋京报似道，似道复遣阮思聪偕襄加歹至军中。时暑雨，世祖虑士卒不习水土，诏缓师。伯颜、阿术与诸将议，乘势径进，遂败似道于丁家洲。大军次建康。

帝闻襄加歹亲见似道，召赴阙，具陈其事。遣还，谕伯颜以北边未靖，勿轻入敌境，而大军已克平江。宋使柳岳、夏士林、吕师孟、刘岊等踵至，皆命襄加歹往报之。师逼临安，复遣襄加歹入取降表、玉玺。又遣襄加歹赍降表玉玺献于京师。赐金符，授怀远大将军、安抚司达鲁花赤。与阿剌罕、董文炳等取台、温、福州，寻领蒙古军副万户、江东道宣慰使，佩金虎符如故。擢江东道按察使，复为本道宣慰使，领万户如故。

召为都元帅，东征日本，未至而还。诏以元管军与孛罗迭儿见管军合为一翼，充万户，守建康。改赐三珠虎符，拜南行省参知政事，讨金齿、缅国，得疾，召还京师。授南京等路宣慰使，改河南道宣慰使，命袭父职为蒙古军都万户。

武宗在潜邸，襄加歹从帝北征，与海都战于帖坚古。明日又战，官军失利，陷于重围，襄加歹力战决围而出。师还，襄加歹殿，为海都所邀截，襄加歹选勇敢千人径冲之，贼披靡，帝乃由旭哥耳温、称海与晋王军合。

成宗崩，仁宗在怀州，遣襄加歹与八思台诣诸王秃剌议事。时内外汹汹，犹豫莫敢言，襄加歹独赞秃剌，定计先发。归白仁宗，仁宗固问可否，对曰："事贵速成，后将受制于人。"太后与仁宗意乃

决。内难既平,仁宗监国,命同知枢密院事。武宗即位,拜同知院事,
进阶资德大夫,赐七宝束带、鞍辔、衣甲、弓矢、黄金五十两,以旌定
策之功。寻授开县万户府达鲁花赤,仍同知院事如故。仁宗尝语近
臣曰:"今春之事,赖襄加歹一语而定。吾闻周有尚父,襄加歹亦吾
家尚父也。"寻以老病乞骸骨,不允。仁宗即位,特授河南江北行省
平章政事,佩金虎符。以病卒。追封浚都王。

　　二子:教化,山东河北蒙古军副都万户;执礼知台,河南江北行
省平章政事。孙脱坚,山东河北军大都督。

新元史卷一六二
列传第五九

李庭　刘国杰

　　李庭,小字劳山,本金人蒲察氏,金末改称李氏,家于济阴,后徙寿光。

　　至元六年以才武选隶军籍,权管军千户。从伐宋,围襄阳,宋将夏贵率战船三千艘来援,泊鹿门山西岸,诸翼水军攻之,相持七日。庭时将步骑,自请与水军万户解汝楫击之,斩其裨将王玘、元胜。河南行省承制授庭益都新军千户。宋襄阳守将吕文焕以万五千人来攻万山堡,万户张宏范方与接战,庭单骑横枪入阵,杀二人,枪折,倒持回击一人坠马,庭亦中二枪,裹创力战,败之。

　　八年春,真除益都新军千户,赐号拔都儿,与宋兵战襄阳城下,流矢中左股。九年春,攻樊城外郭,炮伤额及左右手,夺其土城。进攻襄阳东堡,炮伤右肩,焚其楼,破一字城。文焕麾下有胖山王总管者,骁将也,庭设伏擒之,以功授金符。十年春,大军攻樊城,庭运薪刍土牛填城壕,立云梯,城上矢石如雨,庭屡中炮,坠城下,绝而复苏,裹创再登,杀获甚众。樊城下,以功授金虎符为管军总管。

　　十一年九月,从伯颜伐宋,次郢州。郢在汉水东,宋人复于汉水西筑新城、沙洋二堡,以遏我军。黄家湾有溪通藤湖,至汉水数里,宋兵亦筑堡守之。庭与刘国杰先登,拔之,进攻沙洋、新城,炮伤左胁,破其外堡,复中炮坠城下,矢贯于胸,气垂绝。伯颜命剖水牛腹纳其中,良久乃苏。以功加明威将军,授益都新军万户。师次汉口,宋将夏贵锁战舰，横截江面，军不得进。乃用庭及马福等计，由沙芜口入江。宋兵守武矶堡，四面皆水，庭决其水而攻之，大军渡江，武矶堡亦破。遂从阿术转战至鄂州，顺流而东。十二年春，与宋将孙虎臣战丁家洲，宋军败溃，以功加宣威将军。宋兵断真州江路，庭焚其船二百，败其护岸军。闻夏贵欲由太湖援临安，亟出兵逆战裕溪口，败之。诸军攻常州，庭鏖战，夺北门而入。

十三年春，至临安，宋主降，伯颜命庭等护其内城，收集符印珍宝，仍令庭与唐兀台等防护宋主赴燕。世祖以庭功，大宴会，命坐于左手诸王之下、百官之上，赐金百锭，金、珠衣各一袭，仍谕之曰："刘整在时，不曾令坐于此，为汝有功，故加殊礼，汝子孙宜谨志之勿忘。"继有敕："汝在江南，多出死力，男儿立功，要在西北。今有违我太祖成宪者，汝其往讨之。"乃别降大虎符，加镇国上将军、汉军都元帅，仍命其次子大椿袭万户。庭至哈剌和林、晃兀儿之地，越岭北，与撒里蛮诸叛王大战，败之。移军援河西，败叛将霍虎，追之，逾大碛而还。复引兵会诸王纳里忽，渡塔迷儿河，击走叛王昔里吉余党兀斤末台、要术忽儿等，河西平。

十四年，入朝，世祖劳之，赐益都官庄为居第，钞万五千贯及弓矢诸物，拜福建行中书省参知政事。改福建道宣慰使。召赴阙，备宿卫。

十七年，拜骠骑卫上将军、中书参知政事，征日本。十八年，军次竹岛，遇风，船尽坏，庭抱坏船板漂流抵岸，收余众，由高丽还京师。丁父忧，归益都。召拜中书左丞、司农卿，不赴。

二十四年，宗王乃颜叛，驿召至上都，统诸卫汉军，从帝亲征。塔不台、金刚奴来拒战，众号十万，帝亲麾诸军围之，庭调阿速军继进。流矢中胸贯胁，裹创复战，帝遣止之，乃已。帝问庭："彼今夜当何如？"庭奏："贼必遁去。"乃引壮士十人负火炮，夜入其阵。炮发，贼果溃散。帝问何以知之，庭曰："贼虽多，无纪律，见车驾驻此而不战，必疑有大军在后，是以知其将遁。"帝大喜，赐以金鞍良马。庭奏："若得汉军二万从臣便宜用之，乃颜可擒也。"帝命月儿鲁那演将蒙古军,与庭并进,遂缚乃颜以献。帝既南还,庭又追获塔不台、金刚奴,以功加龙虎卫上将军、遥授中书左丞。

二十五年,乃颜余党哈丹秃鲁干复叛于辽东。诏庭及枢密副使塔答讨之。大小数十战,流矢中庭左胁及右股,追至一大河,夜选锐卒负火炮,溯上流发之,贼马皆惊扰,大军潜于下流毕渡。天明,贼望见官军,不战而溃,俘斩二百余人,哈丹秃鲁干走高丽。拜资德大夫、尚书左丞,商议枢密院事,官其长子大用,仍赐钞二万五千贯。庭因奏:"今汉军之力困于北征,若依江南军每岁二八放散,以次番上,甚便。"帝俞其奏,著为令。海都将犯边,伯颜以闻,帝命月儿鲁那演与庭议。庭请下括马之令,凡得马十一万匹,军中赖之。拜荣禄大夫、平章政事,仍商议枢密院事,提调诸卫屯田事。

三十一年春,世祖崩,月儿鲁那演与伯颜等定策立成宗,庭有翊赞之功。成宗与大后眷遇甚至,每进食必分赐之,仍命序坐于左手诸王之下、百官之上,赐以珠帽、珠半臂、金带各一、银六锭,庄田称是。敕视江浙军马五百三十一所,还,入见,帝赐御衣慰劳之。

武宗出镇北边,庭请从行,帝悯其老,不许,赐钞五万贯,依前荣禄大夫、平章政事,商议枢密院事,提调诸卫屯田,兼后卫亲军都指挥使。未几,从讨怀都,至野马川而还。有敕使拘汉军马,以济蒙古军,且焚其鞍辔、行粮。庭因感疾,诏内医二人诊视之,疾稍间,扈从上都。大德八年二月卒。至大二年,赠推忠翊卫功臣、仪同三司、太保、柱国,追封益国公,谥武毅。三子:大用,同知归德府事,以哀毁卒;大椿,袭职佩金虎符为宣武将军、益都新军万户,戍建康;大诚,袭职后卫亲军都指挥使。

　　刘国杰,字国宝,本女真乌古论氏。
　　曾祖廷心,金枢密使。
　　祖镐,金都统。
　　父德宁,始改姓刘氏,为宗王斡臣必阇赤,副蒙古官合剌温,管领益都路军民总管达鲁花赤,进龙虎卫上将军,遂为益都人。

　　国杰，貌雄伟，善骑射。以门阀从军，攻涟海有功，擢为马队长。至元六年，王师伐宋，国杰应募选为新军千户，从张宏范屯万山堡。宋人伺我军樵采，发兵万五千来攻，国杰以数百人败之，斩首四千余级，由是知名。已而摄万户，别将二千人略荆南、归、峡等州，转战数百里，俘获万计。还，破宋兵于襄阳城下。从攻樊城之东土城，国杰躡云梯先登，炮伤左股，裹创力战，遂拔之。赐金符，进武略将军。宋人制轮船数百，结筏相连，俨如城堡，以机轮运之，自襄阳顺流赴郢。国杰逆击之，鏖战三十余里，舟中之血没踝，生获其将张贵。贵，宋之名将，所谓矮张都统者也。再攻樊城，宋人植巨椿于汉水上，造浮桥以济援兵。国杰率舟师溯流而上。锯其椿断之，又毁樊城南面木栅，进攻外城，选锐卒坎其墉而上，破之。未几，襄阳亦下。是役也，国杰身被数创。世祖闻其勇，召入朝，赏银百两及内府锦衣、弓矢、鞍辔，迁武德将军、管军总管。

　　复从伯颜南伐，次郢州。宋人筑黄家湾堡，以阻我师。国杰率三百人攻拔之。郢将赵文义潜兵来袭，国杰还击，走之，斩首七百级，获文义。诏赐金虎符，加武节将军。从破沙洋、新城二堡，进至洋洛渡，国杰以五十艘败其守兵，赏银二百五十两，从败宋将孙虎臣于丁家洲，直抵芜湖，超授管军万户。又从阿术取淮南，诏国杰以五千人壁扬子桥，断宋人粮援。宋将张林来攻，国杰奋击，破之，生获林。诏加怀远大将军，赐号拔都，因呼为刘二拔都而不名。扬州援绝，守将李庭芝弃城走，追袭庭芝于泰州，斩首千余级，擒之。又与董文炳等败宋将张世杰于焦山，追奔至圌山，夺黄鹄、白鹞数百艘。

　　宋平，进怀远大将军。入朝，擢金书四川行枢密院事，未行，诏统侍卫亲军镇抚北边。师还，迁镇国上将军、汉军都元帅，世祖解御衣，加玉带赐之，及宝钞五千缗。十五年，复领侍卫军万人戍金山，屯田和林，安集流氓，全活数万口。十六年，叛王脱脱木寇和林，国杰选轻骑袭之。脱脱木为其下所杀，余众悉降。十八年，迁辅国上将军。

十九年，再迁征东行中书省左丞。先是，征日本失利，世祖怒，将尽罢大小将校。国杰既至，谏曰："师出无功，罪在元帅。倘蒙圣慈宥诸将之罪，必人人感奋，思雪败军之耻。"

世祖从之，诏诸将复官，从国杰立功自赎。会建宁管军总管黄华反，诏国杰率征东兵会江淮参政伯颜讨之。国杰攻拔赤岩寨，华自杀。福建行省左丞忽刺出欲搜捕逃贼，尽戮之。国杰曰："华一人倡乱，余皆胁从，谕之不来，诛未晚也。

既而逃贼果相率出降。征东省罢，授金书江淮行枢密院事，又改四川行院，未几，仍还江淮行院。征东省复立，仍为左丞，行省罢，仍金书江淮行院。二十一年冬入朝。

二十三年，拜湖广行省左丞。国杰至，首擒湖南盗李万一。明年，肇庆盗起，其魁邓太獠据前寨，刘太獠据后寨，相为表里。国杰先捣后寨破之，遂拔前寨，斩二人。进资德大夫。

二十五年，湖南盗詹一仔据四望山，衡、永、武冈三州乱民争附之。国杰讨斩一仔，将校请尽杀降贼以除后患。国杰曰："吾有以处之。"乃相险要之地立三屯：在衡州曰清化，在永州曰乌符，在武冈州曰白仓，迁其众居之。其有田宅者还之，无者使垦辟污莱，以为己业，遂皆为良善。

移讨江西群盗。十一月，破萧太獠于陈古水，进克怀集诸寨。二十六年春，东入肇庆，破阎太獠于清远，还擒萧太獠于怀集。四月，破曾太獠于金林。会士卒感瘴疠多病，国杰亦病，乃移军道州。枢臣请赐屯官虎符，诏问："卿等忘刘二拔都耶？"对曰："刘已授。"上曰："昔之授为酬功，今之授为世袭。"遣使持节即军中佩之。广东盗陈大獠寇道州，国杰讨擒之，遂攻拔赤水寨。

二十七年，江西龙泉盗起，国杰将讨之，诸将谏曰："此他省盗也，曷为烦吾兵力。"国杰曰："纵盗酿乱，岂可以彼此言耶！"乃简轻兵，偃旗息鼓，一日夜至贼境。贼见军容不整，易之。国杰率数十骑陷阵，众从之，贼大败，夺所掠男女无算。别盗钟太獠据南安，国杰

乘雾突入其寨，擒之。二月，龙泉盗复起，国杰还军袭之。贼退保大
井山，乃分兵三路而入。天大雨，贼不为备，尽为国杰所擒。八月，
永州盗李末子千七杀其监郡，寇全州，国杰复擒之，枭其首而还。以
前后功，迁湖广行尚书省左丞。

二十八年，置湖广等处行枢密院，迁副使。秋，广东盗再起，国
杰还军道州。时上恩州蛮酋黄圣许叛，二十九年，诏国杰讨之。贼
劲悍，出入岩洞如飞鸟，发毒矢，中人辄死。国杰连败之，贼退据象
山，乃列栅围之，槎山通道以进，圣许走交趾，擒其妻子。国杰三以
书责交趾，献圣许，交趾竟匿不与。师还，大兴屯垦，募土著耕之，以
为两江屏蔽。后蛮人谓其屯为省地，莫敢钞掠。诏遣使即军中以玉
带赐之。是时哈剌哈孙为行省平章政事，与国杰相得，尝谓国杰曰：
"文字惟汉人之学最精，惜我不知耳。"国杰曰："以公之聪明，任贤
使能，即是读书。使子孙习经史，即公自读也。"哈剌哈孙嘉纳之。

三十年，入朝。世祖谓左右曰："湖广重地，惟刘二拔都能镇之，
无徙他官。"世祖召见世杰，曰："爪哇既得复失，卿盍为朕一行。"对
曰："爪哇指末物，安南掌中物也，臣请为陛下取之。"帝曰："此事如
痒在心，非爬搔所及。卿言深合吾意。"议兴兵十万。国杰奏："万人
已足用。"帝曰："万人太少。"以番兵五万人付之。国杰请近臣为监，
帝令自择。时亲王亦乞剌歹在侧，国杰以请。帝允之。授湖广安南
行省平章政事。会世祖崩，乃止。

成宗即位，复置行枢密院于衡州，仍除副使。初，施溶州蛮酋田
万顷等降而复叛。至是赦天下，并赦万顷，仍不肯降。成宗命国杰
讨之。九月，国杰攻明溪，蛮酋鲁万丑拥众来援，千户崔忠等战死。
十月，国杰败万丑于桑木溪。明日，复战，百户李旺率死士陷阵，众
从之，贼大败，遂平其寨，焚之。进攻施溶，部将田荣祖请曰："施溶，
万顷之腹心，石农次、三羊峰，其左右臂也，宜先断其臂，而后腹心
可图。"国杰曰："善。"麾诸军攻石农次，贼弃寨遁，遂进拔施溶，擒
万顷斩之。

元贞元年，即军中加荣禄大夫、湖广行省平章政事。初，宋设民

屯以防蛮寇,在澧州者曰隘丁,在辰州者曰寨兵。宋亡,屯悉废。国杰复之。又经划衡、郴、道、茶陵、桂阳诸州,置戍三十有八,分屯南北要隘,控制诸蛮,盗贼遂息。六月,入朝,赐衣、玉带、弓矢。台臣言国杰罄家资以充军赏,成宗命倍偿之,部曲立功者迁秩有差。

大德五年,罗鬼女子蛇节反,诸蛮皆叛。诏国杰将诸翼兵,合四川、云南、思播之兵以讨之。官兵战失利,国杰令人持一盾,布钉盾上,俟阵合,即弃盾走。贼逐之,马遇盾而踬,遂大败。既而纠合余党,复请战,国杰坚壁不出,数日,度其懈,一鼓破之。七年春,追斩蛇节、宋隆济、阿女等,贵州平。诏领其将士入见,赐锦衣二袭,玉带一,金鞍勒、弓矢,楮币二百五十缗,进光禄大夫,命还益都上冢。八年,还镇,病笃。平章卜邻吉歹率僚属问之,国杰曰:"交贼不臣,若病小愈,得灭此逆贼,虽死无憾。问以家事,不言。二月卒,年七十二。赠推忠定远效力功臣、光禄大夫、湖广等处行中书省平章政事、司徒、上柱国,追封齐国公,谥武宣。初,世祖以国杰力战有功,听子弟一人袭爵,遂以兄子汉臣袭管军万户,佩虎符。

二子:脱欢,四川行省平章政事,尚宪宗孙女;脱出,中书参知政事。

史臣曰:李庭、刘国杰从伯颜伐宋,攻城野战之功,未必居诸将右。其后庭擒叛王,国杰平溪洞蛮夷,遂俱为时之名将。有发踪指示者,而后见猎犬之能,有世祖之知人善任,而后见庭与国杰之智勇。功名之立,岂偶然哉!

新元史卷一六三
列传第六〇

李忽兰吉　　郑鼎　甫　昂霄　制宜

阿儿思兰　　李进　　石抹按只　不老

郑温　釭　铨　　石抹乞儿　狗狗

李忽兰吉,一名庭玉,陇西人。

父节,仕金,自巩昌石门山从汪世显以城降。

忽兰吉隶皇子阔端为质子,从征西川,以功擢管军总领,兼总帅府知事。从征西番南涧,有功。世祖在潜邸,用汪德臣言,承制命忽兰吉佩银符为管军千户、都总领,佐汪德臣城利州。宪宗五年,大兵取合江大获山,宋刘都统率从谋焚利州、沙市,次青山,忽兰吉以伏兵败之。都元帅阿答忽以闻,擢本帅府经历,兼军民弹压。六年,宪宗更赐金符,仍命为千户、都总领。八年,忽兰吉以兵趋剑门,宋人运粮于长宁,追至运曲坝,夺之,俘其将而还。

宪宗南征,忽兰吉管桥道馈运,有功,赐玺书。从攻苦竹隘,先登,斩守将杨立,获都统张实,招降长宁、清居、大获山、运山、龙州等寨。十一月,大获山守臣杨大渊纳款,已而逃归,宪宗怒,将屠其城,众不知所为。德臣谕忽兰吉曰:“大渊去,事颇难测,亟追之!”乃单骑至城下,门未闭,大呼入城曰:“皇帝使我来抚军民。”一卒引入,忽兰吉下马,执大渊手谓之曰:“上方宣谕赏赐,不待而去,何也?”大渊曰:“诚不知大朝礼,且久出,恐城中有它变,是以亟归,非敢有异谋也。"遂与偕来，一军皆喜。忽兰吉入奏，帝曰："杨安抚反乎？"对曰："不反。"帝曰："汝何以知之？"对曰："城门不闭，是无他心。一闻臣言，即从臣以出，故知其不反。"帝曰："汝不惧乎？"对曰："臣恐上劳圣虑，下苦诸军，又念一郡生灵，故不知惧。"帝悦，赐葡萄酒，使忽兰吉与怯里马哥领战船二百艘掠钓鱼山，夺其粮船四百。帝次钓鱼山，忽兰吉造浮梁以通往来。

九年，与怯马里哥、札胡打、鲁都赤、阔阔术领蒙古、汉军二千五百略重庆。六月，总帅汪德臣卒，命忽兰吉率所部殿后。宋兵水陆昼夜接战，皆败之。宗王穆哥承制，命忽兰吉佩金符，为巩昌元帅，守青居山。

中统元年，德臣子惟正袭总帅，至青居。五月，忽兰吉等赴上都。时浑都海据六盘山以叛，世祖遣忽兰吉亟还，与汪良臣发所统二十四州兵御之。十月，从宗王哈必赤等次合纳忽石温之地，力战，擒浑都海等于阵，余党悉平。二年六月，以功授巩昌后路元帅，赐金、币、鞍马、弓矢。

九月，火都叛于西蕃点西岭，汪惟正帅师讨之，至怯里马之地，火都以五百人遁。诏宗王只必铁木儿以答剌海、察吉里、速木赤将蒙古军二千，忽兰吉将汉军一千，追袭火都，擒之。四年，元帅答剌海言忽兰吉功高，诏赐虎符，忽兰吉不受。问其故，对曰："臣闻国制，将万人者佩虎符，若汪氏将万人已佩之，臣安得复佩！"帝是其言，命于总帅汪惟正下充巩昌路元帅，诸将悉听节制。六月，帝命惟正讨吐蕃酋答机于松州，忽兰吉以千骑先往，袭答机获之。

至元元年，入觐，命与汪良臣同守青居。是时，大兵与宋兵相持于钓鱼山，三年，宋兵陷大梁平山寨。平章赛典赤令忽兰吉率千余骑掠其境，斩首三百级，得马二百八十。都元帅钦察等家属百余口，先为宋兵所得；夺还之。四年，以本职充阆、蓬、广安、顺庆、夔府等处蒙古汉军都元帅参议。六年，赐虎符，授昭勇大将军、夔东路招讨使，立章广平山寨。

十年正月，成都失利，帝遣人问败状及措置之方。忽兰吉附奏

曰：“初立成都，惟建子城，军民止于外城，别无壁垒。宋军乘虚来
攻，失于无备，军官皆年少不经事之人，以此失利。西川地旷人稀，
宜修筑城寨以备不虞。选任才能，广蓄军储，最为急务。今蒙古、汉
军多非正身，代以驱奴，宜严禁之。所谓修筑城寨、练习军马、措划
屯田、规运粮饷、创造舟楫、完缮军器，六者不可缺一，则边陲无虞
矣。”六月，将兵赴成都，与察不花同权省事。十一月，复还守章广平
山寨。十三年，引兵略重庆，复取简州。

　　十四年，承制授延安路管军招讨使。十五年，秃鲁叛于六盘山，
忽兰吉以延安路军，会别速台、赵炳及总帅府兵于六盘，败秃鲁于
武州，俘其孥。还，承制授京兆、延安、凤翔三路管军都尉，兼屯田守
卫事。十月，改同知利州宣抚使，夔东招讨如故。入觐，赐虎符，授
四川北道宣慰使。忽兰吉请以先授巩昌元帅之职及虎符，与其弟庭
望。二十年，改四川南道宣慰使。

　　二十二年，诏与参政曲里吉思、金省巴八、左丞汪惟正，分兵进
取五溪洞蛮。时思、播以南施、黔、鼎、澧、辰、沅之界，蛮獠叛服不
常，诏四川行省讨之。曲里吉思、惟正一军出黔中，巴八一军出思
播，都元帅脱察一军出澧州，忽兰吉一军自夔门来会。十一月，诸将
凿山开道，绵亘千里，蛮獠设伏险隘者，尽杀之。遣使谕其酋长皆率
众来降，独散毛洞潭顺走入岩谷，力屈始降。

　　二十三年，入觐，以老病乞归田里，帝悯之，遂还巩昌。二十六
年，行者奏忽兰吉之功，请用范殿帅故事，商议本省军事。二十七
年，拜资善大夫，遥授陕西等处行尚书省左丞，商议军事，食左丞之
禄。元贞二年，入觐，授资德大夫、陕西等处行中书省右丞，议本省
公事，卒。泰定元年，谥襄敏。

　　郑鼎，泽州阳城人。父皋，金忠昌军节度使。鼎善骑射，初为泽、
潞、辽、沁千户。从塔海绀卜征蜀，攻二里关及散关，屡立战功，还屯
秦中。未几，宋将余玠烧绝栈道，以兵围兴元，鼎率众大败宋兵，解
兴元之围。迁阳城县军民长官。

从世祖征大理国,自六盘山经临洮,入西蕃境,抵雪山。山路险涩,舍骑徒步,尝背负世祖以行。敌据险要,鼎力战败之,帝壮之,赐马三匹。至金沙江,波涛汹涌,帝临水傍危石,立马观之。鼎谏曰:"此非圣躬所宜。"亲扶下马,帝嘉之。大理平,师还以鼎殿后,全军而返。入朝,宪宗问以时务,鼎敷对详明,宪宗嘉纳之,赐名曰也可拔都。赐白金千两。

从世祖南伐。攻大胜关,破之。继破台山寨,擒其守将胡知县。乘胜独进,陷淖中,伏兵突出,鼎击杀三人,余众遁去。帝急召鼎还,使者以闻,帝曰:"为将当慎重,不可恃勇轻进。"遂分界卫士三百人,以备不虞,且戒之曰:"自今非奉命,毋得轻与敌接。"秋九月,帝驻跸江北岸,命诸将南渡,先至者举烽火为应。鼎首夺南岸,众军毕渡。进围鄂州,战益力。别攻兴国军,遇宋兵五千,力战破之,擒其将桑太尉,责以懦怯、不忠,斩之。

以功迁平阳、太原万户。阿蓝答儿、浑都海之乱,鼎率本道兵讨之。二年,诏鼎率征西诸将戍雁门关。迁河东南、北两路宣抚使。三年,改平阳、太原两道宣慰使。至元三年,迁平阳路总管。是岁大旱,鼎下车而雨。平阳地狭人众,常乏食。鼎乃导汾水,溉民田千余顷,开潞河鹏黄岭道,以来上党之粟。修学校,厉风俗。建横涧故桥,以便行旅。民德之。

七年改金书西蜀四川行尚书省事,将兵巡东川。过嘉定,遇宋兵,与战江中,擒其将李越。八年五月,改军前行尚书省事。十一年,从伐宋。十二年,留镇黄州。夏四月,改淮西道宣慰使。十三年,加昭毅大将军,赐白金五百两。

十四年,改湖北道宣慰使,移镇鄂州,仍领平阳、太原万户。是年,蕲、黄二州叛,鼎将所部讨之,战于樊口,舟覆溺死,年六十有三。

初,鄂州民傅高谋反,鼎疑城中大姓皆与高通,欲尽戮之。金行中书省事贾居贞不从。及鼎出讨贼,留其部将,告以吾还军,内外合发,尽戮城中大姓。会鼎败,溺死,鄂人始免于难。鼎一时名将,独以此事为人所訾焉。十七年,董文忠等奏:"郑也可拔都遇害,其叛人家属物产,宜悉与其子纳怀。"帝从之。赠中书右丞,谥忠毅。后加赠宣忠保节功臣、金紫光禄大夫、平章政事、柱国,追封潞国公,谥忠肃。子制宜。鼎弟廷瑞,平阳太原万户。

次弟甫,未冠,鼎携之入见,世祖伟其仪状,命给事左右。甫勇略绝人,读书,善骑射,从鼎西征有功。历阳曲、长子、阳城、潞、平棘五县尹,有惠政,迁平定州、潞州同知,不从长吏加铁冶课税,改邠州知卅,授玺书,仍前职,兼管民万户。致仕,卒。子昂霄。

昂霄,始宿卫世祖,以勤慎知名。至元十九年,从征八番顺元蛮,晋定远大将军。又从征安西徭贼,斩贼首梁君政,擢中奉大夫、广西两江都元帅。初,制宜官枢密副使,其所袭万户授廷瑞。及廷瑞老,以昂霄袭万户。昂霄重弃世勋,辞都元帅不拜。

大德五年,葛蛮雍真土官宋隆济叛,昂霄率所部从分省讨之,有功。入朝,赐银钞、锦段,进怀远大将军。延祐元年,进定远大将军。三年,分成广南。二十四年,擢广西两江道宣慰使都元帅。泰定二年,复袭万户。安西徭叛,命昂霄与左丞乞住讨之。昂霄谕以祸福,降洞寨八十五,男女八百余人,遂班师。天历元年授湖广行省参知政事。率平阳、保定兵屯河上,以子涛袭万户,旋改枢密副使,扼潼关以御西兵。事平,赐银钞,固辞。二年,复授湖广行省参知政事,与行省官脱欢,别薛、孛罗等总兵入蜀,讨襄加歹,赐表里衣甲、弓矢有差。四月,襄加歹降,师还。以疾告,不允。八月,知贡举,昂霄力疾留贡院,誓天为国得人。俄卒,年六十。

子涛,以万户不能去职丁忧,涕泣陈情,欲弃官归,乃得请。涛妇范氏,以夫丧,哀毁卒。

制宜,小字纳怀,性聪敏,有器局,通习国语。至元十四年,袭父职太原、平阳万户,仍戍鄂州。十九年,朝廷将征日本,造楼船何家洲。地狭,众欲徙洲旁居民,制宜不从,改择宽地,民德之。城中屡

灾,或言于制宜曰:"恐奸人乘间为变,宜捕其疑似者,痛治之。"制
宜曰:"吾但严守备而已,奈何滥及无辜!"不笞一人,灾亦息。有盗
伏近郊,晨夕剽劫,流言将入城。俄有数人自城外至,顾盼异常,制
宜命吏缚入狱,问之无验,行省将释之,不从。明日,再出城东,遇一
人,乘白马,制宜叱下,讯之,乃与前数人同为盗者,遂杀之,一郡帖
然。二十四年,扈驾东征乃颜,请赴敌自效。帝顾左右曰:"而父殁
王事,惟有一子,毋使在行阵。"制宜请愈力,乃命从月儿吕那颜别
为一军。以战功,授怀远大将军、枢密院判官。明年,车驾幸上都。
旧制:枢府官从行,岁留一人司本院事,汉人不得与。至是,以命制
宜。制宜辞,帝曰:"汝岂汉人比耶!"竟留之。二十八年,迁湖广行
省参知政事,陛辞,帝曰:"汝父死事,恤赏未汝及。近者,要束木伏
诛,已籍没其财产,汝可择取之。"制宜对曰:"彼以赃败,臣复取之,
宁不污臣!"帝贤之,赐白金五千两。未几,征拜内台侍御史。安西
牧地圉人冒夺民田十万余顷,讼于有司,积年不能理。制宜奉诏而
往,按图籍以正之,讼遂息。

　　三十年,除湖广行枢密院副使。湖南地阔远,群盗据险出没,
昭、贺二州及庐陵境常被害。制宜按部,经庐陵、永新,获贼首及其
党与,皆杀之。茶陵谭计龙,聚恶少年,匿兵器为奸。既捕获,其家
纳赂乞缓狱事。制宜颁其赂以犒士卒,斩计龙于市。自是,湖以南
无盗贼。元贞元年,诏行枢密院添置副使一员,与制宜连署。制宜
以员非常设,先任者当罢。俄入朝,特授大都留守,领少府监,兼武
卫亲军都指挥使,知屯田事。

　　大德八年,平阳地震,压死者众。制宜承命存恤,惧缓不及事,
昼夜倍道兼行。至则亲入闾巷,抚疮残,给粟帛,存者赖之。成宗素
知其名,眷遇殊厚。每侍宴,制宜不敢饮,终日俨然。帝察其忠勤,
屡赐内酝,辄持以奉母。帝闻之,特封其母苏氏为潞国太夫人。十
年卒,年四十有七。赠推忠赞治功臣、银青荣禄大夫、平章政事,追
封泽国公,谥忠宣。

　　子阿儿思兰嗣。至大三年,尚书省诬奏阿儿思兰与兄茔祖及段

叔仁等谋为不轨,诏诛阿儿思兰等十七人,籍没其家。仁宗即位,雪其冤,并给还家产,追谥敬敏。

李进,保定曲阳人。初从万户张柔屯杞县三叉口。六皇后称制二年,柔引兵筑堡龙冈。会淮水汛涨,宋舟师卒至,大帅察罕率军拒之,进以兵十五人转斗十余里,夺一巨舰,以功擢百户。

宪宗八年,大举伐宋,丞相史天泽为河南经略大使,选诸道兵之骁勇者,命进为总把。是年秋九月,由陈仓入兴元,度米仓关,伐木开道七百余里。冬十一月,至定远七十关,其关上下皆筑连堡,宋以五百人守之。天泽命进往说降之,不从。进潜视间道,归白天泽曰:“彼可取也。”是夜二鼓,进率勇士七十人,掩其不备,攻之,脱门枢而入者二十人。守门者觉,拔刀拒之,进被伤,悬门俄闭,进与二十人力战,杀伤三十人。后兵继至,进乃毁悬门,纳诸军,遂拔其堡,守之,关路始通。

九年春二月,天泽兵至行在所,围合州钓鱼山。夏五月,宋舟师援合州,大战三槽山西。六月,又战三槽东。进并有功。秋七月,宋战船三百余泊黑石峡,以轻舟五十为前锋,北军船七十余泊峡西,相距一里许。帝立马东山,拥兵二万,夹江而阵。天泽乃号令于众曰:“听吾鼓,视吾旗,无稍息。”顷之,闻鼓声,视其旗东指,诸军鼓噪而入。兵一交,宋前锋溃走,顺流纵击,死者不可胜计。帝谓诸将曰:“白旗下服红半臂突而前者,谁也?”天泽以进对。赏锦衣、名马。

世祖即位,入为侍卫亲军。中统二年,宣授总把,赐银符。三年,从征李璮,有功。至元八年,从围襄阳。十二年,略地湖北、湖南。宋平,以兵马使分兵屯鄂州。十三年,领军三千,屯田河西中兴府。十四年,加武略将军,擢千户。十五年,移屯六盘山,加武毅将军,赐金符。十七年,进明威将军、管军总管。十九年,赐虎符,复进怀远大将军,命屯田西域别十八里。

二十三年秋,海都及笃哇等至洪水山,进众寡不敌,军溃。进被擒,从至掺八里,遁还至和州,收溃兵三百余人,且战且行。至京师,赏金织纹衣二袭、钞一千五百贯。二十五年,授蒙古侍卫亲军都指挥使司佥事。明年,改授左翼屯田万户。元贞元年春,卒。

子雯,袭授武德将军、左翼屯田万户,佩虎符。皇庆二年,加宣武将军。延祐六年,仁宗念其父功,特赐雯中统钞五百锭以恤之。泰定元年春,以疾辞。子朵耳只袭。

石抹按只,契丹人,世居太原。父大家奴,率汉军五百人归太祖。宪宗八年,按只代领其军,从都元帅纽璘攻成都。时宋兵聚于虚泉,按只率所部兵大败之,杀其将韩都统。又从都元帅按敦攻泸州,按只以战舰七十至马湖江,宋军先以五百艘控江渡,按只击败之。时宋兵沿江拒守,按只相地形,造浮桥,敌欲挠其役,兵出辄败。自马湖以达合江、涪江、清江,凡立浮桥二十余。及四川平,浮桥之功居多。

九年,宋以巨舰载甲士数万,屯清河浮桥,相距七十日。水暴涨,浮桥坏,西岸军多漂溺,按只军东岸,急撤浮桥,聚舟岸下,士卒得不死,又援出别部军五百余人。先锋奔察火鲁赤以闻,宪宗遣使慰谕,赏赐甚厚。叙州守将横截江津,军不得渡,按只聚军中牛皮,作浑脱及皮船,乘之与战,夺渡口,为浮桥以济。中统三年,授河中府船桥水手军总管,佩金符,以立浮桥功也。

至元四年,从行省也速带儿攻泸州,按只以水军与宋将陈都统、张总制战于马湖江,按只身被二创,战愈力,败之。六年正月,也速带儿领兵趋泸州,遣按只连粮械,由水道进。宋兵复扼马湖江,按只击败之,生获四十人,夺其船五艘,复以水军一千,连粮于眉、简二州,军中赖之。九年,从征建都蛮,岁余不下,按只先登力战,遂降之。军远,道病卒。行省承制以其子不老代领其军。

不老,从攻嘉定,以巨舰七十艘载勇士数千人,据其上流,于府江红崖滩造浮桥以渡。十二年,嘉定降,宋将鲜于都统率众遁,不老追至大佛滩,尽毙之。行院汪田哥攻取紫云、沪、叙等城,不老功最多。及诸军围重庆,不老先以战舰三百艘列阵于观滩,绝其走路。十三年，领随翼军五百人，会招讨药剌海，竖栅于白水江岸以为备。不老乘夜袭宋军，直抵重庆城下，攻千斯门，宋军惊溃，溺死者众，宋涪州守将率舟师来援，不老击败之于广阳坝，夺其船十艘。十四年，从攻泸州，不老勒所部兵攻神臂门，蚁附以登，斩首五十级。明日复战，又败之。十五年，复攻重庆太平门，不老先登，杀其守陴卒，宋都统赵安以城降，总管黄亮乘舟遁，不老追擒之，夺战舰五十艘。

十六年，命袭父职为怀远大将军、船桥军马总管，更赐金虎符，兼夔路守镇副万户。十八年，大小盘诸峒蛮叛，命领诸翼蒙古、汉军三千余人戍施州，既而蛮酋向贵、誓用等降，其余峒蛮未服者悉平，以不老为保宁等处万户。未几卒。

郑温，真定灵寿人。初从粘合南合有功，为合必赤千户。后又从史天泽为新军万户镇抚。宪宗征西川，温四月不解甲，天泽以温见，具言其功，帝曰："朕所亲见也。"赐名也可拔都，赏以鞍勒。还至阆州，命分军守逻青居、钓鱼等山。

中统元年，佩金虎符为总管。三年，李璮叛，诏温以军还讨。至济南，大军围其城，贼将杨拔都等乘夜斫营，温力战至黎明，贼退，诸王哈必赤、丞相史天泽厚赏之。七月，城破，命温率兵三千往定益都。授侍卫亲军总管。

至元六年，进怀远大将军、右卫副都指挥使。九年，诏温统蒙古、汉人、女真、高丽诸部军万人，渡海征耽罗，平之。十二年，擢右卫亲军都指挥使，率三卫军万人，从攻岳州、江州、沙市、潭州，皆有功。十四年，入朝，迁昭勇大将军、枢密院判官。

十八年，改辅国上将军、江淮行省参知政事。杭民饥，出米二十万石粜之。俄赐以常州官田三十顷。二十二年，召还。二十三年，迁江浙行省左丞，命以新附汉军万五千人，于淮安云山泉塘立屯田。三十年，卒，年八十一。赠荣禄大夫、平章政事、柱国，追封赵国公，谥武毅。

子钦、钲、铨、镛。钦，以父功授右卫亲军千户，迁利用监丞。钦子克谌,克谌子惟知,惟知子彬,皆世袭。钲,有智略,仕为龙兴路同知,历庐州路总管,擢枢密院判官,所至有声。铨,字方年。温自江南入觐世祖,方次柳林,铨见于行宫,世祖奇其貌,命宿卫东宫。未几,代兄为右卫千户。故事,大享太室,先期赐执事汤沐钱,有司或不时给。铨上言:"礼者,著致洁也,今汤沐钱赐或不均,非是。"时论韪之。分治浑河桥,大雨水溢,铨所治独坚完不坏。敕赐酒馔劳之。大德中,复以官让兄子克谌。中统元年卒。子克顺,临城县尹。镛,靖江路总管府同知,政尚平恕,民称之。

石抹乞儿,契丹人。

祖高奴。太祖六年,大军至威宁,高奴与刘伯林、夹谷常哥等迎降,授千户、青州防御使,赐金符。太宗元年,从伐金,为征行千户,卒。

父常山袭。宪宗三年,擢总管,领兴元诸军奥鲁屯田,并权台鸡驿行军都总管万户。卒。

乞儿袭万户,从纽邻攻重庆、泸、叙诸州,俱有功。至元三年,从都元帅按敦移镇潼川。四年九月,从攻蓬溪寨,战殁。子狗狗袭。

狗狗,少从征伐,以勇敢称。八年,从严忠范围重庆,攻朝阳寨,先登。九年,宋昝万寿袭成都,狗狗以蒙古军二千击败之。十六年,录前后功,赐金虎符,授宣武将军、管军总管,戍遂宁。

十七年,进明威将军、管军副万户。从招讨使药剌海讨亦奚不薛蛮,平之。从行省也速带儿讨都掌、乌蒙、蚁子诸蛮,战于鸭楼关,狗狗最有功。二十一年,率蒙古军八百人,从征散猫,战于菜园坪、渗水溪,皆败之。月余,散猫降,大盘诸蛮亦降。二十四年,迁怀远大将军、夔州路万户,移戍重庆。二十六年,卒。子安童袭。

新元史卷一六四
列传第六一

纽璘 也速答儿　囊家台　答失八都鲁

孛罗帖木儿　**速哥** 探马赤　搭海帖木儿

纽璘,珊竹带氏。

祖孛罗带,为太祖宿卫,从太宗平金。

父太答儿,从宪宗征阿速、钦察等国有功,拜都元帅。率陕西、巩昌诸军伐宋,与总帅汪田哥立利州。宪宗八年,入重庆,获宋统制张实。是年卒。

纽璘,勇力绝人,多谋略,常从父军中。六年,宪宗命将兵万人略地,自利州下白水,过大获山,出梁山,直抵夔门。七年,还钓鱼山,引军欲会都元帅阿答胡等于成都,宋制置使蒲择之遣刘整、段元鉴等据遂宁江箭滩以断东路。纽璘军至,不能渡,自旦至暮,大战,斩首二千七百余级,长驱至成都。帝闻,赐金帛劳之。蒲择之命杨大渊等守剑门及灵泉山,自将四川兵取成都。会阿答胡卒,诸王阿不干与诸将脱林带等谋曰:“今宋兵日逼,闻元帅死,必悉众来攻,其锋不可挡。我军去行在远,待上命建大帅御敌,恐无及。不若推纽璘为长,以号令诸将,出彼不意,敌可破也。”众然之,遂推纽璘为帅。纽璘率诸将大败宋军于灵泉山,围云顶山城,扼宋军归路,其主将遂以众降,城中食尽亦降。成都、彭、汉、怀、绵等州悉平,威、茂诸番亦来附。纽璘奉金银、竹箭、银销刀,遣速哥入献。帝赐黄金五十两,即军中真拜都元帅。

　　冬，帝进军至大获山，纽璘率步骑号五万，战船二百艘，发成都。遣张威以五百人为前锋，水陆并进，缚桥资州口以济师。千户暗都刺率舟师，纽璘将步骑，旌旗辎重百里不绝。蒲择之遣兵分道要遮，遇辄败之。纽璘至涪，造浮桥，驻军桥南北，以御宋援兵。闻大军多疟疾，遣人进牛犬豕各万头。明年春，朝行在所，还讨思、播二州，获其将一人。宋将吕文焕攻涪浮桥，纽璘以士马不习水土，遂班师。文焕追袭其后，纽璘战却之。

　　中统元年，大将浑都海据六盘，叛附阿里不哥。纽璘奥鲁官欲以兵应之，中途为宣抚使廉希宪所获，释不问。纽璘始无二志。事具《希宪传》。是年入朝，赐虎符及黄金五十两、白金二千五百两、马二匹。纽玲遣梁载立招降黎、雅、碉门、岩州、偏林关诸蛮，得汉、番二万余户。未几，诏速哥分西川兵及陕西诸军属纽璘，镇秦、巩、河西之地。三年，宋将刘整以泸州降，吕文焕围之。纽璘以兵往援，文焕败走，遂徙泸州民于成都、潼川。四年，为刘整所谮，征至上都验问无状，诏释之。还至昌平，卒。追封蜀国公，谥忠武。子也速答儿。

　　也速答儿。至元十一年，入见世祖以属行枢密院火都赤，使习兵事。从围嘉定，率三千人至三龟、九顶山，相形势，败宋安抚昝万寿兵，斩首五百级。以功赐虎符，授六翼达鲁花赤。昝万寿寻遣部将李立以嘉定、三龟、九顶、紫云诸城寨降。又从行枢密副使忽敦徇东川诸城，皆望风来附。会东川行枢密院合答围重庆，岁余不下，帝命行枢密院副使不花代将。不花将兵万余至城下，也速答儿率二十余骑与宋都统赵安搏战，也速答儿三入其军，敌众皆披靡，大兵继之，斩首五百余级，赵安开门降，制置使张珏遁。捷闻，帝赐玉带、钞五千贯，授西川蒙古军马六翼新附军招讨使，迁四川西道宣慰使，加都元帅。

　　十七年，罗氏鬼国亦奚不薛叛，诏四川会云南、湖广兵讨之。至会灵关，罗氏酋阿察遣其将阿麻、阿怀至宣慰司，自言无反意。也速答儿分兵径进，亦奚不薛酋遣其将阿侯拒战，也速答儿先登，陷阵，挟阿侯出,斩之。亦奚不薛及阿察俱遁。也速答儿定议班师,命部将守之。贼穷困,二十年率所部五万余户降。以功拜西川等处行中书省右丞,加赐金、帛、鞍辔。

西南夷雄左、都掌蛮得兰右叛,也速答儿讨降之,改四川等处行枢密院副使。是年冬,乌蒙蛮又阴结都掌蛮以叛,诏也速答儿会云南行院拜答儿进讨。也速答儿擒乌蒙蛮酋,赐玉带、织金服,迁蒙古军都万户,复赐银鼠裘,进同知四川等处行枢密院事。元贞元年,拜四川等处行中书省平章政事。

武宗即位,迁云南,加左丞相,仍为平章政事。南征叛蛮,感瘴毒,远至成都卒。

弟八剌,袭为蒙古军万户。八剌三子:襄加台;次伯颜,四川行省左丞;次不花台,蒙古军都元帅。

襄加台,泰定初,以四川行省平章政事兼宣政院使,奉命征西番参卜郎,有功。

天顺改元,不受大都朝命,本省平章宽彻有异议,杀之。自称镇西王,以左丞脱脱为平章政事,前云南廉访使杨静为左丞,烧绝栈道。教授杜岩肖闻文宗已立,劝其罢兵入朝,襄加台以为妄言惑众杖一百七,禁锢之。

是年十二月,御史台言,襄加台罪不容逭,宜追夺制敕。中书省臣请降诏,许其自新。天历二年正月,近侍星吉班奉诏至四川,诏谕襄加台,不从。约镇西武靖王搠思班同拒命。陕西蒙古军都元帅不花台,襄加台弟也,襄加台遣使招之,不花台斩其使。襄加台遣兵南攻播州猫儿垭,宣慰使万户杨燕里不花开关纳之,导四川兵进至乌江驿。川兵在乌江北岸者,为八番元帅脱出所败。是时襄加台自帅大军出兴元,焚鸡武关大桥,并焚栈道。遂据鸡武,夺三叉、柴关等驿。以书招巩昌总帅汪延昌。分兵东至金州,据白土关,进逼襄阳。

朝命陕西、湖广两行省督军分讨之,仍命宣慰撒忒迷失将本部蒙古军从镇西武靖王搠思班进讨。时播州杨燕里不花已归命,襄加台所遣守碉门安抚使布答思监等亦诣云南行省降。朝廷调河南、江浙、江西、山东兵及左右翼蒙古侍卫军,立行枢密院,以山东都万户也速答儿知院事,将之。也速答儿病不行,改命左丞跃里帖木儿、同金枢密傅岩起代往。

会湖广参政字罗奉诏至四川,曲赦囊加台等罪,囊加台听命,蜀地始平,诸路兵皆罢。

囊加台入朝。是年九月,坐指斥乘与,大不道,弃市,家产没官,并籍杨静等家。子答失八都鲁。

史臣曰:阿里不哥自立于和林,东西川诸将咸附之,独纽璘归心世祖,以翼戴之功,子孙世官其地。至囊加台乘时徼利,僭号称王,与宋之吴曦无以异,非忠于泰定帝者也。或谓其知逆顺,过矣!

答失八都鲁,以世袭万户镇守罗罗宣慰司行。行省举充船桥万户。征云南,擢大理宣慰司都元帅。

至正十一年,特除四川行省参知政事,拨本部探马赤军三千,从平章咬住讨贼于荆襄。咬住兵既平江陵,答失八都鲁请自攻襄阳。十二年,进次荆门,招义丁二万。进至蛮河,贼坚守要害,答失八都鲁率奇兵由间道出其后,首尾夹攻,贼大败。追至襄阳城南,擒贼将三十人,腰斩之。自是,贼不复出。

答失八都鲁相视形势,内列八翼,包络襄城,外置八营,分屯岘山、楚山,以截其援,自以中军四千据虎头山,以瞰城中。贼受围日久,夜半,二人缒城叩营门,具告虚实,愿为内应。答失八都鲁与之定约,至期,垂绳以引官军,先登者近十人。时贼船百余艘在城北,阴募善水者凿其底。天将明,城破,贼巷战不胜,走就船,船坏,皆溺死。遂平襄阳。加资善大夫,赐上樽及黄金束带,以其弟识里木为襄阳达鲁花赤,子字罗帖木儿为云南行省理问。贼再犯荆门、安陆、沔阳,答失八都鲁皆破之。寻诏益兵五千,以乌撒乌蒙元帅成都不花听其调发。

十三年,克青山、荆门诸寨。九月,率兵略均、房,平谷城,拔武当山寨。十二月,进攻峡州,破木驴寨。迁四川行省右丞,赐金系腰带。

十四年正月,复峡州。三月,迁四川行省平章政事,兼知枢密院事,总荆、襄诸军。五月,命玉枢虎儿吐华代答失八都鲁守中兴、荆门,移兵赴汝宁。十月,诏与太不花会军讨安丰。是月,复郑、钧、许三州。十二月,复河阴、巩县。

十五年,命答失八都鲁就管领太不花一应诸王藩将兵马,许便宜行事。六月,拜河南行省平章政事。进次许州长葛,与刘福通战,失利。九月,退屯中牟。贼复来劫营,掠其辎重,与其子孛罗帖木儿相失。刘哈剌不花来援,大破贼兵,获孛罗帖木儿归之。复进驻汴梁东南青堌。十二月,大败贼于太康,遂围亳州。伪宋主小明王遁。

十六年,加金紫光禄大夫。帝使知枢密院脱欢来督战。是时,贼势犹强,官军却。答失八都鲁坠马,孛罗帖木儿救之获免。十月,移驻陈留。十一月,克夹河刘福通寨。十二月,次高柴店,逼太康三十里。是夜,贼五百余骑来劫营,以有备亟遁。追之,壮士缘城入,斩首数万,擒伪将军张敏、孙韩等九人。太康平。遣孛罗帖木儿告捷京师,帝赐劳内殿,拜河南行省左丞相,仍兼知枢密院事,识里木,云南行省左丞,孛罗帖木儿,四川行省左丞,将校赏爵有差。

十七年三月,朝京师,加开府仪同三司、太尉、四川行省左丞相九月,复朝城、东明、长垣三县。十月,诏遣知院达理麻失理来援,分兵屯濮州,既而达理麻失理为刘福通所杀,诸军皆溃。答失八都鲁退驻石村。帝疑其玩寇,复遣使者督战。贼觇知之,诈为答失八都鲁通贼书,遗诸道路,使者得之以闻。答失八都鲁知其事,一夕忧愤卒。初,答失八都鲁入朝,帝谓左右曰:“答失八都鲁将死矣。”是年,果卒。子孛罗帖木儿。

孛罗帖木儿,从父讨贼,屡立功。答失八都鲁卒,引兵退驻井陉。至正十八年正月,授河南行省平章政事,仍领其父原管诸军。三月,败刘福通于卫辉,进克濮州。六月,自武安邀截沙刘二等,败之。

九月,统诸军攻曹州。十月,参政匡福统苗军自西门入,孛罗帖木儿自北门入,克复曹州,擒伪官武丞相、仇知院,获印信、金牌等物。

十九年二月,移屯代州,收山东溃军。诏置大都督兵农司,专督屯种,以孛罗帖木儿领之。驻大同、丰州、云内,与关先生战于管城,大败之。杨诚据蔚州,六月,诏孛罗帖木儿督兵讨之,俄召还。十一月,再命讨诚。

二十年正月,追诚至飞狐县东关,诚弃军遁,降欺溃卒。拜中书平章政事。进讨上都程思忠,次兴和,思忠奔溃。七月,败田丰将王士诚于台州。诏领一应达达、汉军,便宜行事。八月,命守石岭关以北,察罕帖木儿守石岭关以南。孛罗帖木儿不听命,遣兵自石岭关直趋冀宁,三日,复退屯交城。十月,诏孛罗帖木儿守冀宁,守者不纳。察罕帖木儿来争,为孛罗帖木儿部将图鲁卜所败。

二十一年正月,命平章政事达实帖木儿、参政七十往谕解之,孛罗帖木儿罢兵还镇,命于保定以东、河间以南屯田。

二十二年三月,孛罗帖木儿遣裨将也速不花等招兵五万,戍大同。拜太尉、中书平章政事,位居第二。八月,孛罗帖木儿据延安。十月,侵扩廓帖木儿守地,使其将参知政事朱希哲守宜川。

二十三年十月,复南侵扩廓帖木儿守地,遂据真定。初,朝廷既黜御史大夫老的沙,安置东胜州,帝别遣宦官密谕孛罗帖木儿留军中。而皇太子累遣使索之,匿不遣。

二十四年正月,孛罗帖木儿阴使人杀其叔父左丞亦只儿不花,佯为不知者。三月辛卯,诏罢孛罗帖木儿兵权,四川安置。孛罗帖木儿杀使者拒命,遣部将会知枢密院事秃坚帖木儿犯阙,扬言索右丞相搠思监、资正院使朴不花二人。

先是,朝廷立卫屯田,命中书右丞也先不花领之,与秃坚帖木儿分院之地相近,屡构嫌隙。也先不花乃潜秃坚帖木儿于朝廷,孛罗帖木儿与秃坚帖木儿友善,遣人白其诬。皇太子以其握兵跋扈,与秃坚帖木儿交通,又匿不轨之臣,与搠思监议:罢其兵权,不受命则使扩廓帖木儿讨之。孛罗帖木儿知非帝意,遂举兵。

四月壬寅,入居庸。癸卯,知枢密院事也速、詹事不兰奚逆战于皇后店。不兰奚力战,也速不援而退,不兰奚几为所获,遂大败。乙巳,秃坚帖木儿至清河,帝遣达达国师、宣政院使蛮子问故,对以必得搠思监、朴不花方罢兵。乃命屏搠思监于岭北,窜朴不花于甘肃。未几,执二人送于军中皆为孛罗帖木儿所杀。庚戌,秃坚帖木儿陈兵自建德门入,见帝于延春阁,恸哭请罪,帝赐宴慰勉,诏赦其罪。仍以孛罗帖木儿为太保、中书平章政事,兼知枢密院事,守大同;以秃坚帖木儿为中书平章政事。辛亥,孛罗帖木儿还大同,皇太子再征扩廓帖木儿兵卫京师。

五月,诏扩廓帖木儿总诸道兵,分讨大同。扩廓帖木儿自其父在时,与孛罗帖木儿连年相仇杀,朝廷累命讲和,还兵,各守分地。至是,扩廓帖木儿乃发兵,分道攻大同,调麾下白锁住守护京师,兵不满万,以其部下青军杨同金守居庸,扩廓帖木儿自将至太原,调督诸军。

七月,孛罗帖木儿留兵守大同,自率诸将与秃坚帖木儿等复犯阙,京师震骇。丙戌,皇太子自将驻清河,丞相也速等屯昌平。也速军无斗志,青军杨同金又为麾下所杀,皇太子还京师。丁亥,白锁住胁宫僚从皇太子出奔太原。戊子,孛罗帖木儿兵至,营建德门外,欲追袭皇太子,老的沙力止之。入见于宣文阁,泣拜诉冤,帝亦为之泣,乃赐宴。庚寅,就命孛罗帖木儿太保、中书左丞相,老的沙中书平章政事,秃坚帖木儿御史大夫。部将布列台省。

八月壬寅,加开府仪同三司、上柱国、录军国重事太保、中书右丞相,节制天下军马。数遣使请皇太子还朝。

二十五年三月,皇太子谋除内难,承制调遣岭北、甘肃、辽阳、陕西及扩廓帖木儿等军进讨。孛罗帖木儿怒,囚皇后奇氏于外。四月,扩廓帖木儿部将关保入大同。孛罗帖木儿遣秃坚帖木儿围上都,调也速南御扩廓帖木儿。也速次永平,西连太原,东结辽阳,军声大振。孛罗帖木儿患之,使骁将姚伯颜不花攻也速。至通州,河溢,营虹桥以待,也速乘其不备,袭破之,擒姚伯颜不花。孛罗帖木儿大恐，自将出通州，三日大雨而还。孛罗帖木儿先以疑忌，杀其将保安，既又失姚伯颜不花，郁郁不乐，酗酒杀人，喜怒不测。又索帝所爱宫嫔，帝曰："欺我至此耶！"威顺王子和尚，受帝密旨，与待制徐士本结勇士上都马、金那海、伯达儿等阴图之。

七月乙酉，秃坚帖木儿遣人来告上都之捷，平章政事失烈门谓孛罗帖木儿曰："好消息，丞相宜入奏。"孛罗帖木儿推失烈门，失烈门强与同行，至延春阁侧，有李树枝挂其冠坠地，失烈门俯取之，孛罗帖木儿曰："咄，今日莫有事！"伯达儿突出斫之，中其脑，上都马等竞前斫杀之。老的沙伤额，趋出，拥孛罗帖木儿母妻及子天宝奴北遁。未几，与秃坚帖木儿俱伏诛。

史臣曰：孛罗帖木儿与察罕帖木儿争冀宁，曲在孛罗帖木儿。惠宗不察曲直，而调停其事，以求姑息。由是孛罗帖木儿益桀傲不可制，至于称兵犯阙，杀宰相，辱皇后。呜乎！履霜坚冰，由来者渐，是以君子慎之于早也！

速哥，蒙古氏。

父忽鲁忽儿，国王木华黎麾下卒也。后隶塔海、帖哥。有口辩，令佩银符，奏军中机务，往返未尝失期。太宗器之，赐名动哥居。诏："动哥居奏事，朝至朝入奏，夕至夕入奏。"出金盘龙袍及宫女赐之。后卒于官。

速哥尤壮勇，宪宗命从都元帅帖哥火鲁赤等伐蜀。五年，万户刘七哥、阿剌鲁阿力与宋兵战于巴州，失利，陷敌中。速哥驰入其军，夺刘七哥归。赐白金、名马及紫罗圈甲。又从都元帅纽璘败宋将刘整，克云顶山。纽璘奉金银、竹箭、银销刀，使速哥入献，速哥以革为舟，夜渡马湖江，至大获山行在所，奏道梗失期，帝慰遣之。未几，复自涪州奏事，遇宋军于三曹山，速哥众仅百余，夺击，败之。九年，宋兵攻涪州浮桥，部将火尼赤陷阵，速哥力战出之。又白事于宗王末哥，复败宋军于三曹山。还至石羊，与刘整遇，又败之。

世祖即位,赐白金、弓刀、鞍勒。至元三年,从行院帖赤战于九顶山。四年,行省也速答儿署为本军总管,从平泸州。五年,立德州,以速哥为达鲁花赤,擢陕西五路四川行省左右司员外郎。七年,从也速答儿败宋军于马湖江。用平章政事赛典赤荐,迁行尚书省员外郎。九年,建都蛮叛,也速答儿请率六千人往讨之,帝从其请。速哥将千人为先锋,破黎州水尾寨,攻连云关,克之。进至建都,战于东山,斩其酋布库,复与元帅八儿秃迎合刺军于不鲁斯河。十年,讨碉楼诸蛮,袭破连环城,还败宋军于七盘山,署新军万户。

十一年,赐虎符,真授管军万户,领成都高哇哥等六翼及京兆新军,教习水战。也速答儿进围嘉定,速哥率舟师会平康城,筑远怀等寨守之。十二年,败宋将昝万寿于麻平。既而行枢密院副使忽敦等军至,与也速答儿会于红崖,遣速哥守龙坝。城中大震,守将率舟师遁,速哥追击之,斩获甚众。遂与中使沈达罕徇沪、叙诸州,皆降之。进围重庆,速哥以所部兵屯白水、马湖江口。

十三年,帝遣脱术、教化的谕宋臣使降,不听乃分兵为五道,水陆并进攻之。诸军不利,惟速哥获战舰三百艘,俘其众百三十人。涪州宋将遣书纳降,速哥率千人往察其情伪。至涪州,受降而返。重庆守将张万来袭,速哥一昼夜凡十八战,斩首三百余级,万败走。未几,万复以精兵三千人至,又败之。

十四年,行院署为镇守万户、嘉定总管府达鲁花赤。重庆守将赵安开门降,制置使张珏遁,速哥追击之,虏百余人及船二十余艘。以功授成都水军万户。寻改重庆、夔府等路宣抚、招讨两司军民达鲁花赤。十六年,除四川南道宣慰使,依前成都水军万户,镇重庆、夔、施、黔、忠、万、云、涪、泸等州。

十九年,亦奚不薛叛,置顺元等路军民宣慰司,以速哥为宣慰使,经理诸蛮。二十四年,迁河东陕西等路万户府达鲁花赤,播州宣抚使杨赛因不花等赴阙请留之。降八番金竹百余寨,得户三万四千,悉以其地为郡县,置顺元路、金竹府、贵州以统之。东连九溪十八峒,南至交趾,西至云南,咸受节制。

二十九年，入朝，加都元帅。改河东、陕西等处万户府达鲁花赤。三十一年，金书四川行枢密院事。元贞元年，行院罢，速哥家居，数岁卒。

子寿不赤，袭河东陕西等处万户府达鲁花赤。

同时为纽璘、也速答儿部将者，有探马赤、塔海帖木儿。

探马赤，秃立不歹氏。从诸王没赤征蜀，后以兵从塔海绀布、火鲁赤、纽璘诸帅。纽璘攻涪州，还至马湖江，宋兵连舰绝江不得进，探马赤率精兵二千击之，夺其舟以济。又于横江、嘉定、宣化三县造浮桥，以达成都。纽璘以为能，命将千人从万户昔力答克略地碉门、黎、雅。昔力答克卒，行院帖赤以探马赤为万户，领其军。

中统四年，授蒙古、汉军万户。至元九年，从行省也速答儿征建都，独以锐卒千五百人与建都兵战于梅子岭，大败之。夜与速哥会，直捣其营，获其辎重以归。复益兵三千人，与左丞曲立吉思乘胜进攻，建都降。又从行院汪良臣、忽敦等，攻嘉定、重庆、泸、叙诸州，以功兼重庆府达鲁花赤。十九年卒。子伯颜，袭蒙古军万户，戍甘州。

塔海帖木儿，答答里带氏。

曾祖忒木勒哥世袭职，领太原以西八州，从都元帅塔海绀卜征蜀，殁于兴元。祖扎剌带嗣。扎剌带卒，父拜答儿尚幼，从祖扎里、答术相继袭其职。扎里从都元帅大答儿征蜀，以所统军二百人破宋军于巴州，斩首三百级。答术以西川行枢密院檄，领兵三千人救碉门，大败宋军，斩首三百余级，俘百余人以归。拜答儿既长，始以父官从行省也速带儿征建都，死军中。

塔海帖木儿袭父职，初从行院忽敦围嘉定，嘉定降。进围重庆，败守将张珏，塔海帖木儿力战陷阵，功最多。十五年，又以拔都鲁军二百人破宋军于白水江，夺战船一，俘其众十三人。升宣武将军、管军总管。从也速答儿征亦奚不薛，又从征都掌蛮，皆为前锋，杀获甚众。

　　九溪蛮、散猫、大盘蛮尚木的世用等叛,从行省曲立吉思帅师
往讨,皆擒之,杀其酋长头狗等。也速答儿、药剌罕率兵万人会云南
兵讨乌蒙蛮,至闹灶,其酋长阿蒙率五百余众奔麻布,塔海帖木儿
以四百人追至山箐中,大败之,擒阿蒙以归。二十六年,又从也速答
儿西征,卒于军中。

新元史卷一六五
列传第六二

张兴祖　宁玉　张荣实 玉
吕德　朱国宝　吴祐 安民
梁祯　张泰亨 继祖 珍　王守信
皇毅　靳忠　蔡珍 韩进
刘用世 世恩 世英　苏津　王均
季庭璋

　　张兴祖,中山无极人。父林为史天泽部将,以功授金符千户。林请老,兴祖袭父职。从察罕伐宋,能以少击众,败宋人于虎头关。察罕壮之,奏其功,赐鞍马、甲胄。后从史权戍邓州。宋人钞辎重于新野之西港,权使兴祖将步骑数百人追之,及于栲栳潭。兴祖令骑负一步,将近敌,推步下,骑列阵以俟,分为左右翼,夹击之,宋人错愕不知所应,尽歼之。兴祖马践横尸而踣,左股折,与归,赐金币为医药费。宋人攻新野,又败之于白河口。

　　中统元年,从史枢援东川,假总管,戍东安虎啸城。军还,又戍光化州,擒宋将唐都统。大军围襄阳,以兴祖戍万山,败宋援将张顺。从攻樊城,兴祖督造云梯,又烧宋人战舰,断其襄樊之援。襄阳下,以功擢总管,再擢怀远大将军、副万户。

至元十一年，从伯颜伐宋，攻鄂州黄湾堡，先登，矢贯左股，伯颜亲为敷药。从拔沙洋、新城，矢中额者三，换虎符。从攻阳逻堡，擒宋将郑信，矢贯左臂。鄂、汉平，以阿里海涯镇之，使兴祖将十六翼兵戍汉阳。兴祖曰：“吾战是求，乃留吾戍此何耶？”阿里海涯曰：“鄂、汉、乘舆所至，冲地也，非公不能守之。”兴祖始受事。宋安抚高世杰窥袭鄂州，从阿里海涯败之于荆江口，世杰降。又从攻沙市，先登，战于城上，又巷战，蹀血濡跌，斩馘无算，宋将高达以江陵降。阿里海涯移军攻潭州，留兴祖于鄂。已而计事至潭，使兴祖督攻城西北，三月不下，或议烧其木栅，兴祖曰：“火易沃灭，不如炮攻，使敌不能队立，吾肉膊而登，可以得志。”阿里海涯从之，城遂拔。进兴祖安远大将军。又从阿里海涯攻靖江，屠之。宋益、卫二王立于海上，湖南群盗蜂起相应，阿里海涯使兴祖讨之，斩贼首二千九百余人，安辑降众二万三千九百家。常德路总管谋以城叛，事觉，兴祖诛之。进昭勇大将军、招讨使、归州路达鲁花赤，位总管上。旋移常德路达鲁花赤，仍招讨使，位总管上。

十七年，诏兴祖征罗氏鬼国，会其酋纳款，未至而还。复使讨亦奚不薛，降之，偕其酋入觐，赐衣服、弓矢、鞍勒。兴祖平生杀虎数十，一日遇虎，一发而踣，语左右曰：“生虎髭剔齿，可以已风拔之。”虎怒，爪其靴裂，兴祖立杀之。人遂名兴祖为杀虎张。至是，以国语赐号拔都。寻罢招讨使，以万户将真定新军戍衡州、茶陵、耒阳、常宁。元贞元年卒，年七十五。

兴祖负气，重然诺，不可屈以威武。阿里海涯大会诸将，兴祖腰刀行酒，阿里海涯避入后阁，曰：“张公醉矣。”戒左右善扶出，诸将皆惮之，无敢坐其上者。

子铸，管军总把，从兴祖战于通城，阵殁；史间，怀远大将军，戍瑞州等处万户；鹏翼，金岭北湖南提刑按察司事；塔剌齐，袭怀远大将军、真定新军万户。

宁玉，孟州河阳人。貌魁梧，膂力绝人。年十七为棹卒，署孟津渡长。众世祖渡江，以功授百户。世祖即位，召玉充河道官，疏浚玉泉河。

至元三年，大军攻襄樊，檄玉寻邓州七里河由新野而南，以通粮运。襄阳围合，以玉摄万户府事，兼管浮梁津渡，教习水军。

十一年，伯颜渡江，玉以千人导前，至白河为浮桥济师遂拔沙阳。与宋从战于江中，玉以轻舸五十艘径夺南岸，指挒战舰分渡诸军，凡三昼夜始华。至彭蠡湖口，风涛汹涌，浮梁数坏，玉躬督士卒，植巨木为碇。伯颜立马俟之，师毕济。进及丁家洲，与宋将夏贵等相持，南军舳舻蔽江，伯颜使玉发四炮，击其中坚，舟多覆，遂大败之。拜管军千户，佩金符。伯颜入建康，使玉督造战舰，分玉三十艘守龙湾口。宋将姜才乘夜来攻，玉潜以巨舰出其后，夹击之，斩获殆尽。入拔平江，平江之南曰太湖，有长桥为南北要冲，伯颜使玉守之。

时江南甫下，江海多盗贼，玉密断诸港，设置轻舸巡逻，以备非常。贼闻风解散，招集流民四万余家，境内帖然。迁管军总管，擢浙西道吴江长桥都元帅，兼沿海上万户，佩金虎符。

二十三年，以病乞归。未几，起玉从镇南王讨交趾。师至安南，疾甚，王悯之，使玉归，以子居仁袭职。大德六年卒，年六十七。

居仁袭沿海上万户，佩金虎符。从讨爪哇，擢昭勇大将军、佩三珠虎符、左军上万户。累擢镇国上将军、广东道宣慰都元帅。弟居正，众讨交趾，以功擢杭州路领海船千户，累迁金行枢密院事。

张荣实，霸州保定人。

父进，金封北平公，太宗四年率所部来降，太宗命为征行万户。六年，与金将国用安战于徐州，死之。

荣实，始以质子入宿卫，授金符，充征行水军千户。九年，改雄州，保定新城长官。后统水军，从大将察罕伐宋，至淮上，遇宋将吕文德，败之，俘五十余人，赏银碗、战马。又从攻江陵，略襄阳，宋以舟师横截汉水，荣实力战却之，获战船数十艘。察罕以闻，赐锦袍及银十五斤。又破宋军于太湖,赐银百两。

宪宗九年,从世祖伐宋,驻阳罗渡,宋兵十万、舟二千横截江中以御我师,帝以荣实习水战,命为前锋。荣实率麾下鏖战北岸,获宋大船二十,俘二百人,斩其将吕文信。

中统元年,录前劳,授金虎符、水军万户,仍以其子颜代为霸州七处管民万户。三年,李璮叛,荣实从史天泽讨平之,赐金碗及银二百五十两、马一匹,命镇胶西。

至元九年,从丞相阿术攻襄阳,败夏贵,又攻樊城,俘其二将,赐弓矢、鞍勒。十一年,增领新军,从丞相伯颜渡江。荣实以所部先进,鄂、汉降,论功授昭毅大将军。与万户宋都台等取江西,又从阿里海牙攻岳州,宋将高世杰降,以功加昭武大将军。偕元帅宋都台围隆兴,守将刘槃降。又与吕师夔进逼抚州,宋将密佑逆战于进贤平,败之,生获佑,抚州降。

十三年,授同知江西道宣慰使,俄进镇国上将军、福建道宣慰使。十四年,改江东道宣慰使、行省参知政事。命与右丞塔出安辑广东。十五年,入觐,帝赐酒慰劳,授湖北道宣慰使、诸路水军万户。是年卒,年六十一。三子颜、玉、圭。

玉,袭父职为怀远大将军、诸路水军万户。至元十六年,讨吉安叛贼,有功。入朝,赐金织纹衣、弓矢、佩刀,加辅国上将军、都元帅,并水军万户,镇黄州。又与元帅唐古特改立蕲、黄等路都元帅府,仍管本道镇守军马。二十一年,广东盗起,遏绝占城粮运,玉讨平之。入朝,赐金织纹衣、鞍勒、弓刀。会元帅府罢,命玉充保定水军万户。二十二年,以鄱阳湖多盗,诏徙水军万户府于南康。

明年,从镇南王脱欢征交趾。二十四年,王至思明州,玉与湖广行省参政樊楫亦引兵至万劫江,累战有功。二十五年,将士以疾疫不能进,引还,且战且行,终日数十合。贼据险,发毒矢,将士死伤过半。为贼邀遮于白藤江,潮退,舟胶,玉力战,身被数创,投水中,贼钩致玉杀之。

吕德，字伯亨，东平汶上人。少孤贫。常负其勇，伪为商贾，入宋边境掠生口。宋边将悬赏购之，莫能获。至元初，阔阔带等伐宋，募壮士侦淮南虚实，德应募，率八十四人袭破宋泗州安河口栅，获裨将三人，事闻，赐衣一袭。后从大将乌马尔至京师，献策招集河南达尔罕军，以备征调。从之。以乌马尔为统军万户，德为千户副之，招来降人七百余户。行枢密院以德充寿州等处招讨司镇抚，引兵渡淮，抵六安野人原，招降宋将，转攻安庆，进泊丁家洲。宋人阻江自守，德击败之，获其将阎统制。

十二年，行省檄德充江阴、镇江路军民都镇抚，积前后功，擢武略将军，佩金符。

十四年，从宣慰使李庭屯处、婺等州。永康、浦江盗发，德讨捕之，获贼首张炎、季文龙，余党复剽龙泉，庭追贼，马绁于木而踣伤股，兵遂失利。德反旗鸣鼓，贼始骇遁。论功，以德摄招讨司事。

十五年，复从宣慰使史格讨龙泉贼，擒贼首张三八等，余众悉降。庆元贼陈吊眼聚众叛，自称头陀军，德将锐卒数百，夜掩其垒，擒之。擢武节将军、管军上千户。

二十年，青田吴提刑与政和贼黄华通，伪称宋祥兴五年，铸两浙安抚司印，势张甚。德与赵万户讨之，斩其将毛统制等，贼溃走，获宋陈丞相伪劄及贼首黄华印榜，德威名益著。

二十六年，嵊县贼杨震龙叛，壁龙兴山，自称国主，伪造龙凤法物。左丞相忙兀带调水军万户虎儿哈赤讨之，以德充行军都镇抚，点视诸翼兵马。德败贼于新昌，进至桃源。贼众万余人屯史家楼，甲胄精明，官军望之失色。德笑曰："此锄田夫耳，何足浼吾马足。"大呼陷阵，贼披靡，悉弃其甲胄而遁。明日再战，复败之，擒其骁将张九。三月，德率所部与虎尔哈赤径至龙兴山，瞰贼巢，纵火焚之，贼拔栅走。四月，复与万户土哈尔会师于天台，贼首曹荣等出降。六月，武义、永康降贼复叛，德与蔡推官轻骑出，谕以祸福，贼首相顾曰："弁而甲者，吕将军也！"相率拜马首，从德入城。

德往来浙东十有三年，大小数百战，所至先榜招谕，降者甚众，

不听命,然后杀之。诸将或并坐论功,德叹曰:"取赤子头颅易赏级,
吾不忍也。"

二十八年,除东平等路中千户,德风疾作,不能拜,请以子世英
自代。未几卒,年六十四。

朱国宝,大都宝坻人。父存器,修内司使,尝夜行,获金一囊,坐
待其主至还之。

宪宗将攻宋,募兵习水战,国宝以职官子从军。世祖攻鄂州,国
宝摄千户,率卒于中流,遇宋师,凡十七战,诸军始济。

中统二年,授千户,佩银符。三年,从围李璮于济南,佩金符。又
从征襄阳,摄四翼镇抚,督造战舰,筑万山堡,及拔沙洋、璕新城,皆
有功。初,师次江上,国宝愿当前锋,既而夺船二十艘以献,伯颜壮
之。宋人据上流,方舟数百,结为堡栅,伯颜指示曰:"复能夺取是
乎?"国宝即应声往,破其栅而归。

既渡江,进兵岳州,与宋人战于桃花滩,获其将高世杰。累进宣
武将军,统蒙古诸军镇常德府,知安抚司事。时郡邑多坚守不下,国
宝传檄招谕,逾月悉平。惟辰、沅、靖、远未降,宋将李信、李发结武
冈洞蛮分据厄塞,国宝击败之。其众退保飞山之新城,思、播蛮来
援,国宝复败之,擒张星、沈举等三百余人。进攻新城,获信发等,献
俘江陵。赐金虎符。

至元十三年,会诸道兵攻广西静江,拔之。授管军万户,镇梧
州。十五年,加怀远大将军。刘宗纯据德庆府,国宝攻之,焚其栅,
遂拔德庆。南恩、新州何华、张翼等举兵应张世杰,国宝击杀之,降
其民三万余户。迁海北海南道宣慰使。蜑贼连结郁林、廉州诸洞,
恣行剽掠,国宝悉平之。任龙光等率所部五千户降,移琼州,训兵息
民,威惠大行。南宁谢有奎负固不服,国宝开示信义,有奎感悟,以
其属来归。又招降居亥、番毫、铜鼓、博吐、桐油等十九洞。遣兵略
大黎、密塘、横山,焚其巢,生致大钟、小钟诸部长十有八人。加镇国
上将军、海北海南宣慰使都元帅。供给占城军饷,事集而民不扰。二

十三年,迁广南西道宣慰使。

二十四年,入觐,帝慰劳之。二十五年,进辅国上将军、都元帅、参知政事、行尚书省事。以军事至赣州,得疾卒,年五十九。

子斌,袭海北海南道宣慰使、都元帅,加赐金虎符;赟,上副万户,佩金虎符,镇福州。

吴祐,安丰寿春人。至元十二年,大军次安庆,范文虎以城降,祐方以乡兵保寿春,道梗不通,亦降。伯颜渡江,以祐为向导,由池口趋建康,克建平、长兴二县,据独松关。又从大军渡钱塘江,攻越、台、温三州,进克莆阳县,以功除怀远大将军、招讨使。至元十四年卒。子安民袭父职。

安民,字惠卿。从其父祐于行间。大军破独松关,渡浙江,略定温、台,逾岭拔莆田,安民功最多,而以功归其父。大帅曰:“吴祐子有功,宜别赏之。”命署千户。祐卒,安民袭管军总管,镇扬州。大军伐日本,安民请行,授宣武将军、征东副万户。遇飓风,将士漂溺,安民附败舟,遇高丽逻者,载与俱还。

二十年,建宁黄华叛,安民率所部讨之,逾九峰岭,直抵平溪,俘其家属辎重,华始就擒。移镇湖州,调嘉兴路,又移镇寿春。二十六年,从大军讨江西贼钟朗、兴国贼吴大仲,并有功。后移镇和州。大德四年卒。赠骑都尉、渤海郡伯。

子继武,袭寿春路副万户,晋武略将军,转武德将军。至治二年,流民渡淮,白昼剽掠,继武擒为首者斩之,境内肃然。岁饥,继武劝富民出粟以食饿者,又请漕荆湖米赡军,得一万八千石,全活甚众。至顺元年卒。

梁祯,字用之,大名元城人。

金末,河北盗起,祯父千聚众自保,后率所部来降,授金吾卫上将军、大名兵马都总管。宋将彭义斌渡河,群盗响应,千搜城内倡乱者诛之,余皆慑伏。太宗三年,大名守将苏椿叛,大将阿术鲁怒欲屠城,千输金帛于阿术鲁请命,卒获免。

千卒,长子汴袭职。会伐宋,复籍新军,择诸将子弟为统领,中书、枢密议以汴领之。祯请曰:"兵事至重,不应独责吾兄。祯宜行效死,弗敢辞。"二府壮之,使摄新军千户,镇睢州。大军伐宋,与宋将夏贵相持,祯率所部分击,斩获甚众,以功授新军千户。中统三年,李璮叛,祯摄本军元帅讨之。璮善战,多杀将士。及璮诛,诸将议屠降众,祯密白宗王哈必赤曰:"璮逆党俱江淮逋寇,非土著,宜分别胁从,以安新土。"哈必赤然之。至元十一年,移邳州。

十三年,从大军攻常州,有裨将架木为桥附于堞,俄中弩死,以祯代之。祯缘附以登,城陷。论功,擢武义将军,佩金符。江南平,改镇绍兴。三十年卒,年七十。子绍祖袭千户。

张泰亨,东昌堂邑人。父山,以管军千户为堂邑县丞。泰亨袭千户,从攻宋钓鱼山,及围樊城,又从征女儿阿塔,俱有功,授银符、侍卫军总把。从擒李璮,赐金符,擢京东、归德等处新军千户。累迁元帅府都镇抚。至元十二年,进武略将军、管军总管。寻进明威将军。从攻潭州,中流矢,拔矢力战,遂克之。十三年,赐虎符,进武德将军。从征广西。十四年,军还,卒。泰亨与其父山俱有智勇,当时称其父为拔都,称泰鹿为堂张,以别其姓焉。子显祖、继祖、荣祖。

继祖,字善卿。幼颖悟,博学强记。袭父职。后授昭信校尉,佩虎符。喜亲文学士,名誉籍甚。平章阿里海涯深器之。十八年,从阿里海涯移镇鄂州,舟过洞庭,风大作,继祖恐阿里海涯舟不能达,棹轻舸疾进,溺死。

弟荣祖,管军总把,亦同死。继祖妻郭氏守节,大德中有司奏其事,予旌表。初显祖以目眚不能袭父职,至是继祖子震幼,乃以显祖代之。二十四年,从征交趾,战殁。震袭职,充昭信校尉、管军上千户,佩金符。延祐二年,加武略将军。累擢武节将军、颍州副万户。卒。子斑袭。斑弟珍。

珍,字元谅。以荫授武略将军、颍州翼万户,镇杭州。至正十二年,贼陷常州,珍引兵伏横林,邀败之,遂复常州。十三年,江阴贼起,太尉纳麟檄珍讨之,斩获甚众。八月,浙东元帅野先与珍合屯胡村,野先败死,珍冒围以入,马蹶,拔所佩刀自刎死。时江浙参政买住丁按兵不救,故珍等及于难。

王守信,霸州大城人。父英,水军千户,赐银符,从讨李璮,战殁。守信袭父千户,戍胶州。从围襄阳,战有功,换金符。从攻樊城,登其外郛,又断江中铁纭,获敌舰三十艘。樊城拔,擒宋将徐麟。前后累赏银钞。从伯颜渡江,败宋师于柳林,擢都镇抚。从攻新城、沙洋,拒夏贵于阳逻,俱有功。又从都元帅府定江西,授宣武将军、管军总管。转战广东,拔韶州,败宋将方安抚于石门,授明威将军。从击文天祥于兴国之云坑,获其妻子。又从败张世杰于广州,获战舰一百八十艘。再授明威将军。入觐,赐虎符,还戍广州。平葛峏洞、崖石寨,歼李梓于南安,别降新会贼林桂芳、清远贼潘舍人。欧将军僭号称王,遣其党袭广州,守信击走之。欧合于新会贼黎德,众号二十万,战舰至七千艘。其别将吴林以八百艘围冯村,守信大败之,林溺死,生获欧,黎与伪都督丞相二十四人,皆磔之,椎其伪符玺。召入都,加怀远大将军、同知广东宣慰司事,赐衣服、弓矢、鞍勒。行省恐守信受代去,预乞于尚书省留之,再授怀远大将军、同知广东宣慰司事。守信前后在广东十八年,斩获贼首二百七十一人,或梯崖绹谷,穷其巢穴,水战则乘乌船游击之,不尽不已,故所向有功。三十年卒,年五六十。子弻,新州同知。

皇毅,真定藁城人。父全,署千户。毅有勇略,董文炳使云南,从行三十二人,毅其一也。世祖攻鄂州,从文炳夺宋南岸梁子湖水栅。世祖即位,北讨阿里不哥,使将壮士五十人以从。文炳戍邓州,署毅为征行千户。从大军败夏贵于泓河口,以功授百户。又从败张世杰于焦山,夺战舰二,授总把,佩铜印。文炳略定淮东,表为千户,佩银符。

兵还，北戍黑城，进武略将军，佩金符。筑上都东西凉亭，有功，进武德将军、亲军总管，例改总管为千户，又为前卫亲军千户。从世祖讨乃颜，败贼于吐忽哥，又与前锋败贼于兀鲁古河，又战于末温，战于哈剌木干，又与贼将金刚奴战于扎答，获之。乃颜平，进宣武将军、告老归，以子度袭职。大德元年卒。

靳忠，深州静安人。以才勇为阿术所知，拔为帐下亲军。从攻樊城，又从破沙洋、新城，摄行军百户。至元十二年二月，追败宋殿帅孙虎臣，夺其乘舟，伯颜壮之。及常州破，录前后功，真授管军百户。江南平，伯颜以忠赏不酬劳，命为管军千户，佩银符。

从讨建宁黄华，手刃贼首黄朝奉、王拔都，又获其骁将陈统制。行省赍白金碗二以旌之。后以伯颜荐，除武略将军、邓州翼管军下千户。二十一年，从忙古台入朝，赐金符，就擢中千户。枢密院申定兵制，又改下千户。卒。

忠礼敬贤士，恂恂有儒者风。先是，诸将讨闽浙之乱，多俘良民为奴，忠令自相保任，散归乡里。其后男女相携来谢，作斋祠以为福报焉。

蔡珍，彰德安阳人。父兴，管军百户，告老，以珍代之。

珍素骁勇，从宪宗伐宋。从世祖征阿里不哥。又从讨李璮，败其兵于老僧口。后戍襄阳，从攻安庆、五河，复涟、海二州。授忠显校尉、管军总把。寻权千户。

十四年，扈驾黑城，珍储刍稿，营土室，诸军赖之。累迁中卫亲军总把，改后卫，赐银符。白海建行营，命珍督役卒事，民不知扰，下至草木无纤介之损。帝临幸，问其故，左右以珍令严肃对，帝嘉之。二十一年，改胶东海道都漕运万户府都镇抚。迁后卫亲军千户，佩金符。至大四年，进武略将军，卒。

先是，彰德帅麾下军校二人，以刚直忤众，或潜其外叛，帅遽命斩之，珍力为营救，始得释。及珍卒，二人俱使其子服丧三年。

子恕，袭后卫亲军千户。

珍同县韩进，亦以才勇显。进以百户，从大军攻宋合州钓鱼城，及攻邓州、襄阳，俱有功。世祖即位，又从破李璮，赐号拔都，赏锦衣、宝鞍。至元十一年，枢府刭管襄樊归附新军。是年九月，从征东副元帅洪茶邱伐日本，擢中卫千户，管北京等新签洪军。十五年，拜忠显校尉、管军总把。累擢武德将军，赐金符。复从伐日本，充行军都镇抚。大德三年，迁宣武将军。卒。

刘用世，其先本辽东人。父福，以亲王移相哥驱户，官淄州，遂为淄州人。福卒，用世袭父职，权行军千户。十二月，从破武矶堡，据其木栅四重决壕水灌之，又以云梯登陴，斩获甚众。十一年，从败宋舟师于丁家洲，夺其战舰。以前后功，进武略将军。十五年，从李恒入广州，败宋王侍郎军于阁部口，又败凌制置军于海珠口。十六年，与宋兵战于崖山，用世擒其副统制祝永昌、副将孟德凯。旋加武德将军，赐金符，移镇龙兴。卒。

用世二子：世恩、世英。世恩有膂力，能挽强命中。崖山之战，恒出奇计，作射栅，度与南船相直，选世恩等七八人射之。世恩弦不虚发，自卯至午，宋军大溃。后以疾让职于世英。及世恩子源成立，世英慨然曰："吾兄子已能荷戈带甲，宜还其禄秩，吾退居田里可也，"请于朝，复以源袭千户。时论称之。

苏津，滕州人。兄润，金末起义兵，累迁怀远大将军、滕州太守。孛鲁攻滕州，润巡城中流矢，卒。城降。时津为杞县丞，弃官归。东平总管石天禄，津之乡人也，招之为沛县兵马都总领兼分治县令。津安辑流亡，沛人德之。迁武显将军、左监军、同知滕州。中统三年，李璮据济南叛，宋人乘衅遣夏贵袭陷蕲、宿等城。津从张禧援之。所至号令严明，市不易肆。阿术鲁上功，擢定远大将军、左副元帅兼睢州知州，卒于官。

王均，字润夫，襄阳人。性倜傥不羁。张子良为归德府总管，辟均从事。迁行省掾，以策干都元帅刘整，整奇之，奏为元帅府经历，佩金符。襄阳下，擢襄阳总管府判官。至元十三年，诏以湖南戍兵多疾，由不习食稻，使均转粟湖南，馈阿里海涯兵。迁奉议大夫、行省左右司员外郎，遥授庆源府知府。

十五年，擢朝列大夫、左右司郎中。是时用兵琼、崖、儋、万四州，均督一切，供亿无缺乏。擢中议大夫、永州路总管。永州当土贼作乱后，长吏旁逮根株，以责赇赂，均绳之以法，民始安堵，父老数百人状其治于行省。大军征日本，赋造兵船，取材于民，而促其期，均不为威鸷，而事自办。二十四年，迁少中大夫、静江路总管。镇南王征交趾，行省檄均至海北，督馈运，又诏料民海外，往返数四，得户十有六万。二十七年卒，年六十四。子天锡，鄞县尹。

季庭璋，莒州人。父智仙，千户。

庭璋从大军围襄阳，败宋援兵，授敦武校尉、右卫亲军百户。十三年，巡哨高邮、宝应，累有功，进忠显校尉、侍卫亲军总把。宋平，赐银符，进忠翊校尉。

十五年，从大军北征，擢汉军都元帅府都镇抚。率所部戍和林成阔阔之地，宗王伯木儿赐以牛羊。十八年，擢武略将军、管军千户。二十六年，世祖亲征乃颜，命左丞李庭举精于韬略者，以庭璋应选，诏驰驿至军中。二十七年，军还，换金符，进武德将军、右卫亲军千户。卒。子珍袭父职。

新元史卷一六六
列传第六三

张禧 宏纲 贾辅 文备 王国昌 通 解诚 赵匣剌 孔元 张洪 赵伯成 虎益 张万家奴 孝忠 保童 郭昂 嘉 綦公直 忙古台 完颜石柱 程介福 张立

张禧,东安州人。

父仁义,金末徙益都。及太宗下山东,仁义乃走信安,信安守将张进用为裨将。大兵围信安,仁义率敢死士三百开门出战,围解,以功署军马总管。固守十年,不能支,始与进来降。率其部曲,从宗王合丹略地河南,授管军元帅。后攻归德,中流矢卒。追赠县侯。

禧,年十六,从大将阿术鲁攻徐州、归德。复从元帅察罕攻寿春、安丰、庐、滁、黄、泗诸州,皆有功。禧素峭直,为主将所忌,诬以它罪欲杀之。禧子宏纲入狱,省其父,狱卒并系之。乘间,与父脱械同逸,求援于王鹗,鹗荐禧与其子宏纲俱入见。从世祖南伐,进攻鄂州。诸军穴城以入,宋树栅为夹城于内,入战者辄不利。乃以厚赏,募敢死士。禧与宏纲俱应募,由城东南入,将至城下,世祖悯其父子俱死，遣阿里海牙谕禧父子，止一人。进战，禧枪折，取宏纲枪以入，战良久，身中十八矢，一矢镞贯腹，闷绝复苏，曰："得血竭饮之，血出可生。"世祖亟命取血竭疗之。疮既愈，复从大将纳剌忽，与宋兵战于金口、李家洲，皆捷。

世祖即位，赐金符，授新军千户。三年，从征李璮。时宋乘璮叛，遣夏贵袭取蕲县、宿州等城。禧移兵攻之，贵走，尽复诸城。至元元年，擢唐、邓等州民军总管。宋侵均州，总管李玉山败走，帝命禧代之。三年，与宋将吕文焕战于高头赤山，乘胜，复均州。四年，改水军总管，益其军二千五百，令习水战。

五年，从攻襄、樊。六年七月，夏贵率兵援襄阳，禧从元帅阿术战却之。七年，与宋将范文虎战于云寿洲。九月，复战于竹根滩、饿虎崖，俘斩二千余人。八年，江水暴溢，范文虎以战舰千余艘援襄阳，阿术命禧夜率轻舟衔枚出敌舰之后，插苇识水深浅。及还，即使禧率四翼水军进战，宋兵溃，追至浅水，夺战舰七十余艘。九年，攻樊城，焚其串楼，败宋将张贵于鹿门山。十年，行省集诸将，问破襄阳之策，禧言："襄樊夹汉水为城，敌人横铁锁水中，断锁以绝其援，则樊城必下。樊城下，则襄阳可图。"行省从之。及襄阳降，授宣武将军、水军万户，佩金虎符。丞相伯颜因命禧为水军先锋。

十二年，败宋将孙虎臣于丁家洲。九月，从阿术与宋都统姜才战有功，加信武将军。十三年，从下温、台、福建。十四年，加怀远大将军、江阴路达鲁花赤、水军万户。十六年，入朝，进昭勇大将军、招讨使。

十八年，加镇国上将军、都元帅。朝廷议征日本，禧请行，即日拜行中书省平章政事，与右丞范文虎、左丞李庭，同率舟师至日本。禧舍舟筑垒平湖岛，约束战舰各相去五十步，以避风涛。八月，飓风大作，文虎、庭战舰悉坏，禧所部独完。文虎议还，禧曰："士卒溺死者半，其脱死者皆壮士也。曷若乘其无回顾心，因粮于敌，以立奇功。"文虎等不从，曰："还朝问罪，吾辈自当之。"禧乃分船与之。时平壶岛屯兵四千，禧悉弃舟中所有马七十匹，以载兵归。二十八年卒,年七十五。至治三年,赠推诚著节功臣、荣禄大夫、湖广行省平章政事、柱国、齐国公,谥忠烈。

子宏纲,字宪臣。从禧伐宋,屡有功。自管军总把、佩银符,换金符为千户,升总管,广威将军、招讨副使,加定远大将军、招讨使,袭镇江阴。从参政高兴破建德溪寨诸贼。后赐三珠虎符,授昭勇大将军、河南诸翼征行万户。从右丞刘深征八百媳妇师,次八番,与叛蛮宋隆济等战,殁。赠宣忠秉义功臣、资善大夫、湖广等处行中书省左丞、上护军,追封齐郡公,谥武宣。

子汉,当袭职,让其弟鼎。汉后为监察御史,累官至集贤直学士。鼎,袭江阴水军万户。

贾辅,字元德,祁州蒲阴人。金贞祐初,领乡兵,以功授蒲阴尉。寻擢为令。时土豪王知领祁州,贪婪为民害,州人逐之,推辅为刺史,行台即授辅宣武将军、祁州刺史。辅保境息民,众安之。迁浚州防御使,仍知祁州,武仙守真定,潜兵袭之,辅挺身来降,诏以辅为万户张柔之副,仍领祁州事。柔开都元帅府于满城,辅行元帅事于祁,号南府。从柔定山东,屡战有功,迁左副元帅。柔开府于保州,复以辅副之。柔将兵在外,辅居守,事无巨细,一决于辅。辅莅政严明,千里之外肃然。金亡,有朝士五十余人流徙境内,辅厚为资给,由是士论归之。丞相耶律楚材遗书称美,且赠以诗,奏辅兼行台事。辅力辞,乃以其子文备为千户,佩金符,以辅商处行台事,领顺天等路如故,亦佩金符。宪宗四年,入觐和林,帝欲以政事畀之,辅已疾甚,是年卒,年六十三。帝闻,惊悼曰:"吾方欲用之,天遽夺去耶!"赙厩马五匹,俾舆归以葬。六子,文备最知名。

文备,字仲武,袭父千户。张柔命屯三汊口,备宋兵。宋以云梯来攻,文备鏖战却之。宪宗赐弓矢、银盂,复令袭父左副元帅职,兼领顺天路。

中统二年,升开元路女真水达达等处宣抚使,佩金虎符,三年,迁开元、东京、懿州等处宣慰使。四年，改授万户，领张柔所部军，屯亳州。至元二年，加昭勇大将军，真定路总管，兼府尹。六年，调卫辉路总管。七年，授西蜀成都统军，以疾不赴。八年，授宿州万户，寻改河南等路统军，围襄、樊。九年，移蔡州，兼水陆漕运，宋兵截运道，文备败之，并夺其船。统军罢，敕文备入觐，赐弓矢、金鞍、锦衣、白金。十一年，复授万户、汉军都元帅，领刘整军驻亳州。宋将夏贵引兵来袭，文备邀击，大破之，赐金鞍、金织文段、白金。

丞相伯颜伐宋，文备领左翼军以从。抵郢州，宋筑二城，夹江布战舰数千艘于江中，陈兵两岸，军不得进。文备引舟由沧河径出大江，攻武矶堡，大军继之，遂取鄂、汉，以功赐白金，加昭毅大将军，守鄂州。十二年，从平章政事阿里海牙取湖南。至潭州城下，文备冒锋镝，炮伤右手，流矢中左臂，宋转运判官锺蜚英等以城降。十三年，加昭武大将军，守潭州。十四年，衡永、郴等州寇发，文备悉讨平之。十五年，进镇国上将军、湖南道宣慰使，徇琼、崖等州及广东濒海诸城。十六年，召还拜浙东宣慰使，加金吾上将军，镇庆元。十八年，复授都元帅。二十年，改江东宣慰使，讨建宁盗黄华。二十二年，拜荆湖占城行中书省参知政事。二十三年，改湖广行省参知政事。二十四年，致仕。后十七年以疾卒。延祐四年，赠江西等处行中书省左丞，追封武威郡公，谥庄武。

王国昌，胶州高密人。初为胶州千户。中统元年，入觐，迁左武卫亲军千户，佩金符。召问军旅之事，国昌奏对甚悉，帝嘉之，赐白金、锦袍。至元五年，有上书言高丽境内黑山海道至宋境为近，帝命国昌往视之。泛海千余里，风涛汹涌，国昌神色自若，至黑山乃还。帝延见，慰劳之。时遣使谕日本，令国昌率兵护送，道经高丽。高丽叛臣据珍岛，因命国昌与经略使卯突、史枢等攻之。八年，复遣使至日本，命国昌屯于高丽之义安郡，以为援。冬十月，卒于军。子通嗣。

通，初袭爵为左卫亲军千户。十二年，从诸军伐宋，渡江，镇鄂州。时潭州不下，兵薄其城，通以所将千人破其栅，宋兵遁去。通纵兵追击，杀获甚众。以功进武节将军。从攻静江，克之。十四年，改侍卫亲军千户。明年，通上书言："今南方已定，北陲未安，请屯田于和林，率所部自效。"帝慰劳遣之。从破叛王于金山，俘获生口及牛、马、羊、驼不可胜计。进显武将军，赐金虎符，升金左卫亲军都指挥使。从讨乃颜，迁副都指挥使。明年，屯田瓜、沙诸州，进阶明威将军。武宗即位，命总京城卫兵。枢密院复奏通摄左丞，领诸卫屯田兵。寻迁屯储卫亲军都指挥使，镇海口，以疾卒。

子燕出不花，袭武德将军、右卫亲军副都指挥使。

解诚，易州定兴人。善水战。从伐宋，以功授金符、水军万户，兼都水监使。焦湖之战，获战舰三百艘，援兵不敢动，乘势追败之，夺其军粮三百余石。从攻安丰、寿，复泗、亳诸州，俱有功。又从下云南大理，以功赐金虎符。从攻鄂州，夺敌舰千余艘。世祖嘉其功，降玺书奖之。李璮反，奉命率所部会东平。卒于军中。后赠推忠宣力功臣、龙虎卫上将军、同知枢密院事、上护军，追封易国公，谥武定。

子汝楫袭。从讨李璮。至元六年，从行元帅赵壁，以舟师败夏贵于龙尾州。襄、樊平，汝楫功多，赐银万五千两。十一年，又从阿里海涯败高世杰于洞庭湖，卒。赠推忠效节功臣、资德大夫、中书右丞、上护军，追封易国公，谥忠毅。

子帖哥袭。从征广西，下静江府，改授水军招讨使。寻复为万户，从征交趾有功。升广东道宣慰使。卒。赠资德大夫、河南江北等处行中书省左丞、上护军、平阳郡公，谥武宣。

子世英，由监察御史迁山南江北道佥事。卒。

赵匣剌，失其籍贯，以父任为千户，佩金符。中统三年，守东川。四年，宋夏贵以兵侵虎啸山，元帅钦察遣匣剌御之，贵败走。宋刘雄飞以兵犯青居山，匣剌与战于都尉坝，复败之。钦察攻钓鱼山，别遣匣剌以兵千五百略地至南坝，败宋军，获军士五十七人，老幼三百四十人。从攻大良平，宋昝万寿运粮至渠江之鹅滩，匣剌邀击之，宋兵大败，匣剌亦被三创，镞中左肩不出，钦察惜其骁勇，取死囚二人，刲其肩，视骨节浅深，知可出，凿创，拔镞出之，匣剌神色不动。

至元三年，擢东川路先锋使。四年，元帅拜答攻开州，至万宝山，遣匣剌以兵五百人御宋军。获四十人。五年，兼管京兆、延安两路新军，戍东安、虎啸山两城。宋杨立以兵护粮送大良平，匣剌率所部与立战于三重山，斩首百五十级。立败走，弃其粮千余石；并夺其甲仗、旗帜而还。

六年，行院遣匣剌攻钓鱼山之沙市，焚其敌楼。从左丞曲力吉思等入朝，诏赏白金五十两、细甲一注。九年，统军合剌攻钓鱼山，以匣剌为先锋，领兵千人略地至葛树坪，与宋兵遇，生获二十余人，斩首四十级。十年三月，复从合答攻钓鱼山之沙市，匣剌乘夜蚁附而登，杀其守兵，生获二十余人。又击败宋将张珏于武胜军，行院拔礼义山寨，命匣剌守之。十二年，率舟师会攻钓鱼山，战数有功。

进围重庆，宋将赵安勒兵出战，匣剌逆败之。行院以其疾作，命返泸州。泸州复叛，匣剌与从者二十人皆死。

子世显，船桥副万户。

孔元，字彦亨，真定人。骁勇有智略，隶丞相史天泽麾下，从取焦湖，围寿春，先登，拔其西堡。又从围泗州，拔之。又从攻五堂山寨，俘其众以归。宪宗八年，从攻樊城，元率死士，斩首十九级以献。

中统元年，扈驾北征。二年，宣授管军总把。至元十一年，从伐宋，为前锋，所向克捷。十四年，进武略将军、管军千户。明年，还军北征，进武义将军侍卫亲军千户，赐佩金符。又明年，讨叛王失里木等，从行院别乞里迷失追其众至兀速羊而还，分军扼其要害，余众遂溃，获辎重牛马。帝大悦，赏赉甚厚，加宣武将军右卫亲军总管。十九年，以疾卒。

子鹰扬，袭授昭信校尉、右卫辛军弩军千户，仍佩金符。至大元年,以疾卒。子成祖袭,延祐二年卒。子那海袭。

张洪,河间沧州人。以千户从讨李璮,赐金符。至元四年,董修大都城,赏金织衣。十一年,从征五河口。十四年,从讨叛王撒里蛮,擢宣武将军、侍卫亲军总管。还至和林塔迷儿之地,辎重为贼所掠。十六年,进左卫亲军副都指挥使。十七年,加安远大将军。二十四年,扈驾征乃颜。明年,以昭毅大将军致仕。

子奉政,袭千户,佥左卫亲军都指挥司事。元贞元年,提调左卫屯田。大德十一年,卒。子庸嗣。

赵伯成,真定人。父伟,黑军百户。伯成袭职,隶万户邸泽部下。从攻鄂州;李璮反,从泽讨之;俱有功。改隶招讨使野的迷失部下。从渡江伐宋,留戍黄州。至元十三年,张世杰挟宋益、卫两王走福建,伯成从野的迷失攻克建宁,署伯成建宁安抚司达鲁花赤。

盗起南剑州,犯建宁,伯成一发,歼其渠魁,余众奔溃,行省以伯成署军民达鲁花赤。明年,讨平庆元浦城乱民,兼署建宁路万户,赐金符,授管军千户。十七年,都昌贼杜万一作乱,伯成与方安抚讨平之,生擒万一,磔以徇。复以管军千户守建宁。十六年,授管军总管。二十年,黄华叛,伯成连战败之。未几,华众号二十万来攻,伯成据水拒之,潜从上游泅以济,贼大败,华遂不振。二十四年,移守南剑州。是冬,钟明亮叛,伯成偕达鲁花赤脱欢讨之,超拜漳州新军副万户。二十九年,移伯成守漳州之云霄隘,盗不敢犯,民德之。大德初,刘大老犯漳州,伯成拒战,刀中项及腰。时伯成年六十七,乃移疾北归。至大二年,卒于家。

子仲立,嗣为副万户。

虎益,河西人。父穆苏和勒善,为夏兀纳城钤部官,首出降。从李恒父惟忠,隶于诸王哈札尔,官淄川军民总管。卒。

益,姓其祖名为虎氏,从讨李璮有功,赐鞍马、弓矢、甲胄。以承事郎、知万户府事，从恒下襄阳。又从徇地江西，破刘槃、熊飞诸军，凡定江西州七、福建州三、广东州十四，护送宋丞相文天祥至京师，擢中顺大夫、龙兴路达鲁花赤，历抚州、袁州、徽州三路。累擢少中大夫。乞病归，卒于家。

张万家奴，失其籍贯。父札古带，事睿宗于潜邸。从破金，有功，赐虎符，授河东南北路船桥随路兵马都总管、万户。从围嘉定，殁于军。

万家奴，数从都元帅亦答火鲁征讨，有功。中统二年，从都元帅纽璘入朝，授以父官。宋兵入成都，从行院阿脱击破之。至元四年，帅师立眉、简二州。从也速答儿攻泸州，大败宋军，俘四十余人。七年，率诸军城章广平，与宋人战，斩首三百余级。攻重庆，破朝阳寨。时诸将攻泸州多失利，乃诣阙请自任攻取之效，许之。率舟师百五十艘，自桃竹滩至折鱼滩，分守江面。先据神臂门，为梯冲，登城，杀二百余人。斩关而入，遂拔之。加昭勇大将军。从围重庆，将其众断马湖江，分兵水陆往来为游徼。加昭毅大将军。以所部转饷成都及下流诸屯。

迁招讨使。与都元帅药剌海讨亦奚不薛，平之。进副都元帅。诏其子孝忠为船桥万户，以万家奴将四川、湖南兵征哈剌章。时云南恶昌、多兴、罗罗诸蛮皆叛，州郡莫能制，万家奴率所部讨平之，民为立生祠。二十年，征缅，战殁。

云南王命次子保童，将其军，从攻太公城，有功，袭副都元帅。又从讨吐番，至甘州山丹，亦战殁。

孝忠，少从父军中。至元十九年，从都元帅也速答儿讨亦奚不薛，遇其众于会灵关，追至沙溪，败之。克龙家寨、阿那关，遂进攻亦奚不薛，大破之。又以八百人，败阿永蛮于鹿札河，乘胜至打鼓寨，诸蛮悉平。以功赐金帛、弓矢、鞍辔，还军成都。二十二年，从讨乌蒙蛮，复击降大坝、都掌、蚁子诸蛮，加明威将军。二十七年，从讨叛王,至沙、瓜诸州还。赐虎符,金书四川等处行枢密院事。院罢,以本军万户镇成都。卒。

郭昂,字彦高,彰德林州人,稍通经史。至元二年,上书言事,平章廉希宪才之,授山东统军司知事。寻改经历,迁襄阳总军司,转沅州安抚司同知,佩金符。招降溪洞八十余栅。播州贼张华聚众容山,昂讨华,斩之,山徭、土獠诸洞尽降。

十六年,以诸洞酋入朝,帝赐金绮衣、鞍辔,进安远大将军,徇沅州西南界,复新化、安仁二县。擒剧贼张虎,纵之,曰:“汝非吾敌,愿降即来,不然吾复擒汝不难也。”明日虎降,其众敛三千余人悉使归民籍。军还,众敛白金以献,一无所受。至江陵,众复追至,请纳其金,昂悉上之行省。宰臣令藏于库,以示诸将。

十九年,授溪洞招讨使,换虎符。二十六年,江西盗起,昂讨平之,进平南安、明扬、上龙岩、湖缘村、石门、雁湖、赤水、黑风峒诸蛮,立太平寨而还。会大饥,以贼首家资赈饥民。授万户,赐金虎符,镇抚州。是年,宜黄县南坑盗起,行省檄昂捕之,昂议环贼出入之境,各以兵歼其居民。行军令史李荣抗言不可,请招谕其众,昂从之。获盗首四人,余悉散走。未几,赴广东监造战船,遇贼,移檄谕以祸福。广东素服其威信,檄至,即降。授广东宣慰使。卒,年六十一。

子:震,杭州路镇守万户;惠,金江西廉访司事;豫,知宁都州。惠子嘉。

嘉字元礼。由国子生登泰定三年进士第,授彰德路林州判官。累迁翰林国史院编修官,除广东道宣慰使司都元帅府经历。未几,入为京畿漕运使司副使。寻拜监察御史。会朝廷以海寇起,欲于浙东温、台、庆元等路立水军万户镇之,擢嘉礼部员外郎,乘驿至庆元,与江浙行省会议可否。嘉至,询父老,知其弗便,请罢之。授广宁路总管,兼诸奥鲁、劝农、防御。

属盗起，军旅数兴，供饷无虚日，民苦和籴转输，吏胥得因缘为奸，嘉设法弟其户口甲乙，民甚便之。诏团结义兵，嘉招集民兵数千，教以坐作进退，号令齐一，赏罚明信。故东方诸路义兵，称广宁为最。十八年，寇陷上京，嘉率义兵援之。既而辽阳陷，嘉率众巡逻，去城十五里，遇青号贼五百余人，绐言官军。嘉疑其诈，分兵两队夹攻之，生擒贼数百，死者无算。嘉见贼势日炽，孤城无援，乃集同官议攻守之计。众皆失措，嘉曰：“吾计决矣。”因出所有家资犒义兵，且曰：“自我祖宗有勋王室，今之尽忠，吾分内事也，况身守此土，当生死以之，余不足恤矣。”顷之，贼至围城，有呼者曰：“辽阳我得矣，何不出降。”嘉挽弓射呼者，中其左颊，堕马死，贼稍引退。嘉开门逐之，贼大至，力战以死。事闻，赠崇化宣力效忠功臣、资善大夫、河南江北等处行省、左丞、上护军，封太原郡公，谥忠烈。

綦公直，字世美，益都乐安人。为益都劝农官，又为沂、莒、胶、密、宁海五州都城池所千户。至元十年，赐金符，监造征日本战船于高丽。世祖知其勇，召见，命与忽不烈拔都等同行荆南等处招讨司事。抵峡州青草滩，霖雨，不进，还屯玉泉山。率兵三千，攻安进寨，破之，获牛马七百。还至襄阳，枢密院复命督造战船。襄阳既下，敕领邓州、光化、唐州汉军及郢、复熟券军九千二百人，从诸军南伐。十二年冬，至隆兴。宋军突出逆战，公直败之，追抵城下，逾壕焚其楼橹，斩首万余级，隆兴降。由是南安、吉、赣皆望风款附。平堡栅六百余。其公直又令第三子忙古台攻梅关，破淮德山寨，入广东，所向克捷，诏授公直武毅将军、管军千户。

入觐，加昭勇大将军、管军万户，佩金虎符，领侍卫亲军镇别失八里。时伯延、伯答罕、秃忽鲁叛于西夏，命公直率所部讨平之。十八年五月，擢辅国上将军、都元帅、宣慰使。初，帝诏以长子泰袭万户，公直自陈年老，乞以泰为乐安县尹，就养其父，仍终身勿徙它职。至是，乃以忙古台袭万户，佩金虎符从之镇。公直陛辞曰：“臣父丧五年，愿葬以行。”帝许之。至家，葬事毕，遂计乐安税课及贫民逋负,悉以赐金代输。二十三年,诸王海都叛,侵别失八里,公直从丞相伯颜战于洪水山。援兵不至,第五子瑷力战而死,公直与妻及忙古台俱陷于贼。

二十四年,忙古台奔还,授定远大将军、中侍卫亲军副都指挥使。改湖州炮手军匠万户。讨衢州山贼有功,加昭勇大将军。泰,后终于知宁海州。

完颜石柱,契丹人。

祖德住,仕金为管军千户。

父拿住,归太祖,从征西域、河西。又从太宗攻下凤翔、同州,有功。赐号拔都儿,佩银符,为同州管民达鲁花赤。改赐金符,兼征行千户,总管拔都军。

宪宗以拿住年老,命石柱袭其职,从世祖征合剌章。还,又从都元帅纽璘攻马湖江。石柱夺浮桥有功,赏白金七百五十两。进至龙化县,与宋兵战,大败之,中统二年,以前功,授征行万户,佩金符。三年,从都元帅帖哥攻嘉定有功,改赐金虎符。至元四年,败宋兵于九顶山,生获四十余人。五年,攻泸州之水寨及五获寨,渡马湖江,迎击宋兵,败之。从行省也速带儿攻建都,建都降。从攻嘉定,复泸州,取重庆,石柱之功居多。十四年,迁昭勇大将军。十六年,授四川东道宣慰使。十七年,改镇国上将军、四川西道宣慰使,总管随路八都万户。二十年,拜四川行省参知政事,卒。弟真童,袭为随路八都万户。

程介福,字伯强,太原祁县人。父达,太祖十三年率众来降,授提控。累迁管民总管,赐银符。太宗四年,发平阳、河中、京兆民户二千屯田凤翔,以达领之,换金符,位总管上。大军伐蜀,往来供亿,屯民出十之七。达卒。

介福嗣。宪宗二年,宋制置使余玠潜遣偏将烧绝栈道,自率诸军攻围兴元城,且夕且陷。介福将屯兵五百,从大帅赴援,道路不通，有三人自玠营亡归，为介福所获，贳之，使为向导，槎山通路，直出陈仓。玠以为从天而下，焚围宵遁。帝收诸将符节，二年，介福入觐，再赐金符，位总管上，制许专生杀。民有殴其兄死者，其父以金赂介福曰："季子偿死，吾谁与为养？幸哀而宥之。"介福曰："贼杀同气，其不仁甚于虎狼，贷之何以坊民捄？"其父出，立诛之。迁武略将军、知弘州，有惠政。后以病卒。

子桧，八番副都元帅，赐虎符。孙文演，陕西万户。

张立，泰安长清人。初隶严实麾下，略地江淮，以功署百户。宪宗征蜀，征诸道兵，立佐刘千户将东平兵从行。次大获山，宋人阻山堑江，恃以自固。立攻其外堡，克之，夺战舰百余艘。从攻钓鱼山，复力战，有功，赐金帛。

中统初，从世祖北征还，授管军总把，佩银符。至元二年，进侍卫军镇抚，换金符。八年，改侍卫军千户。寻迁左卫亲军副指挥使，赐金虎符。

十四年春，率步卒千人，转粟和林。至应昌，有叛将潜谋不轨，以骑三千躏立后，欲乘间夺其资粮。立觉其有异，环车为栅，以自卫。贼众已合，矢如雨下。初，立发上都，每车载二板以备不虞。至是，立板于车上，矢不能入，相持累日，卒达和林。

十六年，增置前后卫，进明威将军，后卫亲军都指挥使，赐双珠虎符，加昭勇大将军。长子温，以世爵为千户，加宣武将军、右卫亲军总管。父子并佩虎符，乡里荣之。立以老病致仕，卒于家，年六十七。

立精敏，常督营缮之役。白河宫殿落成，世祖命赐金以旌其劳，立固辞不受。乃致仕，诏以立次子圭代领环卫，以立所佩金符赐之。圭卒，子伯潜袭。

新元史卷一六七
列传第六四

游显　贾居贞 _钧　赵炳
李德辉 _吕　张德辉　马亨
何荣祖　程思廉

游显,字子明,本代州崞县大姓。金宣宗迁汴,徙其族于许州临颍。太宗四年,拔许州,显隶大帅巴而思不花部下,以善国语,擢为经历。后与千户阿思兰从诸王伐宋,略房州,擒宋何将太尉。襄阳下,授副达鲁花赤。十年,襄阳别将刘义叛,执显等送于建康。宋将刘石河荐其才于制置使孟珙,珙移镇鄂州,使显从石河戍淮北。遂与田僧住二骑夜遁,至新野境,遇阿思兰巡徼,偕至察罕军中。十二年,入觐,太宗赐白金五万两、锦衣二袭,襄阳新附民二百家为佃户。且曰:"昔太祖时,一回鹘人迎降,授以玺书,从其所为。今亦授卿玺书,从其所为。"

宪宗即位,授金符,为大帅卜怜吉歹佐,濒行赐之酒,辞,帝曰:"卿朕前不饮,将饮无人处耶?"对曰:"臣不敢面欺,今效死行间,从此十年不饮酒。"帝大悦。八年,帝自将伐蜀,显谓:"道路险远,馈运甚艰,六师出此,非万全之策,不如从关东直临江汉。"帝曰:"朕业已至此,关东之事付之朕弟,宜即彼言之。"九年,世祖自开平南伐,显谒见汤阴。至黄陂,使显督别帖万户战船,篙工不足,显取降人立两帜,下令之曰:"能用篙者左,否则右。"得九百人济江。授银章,行宣抚使事。

世祖践阼，诏显位中书左丞、大名宣抚使张文谦下。中统二年，代文谦为宣抚使。三年，李璮反，以显行宣慰司于大名、洛、磁、怀、孟等州，及河南东西两路，皆隶之。有诬显尝与璮通书者，帝曰："显岂为此事，鸷鸟为狐所憎耳！"及籍璮家，果无显书。敕以诬告人付显，听其甘心，其人亡命。逾年，显召其妻子，谕使出，其人膝行祈死。显曰："汝生死惟吾，其忍杀汝？"待之如平时。

显以平贼入贺。故事，非国人不入宫门，席地坐，不设榻，侍宴不称觞。至是，显请称觞，诏允之，并赐黄金一斤。他日，帝宴坐虎帐，显至，卫士呵止之，呼于廷中。帝曰："是非游显声耶？"召入，诘之，显以实对，帝命之出。裕宗时为中书令，适至，复召入，俾尽所言。对曰："臣闻将改宣抚司为宣慰司，若不选贤能任之，虽变易官名，犹恶鼓不鸣，而新其枹声，岂加大耶？"因历短诸臣无少隐借。帝顾裕宗曰："汝他日求可用者，须此辈人。"

至元二年，进嘉议大夫、益都路总管。未几，改南京路总管。四年，改大都路总管，兼府尹。乘舆岁至大都居冬，粮粮稿秸，多不给值，率出于中下之户，豪强不及。显以物力多寡，差赋之民力，纾其半入。言安童、伯颜两丞相，一治中书事，一为枢密，则军政必齐肃于前。从之，以伯颜同知枢密院事。六年，授河北河南道提刑按察使。八年，改总管襄阳水军万户。又改陕西四川道提刑按察使。皇子安西王出镇陕西，载顺圣皇后赐物数十车，用事者欲置于宪府，副使张庭瑞不受。皇子闻其事，将按治庭瑞，显力为陈辩，且责同事者曰："昔线真罢右丞相，入为宣徽使，有干以事者，谢曰：'吾守鸾釜者，他非所知。'汝乃王之庖人，不师此而越职沮挠风纪，傥帝闻之，谓王不戢左右，奈何？"皇子虽不悦，然素知显为人，由是庭瑞得免重谴。

伯颜济江，授显前军宣抚使。大军围平江，显以七骑抵城下，呼曰："我游宣抚也，告汝州将，宜早纳款。"宋将王安抚即以城降。授显平江路宣抚使。十四年，迁中训大夫、浙西道宣慰使，入觐，帝顾谓之曰："卿老人，宣力多年。"赐榻座，辍大官所上食之，赐白貂裘。显奏言："江南赖陛下神武，文轨已同，惟官吏敷宣圣化者，不称任使。"敕与中书言之。十六年，迁中奉大夫、中书右丞、行浙西宣慰使。十九年，拜荣禄大夫、江淮等处行中书省平章政事。卒，年七十四。

显推诚感物，有窃戍兵马者，律当倍偿，显先假公帑偿之，与盗期，归取于家；如期而返，悉输官罚。在平江，贷仓谷一百三十万于民，约秋熟偿官，及期无少折阅。二事人尤颂之。

子永锡，海北广东道廉访使；永禄，知绥德州。

贾居贞，字仲明，真定获鹿人。祖守谦，金尚书右丞。父颐，金蔡州观察推官。

居贞，甫冠为行台从事，有馈黄金五十两者，居贞却之。太宗闻其事，称为清慎，特敕有司给银百两。世祖在潜邸，召对称旨，使监筑上都城，以母忧归。

中统元年，授中书左右司郎中，居贞习国语，命特入奏事。从帝北征，赐西锦服，以赏其劳。一日，帝问郎俸几何，居贞如数对。帝谓太薄，敕增之。居贞辞曰："不可以臣而紊官制。"刘秉忠奏居贞参知政事，又辞曰："他日有援臣例求执政者，何以处之？"帝嘉其能让。

至元元年，授参议中书省事。与左丞姚枢行省河东山西，罢诸侯世袭，立迁转法。五年，再为左右司郎中。阿合马当国，忌之，改给事中，同丞相史天泽等纂修国史。

十年，克宋襄阳，以居贞知襄阳府，旋擢襄阳路总管，佩虎符。十一年，伯颜伐宋，授居贞宣抚使，议行省事。鄂州降，留居贞与阿里海牙戍之，授佥行中书省事。居贞建议曰："江陵要地，宋制阃重兵所屯，闻诸将不睦，城中又患疾疫。薪刍乏绝，闭门不敢樵采，宜乘间取之。若春水涨，彼乘上流而下，则鄂、汉危矣。"驿闻，诏从之。

十二年春，阿里海牙攻江陵，使居贞守鄂州。居贞严戢吏卒，有纵暴于民者,立斩之。发仓廪以赈流亡,弛湖获禁,免括商船,听民用宋之楮币,宋宗室仰食于官者,依旧廪之,州境遂安。宋将娄安邦以信阳降,入觐,裨将陈思聪屠其家,居贞以计召思聪至,数其罪诛之。蕲州盗起,属县民傅高亦聚众应之。居贞移檄,谕以祸福,众皆降,获高磔死。居贞初遣万户郑鼎讨贼,鼎疑城中大姓皆与高通。谋请歼之,以绝祸本。居贞不从。鼎留其部将于鄂,戒之曰:"吾还军,汝即举烽,内外合发,当尽杀城中大姓。"会鼎战败溺死,其事泄露,鄂人尤感颂居贞。十四年,拜中奉大夫、湖北宣慰使。

十五年,迁参知政事。未几,改江西行省参知政事。濒行,老幼号泣相送,刻其像祀于州学。诏捕受崖州伪命者,逮系三百余家,居贞悉出之,下令凡收藏宋告身者,悉投水火,有妄讦者,坐死。十五年,江西大水,居贞发粟赈之,遣吏具舟载糜粥以食饿者,全活无算。冬,大雪堕地旋消,右丞塔出,贵胄也,顾谓居贞曰:"国家有江南,北寒宜减三月。"居贞曰:"相公袭貂裘,炽炭于前,张幄于后,言是,则宜彼庭立之甲士,必以为加三月矣。"塔出谢其失言,由是师事居贞,事无大小,悉以咨之。南安李梓发作乱,居贞请自讨之,谕其众降。梓发自焚死,不戮一人。都昌杜万一僭号,拥众数万,居贞曰:"都昌与吾南康只隔一湖,不速馘此贼,南康将乱。"乃遣部将方招讨伏兵舟中,伪为贾,径造都昌,擒万一磔之。有列通贼姓名百余人来上者,居贞曰:"元恶已诛,蔓延何为?"取其牒烧之。十七年,朝廷再伐日本,造战舰于江南。居贞欲入朝,奏罢其事。未行,以疾卒,年六十三。赠推忠辅义功臣、银青荣禄大夫、中书平章政事,追封定国公,谥文正。

居贞貌粹言温,侃侃易直,性好学,军中以橐驼负书读之。从世祖北征,犹进讲《资治通鉴》。子,铎,淮东宣慰使;镛,禹城尹;锷,知盐官州;钧,最知名。

钧,字元播。幼渊默有度量。由榷茶提举拜监察御史。出佥淮东廉访司事、行台都事,入为刑部郎中,改右司郎中、参议中书省事。至大二年,拜参知政事,议罢尚书省所立法。迁佥书枢密院事。

三年，复改参知政事，赐锦衣、宝带。钧为政，持大体，不孑孑钓名誉。皇庆元年，卒。诏赙钱三百万。子汝立。

赵炳，字彦明，惠州滦阳人。父宏，有勇略，元初为征行兵马都元帅。炳幼孤，鞠于从兄。岁饥，就食平州，遇盗，缚兄将杀之。炳年十二，泣请代死，盗惊异，舍之而去。甫冠，以勋臣子侍世祖于潜邸，性勤恪，眷顾日厚。世祖复立抚州，即以炳为抚州长官。宪宗九年，王师伐宋，括兵敛财，燕蓟骚动。师还，炳迓于中途，具以事闻。返所括兵及横敛之财于民。

中统元年，命判北京宣抚司事。时参知政事杨果为宣抚使，闻炳至，喜曰："吾属无忧矣。"三年，括北京鹰房等户丁为兵，蠲其赋，使炳统之。时李璮叛据济南，炳将千人从大军讨璮，独当城北面，有俘获辄纵之去，曰："胁从者不足治也。"济南平，入为刑部侍郎，兼中书省断事官。有携妓登龙舟者，炳按以法。未几，其人死，子诉冤，诏让之。既而谓侍臣曰："炳用法太峻，然非徇情者。"改枢密院断事官。济南妖民作乱，授炳济南路总管，赐金虎符，加昭勇大将军。炳至，只诛首恶，余党悉解散。岁凶，发廪赈民，而后上闻，朝廷不之罪也。迁辽东提刑按察使。

至元九年，帝以陕西重地，思用刚鲠旧臣治之，徙炳京兆路总管，兼府尹。皇子安西王开府陕西，诏王治宫室，悉听炳裁制。王府吏卒横暴，炳以法绳之。王曰："后有犯者，勿启请，君自处之可也。"由是豪猾敛戢。诏以解州盐赋给王府经费，岁久积逋二十余万缗，有司追理，仅获三之一，民已不堪。炳密启于王曰："十年之逋，岂可责偿一日。与其哀敛病民，孰若贷之。"王善其言，遽命免征。会王北伐，诏以京兆一年之赋充军资，炳复请曰："所征逋课，足供军用，请免岁赋以苏民。"令下，秦民大悦。十四年，加镇国上将军、安西王相。王府冬居京兆，夏徙六盘山，岁以为常。王北伐六盘，守者构乱，明年春，六盘再乱，炳悉讨平之。王还，赉赐有加。"

是岁十一月，王卒。十六年秋，诏炳入觐，帝劳之曰："卿去数载,衰白若此,关中事烦可知。"及询民间利病,炳悉陈之,因言:"王卒之后,运使敦琮、郎中敦叔云窃弄威柄,恣为不法。"帝卧,遽起曰:"闻卿言,使老者增健。"饮以上樽马湩,改中奉大夫、安西王相,兼领陕西五路西蜀四川课程、屯田事,余职如故。即令乘传,偕敕使数人往按之。至则琮等假王妃之命,入炳罪,收炳及其妻孥囚之。王妃在六盘,徙炳于平凉北崆峒山。炳子仁荣诉于上,诏近侍二人驰驿至六盘,械琮等偕来。琮等留使者,醉以酒,先遣人毒炳于平凉狱。其夜星陨,有声如雷,炳年五十九,时十七年三月也。帝闻之,抚髀叹曰:"失我良臣。"俄械琮等百余人至,帝亲鞫之,尽得其实,命仁荣手刃琮、叔云于东城,籍其家以付仁荣。仁荣辞不受,帝善之,别赐钞二万二千五百缗为治丧具。蒙古旧制,无赙臣下礼,异数也。六月,诏雪炳冤,特赠中书左丞,谥忠愍。

子六人:仁显、仁表、仁荣、仁旭、仁举、仁轨。仁荣,大德八年拜中书参知政事。

李德辉,字仲实,通州潞县人。生五岁,其父将卒,指德辉谓家人曰:"吾为吏,治狱不尚苛刻,天或报之。是儿其大吾门乎。"父卒,德辉哀毁如成人。及长,嗜读书,家贫无以自给。年十六,监丰州酒税,有暇,则市笔札录书,夜诵之。未几自免归,从先生长者讲学。世祖在潜藩,用刘秉忠荐,使侍裕宗讲读。京兆为世祖分地,择能理财赋者供给军储,立从宜府,以德辉与孛得乃为使。时汪德臣屯利州,扼四川襟喉,数万之师仰哺于从宜府。德辉募民入粟,散钱币,给盐券为值,陆挽兴元,水漕嘉陵,未期年,军储充羡。

中统元年,调燕京宣抚使。燕多剧贼,造伪钞,结死党杀人。德辉悉捕诛之,令行禁止。然事多不白中书,由是忤平章王文统意,罢去。三年,文统以反诛,德辉起为山西宣慰使。势家籍民为奴者,咸免之,复业近千人。

至元元年,罢宣慰司,授太原路总管,兼府尹。至郡,有惠政。五年,征为右三部尚书。有讼财而失其兄子者,德辉曰:"此叔杀之无疑。"遂竟其狱。权贵人为者甚众，德辉不应。罪状既明，请者惭服。

七年，帝以蝗旱为忧，命德辉录囚山西河东。行至怀仁，有魏甲发得木偶，告其妻挟左道为厌胜，谋不利于己，已定谳。德辉察其冤，知魏妾所为。召妾鞫之，不移时而服，遂杖其夫，而论妾死。初，德辉与阿合马同侍帝于潜邸，至是为平章政事用事，德辉不至其门，阿合马求好，拒之愈力。后阿合马败，人皆叹服。

八年，授中奉大夫、参知北京行尚书事。九年，罢尚书省，以故官参知北京行中书省事。皇子安西王镇关中，改安西王相。至则视泾河营牧故地，可得数千顷，起庐舍，疏沟浍，假牛种田，岁得粟麦刍稾万计。

十二年，诏以王相宣抚西川。时重庆犹城守不下，朝廷置行枢密院于东、西川，合兵万人围之。德辉至成都，两府争遣使咨受兵食方略，德辉戒之曰："宋已亡矣，重庆以弹丸之地不降何待？政惧公辈之杀掠耳！向日中使奉玺书肆赦，公辈既不肯明言以须其至，反购得军吏杖之，伪为得罪，投入城中，水陆之师继进，是坚其不下也。中使不喻诈计，竟以不奉诏复命，如是者非玩寇而何？况军政不一，朝夕败矣，岂能成功。"德辉返，未至陕西，泸州叛，而重庆之兵果溃。

明年，再围重庆，逾月拔之。绍兴、南平、夔、施、思、播诸山栅皆下，而东川枢府尚独围合州。德辉乃出合州俘系顺庆狱者纵之，使归语州将张珏，以宋室既亡，三宫皆北，能早自归，必取将与夏、日比。又为书以礼义祸福，反复譬解之，以为"汝之为臣，不亲于宋之子孙，合之为州，不大于宋之天下。彼子孙已举天下而归我，汝犹负阻穷山，而日吾忠于所事，惑莫大焉！"珏未及报。

十四年，诏以德辉为西川行枢密院副使，仍兼王相，诸军既发，德辉留成都，给军食。是年，复泸州。十五年，合州将王立遣李兴、张郃十二人诇事成都，皆获之。德辉释不杀，复为书纵归，使谕立如谕珏者，辞尤剀切。初，德辉妹为立所获，诡称王氏，兄事立。至是，知德辉在成都，以手书与之，立亦计夙与东川有怨，惧诛，使兴等怀蜡书至成都,请降。

十六年,德辉以兵数百人赴之。东川害其来,皆曰:"公昔为书招珏,竟无功。今立,珏牙校也,习狙诈不信,特以计致公来,使与吾争功,延命晷刻耳,未必诚降。"德辉曰:"昔合州以重庆存,故同恶相济。今已孤绝,穷而来归,亦其势然。吾非攘人之功者,诚惧公等愤其后服,诬以抗踘先朝,利其剽夺,而快意于屠城也。吾为国活此民,岂计汝嫌怒哉。"既单舸济江,薄城下,呼立出降,安集其民而返。合州人咸绘象事之。

十七年置安西行中书省,以德辉为行省参知政事。是年,西南夷罗施鬼国既降复叛,诏云南、湖广、四川合兵三万人讨之。兵且压境,德辉适被命,乃遣安圭驰驲止三道兵,勿进,复遣张孝思谕鬼国趋降。其酋阿察熟知德辉名,曰:"是活合州李公,其言明信可恃。"即身至播州,泣且告曰:"吾属百万人,微公来,死且不降。今得所归,蔑有二矣。"德辉以其言上闻,乃改鬼国为顺元路,以其酋为宣抚使。其后有以受鬼国马,谮德辉于朝者,帝曰:"是人,朕所素知。虽一羊不妄受,宁有是耶?"十月,改安西行省为陕西四川行省,以德辉为行省左丞,德辉未闻命而卒,年六十三,谥忠宣。

卒之夕,有星如斗陨于馆垣外,德辉叹曰:"吾死征也。"及卒,蛮夷为位哭之,哀如私亲。王立缞经,率合州人拜,哭声震山谷,播州立庙祀之。德辉招降合州,行院都事吕域佐之,州人绘域像,与德辉同祀。

域,字伯充,河内人,后徙京兆。从许衡受学。衡为国子祭酒,举域为伴读。至元十三年,擢陕西道按察同知事,未行。会宋降人言:"有吕子开,为宋制置司参谋官,今居鄂州,其人知宋事,宜征用之。"朝廷议遣使召子开。或言:"子开,域之从叔,宜遣域往。"域慨然请行。子开既入觐,拜翰林直学士,辞不就。

十四年,授域四川行枢密院都事。李德辉行西院事于成都,获宋合州守将王立侦卒,将杀之,域劝释之,使归谕立降。立果降。德辉承制，授立安抚使、知合州。东院忌德辉成功，械立于长安狱。域以事至京师，言于许衡。衡白其事于贺仁杰，奏释立，赐域金织衣、刀弓、鞍勒，权行省左右司郎中。十九年，调同知顺庆行总管府事；二十年，征为国子司业；俱不就。三十年，改华州知州，有惠政。仁宗既位，召拜翰林学士。未几，以年老致仕，卒，年七十八。赠陕西行省参知政事，追封东平郡公，谥文穆。

张德辉，字耀卿，冀宁交城人。天资刚直，博学有经济才。史天泽辟为经历官，从伐宋。天泽欲戮逃兵，德辉救止之，配令穴城。光州山民据寨自保，天泽议攻之，德辉曰：“乡民为自守计，当晓以祸福。”果相率来降。

定宗二年，世祖在潜邸，召见，问曰：“孔子殁已久，其性安在？”对曰：“圣人与天地相终始，殿下能行孔子之道，性既在是矣。”世祖又问：“辽以释废，金以儒亡，有诸？”对曰：“辽事臣不知，金事臣所亲睹。宰执中虽用一二儒者，余皆武弁世爵，及论军国事，又不使预闻。国之存亡，自有任其责者，儒何咎焉？”世祖然之。又问祖宗法度，德辉指银盘，喻曰：“创业之君，如制此器，选精金，良匠规而成之，以畀后人。宜择谨厚者掌之，乃永为宝用。”又问中国人才，德辉举魏璠、元好问、李冶等以对。三年春，释奠致胙于世祖。世祖问孔子庙祀之礼貌，对曰：“孔子为万世师，庙祀之礼于孔子无所损益，特以见时君崇儒重道之意耳。”又问典兵与宰民者，害孰甚。对曰：“军无纪律，信为民害。若亲民之吏，头会箕敛，以毒天下，则其害尤烈。”世祖曰：“然则奈何？”对曰：“择宗室之贤者如口温不花使掌兵，勋旧如忽都虎使治民，则天下均受其赐矣。”德辉乞假归，荐白文举、郑显之、赵元德、李造之、高鸣、李盘、李涛等，又条先务七事曰：敦孝悌，择人才，察下情，贵兼听，亲君子，信赏罚，节财用。世祖以字呼之，赐赍优渥。寻与元好问北觐，推世祖为儒教大宗师，世祖悦而受之。因启累朝蠲儒户兵赋，乞令有司核实奉行；从之，仍命德辉提调真定学校。

世祖即位,起为平阳、太原路宣抚使。河东徭役,官吏率赋一征十,德辉核户籍,均其等弟,出纳有法,宿弊顿除。又州县多世守,吏互为朋党,德辉取奸脏尤甚者数十人,械庭下,杖而逐之,所部肃然。兵后,俘民依托豪右,及身雇于人者,岁久掩为家奴,德辉悉还为良民。是时,平阳路金兵戍秦、巩,其帅纽璘重调千余人,守吏莫敢申理;凤翔屯田八百余人,屯罢,兵不归籍。德辉奏还之,悉从其请。

中统二年,考绩为十路最,陛见,世祖劳之,命疏急务。条四事,曰:“严保举以取人才,给俸禄以养廉吏,易世官而迁都邑,薄刑罚而勿屡赦。世祖嘉纳焉。迁东平路宣慰使,奏免远输豆粟二十万斛、和籴粟十万斛。宝合丁令民税而后输,德辉曰:“是诬上以朘下也,且孰任后期之责!”奏罢之。宣慰使八刺议诛盗贼,德辉曰:“吾不敢曲法从汝杀人也。”

至元三年,参议中书省事。五年,擢侍御史,辞不拜。或言边将冒兵廪,敕按之。德辉奏曰:“若重绳以法,则人不自安。今但易其部署,选武毅有斡略者任之,又时委宪司体究,则宿弊自除。”又命德辉议御史台条例,德辉曰:“御史执法官,今法令未修,何所据而行,陛下宜慎思之。”有顷,复召曰:“朕虑之熟,卿力行可也。”对曰:“必欲行此,乞立宗正府,以正宗室、外戚,屏绝女谒,毋令奏事,诸局承应人皆得按治之。”世祖默然。德辉请老,命举任风宪者。疏乌古伦真、张邦彦、徒单公履、张蒙、张肃、李盘、张昉、曹椿年、西方宾、周止、高逸民、王傅文、刘郁、孙汝楫、王恽、胡祗遹、周砥、李谦、魏初、郑宸,凡二十人。卒,年八十。

德辉尝与元好问、李冶游封龙山,时人号为龙山三老云。

马亨,字大用,刑州南和人。少孤,事母孝。太宗始建十路征收课税使,河北东西路使王晋辟亨为掾,以才干称。晋荐于中书令耶律楚材,授转运司知事,累擢转运司副使。太保刘秉忠荐亨于世祖,召见潜邸,甚器之。既而籍诸路户口,以亨副八春、忙哥抚谕西京、太原、平阳及陕西五路。既还，图山川形势以献。使者多以贿败，惟亨等各赐衣九袭。

宪宗三年，世祖征云南，留亨为京兆榷课所长官。京兆，藩邸分地也，亨以宽简治之，不事掊克，苌政五年，民安而课裕。宪宗遣阿蓝答儿等核京兆钱谷，亨輂岁办课银五百锭输之藩府，道出平阳，与之遇。亨策曰："见之则银必拘留，不见则必以罪加我，与其银弗达王府，宁获罪焉。"避而过之。阿蓝答儿果怒，遣使逮之。世祖询亨曰："汝往得无撼汝罪耶？"对曰："无害。愿一行。"乃慰遣亨。既至，穷治百端，竟无所得，惟以支竹课分例钱充公用及儳公廨輂运脚价为不应，勒偿其值而已。世祖知其诬，更赐银三十二锭。

九年，从世祖攻鄂州。洎北还，遣亨驰驿往西京等处，罢所佥军，并抚谕山西河东、陕右汉中复遣转饷，馈江北诸军。

中统元年，世祖即位，陕西四川立宣抚司，诏亨议陕西宣抚司事。寻赐金符，迁陕西、四川规措军储转运使。时阿蓝答儿等叛，亨与宣抚使廉希宪、商挺谋诛之。

寻建行省，命亨兼陕西行省左右司郎中。兴元粮五万石欲转饷太安军，计佣值万缗，众推亨往。时丁内艰，以摄省府事强起之。至则以兵官丁产均其役，不阅月而事集。

兴元判官费正寅狡悍不法，亨白省府，欲以法绳之，反诬构行省前在关中有异谋。诏左丞粘合圭谳之，亨力辩，其冤始得释。

四年，迁陕西五路、西蜀四川廉访都转运使。未几朝廷以考课，檄诸路转运使至京师，并转运司入总管府，授亨工部侍郎、解盐副使。亨上言："以考课定赏罚，其人甫集，而一切罢之，则是非安在？宜还其命书，俾仕者有所劝勉。"从之。

亨复上便宜六事：一曰东宫保傅当用正人，以固国本；二曰中书大政择任儒臣，以立朝纲；三曰任相惟贤官，不必备，今宰相至十七员，宜加裁汰；四曰左右郎署毗赞大政，今用豪贵子弟岂能赞襄；五曰六曹之职分理万机，今只设左右二部，事何由办；六曰建元以来，便民条划已多，有司往往视为具文，宜令宪司纠举，务在必行。

疏闻,帝即召见,问:"卿比安在,胡不早言?"亨对曰:"新自陕西来
觐。"帝谕曰:"卿久著忠勤,自今不令卿远出矣。"至元三年,进嘉议
大夫、左三部尚书,寻改户部尚书。有贾胡忄制国用使阿合马,欲贸
交钞本,私平准之利,以增岁课为辞。帝以问,亨对曰:"交钞可以权
万货者,法使然也。法者,主上之柄。今使一贾擅之,废法从私,将
何以令天下。"事遂寝。

七年,立尚书省,仍以亨为尚书,领左部。亨上言:"尚书省专领
金谷百工之事,铨选宜归中书,以示无滥。"寻为平章阿合马所忌,
以诬免官。会大兵围襄、樊,廷议河南行省调发军饷,诏以阿里为右
丞,姚枢为左丞,亨为佥省,任其事。十年,还京师,以病请告。十四
年卒,年七十一。

子绍庭,云南诸路肃政廉访司副使。

何荣祖,字继先,其先太原人,金亡徙家广平。荣祖状貌魁伟,
额有赤文如双树,背负隆起。有相者谓曰:"子位极人臣,且寿相
也。"何氏世业吏,荣祖尤为通敏。累迁中书省掾,擢御史台都事。始
折节读书,日记数千言。阿合马方用事,置总库于其家,以收西方之
利,号曰和市。监察御史范方等劾之,论甚力。阿合马知荣祖主其
谋,奏为左右司都事,以隶己。未几,御史台除治书侍御史,擢侍御
史。又出为山东按察使。

有帖木剌思者,以贪墨为佥事李唐卿所劾,适济南有上变者,
唐卿察其妄,取讼牒焚之。帖木剌思乃告唐卿纵反者,逮系数十人,
狱久不决。诏荣祖与郝祯、耿仁鞫之。荣祖得其情,欲抵告者罪。祯
仁议以失口乱言之罪坐之。荣祖不可。俄迁河南按察使,仁等竟薄
其罚予杖,然株连者俱得释,唐卿之诬亦白。

平凉府言:"有降民二十余口,叛归江南。"安西行省欲上闻,会
荣祖来参政,止之曰:"何必上闻朝廷,此辈去者,皆人奴耳。今闻江
南平,遄往其家,移文捕之可也。"已而逃者俱获,果人奴也,治以本
罪,而付其主。其莅事明决多类此。

除云南行省参知政事，以母老辞。又拜御史中丞，复出为山东山西道按察使。时宣慰使乐实、姚演开胶州海道，敕禁戢诸人阻挠。粮舶遇暴风，多漂覆，乐实弗信，督漕卒偿之，搒掠酷毒，自杀者相继，按察官惧违制，莫敢言。荣祖曰：“第言之。若朝廷见谴，吾自当之。即入奏，诏免其征。至元二十五年，召为中书参知政事。二十六年，改尚书参知政事。时桑哥专政，亟于理算钱谷，人受其害。荣祖数请罢之，帝不从，恳请不已，始稍缓之，而畿内民若尤甚，荣祖每以为言。同僚曰：“上既为免诸路，惟未及京师，可少止，勿言也。”荣祖执愈坚，至于忤旨不少屈，竟不署其牍。未逾月，其弊皆上闻，帝乃思荣祖言，召问所宜。荣祖请于岁终立局考校，人以为便，著为令。诏赐钞万二千贯。荣祖既与桑哥异议，乃以病告，特授集贤大学士。

二十八年，起为尚书左丞。桑哥败，改右丞。奏行所定《至元新格》，请改提刑按察司为肃政廉访司，而立监治之法。又上言：“国家用度，不可不足；天下百姓，不可不安。今理财者弗顾民力之困，言治者弗图国计之大，且当用之人恒多，而得用之人恒少。省部宜择材用之，按察司虽监临一道，其职在于除蠹弊，苟有弗至，则台、省又当遣官体察之，庶有所益。”帝深然之，屡以老疾乞解机务，诏免署事，惟预中书省议，而食其禄。

三十一年，拜昭文馆大学士，预中书省事，又加平章政事。以水旱请罢，不允。先是荣祖奉敕定律令，书成已久，至是乃得请于上，诏未及颁行。适子秘书少监惠卒，遂谢病返广平。卒，年七十九，赠光禄大夫、大司徒、柱国，追封赵国公，谥忠肃。

荣祖身至大官，而僦第以居，饮器用青瓷杯。中宫闻之，赐以上樽及金五十两、钞二万五千贯，俾置器买宅，以旌其廉。所著有《大畜十集》，又有《学易记》、《载道集》、《观物外篇》等书。

程思廉，字介甫，其先洛阳人，后徙东胜州。父恒，佩金符为沿边监榷规运使、解州盐使。思廉从白恪受业，学有师法。

中统元年，用太保刘秉忠荐，给事裕宗潜邸，以谨愿闻，命为枢密院监印。

至元七年，平章政事哈丹行省河南，署为都事。丞相史天泽尤器之。时方规取襄、樊，使思廉督转饷粟至，多露积，一夕大雨，思廉安卧不起。行省召诘之，思廉曰：“此去敌近，中夜骚动，众必惊疑，或致它变。纵有漂没，不过军中一日粮耳。”闻者韪之。

十二年，调同知淇州，辞不就。丁父忧，服除，授东平路判官。入为监察御史，以劾权臣阿合马系狱，其党巧为械阱，思廉居之泰然，卒不能害。

十六年，出佥河东山西道提刑按察司事。大同杨剌真犯酒禁，敕诛之。思廉以罪不至死，论奏数四，卒得减轻。累迁河北河南道按察副使，道过彰德，闻两河岁饥，而征租益急，欲止之。有司谓，法当上请。思廉曰：“若然，民已不堪命矣。”即移文罢征，后果得请。

二十年，河北复大饥，流民渡河求食。朝廷遣使者会监司官于河上，禁流民南渡。思廉曰：“民急于就食，岂得已哉！天下一家，河北、河南，皆吾民也。”亟命纵之，且曰：“虽得罪死，不恨。”奏入，帝不之罪也。卫辉、怀孟大水，思廉临视赈贷，全活甚众。水及城不没者数板，思廉督修堤堰，恒露宿城上，水不为患，民德之。未几，陕西行省举思廉为兴元路总管，迁陕西汉中道按察使，并以母老不赴，俄丁母忧。

二十七年，立云南行御史台，起复思廉为御史中丞。或疑思廉必不拜，思廉曰：前昧死陈请，以老母故。今吾母已亡，当驰驱边徼，以赎前罪。”甫逾小祥，即素服就道。始至，蛮夷酋长来见，思廉奉宣德意，绥辑远人，且明示祸福，使毋自外。闻者慑服。云南学校无释奠礼，思廉举春秋祭祀之礼，集省台以下官百余人，公服跪拜。蛮夷化之，子弟始有从学、问礼者。

成宗即位，除河东山西廉访使。太原岁饲诸王驼马一万四千余匹，思廉请只饲千匹。平阳诸郡岁输租税于北方，民甚苦之，思廉请输河东近仓。旧法，决事咸有议劄，权归曹吏。思廉自判牍尾，某当某罪，吏皆束手。

思廉累任风宪，刚正疾恶，言事剀切，如：请早建储贰、辨尊卑服制、议封谥、养军力、定律令，皆当时急务。与人交有终始，或有疾病死丧，问遗赒恤，往返数百里，不惮劳，仍为之经纪家事。好荐达人物，或者以为好名，思廉曰："若避好名之讥，人不复为善矣。"思廉伯父震，金南渡后为监察御史，有刚直名。思廉言论风采，皆不愧其伯父云。元贞二年卒，年六十二，谥敬肃。

史臣曰：游显、贾居贞、李德辉之爱民，赵炳、张德辉之守法，马亨、何荣祖、程思廉之匡君，出任方面，入官台省，譬之缉众腋而成裘，构群材以造厦，此至元之治，所以庶几贞观也。

新元史卷一六八
列传第六五

郝经　苟宗道

郝经,字伯常,其先潞州人,徙泽州陵川。祖天挺,父思温。天挺有重名,元好问之师也。金末,思温辟地河南鲁山。贼至,经母许匿窖中,贼爇火熏之,闷绝。经以蜜和寒菹汁,决母齿饮之,始苏。时经甫九岁,人皆异之。金亡,徙顺天,为守帅张柔、贾辅所知,延为上客,二家藏书皆万卷,经博览,学日进。

宪宗元年,世祖以皇弟开幕府金莲川,召经,咨以时务,条上数十事,世祖大悦,遂留王府。及伐宋,经从至濮州。有得宋人奏议以献,言冲要宜防者,凡七道,下诸将议,经曰:"古之一天下者,以德不以力。彼今未有败亡之衅,我乃空国而出,诸侯窥伺于内,小民凋弊于外,经见其危,未见其利也。王不如修德布惠,敦族简贤,绥怀远人,顺时而动,宋不足图也。"世祖愕然曰:"汝与张拔都议邪?"经对曰:"经少馆张柔家,闻其议论。此则经臆说,柔不知也。"世祖以杨惟中为江淮、荆湖南北等路宣抚使,经为副使,将归德军,先至江上,宣布恩信,纳降附。惟中欲还汴,经不可,惟中怒,经率麾下先发。惟中愧谢,乃与经俱行。

经闻宪宗在蜀,久无功,进东师议曰:

经闻图天下之事于未然则易,救天下之事于已然则难。已然之中复有未然者,使往者不失而来者得遂,是尤难也。国家以一旅之众,奋起朔漠,斡斗极以图天下,马首所向无不摧破。

灭金源，并西夏，蹂荆、襄，克成都，平大理，奄征四海，有天下十八，尽元魏、金源故地而加多。惟宋不下，未能混一，连兵构祸逾二十年。何曩时掇取之易，而今日混一之难也？

夫取天下，有可以力并，有可以术图。并之以力则不可久，久则顿弊而不振；图之以术则不可急，急则侥幸而难成。要之，成功各当其可，不妄为而已。

国家创业垂五十年，而一之以兵，遗黎虔刘殆尽。自古用兵未有如是之久者也，其力安得不弊乎！且括兵率赋，朝下令而夕出师，躬擐甲胄，跋履山川。以志则锐，以力则强，以土则大，而其术则未尽也。苟于诸国既平之后，息师抚民，创法立制，上下井井，不挠不紊，任老成为辅相，选贤能为任使，鸠智计为机衡，平赋以足用，屯农以足食，内治既举，外御亦备。如其不服，先以文诰，拒而不从，而后伺隙观衅以正天伐。自东海至于襄、邓，重兵数道，以为正兵。自汉中至于大理，轻兵捷出，以为奇兵。帅臣得人，师出以律，高拱九重之内，而海外有截矣。是而不为，乃于间岁遽为大举，上下震动，兵连祸结，底安于危，是已然而莫可止者也。东师未出，大王仁明，则犹有未然者，可不议乎！

国家用兵，一以国俗为制，而不师古，不计师之众寡，地之险易，敌之强弱，必合围把槊，猎取之若禽兽然。鞭弭所属，指期约日，万里不忒，得兵家之诡道，而长于用奇。自浍河之战，乘胜下燕、云，遗之而去，似无意于取者。既破回鹘，灭西夏，乃出兵关陕以败金师，然后知所以深取之，长于用奇也。既而由金、房出绕潼关之背以攻汴，自西和径入石泉、威、茂以取蜀，自临洮、吐番穿彻西南以平大理，皆用奇也。夫攻其无备，出其不意，而后可以用奇。岂有连百万之众，首尾万余里，六飞雷动，乘舆亲出，竭天下，倒四海，大极于遐徼之土，细穷于委巷之民，撞其钟而掩其耳，啮其脐而蔽其目，如是用奇者乎？是执千金之璧而投瓦石也。

其初以奇胜也,关陇、江淮之北,平原旷野之多,而吾长于骑,故所向不能御。兵锋新锐,民物稠伙,拥而挤之,郡邑自溃,而吾长于攻,故所击无不破。是以用奇而骤胜。今限以大山深谷,厄以重险荐阻,迂以危途缭径,我乘险以用奇则难,彼因险以制胜则易。况于客主势悬,蕴蓄情露,虽有奇谋秘略,无所用之。力无所用与无力同,计不能行与无计同。泰山压卵之势,河海灌葵之举,拥遏顿滞,盘桓而不得进,所谓强弩之末不能射鲁缟者也。

为今之计,则宜救已然之失,防未然之变而已。西师既构,猝不可解,如两虎相斗,入于岩阻,见之者辟易不暇,又焉能以理相喻,使之逡巡自退。彼知其危,竭国以并命,我必其取,无由以自悔,兵连祸结,何时而已。

殿下宜遣人禀命于行在所,大军压境,遣使喻宋,示以大信,令降名进币,割地纳质。彼必受命,姑与之和,偃兵息民,以全吾力,而图后举,天地人神之福也。禀命不从,殿下之义尽,而后进吾师,重慎详审,不为躁轻,假西师以为奇而用吾正。申以文移,喻以祸福,使知殿下仁而不杀,非好攻战辟土地,不得已而用兵之意。诚意昭著,恩信流行,然后阅实精勇,制节以进。既入其境,敦陈固列,缓为之行。彼善于守而吾不攻。彼恃坚城以不战老吾,吾合长围以不攻困彼,吾用吾之所长,彼不能用其长。选出入便利之地为久驻之基,示必取之势。毋焚庐舍,毋伤人民,开其生路,以携其心,亟肄以疲之,多方以误之。

兵势既振,蕴蓄既现,则以轻兵掠两淮,杜其樵采,遏其粮路,使血脉断绝,各守孤城,示不足取。即进大兵,直抵于江,沿江上下列屯万灶,号令明肃,部曲严整,首尾缔构,各具舟楫,声言径渡。彼必震叠,自起变故。盖彼之精锐尽在两淮,江面阔越,恃其岩阻,兵皆柔脆,用兵以来未尝一战,焉能挡我百战之锐。一处崩坏,则望风皆溃,肱髀不续,外内限绝,勇者不能用而怯者不能敌,背者不能返而面者不能御,水陆相济,必为我乘。是兵家所谓避坚攻瑕,避实击虚者也。

如欲存养兵力,渐次以进,以图万全,则先荆后淮,先淮后江。彼之素论,谓"有荆、襄则可以保淮甸,有淮甸则可以保江南。"先是,我尝有荆、襄,有淮甸,皆自失之。今当从彼所保以为吾攻,命一军出襄、邓,直渡汉水,造舟为梁,水陆济师。以轻兵缀襄阳,绝其粮路,重兵趋汉阳,出不意以伺隙。不然;则重兵临襄阳,轻兵捷出,穿彻均、房,远叩归、峡,以应西师。如夔门不守,大势顺流,即并兵大出。摧拉荆、郢,横溃湘、潭,以成犄角。一军出寿春,乘其锐气,并取荆山,驾淮为梁,以通南北。轻兵抄寿春,而重兵布于钟离、合肥之间,据濡须,塞皖口,南入舒、和,西及于蕲、黄,徜徉恣肆,以觇江口。乌江、采石广布戍逻,侦江渡之险易,测备御之疏密,徐为之谋,而后进师。所谓溃两淮之腹心,抉长江之襟要也。一军出维扬,合为长围,示以必取。而以轻兵出通、泰,直塞海门、瓜步、金山、柴墟河口,游骑上下,吞江吸海,并著威信,迟以月时,以观其变。是所谓图缓持久之势也。三道并出,东西连衡,殿下或处一军,为之节制,使我兵力常有余裕,如是则未来之变或可弭,已然之失一日或可救也。

议者必曰,三道并进,则兵分势弱,不若并力一向,则莫我挡也。曾不知取国之术与争地之术异,并力一向,争地之术;诸道并进,取国之术也。昔之混一者,皆若是矣。晋取吴,则六道进;随取陈,则九道进;宋之于南唐,则二面皆进。未闻以一旅之众,而能取国者,或者有之,侥幸之举也。岂有堂堂天国,师徒百万,而为侥幸之举乎?况彼渡江立国,百又余年,纪纲修明,风俗完厚,君臣辑睦,内无祸衅,东西南北轮广万里,不可谓小。自败盟以来,无日不讨军实而申警之,当我强对,未尝大败,不可谓弱。岂可蔑视,谓秦无人,直欲一军幸而取胜乎?秦王问王翦以伐荆,翦曰:"非六十万不可。"王曰:"将军老矣。"

命李信将二十万往，不克，卒畀翦以兵六十万而后举楚。盖众
有所必用，事势有不可悬料而幸取者。故王者之举必万全，其
幸举者，崛起无赖之人也。

　　呜呼！西师之出，已瓜及戍，而犹未即功。国家全盛之力
在于东师，若亦直前振迅，锐而图功，一举而下金陵、举临安则
可也。如兵力耗弊，役成迁延，进退不可，反为敌人所乘，悔可
及乎！难然，犹有可忧者。国家掇取诸国，飘忽凌厉，本以力胜，
今乃无故而为大举，若又措置失宜，无以挫英雄之气，服天下
之心，则稔恶怀奸之流，得以窥其隙而投其间，国内空虚，易为
摇荡。臣愚所以谆谆于东师，反覆致论，谓不在于已然而在于
未然者，此也。

及世祖渡江围鄂州、闻宪宗崩，召诸将密议，经复进议曰：

　　《易》言："知进退存亡而不失其正者，其惟圣人乎！"殿下
聪明睿知，足以有临，发强刚毅，足以有断。进退存亡之正，知
之久矣。向在沙陀，命经曰："时未可也。"又曰："时之一字最当
整理。"又曰："可行之时，尔自知之。"大哉王言，"时乘六龙"之
道，知之久矣。自出师以来，进而不退。经有所未解者，故言于
真定，于曹、濮，于唐、邓。亟言不已，未赐开允。今事急，故复
进狂言。

　　国家自平金以来，惟务进取，不遵养时晦，老师费财，卒无
成功，三十年矣。蒙哥罕立，当安静以图宁谧，无故大举，进而
不退，畀王东师，则不当复进也而遽进，王以有命不敢自逸，至
于汝南，既闻凶讣，即当遣使遍告诸帅各以次退，修好于宋，归
定大事，不当复进也而遽进。以有师期，会于江滨，遣使喻宋，
息兵安民，振旅而归，不当复进也而又进。既不宜渡淮，又岂宜
渡江？既不宜妄进，又岂宜攻城？若以机不可失，敌不可纵，亦
既渡江，不能中止，便当乘虚取鄂，分兵四出，直造临安，疾雷
不及掩耳，则宋亦可图。如其不可，知难而退，不失为金兀术
也。师不当进而进，江不当渡，而渡，城不当攻而攻，当速退而

不退，当速进而不进，情见势屈，举天下兵力不能取一城，则我竭彼盈，又何俟乎？且诸军疾疫已十四五，又延引月日，冬春之交，疫必大作，恐欲还不能。

彼既上流无虞，吕文德已并兵拒守，知我国疵，斗气自倍，两淮之兵尽集白鹭，江西之兵尽集隆兴，岭广之兵尽集长沙，闽、越沿海巨舶大舰以次而至，伺隙而进，如遏截于江、黄津渡，邀遮于大城关关口，塞汉东之石门，限郢、复之湖溠，则我将安归？无已则突入江、浙，捣其心腹。闻临安、海门已具龙舟，则已徒往；还抵金山，并命求出，岂无韩世忠之俦？且鄂与汉阳分据大别，中挟巨浸，号为活城，肉薄骨并而拔之，则彼委破壁孤城而去，溯流而上，则入洞庭，保荆、襄，顺流而下，则精兵健橹突过浒、黄，未易遏也，亦徒费人命，安所得哉！

虽然，以王本心，不欲渡江，既渡江，不欲攻城，既攻城，不欲并命，不焚庐舍，不伤人民，不易其衣冠，不毁其坟墓，三百里外不使侵掠。或劝径趋临安，曰其民人稠伙，若往，虽不杀戮，亦践蹂，吾所不忍。若天与我，不必杀人；若天不与，杀人何益，而竟不往。诸将归罪士人，谓不可用，以不杀人故不得城。大王曰彼守城者只一贾制置，汝十万众不能胜，汝辈之罪也，岂士人之罪乎！益禁杀人。岂然一仁，上通于天，久有归志，不能遂行耳。然今事急，不可不断也。

宋人方惧大敌，自救之师虽则毕集，未暇谋我。第吾国内空虚，塔察国王与李行省肱髀相依，在于背胁；西域诸胡窥觇关陇，隔绝旭烈大王；病民诸奸各持两端，观望所立，莫不凯觎神器，染指垂涎。一有狨焉，或启戎心，先人举事，腹背受敌，大事去矣。且阿里不哥已行赦令，令脱里赤为断事官、行尚书省，据燕都，按图籍，号令诸道，行皇帝事矣。虽大王素有人望，且握重兵，独不见金世宗、海陵之事乎！若彼果决，称受遗诏，便正位号，下诏中原，行赦江上，欲归得乎？

昨奉命与张仲一观新月城，自西南隅，万人敌，上可并行大车，排槎串楼，缔构重复，必不可攻，只有许和而归耳。断然班师，亟定大计，销祸于未然。先命劲兵把截江面，与宋议和，许割淮南、汉上、梓夔两路，定疆界岁币。置辎重，以轻骑归，渡淮乘驿，直造燕都，则从天而下，彼之奸谋僭志，冰释瓦解。遣一军逆蒙哥罕灵舆，收皇帝玺。遣使召旭烈、阿里不哥、摩哥及诸王驸马，会丧和林。差官于汴京、京兆、成都、东平、西京、北京，抚慰安辑，召真金太子镇燕都，示以形势。则大宝有归，而社稷安矣。

会宋贾似道亦遣间使请和，乃班师。

世祖即位，经上立政议曰：

　　臣闻，所贵乎有天下者，谓其能作新树立，列为明圣，德泽加于人，令闻施于后也。非谓其志得意满，苟且而已也。志得意满，苟且一时，草木并朽而无闻，是为身者也，于天下何有？有志于天下者不贵也。为人之所不能为，立人之所不能立，变人之所不能变，卓然与天地并，沛然与造化同，雷厉风飞，日星明而江河流，天下莫不贵之而已。不以为贵，以为已所当为之职分也。古之有天下者，莫不然。后之有天下者，亦莫不当然。天下，一大器也。纲纪礼义者，天下之元气。文物典章者，天下之命脉。非是，则天下之器不能安。小废则小坏，大废则大坏。小为之修完，则小康。大为之修完，则太平。故有志于天下者，必修之，而不弃也。以致治自期，以天下自任，孳孳汲汲，持扶安全，必至成功而后已。使天下后世称之曰，天下之祸至某君而除，天下之乱至某君而治，天下之亡者至某君而存，天下之未作者，至某君而作，配天立极，继统作帝，熙鸿号于无穷，若是则可谓有志于天下矣。

　　由汉以来尚志之君六七。作于汉则曰高帝，曰文帝，曰武帝，曰昭帝，曰宣帝，曰世祖，曰明帝，曰章帝，凡八帝。于三国，则曰昭烈，一帝。于晋则曰孝武，一帝。于元魏则曰孝文，一帝。于宇文周，则曰武帝，一帝。于唐则曰高祖，曰文皇，曰玄宗，曰

宪宗，曰武宗，曰宣宗，凡六帝。于后周则曰世宗，一帝。于宋
则曰太祖，曰太宗，曰仁宗，曰高宗，曰孝宗，凡五帝。于金源则
曰世宗，曰章宗，凡二帝。是皆光大炳烺，不辱于君人之名，有
功于天下甚大，有德于生民甚厚，人之类不至于尽亡，天下不
至于皆为草木鸟兽，天下之人犹知有君臣父子夫妇昆弟，人伦
不至于大乱，纲纪礼义、典章文物不至于大坏，数君之力也。呜
呼！上下数千载，有志之君仅是数者。何苟且一时者多，而致
治者鲜也。虽然，是数君者，独能树立，功成治定，揄扬于千载
之下，岂不为英主也哉！其视坏法乱纪，斁彝伦，毒海内，覆宗
社，碌碌以偷生，孑孑以自蔽，其为庸懦者，可为悯笑也。

国家光有天下绵历四纪，恢拓疆宇，古莫与京。惜乎攻取
之计甚切，而修完之功不逮。天下之器日益弊，而生民日益惫
也。盖其几一失，而其弊遂成。初下燕云，奄有河朔，便当创法
立制，而不为。既并西域，灭金源，蹂荆襄，国势大张，兵力崛
阜，民物稠伙，大有为之时也。苟于是时，正纲纪，立法度，改元
建号，比隆前代，使天下一新，汉唐之举也，而不为。于是法度
废则纲纪亡，官制废则政事亡，都邑废则宫室亡，学校废则人
材亡，廉耻废则风俗亡，纪律废则军政亡，守令废则民政亡，财
赋废则国用亡，天下之器虽存，而其实则无有。

赖社稷之灵，祖宗之福，兵锋所向，无不摧破，穿彻海岳之
锐，跨凌宇宙之气，腾掷天地之力，隆隆殷殷，天下莫不慑伏。
当太宗皇帝临御之时，耶律楚材为相，定税赋，立制作，榷宣
课，分郡县，籍户口，理狱讼，别军民，设科举，推恩肆赦，方有
志于天下。而一二不逞之人投隙抵巇，相与排摈，百计攻讦，乘
宫闱违豫之际，恣为矫诬，卒使楚材愤悒以死。既而牵连党与，
倚叠缔构，援进宵人，畀之以政，相与割剥天下，而天下被其
祸，荼毒宛转，十又余年，生民颙颙，莫不引领望明君出。

先皇帝初践宝位，皆以为致治之主，不世出也。既而下令
鸠括符玺，督察邮传，遣使四出，究核徭赋，以求民瘼，污吏滥

官,黜责殆遍,其愿治之心亦切也。惜其授任皆前日害民之尤者,旧弊未去,新弊复生,而致治之几又失也。

今陛下统承先王圣谟,英略恢廓,正大有一天下之势。自金源以来,纲纪礼义、文物典章,皆已坠没,其绪余土苴,万亿之能一存。若不大为振澡,与天下更始,以国朝之成法,援唐、宋之故典,参辽、金之遗制,设官分职,立政安民,成一王法,是亦因仍苟且,终于不可为,使天下后世以为无志于天下,历代纲纪典刑至今而尽,前无以贻谋,后无以取法,坏天地之元气,愚生民之耳目,后世之人因以窃笑而非之,痛惜而叹惋也。

昔元魏始有代地,便参用汉法,至孝文迁都洛阳,一以汉法为政,典章文物粲然,与前代比隆,至今称为贤君,王通修元经即与为正统,是可以为监也。金源氏起东北,小夷部曲数百人,渡鸭绿,取黄龙,便建位号,一用辽、宋制度,收一国名士,置之近要,使藻饰王化,号十学士,至世宗与宋定盟,内外无事,天下晏然,法制修明,风俗完厚,真德秀谓金源氏典章法度在元魏右,天下亦至今称为贤君。燕都故老语及先皇者,必为流涕,其德泽在人之深如此。是又可以为监也。

今有汉唐之地而加大,有汉唐之民而加多,虽不能便如汉、唐,为元魏、金源之治亦可也。陛下睿禀仁慈,天赐勇智,喜衣冠,崇礼让,爱养中国,有志于为治,而为豪杰所归,生民所望久矣。但断然有为,存典章,立纲纪,以安天下之器,不为苟且一时之计,奋扬乾纲,应天革命,进退黜陟,使各厌伏,天下不劳而治也。今自践祚以来,下明诏,蠲苛烦,立新政,去旧污,登进茂异,举用老成,缘饰以文,附会汉法,敛江上之兵,一视以仁,兼爱两国,莫不思现德化之盛,至治之美也。但恐害民余孽,扳附奸邪,更相援引,比周以进。若不辨之于早,犹夫前日也。以有为之姿,据有为之位,乘有为之势,而不为有为之事,与前代英主比隆,陛下亦必愧怍而不为。《书》曰:"罔不在厥初,"《易》曰:"履霜坚冰",至《诗曰》:"如彼十雨雪,先集维霰"，《春秋》书"元年春王正月"，皆谨之于初，辨之于早也。有有为之志，而不辨奸邪于早，而却之，则铄刚以柔，蔽明以暗，终不能以有为。盖彼奸人易合难去，诱之以甘言，承之以令色，赂之以重宝，便辟迎合，无所不至，不辨之于早，而拒之，则堕其计中，授之以柄，而随之耳。

昔王安石拜参政，吕献可即以十罪劾之，温公谓太早，献可曰："去天下之害，不可不速，异日诸君必受其祸。"安石得政，宋果以亡。温公曰："吕献可之先见，范景仁之勇决，吾不及也。"

夫月晕而风，础润而雨，理有所必然。虽天地亦可先见，况于人乎？方今之势，在于卓然有为，断之而已。去旧污，立新政，创法制，辨人材，绾结皇纲，藻饰王化，偃戈却马，文致太平。陛下今日之事也。毋以为难而不为，毋以为易而不足为，投械掣会，比隆前王，政在此时。不累于宵人，不惑于群言，兼听俯纳，臣之所愿也。

世祖深嘉其言，欲大用之。

时王文统当国，忌经，思摈之于外。中统元年，世祖议遣使于宋，告即位，且征前日请和之议，仍敕沿边诸将毋钞掠。经入辞，请与蒙古人偕往。帝不许曰："卿等往即可，彼之君臣皆书生也。"赐葡萄酒，诏曰："朕初即位，庶事草创，卿当远行，凡可辅朕者，亟以闻。"经奏便宜十六事，辞多不载。

或谓经："宋人谲诈，盍以疾辞。"经曰："自南北构难，兵连祸结，苟能弭兵靖乱，吾学为有用矣。虽蹈不测之渊，吾所甘心也。"既行，文统阴嘱李璮侵宋，欲假手害经。经至济南，璮以书止之，经奏其事于朝。宋败璮军于淮安，经至宿州，遣副使刘仁杰、参议高翺请入国期，不报。遗书宰相及淮帅李庭芝，庭芝复书果疑经，而贾似道方以却敌为功，恐经至谋泄，馆经真州。经乃表奏宋主曰："愿效鲁连之义，排难解纷，岂知唐俭之徒，歇兵误国。"又数上书宋主及宰执，极陈战和利害，且请入见及归，皆不报。驿吏棘垣钥户，昼夜守逻，欲以动经，经不屈。经待下素严，又久羁困，多怨者。经谕曰：
"向受命不进，我之罪也。一入宋境，死生进退，听其在彼，我终不能
屈身辱命。汝等不幸，宜忍以待之，我观宋祚将不久矣。"至元十二
年，丞相伯颜南伐，帝遣礼部尚书中都海牙及经弟行枢密院都事庸
入宋，问执行人之罪，宋惧，遣总管段佑以礼送经归。似道之谋既
泄，寻窜死。经道病，帝遣枢密院官及尚医近侍迎劳，所过父老瞻望
流涕。明年夏，至阙，赐宴内廷，赏赉有差。秋七月卒，年五十三，敕
官为护丧还葬，谥文忠。官其子采麟奉训大夫、知林州。后赠昭文
馆大学士、司徒、冀国公。

　　经为人尚气节，为学务有用。及被留，思托言垂后，撰《续后汉
书》、《易春秋外传》、《太极演》、《原古录》、《通鉴书法》、《玉衡贞观》
等书及文集，凡数百卷。其文丰蔚豪宕，善议论。诗尤奇崛。拘使
馆十六年，从者皆通于学。开封民射雁金明池，得系帛诗云："霜落
风高恣所如，归期回首是春初。上林天子援弓缴，穷海羁臣有帛
书。"后题曰中统十五年九月一日放雁，获者勿杀，国信大使郝经书
于真州忠勇军营新馆。"咸谓经之忠节所感动。时南北隔绝，经不知
改元，故题曰中统十五年云。

　　二弟彝、庸，皆有名。彝字仲常，隐居以寿终；庸字季常，颍州知
州。子采麟，累官集贤直学士、山南江北道肃政廉访使。

　　从经使宋者有苟宗道，字正甫，保定人，官都事，经授以经学，
官至国子祭酒、江南行台治书侍御史，卒。

　　史臣曰：郝经屡进言于世祖，以伐宋为连兵构祸。就成败论之，
其言似迂而不切，然谓如其不服，先以文诰，拒而不从，再行天伐，
异日蒙古灭宋，卒不外此，盖王者之师，诚不以险谋诡计为胜算也。
宋人自亡其国，无足论者。以经之学识，而不获用于至元之世，惜
哉！

新元史卷一六九
列传第六五

陈祐　思谦　天祥

陈祐，一名天祐，字庆甫，赵州宁晋人。

祖忠，字公茂，有学行，乡党尊而师之，称为茂行先生。父子安，早卒。

祐少好学，家贫，母张氏剪发易书使读之，长遂博通经史，时诸王得自辟官属，穆哥王府署祐为尚书。王分土于河南，又表祐为河南府总管。下车之日，礼聘名士李国维、杨杲、李微、薛玄等，咨以治道，奏免征西军数百家及椒竹诸税、粮料等钱，又上便民二十余事，朝廷皆从之。

世祖即位，分陕、洛为河南西路。中统元年，真除祐为总管。时州县官未给俸，多贪暴，祐独以清慎见称，在官八年，如始至之日。至元二年，改南京路治中。适大蝗，徐、邳尤甚，责捕急。祐部民丁数万人至其地，谓左右曰：“捕蝗虑其伤稼也，今蝗虽盛，而谷已熟，不如令早刈之。”或以事涉专擅，不可，祐曰：“救民获罪，亦所甘心。”即谕使刈谷，两州之民皆赖焉。

三年，朝廷以祐降官无名，乃赐虎符，授嘉议大夫、卫辉路总管。卫当四方冲要，号为难治，祐申明法令，创立孔子庙，修比干墓，请列于祀典。及去官，民为立碑颂德。祐上书世祖，言树太平之本有三，曰：

臣闻殷、周、汉、唐之有天下也，天生创业之君，必生守文

之主。盖创业之君,天所以定祸乱,守文之主,天所以致隆平
也。

昔我圣朝之兴,太祖皇帝龙飞朔方,雷震云合,天下响应,
统一四海,虽汤武之盛未之有也。天眷圣朝,实生陛下,陛下神
武圣文,经天纬地,能尽守文之美,兼隆创业之基,典章文物,
粲然可观。暨遐陬绝域之民,上古所不能臣者,陛下悉能臣之,
虽高宗之兴殷,成康、宣王之兴周,文、景、光武之兴汉,太宗、
宪宗之兴唐,无以过也。

是以海内豪杰之士,翕然向风,咸谓天命陛下启太平之运
者有四,民望陛下树太平之本者有三。臣请条列而言之。

陛下昔在藩邸之初,奉辞伐罪,西举大理,势若摧枯,南渡
长江,易于反掌。此天命陛下扬万里之威,定四方之乱,将降大
任于陛下。即位之后,内难方殷,藩王之构乱者在北,逆贼之连
祸者在东,然天戈一指,俱从荡平。此天命陛下削藩镇有衅之
权,新唐、虞无为之化,将以跻斯民于仁寿之域也。臣故曰天命
陛下。

启太平之本者有三:其一曰太子国本,建立之计宜早。臣
闻三代盛王有天下者,皆以传子,非不欲法尧、舜禅让之美也,
顾其势有不能尔。何则,俗有厚薄,时有变迁,苟或传非其人,
祸源一启,则后世争之乱,未易息也。以是见圣人公天下之忧
深矣。故孟轲曰:"天与贤则与贤,天与子则与子。"夫所谓天与
子者,非谓天有谆谆之言告谕人主以传子之计也,政谓时运推
移,无非天理,圣人能与时消息,动合天意,故自天祐之,吉无
不利。是以三代享祚长久,至有逾六七百年者,以其传子之心,
公于为天下,不私于己故也。伏见圣代隆兴,不崇储贰,故授受
之际,天下忧危。曩者建藩屏之国,授诸侯之兵,所以尊王室,
卫社稷,实祖宗创业之宏规也。迨乎中统之初,颇异于是。恃
其国之大也,谋倾王室者有之;恃其兵之强也,图危社稷者有
之。当是之时,赖陛下断自圣衷,算无遗策,故总揽权纲,则藩

镇之祸消,深固根本,则朝廷之计定,此陛下守文之善经也。何以言之,天下者,太祖之天下也,律令者,太祖之法令也,陛下岂欲变易旧章,作为新制,以快天下耳目之观听哉。诚以时移事变,理势当然,不得不尔,期于宗社之安而已矣。由此观之,国本之议,昭然甚明,不可缓也。语曰:虽有智慧,不如乘势,虽有镃基,不如待时,今年谷屡登,四海晏然,此其时矣;亿兆戴德,侯王向化,此其势矣。夫天与不受,则违天意,民望不副,则失民心。失民心则可忧,违天意则可惧,此安危之机,不可不察也。伏惟陛下上承天意,下顺民心,体三代宏远之规,法《春秋》嫡长之义,内亲九族,外协万邦,建皇储于春宫,隆帝基于圣代,俾入监国事,出抚戎政,绝觊觎之心,一中外之望,则民心不摇,邦本自固矣。陛下蕴谦光之德,纵不欲以天下传子孙,独不念宗庙之灵,社稷之重,生民之涂炭乎。愿陛下熟计而为之,则天下臣民之幸甚矣。

其二曰中书政本,责成之任宜专。臣伏见陛下励精为治,频年以来,建官分职,纲理众务,可谓备矣。曰中书,曰御史,曰枢密,曰制国用,曰左右部。夫承命宣制,奉行文书,铨叙流品,编齐户口,均赋役,平狱讼,此左右部之责也。通漕运,谨出纳,充府库,实仓廪,百姓富饶,国用丰备,此制国用之职也。修军政,严武备,辟疆场,肃号令,谨先事之防,销未形之患,士马精强,敌人畏服,此枢密之任也。若夫屏贵近,退奸邪,绝臣下之威福,强公室,杜私门,纠劾非违,肃清朝野,非御史不能也。如斗之承天,斟酌元气,运行四时,条举纲维,著明纪律,总百揆,平万机,求贤审官,献可替否,内亲同姓,外抚四夷,绥之以和,镇之以静,涵养人材,变化风俗,立经国之远,图建长世之大议,孜孜奉国,知无不为,作新太平之化,非中书不可也。皇天以亿兆之命,悬之于陛下之手,陛下父事上天,子爱下民,其道无他,要在慎择宰相,委任责成而已。陛下,元首之尊也。中书,股肱之任也。御史,耳目之司也。方今之宜,非中书则无以尊上，非御史则无以肃下。下不肃，则内慢，上不尊，则外侮。内慢外侮，乱之始也。上尊下肃，治之基也。故《虞书》载明良之歌，贾生设堂陛之喻，其旨岂不深且远哉！凡今之所以未臻于至治者，良由法无定体，人无定分，政出多门，不相统一故也。臣谓，诸外路军民钱谷之官，宜悉委中书通行迁转，其赏罚黜陟，一听于中书，其善恶能否，一审于御史。如此则官有定名之实，法有划一之规矣。又大臣贵和，不贵同。和于义，则公道昭明，有揖让之治；同于利，则私怨萌生，起忿争之乱。此必然之效也。诚能中外戮力，将相同心，和若盐梅，固如金石，各慕相如、寇恂相下之义，夹辅王室，协赞圣猷，陛下临之以日月之明，怀之以天地之量，操威福之权，执文武之柄，俾知法有定体，人有定分，上之使下，如身之运臂，臂之任指，下之事上，如足之承身，身之尊首，各勤厥职，各尽乃心，夫如是，天下何忧不理，国势何忧不振乎。虽西北诸王未觐天颜，东南一隅未沾圣化，其来庭之议，称藩之奏，可克日而待，不足为陛下忧也。所可忧者，大臣未和，公道未昭，群小流言，荧惑圣听，干挠庶政，亏损国威，摧壮士之心，钳直臣之口，至使人情以缄默为贤，以尽节为愚，以告讦为忠，以直言为讳，是皆奸人敌国之幸，非陛下之福也。臣恐此弊不已，习以成风，将见私门万启于下，公道孤立于上，虽有夔皋为臣，伊周作辅，亦不能善治矣。陛下有垂成太平之功，而复有小人基乱之衅，此臣所以为陛下惜也。今大臣设有奸邪不忠，窃弄威柄者，御史自当劾之，乃其职也，百官自当论之，乃其分也。乌在无赖小人不为乡党所齿者，骤兴攻讦之风于朝廷之上乎！臣知国家承平吉祥之言，必不出于若辈之口也，惟陛下远之，则天下幸甚。

其三曰人才治本，选举之方宜审。臣闻君天下者，劳于求贤逸，于得人，其来尚矣，盖天地间，有中和至顺之气，生而为聪明特达之人，以待时君之用，是以圣王遭时定制，不借才于异代，皆取士于当时。臣愚以为，今之天下，犹古之天下也，今

之君臣，犹古之君臣也，今之人才，犹古之人才也，顾惟陛下求
之与否尔。伏见取人之法，今之议者，互有异同，或以选举为尽
美，而贱科第，或以科第为至公，而轻选举。是皆一己之偏见，
非古今之通论也。夫二帝、三王以下，隋、唐以上，数千百年之
间，明君睿后所得社稷之臣，王霸之辅，盖亦多矣，其丰功盛
烈，章然著于天下后世之耳目者，迹其从来，亦可考也。或起于
耕耘，或来于版筑，或猎于屠钓，或因献言而入侍，或由荐进而
登朝，至于贤良方正、孝廉贡举之途，遭际万殊，不可胜纪，岂
一出于科第乎！自隋、唐以降，迄于宋、金，数百年间，代不乏
人，名臣伟器，例皆以科第进，岂皆一出于选举乎！及遇合于君
聚精会神于朝廷之上，皆能尊主庇民，论道佐时，宁复有彼优
此劣之间哉。夫士之处世，亦犹鱼之处水，其取之之术，固有筌
罶罟钓之不同，期于得鲂、得鲤，则一也。臣愚谓，方今取士，宜
设三科，以尽天下之才，以公天下之用。亡金之士，以第进士历
显官，耆年宿德老成之人分布台省，咨询典故，一也。内则将相
公卿大夫，各举所知，外则府尹州牧岁贡有差，进贤良则受赏，
进不肖则受罚，二也。颁降诏书，布告天下，限以某年开设科
举，三也。三科之外，继以门荫劳阀参之，可谓才德兼收，勋贤
并进。如此则人春自励，多士盈朝，将相得人于上，守令称职于
下，陛下端拱无为而天下治矣。夫天下，犹重器也。器之安危，
置之在人。陛下诚欲措天下于泰山之安基，宗社于磐石之固，
可不以求才为急务乎！《诗》曰：“济济多士，文王以宁，”其斯之
谓欤！

　　抑臣又闻，凡人臣进深计之言于上，自古为难。昔汉贾谊
当文帝治平之世，建言诸侯强大，将不利于社稷，譬犹抱火厝
之积薪之下，而寝其上，火未及燃，因谓之安，安上全下之计，
莫若众建诸侯，而分其力，可谓切中时病矣。然举朝皆以谊言
为过，故帝虽嘉之，而不能用。逮景帝之世，七国连兵，几危汉
室，谊之言始验于此矣。董仲舒当武帝穷兵黩武之时，重敛繁

刑之际，一踵亡秦之覆辙，唯崇尚虚文，而欲求至治，仲舒以为
宜更化，而不更化，虽有大贤不能善治，譬之琴瑟不调当更张，
而不更张，虽有良工不能鼓，又言临渊羡鱼，不如退而结纲，临
政愿治，不如退而更化，可谓深识治体矣。然当时皆以其言为
迂，故帝虽纳之，而不果行。逮至季年，海内虚耗，户口减半，帝
于是发仁圣之言，下哀痛之诏，仲舒之言始验于此矣。向若文
帝早从贾谊，武帝早用仲舒，其祸乱之极，必不至此。汉之为
汉，又岂止如是而已哉。洎乎有唐驭宇，太宗皇帝清明在躬，以
纳谏为心，而魏征之伦，耻其君不及尧、舜，是以知无不言，言
无不听，听无不行，故能身致太平，比功较德，优迈前主矣。

臣诚才识驽钝，不足以比拟前贤，如霄壤泾渭，固自有间，
然于遭逢圣明，诚诚恳恳，志在纳忠，其义一也。臣请以人身之
计言之，冬之祁寒，夏之甚暑，此天时变于上者也，在修人事以
应之，故祁寒则衣裘，甚暑则服葛，非人情恶常而好变也，盖亦
理势当然，不得不尔，期于康宁其身而已矣。国计安危，理亦如
此。臣愚切谓三本之策，若施之于祖用武之世，有所未遑；行之
于陛下守文之时，诚得其宜。此天下之公论，非臣一人之私意
也。

书上，事虽未能尽行，时论韪之。

六年，以提刑按察司兼劝农使，迁祜为山东东西道提刑按察
使。时中书、尚书二省并立，世厌其烦，欲合为一，集大臣议之，祜还
朝，特命预其议。阿合马为书平章政事，欲奏中书右丞相安童为太
师，因罢中书省，惧祜有异同，许以祜为尚书参知政事。及入议，祜
极言中书政本，祖宗所立，不可罢；三公古官，今徒存虚位，不须设。
阿合马怒其忤己，除祜金中兴等路行尚书省事。西凉隶永昌王府，
其达鲁花赤及总管为人诬构，王欲悉致之法，祜力辩其冤。王怒甚，
祜执议弥固，王亦寻悟，二人皆获免，持祜泣曰："公再生父母也。"

朝廷大举伐宋，遣祜金山东民军，民闻祜来，皆曰："陈按察来，
必无私。"于是逃匿者皆出，应期而办。十二年，授南京总管，兼开封

府尹。属吏闻祜至,多震慑失措,祜因谓曰:"何必若是。前为盗跖,今为颜子,吾以颜子待之;前为颜子,今为盗跖,吾以盗跖待之。"由是吏知修饬,不敢弄法。

十四年,迁浙东道宣慰使。时江南初附,军士俘温、台民数千口,祜悉夺还之。未几,行省榷民商酒税,祜请曰:"兵火之余,遗民宜从宽恤。"不报。遣祜检复庆元、台州民田。及还至新昌,值玉山乡盗起,仓猝不及为备,中流矢而卒,年五十六。赠推忠秉义全节功臣、江浙等处行中书省左丞,追封颍川郡公,谥忠定。父老请留葬会稽,不得,乃立祠祀之,祜能诗文,有《节斋集》。

三子:燮,芍陂屯田万户,在扬州闻祜遇盗死,泣请行省,愿复父仇,擒其贼魁,戮于绍兴市,累迁朝列大夫、庆元路治中;皋、奭,皆侍仪司通事舍人。孙思鲁、思谦。思鲁袭芍陂屯田万户。祜弟天祥。

思谦,少孤,警敏好学。天历初,丞相高昌王亦都护举思谦,时年四十矣。召见兴圣宫。明年,授典宝监经历,改礼部主事。首言:"教坊、仪凤二司,请并入宣徽,以清礼部之选。其官属,不当与群臣并列朝会,宜置百官之后,大乐之前。"诏从之,而二司隶礼部如故。

至顺元年,拜西台监察御史,条上八事:一曰正君道,二曰结人心,三曰崇礼让,四曰正纲纪,五曰审铨衡,六曰励孝行,七曰纾民力,八曰修军政,先是,关陕大饥,民多鬻产,及归皆无地可耕,思谦请听民倍值赎之,使富者收兼入之利,贫者获已弃之业。从之。监察御史李扩行部甘肃。金州民刘海延都,其男元元,自称流民王延禄,非海延都之子,告海延都掠其财。扩听之,酷刑拷其父。思谦劾扩逆父子之伦,坏朝廷之法。遂抵扩罪。

明年,迁太禧宗禋院都事。九月,拜监察御史,首言:"户部赐田,诸怯薛支请海青、狮、豹肉食,及局院工粮,好事布施,一切泛支,较之至元三十年以前增数十倍,至顺元年经费缺二百三十九万余锭,宜节无益不急之费,以备军国之用。"又言:"军站消乏,金补则无殷实之户，接济则无羡余之财，倘有征行，必括民间之马，苟能修马政，亦其一助也。今西越流沙，北际沙漠，东及辽海，地气高寒，水甘草美，无非牧养之地，宜设群牧使司，统领十监，专治马政，并畜牛羊。”又言：“铨衡之弊，入仕之门太多，黜陟之法太简，州郡之任太淹，京朝之职太速。设三策以救四弊：一曰至元三十年以后增设衙门冗滥不急者，从实减并，其外有选法者并入中书；二曰参酌古制，设辟举之科，令三品以下各举所知，得才则受赏，失实则受罚；三曰古者刺史入为三公，郎官出宰百里，盖使外职识朝廷治体，内官知民间利病，今后历县尹有能声、善政者，授郎官，御史历郡守有奇才异绩者，任宪使、尚书，其余各验资品通迁，在内者不得三考连任京官，在外者须历两任乃迁内职，凡朝缺官员须二十月之上方许迁除。”帝俞其奏，命中书议行之。时有官居丧者，往往夺情起复，思谦言：“三年之丧，谓之达礼，自非金革，不可从权。”遂著于令。诏起报严寺，思谦曰：“兵荒之余，当罢土木，以纾民力。”帝悦曰：“此正得祖宗立台宪之意，继此事有当言者无隐。”赐缣帛旌之。未几迁右司都事。

元统二年五月，转兵部郎中。十一月，改御史台都事。后至元年，出为淮西道廉访副使，期月引疾归。六月，召为中书省员外郎，上言：“强盗但伤事主者，得死罪，故杀，从而加功者，与斗而杀人者例，杖一百七十下，得不死，与宰牛马之罪无异。是视人与牛马等也。法应加重。因奸杀夫，所奸妻妾同罪，律有明文，今只坐所犯，与律不合。”事下刑部议，皆为改定。

至正元年，转兵部侍郎。丁内艰，服除，召为右司郎中。岁凶，盗贼蜂起，剽掠州县。思谦白于执政，当竭府库以赈贫民，分兵镇抚中夏，以防后患。不从。后卒如思谦言。

五年，参议中书省事。转刑部尚书，改湖广廉访使。八年，迁淮东宣慰司都元帅。九年，迁浙西廉访使、湖广行中书省参知政事。辞。十一年，改淮西廉访使。寻召入为集贤侍讲学士，修定刑律。十二年，拜治书侍御史。明年，擢御史中丞。思谦以年近七十，上章告老，不允，特旨进荣禄大夫，仍御史中丞。入谢，感疾，明日卒。赠宣献秉宪佐治功臣、翰林学士承旨、荣禄大夫、柱国，追封鲁国公，谥通敏。

天祥，字吉甫。少隶军籍，善骑射。中统三年，李璮叛，河北河南宣慰司承制授天祥千户，屯三汊口，以遏宋兵。事平，罢归。初，天祥未知学，祐不之奇也。别数岁，献所为诗于祐。祐疑假手他人，及与语，出入经史，大为嗟异。

至元十年，起为郢、复州等处招讨司经历，从大兵渡江，论军事，深为行省参政贾居贞所重。

十三年，兴国军以籍兵器倡乱，行省命天祥权知军事。父老上谒，天祥谕之曰：“捍卫乡井，诚不可无兵，任事者籍而收之，操持过急，故致乱尔。今令汝辈，权置兵仗以自卫，何如？”民皆称便。乃白其事于行省曰：“镇遏奸邪，当实根本，若内无备御之资，则外生窥觎之衅，此理势必然者也。推此军变乱之故，正由当时处置失宜，疏于外而急于内。凡在军中者，寸铁尺杖不得在手，遂使奸人得以窃发，公私同被其害。今此地再经残破，单弱至此，若犹相防而不相保信，岂惟外寇可忧，第恐舟中之人皆敌国矣。莫若推赤心于人，使戮力同心，与均祸福，人则我之人，兵则我之兵，靖乱止奸，无施不可。惟冀稍加优容，然后责其必成之效。”行省许以便宜处置。

凡天祥所施设，皆合众意。由是流移复业，以至邻郡之民来归者相继。分宁盗起，谍者至，吏请捕之，天祥曰：“彼以官吏贪暴故叛，今我一军三县，官无侵渔，民乐其业，使之告其徒党，则谍者反为我用矣。”遂一无所问。

居岁余，诏改本军为路，有代天祥为总管者，变更旧政，天祥去未久而兴国复乱，寿昌府及大江南北诸城，多乘势杀守将以应之。时方改行省为宣慰司，参政忽都帖木儿、贾居贞、万户郑鼎为宣慰使。鼎帅兵讨之，至樊口溺死。贼遂声言攻阳罗堡，鄂州大震。忽都帖木儿恇怯不敢出兵，天祥言于居贞曰：“阳罗堡依山为垒，素有

严备，彼若来攻，我之利也。且南人轻进易退，官军凭高据险，出精
兵击之，必获全胜。"居贞深然之，乃引兵伏于青山，贼至，果为官军
所败。复遣天祥权知寿昌府事，授兵二百人。乱民闻官军至，皆依
险自保。天祥以众寡不敌，遣人谕以祸福，使各归田里，惟擒其渠魁
毛遇顺、周监斩于鄂州市，得金二百两，询知为鄂州贾人物，召而还
之。贼党王宗一等十三人，亦就擒，以冬至日放还家，约三日归狱，
皆如期而至，白宣慰司尽纵之，由是无复叛者，百姓为立生祠。

二十一年三月，拜监察御史。会右丞卢世荣以掊克聚敛权倾一
时。御史中丞崔彧言之，帝怒，欲致之法，世荣势焰益炽。左司郎中
周戫因议事有可否，世荣诬以沮法，奏令杖一百，然后斩之，百僚震
慑，无敢言者。二十二年四月，天祥上疏极论世荣奸恶曰：

卢世荣以商贩所获之资，趋附权臣，营求入仕，舆赃辇贿，
输送权门，所献不充，又别立欠少文券银一千锭，由白身擢江
西榷茶转运使。专务贪饕，所犯赃私，动以万计。其隐秘者固
难悉举，惟发露者乃可明言，凡掊取于人及所盗官物，略计：钞
以锭计者二万五千一百一十九，金以锭计者二十五，银以锭计
者一百六十八，茶以引计者一万二千四百五十有八，马以匹计
者十五，玉器七事，其余繁杂物件称是。已经追纳及未纳见追
者，人所共知。

今不悔前非，狂悖愈甚，以苛刻为自安之策，以诛求为干
进之门，而又身当要路，手握重权，虽位在丞相之下，朝省大
政，实得专之。是犹以盗蹠而掌阿衡之任，不只流殃于当代，亦
恐取笑于将来。朝廷信其虚诳之说，俾居相位，名为试验，实授
正权。校其所能，败阙如此。考其所行，毫发无称。此皆既往
之真迹，可谓已试之明验。若谓必须再试，只可叙以他官，宰相
之权，岂宜轻授。夫宰天下，譬犹制锦。初欲验其能否，先当试
以布帛，如无成效，所损或轻。今捐相位以试验贤愚，犹捐美锦
以校量工拙，脱致隳坏，悔将何及。

国家之与百姓，上下如同一身，民乃国之血气，国乃民之

肤体。未有耗其血气，能使肤体丰腴者。是故民富则国富，民贫则国贫，民安则国安，民困则国困，其理然也。昔鲁哀公欲重敛于民。问于有若，对曰："百姓足，君孰与不足；百姓不足，君孰与足。"以此推之，民以赋轻而后足，国以民足而后安。《书》曰："民为邦本，本固邦宁。"历考前代，因百姓富足以致乱，百姓困穷以致治，自有天地以来，未之闻也。夫财者，土地所生，民力所集，天地之间岁有常数，惟其取之有节，故其用之不乏。

今世荣欲以一岁之期，致十年之积，广邀增羡之功，不恤颠连之患。视民如仇，为国敛怨。果欲肆意诛求，何所不得。然其生财之本既已不存，敛财之方复何所赖？将见百姓由此凋耗，天下由此空虚，安危利害之机，有不可胜言者。

计其任事以来，百有余日。今取其所行与所言，已不相副者，略举数端：始言能令钞法如旧，钞愈虚耗；始言令百物自贱，物愈腾贵；始言课程增添三百万锭，不取于民而办，今却迫胁诸路官司增数包认；始言能令民快乐，今所措置，无非败法扰民者。若不早有更张，须其自败，犹蠹虽除去，木病亦深，始嫌曲突徙薪，终见焦头烂额，事至于此，救将何及？

臣亦知阿附权要则荣宠可期，违忤重臣则祸患难测，缄默自固，亦岂不能！正以事在国家，关系不浅，忧深虑切，不得无言。

奏上，世祖遣使召天祥与世荣俱至上都，面质之。比至，即日缚世荣于宫门外。明日入对，天祥于帝前再举其未及言者，帝称善，世荣遂伏诛。五月，朝廷录天祥从军渡江及平兴国、寿昌之功，擢吏部郎中。

二十三年四月，除治书侍御史。六月，命理算湖北湖南行省钱粮。天祥至鄂州，即上疏劾平章要束木凶暴不法。时桑哥窃国柄，与要束木姻党，诬天祥以罪，欲杀之，系狱几四百日。二十五年春正月，遇赦得释。二十八年，擢行台侍御史。未几，以疾辞归。三十年，授燕南河北道廉访使。

元贞元年，改山东东西道廉访使。山东盗起，诏求弭盗方略。天祥奏，所拟事条，皆切于时用。执政颁行诸路，由是群盗屏息。平阴县女子刘金莲，假妖术惑众，所至官为建神堂，愚民奔走事之。天祥谓同僚曰："此妇以神怪惑众，声势如此，若复有狡狯之人辅之，仿汉张角、晋孙恩之所为，必成大害。"遂命捕系之杖于市，自此妖妄平息。天祥言山东宣慰司官冗宜罢，因劾宣慰使贪暴骫治诸事，不听。遂以任满辞职。

大德三年六月，迁河北河南廉访使，以疾不起。六年，拜江南行台御史中丞。上疏论征西南夷事，曰：

兵有不得已而不已者，亦有得已而不已者。惟能得已则已，可使兵力日强，以备不得已而不已之用，是之谓善兵者也。去岁，行省右丞刘深远征八百媳妇，此乃得已而不已之兵也。彼荒裔小邦，远在云南之西南又数千里，人皆顽愚无知。取之不足以为利，不取不足以为害。

深欺上罔下，帅兵伐之，经过八番，纵横自恣，恃其威力，虐害居民，中途变生，所在皆叛。深既不能制乱，反为乱众所制，军中乏粮，人自相食，计穷势蹙，仓皇退走，弃众奔逃，仅以身免。朝廷再发陕西、河南、江西、湖广四省兵，使刘二霸都总督，以图收复叛地。湖北、湖南大起丁夫，运送军粮，至播州交纳，其正夫与担负自己粮食者，通计二十余万。正当农时，兴此大役，驱愁苦之人，往返数千里中，何事不有。或所负之米尽到，固为幸矣。然官军数万只仰今次运米，自此以后，又当如何？

比问西征败卒及其将校，颇知西南远夷之地，重山复岭，陡涧深林。军行径路在于其间，窄处仅容一人一骑，上如登天，下如入井，贼若乘险邀击，我军虽众，亦难施为。又毒雾烟瘴之气，皆能伤人。群蛮既知大军将至，若阻要害以老我师，进不得前，旁无所掠，士卒饥馁，疫病死亡，将有不战自困之势，不可不为深虑也！

　　且自征伐倭国、占城、交趾、爪哇、缅国以来，近三十年，未尝见有尺地一民内属之益，计其所费钱财，死损军数，不可胜言。

　　又闻八番罗国，向为征西官军扰害，捐弃生业，相继逃叛，怨深入于骨髓，皆欲得其肉而分食之。人心所恶，天意亦憎，惟须上承天意，下顺人心，早正深之罪，续下明诏，示彼一方，仍谕自今再无远征之役以招之，使官民上下，皆知不与区区小丑争一旦之胜负也。昔大舜退师而苗民格，充国缓战而诸羌安，事载经传，为万世法。

　　为今之计，宜驻兵近境，使其水路经通，或用盐引茶引，或用宝钞，多增米价和市军粮。但法令严明，官不失信，米船必蔽江而上，军自足食，民亦不扰，内安根本，外固边陲。以我之镇静，御彼之猖狂，布恩以柔之，蓄威以制之，期之以久，服之以渐。此王者之师，万全之利。若谓业已如此，欲罢不能，亦当虑关系之大，审详成败，算定而后用兵。彼溪洞诸蛮，各有种类，必无同心敌我之理。但急之则相救，缓之则相疑，俟彼有可乘之隙，我有可动之时，徐命诸军数道俱进。服从者恩之以仁，拒命者威之以武，恩威相济，功乃易成。若仍蹈深之覆辙，恐他日之患，有甚于今日也。

不报，遂谢病去。

　　七年，召拜集贤大学士，商议中书省事。八月，地震，河东尤甚，诏问弭灾之道，天祥言阴阳不和，天地不位，皆人事失宜所致。执政者以其言切直，抑不以闻。

　　天祥还都且一岁，未尝得见帝言事，常郁郁不自释。八年正月，移疾归。至通州，中书遣使追之，不肯还。帝闻之，赐钞五千贯，仍命给驿传，官护送至其家。九年五月，拜中书右丞，议枢密院事，提调诸卫屯田，以年老固辞。十一年，仁宗在怀州，遣使赐币帛、上樽酒。至大四年，仁宗即位，复遣使召之，不起。延祐三年四月，卒，年八十七。累赠推忠正义崇德佐理功臣、河南江北等处行中书省平章政事,追封赵国公,谥文忠。

　　史臣曰:陈祜建言三本,皆当世之要务。天祥抨击奸臣,尤为侃直。方之轼、辙,庶几媲美。思谦议论可观,出为方面,未著名迹,殆非治事之才欤。

新元史卷一七〇
列传第六七

许衡 师敬　刘因　吴澄 当

许衡,字仲平,怀州河内人。生有异禀,与群儿嬉,即立进退周旋之节,群儿莫敢犯。年七、八岁,受学于塾师,凡三易师,所授书辄不忘。其师辞于父母曰:"此儿颖悟非常,他日必有过人者,吾非其师也。"有道士款其门,谓父母曰:"此儿气骨不凡,当谨视之,异日名冠天下,富贵不足道也。"金末,徭役繁兴,衡从其舅受吏事。久之,以应办宣宗山陵,州县追呼旁午,衡叹曰:"民不聊生,欲督责以自免,吾不为也!"遂不复诣县,决意求学。父母以世乱,欲衡习占候之术,为避难计。于日者家见《尚书》疏,乃就宿其家手录之。由是知考求古学,一言一行,必质于书,时人亦稍从受学焉。

未几,避乱于祖徕山,转徙大名。时窦默以经术得名,见衡敬礼之,相遇则危坐终日,出入于经史百家之说,互相难问。姚枢以道学自任,闻衡苦学力行,过大名访之。枢隐居苏门山,传伊、洛之学于赵复,衡至苏门,见枢,得伊川《易传》、朱子《论孟集注》、《中庸大学章句》、或问、小学诸书,乃手写以归,谓学徒曰:"昔所授殊孟浪,今始闻进学之序。若必欲相从,当悉弃前日所学章句之习,从事于小学,洒扫应对,以为进德之阶。"乃悉取旧书焚之,使门人自小学入。衡以身先之,家贫躬耕自养,年不熟则食糠茹菜,处之泰然。枢应世祖聘,衡独处苏门,始有任道之意。

及枢为劝农使,荐衡于世祖,以为京兆提学。世祖南征,衡复归怀州。

中统元年，召衡赴上都。入见，帝问所学，曰："孔子。"问所长，曰："虚名无实，误达圣听。"问科举之学，曰："不能。"帝曰："卿言务实，科举之学虚诞，朕所不取也。"明年三月，复召至上都。时王文统秉政，深忌枢、默等，疑衡附和之。五月，奏以枢为太子太师，默太子太傅，衡太子太保，阳尊之，实不欲其侍左右。默以屡言文统不中，欲倚东宫避之。衡以为不可，且曰："礼，师傅与太子位东西向，师傅坐，太子乃坐。公等能为此事否？不然，是师道自我而亡也。"枢然之，与默等怀制立殿下，五辞乃免。改授衡国子祭酒，既拜命，复以疾辞。九月，得请归，仍奉敕教授怀孟路弟子。

三年九月，召至大都。中书左丞张文谦见衡，请执弟子礼，衡拒之。文谦数忤幸臣，被谴责，请教于衡。衡贻书，教以存诚克己之学。至元元年，恳请返怀州，帝许之。六月，迅雷起于堂下，从者皆惊仆，衡独不为动。二年，帝复征之。衡至上都，即奏震雷之罚，不当入觐。帝不许。十二月，敕入中书省议事，衡以疾辞。丞相安童素慕衡名，谒于行馆，及还，谓左右曰："若辈自谓相去几何？盖什百而千万也，是岂缯缴之可及哉！"

三年春，召至檀州。敕谕衡曰："窦汉卿独言王文统，当时汝何不言？岂孔子之教，使汝如是乎？抑汝不遵孔子之教乎？往者不咎，今后毋然。省中事前虽命汝，汝意犹未悉。今再命汝。汝之名分，其斟酌在我。国事所以无失，百姓所以得安，其谟猷在汝，正当黾勉从事，毋负平生所学。安童尚幼，未更事，汝其辅导之。"衡对曰："圣人之道至大且远。臣平生虽读其书，所得甚浅。既承特命，愿罄所知。安童聪明有执守，告以古人言语，悉能领解。但虑中有人间之，则难行矣。"是年夏，分省至上都，衡疏陈五事：

其一曰：自古立国，有大规模。规模既定，然后治功可期。昔子产相衰周之列国，孔明治西蜀之一隅，且有定论，终身由之；而堂堂天下，可无一定之制哉？前代北方之有中夏者，必行汉法乃可长久。故后魏十六帝，百七十年，辽九帝，二百有八年;金九帝,百二十年;皆历年最多。其他不行汉法,如刘、石、姚、符、慕容、赫连等,专尚威力劫持卤莽,皆不过二三十年而倾败相继。夫陆行宜车,水行宜舟,反之则不能行。幽燕食寒,蜀汉食热,反之则必有变。以是论之,国家既自朔漠入中原,居汉地,主汉民,其当用汉法无疑也。然万世国俗,累朝勋旧,一旦驱之下从臣仆之谋,改就亡国之俗,其势有甚难者。夫寒之与暑,固为不同。然寒之变暑也,始于微温,而热,而暑,积百有八十二日而寒始尽。暑之变寒,其势亦然,是亦积渐之验也。苟能渐之摩之,待以岁月,心坚而确,事易而常,未有不可变者。以北方之俗,改用中国之法,非三十年不可成功。在昔平金之日,即当议此,顾乃迁延岁月,养成尾大之势。祖宗失其机于前,陛下继其难于后。虽曰守成,实同创始,规模又难于曩时。惟亟亟讲求得失而法戒之,不杂小人,不责近效,不恤流言,则周、汉不难复,辽、金不难跞也。

其二曰:天下之务,萃于中书,不胜其烦,然大要用人、立法而已。人之贤否,未知其详,固不可遽用。若或已知其为君子,为小人,而复迟疑两可,莫决进退,用君子恐其迂阔,用小人冀收其捷效,是徒曰知人,而实不能用人,亦何益哉!人莫不饮食也,独膳夫能调五味之和;莫不睹日月也,独星官能步亏食之数。今里巷之谈,动以古为诟戏,不知今日口之所食,身之所衣,孰非古人遗法。岂天下之大,国家之重,而独无必然之成法乎?夫治人者法,守法者人。人法相维,上安下顺,而君相不劳。

今立法用人,纵未能遽如古昔,然巳仕者当给俸以养其廉,未仕者当宽立条格,俾就叙用,则失职之怨少可舒矣。外设监司以察污滥,内专吏部以定资历,则非分之求渐可息矣。再任三任,抑高举下,则人才爵位略可平矣。至于贵家之世袭,品官之任子,版籍之数,续当议之,亦不可缓也。

其三曰:为君当知为君之难。盖上天为下民作之君师,非以安佚娱之，乃以至难任之也。古帝明王，莫不兢兢业业，岂故为自苦哉！诚深知为君之难，则有一息，不敢暇逸者。请言其要。

曰践言难。知人难，用贤难，去邪难，得人心难，合天意难，何者？人君不患出言之难，而患践言之难。知践言之难，则其出言不容不慎。一日，二日，万几，人君以一身一心临断之，欲言之无失，岂易得哉！故有昔之所言，而今日忘之者，今之所命，而后日违之者，可否异同，纷更变易，纪纲不得布，法度不得立，臣下无所持循。此无他，至难之地不以难处，而以易处故也。苟从《大学》之道，以修身为本，凡一言一行，必求其所当然，不牵于爱憎，不激于喜怒，虚心端意，而审处之，鲜有不中者。奈何为上多乐舒肆，为下多事容悦。夫私心盛，则不畏人，欲心盛，则不畏天。以不畏天、不畏人之心，所日务者皆快心之事，则口欲言而言，身欲动而动，又安肯兢兢业业，熟思而审处之乎？此人君践言之难，又难于在下之人也。

人之情伪有易有险，险者难知，易者易知，且又有众寡之分焉。寡则易知，众则难知，故在上难于知下，而在下易于知上。处难知之地，御难知之人，欲其不见欺也难矣。人君处亿兆之上，操予夺进退赏罚生杀之权，不幸见欺，则以非为是，以是为非，其害可胜既乎？人君惟无喜怒也，有喜怒，则赞其喜以市恩，鼓其怒以张势，人君惟无爱憎也，有爱憎，则假其爱以济私，藉其憎以复怨。甚至本无喜也，诳之使喜，本无怒也，激之使怒，本不足爱也，而誉之使爱，本无可憎也，短之使憎。若是，则进者未必君子，退者未必小人，予者未必有功，夺者未必有罪，赏罚生杀，鲜得其正。人君不悟其受欺也，而反任之以防天下之欺，患尚可言邪？大抵人君以知人为贵，以用人为急。用得其人，则无事于防。既不出此，则所近者争进之人耳，好利之人耳，无耻之人耳。彼挟诈用术，投间抵隙，以蛊君心，欲防其欺，虽尧、舜不能也。此知人之难也。

　　能知贤则必任贤。贤者以公为心,以爱为心,不为利回,不为势屈,置之周行,则庶事得其正,天下被其泽,其于人国,重固如此也。然其人必难进易退,轻利重义。人君虽或知之而召之命之,泛如厮养,贤者有不屑也。虽或接之以貌,待之以礼,然而言不见用,贤者不处也。或用其言而复使小人参之,责小利,期近效,有用贤之名,无用贤之实,贤者亦岂肯尸位素餐以取讥天下后世哉!且贤不惟难进也,而又难合。人君处崇高之地,大抵乐闻人过,而不乐闻己过,务快己心,而不务快民心,贤者欲匡而正之,扶而安之,如尧、舜而后已,故其势恒难合。况奸邪佞幸,丑正恶直,肆为诋毁,多方以陷之,将见罪戾之不免,又可望事得其正,而天下被其泽邪!此任贤之难也。

　　奸邪之人,其心险,其术巧。惟险,故千态万状而人莫能知,惟巧,故千蹊万径而人莫能御。其谄似恭,其讦似直,其欺似可信,其佞似可近。势在近习,则结近习,势在宫闱,则媚宫闱。或以甘言诱人于过,而后发之,以示其无党,务窥人君之喜怒而迎合之,窃其势以立己之威,结其爱以济己之欲,爱隆于上,威擅于下,大臣不敢议,近亲不敢言,毒被天下,而上莫之知。所谓城狐社鼠而求去之,固已难矣。然此犹人主之不知者也。至若宇文士及之佞,太宗灼见其情而不能斥,李林甫妒贤嫉能,明皇洞见其奸而不能退。邪之惑人,有如此者,可不畏哉!此去邪之难也。

　　夫上以诚爱下,下以忠报上,感应之理则然。禹抑洪水以救民,启又能敬承继禹之道,其泽深矣,一傅而太康失道,则万姓仇怨而去者,何邪?汉高帝起布衣,天下景从,荥阳之难,纪信至捐生以赴急,则人心之归可见矣。及天下已定,而沙中有谋反者,又何邪?非戴上之心,有时忽变,特由使之失望,使之不平,然后怨怒生焉。禹、启爱民如赤子,而太康逸豫以灭德,是以失望。汉高以宽仁得天下,及其已定,乃以爱憎行诛赏,是以不平。古今人君,凡有恩泽于民,而民怨且怒者,皆类此也。

人君有位之初,既出美言而告天下矣,既而实不能副,故怨生焉。等人臣耳,无大相远,人君特以己之私而厚一人,则其薄者已觖望,况于薄有功而厚有罪,人得不愤于心邪?得人心之道,不在于要结,而在于修身。诚使一言一动,必可为天下之法,一赏一罚,必求合天下之公,则亿兆之心,将不求自得,又岂有失望不平之累哉!此得人心之难也。

三代而下称盛治者,无如汉之文、景,然考之当时,天象数变,山崩地震未易遽数,是将小则有水旱之灾,大则有乱亡之应。而文、景克承天心,一以养民为务,今年劝农桑,明年减田租,恳爱如此,是以民心洽而和气应。臣窃见前年秋孛出西方,彗出东方,去年冬彗见东方,复见西方,议者谓当除旧布新,以应天变。臣以为曷若直法文、景恭俭爱民,为本原之治。《书》曰:"天视自我民视,天听自我民听。"以是论之,则天之道恒在于下,恒在于不足也。君人者,不求之下,而求之高,不求之不足,而求之有余,斯其所以召天变也。其变已生,其象已著,乖戾之几已萌,犹且因仍故习,抑其下而损其不足,谓之合天,不亦难乎?

此六者,皆难之目也。举其要,则修德、用贤、爱民三者而已。此谓治本。本立,则纪纲可布,法度可行,治功可必。否则爱恶相攻,善恶交病,生民不免于水火,以是为治,万不能也。

其四曰:农桑学校,治法之大纲也。古之贤君,莫如尧、舜,贤臣莫如稷、契。亦不过播百谷以厚民生,敷五教以善民心,此教养之道,民可使富,兵可使强,人才可使盛,国势可使重,必然之理也。今国家徒知敛财之巧,而不知生财之由,徒知防人之欺,而不知养人之善,徒患法令之难行,而不患法令无可行之地。诚能优重农民,勿扰勿害,驱游惰之人归之南亩,课之种艺,恳喻而督行之,十年已后,仓廪之积,当非今日之比矣。自都邑而至州县,皆设学校,使皇子以下至于庶人之子弟,皆入于学,以明修己治人之要道,十年已后,人材之盛、风俗之美,又非今日之比矣。二纲既张，万目斯举，否则富强之效皆不可期也。

其五曰：天下所以定者，民志定，则士安于士，农安于农，工商安于为工商，而后在上之人始安如泰山。今民不安于白屋，必求禄仕；仕不安于卑位，必求尊荣。四方万里，辐辏并进，各怀无耻之心，在上之人可不为寒心哉！臣闻取天下者尚勇敢，守天下者尚退让。各有其宜，不可不审。然欲民志之定者，必先定君志。君志之定，莫如慎喜怒，而修号令。古之帝王潜心恭默，不易喜怒，其未发也，虽至近莫能知其发也，虽至亲莫能移，喜怒发必中节，是以号令简而无悔也。

书奏，帝嘉纳之。衡多病，帝听五日一至省，时赐尚方名药美酒。四年，乃听其归。五年，复召见。

六年，命与太常卿徐世隆定朝仪。又诏与太保刘秉忠、左丞张文谦定官制。衡历考古今分并统属之序，定为图。七年，奏上之。

未几，阿合马为中书平章政事，领尚书省六部事，势倾朝野，一时大臣多附之。衡每与之议，必正言不少让。已而其子又有金枢密院之命，衡独执议曰："国家事权，兵民财三者而已。今其父典民与财，子又典兵，不可。彼虽不反，此反道也。"阿合马面质衡曰："汝何言吾反，汝实反耳。人所嗜好，权势、爵禄、声色，汝皆不好，惟欲得人心，非反而何？"衡曰："王平章不好权势、爵禄耶？何以反？"阿合马衔之，亟荐衡宜在中书，欲中以事。俄除左丞，衡屡入辞，帝命左右掖出之。从幸上京，复论列阿合马专权罔上、蠹政害民若干事，不报。因谢病，请解机务。帝恻然，召其子师可入谕旨，且命举自代者。衡奏曰："用人，天子之大柄也。臣下泛论其贤否，则可。若授之以位，当断自宸衷，不可使臣下有市恩之渐。"

帝久欲开太学，会衡求罢益力，乃从其请。八年，以为集贤大学士，兼国子祭酒，亲为择蒙古弟子使教之。衡闻命，喜曰："此吾事也。国人子太朴未散，视听专一，若置善类之中涵养数年，必为国用。"乃请征其弟子王梓、刘季伟、韩思永、耶律有尚、吕端善、姚燧、高凝、白栋、苏郁、姚燧、孙安、刘安中十二人为伴读,分处各斋,以为斋长。时所选弟子皆幼稚,衡待之如成人。讲课少暇即习礼,或习书算。少者则令习拜跪揖让,进退应对,或射,或投壶,负者罚读书若干遍。久之,诸生人人自得,尊师敬业,下至童子,亦知礼节。

十年,阿合马屡毁汉法,诸生禀食或不继,衡固请退。帝命诸老臣议其去留,窦默亦为衡请,乃听衡归,以赞善王恂摄学事。刘秉忠等奏,乞以衡弟子耶律有尚、苏郁、白栋为助教,守衡规矩,从之。

十三年,诏王恂定新历。恂以为历家知历数而不知历理,宜得衡领之,乃以集贤大学士兼国子祭酒,领太史院事,召至京。十七年,历成,奏上之,赐名曰《授时历》,颁行天下。语详《郭守敬传》。

六月,以疾请归。皇太子为请于帝,授子师可为怀孟路总管以养之,且使东宫官谕衡曰:“公毋以道不行为忧也,公安则道行有时矣,其善药自爱。”十八年,衡病革,逢家祭,扶起奠献如仪。既彻,馂而卒,年七十三。是日,雷电,大风拔木。怀孟人无贵贱少长,皆哭于门。四方学士,不远数千里祭哭墓下。

北方文学自衡开之,当时名公卿多出其门。丞相安童事以师礼,卒称贤相。惟值王文统、阿合马相继用事,未获大行其志,论者惜之。大德元年,赠司徒,谥文正。至大三年,加赠正学垂宪佐运功臣、太傅、开府仪同三司,追封魏国公。皇庆二年,诏从祀孔子庙廷。延佑初,又诏立书院于京兆以祀之,给田奉祠事,赐名鲁斋书院。鲁斋,衡在大名时所署斋名也。

二子:师可,怀孟路总管。师敬,累官山东廉访使。泰定二年,奏请颁族葬制,禁用阴阳邪说,从之。入为中书参知政事,迁左丞,令与纽泽等编译《帝训》。书成,经筵进讲,仍令皇太子阅之。三年,帝幸上都,命师敬与兀伯都剌等为居守。是年,译《帝训》成,更名《皇图大训》。后卒于官。孙从宣,河北河南道廉访使。元统二年,录衡孙从宗为异珍库提点。

刘因,字梦吉,保定容城人。世为儒家。父述,邃于性理之学。

中统初左三部尚书刘肃宣抚真定,辟武邑令,以疾辞归。年四十无子。因生之夕,述梦神人骑马载一儿至其家,曰:"善养之。"乃名曰骃,字梦骥,后改今名及字。

因天资绝人,三岁识书,日记千百言,过目成诵,六岁能诗,七岁能属文,落笔惊人。甫弱冠,才器超迈,思得如古人者友之,作《希圣解》。国子司业研弥坚教授真定,因从之游,同舍生皆不能及。初为经学,究训诂注疏之说,辄叹曰:"圣人精义,殆不止此。"及得周、程、张、邵、朱、吕之书,一见能发其微,曰:"我固谓当有是也。"因早丧父,事继母孝。虽贫,非其义,一介不取。家居教授,师道尊严,弟子造其门者,随材器教之,皆有成就。尝爱诸葛孔明静以修身之语,表所居曰静修。

不忽木以因学行荐于朝。至元十九年,诏征因,擢右赞善大夫。初,裕宗建学宫中,命赞善王恂教近侍子弟,恂卒,乃命因继之。未几,以母疾辞归。明年,丁内艰。二十八年,复遣使者以集贤学士征因,以疾固辞,且上书宰相曰:

因自幼读书,闻大人君子之馀论,虽他无所得,至如君臣之义,自谓见之甚明。如以日用近事言之,凡吾人所以得安居而暇食,以遂其生聚之乐者,是谁之力与?皆君上之赐也。是以凡我有生之民,或给力役,或出知能,亦必各有以自效焉。此理势之必然,亘万古而不可易,庄周氏所谓无所逃于天地之间者也。

因生四十三年,未尝效尺寸之力,以报国家养育生成之德,而恩命连至,因尚敢偃蹇不出,贪高尚之名以负我国家知遇之恩,而得罪于圣门中庸之教也哉!且因之立心,自幼及长,未尝一日敢为崖岸卓绝、甚高难继之行,平昔交友,苟有一日之雅者,皆知因之此心也。但或者得之传闻,不求其质,止于踪迹之近似者观之,是以有高人隐士之目,惟阁下亦知因之未尝以此自居也。

向者,先储皇以赞善之命来召,即与使者俱行,再奉令旨教学,亦即时应命。后以老母中风,请还家省视,不幸弥留,竟遭忧制,遂不复出,初岂有意于不仕邪。今圣天子选用贤良,一新时政,虽前日隐晦之人,亦将出而仕矣,况因平昔非隐晦者邪,况加以不次之宠,处之以优崇之地邪。是以形留意往,命与心违,病卧空斋,惶恐待罪。

　　因素有赢疾,自去年丧子,忧患之余,继以痁疟,历夏及秋,后虽平复,然精神气血,已非旧矣。不图今岁五月二十八日,疟疾复作,至七月初二日,蒸发旧积,腹痛如刺,下血不已。至八月初,偶起一念,自叹旁无期功之亲,家无纪纲之仆,恐一旦身先朝露,必至累人,遂遣人于容城先人墓侧,修营一舍,倘病势不退,当居处其中以待尽。遣人之际,未免感伤,由是病势益增,饮食极减。至二十一日,使者持恩命至,因初闻之,惶怖无地,不知所措。徐而思之,窃谓供职虽未能扶病而行,而恩命则不敢不扶病而拜。因又虑,若稍涉迟疑,则不惟臣子之心有所不安,而踪迹高峻,已不近于人情矣。是以即日拜受,留使者,侯病势稍退,与之俱行。迁延至今,服疗百至,略无一效。乃请使者先行,仍令学生李道恒纳上铺马圣旨,待病退,自备气力以行。望阁下俯加矜悯,曲为保全。因实疏远微贱之臣,与帷幄诸公不同,其进与退,非难处之事,惟阁长下始终成就之。帝闻之,曰:“古有所谓不召之臣,其斯人之徒欤!”

三十年夏四月卒,年四十五。无子。延佑中,赠翰林学士、资善大夫、上护军,追封容城郡公,谥文靖。欧阳元赞因画像曰:“微点之狂,而有沂上风雩之乐;资由之勇,而无北鄙鼓瑟之声。于裕皇之仁,而见不可留之四皓;以世祖之略,而遇不能致之两生。乌乎!麒麟凤凰,固宇内之不常有也。然而一鸣而《六典》作,一出而《春秋》成。则其志不欲遗世而独往也明矣,亦将从周公、孔子之后,为往圣继绝学,为来世开太平者邪!”论者以为知言。吴澄于当时学者最慎许可,独推敬因,自谓不及云。

因所著有《四书精要》三十卷,诗文集二十二卷。门人新安人刘英、王纲、梁至刚,容城人梁师安,俱高尚不仕。

吴澄,字幼清,抚州崇仁人。幼颖异。五岁,日受千余言,夜读书达旦。母忧其过勤,不多与膏火,澄候母寝,燃膏复诵。九岁,日诵《大学》二十过,次第读《论语》、《中庸》,如是者三年。

十九岁,著论曰:“尧舜而上,道之元也。尧舜而下,其亨也。泗、洙、邹、鲁其利也。濂、洛、关、闽,其贞也。分而言之,上古则羲皇其元,尧、舜其亨乎。禹汤其利,文、武、周公其贞乎。中古之统,仲尼其元,颜、曾其亨乎,子思其利,孟子其贞乎。近古之统,周子其元也,程、张其亨也,朱子其利也。孰为今日之贞,未之闻也。然则可以终无所归乎?”其以道统自任如此。

宋咸淳七年,试礼部不第。时宋亡征已见,澄以其学教授乡人,作草屋数间,题其牖曰“抱膝《梁父吟》,浩歌《出师表》”。程钜夫与澄为同学,知其意,题之曰草庐,学生遂称之曰草庐先生。

至元十二年,抚州内附。乐安丞蜀人黄西卿不肯降,遁于穷山中,招澄教其子。澄从之。乐县人郑松又招澄居布水谷,乃著《孝经章句》,校定《易》、《书》、《诗》、《春秋》、《仪礼》及大、小《戴记》。二十三年,程钜夫奉诏求江南遗逸,强起澄至京师。未几,以母老辞归。二十五年,钜夫白于执政,吴澄不欲仕,所著《诗》、《书》、《春秋》诸书,得圣贤之旨,可以教国子,传之天下。敕江西行省缮录其书以进,州县以时敦礼。

元贞二年,董士选为江西行省左丞,雅敬澄。及拜行台御史中丞,入奏事,首以澄荐。未几,士选迁枢密副使,又荐之。一日,议事中书省,起立谓丞相完泽曰:“士选所荐吴澄,经明行修,大受之才。”平章政事不忽木曰:“枢密质实,所荐天下士也。”遂授应奉翰林文字、同知制诰兼国史馆编修官。有司敦劝久之,乃至,而代者已到官,澄即日南归。明年,除江西等处儒学副提举,三月,以疾辞。

至大元年,召为国子监丞。先是,许衡为祭酒,始以朱子小学等书授弟子,久之渐失其传。澄广以经义,各因其材质,反覆训诱其学,诚笃不及衡,而淹博过之。

皇庆元年,迁司业,为教法四条:一曰经学,二曰行实,三曰文艺,四曰治事,未及行。又尝为学者言:"朱子于道问学之功居多,而陆子静以尊德性为主。问学不本于德性,必偏于言语训释之末,故学必以德性为本,庶几得之。"议者遂以澄为陆氏之学,非衡尊信朱子本意云。澄一夕谢病南归,诸生有不谒告而从之者。俄拜集贤直学士,特授奉议大夫,俾乘驿至京师,次真州,疾作不果行。

英宗即位,超迁翰林学士,进阶太中大夫。先是,诏集善书者,粉黄金为泥,写浮屠《藏经》。帝在上都,使左丞速速,诏澄为序。澄曰:"主上写经,为民祈福,若用以追荐,臣所未知。盖福田利益,虽人所乐闻,而轮回之事,彼习其学者,犹或不言。不过谓为善之人,死则上通高明,其极上则与日月齐光;为恶之人,死则下沦污秽,其极下则与沙虫同类。其徒遂为荐拔之说,以惑世人。今列圣之神,上同日月,何庸荐拔!且国初以来,凡写经追荐,不知凡几。若未效,是无佛法;若已效,是诬其祖也。撰为文辞,不可以示后世,请俟驾还奏之。"会帝崩而止。

泰定元年,初开经筵,首命澄与平章政事张珪、国子祭酒邓文原为讲官。先是,至治末,作太庙,议者习见同堂异室之制,乃作十三室。未及迁奉,而英宗崩,有司疑于昭穆之次,命廷臣集议。澄议曰:"世祖混一天下,悉改古制而行之。古者,天子七庙,庙各有宫,太祖居中,左三庙为昭,右三庙为穆,昭穆神主,各以次递迁,其庙之宫,如今之中书六部。夫省部之设,亦仿金、宋,岂宗庙叙次,而不考古制乎!"议上,有司以急于行事,竟如旧次云。时澄已有去志,会修《英宗实录》,命总其事,居数月,《实录》成,即移病不出。中书左丞许师敬奉救赐宴国史院,仍致朝廷勉留之意。澄宴罢即出城登舟去。中书闻之,遣官乘驿追之,不及而还,言于帝曰:"吴澄,国之名儒,朝之旧德,今请老而归,安忍重劳之,宜特加褒异"诏进资善大夫,仍以金织文绮二端及钞五千贯赐之。

初,延佑中蠲虚增之税,惟江西增税三万余缗不获免,后又行包银法,民困益甚。泰定元年,澄白执政,免包银,独增税如故。至是,澄与宣抚副使齐履谦言之,始奏请蠲免。

澄于《易》、《书》、《诗》、《春秋》、《礼记》各有纂言,尽破传注穿凿之习,其书纂言只注今文二十八篇,不用伪孔古文,尤为绝识。又订《孝经》定本,合古、今文,分经一章,传十二章。校正《皇极经世书》及《老子》、《庄子》、《太元经》、《乐律》、《八阵图》、郭璞《葬书》,皆行于世。其《仪礼》逸经八篇、传十篇,危素得其稿本,补刊之。

澄卒于至顺元年,年八十五。赠江西行省左丞、上护军,追封临川郡公,谥文正。

五子:文,同知柳州路总管府事;京,翰林院典籍官。文子当。

当,字伯尚。侍澄至京师,补国子生。久之,澄既卒,从澄游者悉就当卒业。至正五年,以父荫授万亿四库照磨,未上,用荐者改国子助教。诏修辽、金、宋三史,当预编纂。书成,除翰林修撰。七年,迁国子博士。明年,迁监丞。十年,擢司业。明年,迁翰林待制。又改礼部员外郎。十三年,擢监察御史。复为国子司业。累迁礼部郎中,除翰林直学士。

时江南兵起且五年,大臣有荐当世居江西,习民俗,且其才可任政事者。特授江西肃政廉访使,偕江西行省参知事政火你赤、兵部尚书黄昭,招捕江西群盗,便宜行事。当以朝廷兵力不给,既受命,至江南,即招募民兵。由浙入闽,至江西建昌,招安新城盗孙塔。道路既通,乃进攻南丰。

十六年,调检校章迪率本部兵,与黄昭夹攻抚州,复崇仁、宜黄。于是建、抚两郡悉定。是时,参知政事朵歹总兵积年无功,忌当屡捷,功在己上,又以为南人不宜总兵,构飞语,谓当与黄昭皆通寇。乃除当抚州路总管,昭临江路总管,并供亿平章火你赤军。火你赤杀当从事官范淳及章迪,将士皆愤怒不平。当谕之曰:"上命不可违也。"火你赤又上章诬劾二人,诏当与昭皆罢总管,除名。

十八年,火你赤自瑞州还龙兴,当与昭皆留军中,不敢去。先是，当平贼功状自广东海道未达京师，而朵歹、火你赤等公牒先至，故朝廷责当与昭，皆除名。及得当功状，始知其诬，拜当中奉大夫、江西行省参知政事，昭湖广行省参知政事。命未下，陈友谅已陷江西诸郡，火你赤弃城遁。当乃著道士服，杜门不出，日以著书为事。友谅遣人辟之，当卧床不食，以死自誓。乃舁床载送江州。拘留一年，终不为屈，始得归隐，居卢陵吉水之谷坪，逾年以疾卒，年六十五。著有《周礼纂言》及《学言藁》。

史臣曰：许文正应召过真定，刘文靖谓之曰："公一聘而起，无乃太速乎？"文正曰："不如此则道不行。"及文靖不受集贤之聘，或问之，曰："不如此则道不尊。"君子之道，或出或处，或默或语，恶可轩此而轻彼也。自朱子以后，博通经术，未有及吴文正者。拟之四科，许德行，刘言语，吴其文学欤。

新元史卷一七一
列传第六八

李冶 朱世杰　杨恭懿　王恂
郭守敬　齐履谦

　　李冶,字仁卿,真定藁城人。本名治,后改今名。登金进士第,辟知钧州事。大兵入钧州,冶北渡河,侨寓忻、崞诸州。

　　世祖在潜邸,闻其贤,遣使召之,且曰:"素闻仁卿学优才赡,潜德不耀,久欲一见,其勿辞。"既至,问亡金居官者孰贤,对曰:"险夷一节,惟完颜仲德。"又问:"合达及布哈何如?"对曰:"二人短于将略,任之不疑,此金所以亡也。"又问魏征、曹彬,对曰:"谠言忠论,唐之诤臣,征为第一。彬伐江南,不妄杀一人,拟之方叔、召虎可也。"又问:"今有如魏征者乎?"对曰:"近世侧媚成风,欲求魏徵之贤,实难其人。"又问人才贤否,对曰:"天下未尝无才,求则得之,舍则失之。如魏璠、王鹗、李献卿、蔺光庭、赵复、郝经、王约等,皆有用之才,又皆王所聘者,举而用之,何所不可。然四海之大,岂止此数子。诚能旁求于外,则人才汇进矣。"世祖嘉纳之。

　　中统元年,复聘之,欲处以清要,以老病,恳乞还山。至元二年,召为翰林学士、知制诰同修国史。就职期月,复以老病辞。

　　冶精于算法,著《测圆海镜》十二卷。其自序曰:"数本难穷,吾欲以力强穷之,不惟不能得其凡,而吾之力且惫矣。然则数果不可穷耶!既已名之数矣,则又何为而不可穷乎?故谓数为难穷,斯可;谓为不可穷,斯不可。何则?彼冥冥之中,固有昭昭者存。夫昭昭

者,其自然之数也,非自然之数,其自然之理也。推自然之理,以明
自然之数,则虽远而乾端坤倪幽,而神情鬼状未有不合者矣。予自
幼喜算数,恒病考圆之术乖于自然,如古率、微率、密率之不同,截
弧、截矢、截背之互见内外诸角,析剖支条,莫不各自名家。及反覆
研究,而卒无以当吾心者。老大以来,得洞渊之术,日夕玩绎,而向
之病我者始爆然落手而无遗。客有从余求其说者,于是又为衍之,
遂累一百七十问。既成编,客复目之为测圆海镜。昔半山老人集唐
百家诗选,自谓废日力于此,良可惜,明道以谢上蔡。记诵为玩物丧
志,况九九之贱技乎。耆好酸碱,平生每自戒约,竟莫能已。吾亦不
知其然而然也。故尝为之解曰:"由技兼乎事者言之,夷之、礼夔之、
乐亦不免为一技。由技进乎道者言之,石之斤,扁之轮,非圣人之所
与者乎。览吾书,其悯我者,当以百数,笑我者,当以千数,乃吾之
所得,则自得焉耳,宁复计人悯笑哉!"又著《益古演段》三卷,以发
挥天元如积之术,与《测圆海镜》相表里。冶病且革,语其子克修曰:
"吾平生著述可尽燔,独《测圆海镜》虽小术,吾尝精思致力,后世必
有知者,庶可布广垂永乎。"卒年八十有八,谥文正。冶之立天元术,
在算学中为最精。

　　同时有朱世杰,充类尽义,演为四元,与冶并称绝学。世杰,字
汉卿;寓大都,不知何许人。著《四元玉鉴》三卷,凡二百八十问,列
开方演段诸图凡四:一曰今古开方会用之图,二曰四元自乘演段之
图,三曰五和自乘演段之图,四曰五较自乘演段之图。谓算学精妙,
无过演段,前明五和,后辩五较,自知优劣也。次则假令四问。其立
天元曰一气混元,天地二元曰两仪象元,天地人三元曰三才运元,
天地人物四元曰四象会元。法以元气居中,立天元一于下,地元一
于左,人元一于右,物元一于上。乘除往来,用假象真,以虚问实,错
综正负,分成四式,必以寄之剔之,余筹易位而和会,以成开方之式
焉。又撰《算学启蒙》三卷,自乘除加减以至天元如积总二十门,较
《四元玉鉴》为便于初学。世杰书之荄草形段如象招数果垛叠藏诸
术,与郭守敬授时草平立定三差,所谓垛积招差者相通。故祖颐序

世杰之书,谓与授时术相为表里焉。

　　杨恭懿,字元甫,奉元高陵人。父天德,金兴定进士,以安化令兼录事及州判官。金章宗南郊,太常卿孙通祥授币而立,御史将劾其不恭,从天德问之,曰:"授坐,不立。"御史惭而止,由是知名。

　　恭懿博学强记,通《易》、《礼》、《春秋》三经。年二十四,始得朱子集注章句及《太极图说》、小学、《近思录》诸书,叹曰:"人伦日用之常,天道性命之妙,皆萃于此书矣。"许衡至陕西,恭懿敬事之,所造益深。丁父忧,水浆不入口者五日,杖而后起,斥浮屠法不用。衡会葬归,谓门人曰:"杨君居丧尽礼,其功可当于肇修人纪也。"御史王恽荐其贤。

　　至元七年,与许衡俱被召。恭懿辞。衡拜中书左丞,与丞相安童共事,日誉恭懿贤,安童以闻。十年,帝遣协律郎申敬召之,以疾辞。十一年,裕宗教下中书,使如汉聘四皓者以聘恭懿。安童遣郎中张元智致裕宗命,恭懿始至京师。帝遣国王和童劳之,召见,询其先世及师承本末甚悉。恭懿退而呕血,帝复赐医药。侍讲学士徒单公履请设科取士,诏与恭懿议之。恭懿言:"明诏有云:'士不治经学、孔孟之道,日为诗赋空文',此言诚万世治安之本。今欲取士,宜敕有司举有行检、通经史之士,使无投牒自荐,试以五经四书大小义,史论、时务策。夫既从事实学,则士风纯,民俗厚,国家得识治之才矣。"奏入,帝善之。安童咨世务于恭懿,倚以自助,会其北征,恭懿遂乞病归。

　　十三年,诏修历法。或荐恭懿尝推历,终一甲子,得日月薄食者七十有奇。十六年,召恭懿撰《历议》。十七年,《授时历》成,恭懿与许衡等上之。是日,诸臣方跪读奏,帝命衡与恭懿起曰:"卿二老,毋自劳也。"授集贤学士,兼太史院事。明年,复告归。二十年,召为太子宾客。二十二年,召为昭文馆大学士,领太史院事。二十九年,召议中书省事。皆不行。三十一年卒,年七十,谥文康。

　　恭懿疾革,门人问之,忽太息曰:"有是哉,国衰矣!"闻者乱以他言。后成宗登极,诏下,则世祖果以是日崩,人以为至诚所格云。子宙,莆城令。

　　王恂,字敬甫,中山唐县人。父良,金末为中山府掾,时民遭寇乱,多以违误系狱,良前所活数百人。已而弃去吏业,潜心伊洛之学及天文、律历,无不精究,年九十二卒。

　　恂性颖悟,生三岁,家人示以书,辄识风、丁二字。母刘氏,授以《千字文》,再过目,即成诵。六岁就学,十三学九数,尽通其法。太保刘秉忠北上,过中山,见而奇之。及南还,从秉忠学于易州之紫金山。

　　秉忠荐之世祖,召见于六盘山,命辅导裕宗为太子伴读。中统二年,擢太子赞善,时年二十八。三年,裕宗封燕王,守中书令,兼判枢密院事,敕两府大臣,凡有咨禀,必令王恂与闻。初,中书左丞许衡集唐、虞以来嘉言善政,为书以进。世祖尝令恂讲解,且命太子受业焉。又诏恂于太子起居饮食慎为调护,非所宜接之人,勿令得侍左右。恂言:"太子,天下本,付托至重,当延名德与之居处。"帝深然之。

　　恂早以算术名,裕宗尝问焉。恂曰:"算数,六艺之一。定国家,安人民,乃大事也。"每侍左右,必发三纲五常、为学之道及历代治忽兴亡之所以然。又以辽、金之事近接耳目者,论著其得失上之。裕宗问以心之所守,恂曰:"许衡尝言,人心如印板,惟板本不差,则虽摹千万纸皆不差;本既差,则摹之于纸,无不差矣。"诏择勋戚子弟,使学于恂。及恂从裕宗抚军称海,乃以诸生属之许衡,衡告老而去,复命恂领国子祭酒。国学之制,实始于此。

　　帝以金《大明历》岁久浸疏,欲厘正之,知恂精于算术,遂以命之。恂荐许衡能明历理,驿召衡赴阙,命领改历事,官属悉听恂辟置。至元十六年,授嘉义大夫、太史令。十七年,历成,赐名《授时历》。

　　十八年卒,年四十七。初,恂病,裕宗屡遣医诊治,及葬,赙钞二千贯。后帝思治历之功，以钞五十贯赐其家。延佑二年，赐推忠守正功臣、光禄大夫、司徒、上柱国、定国公，谥文肃。

子宽、宾，并从许衡游，得星历之传于家学。裕宗尝召见，语之曰："汝父起于书生，贫无赀蓄，今赐汝五千贯钞，用尽可复以闻。"恩恤之厚如此。宽由保章正，历兵部郎中，知蠡州。宾由保章副，累迁秘书监。

郭守敬，字若思，顺德邢台人。生有异禀，巧思绝人。祖父荣，通算学，习水利。时刘秉忠、张文谦、张易、王恂同学于易州紫金山，荣使守敬从秉忠受学。

中统三年，文谦荐守敬于世祖。召见，面陈水利六事：一，引中都玉泉水至通州，又于蔺榆河口开河，避浮鸡淘之险。二，引顺德达活泉灌田。三，开顺德澧河故道。四，引漳滏二河入澧河灌田。五，引怀孟沁河入御河灌田。六，开黄河引河，由新、旧孟州至温县灌田。世祖叹曰："任事者如此，人不为素餐矣。"授提举诸路河渠。四年，授银符、河渠副使。

至元元年，从张文谦行省西夏。修中兴路唐来、汉延二渠，凡旧渠之壤废者，皆更立闸堰，以通灌溉，民便之。

二年，授都水少监。守敬言："京师西麻峪村，分引卢沟水东流，穿西山而出，是为金口，灌溉之利，不可胜言。兵兴以后，典守者以大石塞之。若按故积，使水通流，可以助京畿之漕运。"又言："当于金口西预开减水口，通大河，防涨水突入之患。"帝善之，而未施行。十二年，丞相伯颜伐宋，议立水站，命守敬按视。守敬自陵州至大名，又自济州至沛县，又南至吕梁，又自东平至纲城，又自东平清河逾旧黄河至御河，自卫州御河至东平，自东平西南水泊至御河，乃得汶、泗与御河相通形势，为图奏之。

初，秉忠以《大明历》自辽、金承用二百余年，浸已后天，议修正之，事未及行而秉忠卒。十三年，宋平，帝思用其言。遂以守敬与王恂率南北日官，分掌测验推步于下，而命文谦与枢密副使张易领之，左丞许衡以通算理，亦命参预其事。守敬以测验由于仪表，作简仪、仰仪、正方案、景符、阒几诸器，测验之精，不爽毫厘。是年，都水监并于工部，守敬除工部郎中。

十六年，改局为太史院，王恂为太史令，守敬为同知太史院事，赐印，立官署。及奏进仪表式，守敬当世祖前指陈算理，至于日昃，帝听之无倦容。奏请设监候官二十七所，立表取直测景，从之。自丙子之冬至日测晷景，得丁丑、戊寅、己卯三年冬至加时，减《大明历》十九刻二十分，又增损古岁余岁差法，上考春秋以来冬至，无不尽合。以月食术及金水二星距、冬至日躔，校旧历，退七十六分。以日转迟疾中平行度，验月离宿度，加旧历三十刻。以线代管窥测赤道宿度，以四正定气立损益，以定日之盈缩，分二十八限为三百六十六，以定月之迟疾。以赤道变九道定月行，以迟疾转定度分定朔，而不用平行度，以日月实合时刻定晦，而不用虚进法，以躔离朓朒定交食，其法视古皆密。又悉去诸历积年日月法之傅会，一本天道自然之数，可以施之永久。

十七年，新历成。守敬与诸臣奏上，赐名《授时历》，颁行天下。

十九年，王恂卒。时新历虽颁，然推步之式，与立成之数，皆未有定稿。守敬比次编类，整齐分秒，为《推步》七卷，《立成》二卷，《历议稿》三卷，《乾坤选释》二卷，《上中下三历法式》十二卷。二十年，守敬拜太史令，奏上之。又有《时候笺注》二卷，《修改源流》七卷，《仪象法式》二卷，《晷景考》二十卷，《五星细行考》五十卷，《古今交食考》一卷，《新测二十八舍杂坐诸星入宿去极》一卷，《新测无名诸星》一卷，《距离考》一卷，并藏之官。

二十八年，守敬建言引白浮泉水经瓮山泊，自西水门入城，汇于积水潭，复出南水门入旧运粮河，可省通州至大都陆运之费。从之。事具《河渠志》。

三十年，世祖还自上都，过积水潭，见舳舻蔽水，大悦，赐名通惠河，赐守敬钞一万二千五百贯，以旧职兼提调通惠河漕运事。三十一年，拜昭文馆大学士、知太史院事。

　　大德二年，召守敬至上都，议开铁幡竿渠。守敬奏："山水频年暴下，非大为渠堰，广六七十步不可。"执政难之，缩其广三之一。明年大雨，山水下注，渠不能容，漂没人畜庐帐，几犯行宫。成宗谓左右曰："郭太史神人也，惜其言不用耳。"七年，诏内外官年及七十，并听致仕，独守敬不允。自是翰林、太史院、司天台官不致仕，著为令。延祐三年卒。

　　其门人齐履谦谓守敬纯德实学，为世师法，其不可及者有三：一曰水利之学，二曰历数之学，三曰仪象制造之学。许衡尤推服守敬，以为异人云。

　　史臣曰：先正阮文达公有言，推步之要，测与算二者而已。郭守敬简仪、仰仪之制，前此言测候者未及也。垛积招差句股弧矢之法，前此言步算者弗知也。测之精，算之密，上考下求，若应准绳，可谓集古法之大成，为将来之典要者矣。

　　齐履谦，字伯恒，大名人。父义，通算术。履谦年十一，教以推步星历之法。

　　至元十六年，初立太史局，改治新历，履谦补星历生。太史王恂问以算数，履谦随问随答，恂大奇之。新历成，复预修《历经》、《历议》。二十九年，授星历教授。都城刻漏，旧以木为之，其形如碑，名碑漏，内设曲筒，铸铜为丸，自碑首转行而下，鸣铙以为节，久坏，晨昏失度。大德元年，中书省使履谦视之，因见刻漏旁有宋旧铜壶四，于是按图考定莲花、宝山等漏，命工改作。又请重建鼓楼，增置更鼓，当时遵用之。

　　二年，迁保章正，始专历官之政。三年八月朔，时加巳，依历，日蚀二分有奇，至其时不蚀，履谦曰："当蚀不蚀，在古有之，矧时近午，阳盛阴微，宜当蚀不蚀。"遂考唐开元以来当蚀不蚀者凡十事以闻。六年六月朔，时加戌，依历，日蚀五十七秒。众以涉交既浅，且近浊，欲匿不报。履谦曰："吾所掌者常数也，其食与否，则系于天。"

独以状闻,及其时,果食。众尝争没日不能决,履谦曰:"气本十五日,而间有十六日者,余分之积也。故历法以所积之日,命为没日,不出本气者为是。"众服其议。

七年,上以地震,诏问弭灾之道。履谦按《春秋》言:"地为阴而主静,妻道、子道、臣道也,三者失其道,则地为之弗宁。大臣当反躬责己,去专制之威,以答天变。"时成宗寝疾,宰相有专威福者,故履谦言及之。九年冬,始立南郊,祀昊天上帝,履谦摄司天台官。旧制,享祀,司天虽掌时刻,无钟鼓更漏,往往至旦始行事。履谦请用钟鼓更漏,俾早晏有节,从之。

至大二年,太常请修社稷坛及浚太庙庭中井。或以太岁所直,欲止其役。履谦曰:"国家以四海为家,岁君岂专在是耶!"三年,擢授时郎秋官正,兼领冬官正事。四年,仁宗即位,台臣言履谦有学行,可教国学子弟,擢国子监丞,改授奉直大夫、国子司业,与吴澄并命,时号得人。未几,复以履谦佥太史院事。

皇庆二年春,彗星出东井。履谦奏宜增修善政以答天意,因陈时务八事。仁宗为之动容,顾宰臣命速行之。延祐元年,复以履谦为国子司业。时初命国子生岁贡六人,以入学先后为次第。履谦曰:"不考其业,何以兴善得人。"乃酌旧制,立升斋、积分等法,每季考其学行,以次递升,既升上斋,又必逾再岁,始与私试。孟月、仲月试经疑、经义,季月试古赋诏诰章表策,蒙古色目试明经策问。辞理俱优者一分,辞平理优者为半分,岁终积至八分者充高等,以四十人为额。然后集贤、礼部定其艺业及格者六人以充岁贡。三年不通一经及在学不满一岁者,并黜之。帝从其议。五年,出为滨州知州,丁母忧,不果行。

至治元年,拜太史院使。泰定二年九月,以本官奉使宣抚江西、福建,黜罢官吏贪污者四百余人,州县有以先贤子孙充房夫诸役者悉遣之。福建宪司职田,每亩岁输米三石,民不胜苦。履谦命准令输之,由是召怨,及还都,宪司果以他事诬之。未几,皆坐事免,履谦始得直,复为太史院使。天历二年九月卒。

　　著《大学四传小注》一卷,《中庸章句续解》一卷,《论语言仁通旨》二卷,《书传详说》一卷,《易系辞旨略》二卷,《易本说》四卷,《春秋诸国统纪》六卷,《经世书入式》一卷,《外篇微旨》一卷,《二至晷景考》二卷,《经串演操八法》一卷。

　　履谦以律本于气,气候之法具载前史,欲择僻地为密室,取金门之竹及河内葭莩以候气,列其事上之。又得黑石古律管一,长尺有八寸,外方,内圆空,中有隔,隔中有小窍,隔上九寸,其空均直,约径三分,以应黄钟之数;隔下九寸,其空自小窍杀至管底,约径二寸余。其制与律家所说不同。盖古所谓玉律者也。适履谦迁他官,事遂寝,有志者深惜之。至顺三年五月,赠翰林学士、资善大夫、上护军,追封汝南郡公,谥文懿。

新元史卷一七二
列传第六九

张庭珍 庭瑞　张立道　梁曾
李克忠 稷

　　张庭珍,字国宝,临潢全州人。父楫,金商州南仓使。太宗四年,籍其民数千来降,命监榷北京路课,改北京都转运使,因家焉。

　　庭珍性强毅,通知经术,尤长《左氏春秋》。宪宗元年,授必阇赤。高丽不请命,擅徙于江华岛,遣庭珍诘之,且诇其叛服。其王言:"臣事本朝,未尝不谨,而大军犹侵掠,避而逃,不得已也。"且赂庭珍金银数千两。庭珍勃然曰:"王以天子之使,为求货来耶?"拗之去,反命以状闻。诏禁戍兵勿擅入高丽地。宪宗伐宋,至阆州,授庭珍安抚使。

　　世祖即位,自将讨阿里不哥,以庭珍谙悉漠南道路,遣立沙井诸驿,兼督粮运。至元四年,授同金吐蕃经略使。

　　六年,授朝列大夫、安南国达鲁花赤,佩金符,使安南。国王陈光昺立受诏,庭珍责之曰:"皇帝不欲并汝土地,而听汝称藩,德至厚也。汝犹依宋为唇齿,妄自尊大。今百万之师围襄阳,拔在旦夕,席卷渡江,则宋亡矣,汝将何恃?且云南之兵,不两月可至汝境,覆汝宗祀不难,其审处之。"光昺惶恐,下拜受诏。既而语庭珍:"天子怜我,使者来乃待我无礼,汝官为朝列大夫,我王也,与我抗礼,可乎?"庭珍曰:"可。王人虽微,序于诸侯之上。"光昺曰:"汝见云南王拜否?"庭珍曰:"云南王,皇子也,汝蛮夷小国,岂得比云南王。况天子命我为安南长官,位居汝上耶!"光昺曰:"既称大国,何索吾犀象?"光昺曰:"贡献方物,藩臣之职宜然。"光昺无以应,使其人露刃环立,以恐庭珍。庭珍解所佩刀弓,坦卧室内曰:"听汝所为。"庭珍嫌江水温恶不可饮,索井汲。其人不许曰:"吾俗多投毒井中,饮常死。"庭珍曰:"吾自求饮死,不汝责。"卒汲之,于是安南人皆詟服。明年,遣使偕庭珍入贡。庭珍以所对光昺之言奏闻,帝大悦,使翰林学士承旨王磐为文纪之。

迁行省郎中,与阿里海涯从数骑抵襄阳城下,呼宋将吕文焕,谕以祸福。文焕帐前将田世英、曹彪执其总管武荣来降,文焕益惧,明日遣其黑杨都统来纳款。将还报,庭珍曰:"此吕氏心腹将,不如留之,以伐其谋。"元帅阿术然之,乃留不遣。又明日,文焕举城降。以功迁中顺大夫、遥授知归德府、行枢密院经历。俄复为行省郎中,赐金虎符,再迁襄阳路总管,兼府尹,又改郢、复二州达鲁花赤。

十四年,擢嘉议大夫、平江路达鲁花赤。十五年,改同知浙江道宣慰使,未行,又改大司农卿。丁母忧,军兴闻丧不得辄行,庭珍请纳制书为民,行省知不可夺,听之。庭珍行橐萧然,惟文书袱被而已。家居,又丁父忧。起复南京路总管,兼开封府尹。河北旱,流民南渡,州县避损户口罪,谩以逃闻,朝廷遣使者邀截流民,不欲还。庭珍谓使者曰:"吾不忍老稚顿踣,甘受专辄之咎。"下令诸渡口济之。事闻,诏御史按治,御史廉知其实,奏之,事寝不下。河决,灌太康,漂溺千里,庭珍括民船数百艘,又编木为筏,载糗粮,四出救之,全活甚众。水入善利门,庭珍颓城为堰以御之,水退,复发民筑外堤,起阳武黑石,东尽陈留张弩河,绵亘三十里,河患始平。至元十七年,卒于官,年五十六。庭珍性清慎,丞相伯颜尝语人曰:"诸将渡江,无不剽掠,惟我与国宝断断自守耳。"闻者以为知言。

子岳,提举郢、复鱼湖;崇,四川行省宣差。弟庭瑞。

庭瑞,字天表。幼以功业自许,兵法、地志、星历、卜筮,无不推究。

以宿卫从宪宗伐蜀,为先锋。中统二年,授元帅府参议,留戍青居山。又将兵城虎啸山。宋将夏贵以兵数万围之,城当炮,皆穿,筑栅守之;栅坏,仍依大树张牛马皮以拒炮。贵绝其水道,庭瑞取人畜溲沸煮之,泻土中以泄臭,人日饮数合,唇皆疮裂,坚守逾月,援兵不敢进。庭瑞度宋兵稍懈,分兵夜劫贵营,杀都统栾俊、雍贵、胡世雄等五人,贵遁走。以功授奉议大夫、知高唐州,改濮州尹,迁陕西四川道按察副使。坐事,左迁四川屯田经略副使。东西川行枢密院发兵围重庆,朝廷知庭瑞练习军事,换成都路总管,佩虎符,舟楫兵仗粮储皆倚以办。

擢诸部蛮夷宣抚使。碉门羌因入市争价,杀人,系碉门鱼通司狱中。羌酋怒,断绳桥,谋入劫之。鱼通司来告急,左丞汪惟正问计,庭瑞曰:“羌俗暴悍,以斗杀为勇。今如蜂毒一人,而即以寇盗待之,不可。宜遣使往谕祸福,彼悟,当自归。”惟正曰:“使者无过于君。”遂从数骑,抵羌界。

羌陈兵以待。庭瑞进前,语之曰:“杀人偿死,羌与中国法同。有司系其人,欲以为见证耳。而汝即肆行无礼,如行省闻于朝,召近郡兵空汝巢穴矣。其酋长弃枪弩,罗拜曰:“我裂羊脾卜之,视肉之文理何,如其兆,曰:‘有白马将军来,可不劳兵而罢。’今公马果白,敢不从命。”乃论杀人者,余尽纵遣之。遂与约,自今交市者,以碉门为界,无相出入。

官买蜀茶,增价鬻于羌人。庭瑞更变引法,使引纳二缣,而付券于民,听其自市于羌,羌、蜀俱便之。都掌蛮叛,蛮善飞枪,联松枝为牌自蔽,行省命庭瑞讨之。庭瑞所射矢,出其牌半簳,群蛮大骇,即请服。惟斩其酋德兰酉等十余人,而降其余民。

授叙州等处蛮夷宣抚使,改潭州路总管。时湖广省臣要束木务聚敛,庭瑞乃谢病归。以疾卒。

庭瑞初屯青居,其地多橘树。庭瑞课士卒日入橘皮若干储之,人莫晓也。贾人有丧其资不能归者,人给橘皮一石,及售于中原,价倍蓰,莫不感之。家有爱姜,一日见老人与之语,乃其父也。姜以告庭瑞,召其父谓之曰:"汝女居吾家,不过群婢,归嫁则良人矣。"尽取奁装书券还之,时人以为难。

张立道,字显卿。其先陈留人,后徙大名。父善,金进士。大兵下河南,善以策干太弟拖雷,命为必阇赤。

立道年十七,以父任备宿卫。至元二年,为郎中,奉使安南。四年,命使河西,给所部军储,以干敏称。皇了忽哥赤封云南王,诏以立道为王府文学。劝王务农厚民,即署立道大理等处劝农官,兼领屯田事,佩银符。寻与侍郎宁端甫使安南。

八年,云南三十七部都元帅宝合丁专制岁久,有窃据之志,忌忽哥赤来为王,设宴置毒酒中,且赂王相府官无泄其事。立道闻之,趋入见。守门者拒之,立道怒与争。王闻其声,使人召立道,乃得入,为王言之。王引其手使探口中,肉已腐矣。是夕,王卒。宝合丁使人讽忽哥赤妃索王印。立道潜结义士,得十三人,约共讨贼,刺臂血和金屑饮之,推一人走京师告变。事颇露,宝合丁囚立道,将杀之。人匠提举张忠,立道族兄也,结壮士夜劫于狱,出之,共亡至吐蕃界,遇帝所遣御史大夫博罗欢、吏部尚书别帖木儿,遂与立道还,按宝合丁及王府官受赂,皆伏诛。召立道等入朝,问王卒时状。帝闻立道言,泣数行下,歔欷久之,曰:"汝等为我家事甚劳苦,今欲事朕乎,事太子乎,事安西王乎?惟汝择之。"立道奏愿留事陛下,于是赐立道金五十两,以旌其忠。张忠等亦授官有差。

寻复使安南。十年三月,领大司农事,未几授大理等处巡行劝农使,佩金符。其地有昆明池,夏潦暴至,冒城郭。立道役丁夫二千人治之,泄其水,得良田万余顷。土人虽知蚕桑,未得饲蚕之法,立道始教之,收利十倍。

十五年,除中庆路总管,佩虎符。先是,云南不知尊孔子,祀晋王羲之为先师。立道首建孔子庙,置学舍,择蜀士之贤者,迎为弟子师,岁时率诸生行释菜礼。行省平章赛典赤表言于朝,敕进秩以褒之。

十七年，入朝，力请于帝以云南王子也先帖木儿袭王爵，帝从之。遂命立道为临安广西道宣抚使，兼管军招讨使，仍佩虎符。陛辞，赐弓矢、衣服、鞍马。始赴任，会禾泥路大首领必思反，扇动诸蛮夷。立道发兵讨之，拔其城，徇金齿甸，越麻甸，抵可蒲，皆下之。二十二年，又籍两江侬士贵、岑从毅、李维屏所部二十五万余户归有司。迁临安广西道军民宣抚使。复创庙学于建水州，书清白之训于公廨以警贪墨，风化大行。入朝，值桑哥用事，遂谢病家居。条时务十二策，帝嘉纳焉。

二十八年，武平地陷，命立道为本路总管，以赈其灾。未行，安南世子陈日燇遣其臣严仲维、陈子良等诣京师请袭爵。先是，其国王陈日烜累召不至，遣诸将讨之，失利而还。帝怒，欲再发兵，丞相完泽、平章不忽木言："蛮夷小邦，不足劳中国。张立道尝再使安南有功，今遣立道往，宜奉命。"帝召至香殿，谕之，授礼部尚书，三珠虎符，赐衣段、金鞍、弓矢以行。

至安南界，谓郊劳者曰："语尔世子，当出城迎诏。"日燇乃率其属，焚香伏谒道左。既抵府，日燇拜跪，听诏如礼。立道传上命，数其罪，为书晓之曰："至诚一念，不避嫌疑，两国之间，正言损益。立道发乘之日，朝廷大臣有言曰：'小国多疑，汝等当宣言以晓之。'惟汝蕞尔之邦，形服而心犹未化，虽任土修贡之不阙，而未尽其诚。问罪兴师，固大朝之正理。藏锋避锐，亦小国之卑情。奈何与镇南王拒敌争衡，敢忘君臣之分？曩所谓小杖则受，大杖则逃者，斯言安在？倘大朝抚有汝国，国人必弃土地而匿于海隅，虽生何异于死，虽存何异于亡？此海隅之不可伏者一也。江南四百余州不能当中原之一战，安南与江南众寡何若？安能以拒上国乎？今年与战，明年与战，小国之众能有几何？此人力之众不可恃者二也。宋之有国，三百余年，一旦扫地俱空，唇亡齿寒，理有必至。今不至于遽寒者，以其先附大朝，天道相应，气运相通也。今舍天道而尚人力，岂不达天之道欤！此历数之远不可赖者三也。愚闻顺天者昌，逆天者亡，古之诸侯或朝觐于京师，或会同于邦岳，因军旅之事，逾时越境不以为难，何惮山高水阔之劳，而成祸结兵连之衅。所谓毫厘失之千里者也。今之急务，在于悔过自新，趋朝待罪。圣天子为万邦之首，焉肯食言，必赦前过而加大恩，计无加于此者。汝之小国，不图今日之利，悔将无及。呼吸之机，间不容发，吾非说客，汝勿涉疑。"读罢，其君臣皆俯首听命。

翌日，迎立道入见，谓立道曰："比三世辱公使。公大国之卿，小国之师也，何以教我？"立道曰："昔镇南王奉词致讨，汝非能胜之也，由其不用向导，率众深入，不见一人，迟疑而还。曾未出险，风雨骤至，弓矢尽坏，众不战而自溃，天子亦既知之。汝所恃者，山海之险，瘴疬之恶耳。县云南与岭南之人习同而技力等，今发而用之，继以北方之劲卒，汝复能抗哉？汝战不利，不过遁入海中，岛夷乘衅，必来寇抄汝，汝食少不能支，必为彼屈，汝为其臣，孰若为天子臣？今海上诸夷岁贡于汝者，亦畏我大国之尔与也。圣天子有德于汝甚厚。前年之师，殊非上意，边将谇汝尔。汝曾不悟，不能遣一介之使，谢罪请命，辄称兵抗拒，逐我使人，以怒我大国之师，今祸且至矣，惟世子计之。"日燇拜且泣涕曰："公言良是，为我计者，皆不知出此。前日之战，救死而已，宁不知惧天子使，公来必能活我。"北面誓，死不敢忘天子之德，出奇宝为贿，立道一无所受，但要日燇入朝。日燇曰："贪生畏死，人之常情。诚有诏贷以不死，臣将何辞。"乃先遣其臣阮代之、何惟严等随立道上表谢罪，修岁贡之礼如初。廷臣有害其功者，以为必先朝而后赦。日燇惧，卒不敢至，议者惜之。

二十九年，遣立道奉使按行两浙。寻授四川南道宣慰使，迁陕西汉中道肃政廉访使。皇曾孙松山封梁王，出镇云南。廷议求旧臣可辅王者，立道遂以陕西行台侍御使拜云南行省参知政事。视事期月，卒于官。

立道三使安南，官云南最久，得土人之心，为立祠于鄯善城西。所著诗文有《效古集》、《平蜀总论》、《安南录》、《云南风土记》、《六诏通说》。

子元,云南行省左右司郎中。

梁曾,字贡父,大都大兴人。少好学,日记数千言。中统四年,以翰林学士承旨王鹗荐,辟中书左三部令史,三转为中书省掾。至元十年,用累考及格,授云南诸路行省都事,佩银符。久之,擢员外郎。十五年,转同知广南西路左右两江宣抚司事。明年,除南阳府知府。唐、邓二属州为襄阳府所夺,曾力争,卒复旧制。南阳在宋末为边郡,地无桑柘,而岁赋丝,曾请折输布,一郡称便。

十七年遣使安南,召见,赐三珠金虎符、貂裘一袭,进兵部尚书。明年,日烜遣其叔遗爱,奉表从曾献方物。二十一年,除曾湖南宣慰司副使,以疾去官。

二十九年,改淮西宣慰司副使,复以亲老辞,召至京师,敕曾再使安南,授吏部尚书,赐三珠金虎符、袭衣、乘马、弓矢、器币,以礼部郎中陈孚为副。十二月,改授淮安路总管而行。明年正月,至安南。其国门:中曰阳明,左曰日新,右曰云会,安南人郊迎,请由日新门入。曾大怒曰:"奉诏不由中门,是我辱君命。"即回馆。既而请由云会门,曾复执不可,始自阳明门迎诏入。又责日烜亲出迎诏,且讲本朝尚右之礼。以书往复者三。三月,其国相陶子奇等从曾诣阙请罪,并上万寿颂、金册表、方物,而以黄金器遗曾为赆,曾不受。

八月,还京师,进所与陈日烜往复议事书。帝大悦,解衣赐之,且令坐地上,右丞阿里意不然,帝怒曰:"梁曾两使外国,汝何敢尔!"是日,有亲王至自和林,帝命酌酒,先赐曾,谓亲王曰:"汝所办者汝事,梁曾所办,吾与汝之事,汝勿以为后也。"复于便殿赐酒馔,夜二鼓乃出。明日,诏陈其方物象、鹦鹉于庭,而命曾引所献象,曾以袖引之,象随曾如素驯者,复命引他象,亦然。帝以曾为福人,且问曰:"汝亦惧否?"对曰:"虽惧,君命不敢违。"帝曰善。或谮曾受安南赂者,帝以问曾。曾对曰:"安南以黄金器遗臣,臣不受,以属陶子奇矣。"帝曰:"此馈赆,受之可也。"寻赐白金、金币,中书以使安南三珠金虎符与之。仍乘传之任。"

大德元年，除杭州路总管，户口复者五万二千四百户。请禁莫夜鞠囚及游街之刑，著为令。四年，丁内艰。先是，丁忧制未行，曾奏请终制如礼。七年，除潭州路总管，辞不赴。服除，拜两浙都转运盐使。又明年，拜云南行省参知政事，赐三珠金虎符。寻召还，以母丧未葬，扶枢北归，至长芦，赐钞一百锭使营葬。十年，召为中书参议。预内燕，赐只孙一袭。十一年，出为河南行省参知政事。寻迁湖广行省参知政事。四年，以疾罢，敕赐药物。

皇庆元年，仁宗以曾前朝旧臣，特授昭文馆大学士、资德大夫。累章乞致仕，不允，复起为集贤侍讲学士。国有大政，必命曾与诸老议之。延祐元年，奉诏代祀中岳中道。以病致仕。至治二年卒，年八十一。

李克忠，字公瑾，滕州人。父显，倜傥善骑射，从族人李元至都，受知于诸王脱端，以管军千户领邹县尉，累迁河南等路管民权府。

克忠，幼警敏，好读书。至元十二年，世祖遣哈撒儿海牙、奴剌丁使安南，以克忠佐之，授安南达鲁花赤府知事。诏有司依使缅事例，厚给资装。既至，克忠要以三事：一曰国主亲朝，二曰遣子入侍，三曰籍户口归朝廷。安南人不从，克忠以书谕其国主，又不报，乃还。时吐蕃梗命，云南行省创开新路于纳洪土老蛮，克忠等始得平行而返。十四年夏，至上都，召见大安阁，赐金符，擢奉训大夫、工部郎中，兼计议官。

十五年，偕礼部尚书柴椿、会同馆使哈剌脱因、工部员外郎董瑞安、南人黎克，复赍玺书谕日谕日烜入朝。十六年，克忠等返。十一月，复遣克忠再往，以竟使事。十七年四月，偕其陪臣黎仲陀等，赍表奉贡物诣阙下。世祖大悦。用事大臣欲克忠往谒，克忠曰："论功行赏，国有常典，吾岂奔走权门者耶！"竟不往。

久之，授奉议大夫、同知岳州路总管府事。初至，教郡人藏冰，已而大疫，以冰疗之，全活甚众。迁泰州尹。又选为海北广东道提刑按察副使，进阶中顺大夫，以亲老乞养归。旋起为同知吉州路总管府事,延名儒以兴郡学,士论称之。大德五年卒,年五十六。

子希颜,以父荫授进义校尉、南昌县主簿。江西行省参知政事郝天挺雅重之,辟行省掾。又从平章散术台讨宁都贼有功,迁承事郎、袁州路知事。终太常太乐署令。子稷。

稷,字孟幽。幼颖敏,八岁能记诵经史。从其父官袁州,师夏镇。又从官铅山,师方回。镇与回,俱名儒,稷兼得其传。

泰定四年,登进士第,授淇州判官。调海陵县丞,入为翰林国史院编修官。擢御史台照磨。至正初,出为江南行台监察御史,迁都事,又入为监察御史。劾奏阉宦高龙卜"侵挠朝政,擅作威福,交通时相,请谒公行,为国基祸,乞加窜逐,以正邦刑。"章上,流高龙卜于高丽。又言:"御史封事,须至御前开拆,以防壅蔽之患。言事官须优加擢用,以开谏诤之路。殿中侍御史、给事中、起居注,须任端人直士,书百司奏请及帝所可否,月达省台,付史馆以备纂修之实。"承天护圣寺火,敕更作,稷上言:"水旱相仍,公私俱乏,不宜妄兴大役。"议遂寝。会朝廷方注意守令,因言:"下县尹多从吏部铨注,宜并归省选。茶、盐铁课责备长吏,动受刑谴,何以临民,宜分委佐贰。投下达鲁花赤蠹政害民,宜为佐贰。"帝悉可其奏。迁中书左司都事,又四迁为户部尚书。

十一年,廷议以中原租税不实,将履亩起税。稷诣都堂言曰:"今妖寇窃发,民庶流亡,此政一行,是驱民为盗也。"宰相韪之。寻参议中书省事,俄迁治书侍御史。

十二年,从丞相脱脱征徐州。贼平,谒告归滕州。既而,召为詹事丞,除侍御史,迁中书参知政事。皇太子受册,摄大礼使,除枢密副使。帝躬祀郊庙,摄太常少卿。寻为侍御史,又为中书参知政事。俄进资善大夫、御史中丞。寻特加荣禄大夫。至正十九年,丁母忧。诏起复为陕西行省左丞、枢密副使。乞终制,不起。服阕,命为大都路总管,兼大兴府尹,除副詹事。二十四年,出为陕西行台中丞,未行,改山东廉访使,得疾,上章致仕。还京师卒,年六十一,赠推忠赞理正宪功臣、集贤大学士、荣禄大夫、柱国,追封齐国公,谥文穆。

稷为人孝友恭俭,处家严而有则,与人交一以诚恪。尤笃于乡党朋友之谊,中丞任择善、陈思谦,既没,皆抚其遗孤。出入台省者二十年,为时名卿云。

史臣曰:张庭珍诸人,皆奉使安南有名迹者。中统元年,安南世子光昺上书,请三年一贡,从之。庭珍为安南达鲁花赤在至元六年,又责其入贡,疑非事实。是时江南未平,陈氏倚宋为屏蔽,或有倔强之辞,然谓其露刃以胁使者,亦诬矣。盖私家传状所载者,不可以尽信也。

新元史卷一七三
列传第七〇

郭汝梅　张炳　袁裕　孟祺
王廷玉　刘好礼　李元
张础　陈元凯　许楫　孙显
王显祖

郭汝梅，字和卿，大都漷阴人。金末，大兵陷漷阴，屠之。汝梅方七岁，其父琪，祷于神，愿佑此儿，使宗嗣不绝。及滦河，琪力不能负，欲弃之。遇赤犊，乘以渡河，获免。汝梅年十八，父老称其干略，使摄知县事。

太宗二年，立十路征收课税所，耶律楚材奏充燕京都税司，以理剧知名。中统初，汝梅以久管征收，非本志，使其子翰承袭。

中统三年，阿合马奏本路员多，宜汰之，疏其勤干得力者任使如故，起汝梅再充课税所官。创建驿舍百余，民不知扰。每岁应给行宫所需，未尝阙误。益户口万余。迁中都路总管，兼大兴尹，阶昭勇大将军。数引见，奏对称旨。五年卒。

先是，汝梅从宪宗幸柳林，宪宗问近郊户籍，汝梅仓卒不能对。从吏刘伯杰代应之，帝甚悦，曰："是人为官宁有不能者！"后伯杰亦以吏事知名。

张炳,字彦明,济南济阳人。祖全、父信,以赀雄于乡。太宗四年,岁饥,出粟赈贷,乡人赖以全活。

炳幼颖悟力学,始补掾史,上计行省,有积年勾考未输银十万五千两,炳条陈切至,遂获免。征擢行省断事官。

中统元年,辟为中书省掾。俄迁右司提控案牍,管都督府员外郎。转山东路廉访转运司经历,考课为天下最,迁廉访司参议,兼摄济南、益都、滨隶三路奥鲁花赤。至元二年,改济南路奥鲁花赤。四年,转陕西五路西蜀四川行中书省左右司员外郎。八年,进阶奉训大夫、兖州知州。属县有黠吏挟官府为暴横,炳绳之以法,杖而逐之,民大悦。

十一年,改淮西等路行中书省左右司郎中。丞相阿塔海进攻瓜州、镇江,炳运粮储,供器械,凡二年。十三年,丞相阿术攻扬州,宋将李庭芝弃城走泰州,炳至扬州城下,招谕制置朱焕以城降,庭芝亦就擒。炳传檄未下州郡,皆望风款款附。从阿术入觐,世祖赐锦衣、鞍勒。十三年,擢大中大夫、扬州路总管府达鲁花赤,商议行中书省事,佩金虎符。时行省在扬州,据南北要津,炳劳来抚恤,上下安之。

十六年,改镇江路总管府达鲁花赤,谢病归。购书八万卷,以万卷送济南府学。二十一年,起为东昌路总管,吏民畏服,以治最称。二十五年卒,年六十四。延祐五年,赠太中大夫、东昌路总管,追封清河郡侯,谥敬惠。

子用中,沂州山场同提举。

袁裕,字仲宽,河南洛阳人。幼孤,从兄避难聊城,因家焉。

中统初,由聊城县丞,辟中书右司掾,建言给重囚衣粮医药,免籍其孥产,止令出焚瘗钱,著为令。顺天路民王住儿因斗误杀人,其母年七十,言于朝:“妾寡且老,恃此儿为生,儿死则妾亦死。”裕白执政,误杀非故犯,当矜其母乞,宥之。执政以闻,囚得免死。南京总管刘克兴掠良民为奴,后以矫制获罪,当籍没。裕请止籍其妻子,奴得复为良者数百人。

至元六年，迁开封府判官。洧川县达鲁花赤贪暴，盛夏役民捕蝗，禁不得饮水，民不胜忿，击毙之。有司当以大逆，置极刑者七人，连坐者五十余人。裕白：“达鲁花赤自犯众怒而死，安得尽罪百姓。”议诛首恶一人，余各杖之。部使者录囚至县，疑其太宽。裕辨益力，遂白其事于中书省，竟从裕议。

八年，拜监察御史。俄授西夏中兴等路新民安抚副使，兼本道巡行劝农副使，佩金符。时徙鄂州民万余于西夏，有司虽给禀食，而失业者犹多。裕与安抚使独吉请于朝，计丁给地，立三屯，使耕以自养，官民便之。又言：“西夏羌浑杂居，驱良莫辨，宜验已有从良书者，则为良民。”从之。得八千余人，官给牛具，使力田为农。

十三年，进甘州等路宣抚副使，兼西夏中兴等路新民安抚副使。十八年，调南阳知府。明年，召拜刑部侍郎，出为顺德路总管。铁冶提举张鉴无子买妾，其妻妒而杀之。裕捕其妻，讯之，论如律。其用法严明如此。二十一年，卒于官，年五十九。

裕以兄有鞠育之恩，令其子师愈推荫于兄子师愈，后仕至侍御史。

孟祺，字德卿，宿州符离人。父仁，有学行，金亡北徙寓济州鱼台县，州帅石天禄礼之，辟详议府事。

祺敏悟，早知问学，从父游东平。时严实修学校，招致生徒，祺就试，登上选，辟掌书记。廉希宪、宋子贞俱荐之，擢国史院编修官。迁应奉翰林文字，兼太常博士。一时典册，多出其手。

至元七年，使高丽，还，称旨，授山东西道劝农副使。

十二年，丞相伯颜伐宋，授祺行省咨议官，迁郎中。伯颜雅信任之。宋舟师陈焦山，祺言于诸将曰：“敌军下流，宜乘势速进，以夺彼气。”从之。宋师大败。时伯颜以兵事入觐，闻之喜曰：“祺书生，乃知兵若是。”诸将欲直趋临安，伯颜问计，祺对曰：“宋人之计，惟有窜闽。若以兵迫之，彼必速逃。一旦盗起临安，三百年之积焚掠无遗矣。宜以计缓之，使彼不惧。譬取果，稍待时日耳。"伯颜曰：
"善"。乃遣人持书至临安慰谕之。宋人果不复议迁。先是，宋降表
称侄，称皇帝，伯颜拒不纳。祺自请至临安征降表，会宋执政于三
省。夜三鼓，议未决，祺正色责之，始定议。宋谢太后内批用宝，祺
携之以出，并取十二玺献于伯颜。伯颜亲封之，祺曰："管钥自有主
者，公勿封，一有不谨，恐异时奸人妄相污染，不能自明。"伯颜韪
之，使祺籍宋册宝及太庙礼乐器、郊天仪仗，秘书省、国子监、国史
院、学士院、太常寺图书、祭器等物。伯颜发临安，趣宋主㬎及全太
后入觐。祺宣读诏书"免牵羊系颈之礼，"太后闻之，泣谓宋主曰：
"荷天子圣慈活汝，当望阙拜谢。"宋主拜毕，子母皆肩舆出宫。

　　伯颜奏祺前后功多，且荐祺可任大事，授嘉兴路总管，佩虎符。
劳徕抚字，甚有能名。后以疾解官。十八年，擢浙东海右道提刑按
察使，辞不赴。二十八年，帝遣祺招谕爪哇，其酋不听命，黥祺以辱
之。帝大怒，遂决计用兵。祺未几卒，年五十一。赠宣威安远功臣、
中奉大夫、中书参知政事、护军、鲁郡公，谥文襄。子遵、遹。

　　王庭玉，字国宝，保定清苑人，本完颜氏。父安住，金怀远大将
军、安州刺史。太祖十三年，来降，译姓王氏，改名安。

　　庭玉，隶万户张柔部下，以材勇闻。宪宗九年，从攻鄂州有功，
擢亳州万户府首领官。迁河南路统军司知事。从围襄樊，城光化州，
赐衣袄、鞍辔、银、钱钞有差。改招讨司经历，佩银符。

　　从大军济江，败宋将孙虎臣于丁家洲，追至龙江矶，获宋小校
二人，自称太平州帐下，持守将蜡书以献军中。欲杀之，庭玉力争
曰："是绝人降附之心也。"受其书而遣之。明日，大军至太平，守将
即开门降。由是为丞相伯颜所知。建康下，以庭玉金江东宣抚司事。
元帅唆都悉以郡事委之。庭玉招抚流亡，甚获民誉。

　　十四年，授建康路总管府治中。伯颜曰："王治中，吾帅府师也，
事何忧不治。

　　十五年，擢朝列大夫、招信路总管府达鲁花赤，佩虎符。招信寻

改临淮,庭玉换金符。伯颜闻之,咨中书省,仍佩虎符。临淮多盗,有二男子饮兵家,庭玉使录事徐霆逮捕之,果盗魁,尽获其党一百七十六人,戮七十人,余悉宥之,民遂安堵。录事李娃过临淮,吏诬为盗,庭玉覆讯之,察其冤,娃得免死。

御史大夫相威奏江南廉能吏五十人,庭玉其一也。改授涟海州等处屯田总管。先是,上屯田策者,以垦荒为名,官给钞买牛,实未尝有牛,每岁输牛皮,妄言牛死,官又给钞补之,冒滥无已。庭玉白其事于中书,罢之,为怨家所诬。世祖素知庭玉长者,寝不问。庭玉乃弃官归。大德二年卒,年七十一。

刘好礼,字敬之,汴梁祥符人。父仲泽,金大理评事,遥授同知许州,徙家保定之完州。

好礼通国语,廉访司辟为参议,改永兴府达鲁花赤。至元元年,以侍仪廉希逸荐,召见奏对称旨。五年,应诏,建言:"有司奏请,宜先启皇太子。陕西重地,宜封皇子、诸王以镇之。筑都城,宜给直以市民地。选格不宜以中统三年为限。"帝是其言,敕中书施行。

七年,迁吉思昂可刺、乌斯、撼合纳、谦州、益兰州五部断事官,以比古之都护,治益兰。其地距京师九千余里,民俗不知陶冶,水无舟航,以杞柳为器皿,剜木为槽以济水。好礼请工匠于朝,以教其民,土人便之。或言榷盐、酒,可以佐经费,好礼曰:"朝廷设官要荒,务以绥远,宁欲夺民利耶!"言者惭服。

十年,北边诸王叛,执好礼军中。其大将以好礼善应对,释之。十六年春,叛王召好礼至谦谦州曰:"皇帝疑我,至有今日。"好礼曰:"不疑。果疑王,召王至京师,肯还之耶?"叛王语塞。十七年春,好礼率众南归,中道遇叛王军,迫好礼西逾雪峨岭。好礼以衣服赂其千户,始获东出铁壁山口,数日,从者继至且千人。中道粮绝,捕猎以为食。七月,至珠尔海,与戍兵接,得乘传至昌州。入见,帝赐之食。

十八年,授嘉义大夫、澧州路总管。十九年,入为刑部尚书,俄改礼部，又改吏部。好礼建言："象力最巨，上往还两都，乘舆驾象，万有一变，事不可测。"未几，象惊，几伤从者。二十一年，出为北京路总管。再入为户部尚书。二十五年六月卒，年六十二。

子聂，为河西陇右道肃政廉访使。

李元，字善长，滕州人。父浩，精于医术。窦默荐浩于世祖，以老不能就征，诏有司岁廪之，终其身。召元至京师，赐宴万安阁，俾掌御药局。奏对称旨，赐白金五百两。

从北安王那木罕征西域，元以兵力不足，言于王曰："今深入敌国，兵不盈万，恐不任战事，请益府兵以备不虞。"王从之。王恩遇益厚，以王妃妹妻元。

至元七年，世祖以王守上都，署元为断事官。时馈饷不及，兵以剽掠自给。元谕富民，预输租赋，得万余石以赡军食。

至元十四年，诸王昔里吉叛，劫北安王于阿力麻里。元为昔里吉所拘，后脱走，至阿赤潭城，收余众，兼道东归。至瞻思谷水，又为叛王海都所获，挈之西行数千里，至垂水川，守卫愈严，六年不令他徙。

二十二年，海都言于笃哇："北安王留此瘠甚，傥病死，则构怨日深，不如还之。"元遂从北安王归，昼夜兼行，遇大军于马絮思水。明年，始达上都。六月，觐世祖于行在。世祖三招使前，询其来状，谓左右曰："此人万里归我，其忠孝虽蒙古人弗逮。"赐钱五千贯，貂裘、貂帽各一，锦帛三千匹，授奉训大夫、都总管府达鲁花赤。改顺德路总管，晋嘉议大夫，迁通议大夫、益都路部总管，又改般阳路。以年老致仕，卒于家，年八十四。

元，敦厚明敏，善于抚驭，所至有声，其忠信尤为远人所服。追封东平郡公，谥忠穆。

张础，字可用，其先渤海人。曾祖琛，徙通州。祖伯达，从忽都虎那颜略地燕、蓟，金守将蒲察七斤以城降。忽都虎承制，以伯达为通州节度判官知通州。父范，为真定判官，因家焉。

础业儒，廉希宪荐于世祖。时真定为阿里不哥分地，阿里不哥衔础不附已，遣使言于世祖：“张础我分地人，宜归我。”世祖谓使者曰：“兄弟至亲，宁分彼此。我方有事于宋，待天下平定，当遣础还。”宪宗九年，从世祖伐宋，文檄悉出其手。

中统元年，立行中书省，以础权左右司掾。寻出为彰德路拘榷官，复入为右三部员外郎。赐金符，为平阳路同知转运使。改知献州、同知东平府事，又改知威州。有妇人骑驴过市，投下官暗赤之奴，引鸣镝射妇人坠地，奴匿暗赤家。础大怒，将以其事上闻，暗赤惧，乃出其奴，论如律。

至元十四年，迁江南浙西道提刑按察司副使，佩金符。遂安县贫民负险为乱，命础与同知浙西道宣慰使刘宣捕之。宣即欲进兵，础曰：“江南新附，宜遣人招谕，以全众命。”宣不可，础曰：“谕之不来，用兵未晚。”遂遣人谕以祸福，逆首果自缚请罪，础释之，宣乃叹服。累迁岭南广西道、岭北湖南道提刑按察副使。授宾州路总管，不赴。拜国子祭酒，寻出为安丰路总管。三十一年卒，年六十三。赠昭文馆大学士，追封清河郡公，谥文敏。子淑，卫辉路推官。

陈元凯，字时举，冀宁临晋人。父膺，东平路劝农使。

元凯通经术，得中原文献之传。至元三年，太保刘秉忠荐于裕宗。元凯举止详雅，占对称旨，除宫籍监，出为同知复州路总管府。

二十年，拜江西行省郎中。时盗贼蜂起，省中议讨贼方略。元凯曰：“破贼在择良将。”举招讨使郭彦高可用。彦高方被诬系狱。众难之。元凯曰：“使功不如使过，况非其罪乎。”乃命彦高讨捕，悉平之。广东贼黎德据海州抄略，右丞忽都铁木儿讨擒之，欲献俘京师。元凯请曰：“黎德么麽小丑，宜速杀之以谢百姓。”即命磔德于市。移富州尹，元凯谓僚属曰：“今日当以安百姓为急务，百姓安，则农不待劝而衣食足，盗贼自息矣。”居三月，盗贼屏迹，流亡复业，治行为江西第一。擢江州路总管。改海北广东道肃政廉访使，以疾不赴。

元贞元年,复授龙兴路总管。龙兴为徽仁裕圣皇太后分地,陛辞,太后谕之曰:"汝旧臣,宜加意抚治。赐锦衣,以宠其行。岁大水,民多饿莩,元凯请于行省,罢河泊税,听民自取,全活无算。

大德元年,拜岭北湖南道肃政廉访使,请告归。五年,起为建康路总管,又辞归。十一年,拜浙东海右道肃政廉访使,复告老,不俟报而行。卒于家,年七十八。

许楫,字公度,冀宁忻州人。幼从元好问学。年十五,以儒生中词赋,选河东宣抚司。又举楫贤良方正,楫至京师,平章王文统命为中书省掾,以不任簿书辞,改知印。丞相安童、左丞许衡深重之。一日,从省臣立殿下,世祖见其美髯魁伟,向曰:"汝秀才耶?"楫顿首曰:"臣学秀才耳,未敢自谓秀才也。"帝善其对,授中书省架阁库管勾,兼承发司事。

未几,立大司农司,以楫为劝农副使。时商挺为安西王相,遇于途,楫因言京兆之西荒田数千顷,宋、金皆尝置屯,如募民立屯田耕种,得谷可以给王府之需。挺以其言入奏,从之。三年,屯成,果获其利。寻佩金符,为陕西道劝农使。

至元十三年,宋平,帝命平章廉希宪行中书省于荆南,以楫为左右司员外郎。父老舆金帛求见,楫曰:"汝等已为大元民矣,今置吏以抚字汝辈,奚用金帛为?"明年,擢岭北湖南提刑按察副使。武冈富民殴死军人,阴以家财之半诱其佃者代已款伏。楫审得其情,释佃者,以富民抵罪。改江西道提刑按察副使,行省命招讨使郭昂讨叛贼董旗,兵士俘掠甚众。楫释良民六百口,遣还乡里。

二十三年,授中议大夫、徽州路总管。桑哥立尚书省,会计天下钱粮,参知政事忻都、户部尚书王巨济倚势刻剥,遣吏征徽州民钞,多输二千锭。巨济怒其少,欲更益千锭。楫诣巨济曰:"公欲百姓死耶,生耶?如欲其死,虽万锭可征也。"巨济以其词直,乃免征。楫考满,去。绩溪、歙县民柯三八、汪千十等,因岁饥,阻险为寇,行省右丞教化以兵捕之,相拒七月,始使人谕之降。三八等曰:"但得许总管来，我等皆降矣。"行省驿召楫至，命往招之。楫单骑趋贼垒，众见楫来，皆拜曰："公既来，请署榜以付我。"楫白教化，请退一舍，听其来降。不从。会以参政高兴代教化，楫复以前言告之，兴从其计，贼果降。二十四年，授太中大夫、东平路总管，谢事卒，年七十一。

孙显，字荣甫，郑州管城人。以书吏从大军伐宋。宋平，擢中顺大夫，遥授知英德府、同知太平路总管府事。未几，改江西行省郎中。

至元十八年，迁少中大夫、同知荆湖北道宣慰司事。时阿合马秉政，遣使者钩考湖广财赋，集诸道官吏于行省，以显主会计，使者多方罗织，藁数易不定。显庭辨曰："册已造矣，何纷纭如此，有丝发隐匿，愿身任其咎。"使者为之敛戢。

二十三，廷议以宋平，赏格过优，例降显朝列大夫、福建行省郎中。省臣盗官钞十三万锭，事发，独显无所染。南雄械贼百余人当死，显讯之，惟戮三十人，余皆纵遣。安溪贼连十五寨为乱，显谕下之。行省议，但诛首恶，既又欲屠之，分其子女。显拔剑止之曰："前议云何？敢言杀掠者，论如律。"磔首恶一人，而事定。

大德二年，复少中大夫、怀孟路总管，兼诸军奥鲁兼管内劝农事。卒，六十一。

先是，惟河南路课竹税，怀孟与辉州虽产竹，无税。自冯德用为河南都漕运使，始请籍两郡竹园为官有，隶于制国用使司，设法峻密，虽园中取一竿，亦坐以自盗之罚。然竹日损耗，官民交病。显白其事于户部，请责园主输竹税，听其斩伐。从之。诸王妃主道经怀孟，赋木席为屋，络采周之。前期一月具，而不至，民守视不敢去，去则官吏擅取其物，无所控告。显制卉布为大幕，容数百人，可以离合舒卷，以轻车载之，送往迎来，民甚便之。二事尤为人所颂云。显继妻李氏，刲肉疗显疾，显卒，断发纳棺中，誓不再醮。以节行称于世。

王显祖，字继先。其先高平人，后徙居邢州。金人南渡，河北隔绝,州民推显祖父明为节度判官。木华黎徇地至邢州,明以城降,授本州节度副使,佩金符。明卒,显祖袭节度判官。世祖在潜邸,过邢州,刘秉忠与明有旧,引显祖入见。显祖年十四,状貌奇伟,世祖酌酒赐之,使为秉忠养子。

中统三年,邢州改顺德府,显祖迁府判官。从大军讨李璮,先登陷阵,数有功。调卫州判官。又调宣德府判官。秩满,迁同知滨州事,以病去官。复起为同知德州事,寻除钧州尹。在任六年,威惠大行。丁母忧,时服制未定,显祖首行三年丧,解官庐墓。

至元二十八年,湖广行省平章要束木以贪暴闻,世祖震怒,命哈剌哈孙往鞫之。除显祖行省副理问官,穷治党与,追赃以钜万计,民大说。官库被盗,不获,逮系百余人。显祖推问得实,乃库兵自盗也。尽释之,咸罗拜而去。三十一年,行省檄显祖整理湖南等七路钱粮,凡无名之赋、有征不纳之额,显祖悉蠲之,著为令。

元贞元年,改滨州尹。州民苦盐贵,显祖申请先散盐,而后支价,岁省民钱一万二千余锭,民刻石颂之。是时,山东盐法坏乱,行省以显祖才任繁剧,除山东东路同知都盐运使事。首尾六年,增盐引十四万有奇。大德九年,迁少中大夫、江西袁州路总管。显祖以年老辞,十一年卒,年六十七。子郁,袭同知邢州事。

史臣曰:蒙古初定中原,以武夫悍卒世袭地方长吏。至世祖,始诏诸路管民官治民,管兵官治兵,各有所司,不相统摄。于是擢用贤能为诸路总管,休养生息,与民更始。故吏治蒸蒸,庶几唐、宋,如郭汝梅、张炳等,皆良吏也。考其名迹,可以见世祖之知人善任焉。

新元史卷一七四
列传第七一

李秉彝　覃澄　谢仲温
姜彧　高源　韩政　冯岵
胡祗遹　王纲　思聪　曹世贵
詹士龙　高良弼　白栋
孙泽　良桢　赵宏伟　琏　琬

李秉彝,字仲常,通州潞县人。幼沉毅,见人倨坐,辄色变,由是众异焉。七岁读书,日千言。十岁,能习古篆隶。

年二十余,谒行省,粘合重山辟为掾。未几迁都事,说重山曰:"金亡,人材无所附丽。天下初定,宜拔其尤者,为朝廷用。"重山韪其言,首聘王磐授子弟经。于是士大夫相继登重山之门参议。王文统投书重山,请立河南行省,曰:"距河厄南北之势,用财结上下之交,可以得志。"秉彝斥为邪说,愿勿听。后文统果败。迁员外郎,从世祖伐宋渡江,将士争掠金帛,秉彝独载书万卷以还。

中统三年,迁中兴等处行省郎中。时兵乱初平,民艰食,秉彝奉命赈恤,全活无数。至元二年,徙四川,民苦竹税,奏罢之。迁大中大夫,佩金符,为彰德宣课运使。课最,擢尚书户部侍郎。

八年秋,中原蝗,衔命往捕,有不尽心者,听以军法从事。秉彝讫事,未尝操切。明年,京师饥,朝廷用秉彝言,发廪赈之。又明年,鱼儿泊饥,亦奉命赈其民。出为都提举漕运使,中台察廉能,奏授陕西四川道按察副使,巡行灌州。州故有李公堰,当三江口,遇水漂悍辄坏,岁调民夫修之。秉彝以为筑之坚可已患,父老谓壅遏涨势,恐为成都害。秉彝令投石水中,问曰:“水从石上过耶,石下耶?”皆曰:“从石上。”秉彝曰:“水从石上过,宁有壅遏之患乎!”督有司三月堰成。自是大水至,冒堰上行,旱则潴以溉田,费省而利兴。

十四年,除江州路总管。属邑有剽掠者,有司以叛告,官军既至,俘良民甚众。秉彝要于路,诘无辜者千余人,悉纵之。黄州叛,九江戍卒仅五百人,吕师龙新降为招讨使,拥精骑数千,檄使捍御,不听。秉彝夜登庾楼,遥望小舟顺流下,逻获七人自黄州来,持叛书期师龙以五月十六日为内应。秉彝即偕其计议官陈文彬见师龙,谕以利害。师龙自誓不知,秉彝曰:“审尔。请分兵守城。”师龙从命,九江遂安堵。其兄师夔自江西,奉黄金二百两、白金二千两、奴婢十人为谢,却不受。义门陈氏苦县吏贪酷,戕吏卒,秉彝曰:“非叛也。”遣人招抚之,阖族千余口皆得免。迁湖州总管。逾年,又徙常德。官种柑橘五百株,以代民贡。岁歉,黜同僚议,不俟命,开仓救饥者,民立碑颂之。

十九年,擢通议大夫、两浙转运使。转正议大夫,除工部尚书。复出为两浙转运使,兼杭州诸色课程及市舶。前同知纳速剌丁倚权臣势,夺秉彝职,候理算,欲因以诬秉彝,卒不得毫发私,群小詟服。归至镇江,病卒,年六十五。

覃澄,字彦清,兴德怀来人。父资荣,仕金为县令,率众款附,以金符授元帅左都监,令如故。改赐金虎符,升行元帅府事。复以其弟资用代充元帅左监军。资用卒,以澄代之,年十八。

太宗八年,州县置达鲁花赤以监守令。不习国语者,则受命于译人。澄虑见欺,日与习国语者游,岁余悉通晓,与达鲁花赤议事,应答无滞,人以为不学而能。燕京置断事官,建行台府,檄澄往受事。澄请省工料费,凡横取于民,皆减之。文谷水分溉交城,为平州知州所遏，交城人讼之，终不直。澄争于行省，知州嗫屈，水利大兴。俄入觐，因耶律楚材面陈：乙未料民，率以无产侨民入籍，及赋下，悉逃避，责征实存，官称贷纳之，困不能偿，以子为母，息日增，谓之犉生利。帝悯之，刺免其通赋公私之负，三年勿征，子母相当，止其息，民困大苏。

壬子，复料民，澄削其逃户，不入籍，民尤颂之。世祖平大理还，澄上谒，帝喜其容止，留居藩府，以其弟山阜代为交城令。宪宗疑世祖有贰心，遣刘太平等置计局于京兆，条百四十有二事，多方钩覆，且兴大狱。世祖遣澄与库济勒见太平等通款曲，世祖亦入朝。事始解。世祖南征，使澄专治怀孟。岁旱，凿唐温渠，引沁水灌河内诸县。

中统元年，诏奖其练习政事，授怀孟路总管，赐金符，又换虎符。至元二年，省怀孟、卫辉两路入彰德，改授同知总管府事。丁忧，起复，迁少中大夫、平凉路总管。七年，散阶例降二等，改奉议大夫、司农少卿。寻迁京兆路总管，兼府尹。又改陕西四川道提刑按察使。诏禁有妻者娶妾，澄建言："不孝者有三，无后为大，请四十无子者，听其娶妾。"中书题之。

十年，宋将昝万寿入寇，大败金省严忠范于成都，入其郛。世祖械忠范至都，遣澄代之。澄练兵储饷，宋人知其有备，不敢犯。十一年，西南夷罗罗斯内附，以澄为副都元帅、同知宣慰司事。澄不习水土，竟以疾卒，年五十八。

初游显为大名路宣抚使，为诸路总管求金符，奏已上，澄白于中书，辞不受曰："上不识覃澄耶？乃为显所举！"省臣为去其名。其刚介如此。刘秉忠常谓："天下长吏，如邢之张耕，怀孟之覃澄，何忧不治。"许衡亦重其为人，称为当时循吏焉。

子克修，陕西汉中路提刑按察使，亦有能名。卒，赠礼部尚书，追封宏农郡侯，谥文宪。

谢仲温，字君玉，丰州丰县人。父睦欢，以资雄乡里。大兵南下，转客兀剌城。太祖攻西夏，过其城，睦欢与其帅迎降。从攻西京，睦欢力战先登,连中三矢,仆城下。太宗见而怜之,命军校拔矢,缚牛剚其肠,纳睦欢于牛腹中,良久乃苏。后官至太原路金银铁冶达鲁花赤。

仲温通书史,初见世祖于野狐岭,命备宿卫。凡行幸,必在左右。及城上都,以仲温为工部提领,督其役。帝曰:"汝但执梃,虽百千人,宁不惧汝耶!"宪宗九年,大军围鄂,军饷缺,仲温教士兵罾鱼以充食。帝喜谓侍臣曰:"朕思不及此。"饮以驼乳。一夕,帝闻敌军欢噪,命警备。仲温奉绳床,帝凭其肩以行,至旦不寐。

中统元年,擢平阳、太原两路宣抚使。二年,改西京。至元九年,迁顺德路总管。时方用兵江淮,有寡妇鬻子以偿转输之直,仲温出俸金赎还之。十六年,迁湖南宣慰使。二十二年,改淮东。岁旱,仲温导白水塘溉民田,公私赖之。三十年春,入见,帝曰:"汝非谢仲温乎?朕谓汝死矣。"从容语及攻鄂时事。帝喜甚,谕曰:"汝将复官乎?朕为汝择之。"对曰:"臣老矣,一子早亡,惟有孙孛完,幸陛下怜之。"即日命备宿卫。大德六年卒,年八十。

子兰,江州达鲁花赤,先卒。兰子孛完,冀宁等路管民提举司达鲁花赤。

姜彧,字文卿,莱州莱阳人。父椿,与张荣有旧,避杨安儿之乱,依荣于济南。荣爱彧才,辟为掾。迁左右司都事,进郎中。断事官遣彧诣阙。奏割陵州五城属于荣,以彧为参议官。

中统元年彧从荣孙宏入朝,密奏李璮反状已露,宜先其未发制之。不报。明年,璮果反,袭陷济南。彧从宏讨璮,见贼势已蹙,城旦夕且下,乃夜谒诸王哈必赤,请谕诸将勿入城纵兵,哈必赤从之。明日,贼开门出降,哈必赤下令:将士敢入城者,以军法论。城中安堵如故。以彧知滨州。时行营多占民田为牧地,纵牛马坏稼,彧请分画牧地疆界,捕坏稼者,置之法。又课民种桑,人名为太守桑,歌曰:"田野桑麻一倍增,昔无粗麻今扩缯。太守之贤如景星。"后迁东平府判官。

至元五年,召拜治书侍御史。七年,出为河北河南道提刑按察使,赐金虎符。改信州路总管,累迁陕西汉中、河东山西提刑按察使。拜行台御史中丞。后谢病归。寻起为燕南河北道提刑按察使,以老病致仕。三十年卒,年七十六。子四人:迪吉、从吉、吕、璞。

高源,字仲渊,晋州饶阳人。父汝霖,真定廉访司照磨,使东平,遇盗死。

源幼力学,事母孝,补县吏。中统初,擢卫辉路知事。迁齐河县尹,有遗爱。去官十年,民犹立碑颂之。再迁行台都事,佥江南浙西道提刑按察司事。劾常州路达鲁花赤马恕夺民田及他不法事。恕惧走赂权臣阿合马,以他事诬源,既系狱,一日忽释之,莫知所由。先时,源邻里阿合马姻戚,素知源事母孝。至是,闻源坐非辜,悉诣阿合马曰:“源孝子也,非但我知之,天必知之。若妄杀源,悖天不祥。”阿合马感悟,得不死。

寻除河间等路都转运副使,抚治有条,灶户逃者皆复业,常赋外羡余至十万缗。至元二十四年,改江东道劝农营田使。二十八年,迁都水监,开通惠河,由文明门东七十里与会通河接,置闸七,桥十二,人蒙其利。授同知湖南道宣慰司事。卒年七十七。

韩政,字君用,益都人。父松之,从金四驸马伐宋,戍山阳,战殁。

政幼孤,习医术以自给。后众诸王塔察儿镇辽东,塔察儿白其计画于世祖,帝奇之。至元十三年,相威为征西都元帅,讨西番,授政嘉议大夫、汉军元帅监军,佩金虎符。军中大惊,曰:“监军非国姓不可得。”裕宗在东宫亦疑之,政入辞,命挽强弓,彀而复引者三。裕宗叹曰:“皇帝善任使若是。”赐锦衣一袭以行。政西逾大碛,斩馘甚多。军还,授前卫亲军副都元帅、指挥使,兼领左右卫屯田军马,奏以屯田统属于卫,而治其无良者。从之。十九年,加正义大夫,充枢密院判官。俄拜治书御史,劾中书右丞卢世荣牟利,卒正其罪。二十三年,出为淮东道提刑按察使。善决疑狱,为吏民所称。卒年六十六。赠嘉议大夫、尚书、上轻车都尉、南阳郡侯,谥威敏。

子拱,增城县尹;振,昌国州知州;极,御药副使。

冯岵,字寿卿,中山人。祖父璧,金同知集庆军节度使。父渭,右三部郎中。初,璧从金宣宗南渡,与渭母相失。渭徒行千里求之,哀动行路,时称为冯孝子。

岵聪悟好学,辟中书省掾。故事,诸曹皆出为总管、判官。岵以忤执政,独抑为真定转运经历。迁无极令,考最,换曲周令。大军围襄阳,籍河北民兵济之,岵视丁地入中甲者,户抽一人,贿托不行,富室计无所施,民翕然颂之。宋平,擢奉议大夫、金山南湖北道提刑按察司事,改岭北湖南道,又改河北河南道。劾罢贪吏三百余人,籍没赇赂至三千锭。怨家讼岵不法十余事、诏御史按之,皆不实,抵诬者罪。擢岵朝请大夫、江西湖北道提刑按察副使。寻告归。起为山北辽东道提刑按察副使,以疾辞。再换山南江北道,命下数日而卒,年五十九。

岵文章雄刚深古,浅学不能句读。晚号雪崖。疾笃,犹自书"冯孝子墓"、"雪崖墓",伐石为阡表焉。

胡祗遹,字绍闻,磁州武安人。少孤,自力于学。中统初,张文谦宣抚大名,辟员外郎。明年,入为中书详定官。至元元年,授应奉翰林文字,寻兼太常博士,著《礼论》以纠时之弊政曰:

圣人之制,礼通贵贱之情,而严上下之分。故曰:履虽美,不加于枕;冠虽币,不以苴履。尊卑分定故也。群臣之视天子,如地之于天然。而篡弑之凶,古亦有之。何自而来哉?圣人作《易》,于坤之初六谨为之戒曰:"初六履霜,阴始凝也。驯致其道,至坚冰也。"又曰:臣弑其君,子弑其父,其所由来者渐矣。贾谊见汉法不敬大臣曰:"天子之尊如堂,大臣如陛,众庶如地。"今大臣下狱,贱隶得搏执而笞辱之,然则堂不几于无陛乎！今之大臣有罪，则杖辱于市，小人兴讹造讪，揶揄诟骂，无所不至。汉之大臣，天子罪之，贾谊犹为之太息。今之大臣，小民得以罪之，此风一长，有识者甚为寒心。近岁以来，奴讦主，妻妾告夫，子弟讼父兄，编民把执诟辱官吏，舆台皂隶谤讪大臣，凶险奸邪，百无忌惮。白昼殿廷之上，秽言亵语，肆口而出。圣德天聪，岂不知其为恶，然而乐闻不禁者，上欲发欺蔽，摘奸邪，通冤抑，抑豪横也。故特借凶人之口，来端直之言耳。殊不察即位以来，所闻之言，无大利害，适足为弄口舌者进身之阶虚。失大臣之礼，渎上下之分，朝廷之上，无礼无威；闾里之间，彝伦攸斁。无知之氓，习见官府之不足畏，一旦饥馑凶荒，狐鼠啸聚，郡县之权若之何制之？今之大臣，不以为忧，反以私门豢养凶人，使之递相讦制，何其愚也！必欲通上下之情，擢一二直节敢言之臣，如古之纳言者，何求而不得？何必以哓哓之小人，渎日月之明哉！

后调户部员外郎，转右司员外郎，寻兼左司。时阿合马当国，官冗事烦，祗通建言："省官莫如省吏，省吏莫如省事。"忤其意，出为冀宁路治中，兼提举本路铁冶，将以岁赋不办责之。及莅职，乃以最闻，改河东山西道提刑按察副使。

江南平，迁荆湖北道宣慰副使。有佃户讦田主谋为不轨，祗通察其诬，坐告者。十九年，迁济宁路总管，上八事于枢府：曰役重，曰逃户，曰贫难，曰正身入役，曰伪署文牒，曰官吏保结，曰有名无实，曰合并偏颇。枢府采其言，著为令。济宁移治钜野县，兵后流亡，未复土，不知学。祗通选郡中子弟教之，亲为讲说，文学最于他郡。擢山东东西道提刑按察使，以敦教化为先务。有父子兄弟相告者，必谕以伦常之重，不获已，始绳以法。召拜翰林学士，不至，改江南浙西道提刑按察使，未几，乞病归。

二十九年，征耆德十人，以祗通为首，以病辞。三十年卒，年六十七。延祐五年，赠礼部尚书，谥文靖。子持，太常博士。

王纲,字政之,安平人。性倜傥,少为县吏,不骫骳从俗。大军伐宋,亟馈饷,自淮以北,征敛尤重。纲在颍州,首建互市之法,公私赖之。累擢工部主事。世祖建大都,纲预营缮之役,以功最,迁兵部员外郎,转刑部。谳狱概以平恕。豪右匿良民为奴,纲摘其实免之。寻迁工部郎中。阿合马擅利权,蠹幸百出,纲疏言其弊,忤阿合马,出为益都淘金总管府经历。

至元十九年,擢奉议大夫山东道提刑按察副使。寻改湖南道。湖南俗轻悍善讼,且归附未久,守令率赃贿自恣,纲力革其弊,犯者以法绳之,一道帖然。二十四年,迁海北广东道提刑按察使。或劝以临海炎瘴,宜勿行。纲曰:"使者受天子命,若以炎瘴弃之,谁当往者?"既至,疾作,还至潭州卒,年五十四。

子思敬,弋阳尹;思忠,淮东屯田副总管。弟经子思聪。

思聪,字德明。由书掾累擢庐陵尹,以才干,选除广州路推官。属县豪右有诬民以罪者,狱成,弥缝无间,思聪疑而诘之,竟得其实。擢海漕千户,赐金符。进朝列大夫、衢州路治中,致仕,卒。

曹世贵,字仲明,睢州考城人。父鸾,以材武为刘整所荐,官规运库提举。

世贵,由翰林国史院书写,授元帅府提控。世祖遣诸王塔察儿伐高丽,平章政事赵璧行征东省,以世贵为行省宣差,使于高丽。其臣林衍陈兵以逆,世贵厉声曰:"汝海邦小夷,敢胁天子之使,是反也!"立斩十余人,衍等詟服。擢忠翊校尉、城武令,有惠政,民勒石颂之。迁同知隆兴州。群盗据山洞,官军不能讨,使世贵招之,即相率来降。累迁朝列大夫、福建闽海道提刑按察副使,纠行省平章政事默勒贼民蠹政,诏诛之。迁中顺大夫、兴化路总管,改福建都转运盐使。卒,年六十一。

子定国,江阴尹;靖国,同知武昌榷茶提举。

詹士龙,字云卿,光州固始人。父钧,为宋勇胜军都统,戍鄂州,以偏师来往渠、巴等州，数与元兵拒战，至南平隆化县，身受九创，被执。元帅欲生降之，不屈，不食八日死。

士龙方在襁褓，与其母俱北徙。时董文忠从世祖南征，以士龙见于世祖。世祖叹曰："忠臣宜有佳儿。"即以士龙属之文忠，抚为己子。年十八，魁梧精敏，驰射能命中如破。文忠叹曰："都统有后矣。"士龙固不识所谓也。后诸兄忌之，至詈为虏子。士龙乘间诉于文忠，语之故，士龙涕泣，欲复姓不可得。一日，从猎滹沱河上，复跪请于文忠。文忠戏之曰："尔欲复姓耶？为我投石水中，浮则从尔，否从我。"左右咸以为笑，士龙仰天祝曰："使詹氏不绝，石当浮。"因抱石投水中，石盘旋于急流中，若沉若浮者数四，文忠愕然，以手拊髀曰："天也！詹都统其不死乎？"即日命士龙复詹姓。文忠卒，士龙哭之恸，服斩哀三年。

试经学、吏事高等，授高邮兴化尹。时兵后，士龙招抚流亡，户口日增。又籍官田人学官，召佃种之，岁得谷三百五十石，以赡肄业者。县东五十里滨海，苦水患，宋范仲淹为命，筑堤捍之，名捍海堰，岁久圮坏。高邮、宝应、海陵诸州皆被水，士龙以状闻，请发民夫修之。堤成，延亘三百里，数州赖之。当兴工时，掘地获方石，刊四字曰："遇詹再修"。众异之。工竣，擢两淮都转盐使司判官。调淮安路推官。

旋擢江南行台监察御史。时桑哥柄国，虐焰方炽，士龙曰："吾居言路，岂敢畏死！"即抗章劾之。未几，桑哥伏诛，由是得名。复请病归。起为奉训大夫、金广西肃政廉访司事，居官二年，复以疾归。卒，年五十八。

子澍，岳州华容县尹，有廉惠声。

高良弼，字辅之，真定平山人。父进。真定，庄圣太后分邑也，置规运库，以进为库使。良弼，幼端重如成人。真定火，延烧千家，良弼言于父曰："吾家幸完，盍发粟赈灾。"进大为嗟异。既长，事世祖于潜邸。

世祖即位,使管真定路财赋。至元二年,授奉议大夫、同知南京都漕运使,赐金符。六年,改河南拘榷税课使。未几,迁同知河南都转运使。岁饥,贱粜廪粟以济贫民。大军围襄阳,抽河北诸路民转漕粟,不时至。良弼请增价以籴,则人趋利自至,功将倍蓰。从之。由是军储充溢。

秩满,改知凤翔府,倡民导汧水,起遥望尽阁底,五十里,溉田三千亩,水轮十七,岐人惠之,称为高氏渠。晋中顺大夫、同知陕西都漕运使。漕使郭琮贪婪不法,良弼敛手避之,琮败,独无所染,犹以连坐免官。

二十四年,起为少中大夫、淮安路总管。淮安以征日本治海舰,岁购材万余,富商通有司,分入其利,积材已十三万。良弼下车,吏又请四十万缗如岁例,良弼白其事于行省,罢之。富商夜持五万缗馈良弼,良弼曰:"若欲货取吾耶!"叱之去。未几行省报下,如旧例购材。良弼曰:"吾言不效,尸位何为?"壹郁发疾而卒,年六十六。

子琬,宜阳县尹;珪,海船总管,征交趾战殁。

白栋,字彦隆,冀宁阳曲人。少受业于许衡,衡为国子祭酒,奏用旧弟子十二人,栋与焉。衡引疾归,以栋与耶律有尚为国子助教。后侍讲于裕宗,栋为讲郑伯克段于鄢,裕宗语人曰:"是非空言,意固有在也。"俄改国史馆编修,仍兼助教。

擢监察御史,疏劾阿合马阴贼不法诸事。阿合马诬栋纠摘不实,捕送刑部,狱引邻妇使诬栋窃相来往,邻妇不肯从,事始释。又劾西京宣慰使倒拉沙以私憾杀其幕僚,时论伟之。

出佥陕西汉中道提刑按察司事。有阴济人遇仇家,问所挟何书,其人绐之曰:"反书也。"仇家至延安上变。栋往谳其狱,株连二百余人,悉释之,科以妄言之罚。有中使括马延安,闻栋秉烛治狱,叹曰:"世有勤于职事,如斯人者乎! 吾归见陛下,当首言之。"

未几,改佥河南河北道提刑按察司事。又改燕南河北道,丁父忧,归,旋丁母忧,哀毁骨立,卒于苫次,年四十六。

孙泽,字润甫,其先本女真人乌古孙氏,后徙大名,从汉俗以孙
为氏,祖璧,金明威将军,兼军资库使,入蒙古为税课所详议官。父
仲,大都广济仓使。

泽,幼倜傥,以经济自负。辟充淮东大都督府令史,改差行征东
元帅府提控案牍。宋亡,其遗臣拥立广王昺于福州,元帅唆都南征,
檄泽为军师。由分水岭趋建安,攻克南剑州,宋广王遁入海。移攻
兴化,其守将陈瓒既降复叛,唆都怒议屠城,泽曰:"首恶者瓒耳,余
皆胁众,不宜妄杀。"唆都从之,戮瓒于市,一城获免。十月,唆都与
江西行省左丞塔出合军,自甲子门入海,袭漳、潮二州。至惠州,顿
兵海丰县,泽请济师于万户乔惟忠,选精骑,从唆都直捣广州。十二
月,抵其城下,入之。十五年,还军福建。往返数千里,战胜攻取,用
泽策画居多。授福建道宣慰司都事。未几,改立行省,就迁行省都
事。唆都拜参知政事,入朝,泽从至大都,代之占对,世祖甚嘉之,赐
锦衣一袭,授承直郎、知兴化军。

十六年,改军为路,立总管府,以泽行总管府事。时奸民私立头
目,侵渔良懦,乡人苦之。官或追逮,辄拒不受命。泽至,拘索宣敕
或军前文字,尽追毁之,奸豪束手,州县之令始行。陈瓒既诛,三县
之民以违误受戮者,犹三千余家,有司欲没其田产,行省委官勘验,
乡民闻之,咸窜伏山泽,相挺为盗。泽揭榜晓谕,叛首伏辜,余皆不
问,降者给还田宅,不幸杀死无后,许亲属承接,官不得擅没。于是
远近相应携持而出,各安其业,三县为泽立生祠,作佛事以报之。议
者又欲拘刷乡兵充籍,置立手号,泽力阻不从,乃亲诣行省上言:
"此等皆田野耕农,自护身家,非有旧籍可稽,听为民便。"从之。民
大悦。泽又兴学校,延召生徒,刊补书版,就道化堂行乡饮酒礼,观
者叹息,以为复睹太平。二十一年,例降骤迁官,调永州路通判。湖
广行省平章要束木挟桑哥势,恣为贪虐,吏民重足而立。一日,遣其
党赵万户以取勘和买纱罗,至州,气焰张甚。泽从容告之曰:"新附
民易动,一有不靖,谴责官吏,君独得安乎?赵感动,不竟其事而去。

　　二十六年，理算令下，泽曰："吾不亲行，其祸不解。"即至行省上计，要束木怒，拘泽于行省，泽不为动。他郡根株连逮，因此破家者十有二三，独永州无扰累，民立石颂之。武冈、宝庆盗发，行省檄泽收捕。泽戮盗魁三十一人，释胁从五百余人，一道肃清。

　　二十八年，要束木伏诛，擢泽奉训大夫、充行省左右司员外郎。平章阔里吉思雅敬泽，荐泽谙习兵事。元贞二年，从阔里吉思抚定生黎。越海攻占城，行军方略，一以委泽。事平，授海北海南道宣慰副使。旋改广西两江道金都元帅府事。海滨夷獠杂处，吏民不遵法度，狃以为常。泽创立司规二十二章，简易可行，奏请减并站驿，攒挪马匹，以宽民力。从之。又以粮税太重，灾荒之后，宜从优恤，诏免广西粮税一年，民皆感悦。

　　泽行部视民间利害事，辄兴革之，孜孜询访，如恐不及。道过象州，岁饥，泽发廪米二千石赈之。至临贺，又发廪米一千二百石以赈饥。皆不待报，以便宜行事。

　　邕州议创屯田，委泽经画，泽徧历荒徼，临交址界，起雷白等十寨陂堰八处，开水田五百二十顷，编立排甲人夫四千六百余户，岁收五万余石，公私便之。徭人符文真告元帅薛直干夺民牛，邀取金银等罪，行省檄泽验治。泽躬入海岛，理出平民四百八十二名，牛五十余头，金银什物有差。

　　广西道肃政廉访使举泽才任风宪。大德六年，授海北海南道肃政廉访使。泽抵任，例得圭田米五百余石。泽曰："吾尚未莅事，遽食重禄可乎！"悉举籍拨入儒学，以为养士之费。泽患愚民缀刑纲，摹印格例三千余册，犯某事则抵某罪，名曰《社长须知》，月集老幼听之，仿《周礼》月吉读法之意，于是人知自重，犯罪者少。

　　雷州地近海，东南有潮汐之患，西北广衍平衺，宜为陂泺。泽深究水利，出私帑雇役四十人，浚通旧湖，筑陂四千余丈，竭三溪潴之堤，旁置石闸七，复凿渠，自西而东，环而南，长八千七百六十余丈。渠上置闸六，通支流，以溉东南际海之田，新堤外复凿二十四渠，以溉西北之田，长万三千六百五十余丈。建八桥以通行旅。渠之首尾，有闸，官司之，时其消长而启闭之。附城山田作石渠，引西湖注之。又筑塘马家梢以障潮汐之患，拨水户守之。自是泻卤万顷，悉为沃壤。泽为政，规画宏远，措置精密，大率类此。

至大元年，迁福建闽海道肃政廉访使，以母老乞养，不待命而去。事闻，改授江东建康道肃政廉访使，以便养母。岁余，丁母忧，去官。延祐二年，卒于家，年六十六。累赠推忠靖远著节功臣、荣禄大夫、中书平章政事、柱国，追封魏国公，谥正宪。

泽于书无所不读，尤精阴阳、历算之学。诸葛亮木牛流马法，泽以意为之，转运如飞。浑天仪以水激轮，泽以汞代之，不差晷刻。著《棋法》十卷，《忍经》一卷《集字选玉》二卷。子良桢。

良桢，字干卿。资禀绝人，喜读书，荫补江阴判官。调婺州武义县尹，改漳州路推官，上言："律，徒者不杖，今杖而又徒，非恤刑意。宜加徒，减杖。"遂定为令。移泉州，益以能称。

天历初，拜陕西行台监察御史，劾辽阳行省左丞相达识帖睦迩卖国不忠，援汉高帝斩丁公故事，以明人臣大义。并劾御史中丞胡居佑奸邪。皆罢之。擢行台都事，犹以言不尽行，自免归。

复起为监察御史。良桢以惠宗初览万几，不可不求贤自辅，疏言："天历数年，纪纲大坏，元气伤夷。天祐圣明，入膺大统，而西宫秉政，奸臣弄权。今天威一怒，阴晦开明，以正大名，以章大孝，此诚兢兢业业祈天永命之秋。其术在乎敬身修德而已。今经筵多兼领职事，大臣数日一进讲，不逾数刻而罢，而嬖御小臣恒侍左右，何益于盛德哉！臣愿招延儒生若许衡者数人，置于禁密，常以唐虞三代之道，启沃宸衷，日新圣德，实万世无疆之福。"又以"国俗，父死则妻其后母，兄弟死则纳其妻，父母死无丁忧制。请下礼官有司，及右科进士在朝者会议，自天子至于庶人皆从礼制，以明万世不易之道。"又言："处士刘因学术可比许衡，宜从祀孔子庙庭。"皆不报。宦者罕失婪妾，杀其妻，糜其肉饲犬。上疏乞置罕失重典。并论宦寺交结廷臣之害，宜加汰黜。憸人尤忌之。

至正四年,迁刑部员外郎。再迁中书省左司都事。出为江东道廉访司副使,不就。六年,授平江路总管,复不就。八年,召为右司员外郎,擢郎中。寻迁广东道肃政廉访使,未行,还为郎中,迁福建道肃政廉访使,中道召还,参议中书省事,兼经筵官。十一年,拜治书待御史,擢中书参知政事、同知经筵事。

十三年,擢左丞兼大司农卿,仍同知经筵事。时中书参用非人,良桢不能行其志。会军饷绌,请与右丞悟良哈台主屯田,岁入二十万石。东宫未建,良桢屡言之。车驾幸上都,始册皇太子,立詹事院,驿召良桢为副詹事。良桢每直端本堂,则进正心诚意之说,亲君子远小人之道,皇太子嘉纳焉。

十四年,出为淮南行省左丞。初,泰州贼张士诚既降复叛,进据高邮。太师脱脱奉诏总诸军讨之,良桢与参议、龚伯璲等皆从行。高邮垂克,会诏罢脱脱兵柄,有上变告伯璲等劝脱脱勒兵北向者,下其事逮问,词连良桢,簿对无所验。仍除中书左丞,分省彰德,调给军食。未几,召还京师。十六年,进阶荣禄大夫,赐玉带。十七年,除大司农。

十八年,迁右丞,仍兼大司农,辞不允。有奸民诬告知宜兴州张复通贼,中书将籍其孥吏,抱牍请署名。良桢曰:“吾腕可断,牍不可署。”同列变色,卒不能强之。

良桢登政府,多所建白。罢福建、山东食盐,浙东西长生牛租,濒海被灾围田税,民皆德之。尝论《至正格》轻重不伦,吏得夤缘为奸,举明律者数人,参酌古今,重加厘订。书成,良桢已以病去官。未几卒。

初良桢曾祖壁改乌古孙氏为孙氏,良桢自以金源旧族,不宜忘本,复改为乌古孙氏。

史臣曰:汉霍光废昌邑王,立宣帝,严延年劾其擅废立,大逆亡道。文宗篡立,达识帖睦迩迎降,乌古孙良桢劾其卖国不忠。二人者,皆能明君臣之义,使后世之乱贼有所顾忌,而不敢动于恶。鸣呼！岂寻常敢言之士所能及哉。

赵宏伟，字子英，颖州人。至元十三年，大兵伐宋，宏伟以书谒，副元帅宋都觯奇之。从略临江，下吉州，俱有功，署为吉州参佐官。时江淮初附，吉之乱民复聚众抗命，宋都觯使宏伟讨之，道与贼遇，宏伟设伏桥下，以火攻之，贼败走趋桥，伏发，尽歼之。乘胜捣其巢穴，贼悉众来拒。宏伟谍知贼已过，还袭其背，大败之，禽斩贼首，一州遂安。宋厢军将王昌、张云诱新附五营兵为乱，事觉，昌就禽，宏伟夜袭云斩之，俘其党五百人。宋都觯欲尽诛之，宏伟曰：“此属谪误，非得已诛之，无以安反侧。”众得免死。以功授泰和县尹。宋相文天祥部将罗开礼、叶良臣谋攻吉、赣诸州，宏伟斩良臣，俘开礼，而释其余众。

十五年，赐金符，提举瓜洲渡。顷之，以例免，改衡州路总管府治中。宏伟大兴屯垦，乱民皆去盗为农，州以宁谧。后以疾告归。

大德五年，用中丞董士恒荐，起佥浙西道肃政廉访司事。先是，镇江大旱，蠲民租九万五千石，已而吏畏飞语，复征之，民无所出。行台移宏伟核其事，宏伟卒蠲之。大风海溢，常、润等州民多冻溺，宏伟欲发粟赈之，有司以未得报为辞。宏伟曰：“擅发之罪，坐我一人。”由是全活者十余万。官调所部造船，自淮入河至临清，时山东饥，宏伟建议：“此有余粟，彼有饥民，宜以有余救民不足。”行省韪其言，漕粟五万石于山东。迁江南行台都事。

十一年，江南饥，宏伟请以赃罚银赈之，同僚犹豫未决，宏伟正色力争。中丞廉恂叹曰：“吾佐得赵君，尚何忧国事哉！”卒如宏伟议。

召拜御史台都事，疏言：“朝廷百官，宜各供其职，以襄时政。”士论称之。仁宗在东宫，闻其名，礼遇甚厚，常以字呼之。居一岁，宏伟复告归，出为浙东海右道廉访副使，诣东宫辞，仁宗出衣缎，使自择而赐之。擢江南行台侍御史。皇庆二年，以年及七十致仕。延祐二年，复起为福建道肃政廉访使，以疾辞。泰定三年，卒。

赠嘉议大夫、礼部尚书、上轻车都尉，追封天水郡侯，谥贞献。子思恭、思敬。

思敬有文行，以处士征为教授。孙珪、琬。

珪，字伯器。至治元年，登进士第，授嵩州判官。再调汴梁路祥符县尹。入为国子助教，累迁湖广行省左右司郎中，除杭州路总管。杭州地大事繁，长吏多不称其职。珪为人强毅开敏，精力绝人，吏莫不服其明决。浙右病于徭役，民充坊、里正者，皆破其家。朝廷令行省召八郡守集议便民之法，珪献议，以属县坊正为雇役，里正，用田赋以均之，民咸以为便。有盗诱其同恶，持刃斫市人以索金，人无敢言者。珪曰："此不可恕也。"遣卒掩捕之，尽戮于市。逾年，召拜吏部侍郎，杭人思之，刊其政绩于碑。历中书左司郎中，除礼部尚书，寻迁户部，拜参议中书省事，出为山北辽东道廉访使。

是时河南兵起，两淮亦骚动，朝廷乃析河南，立淮南江北行省于扬州，以珪参知政事。珪方病水肿，即舆疾而行。既至分省，镇淮安，又移镇真州。会张士诚为乱，陷泰州兴化，行省遣兵讨之，不克，命高邮知府李齐招谕之。士诚请降，行省授以民职，且乞从征讨以自效。遂移珪镇泰州。珪乃趣士诚，治戈船趋濠、泗，士诚疑惮不肯发，又觇知珪无备，遂复反。夜四鼓，纵火登城。珪力疾扪佩刀上马，与贼斗。贼围珪，邀至其船。珪诘之曰："汝辈罪在不赦，今既宥汝，又锡以名爵，朝廷何负于汝？乃既降复反邪！汝弃信逆天，灭不旋踵。我执政大臣，岂为汝贼辈屈乎！"贼以槊撞珪堕地，欲舁登其舟。珪瞋目大骂，遂死之。其仆扬儿以身蔽珪，亦俱死。事闻，赙钞三百锭，仍官其子锜。

珪弟琬，字仲德，仕至台州路总管。至正二十七年，方国瑛以舟挟琬至黄岩。琬潜登白龙奥，舍于民家，绝粒不食。人劝之食，辄瞑目却之。七日而死。

史臣曰：李秉彝诸人，皆世祖、成宗时之监司，其尽心民事，纠劾官邪，可谓称其职者。白栋劾阿合马，詹士龙劾桑哥，尤不愧于鲠亮。风雨如晦,难鸣不已,二子有焉。

新元史卷一七五
列传第七二

贺仁杰 胜 太平 也先忽都 贾昔剌 吕合剌 天麟 丑妮子 虎林赤 秃坚不花 天祺

贺仁杰,字宽甫,其先隰州人,后徙京兆鄠县。父贲,数从军有功。长安兵后,积尸遍野,贲买地金天门外,为大家瘗之。尝治室,获白金七千五百两。世祖以皇太弟征云南,驻兵六盘,贲献五千两以佐军资,且言其子仁杰才可用。世祖即召仁杰直宿卫。世祖践阼,赐贲金符、总管京兆诸军达鲁花赤。卒,赠推忠立义功臣、银青光禄大夫、司徒,追封雍国公,谥忠宣。

仁杰从世祖征云南有功,与董文忠同侍帷幄,多所裨益,又厚重不泄,世祖深爱重之。他人入直满三日则更,独仁杰、文忠侍上疾,或一月不出。

至元十六年,宋合州守将王立降于西川行枢密院李德辉,东川行枢密院与德辉争功,奏诛立。会西川都事吕域具立降附本末来,上白其事于许衡,衡告仁杰,仁杰奏于世祖,遂释立。事具《李德辉传》。

世祖一日召仁杰至榻前,赐以白金,曰:"此汝父献朕者,可持归养母。"辞,不许。仁杰白其母郑氏,郑曰:"君赐也,宜仁吾宗。"悉散之。世祖欲选童女充后宫,及有司和买多非土产,山后诸郡县盐禁为民害,仁杰皆奏罢之,民为立生祠于李老峪。又永盈司仓任文通税民不入粟,而私给券取直,惧事觉,乃先言他吏为之,罪当诛。仁杰谓:"罪许自首,今文通虽诬人,事与自首同,若杀之,是塞悔过之途。"帝然之,乃重杖文通,而贷其死。

十八年,上都留守缺,宰相拟数人皆不称旨,世祖顾仁杰曰:"无以易卿者。"特授正议大夫、上都留守,兼本路总管、开平府尹。明年,赐三珠虎符,进资德大夫,兼虎贲亲军都指挥使,寻加荣禄大夫、中书右丞,留守如故。桑哥奏:上都留守司钱谷失实,召留守刺忽耳及仁杰廷辨。仁杰曰:"臣汉人,不能戢奸,致钱谷耗,臣之罪也。"刺忽耳曰:"臣掌印,凡事必关白臣而后行,今钱穀耗,臣之罪也。"世祖曰:"让人以名爵者有之,未有争引咎者也。"皆置勿问。仁杰妻刘氏卒,世祖欲为娶贵族,固辞,乃娶平民女,已而失明,夫妇相敬如宾,未尝置媵妾。大德九年,年七十二致仕,拜光禄大夫、平章政事,商议陕西行中书省事,赐金币、袍带有差。以子胜袭上都留守。仁宗立,以仁杰世祖旧臣,召赴阙,行至樊桥而卒。赠恭勤竭力功臣、仪同三司、太保、上柱国,追封雍国公,谥忠贞。延祐六年,加赠推诚宣力翊运功臣、太师、开府仪同三司、上柱国,追封奉元王。子胜。

胜,字贞卿,小字伯颜,以小字行。从许衡学,通经传大义。年十六,入直宿卫,凝重寡言,世祖器之。是时,天下初定,外事以遽闻者,世祖亟欲赐报,辄遣胜。胜日驰千里,受命无留行,复命无后期,凡交、广、云南、西域之地,皆至焉。

乃颜叛,世祖亲征,胜扈从。将战之夕,惟近臣只儿哈良带剑立武帐外,虽亲贵不能辄入。独胜受密旨,出入指授诸将方略。明日,世祖禽乃颜。帝顾谓侍臣曰:"昨日之战,飞矢及于朕前,毅然无惧色者,惟伯颜一人耳。"帝亲征,都人汹惧,故亟还,夜行卧舆中,寒甚,胜解衣以身温帝足,始酣寝。伶人迎驾,蒙彩氄为狮子舞,乘舆象惊奔蹄不可制,胜投身象前,令后至者断鞚纵之,乘舆乃安。胜创甚,世祖亲抚之,遣尚医尚食护视。俄拜集贤学士,领太史院事,赐一品服。

至元二十八年二月，拜尚书省参知政事。及桑哥败，罢尚书省，改归中书。世祖问："谁可相者？"胜对曰："天下公论，皆属完泽。"遂相完泽，而以胜为中书参知政事。胜年甫二十八，参决大政，明允称职。三十年，改金枢密院事。

大德九年，胜父仁杰请老，以胜代为上都留守，兼本路都总管、开平府尹，兼虎贲亲军都指挥使。至大三年，进领左丞相，阶光禄大夫，行上都留守，兼本路总管府达鲁花赤。延祐二年，加开府仪同三司、上柱国。岁饥，胜辄发仓廪赈民，自劾待罪。仁宗报曰："祖宗以上都之民付卿父子，欲安之，卿能如此，朕复何忧。"吏持上供物入宫门，暮不得出，所司奏诛之。胜曰："此非阑入也。"力争之，吏得免死。奉全州高甲隶虎贲籍，甲死，子幼，官利甲家资，使人强娶其妇。胜辨于帝前，不听娶，高氏始获全，民为胜立祠上都西门外。仁宗复命画工写胜像，赐之，俾传示子孙。未几，以足疾请老，不许，赐小车出入禁闼。

初，上都富民张弼死，其奴索逋钱，殴负钱者至死。治狱者教奴引弼子，并下狱。丞相铁木迭儿受弼子赂六万缗，使大奴胁胜出之，又强以他奸利事，胜不从。一日，铁木迭儿坐都堂盛怒，以官事召胜，将罪之。胜抗言，大奴所干非法，不敢从，他实无罪。铁木迭儿语讪，事得解。已而中丞杨朵儿只、平章萧拜住廉知其所受赃，使御史玉龙帖木儿、徐元素按之，据实入奏。仁宗素恶铁木迭儿，欲诛之。铁木迭儿走匿兴圣宫太后为言，乃夺其印绶罢之。

仁宗崩，英宗在谅阴，铁木迭儿复相，即执杨朵儿只、萧拜住矫诏杀之，又诬胜便服迎诏，大不敬，弃市，并籍其家。胜足疾，乘所赐小车迎诏，铁木迭儿遂诬为便服。英宗诛合散等布告天下，尚及胜前事，曰："贺胜轻侮诏书，殊乖臣礼，不加惩创，曷示等威。"盖犹信铁木迭儿之诬云。后闻胜母老，悯之，乃以所籍京兆田宅还其家。泰定初，诏雪其冤，赠推忠宣力保德功臣、太傅、开府仪同三司、上柱国 追封秦国公，谥惠愍。至正三年，加赠推忠亮节同德翊戴功臣、太师，晋封泾阳王，改谥忠宣。子惟一、惟贤。惟贤，大中大夫、同知上都留守司事。

　　惟一，字允中，后赐姓蒙古氏，名太平。资性开朗，幼如成人。受学于赵孟頫，又师云中吕弼。泰定初，袭父职为虎贲亲军都指挥使。寻擢陕西汉中道廉访副使。文宗即位，召为工部尚书，都主管奎章阁工事。又除上都留守同知。

　　元统初，召为枢密副使，迁同知枢密院事。寻拜御史中丞。中书参议佛家间，憸人也，御史劾其罪，宰相庇之，寝不报。太平引疾家居。

　　至正二年，命为中书参知政事，辞。俄进右丞，又辞。会御史祁君璧复劾佛家间，黜之，太平乃起视事。时粟贵，金银贱，太平请出官钱买之。后兵兴，卒获其用。又请慎选守令，仍遣使核其治行最者，增秩，赍以金币。从之。四年，拜中书平章政事。五年，罢为宣徽院使。宣徽典司饮膳，权贵多横索，太平阅其籍，惟太常礼仪使阿剌不花无之，因请帝擢居近职，并厚赐之。六年，拜御史大夫。故事，非国姓不授御史大夫，太平辞，诏赐姓而改其名。七年，再迁中书平章政事，班同列上，国王朵儿只为左丞相，奏言："臣藉先臣之荫，备位宰相，愿得与太平共事。"十一月，拜太平左丞相，朵儿只右丞相，太平辞，不允，仍诏示天下。明年二月，诏修后妃功臣传，特命太平同监修国史，异数也。九年七月，罢为翰林院学士承旨，俄谪山西。太平还奉元，闭门谢客。

　　十五年，河南盗起，诏以太平为江浙行省左丞相，未行，改淮南行省左丞相，兼知枢密院事，总制诸军驻济宁。军饷绌，太平使有司给官兵牛具，种麦自食，军赖以济。十六年，移驻益都。未几，除辽阳行省左丞相。

　　十七年五月，复拜中书左丞相。时毛贵据山东，官军屡败，十八年自河间入寇，京师大震。廷议迁都避之，太平力争以为不可。会刘哈剌不花御贼于柳林，大败之，贵众溃走济南，京师解严。

　　已而皇后奇氏为皇太子求内禅，遣宦者朴不花谕意，太平不答。皇后又召太平至宫中，置酒，申前意，太平依违而已。皇太子令御史劾中丞秃鲁铁不花，未及奏，御史迁他官去。皇太子疑太平之子也先忽都泄其事，遂决意逐之。知枢密院事纽的该闻而叹曰："善人国之纪也，苟去之，国将奚赖？"数于帝前左右之。俄纽的该卒，皇太子令御史买住、桑哥失理劾左丞成遵、参知政事赵中下狱死，以二人为太平之党也。太平乃引疾辞位。

　　二十年二月，拜太保，养疾家居。是年，阳翟王阿鲁辉帖木儿反，兵逼上都。皇太子言于帝，起太平为上都留守，欲陷之于死地。会阿鲁辉帖木儿败于老章，其部将脱欢缚送于太平。脱欢，也先忽都之旧部也。太平不受使，生致阙下诛之。

　　太平复引疾乞归。诏拜太傅，赐田若干顷，俾归奉元。帝欲相伯撒里，辞以老，非得太平共事不可。于是密旨复留太平毋行，太平至沙井，闻命而止。皇太子恶其去而复留也，二十三年令御史大夫普化劾以违命之罪，诏悉拘所授宣命及赐物，安置陕西西边。右丞相搠思监希皇后意，复劾之，诏安置于吐蕃，寻遣使者逼令自裁。太平至东胜，赋诗一篇自杀，年六十三。

　　初别怯儿不花与脱脱有夙怨，脱脱谪陕西，别怯儿不花欲中伤之，赖哈麻营救获免。太平与别怯儿不花、韩嘉纳等十人约为兄弟。及太平为左丞相，韩嘉纳为御史大夫，恶哈麻，讽御史沃呼海寿劾之。哈麻知其事，诉于帝前。疏入，帝斥弗纳。明日，疏再上，仅夺哈麻及其弟雪雪官。太平罢为翰林学士承旨，韩嘉纳出为江浙行省平章政事。已而脱脱复相，乃谪太平于陕西，杖韩嘉纳，流于尼噜罕以死。又劾也先忽都不应僭娶宗室女，脱脱之母闻之，谓脱脱兄弟曰："太平好人，何害于汝，而欲去之。汝兄弟如不信吾言，非吾子也。"事始得释。太平引太不花为平章政事，太平罢相，太不花党于脱脱，故太平怨之。及再为左丞相，太不花督诸军讨贼久无功，疏请太平至军中供其饷。太平知太不花害己，讽御史只违儿海劾之，又力言于帝，削太不花官爵，安置盖州，卒使刘刺哈不花杀太不花父子于路。脱脱之构太平，与太平之杀太不花，皆以朋党修旧怨，为君子所扬。

然太平留意人才，疏荐完者都、执礼哈郎、董搏霄、张枢、李孝光等，皆当时贤者。至于沙汰僧道以减耗蠹，给教官俸以防虚冒，请赐经筵讲官坐以崇圣学，又考求死节之士，虽平民亦予赠谥，有官者就世其子孙，天下尤为感动，故一时称为贤相云。子均。

均，字公秉，后改名也先忽都。少好学有俊才。累迁殿中侍御史、治书侍御史、翰林侍读学士，皆兼虎贲亲军都指挥使。被劾，从太平归奉元，居六年，召为兵部尚书、同知枢密院事，改通政院使。太平再相，授知枢密院事，进太子詹事。

十九年，贼由开平东犯辽阳，诏也先忽都将兵讨之，有功。旋罢为上都留守。又改宣政院使。丁内艰，搠思监强起之，又为御史也先帖木儿等所劾罢。

已而搠思监诬也先忽都与老的沙、蛮子、按难答识里、沙加识里、脱欢等谋为不轨，锻炼其狱。帝知其无罪，欲释之，特命大赦。而搠思监增入条画内，独不赦也先忽都等。惟老的沙匿于孛罗帖木儿军中，获免，蛮子等皆贬死。也先忽都当贬撒思嘉之地，道过朵思麻。行宣政院事桓州闾素受知于太平，留之。搠思监复劾也先忽都违命，杖杀之。年四十四。也先忽都以宰相子，倾身下士，名誉藉甚。有诗集十卷。

史臣曰：皇太子图内禅，皇后奇氏召宰相太平言之。使太平告以君臣、父子、夫妇之正，虽殒其身，岂非堂堂社稷臣哉。乃依违答之，既丽于乱贼之党，又为孽后所困，父子俱不得其死。呜呼！何其庸且暗也。

贾昔剌，大都大兴人。其父为庖人。昔剌体貌魁梧，太祖十九年，因近臣入见庄圣皇后，遂从睿宗于和林，典御膳。以须黄，赐名昔剌,氏族与蒙古同,甚见亲幸。又以昔剌汉人,不习和林风土,命居滦州。已复思之曰:"昔剌在吾,饮食殊甘。"促召入供奉。世祖在潜藩,知其厚重,俾迎皇后于鸿吉剌之地。自是,预帷幄密计。赐牝马及驹三十匹并牧户与之。时兵余,数以所赐分还乡里。世祖即位,立尚食、尚药二局,赐金符,提点局事。卒,追封闻喜郡侯,谥敬懿。子丑妮子。

丑妮子,幼时世祖爱之,尝坐之御席旁。从征云南,跃马入水,斫战船。帝奇其勇敢,而戒其轻锐。惠宗九年,从伐宋,还自鄂州。卒。追封临汾郡公,谥显毅。子虎林赤。

虎林赤,有智略。阿里不哥叛,出名马以助官军。从幸和林,中道大风,昼晦,敌猝至,虎林赤击走之。还,佩其大父金符,提点尚食、尚药二局,历尚膳使,兼司农。尝入侍,帝问:"治天下以何为本?"曰:"重农为本。""以何为先?"曰:"用贤为先,用贤则天下治,重农则百姓足。"帝深嘉之,超拜宣徽使,辞,改金院事,仍领尚膳使。卒。赠荣禄大夫、绛国公,谥忠靖。子秃坚不花。

秃坚不花,袭世职为尚食、尚药局提点。世祖以故家子独奇之,谓他日可大用,使在左右。从征乃颜,军次杭海,敌猝至,秃坚不花突其阵,破走之。移军哈罕,大风,昼晦,敌兵千人鼓噪以进,秃坚不花奋击,身被十余创,犹力战,复大破之。帝嘉其壮勇,杭海叛众请降,咸谓亲犯王师,宜诛之。秃坚不花曰:"杭海本吾人,或诱之以叛,岂其本心哉?且兵法,杀降不祥。宜赦之。"帝曰:"秃坚不花议是。"擢同金宣徽院事。每论政帝前,言直而气不慑,帝亦知其直,令察宿卫之士有才器者以名闻。论荐数十人用之,后皆称职。

成宗即位,诸侯王会于上京,凡匀饩宴享之节,赐予多寡之分,无一不当。帝喜曰:"宣徽得秃坚不花足矣。"进同知宣徽院事。四年,帝不豫,召入侍疾。疾愈,赐钱不受,解衣赐之,尝从巡,幸禁中,卫士感奋,欲有所言。帝进而问之,皆曰:"臣等宿卫有年,日膳允、岁赐以时者,诚荷陛下厚恩,亦由微有能官秃坚不花其人也。"帝悦,赐珠袍,超拜宣徽使。辞曰:"先臣服勤三世,位不过佥佐,臣何敢有加?"帝嘉其退让,允其请。九年,北方乞禄伦部大雪,奏买驼马补其死损,出衣币于内府,自往给之,全活者数万人。还,赐七宝笠。十年,帝病甚,复入侍疾。及大渐,内难将作,守正无所回挠。

武宗即位,进阶荣禄大夫,遥授平章政事,商议宣徽院事,行金复州新附军万户府达鲁花赤。至大二年,诏出金帛大赉北边诸军,以秃坚不花明习事宜,且不惮劳苦,使即军中,与其帅月赤察儿定议分给之,诸部大悦。拜宣徽使,出内藏兼金带赐之。为同官贾廷瑞所嫉。廷瑞请以宣徽院为门下省,尚书省奏廷瑞擅易官制。帝大怒,欲杀之。秃坚不花力谏,帝曰:"贾廷瑞毁卿,不直一钱,卿何力言邪?"对曰:"廷瑞所坐不当死,不敢以臣私嫌,误陛下失刑。"廷瑞遂得免。转光禄大夫。

仁宗即位,加金紫光禄大夫。延祐四年,朔方又大雪,秃坚不花请赈之如大德时,且出私家马二百匹以为助。赐钱酬其价,不受,帝解御衣赐之。是时,托恩幸以邀赏赉者,秃坚不花辄抑弗予。铁失、王廷显皆同官也。铁失私取海舶之货,秃坚不花曰:"此军国所资,非人臣所得擅。"铁失衔之。又赐廷显玉带,廷显欲取大官羊钱三百缗充其价,秃坚不花亦执不从。于是怨之者众。七年,以疾去官。英宗在谅暗,铁失构秃坚不花于兴圣太后,奏杀之。后铁失伏诛,秃坚不花之冤始白。赠推忠宣力守谅功臣、太傅、开府仪同三司、上柱国,追封冀国公,谥忠隐。又进封冀安王。加赠其曾祖昔剌推忠翊运功臣、金紫光禄大夫、太保,进封绛国公;祖丑妮子崇德效节功臣、仪同三司、太傅、柱国,追封绛国公;父虎林赤推诚宣力守德功臣、太师、开府仪同三司、上柱国,进封临汾王。四子:曰班卜,曰忽里台,皆官监察御史;曰也速古,章佩监少监;曰秃忽赤,中书客省使。

　　吕合剌，本辽东咸平人，后徙大都。祖元，金监军。太祖八年，率所部来降。父惠贤，事顺圣皇后，与其妻董氏为皇子北安王保傅。

　　合剌，性廉直。为金玉局使，奏释宋俘钳钛输作，教以工事。累迁工部侍郎、将作监使。桑哥诬奏丞相安童，合剌力为之辨，事始释。成宗即位，拜中书参知政事，迁大司徒，卒。赠金紫光禄大夫，谥忠惠。五子，天麟、天佑、天祺最知名。

　　天麟，元贞二年由工部尚书拜中书参知政事。大德六年，迁左丞，卒。天佑亦官至大司徒。

　　天祺，幼从合剌入见，世祖即以为可大任。合剌选将作局吏，诏用天祺，合剌执不可。改同知异样局总管府事。元贞初，累迁秘书监。继其父为将作监使，擢集贤学士，迁大都留守，兼少府监，人敢干以私。至大初，擢河东山西道肃政廉访使，以老母辞，改礼部尚书。丁母忧，屡诏起之，天祺固辞。服除，授寿福院使。延祐四年，拜集贤大学士，与闻国政。宰相忌其切直，遂称疾辞归。

　　文宗即位，起为陕西等处行省平章政事。时关陕连年大旱，天祺发钞百万缗米万石，命有司赈之。祷雨，不食三日，天果雨，岁乃大稔。至顺二年冬，以疾乞还，父老哭而留之。天祺未至都，帝数问："吕平章至否？"入见，上慰劳之，赐酒食，且曰："卿病愈，当大用。"天祺顿首谢。后至元三年三月，卒，年七十。

　　吕氏自元至天祺，世以忠谨事上，有汉万石君之家风。

　　子延寿，大都人匠府达鲁花赤、同知异样局事。

新元史卷一七六
列传第七三

洪福源 <small>茶邱　君祥　万</small>　王綧
阿剌帖木儿　兀爱

　　洪福源，本高丽唐城人。父大纯，为麟渊都领，因家焉。太祖十一年，契丹叛众乞奴、金山等窜于高丽，陷江东城据之。十三年，太祖使哈真等追讨之，大纯率众迎降，仍归高丽。十七年，太祖又遣着古与等十二人使于高丽，侦其虚实，还，遇害。

　　太宗二年，以高丽杀使者，遣大将撒礼塔伐之。时福源为西京郎将，与其党毕贤甫杀宣谕使郑毅、朴禄全，据西京，内附。高丽遣兵马使闵曦攻之，获贤甫，腰斩之。福源来奔，高丽执其父大纯及大纯弟百寿，徙余民于海岛，西京遂丘为丘墟。福源从撒礼塔攻拔四十余城，又与阿秃儿进至王京。高丽王瞰乃遣其弟怀安公铤请降，遂置东京及州县达鲁花赤七十二人，以福源为东京总管，领高丽军民。瞰畏福源构衅，官其父大纯为大将军，百寿为郎将。以张暐为福源女婿，贿遗不绝。

　　四年，高丽复叛，杀所置达鲁花赤，遁入江华岛。福源招集北边四十余城遗民，以待王师。太宗复遣撒礼塔讨高丽，福源从大军攻处仁城，撒礼塔中流矢卒。副将帖哥引兵还，福源留戍。

　　五年，高丽悉众攻之，陷西京，福源率所部来归，处于辽、沈二州之地。六年，赐金符，为管领高丽军民长官，仍令招流民之未附者。又谕高丽臣民有执王瞰及构乱之人来献者，与福源同处东京，优加恩礼擢用。若大兵已至,拒者死,降者生,其降民令福源统之。

七年,太宗命唐古拔都儿偕福源进讨,攻拔龙冈、咸从二县,凤、海、洞三州,又拔金山、归、信、昌、朔等州。十一年二月,入朝,赐铠甲、弓矢及金织文缎、金银器、金鞍勒等。

定宗初,命阿母河行省军与福源攻拔威州平虏城。

宪宗即位,改授虎符,仍为前后归附高丽军民长官。三年,命诸王耶虎与福源攻拔禾山、东州、春州、三角山、杨振、天龙等城。四年,又攻拔光州、安城、忠州、玄凤、珍原、甲向、玉果等城。八年,福源入朝,留和林。

高丽既纳款,永宁公綧为质子,寓于福源家,福源待之甚厚。久乃与福源有隙。福源令巫作木偶人,缚手足,埋于第七投井中咀咒。綧从者李纲知之,以奏惠宗。遣使验之,福源曰:"儿子病虐,故用之以厌虐鬼,非有他也。"因谓綧曰:"公受恩于我久矣,今乃使谗人陷我,所谓养犬反噬主人也。"綧妻宗室女,闻福源诟綧,使译者述其词,大怒,呵福源伏于地,切责曰:"汝在高丽为何等人?"曰:"边城人。"又问:"我公为何等人?"曰:"王族。"曰:"然则永宁公真汝主,汝实为犬,反以公为犬噬主何也?我皇族女。帝以公为高丽王族而嫁之,公为犬,安有人而与犬同处者乎?吾当奏帝。"遂行。福源号泣叩头乞罪,綧追止之,不及。福源倾家资备贿赂,与綧倍道追之。中途遇敕使,令壮士数十人蹴杀福源,籍没家赀,械其妻及子茶丘、君祥等以归。

福源死时年五十二。中统二年,茶丘雪父冤,赠嘉议大夫、沈阳侯,谥忠惠。福源七子,俊奇、君祥最知名。

俊奇,小字茶邱。幼以骁勇闻,受知世祖,以小字呼之。中统二年,命袭父职,管领归附高丽军民总管。

至元六年,高丽权臣林衍叛,冬十一月,诏以其军三千从国王头辇哥讨平之,迁江华岛所有臣民复归王京。十二月,帝命茶邱率兵,往凤州等处立屯田总管府。八年二月,入朝,赐钞百缗。林衍余党裴仲孙等立高丽王禃亲属承化侯为王，引三别抄军据珍岛以叛。五月，茶邱偕经略使欣都讨破之，其党金通精率余众走耽罗。帝遣侍卫亲军千户王岑与茶邱议征取之策，茶邱表陈："通精之党多在王京，可使招之，招而不从，击之未晚。"从之。俄敕往罗州道监造战船，且招降耽罗。茶邱得通精之侄金永等七人使招通精，不从，留金永，余尽杀之。十年，诏茶邱与欣都率兵渡海，攻耽罗，通精伏诛，悉免其胁从者，高丽始平。

茶邱奉诏来见高丽王，不拜，以中书省牒索其叔父百寿。高丽拜百寿枢密副使，致仕，将遣之。茶邱故迁延不去，欲以激帝怒。时高丽官奴崇让等谋杀达鲁花赤，事觉，捕鞠之。茶邱欲使崇让等词连本国，因袭灭之，密与达鲁花赤脱朵儿议之。国礼，凡议事，议合则脱冠以示同意。茶邱等皆脱冠，脱朵儿不脱，为之辨明，事始得已。

十一年，又命监造战船，经营征日本事。三月，授昭勇大将军、安抚使，高丽军民总管如故。又命茶邱提点高丽农事。八月，授征东右副都元帅，与都元帅忽敦等领舟师二万，渡海征日本，拔对马、一岐、宜蛮等岛。十四年正月，授镇国上将军、征东都元帅，镇高丽。

二月，率蒙古、高丽、女直、汉军，从伯颜北征叛臣只儿瓦歹等。四月，至脱剌河，猝与贼遇，茶邱突阵无前。伯颜以其勇闻，赐白金五十两、金鞍勒、弓矢。

十七年，授龙虎卫上将军、征东行省右丞。十八年，与右丞欣都将舟师四万，由高丽金州合浦以攻日本。时右丞范文虎等兵十万由庆元、定海等处渡海，期至日本一岐、平户等岛合兵登岸。秋八月，遇飓风，舟坏而还，茶邱仅以身免。十九年十月，命茶邱于平滦黑埚儿监造战船七百艘，以图再举。二十一年十一月，复授征东行省右丞。二十三年，命往江浙等处遣汉人复业。

二十四年，乃颜叛，车驾亲征，赐以翎根甲、宝刀，命率高丽、女直、汉军扈从。猝遇乃颜骑兵万余，时茶邱兵不满三千，众有惧色。茶邱夜令军士多裂裳帛为旗帜，断马尾为旄，林中张设疑兵，乃颜大惊，以为官兵大至，遂溃走。帝闻之，厚加旌赏。凯还，授辽阳等处行尚书省右丞。二十七年，以疾辞。

叛王哈丹等窜入高丽西京，中书省特起茶邱镇辽东，帝遣阇里台孛罗儿赐以金字圆符，命茶邱便宜行事。二十八年，以疾卒，年四十八。茶邱常怨本国，弟君祥独谓：宁怨永宁公，不敢负国云。子四人，长曰万，最知名。

君祥，小字双叔，福源第五子也。年十四，隋兄茶邱见世祖于上都，帝悦，命刘秉忠相之。秉忠曰：“是儿目视不凡，后必以功名显，但当致力于学耳。”令选师儒诲之。至元三年，籍高丽民三百人为兵，令君祥统之。从秃花秃烈、伯颜等军筑万寿山，复从开通州运河。帝亲谕之曰：“尔守志忠勤，朕所知也。”帝尝坐便殿，阅江南舆地图，欲召知者询其险易。左丞相伯颜、枢密副使合达以君祥应旨，奏对详明，帝悦，酌以巨觥。顾谓伯颜曰：“是远大器也。”

六年，林衍叛，从头辇哥征之。八年，戍河南。九年，掠淮西，破其大凹城。十年，从元帅孛罗罕袭淮东之阳湖，俘其男女牛马。

十一年，入朝，帝命伯颜伐宋。朝议以宋之兵力多聚两淮，闻我欲渡江，彼必移师拒守。遂命右卫指挥使秃满歹，率轻锐二万攻淮安以牵制之，君祥以蒙古汉军都镇抚从行。后伯颜既渡江，帝命秃满歹还军萧县。时君祥奉使伯颜军中，宋黄州制置使陈奕降，其子岩知涟水军，伯颜遣三十骑往招之，因令君祥入奏，帝曰：“卿可急还，陈知府降，即偕来也。”及与岩入朝，宴劳甚厚。从元帅孛鲁罕攻清河，拔之。海州安抚使丁顺约降，孛鲁罕令君祥以闻，时伯颜方朝上都，见君祥甚喜，遂从南伐。

伯颜克淮安，至扬州，分兵攻淮西。宋制置使夏贵遣牛都统以书抵伯颜曰：“谚云：杀人一万，自损三千。愿勿废国力，攻夺边城，若行在归附，边城焉往。”伯颜遣君祥以牛都统入见，留三日，还军中。仍传旨谕伯颜曰：“事难遥度，宜临几审图之。”伯颜师次镇江，谍报有都统洪模为都督府将，伯颜谓君祥曰：“汝同姓，可往招之。”

模即迎降。师进次临平山，距临安五十里，模来报曰："宋丞相陈宜中、殿帅张世杰皆已遁去，惟三宫未行，宜早定计，以活生民。"伯颜遂令模护送三宫，以君祥从行。宋平，擢武略将军、中卫亲军千户。十五年，命金江南民兵。进明威将军、中卫亲军副都指挥使。十七年，进昭勇大将军。十九年，授枢密院判官。二十三年，转昭武大将军、同金枢密院事。

二十四年，乃颜叛，从世祖亲征。每驻跸，君祥辄以兵车外环为营卫，布置严密，帝嘉之。凯旋，加辅国上将军。编次上起居为《东征录》。二十八年，授辽阳行省右丞，用枢密院留，复居旧职。俄加集贤大学士，依旧同金枢密院事。议者欲自东南海口辛桥开河合滦河，运粮至上都，敕与中书右丞阿里相其利害，还，极言不便，罢之。帝又欲征日本，令高丽造船。君祥进言曰："军事重大，宜遣使问高丽，然后举兵。"帝然之，遣君祥使于高丽。还，改金书枢密院事。明年，又使君祥兄子波立儿至高丽，监造战船。波立儿望见王宫，下马流涕曰："今虽衣锦还乡，然劳吾父老，甚可愧也。"高丽王嘉君祥不忘故国，封为益城侯、修文殿大学士。

成宗即位，诏裁减久任官，知枢密院暗伯等奏：君祥在枢密十六年，最为久者。帝曰："君祥始终一心，可勿迁也。"大德二年，复遣君祥使于高丽，台臣劾君祥以他事，中道追还。三年，奉使江浙，问民疾苦。后屏居昌平县之皇华山。

七年，擢司农卿。拜中书右丞，又为御史所劾，改浙江行省右丞。迁辽阳右丞，建议宜新省治，增巡兵，设儒学提举、都镇抚等员，以兴文化，修武备。未报。会武宗即位，征为同知枢密院事，进荣禄大夫、平章政事，商议辽阳等处行中书省事，改辽阳行省平章政事，俄改商议行省事。至元大二年卒。子迈，奉训大夫、同知开元总管府事。

万，小字重喜，以小字行。至十三年，入宿卫。十八年，袭职为怀远大将军、安抚使、高丽军民总管，仍佩父荼邱虎符。

二十四年，从讨乃颜。六月，至撒里秃鲁之地，偕平章失剌铁木儿与乃颜将黄海战，大败之。又扈驾与塔不台战，败之。世祖留蒙古、女真、汉军镇哈剌河。复选精骑，使重喜领之，扈驾至失剌斡耳朵，从御史大夫玉速帖木儿进讨。七月，至扎剌麻秃，与刚家奴战，败之。追至蒙可山、那兀江等处，遂平金刚奴、塔不台等。九月，师还。

哈丹、八剌哈赤再叛，十月，重喜从诸王爱牙哈赤、宣慰使塔出及失剌铁木儿讨之。十二月，次木骨不剌。时诸王脱欢以兵四千余人与贼将战，稍却，重喜率骑兵援之，冲锋陷阵，大破其众。又从诸王乃蛮、爱牙哈赤、平章薛阇干与哈丹等战于兀术站，又战于黑龙江，又战于贴满哈，皆败之。二十五年，重喜又从玉速帖木儿出师，五月，至贴列河，又至木骨儿抄喇，与哈丹秃鲁干战，俱有功。八月，至贵列河，重喜率所部先涉，贼遁。十月，又从玉速帖木儿至木八兰。十二月，与古都秃鲁干战，又败之。二十七年六月，赐白金五十两、甲一袭。九月，至禅春，与哈丹秃鲁干战。二十八年二月，从平章薛阇干至高丽青州。五月，与哈丹战八日，又战，俱败之。六月，班师，授昭勇大将军，佩三珠虎符，职如故。十月，薛阇干以重喜入朝，且奏其功，帝嘉之，赐玉带一、白金五十两，授龙虎卫上将军、辽阳等处行中书省右丞。

二十九年，仍佩元降虎符，总管高丽、女真、汉军万户，兼安抚使、高丽军民总管。六月，改资德大夫、辽阳等处行中书省右丞。大德十年，以其叔父君祥代之。十一年，武宗即位，重喜朝于上都。七月，复授辽阳行省右丞。至大二年，坐事谪漳州，中途遇赦而还。明年，卒。子滋，袭职。

史臣曰：“洪福源以高丽西京叛，遂引蒙古之兵划其宗社。公山弗狃有言：君子不以所爱废乡，若福源者其公山弗狃之罪人乎！君祥能盖前人之愆，易乱贼而为忠孝，贤矣哉。

王綧，高丽清化侯璟之子也，封永宁公。太宗十三年，暾遣綧率质子十五人入为秃鲁花，伪称暾子。綧善骑射，读书通大义。

宪宗三年，宗王也苦等征高丽，使綧谕国王纳款。从也苦围忠州，暾以书责綧曰："昔尔入侍天庭之日，出自诚心，决然独断以一身代韩之百姓，岂以己之安危为虑哉。十余年间，险阻艰难，殆不可容说。然邈在万里外，犹望庇于本国，幸今至此，韩之百姓冀蒙救护，想尔意何如也。况孝思所格，天地感动，今大王以宽仁字小为任，汝当切迫陈达，俾大军早日解围，则不特老人悦怿，一国之人俱庆更生矣。"后宪宗知綧非王子，谓曰："汝虽非王子，亦王族之近者。久居吾国，乃吾人也。"夺阿母侃马三百赐之。綧又从大军伐高丽至尚州，郎将蔡取和谓綧曰："捐妻子，从公绝域者，欲安国家耳。今无一事利国，与叛臣何异？"乃逃归。綧遣人追斩之。

中统元年，授金符、总管，换虎符。三年，率所部讨李璮。至元七年，高丽臣林衍叛，世祖遣宗王头辇哥讨之，綧签新附户一千三百以从。是年十一月，以疾归，綧妻奏杀洪福源，其子洪茶邱诉于世祖曰："真金太子中书令，綧高丽尚令，自谓品秩与皇太子等。"世祖怒夺綧所领部众。二十年卒，年六十一。三子：阿剌帖木儿、阔阔帖木儿、兀爱。

阿剌帖木儿，袭虎符、总管。至元八年，从讨叛贼金通精，贼败走耽罗。十一年，进昭勇大将军，从都元帅忽都征日本。十五年，加镇国上将军、安抚使、高丽军民总管，寻擢辅国上将军、征东左副元帅。十八年，复征日本，遇飓风，没于海。

阔阔帖木儿，侍武宗于潜邸，积劳授大中大夫、管民总管。

兀爱，袭虎符、总管，擢安远大将军、安抚使、高丽军民总管、征东左副元帅。二十四年，从讨乃颜。复从月鲁那演讨塔不台、脱欢于蒙可山、那江。兀爱与八剌哈赤、脱欢相拒，战于黑龙江，箭中右臂，裹创复战，大破之。二十五年，从平章阔里帖木儿讨哈丹，兀爱获古都秃鲁干。明年，加昭武大将军、辽阳等处行中书省事。又明年，哈丹等收散卒号十万，胁掠水达达、女直之地，遣兀爱镇抚高丽，修城隍，严卒伍，军威大振。九月，哈丹寇缠春，兀爱拒却之。

　　二十八年，入觐，赐尚方玉带及银酒器。二十九年，改征东左副都元帅府，立总管高丽女直汉军万户府，授兀爱三珠虎符、镇国上将军、总管高丽女直汉军万户府，兼沈阳安抚使、高丽军民总管。未几卒。

新元史卷一七七
列传第七四

杨大渊 文安	刘整 垓	夏贵
吕文焕 师夔	范文虎	管如德
王积翁 都中	朱焕 霁	陈奕
岩 蒲寿庚	马成龙	周全

　　杨大渊，成州天水人。与兄大全、弟大楫皆仕宋。大渊总兵守阆州。宪宗伐宋，围阆州大获城，遣宋降臣王仲入招大渊，大渊杀之。帝怒，督诸军力攻，大渊惧，遂以城降。帝欲诛之，汪田哥谏，获免，命招降蓬、广安诸州。进攻钓鱼山，擢大楫为管军总管。从诸王攻礼义城。宪宗九年，拜大渊侍郎、都行省，悉以阆外之任委之。

　　世祖中统元年，诏谕大渊曰："尚厉忠贞之节，共成康义之功。"大渊既拜命，即遣兵进攻礼义城，掠其馈运，获总管黄文才、路钤、高坦之以归。二年秋，与宋将鲜恭战，获其统制白继源。行省以大渊功言于朝，诏给虎符一、金符五、银符五十七，令论功行赏，以名闻。三年春，世祖命大渊出开、达与宋兵战于平田，复战于巴渠，擒其知军范燮、统制魏兴等。

　　先是，大渊建言，谓取江南必先取蜀，取蜀必先据夔州，乃遣其侄文安攻宋巴渠。至万安寨，守将卢埴降。复使文安相夔、达要冲，城蟠龙山。山四面岩阻，可以进攻退守，城未毕，宋夔州路提刑郑子发曰："蟠龙，夔之咽喉，此必争之地也。"遂悉众来攻。大渊闻有宋兵，即遣佥安抚使文仲赴援。宋兵宵遁，追败之。秋七月，诏以金符十、银符十九赐其麾下将士，别给海青符二，俾事亟则驰奏。又赏合州之赐白金五十两。

冬，大渊入觐，拜东川都元帅，与征南都元帅钦察同署事。大渊还，复城虎啸山以逼宋大良城，不逾时而就。四年，宋贾似道遣杨琳赍空名告身及蜡书、金币，诱大渊南归。文安擒之以闻，诏诛琳。五月，世祖以大渊及张大悦复神山功，赐蒙古、汉军钞百锭。

至元元年，大渊进花罗、红边绢各百五十段。诏曰："所贡币帛，已见忠勤，卿守边陲，宜加优恤。今后以此自给，俟有诏乃进。"冬十月，大渊谍知宋总统祁昌由间道运粮入得汉城，乃率军掩袭，擒昌等于椒坪，俘获辎重以数千计。明日，宋都统张思广引兵来援，复大破之，擒其将盛总管。二年，大渊以疾卒。八年，追封阆中郡公，谥肃翼。

子文粲，袭阆、蓬、广安、顺庆、夔府路等都元帅。兄子文安。

文安，字泰叔。父大全仕宋，守叙州。大兵入蜀，大全战没。宋赠眉州防御使，谥愍忠，官其长子文仲。文安方二岁，母刘氏鞠之，依叔父大渊于阆州。大渊降，授文仲安抚使。

中统元年，擢文安监军，攻礼义城，夺其粮船，绕出通川，获宋将黄文才、高坦之。二年，复出通川，与宋将鲜恭大战，擒统制白继源。三年，出开、达，擒知军范燮、统制魏兴等，授文安开、达、忠、万、梁山等处招讨使。遂筑蟠龙城，以据夔、达要路。宋兵来争，文安击败之。四年，佩银符，擢千户，监军如故。进筑虎啸城。至元元年，宋都统张喜引兵攻蟠龙，败之。喜潜师宵遁，出得汉城，文安又追击败之。复筑方斗城，为蟠龙声援，令裨将高先守之。宋兵攻潼川，行省命文安赴援，败宋师于射洪之纳垻。宋都统祁昌以重兵运粮饷得汉，大渊命文安邀之，昌立栅椒原以守，连战三日，获昌，俘守将向良家属，充招良，良以城降。

二年，改授金符，仍前职，还攻宋开、达等州，擒其统制张刚。八月，宋兵由开州运粮，文安率奇兵邀击之，获总管方富等。行省上其功，擢夔东路征行元帅，命以前后所俘入见。赐黄金、鞍马有差。还，攻宋金州断虎隘，杀其将梁富，擒路钤、赵贵等。

三年春，率千户李吉等略开州，与宋将硬弓张大战，获统制陈德等。冬，总帅汪惟正遣裨将李木波等由间道袭开州，文安遣千户王福引兵助之。福先登，宋将庞彦海投崖死，擒副将刘安仁，留兵戍其地。宋诸路兵来援，围城三匝，又筑垒于城外，文安密遣人入城，谕以坚守。四年春，文安率兵断宋人粮道，飞矢中文安面，拔矢力战，大破之，杀其将张德等。已而文安以创甚，回蟠龙，宋兵遂陷开州。

五年，文仲卒，诏文安就佩金虎符，充阆州夔东路安抚使、军民元帅，仍相副都元帅府事。阆州户口凋耗，文安教以耕桑，鳏寡不能自存，愿相配偶者，并为一户充役，民始复业。七年，从严忠范攻重庆，大战于龙坎，败宋兵，攻铧铁寨，擒其将袁宜、何世贤等。捷闻，诏赐白金、宝钞、币帛有差。冬，文粲入见，帝谕之曰："汝兄弟宣力边陲，朕所知也。"进文安阶明威将军。

八年秋，文安会东川统军匣剌攻达州，三战三捷，帝深加奖谕，进昭勇大将军、东川路征南招讨使，复赐金银、宝钞、鞍马、弓矢、币帛。

九年秋，筑金汤城，积屯田之粟以逼宋龙爪城。知宋兵必至，遣韩福出通川以牵制之，与宋兵遇于锉耳山，败之。宋兵输粮达州，邀击于卢滩峡，擒统制孙聪、张顺等。宋兵复由罗顶山输粮开、达，文安伏兵截之，擒裨将吴金等，覆其粮船。秋，宋都统阎国宝、监军张应庚，运粮于达州，文安复邀之于泻油坡，夺其粮。宋开州守将鲜汝忠邀文安归路，与战败之，获总辖秦兴祖、谭友孙。

十一年秋，与蒙古、汉军万户怯必烈等攻宋夔东，拔高阳、夔、巫等寨，擒守将严贵、窦世忠、赵兴，因跨江为桥，以断宋兵往来之路。时宋以鲜汝忠、赵章镇开、达二州，而汝忠家属，尚留开州。文安曰："达未易攻,若先拔开州,俘其家属,以招汝忠,则达不烦兵而下矣。"乃遣蔡邦光率千户呼延顺等攻开州,盛兵驻蟠龙,以为声援。十二年正月,诸军夜衔枚,薄开州城下,遣死士先登,斩关以入。及城中人知,则我军已立旗帜于城上。守将韩明父子犹率所部巷战,力屈就擒。文安迁汝忠家属于蟠龙,遣部将王师能往达州,招之曰："降则家属得全,不降则阖城涂炭。汝宜早为计。"汝忠遂降。赵章子桂楫,守师姑城,招之亦降。独龙爪城守将谢益不降,攻之,擒统制王庆,益弃城走。于是由山等处八城,皆望风归附,凯还。献捷京师,加文安骠骑卫上将军,兼宣抚使,赐钞一千锭,文粲加镇国上将军。

文安寻遣其兄子应之,往招都胜、茂竹、广福三城。蒲济川降。进攻梁山,守将袁世安皆降之。秋七月,兵至乐胜城,宋将隋方备御,围城四十日,竟不降。文安乃移兵攻万州之牛头城,迁其民进围万州,守将上官夔固守,文安解围去。冬,进攻白帝城,以师老乃还。

十三年,进金吾卫上将军,赐玉带一。夏,朝廷遣安西王相李德辉经画东川课程,袁世安遣使约降。文安以白德辉,德辉大喜,即遣文安招之,世安遂纳款。秋七月,进军攻万州,遣经历徐政谕守将上官夔降,夔不从,逾月攻拔外城。宋将张起岩来救,遣镇抚彭福寿迎击,败之,万州夺气。文安复传王令旨谕夔降,终不屈。文安遣勇士梯城入,夔巷战而死。万州既定,遣使招铁檠、三宝两城守将杨宜、黎拱辰降,分兵略施州,擒统制薛忠,会大雪,遣蔡邦光夜攻之,遂拔施州。

十四年夏,进兵攻咸淳府,守将镇抚使马堲,文安乡里也,谕之降,不从。冬十一月,堲力屈就擒。十五年,进兵攻绍庆府,破之,获其守将鲜龙。东川已定,独夔帅张起岩婴城固守,文安遣元帅王师能招之,起岩亦以城降。夏入觐,文安以所得城邑绘图献之。帝劳之曰："汝攻城略地之功,何若是多也!"擢四川南道宣慰使,解白貂裘赐之。

十七年,遣裨将王介谕降散毛诸洞蛮,以散毛酋入觐,因奏曰:

"元帅蔡邦光,昔征散毛洞战殁,可念也。"帝曰:"散毛既降而杀之,何以怀远!"乃擢邦光子为管军总管,佩虎符,赐散毛酋金银符各一,遥授文安参知政事,行四川南道宣慰使。十九年春,入观,擢龙虎卫上将军、中书左丞,行江西省事。二十年,改授荆南道宣慰使,卒。

子良之,袭佩虎符、昭勇大将军、管军万户,历湖南宣慰副使、岳州路总管。卒。

刘整,字武仲,先世京兆樊川人,徙邓州穰县。整沉毅有智谋,善骑射。金乱,入宋,隶制置使赵方麾下。方临卒,谓其子葵曰:"整才气,汝辈不能用,宜杀之,勿留为异日患。"葵不听,整从孟珙攻金信阳州,为前锋,夜率壮士十二人渡堑登城,袭擒金将,还报。珙大惊,以为唐李存孝率十八骑拔洛阳,今整取信阳所将更少,乃书其旗曰赛存孝。累迁潼川十五军州安抚使,知泸州军州事。

整以北人,捍西边有功,江南诸将皆出其下,吕文德忌之,所画策辄摈沮,有功辄掩而不白,知俞兴与整有隙,使制置四川以图整。兴以军事召整,不行,诬构之。整遣使诉于临安,不得上达。及向士壁、曹世雄见杀,整益危不自保,乃谋款附。

中统二年夏,整籍十五军州、户三十万来降。世祖授整夔府行省,兼安抚使,赐金虎符,仍赐金、银符,以给其将校有功者。俞兴攻泸州,整出珍宝分士卒,激使战,败之。复遣使以宋所赐金字牙符及佩印入献,请益屯兵、厚储积为图宋计。

三年,入朝,授行中书省于成都、潼川两路,赐银万两,分给军士,仍兼都元帅。同列嫉整功,谋陷之,整惧,请分帅潼川。七月,改潼川路都元帅。四年五月,宋安抚高建、温和进逼成都,整援之。宋兵闻赛存孝至,遁去。攻潼川,又与整遇于锦江,败走。至元三年六月,迁昭武大将军、南京路宣抚使。

四年十一月,入朝,建言:"宋主暗臣悖,立国一隅,今天启混一之机。臣愿效犬马劳,先攻襄阳,撤其捍蔽。"廷议沮之。整又曰:

"自古帝王,非四海一家,不为正统。圣朝有天下十七八,何置一隅不问,而自弃正统邪!"世祖曰:"朕意决矣。"五年七月,迁镇国上将军、都元帅。九月,偕都元帅阿术督诸军,围襄阳,城鹿门堡及白河口,为攻取计,率兵五万,钞略沿江诸郡。六年六月,擒都统唐永坚。七年三月,筑实心台于汉水中流,上置弩炮,下为石囤五,以扼敌船。且与阿术计曰:"我精兵突骑所当者破,惟水战不如宋耳。夺彼所长,造战舰,习水军,则事济矣。"乘驿以闻,报可。既还,造船五千艘,日练水军,虽雨不能出,亦画地为船习之,得战士七万。八月,复筑长围以遏外援。

八年五月,宋将范文虎遣都统张顺、张贵驾轮船馈襄阳衣甲,邀击,斩顺,独贵得入城。九月,迁河南省参知政事。九年三月,加诸翼汉军都元帅。襄阳帅吕文焕登城,整跃马前曰:"君昧于天命,害及生灵,岂仁者之事!又龊龊不能战,取羞于勇者,请与君决胜负。"文焕不答,伏弩中整臂。三月,破樊城外郭,斩首二千级,擒裨将十六人。谍知文焕将遣张贵出城来援,乃分部战舰,缚草如牛,傍汉水两岸遍置之,众莫测所用。九月,贵果夜出,乘轮船顺流下走,军士觇知之,两岸爇草牛如昼,整与阿术麾战舰转战五十里,擒贵于柜门关,余众尽杀之。

十一月,诏统水军四万户。宋荆湖制置李廷芝以金印牙符,授整汉军都元帅、卢龙军节度,使封燕郡王,为书,使永宁僧持送,期以间整。永宁令得之,驿闻于朝,敕张易、姚枢杂问,适整至自军中,言宋怒臣画策攻襄阳,故设此以杀臣,臣实不知。诏令整复书谓:"整受命以来,惟知督厉戎兵,举垂亡孤城。宋若果以生灵为念,当重遣信使,请命朝廷,顾为此小数,何益于事!"

时围襄阳已五年,整计襄、樊唇齿,宜先攻樊城。樊城人树栅于城外,斩木列置江中,贯以铁索。整言于丞相伯颜,令善泅者断木沉索,督战舰趋城下,以回回炮击之,焚其栅。十年正月,樊城破,遣唐永坚入襄阳,谕吕文焕,乃以城降。上功,赐整田宅、金币、良马。

整入朝奏曰:"襄阳下,则临安摇动矣。若将所练水军,乘胜长

驱,长江必非宋所有。"遂改行淮西枢密院事,屯正阳。十一年,迁骠
骑卫上将军、行中书左丞,宋夏贵悉水军来攻,破之于大夫洲。十二
年正月,诏整将所部出淮南,整锐欲渡江,行省止之,不果行。丞相
伯颜入鄂,捷至,整失声曰:"首帅止我,使我成功后人,善作者不必
善成,果然!"是夕,愤悒而卒,年六十三。赠龙虎卫上将军、中书右
丞,谥武敏。

四子:垣,尝从父战败昝万寿于通泉;埏,管军万户;均,榷茶提
举;垓,最知名。

垓,字仲宽。中统三年,移新附民匠于成都,以垓领头其众。时
垓年十三岁。至元三年,从整入朝,授管军万户,佩金虎符。四年,
城眉、简二州。从围嘉定,攻破五获石城,白马、资江等城寨。六年,
从败宋师于龙堨。九年,入直东宫宿卫。十年,从围樊城。四月,御
史言垓与阿里海涯子忽失海牙素不知兵,帝命以万户还成都。十一
年六月,败宋师于嘉定城外,收抚嘉定等路,拓地一千五百余里,以
降将及蛮酋入觐,进拜都元帅。宋亡,蜀地未尽平,枢密院奏泸州整
旧治,请使垓以都元帅领之。十四年,克泸州之珍珠堡,降其守将。
十六年,入朝,拜同知四川北道宣慰司事。二十年,移四川南道。二
十一年,邱德、祖赵等谋作乱,垓擒斩之。

二十三年,入朝,诏问宋降将,垓即奏:"先臣在襄阳,以吕文焕
来归,今为右丞;在泸州,以管如德来归,今为左丞。臣在西川,以昝
万寿来归,今亦为右丞。"帝即擢垓左丞,为参知政事吐鲁华所格而
止。垓又奏:"江南平,臣不敢自言先臣功,惟上念之。"帝曰:"朕未
尝忘尔父也。"授垓镇国上将军、陕西四川等处行省参知政事。旋改
四川等处行省佥事,又改行尚书省事。二十九年,拜辅国上将军、四
川行省参知政事。未几,谢病归。

大德八年,起为奉国上将军、四川行省参知政事、八番顺元等
处宣慰使都元帅,佩金虎符。蛮酋南列等纳款,赐弓矢、衣甲。至大
三年,移镇广东,奏言:"军士不习水土,宜移中原,屯戍于内地。"从

之。皇庆二年卒，年六十四。垓廉于财，卒之日，仅存中统钞四百贯云。

夏贵，字用和，安丰人。生有异禀，暮夜能见射箭落处，人称为夏夜眼。少年以罪刺双旗面上，又称夏旗儿。以勇敢，见知于吕文德。从赵范入洛阳，擢为裨将。蒙古兵围安丰，贵援之，筑寨于瓦步，遍树五色旗，间道率所部趋安丰。敌撤围城兵，攻瓦步寨，竟得空城。比还安丰，则贵已登陴，遂解围去。

嘉熙三年，寿春告急，食且尽。贵与文德定计，夜率援兵，直抵城下，弃其所赍米于道。明日，敌兵见道上弃米，骇曰："米入城中多矣。"皆有去志。贵又令舟师囊砖石，相系掷于浮桥上，桥沉，舟师鱼贯而上，卒全寿春。

淳祐六年，葵命贵援高邮，贵以兵百人赴之，夜伏敌寨外，以觱篥为号，仗兵闻笛而起，入寨中，获牛马器械无算。

宝祐五年，贾似道欲城荆山，问形势于贵。贵曰："荆山与涂山夹束淮流，如人之喉咽，一有梗，则安丰、寿春断，淮西必危。"似道然之，命贵董城工，擢吉州刺史、知怀远军。六年，兼河南招抚使，寻封寿春郡开国伯，食邑七百户。

开庆元年，命贵至怀远，措置战守。贵固守百余日，会濠州援兵至，围始解。召诣行在，赐金带一、银五百两。

景定元年，兀良合台自黄州新生洲济师北归，贵进兵沣源，获战船三百余艘。又战于黄石港，获马三百余匹。遂复寿昌。军进至黄州团峰，去白鹿矶二十余里，时毡帐布南北两岸，贵以舟师阵白鹿矶浮桥下，登北岸陆战，夺还所俘老弱三千余。或谮贵不战于南岸，贵贻书贾似道曰："敌辎重尽在北岸，攻其所必救，以速其走耳。不出三日，江面可以肃清。"于是夜率诸军，攻断浮桥，杀殿卒七百余人，明日江南无一骑，遂以大捷闻。论功，除其子松环卫官，赐金带。寻除贵知淮安州，兼京东招抚使。

李璮南侵，贵败之，璮仅仅以身免。二年，克复涟水军及东海

军、海州,赐官会百万贯、金带一,又赐溧阳田三千亩。贵建第溧阳,
得金龟,宋理宗书锦龟堂赐之。

四年,除四川安抚制置使,兼知重庆府。是年,偕张珏攻虎啸
山,败绩于鹅湖。咸淳元年,贵潜师溯资江而上,出刘整不意,斩馘
数千人,整败归。三年,克复广安军,除宁武军节度使,加食邑五百
户,实封二百户。

四年,召赴行在,除沿江制置副使,知黄州。五年,除权荆湖安
抚、制置大使,湖广总领、四川策应大使,知鄂州。六年,乞回黄州。
七年,乞致仕。俱不允。九年,除淮西安抚、制置大使,兼知黄州。十
二月,阿术攻阳罗堡,贵率兵援之,闻阿术渡江,大惊,引麾下三百
艘遁还。事具《阿术传》。

德祐五年,贾似道督师次于芜湖,贵引兵会之,出一编书示似
道曰:“宋历止三百三十年。”似道俯首而已。二月,似道以精兵七万
人属步军指挥使孙虎臣,次池州之丁家洲,贵以战舰二千五百亘江
中,似道为殿。贵既失利于鄂,恐似道成功,无斗志。步军前锋将姜
才方接战,众欢曰:“步师遁!”贵不战而走,以扁舟掠似道船,呼曰:
“彼众我寡,势不可支。”似道遽鸣钲收军,宋师大溃。似道召贵计
事,贵曰:“诸军胆落,吾何以战?”乃奔庐州。阿术乘胜东下,沿江州
军相继降。

贵阴纵北人岳全还,致款附意,以书抵伯颜曰:“愿勿费兵力攻
边城,行都若下,边城焉往!”伯颜遣贵婿胡应雷与贵约。是时宋征
贵为枢密副使入卫,贵不应命。至元十三年二月,贵举淮西三府六
州三十六县以降。

贵家僮洪福从贵积劳,为镇巢军统制,贵降,招福不从,使其从
子往,福斩之。贵至城下,好语给福,请单骑入城,福信之,开门,伏
兵起,执福父子,贵莅杀之,大骂,数贵不忠而死。

四月,觐世祖于上都,令其孙贻孙权安抚事。贵条上安民十事,
赐金织衣、玉带、靴帽、鞍马,授开府仪同三司、参知政事,行中书省
事。十五年,擢左丞。十六年十月卒,年八十三。

子富，宋左领卫大将军，知昭信军，先贵卒；松，宋和州观察使，战殁，宋赠保康军节度使，谥壮肃；柏，嘉议大夫、岳州路总管。

吕文焕，安丰人。

兄文德，微时鬻薪于市，宋淮西帅赵葵见其遗履长尺有咫，异之，招致麾下，累功授京湖安抚制置使。时刘整献计，谓宋人所恃惟文德在鄂州，然可以利诱。乃遗以玉带，求置榷场于樊城外，文德许之。既而言场货每为盗所掠，愿筑土墙护之，遂筑垒置堡江心，起万人台，立撒星桥，以遏宋南北之援，时出兵哨掠襄、樊城外。文德始悟为整所卖，疽发背死。

文焕仕宋，知襄阳府，兼京西安抚副使。时阿术攻襄阳，文焕拒守久之。至元六年，命史天泽督兵围襄阳，文焕遣使馈以盐茗。十年正月，阿里海牙等拔樊城，世祖降诏谕文焕曰："尔等拒守孤城，于今五年，宜力尔主，固其宜也。然势穷援绝，如数万生灵何？若能纳款，悉赦勿治，且加迁擢。"既而阿里海牙身至城下，谓曰："君以孤军城守者数年，今飞鸟路绝，主上深嘉汝忠，若降则尊官厚禄可得，必不负汝。"文焕疑未决。又折箭与之誓，文焕感泣，遂纳筦钥，与其子来降。

四月，从阿里海涯入朝，即为帝画攻鄂策，且请身为前锋，授昭勇大将军、侍卫亲军都指挥使、襄阳大都督。十一年二月，拜参知政事，行省荆湖。命文焕率其麾下，临城以善遇降将意，招谕未下州郡。十月，文焕引兵攻破沙洋城，执守将王大用、总管王虎臣杀之。进逼新城，招都统边居谊，不从，伏弩中其右臂，马仆，几被获。众挟以出，文焕怒，麾兵拔其城，居谊赴火死。由是，江陵诸州皆下。文焕谓权守张晏然等曰："汝国所恃者，江淮耳。今大军飞渡，如履平地，不降何待？"晏然与都统程鹏飞皆以州军降。时沿江诸将，多吕氏旧部，争望风款附。十二年正月，引兵至江州。从弟文福方为湖南五郡镇抚使，宋主促其将兵入卫，文福至饶州，杀使者，入江州，迎降。宋谢后遣使谕文焕，请息兵修好，不听。十月，伯颜分兵东下，以文焕为乡导,趋常州。宋遣兵部侍郎吕师孟来军中议和。师孟,文德子也,阴请文焕赞成和议,亦不省。十二月,平江府官属迎降于常州,文焕先往受其降。

十三年,伯颜兵至皋亭山,宋主奉表称臣。伯颜遣文焕入临安,阅视城堑,且赍黄榜安谕中外军民,并入慰谢后。文焕因使人上谢表而出。有曰:"兹衔北命来抗南师,视以犬马,报以寇仇,非曰子弟攻其父母,不得已也。尚何言哉!"伯颜拘文天祥于军中,天祥让伯颜失信。文焕从旁解喻,天祥并斥其合族为逆,文焕甚惭。十四年,以文焕为中书左丞,仍宣慰江东。

十五年三月,诏文焕遣官招宋生熟券军堪用者,月给衣粮,不堪者屯田近地。江东道按察使阿八赤从文焕求金银及第宅、奴婢,不与,遂奏文焕私匿兵仗。帝命行台御史大夫相威按之,阿八赤坐免官。二十三年,文焕以江淮行省右丞请老,许之,仍任其子为宣慰使。后卒于家。

文德子师夔,宋提举江州兴国军沿江制置使。陈奕既降,以兵攻蕲州,师夔与知江州钱真孙遣人如蕲请降。伯颜入江州,师夔设宴庚公楼,选宋宗室二女盛饰以进。伯颜怒曰:"吾奉天子命,帅师问罪于宋,岂以女色移吾志乎!"斥遣之。都元帅宋都䚟攻抚州,命师夔以金符遣守将密佑诱之降,佑不受,死之。师夔与谢枋得友善,至是以兵徇江西,下安仁,时枋得守信州,攻之,枋得走建阳,师夔镂榜捕之,执其妻子下于狱。及宋主昺在广州,师夔复与阿里海牙、塔出等率兵逾梅岭,袭攻之,遂以参知政事留镇广州。瑞州张公明诉师夔谋不轨,塔出恐师夔惊疑,乃斩公明而后闻,诏弗问。

十五年,宋制置使张镇孙起兵复广州,师夔执之,及其妻子械送京师,镇孙自经死。十七年,以广州民不聊生,召师夔赴阙诘责之,廷辩无证验,仍还任。二十二年六月,乞假省母江州。未几卒。

范文虎,吕文德婿也,佚其籍贯。宋咸淳中,迁殿前副指挥使。阿术攻襄、樊,宋以文虎统禁军来援,遂蓄异志。军中为乐,日与妓妾击鞠宴饮,不进攻。比战,又不力,兵屡败,所丧舟械甚多。及襄、樊陷,给事中陈宜中请诛文虎,贾似道庇之,止降一官,仍知安庆府。至元十二年正月,伯颜分兵至江州,文虎遣人以酒馔迎犒,且请伯颜速来。伯颜使阿术以舟师先至安庆,文虎以城降。伯颜承制遥授两浙大都督,命招谕寿州诸镇,复同失里伯、史枢率襄阳熟券军降安丰、寿州、五河等处军民,与吕文焕、陈奕攻下沿江州郡。宋谢后诏谕文虎三人使通和议,文虎等不报,乃籍三人家,妻孥多遇害。十月,命董文炳将左军由江入海,以文虎为乡导,取道趋澉浦、华亭。十三年正月,伯颜分兵围安吉,文虎致书知州赵良淳诱之降,良淳斩其使而自经。及兵逼临安,宋驸马都尉杨镇奉益、广二王渡江,如婺州,文虎率劲兵五千追之不及,执镇而还。伯颜以临安为两浙大都督府,命文虎同忙古歹入治事。宋宗室赵孟荣谋起兵越州,事泄,被执至临安,文虎斩之。七月,与吕师夔并参知政事。

十五年二月,与夏贵、陈岩并进中书左丞。诏谕行省东南岛屿,诸番国有慕义者,可因番舶布德意,使其来朝。文虎遣周福等偕日本僧赍诏往谕诸国,降海贼贺文达,以所得银三千两献之。帝即以银赐文虎,并赐金纹绫及西锦衣诸物。文虎荐可为守令者三十人,帝曰:“今后所荐,朕自裁择。”皆不听。

十七年五月,召入朝,命招集避罪附宋蒙古、回鹘等军,并将兵十万,同右丞相阿剌罕征日本。十八年正月,文虎再赴阙,请给马二千及回鹘匠人。帝曰:“战船安用此?”亦不与。八月,军至平壶岛,遇飓风坏舟,文虎被溺,漂流一昼夜,幸附败板得生,遂择坚舰乘之。弃士卒于五龙山下,尽为日本所歼,逃归者仅三人。初议班师,张禧曰:“士卒溺死者过半,其脱死者皆壮士也,曷若乘其无回顾心,因粮于敌,以图进取。”文虎不从,曰:“还朝问罪,我自当之。”及归,文虎奏:遇风坏舟,将士沉溺。世祖不之罪也。

二十四年,诸王乃颜反,帝亲征,命文虎将卫军五百镇平滦为策应。文虎言:“豪、懿、东京诸地,人心未安,宜立行省抚治之。”诏立辽阳行省。

二十六年，漳州贼陈机察等降，行省请斩之，文虎曰："罪固当斩，然杀降何以示信，宜并遣赴阙。"行省从其言。盖其意独加厚于降人云。寻卒。

管如德，黄州黄陂人。父景模，为宋安抚使，守蕲州。伯颜兵至，景模举众降，授淮西宣抚使，以老不任事。时如德为江州都统制，遣书招之，亦以城降。先是，如德尝被俘，思其父，与同辈七人间道南驰，为逻者所获，械送郡。如德伺逻者怠，即破械走达父所，景模喜曰："真吾子也！"至是入见，世祖笑曰："是能孝于父者。"一日，授以强弓二，如德以左手兼握，右手悉引满之。帝曰："得无伤汝臂乎，后毋复然。"尝从猎，过大沟，马不能越，如德即解衣浮渡，帝壮之，由是称为拔都。帝问："朕何以得天下，宋何以亡？"对曰："陛下以福德胜。襄樊，宋咽喉也，咽喉破塞，不亡何待！"帝曰："善。"授湖北招讨使，总管本部军马。

阿术以如德为前锋，攻扬州，招降镇江、绍兴诸郡。初，世祖以宝刀赐如德，及与宋战，刀刃尽缺。宋平，入觐，如德以刀上曰："陛下向所赐刀，历斫宋军，刃缺如是。"帝嘉其诚朴，迁浙西宣慰使。入奏事，帝问曰："江南之民得无有贰志乎？"对曰："往旱涝相仍，民不聊生或萌他念。今屡年丰稔，民沐圣恩多矣，安敢贰。"帝悦，授福建宣慰使。

二十一年，拜泉州行省参知政事。累迁江西左丞。初，广东贼钟明亮率众二万来降，宣慰使月的迷失请以明亮为循州知州，帝不允。明亮复叛，命如德统四省兵讨之，诸将欲直捣其巢，如德曰："今田野之民，疲于转输，介胄之士，病于暴露，重困斯民，而自为功，吾不为也。"遣使谕以祸福，明亮复诣赣州降。诏缚至大都，如德留之不遣。明亮再反，朝廷责以玩寇，如德惶惧，卒于军。赠平昌郡公，谥武襄。

王积翁，字良臣，福建福宁人。以叔父参知政事伯大荫补承务郎，调监察严州都酒务，累辟浙西安抚司，干办公事。奉朝命，谳六县狱。夜至余杭，阅囚一百七十，当坐者仅数人，余皆释之。平反他县疑狱，亦多所全活。差知富阳县，治办为诸县最。秩满，除两浙转运司，主管文字。奏请宽版曹催科之限，东南各路便之。六迁至知徽州，兼都督兵马府参议官，加兵部侍郎。

德祐初，除天下兵马都元帅益王府司马，辞不就。改知南剑州，兼福建招捕使，进兵部尚书。是时，宋使积翁备御上三州，以黄恎为招捕副使，兼知漳州，备御下三州。大兵破邵武，积翁弃南剑州，走福安，密书纳款。及大兵至，迎降；以积翁知建宁府。

至元十四年，大军引还，留潜说友为福州宣慰使，积翁为宣慰副使，淮兵戍福州者以李雄统之。未几，雄杀说友，以应张世杰，积翁给雄诛之。擢宣抚使、福州路总管，兼府尹、提刑按察使。淮兵又谋杀积翁，事觉，皆为积翁所杀。已而刘深奏积翁尝通书于世杰，积翁上言："若不暂从，恐为生灵害。"帝原其罪不问。十五年，入觐。帝使中书左丞张文谦询以日本事，积翁画招徕之策，甚称帝意，授刑部尚书、福建道宣慰使，佩金虎符。入辞，赐宴便殿，使中书左丞吕文焕为积翁起舞。十六年，复入觐，迁兵部尚书。十九年，拜江西行省参知政事，丞相安童留不遣。积翁建议开新河以通漕运，从之。使阿八赤等董其役，新河水浅，候潮为出入，船多损坏，民苦之。既而忙古歹言海运之船悉至，役始罢。二十一年，积翁久留京师，不见用，自诡能宣谕日本，奏言："日本难以力服，可以计取。诚令臣备一介之使，以招徕之，事成，不至劳师伤财，事不成，亦无损于国威。"帝乃以积翁为国信使，赐玉环连绦纳、瑟瑟、袍、帽、靴、马鞍各一，又以日本俗尚佛，命普陀僧如智副之。积翁过温州，强取县民任甲船，中途又以事鞭甲。将至对马岛，甲饮从者酒尽醉，遂杀积翁，掠其资遁去。事闻，诏廪其家，追谥积翁敬愍侯。皇庆初，赠荣禄大夫、平章政事、上柱国，追封闽国公，改谥忠愍。子都中。

史臣曰："孔子有言：行己有耻，使于四方，不辱君命。盖其事有相为表里者。王积翁諓諓小人，冒利亡耻，世祖用之，负乘致寇，卒

殒其躯。就使积翁不死，亦必启衅纳侮，辱命而返。世祖以范文虎
为将，王积翁为使，其不得志于日本，不亦宜乎！

　　都中，字元俞。生三岁，以恩授从仕郎、南剑路顺昌尹。七岁，
从其母叶氏诣阙下，世祖闵之，给驿券南还，赐平江田八千亩宅一
区。未几，特授都中平江路总管府治中。都中年甫十七，僚吏易视
之。既遇事，剖析动中肯綮，始不敢欺。

　　秩满，除浙东道宣慰副使。金华有杀人者，吏受赇，以为病死。
都中命属吏覆按，得其情，狱具，置受赇吏于法。迁荆湖北道宣慰副
使。武宗诏更钞法，行铜钱。以都中有干略，除江淮泉货监。凡天
下为监者六，惟江淮所铸独精。

　　改郴州路总管，民俗喜争斗，都中为立学校，制笾豆簠簋，使其
民识礼乐，延宿儒教之，俗一变。茶陵州富民谭甲死，妻诬赘婿匿
其财，狱数年不决。宣抚移其狱，诿之都中，按问得实，州长吏以下
计赃至十一万五千余缗，民以为神明。

　　迁饶州路总管。年饥，米价翔踊，都中以官仓米定价为三等，言
于行省，请粜以下等饶州价，民乃得食，未报。又于下等价减十之
二，使民就籴。行省怒其专擅，都中曰：“饶去杭几二千里，比议定往
还，非半月不可。人七日不食则死，安能忍死以待乎！”行省闻之乃
罢。岁贡金，而金户贫富不同，都中考得其实，更定之。包银之法，
户不过二两，而州县征之加十倍，都中责之，一以诏书从事。以内忧
去郡，民为立生祠。

　　服阕，除两浙都转运盐使，未上，擢海北海南道肃政廉访使。中
书省臣奏国计莫重于盐笑。又如前除盐亭造户，三年一比附推排，
世祖旧制也。任事者恐敛怨，久不举行。都中曰：“为吏皆避嫌怨，
何以集事？”遂请于行省，遍历三十四场，验其物力高下以损益之。
役既平，而课亦足，公私便之。迁福建闽海道肃政廉访使，俄迁福建
道宣慰使都元帅，又改浙东道宣慰使都元帅。

　　天历初，徙广东道，三易镇，皆佩元降金虎符。惠宗时，朝廷以

两淮盐法久坏，命都中以行户部尚书兼两淮都转运盐使。寻拜河南行省参知政事，中道疾作南归。诏即其家拜江南行省参知政事。至正元年，卒。赠昭文馆大学士，谥清献。

朱焕，泰安新泰人。宋淮安州安抚使。与李庭芝共守扬州，庭芝走泰州，焕以扬州城降。授淮东大都督，累迁福建道宣慰使，卒。

子霁，字景周，初袭父官为淮东大都督。后改都督府为总管府，以霁为扬州路总管，兼府尹，佩金虎符。治尚简静，民安之。或告嘉定富民王甲谋为不轨，行省议调兵捕之。霁曰："此奸人，利王氏财耳。从其言，民将重足而立。"命县令察其虚实，遂正诬者罪。大军征爪哇，省檄扬州转饷十万石，霁曰："郡人朱清、张瑄岁漕海运米，请使清等输之，充常赋之数。"行省韪之。

二十三年，改吉州路总管。郡有稼轩书院，为宋名臣辛弃疾故第，国初，戍兵夺而居之。霁归其地，列于学宫。后以病归。二十五年，起为平江路总管。元贞三年，迁台州路，又转信州、衢州路，阶嘉议大夫。延祐三年，迁徽州路。七年，卒。

信州岁贡金币，皆为吏胥所蚀，霁亲为监视，其弊始除。徽州岁贡纸数百万，皆赋于民，一郡受其扰累。霁按户籍，请赋田多者，并除其租，民便之。

子德懋，溧阳州判官；德润，江淮营田提举。

陈奕，归德永城人。初诣事贾似道之玉工陈振民为兄，以求进。自小官躐贵显，为沿江制置使，兼知黄州。程鹏飞既降，以兵攻黄州，奕遣人请降于寿昌军，且求名爵。伯颜曰："汝但率众来归，何虑名爵。"许以沿江大都督。奕遂以城降。

其子岩知安东州，奕遣人至涟州，出家书示之，岩亦降。世祖授岩淮东宣抚使。十二年五月，奕卒。岩乞解官终制，不许。十三年七月，宋姜才帅步骑来攻湾头堡，岩大破之，获米五千余石。加参知政事，行省淮东。二十二年，进征东行省左丞，同征日本。二十四年五月，江淮平章政事沙不丁议裁南人官吏，帝曰："除陈岩、吕师夔、范文虎诸人，余从卿议。"其见信任如此。

蒲寿庚，本西域人，与兄寿崀以互市至泉州。宋咸淳末，御海寇有功。寿庚授闽广招抚使，以全军来降。宋幼主过泉州，众欲应之，寿庚闭门不纳。及张世杰回军攻城，宋宗室在城内者又谋应世杰，寿庚置酒延其人议城守事，酒半，尽杀之。世杰攻城三阅月不下，遂解去。世祖嘉其功，进昭勇大将军、兵马招讨使。十四年，拜江西行省参知政事。子孙并为显仕。

马成龙，成都广都人，宋濠州团练使。大军至临安，宋谢太后诏内外悉罢兵内附，成龙奉常德府版籍以降。召见，赐金符，授昭勇大将军、昭州安抚使。徇湖南、江西、广东诸路，皆下之，迁昭毅大将军、招讨使。寻拜辅国上将军、海北海南道宣慰使。大军征交趾，公私烦费，成龙主馈运，事办而民不扰，又出新意，造大舰数十，名曰海哨马，师赖以济。卒，年六十六。

子兴祖，明威将军、镇巢万户，战殁；寿祖，临川县尹；复祖，袭万户。

周全，光州人，宋广南西路马步军副总管。降于伯颜，遥授衡州知州。入觐，赐金符，遥授泉州知州，兼千户。从宋都骟平江西。又从大军攻韶州，杀安抚使熊飞。广东平，全功居多。十四年，从攻静江，宋将李梦龙迎降。授全管军总管。十五年，讨平赣州崖石山贼寨。十七年，进广威将军、管军副万户，镇守龙兴。二十年，以疾去官。大德九年，卒。赠怀远大将军万户，追封汝南郡侯。子祖瑞袭职。

新元史卷一七八
列传第七五

伯帖木儿　玉哇失　哈答孙
<small>塔海</small>　乞台　<small>哈赞赤</small>　答答呵儿
答失蛮　曷剌　<small>不花</small>　明安
忽林失　彻里

伯帖木儿，钦察人。至元中，充哈剌赤，入备宿卫，以忠谨，授武节将军、金左卫亲军都指挥使司事。二十四年，从御史大夫玉昔帖木儿征乃颜，败贼于忽尔阿剌河，追至海剌儿河，又败之。乃颜将金刚奴别不台率众走山前，追战于札剌马笃河。至梦哥山，贼复败，金刚奴遁。

二十五年夏，成宗率诸军讨叛王火鲁火孙。是时，哈丹秃鲁干驻兀鲁灰河，伯帖木儿从玉昔帖木至贵列儿河，哈丹来拒，伯帖木儿战却之，获其将驸马阿剌浑。成宗说，以贼将兀忽儿妻赐之。至霸郎儿，与忽都秃鲁干战，生获忽都。九月，玉昔帖木儿使伯帖木儿至纳兀河东，招集逆党乞答直一千户、女真押儿撒及达达百姓五百户。是年冬，又从诸王乃蛮台讨哈丹于斡麻站、兀剌阿，连败其将阿秃八剌哈赤，转战至帖麦哈必儿哈，又败之。进至明伦安城，哈丹遁，追败贼于忽兰叶儿，一日三战，至帖里揭，挺身陷阵，中三十余矢而还。是役也，王师失利，伯帖木儿创甚，玉昔帖木儿亲视其创，罪诸将之不救者。

二十六年春正月，师还，复遣戍也真大王分地。五月，海都谋内犯，敕伯帖木儿以其军来会。行至怯吕连河，值拜要叛，伯帖木儿即移兵讨之，获其将伯颜。帝深加将谕，赐以所得伯颜女茶伦。是年冬，立东路蒙古军上万户府，统钦察、乃蛮、捏古思、那牙勤等四千余户。擢怀远大将军、上万户、佩三珠虎符。

二十七年，哈丹入高丽。伯帖木儿偕彻里帖木儿进讨。二十八年正月，至鸭绿江，与哈丹子老的战，失利。伯帖木儿以闻，帝命乃蛮台、薛彻干等援之，仍命伯帖木儿为先锋。薛彻干军先至禅春州，击败哈丹。逾数日，乃蛮台以兵至，合攻哈丹，又败之。伯帖木儿将百骑追哈丹，虏其妻孥。哈丹尚有八骑，伯帖木儿余三骑，再战，两骑士皆重伤，不能进。伯帖木儿单骑追之，至一大山，日暮，哈丹遂遁去。乃蛮台嘉其勇，赏以老的妻完者。事闻，赐金带、衣服、鞍马、弓矢、银器皿，并厚赉其军。

二十九年，叛王捏怯儿烈在濠来仓，伯帖木儿以轻骑袭之，虏其妻子畜产，追至陈河，捏怯儿烈以二十余骑脱走。得所管女直户五百余以闻，帝命充渔户。伯帖木儿度地置马站七，令岁捕鱼以进。成宗即位，幸上都，征其兵千人从，岁以为常。

皇庆元年，加荣禄大夫。延祐三年，拜中书平章政事。天历二年，知枢院事。至顺二年，出为辽东行省左丞相。卒。后至元四年，赐宣忠济美协诚经正功臣、太傅、开府仪同三司、上柱国，追封文安王，谥忠宪。

玉哇失，阿速人。

父也烈拔都儿，从其国王来归，充宿卫。从宪宗征蜀，为游兵，前行至重庆，战数有功。尝出猎遇虎于隘，下马搏虎，虎张吻噬之，以手探虎口，抉其舌，拔佩刀刺杀之。帝壮其勇，赏黄金五十两，别立阿速一军，使领之。从世祖征阿里不哥，又从亲王哈必失征李璮，俱有功，赐金符，授本军千户。从克襄阳，又从下沿江诸郡。宋将洪福伪请降,诱其入城宴饮,乘醉杀之。长子也速歹儿代领其军,从攻扬州,中流矢卒。

玉哇失袭父职,为阿速军千户。从丞相伯颜平宋,赐巢县二千五十二户。只儿瓦歹叛,率所部兵击之怀鲁哈都,擒其将失剌察儿斩之。又从丞相伯颜讨叛王昔里吉等,进至斡耳罕河,无舟,跃马乱流而渡,俘获甚众。时北平王为昔里吉等所劫执,势张甚,玉哇失力战却之,追至金山而返。赐银、钞,改赐金虎符,进定远大将军、前卫亲军都指挥使。

乃颜叛,世祖亲征,玉哇失为前锋。乃颜遣哈丹领兵万人来拒,击败之。追至不里古都伯塔哈,乃颜兵号十万,玉哇失先登力战,又败之。追至失列门林,遂擒乃颜。赐金带、只孙、钱币有差。乃颜将塔不歹、金刚奴聚兵灭捏该,从大军讨平之。既而哈丹复叛于曲连江,追败其军,哈丹渡江遁。又与海都将八怜人帖里哥歹、必里察等战于亦必儿失必儿,皆有功。

成宗出镇金山,玉哇失率所部从之。又从皇子阔阔出、丞相朵儿朵怀击海都军,突阵而入,大败之。复从诸王药木忽儿、丞相朵儿朵怀败海都将于八怜。海都以秃苦马领精兵三万人趋撒剌思河,欲据险以袭我师。玉哇失率善射者三百人守其隘,全军而归。赐钞万五千缗、金织缎三十匹。

武宗镇北边,海都复入寇,至兀儿朵,玉哇失败之,获其驼马、器仗以献。时海都围札鲁花赤孛罗帖木儿于小谷,武宗命玉哇失援出之,谓诸将曰:“今日大丈夫之事,舍玉哇失谁能之?纵以黄金包其身,犹未足以厌吾志也。”武宗南还,命玉哇失殿后,因留之戍边。赐金察剌二,玉束带、浑金段各一,仍赐秣米七十石,使为酒以犒其军。后海都子察八儿遣人诣阙请和,朝廷许之,撤边备,玉哇失乃还。帝录其功,赐钞五万贯,进镇国上将军,仍旧职。

大德十年五月,卒。子亦乞里歹袭。亦乞里歹卒,子拜住袭。

哈答孙,本关中人,其父剌真,从宪宗至和林,遂家焉。哈答孙,年十五侍世祖于潜邸，以谨笃称。中统初，命掌尚食局，久之，迁生料库提点。

至元二十四年，从讨乃颜，有功，加武略将军。从幸杭海，值岁饥，哈答孙请于帝赈之，不足济以私财，全活甚众。

大德元年，擢怀远大将军、淮东淮西屯田捕打总管。武宗即位，拜淮东淮西道宣慰使。

至大四年，贼起四明，赐三珠虎符，授中书右丞、浙东道宣慰使，兼都元帅，往讨之，哈答孙驱贼入海，安集流亡，境内帖然。俄感瘴疠卒，年六十五。延祐初，赠推忠效义佐理功臣、太傅、开府仪同三司、上柱国，追封秦国公，谥昭宣。子塔海。

塔海，方数岁，世祖一见奇之，命肄业国子监。成宗即位，授枢密院断事官。大德末，辅立武宗，转同金枢密院事。擢枢密副使。寻迁大司农、同知宣徽院事。仁宗在东宫，或建议立黑军卫率府，塔海力谏，仁宗嘉纳之。及即位，迁集贤大学士，太医、宣徽院使，进翰林学士承旨、知制诰兼修国史。卒。

乞台察台氏。世祖时为钦察卫百户，从士士哈征失烈吉及乃颜有功，赐金符，擢千户。从征忽剌出，战于阿里台之地。元贞二年，卒。

子哈赞赤，初从土土哈征哈丹罕，战于贵烈儿，有功。大德五年，从征杭爱。又从武宗讨哈剌阿答。又从床兀儿征不别、八怜，为前锋，以功受赏。皇庆二年，赐金符，为千户。延祐四年，从周王举兵，与诸王秃满帖木儿战于失剌答儿马，不胜。王北奔金山，哈赞赤从王居其地十有三年。天历二年，周王即位，赐金符，授昭勇大将军、同知大都督府事。卒。

答答呵儿，脱脱忒氏。

父孛儿速，世祖时直宿卫，扈驾征哈剌章。还，世祖驻跸高阜，见河北有乘船至者，顾谓左右曰："此贼也，奈何？"孛儿速解衣径渡，挥戈刺杀舵手二人，拖其船近岸，贼悉就擒。以功受赏。

答答呵儿袭父职，从征孛可有功，进武德将军、揭只揭烈温千户所达鲁花赤。从征乃颜、也不干等，擒也不干，收其所管钦察户。武宗时，进怀远大将军、都元帅。卒。

答失蛮，哈剌鲁氏。曾祖马马，太祖六年从其部长阿尔思兰来朝于龙居河。马马子阿里，前卒，以其孙哈只为质子。哈只，后事太宗为宝儿赤，以恭谨为太宗所信任。从世祖取云南、伐宋，俱有功。以疾卒。

答失蛮袭父职为宝儿赤，世祖甚重之。是时，阿合马秉政，答失蛮侍左右，因极论其奸，帝怒而呵之曰：“无预汝事！”答失蛮徐对曰：“犬马知报其主，臣世荷国恩，岂敢知而不言？”其后阿合马败，帝思其直，赐玉环及钞二千五百贯，谕以后有所知，仍尽言无隐。

二十四年，从讨乃颜有功，以蒙古女脱脱伦氏妻之。帝幸杭海，使答失蛮督馈饷。晋王军乏食，以便宜输米给之。师还，自劾专擅，帝嘉叹不已，赐银、钞有差。

二十七年，复立尚书省，答失蛮上疏切谏，言尤剀切。及桑哥伏诛，其言悉验。诏赐宅一区，固辞，仍赐玉环及只孙服以旌之。

成宗即位，以奉议大夫领供膳司事。车驾亲征海都，敕倍道兼行，答失蛮虑后军不继，请俟大众集，而后进，帝韪之。寻擢司农丞，进职为卿。与其子买奴侍帝疾，数月衣不解带。

成宗崩，答失蛮迎武宗于野马川。仁宗为皇太子，以答失蛮先朝旧臣，奏为中书参知政事，仍兼司农卿，赐金犀带、七宝笠、珠帽、珠衣、金五百两、田二千亩。仁宗即位，命金宣徽院事，同列以出纳不谨陷于赃污，答失蛮独不与其事。累迁宣徽院使，阶荣禄大夫。尝侍坐侑食，帝问先朝旧事，答失蛮奏对称旨，赐玉带、海东白鹘，且命画工绘像于内廷。延祐四年，卒，年六十。临卒，告其诸子曰：“人之陨其世业者，必自贪与侈始，汝曹戒之！”赠推诚宣力守正功臣、太保、金紫光禄大夫、上柱国，追封定国公，谥忠亮。

子买奴,河南行省中书平章政事,以翰林学士承旨、荣禄大夫致仕;忻都,上都留守,兼本路都总管府达鲁花赤;怯来,同知宣徽院事。

曷剌,兀速儿吉氏。至元九年,世祖召见,命入直宿卫。从讨乃颜,赐金币、甲胄、橐驼、鞍马。

成宗即位,命曷剌使高丽、和林、江西、福建,皆称旨,授忠勇校尉、中书直省舍人,出为息州达鲁花赤,晋奉训大夫。

武宗即位,诏曰:“曷剌,世祖旧臣,可授奉议大夫、都水监。”明年,晋嘉议大夫,金虎符,兼直东水鞑靼、女直万户府达鲁花赤。

延祐元年,特授资善大夫、辽阳等处行中书省左丞,仍监其军。三年,诏为荣禄大夫、大司农。卒,年六十三。赠推诚宣力保德功臣、太师、仪同三司、上柱国,追封蓟国公,谥安穆。子不花。

不花,宿卫仁宗潜邸,及即位,授中顺大夫、中书直省舍人。改直省副使。迁大中大夫、同知典瑞院。改左司员外郎、参议中书省事。延祐三年六月,拜中奉大夫、中书参知政事。十二月,罢为资德大夫、宣徽副使、同知宣徽院事。改典瑞院使,兼袭其父监军,佩金虎符。又改翰林学士。

至治元年,仍翰林学士、监军,领东蕃诸部军事。后为铁失所谮,下狱死。泰定二年,与中政使普颜笃、指挥使卜颜忽里等,俱赠功臣及阶勋、爵谥。

明安,康里氏。至元十三年,领贵赤军,岁扈驾出入。二十年,授定远大将军、中卫亲军都指挥使。明年,赐佩虎符,领贵赤军北征。又明年,立贵赤亲军都指挥使司,命为本卫达鲁花赤,领蒙古军八千北征。明年,至别失八剌哈思之地,与海都军战,有功。

二十六年冬十二月,别乞怜叛,劫取官站、脱脱火孙塔剌海等,明安率所部追击,五战五捷,悉还之。至杭海,乱民阔阔台、撒儿塔台等夺三站地,劫脱脱火孙,明安又引兵追败之。

二十七年秋七月,布四麻、当先别乞失、出春伯驸马、兀者台、朵罗台、兀儿答儿,答里雅赤等,掠四怯薛牛马畜牧,及劫灭烈后王昔博赤并斡脱、布伯各投下民殆尽。明安将兵追击于汪吉昔博赤之城,贼军败走,还所掠之民并获其牛马畜牧等以归。时出伯、伯都所领军乏食,以明安所获畜牧济之。

二十九年,以功擢定远大将军、贵赤亲军都指挥使司达鲁花赤。别失八剌哈孙群盗起,诏以兵讨之,战于别失八里秃儿古阑,有功,又败贼于忽兰兀孙。

大德二年,复将兵北征,与海都战。七年,卒于军。子曰帖哥台,曰孛兰奚。

帖哥台,初为昭勇大将军、贵赤亲军都指挥使司达鲁花赤,及改充万户,则以其叔父脱迭出代之。帖哥台后以万户改中卫亲军都指挥使,进银青荣禄大夫、平章政事。子曰普颜忽里,曰善住。

普颜忽里,怀远大将军、贵赤亲军都指挥使司达鲁花赤。

善住,初直宿卫,历中书直省舍人、诸色人匠达鲁花赤,迁奉议大夫、金中卫亲军都指挥使司事。天历元年九月,赐佩一珠虎符,从丞相燕帖木儿御敌于檀州。又率家奴那海十一人,自出乘马,与辽东军战,俘八十四人以归。

孛兰奚,昭武大将军、中卫亲军都指挥使。积官银青荣禄大夫、太尉。至治元年,封知国公。子桑兀孙,中卫亲军都指挥使。桑兀孙卒,弟乞答海袭职。

忽林失,八鲁剌翾氏。

曾祖不鲁罕罕札,事太祖,从平诸国,充八鲁剌思千户。与太赤温等战,重伤坠马,帝勒兵救之,以功升万户,赐黄金五十两、白金五百两,俾直宿卫。

祖许儿台,年十五,以勇略称,从定宗平钦察,为千户。又从世祖伐宋,至亳州,败宋军。

父瓮吉剌带,初为军器监官。从世祖亲征阿里不哥,俄奉旨,使西域籍地产,悉得其实。帝欲大用之,不及而卒。

忽林失,初直宿卫。后以千户从征乃颜,身被三十三创,世祖以克宋所得银瓮及金酒器等赐之,命领太府监。又以千户从皇子阔阔出及武宗,与海都、都瓦等战有功,擢翰林学士承旨。俄改万户,与叛王斡罗思、察八儿等战,又以功授荣禄大夫、司徒,赐银印。武宗尝曰:"群臣中能为国宣力,如忽林失者,实鲜,其厚赉之。"于是,遣使召见。未几,武宗崩,仁宗即位,念其旧勋,尝赍特厚,未几,卒。

子燕不伦,初奉兴圣太后旨,充千户。俄改充万户,代其父职。寻罢归其父所受司徒印及万户符于有司,仍直宿卫。致和元年秋八月,在上都,潜谋奉迎文宗。会同事者见执,乃率其属奔还大都。特赐龙衣一袭,命为通政院使。天历元年九月,同丞相燕帖木儿败王禅等于红桥,又战于白浮,战于昌平东,战于石槽,皆有功。拜荣禄大夫、知枢密院事,以世祖常御金带赐之。未几,卒。

彻里,阿速氏。父别吉八,从宪宗攻钓鱼山,以功受赏。

彻里,事世祖充火儿赤。从征海都,挥戈斩其前锋,以功受赏。后从征杭海,获其牛马畜牧,悉以给军食。帝嘉之,赏钞三千五百锭,仍以分赉士卒。

成宗时,盗据博落脱儿之地,命将兵讨之,获三千余人,诛其酋长。还,奉命同客省使拔都儿等往八儿胡之地,以前所获人口畜牧,悉给其主。军还,帝特赐钞一百锭。武宗居潜邸,亦以银酒器赏之。

至大二年,立左阿速卫,授本卫佥事,赐金符。皇庆二年,从湘宁王北征,以功赐一珠虎符。

子失列门,直宿卫。致和元年秋八月,从知院脱脱木儿至潮河川,获完者八都儿、爱的斤等十二人,戮八人,执四人归京师。复于宜兴遇失剌,乃马台等,败之,赏白金、楮币。天历元年,从击秃满台儿之兵于两家店,又从战蓟州及檀子山,俱有功。授左卫阿速亲军都指挥使。卒。

新元史卷一七九
列传第七六

土土哈　床兀儿　燕帖木儿　撒敦　唐其势

　　土土哈,伯牙兀氏。世为钦察部长。太祖命哲别、速不台伐钦察,土土哈祖父忽都速蛮率其子班都察迎降。太宗命拔都伐斡罗斯,班都察从攻阿速蔑怯斯城有功。后又率钦察百人,从世祖征大理、伐宋。尝侍左右,掌御厩,岁时挏马乳以进。马乳尚黑色,国语谓黑为哈剌,因名其属曰哈剌赤。以诸王哈纳女弟讷伦妻之。

　　土土哈,班都察之子也。中统二年,父子俱从世祖讨阿里不哥。班都察卒,袭父职。至元十四年,诸王脱黑帖木儿、昔里吉叛,东犯和林,掠宪宗所御大帐以去。土土哈从丞相伯颜讨之,败其将脱儿赤颜于纳兰赤剌。同时,翁吉剌人只儿瓦台构乱,脱黑帖木儿引兵应之,中途遇土土哈。将战,先获其候骑数十,脱黑帖木儿引去,遂平只儿瓦台。复追脱黑帖木儿等,败之于斡欢河,返所掠大帐。

　　十五年,诏率钦察骁骑千人,从大军北讨。追叛王昔里吉,逾金山,擒扎忽台等以献。又败宽折哥等,裹疮力战,获其辎重。还朝,帝召至榻前慰劳之,赐金酒器及金币、预宴只孙冠服、海东白鹘一,仍赐以大帐,谕之曰:"祖宗武帐,非人臣所得御,以卿能夺之,故授卿。"诏:"钦察部众为民及隶诸王者,皆分别籍之,隶于土土哈,户给钞二千贯,岁赐粟帛,选其材勇者,备宿卫。"

　　十九年,授昭勇大将军、同知太仆院事。二十年,改同知卫尉院事,兼领群牧司。请以哈剌赤屯田畿内,诏给霸州文安县田四百顷,

益以宋新附军八百人,使土土哈领之。二十一年,赐金虎符,并赐金
貂、裘帽、玉带各一,海东青鹘一,水砲一区,近郊田二千亩,籍河东
诸路蒙古军子弟四千六百人隶其麾下。二十二年,拜镇国上将军、
枢密院副使。二十三年,兼钦察亲军卫都指挥使,听以宗族将吏备
宫属。海都兵犯金山,诏与大将朵尔朵怀共御之。

　　二十四年,乃颜叛,阴遣使连结也不干、胜剌哈诸王,为土土哈
所执,尽得其情以闻。未几,诏胜剌哈入朝,将由东道。土土哈言于
北安王曰:"彼分地在东,是纵虎入山,非计也。"乃命改行西道。既
而有告也不干叛者,众欲闻于朝,然后发兵。土土哈曰:"兵贵神速,
缓之非计也。"率所部疾驱七昼夜,渡图喇河。也不干来拒战,于博
怯岭大败之,也不干仅以身免。世祖闻之,遣使命土土哈收其余党。
遇贼将也铁哥,击走之,并擒叛王哈儿鲁等。时成宗抚军北边,诏以
土土哈佐之,追乃颜余党于哈拉温,获叛王兀塔海,尽降其众。

　　二十五年,诸王也只里为叛王火鲁火孙所攻,遣使告急。土土
哈援之,败其众于兀鲁灰。还至哈拉温,夜渡贵烈河,败叛王哈丹。
于是,捏古思、那牙勤及钦察、乃蛮之人,皆自拔来归。世祖多其功,
以也只里女弟塔伦妻之。

　　二十六年,从皇孙甘剌麻讨海都,抵杭爱岭,诸军失利,土土哈
率所部力战,翼皇孙而出。秋七月,世祖巡幸北边,召见,慰谕之曰:
"昔太祖与其臣同患难者饮班珠尔河水,今日之事,何愧昔人?卿其
勉之!"后大宴群臣,复谓土土哈曰:"北边人闻海都言:'杭爱之役,
使边将皆如土土哈,吾属安有今日。'"论功行赏,帝欲先钦察人。土
土哈奏:"庆赏之典,蒙古军吏宜先。"帝曰:"蒙古人诚居汝右,力战
岂在汝右耶?"召诸将赏赉有差。

　　二十八年,土土哈奏:"哈剌赤军逾万人,足以备用。"诏赐珠
帽、珠衣、金带、玉带、海东青鹘各一,复赐哈剌赤人裘各一袭,绢如
之。

　　二十九年秋,略地金山,获海都部众三千余户还至和林。诏进
取乞里吉思。三十年春,次谦河,舟行数日始至其地,尽收五部之

众,屯兵守之。加龙虎卫上将军,仍给行枢密院印。海都闻取乞里吉思,引兵至谦河。复败之,擒其将孛罗察。

成宗即位,遣使赐银五百两,七宝金壶、盘、盂各一,钞万贯,白毡帐一,独峰驼五。冬召至京师,别赐麾下土钞千二百万贯。元贞元年春,复出守北边。二年秋,诸王附海都者率众来降,边民惊扰,土土哈至玉龙罕界,馈饷安辑之,护诸王岳木忽儿等入朝。帝解御衣赐之,又赐金、银、钞、币有差。

大德元年正月,拜银青荣禄大夫、上柱国、同知枢密院事、钦察亲军都指挥使,奉命还北边。至宣德府,以疾卒,年六十一。赠宣忠定远佐运功臣、太尉、开府仪同三司,追封延国公,谥武毅。后进封升王。

子八人:曰塔察儿,定远大将军、北庭元帅;曰太不花,御位下博儿赤;曰床兀儿;曰别里不花,钦察亲军千户;曰帖木儿不花,建康等处哈剌赤户达鲁花赤;曰欢差,钦察亲军千户;曰岳里帖木儿,佥武卫亲军都指挥使事;曰断古鲁班,钦察亲军都指挥使。

床兀儿,初从太师月儿鲁讨合丹,战于百塔山有功,拜昭勇大将军、左卫亲军都指挥使。常执斝杓以进杓饮,亲幸无比。

大德元年,袭父职,率诸军逾金山攻八邻部。其将帖良台阻答鲁忽河,伐木栅岸,士皆下马跪,持弓矢伏栅内,守备甚严。床兀儿命吹铜角,士卒呼声与铜角相应。其众不知所为,争起就马。于是麾军渡水,逾木栅而入,大破之。追奔五十里,尽得其人马庐帐还。次阿雷河,与海都援八邻之将孛伯遇。孛伯阵于山上,床兀儿渡河蹙之,其众崩溃,追奔三十余里。二年,叛王都哇、彻秃等潜师袭火儿哈秃,据高山为营,床兀儿选勇士持挺而上,奋击败之。三年,入朝,成宗亲解御衣赐之,拜镇国上将军、佥枢密院事、钦察亲军都指挥使、太仆少卿。复还边。

时武宗以亲王镇北庭,军事皆咨于床兀儿。四年秋,叛王秃麦、斡鲁思等犯边,床兀儿败其众于阔赤之地,逾金山乃还。五年,海都

越金山而南,屯于铁坚古山,床兀儿复败之。又与都哇相持于兀儿
秃之地,床兀儿率精锐突其阵,左右奋击,斩馘不可胜计,都哇之兵
几尽。武宗亲在行间,乃叹曰:"力战未有如此者,真可谓骁将矣!"
事闻,诏遣御史大夫秃只等即赤讷思之地,集诸王大将责问功罪,
咸称床兀儿功第一。武宗命尚楚王雅思秃公主察吉儿,帝复以御衣
赐之。秋七月,入朝,帝亲谕之曰:"卿镇北边。累建大功,虽以黄金
周饰卿身,犹不足以尽朕意。"赐衣帽、金珠等物,拜骠骑卫上将军、
枢密院副使、钦察亲军都指挥使、太仆少卿,仍赐其军万人钞四千
万贯。

　　七年,诸王都哇、察八儿、明里帖木儿等聚谋曰:"昔我太祖艰
难以成帝业,我子孙弗克安享其成,连年构兵,以相残杀,是自隳祖
宗之业也。今镇北边者,皆吾世祖嫡孙,吾与谁争?且前与土土哈
战既弗胜,今与其子床兀儿战又无功,惟天惟祖宗意可见矣。不若
遣使请命罢兵通好,庶无愧于为太祖之子孙。"乃遣使请降。使至,
帝许之。于是明里帖木儿等入朝,特为置驿以通来往。十年,拜荣
禄大夫、同知枢密院事,寻拜光禄大夫、知枢密院事,钦察左卫指
挥、太仆少卿皆如故。

　　成宗崩,武宗方在浑麻出海上,床兀儿请亟归以副天下之望。
武宗纳其言,即日南还。及即位,加平章政事,封荣国公,授以银印,
赐尚服衣段及虎豹之属。至大三年,入朝,加封句容郡王,改授金
印。帝曰:"世祖征大理时所御武帐及所服珠衣,今以赐卿,其勿
辞。"翊日,又以世祖所乘安舆赐之,且曰:"以卿有足疾,故赐此。"
床兀儿叩头泣涕,固辞。别命有司置马轿赐之,得乘至殿门下。

　　仁宗即位,入朝,特授光禄大夫、平章政事、知枢密院事、钦察
亲军都指挥使、兼左卫亲军都指挥使、太仆少卿。延祐元年,讨叛王
也先不花等于亦忒海迷失之地,方接战,有敌将持戟而出,床兀儿
擘其戟,挥刀斩之,乘势奋击,贼奔溃。遣使告捷,赐尚服。二年,败
也先不花将也不干、忽都帖木儿于赤麦干之地。追至铁门关,遇其
大军于札亦儿之地,又败之。四年,召入商议中书省事,知枢密院

事。大理国进象牙、金饰轿，即以赐之。每见必赐坐赐食，待以宗王之礼。至治二年，卒，年六十三。后进封扬王。

子七人：曰小云失不花，钦察亲军千户；曰燕赤不花，大司农卿；曰燕帖木儿；曰撒敦；曰燕秃哈儿，阑遗少监；曰答里，袭封句容郡王；曰泼皮罕。

燕帖木儿，事武宗于潜邸，宿卫十余年，特见爱幸，及即位，授正奉大夫、同知宣徽院事。皇庆元年，袭左卫亲军都指挥使。泰定二年，加太仆卿。三年，迁同金枢密院事，进金书枢密院事。

时倒刺沙用事，灾眚屡见。有右卫千户任速哥与前湖广行省右丞速速密议曰："英宗之弑，倒刺沙等与铁失通谋。今奸臣当国，先帝之仇未复。武宗皇子二人，周王远逃沙漠，难以达意；怀王人望所归，近在金陵，若同心推戴，此不世之功也。"乃同告于燕帖木儿。燕帖木儿闻之矍然。速哥复说之曰："公，国之世臣，以顺讨逆，何忧不济？若他日有先我起事者，公必为祸首矣。"燕帖木儿然之。

致和元年秋七月，泰定帝崩，燕帖木儿方总环卫事，留大都，乃与继母察吉儿公主及其党阿刺帖木儿、孛伦赤、剌剌等密议迎文宗立之。八月甲午昧爽，率勇士纳只秃鲁等十七人入兴圣宫，集百官，执中书平章政事乌伯都剌、伯颜察儿，露刃誓众曰："祖宗正统属在武宗皇帝之子，敢有不顺者斩。"众皆奔散。捕中书左丞朵朵、参知政事王士熙等下于狱，与西安王阿剌忒纳失里入守内庭，即命前河南行省参知政事明里董阿、前宣政使答里麻失里乘驿至江陵，奉迎大驾，密谕河南行省平章政事伯颜简兵扈从。

是日，推前湖广行省左丞相别不花为中书左丞相，詹事塔失海涯为平章政事，前湖广行省右丞速速为中书左丞，前陕西行省参政王不怜吉歹为枢密副使，萧忙古斛为通政使，与中书右丞赵世延、通政院使寒食分典庶务。贷在京寺观钞，募死士，买战马，运京仓粟以馈之，复遣使征各行省之军资器械。

诸臣既受命，未知所谢，燕帖木儿指使南向拜，众愕然，始喻其

意。燕帖木儿弟撒敦、子唐其势在上都，密遣塔失帖木儿召之，皆弃
其妻子来奔。再遣撒里不花、锁南班趣大驾早发，又令塔失帖木儿
伪为南使云："诸王帖木儿不花、宽彻普化，湖广、河南省臣及河南
都万户扈从新天子，且夕至，民勿疑惧。"以撒敦守居庸关，唐其势
守古北口。复命乃马台伪为北使，称明宗从诸王兵南还。撒里不花
至自江陵，诏拜燕帖木儿知枢密院事。丁巳，文宗至京师，居大内。

是时，梁王王禅及太尉不花、丞相塔失帖木儿、平章政事买闾、
御史大夫纽泽等自上都来讨，次榆林。诏燕帖木儿帅师御之。九月
朔，撒敦先驱，至榆林西，乘其未阵薄之，王禅等大败。诏燕帖木儿
还都。已而辽东平章政事秃满迭儿等入山海关，至迁民镇，撒敦败
其众于东沙流河。燕帖木儿与诸王大臣请帝早即大位，以安天下，
帝以明宗居长，固辞。燕帖木儿曰："人心向背之机，间不容发，倘失
之，噬脐无及。"帝曰："必不得已，当明诏天下，以著予退让之意。"
壬申，文宗即位。

封燕帖木儿太平王，以太平路为其食邑，加开府仪同三司、上
柱国、录军国重事、中书右丞相、监修国史、知枢密院事，赐黄金五
百两、白金二千五百两、钞一万锭、金素织段色绘二千匹、海东白鹘
一、青鹘二、豹一、平江官地五百顷。诏将大军拒秃满迭儿于蓟州。
次三河，而王禅等军已破居庸关，进屯三冢。燕帖木儿乃蓐食倍道
而还。抵榆河，闻帝出齐化门视师。单骑见帝曰："陛下出，民必惊
扰，凡战事一以责臣，愿陛下亟还。"帝乃还宫。未几，阿速卫指挥使
忽都不花、塔海帖木儿，同知台不花构变，事觉，械送京师斩之。与
王禅前军遇于榆河，败之，追至红桥北。王禅将阿拉帖木儿枪刺燕
帖木儿，不中，燕帖木儿以刀格其枪，就斫之，中左臂。部将和尚斫
忽都帖木儿，亦中左臂。二人皆王禅骁将，敌为夺气，遂退师白浮。
燕帖木儿夜遣裨将阿剌帖木儿、孛罗伦赤、岳来吉将百骑鼓噪射其
营，敌惊扰，自相蹂躏，王禅等弃甲北走。越数日，王禅复集散卒来
攻，燕帖木儿坚壁不出。是夜，命撒敦、脱脱木儿伏敌营前后，吹铜
角为夹攻之势，王禅复遁。迟明，追及于昌平北，斩国首数千级，降

者万余人。

帝遣赐上尊，谕之曰：“丞相亲冒矢石，脱有不虞，其若宗社何？自后以大将旗鼓，督战可也。”对曰：“臣身先诸将，敢后者臣论以军法。若托之诸将，万一失利，悔将何及？”是日，还至昌平。

闻上都将竹温台、阔克袭破古北口，掠石槽，乃遣撒敦为先驱，燕帖木儿以大军继之。转战四十里，至牛头山，擒驸马博罗帖木儿、平章蒙古达实、也克帖木儿等，献于阙下，斩之。

时也先帖木儿、秃满迭儿陷通州，将袭京师，燕帖木儿引还。十月朔，至通州，乘其初至，击之，也先帖木儿等走渡潞河。追至檀子山枣林，也先帖木儿、秃满迭儿与阳翟王太平、国王朵罗斛、平章塔海等来拒，士皆殊死战。唐其势陷阵，刺杀太平，敌始崩溃，也先帖木儿等夜遁。

诸王忽剌斛，指挥使阿剌帖木儿、安童又入紫荆关，犯良乡。燕帖木儿循北山而西，兵士脱衔系橐，盛茎豆以饲马，行且食，至卢沟河，忽喇斛望风败走。是日凯旋入都，帝大悦，赐燕兴圣殿，加号达剌罕，授太平王黄金印，并降制书，赐玉盘、龙衣、珠对衣、宝珠、金腰带。

已而秃满迭儿复入古北口，燕帖木儿战于檀州，败之。万户哈剌那怀率麾下万人降，杀秃满迭儿，获忽剌斛、阿剌帖木儿、安童、朵罗斛、塔海等，尽杀之。

先是，齐王月鲁帖木儿与燕帖木儿叔父蒙古元帅不花帖木儿，闻文宗即位，起兵袭上都。壬寅，倒剌沙肉袒奉皇帝宝出降。庚戌，文宗御兴圣殿，受皇帝宝，下倒剌沙于狱。两都平。赐燕帖木儿珠衣二、七宝束带一、白金瓮一、黄金瓶二、海东白鹘一、青鹘三、白鹰一、豹二。

十二月，置龙翊卫，命燕帖木儿领之。寻升为大都督府。燕帖木儿乞罢相，还宿卫。帝曰：“卿尚未入台，其听后命。”天历二年二月，迁御史大夫，依前开府仪同三司、上柱国、录军国重事、太平王。俄复拜中书右丞相、监修国史、知枢密院事、领都督府龙翊侍卫亲军都指挥使司事,就佩元降虎符,依前开府仪同三司、上柱国、录军国重事、答剌罕、太平王。

三月,诏燕帖木儿护玺宝北上,觐明宗于行在。监修国史、答剌罕、太平王并如故。明宗拜燕帖木儿太师,仍命为开府仪同三司、上柱国、录军国重事、中书右丞相。燕帖木儿恃功骄恣,明宗潜邸诸臣待燕帖木儿无加礼,燕帖木儿怒,又恐明宗躬揽万几、潜邸诸臣用事,夺其权宠,乃潜以弑逆之谋白于文宗。未几,明宗暴崩。燕帖木儿以皇后命奉皇帝玺授文宗,疾驱而返,复与诸王大臣劝进。

至顺元年五月,帝命独为丞相以尊异之,凡中书一切政务悉听总裁,诸王、公主、驸马、近侍人员及官员人等,敢有隔越闻奏,以违制论。

六月,知枢密院事阔彻伯、脱脱木儿等恶其权重,欲图之,为燕帖木儿所杀。二年二月,建第于兴圣宫之西南,命留守司董其役。寻又立生祠于红桥。诏养其次子塔喇海为皇子。三年二月,又以燕帖木儿兼奎章阁大学士,领奎章阁学士院事。赐龙庆州之流杯园池水碾土田。又赐平江、松江、江阴芦场、荡山、沙涂、沙田等地。燕帖木儿奏言:“平江、松江圩田五百顷,粮七千七百石,愿增为万石入官,以所得余米赡弟撒敦。”诏从之。

四年,文宗大渐,遗诏立明宗之子懿璘真班,是为宁宗,越四十三日而崩。皇后临朝,燕帖木儿与群臣议立文宗子燕帖古思,皇后不听,语详《惠宗纪》。乃迎明宗长子妥欢帖木儿于静江。至良乡,燕帖木儿上谒,与之并马行,马上举鞭指画,告以国家多难遣使奉迎之故。妥欢帖木儿无一语酬之。燕帖木儿疑其意不可测,又恐帝即位后究其逆谋。于是妥欢帖木儿至都,迁延数月未正大位,国事皆决于燕帖木儿,白皇后行之。

燕帖木儿取泰定帝后为夫人,前后尚宗室之女四十人,有交礼三日遽遣归者,后房充斥不能尽识。一日,宴赵世延家,男女列坐,名鸳鸯会。见座隅一妇色甚丽,问曰:“此为谁?”欲与之具归。左右曰:“此太师家人也。”至是荒淫日甚,体羸溺血而卒。

燕帖木儿既死，妥欢帖木儿始即位，是为惠宗。七月，立燕帖木儿女伯牙吾氏为皇后，撒敦为左丞相，唐其势为御史大夫。元统二年四月，授撒敦开府仪同三司、上柱国、录军国重事、答剌罕、荣王、太傅、中书左丞相，赐庐州路为食邑，赦世世子孙九死。赠燕帖木儿公忠开济宏谟同德协运佐命功臣，追封德王，谥忠武。

至元元年，撒敦卒，唐其势为中书左丞相。伯颜为右丞相，独用事。唐其势忿曰："天下本我家天下也，伯颜何人而位居吾上。"遂与其叔父答里交通诸王晃火帖木儿，谋废立。郯王彻彻秃发其谋。六月晦日，唐其势与其弟塔剌海伏兵东郊，率勇士突入宫中。伯颜及完者帖木儿、定住、阔里吉思等讨禽之。唐其势攀殿槛不肯出，塔剌海走匿皇后坐下，伯颜曳出斩之。并执皇后，鸩杀于开平民舍。答里举兵反，杀使者哈儿哈伦、阿儿灰用以衅旗。帝遣阿弼谕之，又杀阿弼。率其党和尚、拉拉等逆战，为搠思监、火儿灰、哈剌那海等所败，遂奔于晃火帖木儿。伯颜使孛罗追获之。斩答里于上都，晃火帖木儿自杀。

任速哥者，渤海人。文宗赏其功，授礼部尚书，累迁都水监。速速从燕帖木儿举兵，推为中书左丞。天历元年，拜中书平章政事。坐受贿，徙襄阳，以母老诏留京师，未几死。

史臣曰：燕帖木儿之材武，盖有祖父之风，然好乱乐祸，左右文宗，以成篡弑之恶。子弟效其所为，相挺为乱，咸就诛夷。昔庆封附崔杼，卒灭崔氏之宗。伯颜附燕帖木儿，卒杀唐其势、塔剌海，奸人反覆噬螫，何其相似哉！

新元史卷一八〇
列传第七七

唆都　百家奴　　李恒　世安

来阿八赤　　樊楫　李天祜　唐琮

　　唆都，扎剌儿氏。骁勇善射，宿卫世祖潜邸。从征大理。李璮叛，又从诸王哈必赤平之。还言于朝曰："郡县奸民多从间道鬻马于宋境，乞免其罪，籍为兵。"从之。得兵三千人，以千人隶唆都为千户，命守蔡州。

　　至元五年，阿术等围襄阳，命唆都巡逻，夺宋金刚台、箕基窝、青涧寨、大洪山、归州洞诸隘。猝遇宋兵，败之，斩首三百余级。七年，宋将范文虎率舟师驻礟子滩，丞相史天泽命唆都拒却之。明年，又败文虎于湍滩，，擢总管，分东平卒八百隶之。十年，攻樊城，唆都先登。襄阳降，再与五千人，赐弓矢、袭衣、白金等。入觐，擢郢、复等州招讨使。十一年，移戍郢州之高港。败宋师，斩首五百级，获禆校九人。从大军济江。

　　十二年，建康降。参政塔出命唆都入城招抚，改建康安抚使。十三年，攻平江、嘉兴，皆下之。帅舟师，会伯颜于皋亭山。宋平，诏伯颜以宋主入朝。留参政董文炳守临安，令自择副。文炳请留唆都，从之。时衢、婺诸州皆起兵，文炳谓唆都曰："严州不守，临安必危。公往镇之。"至州，方十日，衢、婺、徽连兵来攻，唆都一战败之，获章知府等二十二人，复婺州。又败宋将陈路钤于梅岭，斩首三千级，又复龙游县。攻衢州，衢守备甚严，唆都亲率诸军先登，拔其城。宋丞相留梦炎降。攻处州，斩首七百级。又攻建宁府松溪、怀安等县，皆下之。

十四年，迁福建道宣慰使，行征南元帅府事，听右丞塔出节制。塔出令唆都取道泉州，泛海会于广州之富场。将行，信州守臣来求援曰："元帅不来，信不可守，今邵武方屯兵观衅，元帅且往，邵武兵夕至矣。"唆都告于众曰："若邵武不下，则腹背受敌，岂独为信州之患乎。"乃遣周万户等往招降之。唆都趋建宁，遇宋兵于崇安，军容甚盛。令其子百家奴及杨庭璧等数队夹击之。范万户以三百人伏祝公桥，移剌答以四百人伏北门外。庭璧陷阵深入，宋兵败走，伏兵起邀击之，斩首千余级。宋丞相文天祥、都督张清合兵，将袭建宁，唆都夜设伏败之。转战至南剑州，败张清。知州王积翁走福安，遂以城降。进攻兴化军，知军陈瓒已乞降，复闭城拒守，唆都临城谕之，矢石雨下。乃造云梯，攻拔其城，巷战终日，斩首三万余级，获瓒，支解以徇。分兵授百家奴，装大舰追世杰。自将攻漳州，知州何清降。进攻潮州，知州马发固守不下，唆都恐失富场之期，乃舍之去。

十五年，至广州，塔出令还攻潮州。发城守益备，唆都塞堑填濠，造云梯、鹅车，日夜急攻，发潜遣人焚之，二十余日不能克。唆都令于众曰："能先登者，白身拜官，有官者增秩。"总管兀良哈耳先登，诸将继之，战至夕，宋兵溃，发死之，遂取潮州。进拜参知政事，行省福州。征入觐，帝以江南既定，将有事于海外，迁左丞，行省泉州，命招谕岛夷诸国。十八年，改右丞，行省占城。

十九年，率战船千艘出广州，浮海伐占城，分东南北三道攻之，占城兵败，官军入其木城，其酋遁入山谷，伪请降，诏之，不至。唆都进讨乌里、越里诸小夷，皆下之，屯田积谷以给军食。二十一年，镇南王脱欢征交趾，诏唆都帅师会之。败交趾兵于清化府，夺义安关。脱欢命唆都屯天长，以就食，与大营相距二百余里。二十二年，脱欢引兵还，唆都不知也。交趾人告之，弗信，及至大营，已空矣。贼据乾满江，断其归路，唆都力战，死之。事闻，赠荣禄大夫，谥襄愍。子百家奴。

百家奴，至元五年，从元帅阿术攻襄阳，筑新城。七年，以质子从郡王合达，败宋兵于礧子滩。八年夏四月，宋殿帅范文虎等督粮运，输襄阳，昼夜不绝，百家奴乘战船顺流至鹿门山，塞宋粮道，拒文虎，累有功，河南行省命为管军总把。

后隶丞相伯颜麾下，擢为知印。从攻鄂州，百家奴深入，身被数创。从破沙洋堡，以立云梯于东角楼，功第一，赐弓矢、衣甲。又从破新城，宋将王安抚弃城宵遁。伯颜以百家奴前后战功上闻，世祖大悦，曰：“此人之名，朕心不忘，兵还时大用之，朕不食言也，今且以良家女及银碗一赐之，以为券。”

从围汉阳，自沙武口曳船入江，宋制置夏贵来拒战，百家奴与暗答孙突入敌陈击之，宋兵奔溃，遂登江南岸，获其战船、器甲甚众。转战至黄州，日暮，追击夏贵至白虎山，夜分乃还。未几，复攻破金牛坝。

十二年春正月，与千户薛赤干取鸡笼洞，还至瑞昌县，遇夏贵溃兵，复败之，是时，宋遣兵救瑞昌，未至而城已下，复击宋救兵，得宋所执北兵五人。围江州，宋安抚吕师夔以城降。东下池州，从大军败宋平章贾似道于丁家洲，夺战船五，擒宋统制王文虎。又从伯颜略地宣州，百家奴为前锋，与敌兵战喃呢湖，败之，夺其战船三百。伯颜令谒只里第诸将战功，赏百家奴银币以旌之，仍命为管军总把。俄从伯颜入朝，加进义校尉，赐银符，攻丹阳、吕城，破常州，皆有功。至平江，都统王邦杰以城降。嘉兴、湖州皆不烦兵而下。

十三年，领新附军守镇江。未几，复从右丞相博鲁欢攻泰、寿二州，中流矢，创甚。后数日，与万户叶了虔将兵攻泰州新城，百家奴裹创先登，破之，复被两创。从阿术攻下扬州，得宋制置李庭芝、都统姜才，擢武略将军，换金符，为管军总管，镇高邮白马湖。是时，行省以百家奴袭父唆都建康安抚使，仍领本翼军

顷之，略地福建，定衢、婺、信等州。至新安县，击斩宋赵监军、

詹知县,擒江通判。道与畲军遇,败之。鼓行而东,沈安抚以建宁府降。攻拔南剑州,张清、聂文庆遁去。至福州王安抚率众出降。进拔兴化,擒成安抚及白牒都统。张世杰军于泉州,乘战船入海。百家奴追世杰于惠州甲子门。进至同安县答关寨,濒海县镇悉招谕下之。白望丹等以战船三千艘来降。十三年十二月,宋益王昰遣倪宙奉表诣军门降。

明年春正月,振旅而还。三月,偕宙奉降表来朝,未至,授昭勇大将军,赐虎符,管军万户。七月,朝于上都,升镇国上将军、海外诸蕃宣慰使,兼福建道市舶提举,仍领本翼军守福建,俄兼福建道宣慰使都元帅。是时,福建多水灾,百家奴出私钱市米以赈,贫民全活甚众。十一年,朝京师,改正奉大夫、宣慰使、都元帅。

二十二年,从父唆都征交趾,唆都战殁,百家奴从脱欢引兵还。二十七年,除建康路总管。武宗即位,迁镇江路总管。至大四年,金疮发,卒于家。

李恒,字德卿,西夏宗室子也。太祖伐西夏,其祖守兀纳剌城,城陷,不屈死。子惟忠,方七岁,求从父死,宗王哈札尔留养之。从嗣王移相哥伐金,有功。移相哥封淄川,以惟忠为达鲁花赤,佩金符。惟忠生恒,移相哥妃爱其颖异,抚之为子。

时宗王例遣府官一人,参决尚书事,恒代其兄为之。李璮谋逆有迹,恒从惟忠入京师告变,璮系其家人狱中,璮诛,得出,授恒淄莱路奥鲁总管,佩金符。

至元七年,改宣武将军、益都淄莱路新军万户,从围宋襄阳,率所部筑万山堡,扼其陆路。宁将吕文焕以小舟潜渡汉水侦军势,恒设伏败之,于是水路亦断。十年春,攻樊城,恒以锐卒先登。樊城陷,襄阳遂降。捷闻,世祖赐以宝刀,迁明威将军,佩虎符。十一年,从丞相伯颜伐宋,进至郢州。宋人以重兵戍郢,锁战舰为阵。伯颜凿黄湾拖舟泛藤湖以出唐港,弃郢去,留恒为后拒,败宋追兵,遂拔沙洋、新城。复败宋将夏贵于阳逻口,恒先登陷阵,额中流矢,伯颜止之，恒战益力，射杀贵子松。鄂、汉俱下，迁宣威将军，赐白金五百两。

十二年，宋将高世杰窥汉、沔，乃遣恒还守鄂州。十三年，从右丞阿里海涯败宋师于荆口，禽高世杰。遂拔岳州及沅州之沙市。传檄归、峡、辰、沅、靖、澧、常德诸州，皆下之。徙镇常德。

阿里海涯徇地湖南，伯颜在浙西，世祖以地远援疏，诏恒与宋都䚟、吕师夔等开元帅府于江西，以恒为左副都元帅。禽宋将熊飞于建昌。进围隆兴，宋将刘槃请降，恒觉其诈，阴备之，槃果以精兵来袭，恒大破之。槃乃降。军中有得宋丞相文天祥与建昌吏民书，恒焚之人心始靖。宋吉州知州周天慎、广东经略徐直谅皆请降，前江西制置使黄万石亦以邵武降。

会陈宜中、张世杰等立益王昰于闽，州县响应。恒败吴浚兵于南丰。世杰遣裨将张文虎与浚合，恒败之兜港。浚走从天祥于瑞金，恒又败之，天祥走汀州。恒遣镇抚孔遵追之，并败赵孟濚兵，取汀州而还。隆兴帅府诬富民与贼通，已戮百余家，恒察其枉，尽释之。帅府改宣慰司，加昭勇大将军、同知江西宣慰司事。寻加镇国上将军、福建宣慰使。又改江西宣慰使。天祥再取汀州，围赣州，或言天祥坟墓在吉州，若发之则天祥自败。恒不从，分兵援赣，自率精兵袭天祥于兴国。天祥走，追至空坑，获天祥妻女，降其众二十万。诏与右丞阿剌罕、左丞董文炳合兵追益王。众谓宜趋福建，恒曰：“诸军尽趋福建，若彼窜广东，则江西非我所有，宜从闽、广夹攻。”众然之。兵逾梅岭，果与宋师遇，大败之，益王走碙州。十四年，拜江西行省参知政事。

十五年，宋益王殂，张世杰等复立卫王昺，诏以恒为蒙古汉军元帅经略广东。恒进克英德府与广州之清远县，败其将王道夫、凌震，遂入广州。世杰等移屯崖山。时江淮行省都元帅张宏范舟师未至，恒按兵不动，分遣诸将略定梅、循诸州。凌震复寇广州，恒败之，禽将吏宋迈以下二百人。十六年二月，宏范至自漳州，恒率所部赴之，大破世杰等于崖山，陆秀夫抱其主昺蹈海死。是日黑气如雾，有乘舟南遁者，恒以为宋主昺遁至高化，询降人，始知昺已死，遁者，乃张世杰。世杰俄亦溺死于海陵港。岭海悉平，恒入觐，世祖赏劳甚厚，将士预宴者二百余人。

十七年，拜资善大夫、荆湖行省左丞。十九年，乞解军职，命其长子散木斛袭本军万户。是年，大军讨占城，诏恒供给军资。二十一年，诏恒从皇子镇南王假道于交趾，以讨占城。其王陈日烜拒命。二十二年，恒等缚筏为桥，渡富良江，破其天长府。日烜航海遁。恒欲城天长，储粮待贼来攻。众议不果。会盛暑霖潦，军中疫作，遂班师。王命恒殿后，且战且行。贼闭永平关，以药弩射恒贯膝，负创夺关出。至思明州，毒发卒。年五十。

恒纯孝，濒死谓左右曰：“为吾语昆弟妻子，吾不得以时丧父，今弃吾母而死，吾目不瞑矣。”恒卒，家人秘之，不使其母知。恒再见梦于母曰：“儿已战死日南。”其母泣言：“吾再梦如是，岂诚然耶？”家人始以情告之。赠银青荣禄大夫、平章政事，谥武愍，再赠推忠靖远功臣、太保、仪同三司，追封滕国公。

三子：世安，一名散木斛；世雄，一名襄家歹。益都淄莱万户；世显，一名宋都斛，同知湖南宣慰司事。

世安，字彦豪。从恒定江南，授广州路达鲁花赤。败宋兵于海珠寺，又从恒破崖山，论诸将功赏，中书省抑之。世安言于执政曰：“非重赏，无以得人死力。大功既成，不可失信。”执政从之，以金银符畀世安散给。迁新军万户。寻擢同知江西宣慰司使。特旨世袭益都淄莱上万户。恒卒，起复金江西等处行中书省事，兼本军万户。

至元二十四年，立尚书省，世安金行尚书省事。黠僧诬告宋故相章鉴匿国玺及宋宗室。诏世安率所部捕之。世安以百骑至鉴家，搜索无验，请坐僧诬告，又发其胁取富室宝货事，桑哥庇之，事寝不报。

二十五年，獠贼反，命世安讨之。世安冒大雨夜行五十里至信丰，出贼不意，斩馘殆尽。擢尚书省参知政事。二十七年，獠复叛，使裨将解青捣其巢穴,一战平之。南丰、广昌贼继起,使弟世雄往,谕以祸福。贼降,世安诛首恶六人,余尽贷之。尚书省罢,独留世安一人改中书参知政事。先是,官差民户典仓库,往往亏折,填偿至于破产。世安择府史代充其役,著为令,民德之。三十年,省院以所获盗四百余人,使世安莅杀,世安与都事周元德详为谳定,仅戮二人。

元贞初,出为江浙行省参知政事。改河南行省。秩满,迁湖广行省左丞,供平章刘国杰西征馈运。道路险恶,率斗粟运费十余石,世安与役夫均其劳苦往返,期年,军兴不乏。

至大初,召入,加荣禄大夫、平章政事,商议枢密院事,提调诸卫屯田。皇庆元年,赐只孙顺金绣段、金鞍辔、弓箭,日给世安母尚酝一壶。二年,拜江西行省平章政事。

延祐二年,宁都县以经理钱粮激民变,省臣遣兵讨之,坚守不下,乃请世安往。世安以不兼提调兵马之职,非所当任,同僚固请不已,世安移咨枢密而后往,月余获其渠魁,余悉不向。赐三珠虎符。

三年,以母年九十,乞养归。至顺元年,诏给一品全俸。二年,卒。

四子:屺,翰林直学士;屿,怀远大将军,袭万户;岩,栖霞县达鲁花赤;嵘,江西行省理问。

初,世安以本军万户让其弟世雄。世雄在职十年,复让还于屿。屿卒,让于世雄子繁。繁曰:"父让而子夺之,可乎?"不肯就,乃使世安孙保袭父职,保又让于屿子顺。时论美之。

来阿八赤,河西人。父术速忽里归太祖,选居宿卫,继命掌膳事。宪宗大举伐宋,攻钓鱼山,命诸将议进取之计。术速忽里言于帝曰:"川蜀之地三分,我有其二,所未附者巴江已下数十州而已。地削势弱,兵粮皆仰给东南,故死守以抗我。蜀地岩险,重庆、合州又其藩屏,皆新筑之城,依险为固。今顿兵坚城之下,未见其利。曷若城二郡之间,选锐卒五万,命宿将守之,与成都旧兵相出入,不时扰之,以牵制其援师。然后大军乘新集之锐,用降人为向导,水陆东下，破忠、涪、万、夔诸小郡，俟冬水涸，瞿唐三峡不日可下。出荆楚，与鄂州渡江诸军合势。如此则东南之事一举可定，其上流重庆、合州孤危无援，不降即走矣。"诸将曰："攻城则功在顷刻。"反以其言为迂。卒不用。

以阿八赤往监元帅纽邻军，遏宋人援兵，驻重庆上流之铜罗峡，夹江据崖为垒。宋都统甘顺自州溯流西上来攻，阿八赤预积薪于二垒，燃火鼓噪，矢石如雨，顺流而进。宋人力战，不能支，退保西岸，敛兵自固。黎明复至，阿八赤身率精兵，缘崖而下，宋人败走，斩获千人。帝闻而壮之，赐银二锭。

宪宗崩，阿八赤从父归。世祖即位，问以川蜀之事，阿八赤历陈始末，诵其父前言以对。世祖抚掌曰："当时若从此策，东南其足平乎？朕在鄂渚，日望上流之声势也。"

至元七年，大军围襄樊，发河南、北粮储聚于淮西之义阳。虑宋人剽掠，命阿八赤督运。二日而毕。既还，世祖大悦，以银一锭赐之。十四年，立尚膳院，授中顺大夫、同知尚膳院事。十八年，佩三珠虎符，受通奉大夫、益都等路宣慰使、都元帅。发兵万人开运河，有两卒自伤其手以示不可用。阿八赤奏闻斩之。二十年，以与姚演侵用官钞二千四百锭，折阅粮米七十三万石，诏征偿，仍议罪。二十一年二月，罢阿八赤开河之役。是年，调同金宣徽院事，复降虎符，授征东招讨使。二十二年，授征东宣慰使都元帅。

皇子镇南王征交趾，授湖广等处行中书省右丞，召见，世祖亲解衣衣之，并赐金玉束带及弓矢、甲胄。二十三年，改征交趾行省右丞。二十四年，又改湖广等处行尚书省右丞，诏江淮、江西、湖广、云南四省所发士马，俾阿八赤阅视。九月，领中卫亲军千人，从皇子至思明州。贼阻险拒守，与贼战于女儿关，斩馘万计，余众弃关走。于是大军深入，进至王城，陈日烜空城而遁。阿八赤曰："贼弃巢穴匿山海者，待吾之敝而乘之耳。将士多北人，春夏之交瘴疠作，贼弗就擒，吾不能久待矣。今出兵分定其地，招降纳附，勿纵士卒侵掠，急捕日烜，此策之善者也。"时日烜屡遣使约降，欲以赂缓我师。诸将皆信其说,且修城以居而待其至。久之。军乏食,日烜不降,拥众据竹洞、安邦海口。阿八赤率兵往攻之,屡与贼遇,贼兵败遁。会将士疾疫不能进,降人复叛,所得关隘皆失守,乃议班师。且战且行,日数十合,贼据高险,发毒矢,士卒裹疮以战,护皇子出贼境,阿八赤中毒矢三,首项股皆肿,遂卒。

子寄僧,为水达达屯田总管府达鲁花赤。乃颜叛,战于高丽双城。调万安军达鲁花赤。平黎蛮有功,迁雷州路总管,卒。

孙完者不花,同知潮州路总管府事;次秃满不花、也先不花、太不花。

樊楫,冠州人。初为军吏,从阿里海涯下鄂州、江陵有功,以行省命为都事。宋平,改员外郎。从阿里海涯定广西有功,擢郎中。从张宏范攻崖山,进参议行中书省事、同知湖南宣慰司。

二十一年,擢金荆湖占城行中书省事,从阿里海涯征交趾,未至而还。

二十四年,复讨交趾,进行中书省参知政事。时三路进兵,镇南王与右丞程鹏飞分二路:一入云平,一入女儿关。楫与参政乌马儿将舟师入海,与贼船遇于安江口。楫击之,斩首四千级,遂至万劫山,与镇南王兵会。十二月,进攻王城,陈日烜弃城走啵喃堡。

二十五年正月,楫攻啵喃堡,破之,日烜走入海。交趾人皆匿其粟而逃,军乏食。二月,王命班师。楫与乌马儿将舟师还,贼邀遮于白藤江,舟胶浅,力战,自卯至酉,楫被创,投水中,贼钩致杀之。

乌马儿与其妻妾及楫之妻妾皆为交趾人所获。乌马儿旋病卒。后交趾人归楫与乌马儿之丧并其妻妾,诳言楫亦病死云。初楫为阿里海涯军吏,擢至行省参政。及阿里海涯卒,楫与湖南宣慰使张鼎新,同以党附阿里海涯免官,命下,楫已战殁。

至顺二年,赠楫推忠宣力效节功臣、江浙行省、上党郡公,谥忠定。

楫部将李天祐,清平人,以行省都事从楫征交趾。楫使天祐追陈日烜至宏县，败之。进次塔山洋，又败之，斩首二千级。从楫班师，至白藤江，兵溃，天祐等俱被执。交趾人断其发囚之。守者懈，天祐遂脱还。官至象山尹。卒。

时死事者又有唐琮。琮，内乡人，父庆，宋诸军统制，来降，官江汉军民安抚使。琮袭父职，赐金虎符，进管军总管。至元二十年，改授唐州万户。二十四年，移屯道州。从镇南王征交趾，战于三江口，兵败，殁于阵，年四十九。琮待士卒有恩，及战死，有刲股肉以祭之者。子世忠袭。

史臣曰：世祖使脱欢伐安南，可谓以其所不爱及其所爱者矣。精兵猛将殒身锋镝，唆都、李恒死，来阿八赤、樊楫等继之。脱欢之获免，盖幸尔。孟子之言，何其不爽耶！

新元史卷一八一
列传第七八

史弼　高兴　亦黑迷失

史弼,字君佐,一名塔剌浑,蠡州博野人。曾祖彬,有胆勇,木华黎兵南下,蠡州闭城自守,彬率乡人数百家诣营门请降,木华黎书帛为符,遣还。既而城破,独彬与同降者得免。

弼长通国语,膂力绝人,能挽强弓,里门有石狮重四百斤,弼举之,置数步外。潼关守将王彦弼奇其材,妻以女,又荐于左丞相耶律铸。弼从铸至北京,近侍火里台见弼所挽弓,以名闻世祖。召之,试以射,连发中的,令给事左右,赐马五匹。

中统末,授金符、管军总管。从刘整伐宋,攻襄、樊。出挑战,射杀二人。因横刀大呼曰:“我史奉御也!”宋兵却退。至元十年,诸将分十三道围樊城,弼攻东北隅,凡十四昼夜,破之,杀其将牛都统。襄阳降,上其功,赐银及衣锦、金鞍、进怀远大将军、副万户。十一年,从丞相伯颜东下,攻沙洋堡,飞矢中臂,城拔,血濡襟袖,事闻,赐金虎符。军至阳罗堡,伯颜誓众曰:“先登南岸者为上功。”史格一军先渡,为宋将程鹏飞所败。弼率所部继进,鹏飞败走,擒其将高邦显等。大军登南岸,论弼功第一,擢定远大将军。鄂州平,进至大孤山,大风,伯颜命弼祷于山神,风立止。

大兵驻瓜州,阿塔海言:“扬子桥乃扬州出入之道,宜立栅,选骁将守之。”伯颜授弼三千人立木栅,据其地。弼遂以数十骑抵扬州城,或止之曰:“宋将姜才倔强,未可易也。”弼曰:“吾栅扬子桥,据其所必争之地,才乘未固,必来攻我,则我之利也。"才果以万众,乘夜来攻,人挟束薪填堑。弼戒军士无哗,俟其至,发檑木、炮石击之,杀千余人,才乃退,弼出兵追之。会相威、阿术兵继至,大战,才败走,擒其将张都统。

十三年六月,才复以兵夜至,弼三战三胜。天明,才见弼兵少,进围弼,弼复奋击之,骑士二人挟火枪刺弼,弼挥刀御之,皆左右仆。及出围,追者尚数百骑,弼殿后,敌不敢近,才奔泰州。及守将朱焕以扬州降,使麦术受其降于南门外,而弼从数骑由保城入扬州,出南门与之会,以示不疑。授昭勇大将军、扬州诸路总管府达鲁花赤,兼万户。冬,迁黄州等路宣慰使。

十五年,入朝,迁中奉大夫、江淮行中书省参知政事,行黄州等路宣慰使。盗起淮西据司空山,弼讨平之。十七年,南康都昌盗起,弼戮其党与数十人,宥其胁从者。江州宣课司税及米,米商不至,民皆罢市,弼立蠲之。十九年,改浙西宣慰使。二十一年,黄华反建宁,春复霖雨,米价涌贵,弼发米十万石,平价粜之,而后闻于行省,省臣欲增其价,弼曰:"吾不可失信,宁辍吾俸以足之。"省臣不能夺,益出十万石,民得不饥。改淮东宣慰使,弼凡三莅扬州,民刻石颂之,号《三至碑》。迁金书沿江行枢密院事,镇建康。

二十六年,平台州盗杨镇龙,拜尚书左丞,行淮东宣慰使。冬,入朝。时世祖欲征爪哇,谓弼曰:"诸臣为吾腹心者少,欲以爪哇事付汝。"对曰:"陛下命臣,臣何敢自爱!"二十七年,遥授尚书省左丞,行浙东宣慰使,平处州盗。

二十九年,拜荣禄大夫、福建等处行中书省平章政事,率诸将征爪哇,以亦黑迷失、高兴副之。付金符百五十、币帛各二百匹,以待有功。十二月,弼以五千人发泉州,风急,舟掀簸,士卒皆数日不能食。过七洲洋、万里石塘,历交趾、占城界,明年正月,至东董西董山、牛崎屿,入混沌大洋橄揽屿,假里马答、勾阑等山,伐木造小舟以入。时爪哇与邻国葛郎构怨,爪哇酋哈只葛达那加剌,已为葛郎酋哈只葛当所杀,其婿土罕必阇耶攻哈只葛当,不胜,退保麻喏八歇,闻弼等至,遣使以其国山川、户口及葛郎国地图迎降,求救。弼与诸将进击葛郎兵,大破之,哈只葛当走归国。高兴言:"爪哇虽降,倘中变,与葛郎合,则孤军悬绝,事不可测。"弼遂分兵三道,与兴及亦黑迷失各将一道,攻葛郎。至答哈城,葛郎兵十余万迎敌,自旦至午,葛郎兵败,入城自守,遂围之。哈只葛当出降,并取其妻子官属以归。

土罕必阇耶乞归易降表,及所藏珍宝入朝,弼与亦黑迷失许之,遣万户担只不丁、甘州不花,以兵二百人护之归国。土罕必阇耶于道杀二人以叛,乘军还,夹路攘夺。弼自断后,且战且行三百里,得登舟,历六十八日夜,达泉州,士卒死者三千余人。有司数其俘获金宝香布等,直五十余万,又以没理国所上金字表,及金银犀象等物进。朝廷以弼亡失多,杖十七,没家资三之一。

元贞元年,月儿鲁那延奏:"弼等以五千人渡海二十五万里,入近代未尝至之国,俘其酋及谕降傍近小国,宜加矜怜。"遂诏以所籍还之。至大三年,起同知枢密院事,出为江西等处行中书省右丞。延祐五年,擢中书平章政事,加银青荣禄大夫,封鄂国公。卒,年八十六。

高兴,字功起,蔡州人。少慷慨,多大节。力挽二石弓。尝猎南阳山中,遇虎,众惊走,兴神色自若,发一矢毙之。至元十一年冬,挟八骑诣州,谒宋制置陈奕。奕使隶麾下,且奇兴相貌,以甥女妻之。

十二年,丞相伯颜伐宋至黄州,从奕出降,伯颜承制授兴千户。从破瑞昌之乌石堡、张家寨,进拔南陵。行省上其功,世祖命兴专将一军,常为先锋。宋张濡杀使者严忠范等于独松关,伯颜使兴问罪。师次溧阳,再战,斩其将吴、李、杜三总管,擒神将祝亮等四十二人,遂破溧阳,斩首七千级,授金符,为管军总管。从攻银墅,拔建平,由间道夺独松关,进至武康,获张濡。

十三年春,宋降,伯颜北还,留兴以兵取郡县之未下者,降建德守方回、婺州守刘怡。衢、婺二州已降复叛,章焴自为婺守,兴以五千人讨之。七战,至破溪,相持四十余日。兴兵少,力战,溃围出,至建德,与援兵合。进战兰溪,斩首三千级,复取婺州,擒章猶斩之。又战衢州城下,斩首五百级,连战赤山、陈家山园、江山县,斩首三千级,虏五百人,献魏福兴等七人于行省,余尽戮之,衢州平。追宋嗣秀王与择入闽,与择据桥,阵水南,兴率奇兵夺桥进战。杀其观察使李世达,擒与择父子及裨将二,获印五、马五百匹。下兴化,降宋参知政事陈文龙、制置邱德传等百四十人,获海舶七千余艘。迁镇国上将军、管军万户。

十四年春,还镇婺州,佩元降虎符,充招讨使。东阳、玉山群盗张念九、强和尚等杀宣慰使陈佑于新昌,兴捕斩之。复从都元帅忙古台平福、建、漳三州,破敏阳寨,屠福成寨。十五年夏,诏忙古台立行省于福建,兴立行都元帅府于建宁以镇之。政和人黄华,邵武人高日新、高从周聚众叛,皆讨降之,以招讨使行右副都元帅。

十六年秋,入朝,侍燕大明殿,悉献江南所得珍宝,世祖曰:“卿何不少留以自奉!”对曰:“臣素贫贱,今幸富贵,皆陛下所赐,岂敢隐盗贼之物!”帝悦曰:“直臣也。”兴奏:“臣部五千人冒死百战,乞官之。”帝命兴定其差等,颁爵赏。迁兴浙东道宣慰使,赐西锦服、金线鞍辔。

十七年,漳州盗数万据高安寨,官军讨之二年不能下。诏以兴为福建等处征蛮右副都元帅,与完者都等讨之。直抵其壁,贼乘高瞰下。兴命人挟束薪自蔽,至山半,弃薪而退,如是六日,诱其矢石尽,乃燃薪焚其栅,遂平之。十八年,盗陈吊眼聚众十万,连五十余寨,扼险自固。兴攻破其十五寨,吊眼走保千壁岭。兴上至山半,诱与语,掣其手下斩之,州境悉平。

十九年,入朝,赐银五百两、钞二千五百贯及锦衣、鞍辔、弓矢。改浙西道宣慰使。降人黄华复叛,有众十万。兴与战于铅山,获八千人。华攻建宁,兴疾趋,与福建军合,华走江山洞。追至赤岩,华败走,赴火死。二十一年,改淮东道宣慰使。二十三年,拜江淮行中书省参知政事。平婺州盗施再十。改浙东道宣慰使。

二十四年,尚书省立,拜行尚书省参知政事,捕斩盗首柳分司于婺州。丁母忧。诏起复,讨处州盗詹老鹞、温州盗林雄。兴潜由青田捣其巢穴,战叶山,擒老鹞及雄,斩于温州市。又奉省檄平徽州盗汪千十等。二十八年,罢福建行省,以参知政事行福建宣慰使,谕漳州盗欧狗降之。召入朝,拜江西行省左丞。

二十九年,复立福建行省,拜右丞。爪哇黩使者孟祺,诏兴为平章政事,与史弼、亦黑迷失讨之,赐玉带、锦衣、甲胄、弓矢、大都良田千亩。三十年春,浮海抵爪哇。亦黑迷失将水军,兴将步军,会八节涧,爪哇酋婿土罕必阇耶降。进攻葛郎国,降其酋哈只葛当。又谕降诸小国。哈只葛当子昔剌八的、昔剌丹不合,遁入山谷,兴独帅千人深入,虏昔剌丹不合。还至答哈城,史弼、亦黑迷失已遣使护土罕必阇耶归国,具入贡礼。兴深言其失计。土罕必阇耶果杀使者以叛,合众来攻,兴等力战却之,遂诛哈只葛当父子以归。诏治纵爪哇者,弼与亦黑迷失皆获罪,兴独以不预议,且功多,赐金五十两。

成宗即位,复拜福建行省平章政事,赐玉带,号拔都鲁。大德三年,汀州总管府同知阿里,挟怨告兴不法,召入对,尽得其诬状,阿里论死。改江浙行省平章政事,赐海东青鹘,命其子伯颜入宿卫。四年,遣使赐海东白鹘、葡萄酒、良药。八年,授枢密副使。十年,进同知枢密院事,皆兼平章。改河南行省平章政事。

武宗即位,召见,拜左丞相,商议河南省事,赐以先朝御服。兴素与张瑄善,瑄父子坐法死,兴叹息曰:“海军无张、朱,陆军无刘二拔都,则吾死亦久矣。”哭之恸,至失明。皇庆二年秋九月,卒,年六十九。赠推忠效顺佐理功臣、开府仪同三司、上柱国,追封梁国公,谥武定。元统三年,加封南阳王。

子六人:久住,泉州总管;长寿,同知建宁路总管府事;忙古台,袭万户;伯颜,同知建国路总管府事;完者都,辰州路总管;宝哥,治书侍御史。

亦黑迷失,畏吾儿人。至元二年,入备宿卫。九年,奉世祖命使海外,入罕罗国。十一年,偕其国人,以珍宝奉表来朝,帝嘉之,赐金虎符。十二年,再使其国,与其国师以名药来献,赏赐甚厚。十四年,授兵部侍郎。

十八年,拜荆湖占城等处行中书参知政事,招谕占城。二十一年,召还,复命使海外僧迦剌国,观佛钵舍利,赐以玉带、衣服、鞍辔。二十二年,自海上还,以湖广行省参知政事管领镇南王府事,复赐玉带。与行省右丞唆都征占城,亦黑迷失言于镇南王,请屯兵大浪湖,观衅而后动。王以闻,诏从之。竟全军而归。

二十四年,使马八儿国,取佛钵舍利,浮海阻风,行一年乃至。得其良医善药,遂与其国人来贡方物,又以私钱购紫檀木殿材并献之。尝侍帝于浴室。问曰:"汝逾海者凡几?"对曰:"臣四逾海矣。"帝悯其劳,又赐玉带,改资德大夫,遥授江淮行尚书省左丞,行泉府太卿。

二十九年,召入朝,尽献其所有珍异。时方议征爪哇,立福建行省,亦黑迷失与史弼、高兴并为平章政事。诏军事付弼,海道事付亦黑迷失,仍谕之曰:"汝等至爪哇,当遣使来报。汝等留彼,其余小国即当自服,可遣使招徕之。彼若纳款,皆汝等之力也。"军次占城,先遣郝成、刘渊谕降南巫里、速木都剌、不鲁不都、八剌剌诸小国。

三十年,攻葛郎国,降其酋哈只葛当。又遣郑珪招谕木由来诸小国,皆遣子弟来降。爪哇酋婿土罕必阇耶既降,归国复叛。诸将议班师,亦黑迷失欲如帝旨,先遣使入奏,弼不从,遂引兵还,以所俘及诸小国降人入见。帝罪其与弼纵土罕必阇耶,没家资三之一,杖十七。寻还其家资。以荣禄大夫、平章政事为集贤院使,兼会同馆事,告老家居。仁宗念其屡使绝域,诏封吴国公。卒。

史臣曰:世祖不得志于安南,复讨爪哇。海道悬绝,以五千之众贸然深入,可谓行险侥幸,轻于一掷者矣。其丧师辱国,非诸将之罪也。

新元史卷一八二
列传第七九

朱清　张瑄 文虎　黄真　刘必显等
罗璧　黄头　咬童

　　朱清,字澄叔,扬州崇明人。宋末,濒海姚刘沙初涨,清母集亲旧十余家缚芦为屋,捕鱼以给衣食。

　　先是,宋宰相贾似道征相士张锦堂观气色,似道将坐拂几茵者三,锦堂谬曰:"公忧民忧国,颜色未和,请俟异日。"似道使门客数请,辄曰:"未可。"后使亲密问之,锦堂曰:"一尘尚不容,安能治天下。"似道怒,欲杀之。锦堂望紫气在东北海上,乃易姓名潜至太仓,渡海寓于崇明,寻其地,乃新涨姚刘沙也。见三、五少年,皆顾伟,及见清,身长八尺,貌如彪虎,锦堂乃拜于地曰:"不图今日得见贵人。"清母及诸妇争笑之,锦堂所见少年,即黄、刘、殷、徐、虞五万户也。

　　张瑄,平江嘉定人。幼孤,从母乞食。及长,丰姿魁岸,膂力过人。好饮博,乡里以恶少年目之。朱清贩私盐,入吴淞江,至新华镇易米,遇瑄,结为兄弟。为巡盐吏所获,系平江军狱,共十八年。提刑洪起畏来莅斩,是夕梦二白虎率群虎伏于前,瘤,以为不祥。且出视事,狱卒枷众从囚跪厅下,孔目取准伏以笔付清,清涂五指尖以押纸,瑄亦如之。洪奇其状貌,以为应梦兆,乃谕之曰:"今中原大乱,汝辈皆健儿,当为国家立恢复之功。"遂释之。

　　清等归,仍劫掠为群盗。尉司捕之急,乃携老幼,泛海至胶州,来降。世祖授清、瑄，俱为管军千户。其从者亦授百户、总把。

至元十三年，丞相伯颜以大军趋临安，清、瑄亦率所部克上海，入吴淞江。宋主纳款，清、瑄运宋帑藏至大都。后从张宏范克崖山，真授千户、武略将军，佩金符。

十七年，从元帅阿塔海招海中群盗，又平陈吊眼于福建。

十八年，宋都统崔顺有众五千、战舰百艘，数寇山东沿海州县。冬，泊于紫雾岛，世祖命清招抚之，问用兵多少。清曰："但率壮士二人，及朱虎在此，不烦兵力。"虎，清之次子也。清乘舟至紫雾岛，贼矢发如雨。清呼曰："我朱相公也，皇帝命我招崔都统。从我者，共取富贵。"众指一巨舰，为都统舟，清等即登舟。顺闻之，甲而出，清宣读诏书，乘间即捽顺首，斩以徇，众皆詟服请降。时车驾驻天门镇，清上谒，赏赉甚厚。

二十年，命阿塔海统舟师，瑄为招讨使，清为总管，东征日本。师至八角岛，无功而返。

二十一年，仍与阿塔海率舟师一万五千人伐占城。

二十二年，创行海运，从清、瑄之议也。乃以清行海道运粮万户府事，瑄为海运千户。二十四年，命清子济，瑄子文虎，并为千户，运粮十七万石讨交趾。以海运劳，遥授清镇国上将军，真除江东道宣慰使，兼领漕事。二十七年，运辽阳、高丽粮，加骠骑卫上将军，赐银印以宠之。清奏蠲建康淘金税役，免溧阳岁课，以苏民力。又讨平泾县贼赵良绘。

元贞二年，授资善大夫、河南行省参知政事。大德三年，擢大司农。四年，迁行省左丞，赐玉带。瑄亦至资善大夫、江南行省参知政事，迁左丞。清、瑄并移居于太仓。太仓为昆山惠安乡之属地，不满百家。清、瑄营建第宅，开海道通于直沽，粮艘商舶云集于市。清、瑄两家子弟，佩金银符者百余人，蕃夷珍货、文犀、翠羽充斥于府库之内，富贵赫奕，为东南之冠。

七年，僧祖芋讦二人有逆谋，枢密院断事官曹拾得从中主之。诏籍其家，逮清、瑄至京师。清叹曰："我世祖旧臣，宠渥逾众，岂从

叛逆。不过新进宰相图我家资，欲以危法中我耳。"遂发愤，以首触
石而死。年六十七。瑄与子文虎，清子虎，俱弃市。虎妻茅氏没官，
有千户欲娶之。自缢死。至大三年，中书奏雪其冤，以清幼子完者
都为枢密院判官，子孙悉返太仓，还其田宅。

清子显祖，海运千户；虎，昭勇大将军、都水监；旭，最知名。

瑄，豪横甚于清，乡人忤其意，则缚而投于海。其第四妾尤悍，
瑄嬖而畏之，为建大第，号四夫人府。两家田宅，遍于吴中。籍没后，
官立提举司专掌其租赋。

瑄子文龙，流漠北。文龙子天麟，大德九年，伏阙诉冤，使中书
召还文龙，董日本贾舶。至大初，迁都水监，仍督海运。天麟，授绛
州坑冶提举，不就。延祐二年，诏还所籍。天麟晚通《易》学。元统
二年，江浙平章玥璐不花荐之，仍不起，卒。

与清、瑄同事者有五万户：黄真，昭武大将军，海道都漕运粮正
万户，佩三珠虎符；刘必显，信武将军、海运副万户；徐兴祖，昭勇大
将军、海运副万户，追封东海郡侯，谥宣惠；虞应文，清女婿也，海运
副万户。朱明达，海运上千户。朱日新，清之养子，宣武将军、江州
路总管。杨茂春，松江嘉定所千户，佩金符。范文虎、柏良弼、黄成，
俱海运千户，佩金符。俱为崇明人。

初清、瑄为海盗，东行三日夜，得沙门岛，又东北过高丽海口，
见文登诸山，又北见碣石山，亡虑十五六往返，私念南北海道，此最
径直，又不逢浅角，识之。及朝廷议挽漕，清、瑄遂建言海运焉。

旭，字子阳，清第三子，事亲以孝名，处富贵之中，泊如也。以大
臣荐，授忠显校尉、海道运粮千户，佩金符。秩满，不乐仕进，遂告
归。日与士大夫以诗酒为乐，博涉经史。尤长于书法，早从赵孟頫
学，已有书名，晚年所造益精。卒于家。

文虎，字山云，瑄中子，善骑射。至元十五年，授管军总把，佩银
符。二十一年，迁管军千户，换金符，督饷输京师。丞相引见，上嘉
叹，诏去帽，抚其颅曰："真我国能臣也。"二十四年，从镇南王伐安
南，授交趾海船万户，佩虎符，转饷至松柏湾，逆战，贼败走。王议罢

兵，以文虎殿后，竟全师而返。二十五年，超授怀远大将军、庆远路总管，佩三珠虎符。二十八年，行户部尚书、海道都漕运府事。二十九年，拜湖广行省参知政事。大德三年，改江浙行省。五年，镇江淮财赋都总管。七年，坐父事。诛。

史臣曰：元之海运，创于朱清、张瑄，重利而轻民命，不仁莫甚焉。二子用此致富贵，然亦不免诛夷。君子鉴于作俑，有以哉！

罗璧，字仲玉，镇江丹徒人。幼孤，事母以孝闻。长而魁伟，沈鸷，善骑射。从朱祀孙入蜀，累官武翼大夫、利州西路马步军副总管。祀孙移荆湖，璧从之。阿里海涯至江陵，璧从祀孙降，入觐，授宣武将军、管军千户，隶阿术麾下。从平欶寇，领本州安抚使事。

至元十五年，从张宏范定广南。十七年，以功赐金符，擢明威将军、管军总管，镇金山，居四年，海盗屏绝。徙上海，督造船六十艘，再月而毕。

廷议转江南之粟实京师，下其事于行省，璧独谓海道便，部漕舟从海道至杨村，不数十日达京师，赐金虎符，进怀远大将军、管军万户，兼管海道运粮。

二十四年，乃颜叛，璧转饷辽阳，浮海抵锦州小凌河，至广宁。加昭勇大将军。二十五年，督运至直沽仓。潞河水溢，仓几坏。璧树栅、筑堤，以捍之。赐宴中书省，擢昭毅大将军、同知淮西道宣慰司事。上便宜十二策，帝嘉纳之。又请以两淮荒田给贫民，三年后量收其入。从之。岁得粟数十万石。拜镇国上将军、海北海南宣慰使都元帅。

大德三年，除饶州路总管，兼府尹。改广东道宣慰使、都元帅。初，峒蛮占夺民田，不纳租税。璧召其酋至，以祸福谕之，相率奉版籍听命。北军戍广东，多瘴死，璧求良药，给诸郡疗之。有请加盐额置转运司者，璧力言其不可，民皆悦服。寻除都水监，换正奉大夫。通州多水患，凿二渠以分水势，又浚阜通河而广其堤，岁增漕六十余万石。至大元年，奉命治徐、邳水灾，又治两淮屯田。得疾归，卒于家，年六十六。

子坤载，以孝闻，璧病，坤载刲股为粥以进，不仕卒。

黄头，一名世雄，唐兀氏，后徙濮州鄄城。祖琏赤，山东道宣慰司副都元帅。父阿荣，袭琏赤职，累迁汀州总管、同知邵武路事，有惠政，转德庆路总管、阶怀远大将军，卒。

黄头，其长子也。以世袭职让其弟山住。从弟朵罗歹为广衍仓使，亏官粟，黄头卖其宅以偿之。辟浙西元帅府掾，累迁兴国路大冶县达鲁花赤，调安丰路怀远县，兼领蒙城县，镇南王伐安南，道过其境，供张办而民不扰。王善之，解所御衣服弓矢以赐。擢嘉兴等处运粮千户，佩金符，在职八年，改温台等处运粮千户。

延祐元年，擢海道都漕运万户府副万户，运米二百七十万至京师。迁海道都漕运万户，佩双珠虎符，阶武德将军。前后九渡海，海运利弊，靡不周知。运船雇于濒海，居民常以船坏失事。黄头预以运费借之，使修船，由是失事者日少。运船受雇者直甚厚，船主贪饮博，或失期受责。黄头为之封识，时其当用给之。运船窃米者多，黄头使漕兵、柁工、水手之属得相收倚连坐，其弊遂除。自温台至福建，皆雇民船载米至浙西，复还浙东入海。黄头请移米庆元，自烈港入海，无迂道之费。温、台运船水脚之费，岁于行省关拨，黄头请给钞于温、台，使船人受讫即行。船行迟疾不一，旧例至直沽以次受之，先至者或食尽不得去。黄头请于朝，至则受之，民以为便。运船回空，枢密差官搜阅，因为奸利，或诬执榜掠，罄其囊箧。黄头请禁止之。运船过河间，监司率以盐草为辞，舟人无所得籴。黄头请正盐草地界，购其界外之薪。运船祷祠费，岁不给。黄头请借官钞千缗，收息供之。运船至直河，禁船人登岸。黄头请宽其禁，使柁工、水手得饮食于市。凡所张弛之法，后人皆遵用之，以为定例焉。未几，卒。

子保童，崇仁县达鲁花赤，以转输至集庆海洋，海船人有识之者,惊曰:"此吾万户公子也。"相率罗拜,且卫之。其为人所感戴如此。

咬童,阿鲁威氏,由中书直省舍人出为济南总管府治中,拜陕西行台监察御史,改内台。江淮再置财赋总管府,迁同知府事。至顺三年,改海道都漕运副万户。先是,春运先从浙西装发。是岁,浙西大水,行省议拨江东粮十七万石补之。咬童曰:"风信不可失,倘误国计,非细故。请先发浙西所有,徐以江东粮补之。"行省韪其言,立为改命。无锡州千户玉伦赤不花不听命,咬童劾按之。各所咸儆戒,无敢后期。及达直沽,咬童复以卸粮情弊白于监察御史,著为令。会科拨海船,别给脚直,运辽东粟菽八万石,舟人争欲承载。咬童使拈阄决之,众乃帖服。事竣,入觐京师,道卒。咬童精悍勤敏,台省交章荐之,未及大用,时论深惜焉。

新元史卷一八三
列传第八〇

崔斌 <small>宋钦其</small>　　**刘宣**　**秦长卿**
<small>仲</small>　**杨居宽** <small>居简</small>　**杨朵儿只**
<small>教化不花</small>　**萧拜住**

　　崔斌,字仲文,大同弘州人,一名燕帖木儿。性警敏,世祖在潜丘召见,应对称旨,命佐卜邻吉歹将游骑戍淮南。卜邻吉歹甚敬礼之,使斌觇敌形势。斌潜袭之,多所俘获。俄丁父忧,袭授金符,为总管。中统元年,改西京参议宣慰司事。世祖尝命安童举汉人识治体者一人,安童举斌,入见,陈时政得失,甚合帝意。

　　时帝锐意图治,斌危言谠论,面斥是非,无所讳避。帝幸上都,尝召斌,斌下马步从。帝命之骑,因问为治大体当何先。斌以任相对。帝曰:"汝为我举可为相者。"斌以安童、史天泽对,帝默然良久。斌曰:"陛下岂以臣猥鄙,所举未允公议,有所惑欤?今近臣咸在,乞采众言,陛下裁之。"帝俞其请,斌立马飏言曰:"敕问安童为相可否?"众欢呼万岁。帝悦,遂并相二人。除斌左右司郎中。每进见,必与近臣偕,其所献替,虽执政大臣有不得闻者,故人多忌之。会阿合马立制国用使司,专总财府,一以掊克为事。斌曰:"与其有聚敛之臣,宁有盗臣!"于帝前屡斥其奸。

　　至元四年,出为东平路总管。五年,大兵南征,道寿张。兵士有撤民席,投其赤子于地以死,诉于斌。斌驰谓主将曰:"未至敌境,而先杀吾民，国有常刑，汝亦当坐。"于是下兵士于狱，自是众莫敢犯。岁大祲，征赋如常年，斌驰奏免之，复请于朝，得楮币十万缗以赈民饥。六年，除同金枢密院事。

大军围襄阳，命斌金河南行省事。方议攻鹿门山，斌曰："自岘山西万山，北抵汉江，筑城浚堑，以绝饷援，则襄阳可坐制矣。"时调曹、濮民丁屯田南阳。斌议罢之，补以近地兵，民以为便。又议户部给滨、棣、青、沧盐券，付行省募民以米贸之，仍增价和籴。远近输贩者辐辏，馈饷不劳而集。敕河南四路籍兵二万以赴襄樊，斌驰奏曰："河南户少而调度繁，实不堪命，减其半为宜。"从之，襄阳既下，转嘉议大夫，仍金行中书省事。

十一年，诏丞相伯颜伐宋，改行省为河南宣慰司，加中奉大夫，赐金虎符，充宣慰使。伯颜既渡江，分命阿里海涯定湖南，以斌贰之，拜行中书省参知政事。

十二年十月，围潭州，斌攻西北铁坝。阿里海涯中流矢，不能军，斌率诸将夜集坝下，黎明毕登，战不利。斌曰："彼小捷而骄，今焚其角楼，断其援道，堑城为三周，则城可得。"诸将然之。乃衔枚以待铁坝，人积刍秸梯其楼火之，且竖木栅坝上。诘旦，大军布云梯而上，斌挟盾先登，夺木栅据之。阿里海涯持酒劳曰："取此城，公之力也。"斌曰："潭人胆破矣。若敛兵不进，许其来降，则土地人民皆我有，自湖以南，连城数十，可传檄而定，若纵兵急攻，彼无噍类，得空城何益！"阿里海涯从之，遣人开示祸福，城人出降。诸将怒其久抗，咸欲屠之。斌喻以兴师本意，诸将曰："百姓当如公说，兵必诛之。"斌曰："彼各为其主耳，宜旌之，以劝未附者。"诸将乃止。潭人德之，为立生祠。

十三年，奉诏谕广西。寻命还治湖南。安化、湘乡贼周龙、张唐、张虎等，所在蜂起。及事平，同僚议尽戮降者，以惩反侧。斌但按诛首恶，胁从者释之。十四年，迁行省右丞，进阶资善大夫。

十五年，召入觐。时阿合马擅权，廷臣莫敢言。斌从帝至察罕淖尔，帝问："江南各省吏治如何？"斌对以治安之道在得人，今所用多非其人。因极言阿合马奸蠹，门子弟并为要官。帝乃令御史大夫相威、枢密副使孛罗按问之，黜其亲党，检核其不法事，罢天下转运司，海内称快。斌又言：阿老瓦丁，台臣劾其盗官钱事犹未竟，今复授江淮参政，何以儆贪吏。诏罢之。适尚书留梦炎、谢元昌言："江淮行省事至重，而省臣无一人通文墨者。"乃迁斌江淮行省左丞。既至，凡蠹国病民之政，悉革之，仍条具以闻。阿合马屏其疏不上。时江淮行省平章政事阿里伯亦与阿合马有隙，阿合马乃诬阿里伯与斌盗河南营田府官粮四十万石，命刑部尚书李子忠按其事，逮营田府提控案牍宋钦其下狱。钦其不承。以酷刑讯之，不改辞。阿合马益怒，复遣北京行省参知政事张澍等四人杂治之。斌与阿里伯俱论死。裕宗在东宫闻之，方食，投著恻然，遣使止之，已不及矣。天下冤之。年五十六。至大初，赠推忠保节功臣、太傅、开府仪同三司，追封郑国公，谥忠毅。

子三人：良知、威、恩，皆为显官。

宋钦其者，字敬之，申州人。初为府掾，阿里海涯器之，擢河南营田府提控案牍。后要束木又缘事逮之，道卒。子文瓒，天历中为礼部侍郎。

刘宣，字伯宣，其先潞州人，后徙阳曲。父训金，河南省掾，博学知名，与元好问友善。

宣沉毅清介，有经世之志。宣抚张德辉至河东，见而器之，还朝，荐为中书省掾。遂从国子祭酒许衡受学，初命为河北河南道巡行劝农副使。

至元十二年，入为中书户部郎中，改行省郎中。从丞相伯颜平江南。伯颜尝命宣诣大都献捷。世祖召见，应对称旨，赐器服宠之。江南平，命宣沙汰江淮冗官，其所存革，悉合公论。除知松江府，未几同知浙西宣慰司事。在官五年，威惠并著。迁江淮行省参议，擢江西湖东道提刑按察使。

二十二年，入为礼部尚书，迁吏部。时将伐安南，宣上言曰：

连年日本之役,百姓愁戚,官府扰攘。今春停罢,江浙军民欢声如雷。安南小邦,臣事有年,岁贡未尝愆期。边帅生事兴兵,彼因避窜海岛,使大举无功,将士伤残。今又下令再征,闻者莫不恐惧。自古兴兵,必须天时。中原平土,犹避盛夏,交广炎瘴之地,毒气害人,甚于兵刃。今以七月,会诸道兵于静江,比至安南病死必众,缓急遇敌,何以应之?又安南无粮,水路难通,不免陆运。一夫担米五斗,往还自食外,官得其半。若十万石,用四十万人,止可供一二月。军粮搬载,船料军须,通用五六十万人。广西、湖南调度频数,民多离散,户令供役,亦不能办。况湖广密迩溪洞寇盗尝多,万一奸人伺隙,大兵一出,乘虚生变,虽有留后人马疲弱衰老,卒难应变。请与彼中兵官深知事体者,商量万全方略,不然将复蹈前辙矣。

及再征日本,宣又上言曰:

近议复置征东行省,再兴日本之师,此役不息,安危系焉。唆都建伐占城,阿里海涯言平交趾,三数年间,湖广、江西供给船只、军须粮运,官民大扰,广东群盗并起,官兵远涉江海瘴毒之地,死伤过半,连兵未解。安南与我接境,蕞尔小邦,亲王提兵深入未见报功,唆都为贼所杀,自遗羞辱。况日本海洋万里,疆土阔远,非二国可比。今此出师,实为履险,纵不遇风,可到彼岸,倭人徒众猥多,彼兵四集,我师无援,万一不利,欲发救兵,其能飞渡耶?隋伐高丽,三次大举,丧师百万。太宗亲征高丽,虽取数城而还,徒增追悔。且高丽平壤诸城,皆居陆地,去中原不远,以二国之众加之,尚不能克。况日本僻在海隅,与中国相悬万里哉!

疏入报闻。

二十三年十二月,中书议更钞用钱。宣献议曰:

原交钞所起,汉、唐以来,皆未尝有。宋绍兴初,军饷不继,造此以诱商旅,为沿边籴买之计,比铜钱易于赍擎,民甚便之。稍有滞碍,即用见钱,尚存古人子母相权之意。日增月益,其法浸弊，欲求目前速效，未见良策。新钞必欲创造，用权旧钞，只是改换名目，无金银作本称提，军国支用不复抑损，三数年后亦如元宝矣。铸造铜钱，又当详究。秦、汉、隋、唐、金、宋利病，著在史策，不待缕陈。国朝废钱已久，一旦行之，功费不资，非为远计。大抵利民权物，其要自不妄用始，若欲济丘壑之用，非惟铸造不敷，抑亦不久自弊矣。

适桑哥谋立尚书省，以专国柄，钱议遂罢。

二十五年，由集贤学士除御史中丞，行御史台事。时江浙行省丞相忙古台，悍戾纵恣，尤忌宣。一日，御史大夫与中丞出城点视军船。有军船载苇，御史张谅诘之，知为行省官所使，诣扬州覆实。忙古台图报，复遣伺台中违失，台官皆竦惧，阴求自解，惟宣屹然不动，忙古台怒，罗织宣之子系扬州狱。又令酒务、淘金等官及录事司官以罪免者，诬告行台沮坏钱粮，闻于朝，必欲置宣死地。朝廷为置狱于行省，鞫其事。宣及御史六人俱就逮，既登舟，行省列兵卫驱迫之，至则分处，不使往来。九月朔，宣自到于舟中。

宣将行，书后事缄付从子自诚，令勿启视。宣死，视其书曰"触怒大臣，诬构成罪，岂能与经断小人交口辩讼、屈膝于怨家之前。身为台臣，义不受辱，当自引决，但不获以身殉国为恨耳。呜呼！天乎！实鉴此心。"别有文书言忙古台罪状，其稿涂抹不能识。宣友前治书侍御史霍肃为叙次其文，读者悲之。

宣既引决，行省白于朝，以为宣知罪重自杀。前后构成其事者，郎中张斯立也。斯立，济南章丘人，为行省员外郎。宣为参议，相得甚欢。斯立坐阻格江南钞法，尚书省命宣杖之。宣为任其事，贷斯立罚。至是斯立徇上官意，周纳宣罪，时论薄之。延祐四年，自诚持上宣行实，御史台以闻。赠资善大夫、御史中丞、上护军，追封彭城郡公，谥忠宪。

子自勉，上蔡、临颍二县尹；自得，杞县主簿。

秦长卿，河南洛阳人。性倜傥有大志。世祖在京兆，已闻其名。

既即位,以布衣徵至京师。长卿尚风节,好论事,与刘宣同在宿卫。

是时,尚书省立,阿合马专政。长卿上书曰:"臣愚戆,能识阿合马,其为政擅生杀人,人畏惮之,固莫敢言,然怨毒亦已甚矣。观其禁绝异议,杜塞忠言,其情似秦赵高,私蓄逾公家资,觊觎非望,其事似汉董卓。《春秋》人臣无将,请及其未发诛之。"事下中书省,阿合马便佞,善伺人主意,左右亦为救解,事遂寝。然由是大恨长卿。除兴和宣德同知铁冶事,竟诬以折阅课额,逮长卿下吏,籍其家产偿官,又使狱吏杀之。狱吏濡纸塞其口鼻,即死。未几,王著杀阿合马,帝悟其奸,斫棺戮尸。而长卿冤终不白。

长卿从子仲,字山甫,为建康府判官,闻长卿冤状,即日弃官归。阿合马伏诛,姚燧与执政言:"仲以诸父之冤,不肯仕,宜荐之。"行台侍御史裴道源举为昭州知州。至元三十年,卒于官。

仲子从龙,仕至南台治书侍御史;从德,中书参知政事。从龙预修《经世大典》,梦其父问长卿事已言于史馆否,从龙乃以欧阳玄所作家传上之。

杨居宽,字子裕,东昌莘县人。辟中书省掾,擢左右司郎中,累迁江浙行省参议,入为中书省参知政事。性刚直。桑哥为总制院使,幸进者入贿即得美官,居宽在中书省恒裁抑之。桑哥怒,及拜尚书右丞相,诬以罪杀之,籍其家,惟其子集贤直学士勋,不连坐。居宽死时,年五十五。

弟居简,从世祖伐宋,累迁唐州知州,有能名。桑哥伏诛,上诉兄冤,诏还所籍产,官其二孙。居简子升,翰林国史院检阅官。居宽从弟居义,浦东场盐司丞,亦有吏能。

杨朵儿只,河西宁夏人。父式腊唐兀台,给事裕宗,早卒。裕宗崩,隆福太后在东宫,问左右曰:"式腊唐兀台有子否?"以朵儿只及其弟教化对。乃命教化侍武宗,朵儿只侍仁宗。成宗崩,仁宗自怀庆入靖内难,先命朵儿只偕李孟至京师,与右丞相哈哈孙定计。及仁宗至，命朵儿只领禁卫，亲解御带以赐。仁宗为皇太子，授家令丞，且夕侍侧，至废休沐。武宗闻其贤，召见之。皇太子为先容曰："此人诚可任大事，然刚直寡合。"帝然之。

仁宗即位，执朝臣误国者将尽诛之，朵儿只曰："为政而尚杀，非帝王之治也。"仁宗感其言，止诛脱虎脱等。它日与中书平章李孟论元从人材，孟以朵儿只为第一，拜礼部尚书。初，尚书省改作至大银钞，一当中统钞二十五，又铸铜为至大钱，至是议罢之。朵儿只曰："法有便否，不当视立法之人为废置。钞固当废，钱与楮币相权而用，古之道也。国无弃宝，民无失利，钱未可遽废也。"言虽不尽用，时论韪之。迁宣徽副使，御史请为台官，帝不许。

有言近臣受贿者，帝怒其非所当言，将诛之。御史中丞张珪叩头谏，不听，朵儿只从容言曰："世无净臣久矣，张珪真中丞也。"帝悦，竟用珪言，且拜朵儿只侍御史。尝侍宴，群臣或谈笑逾常度，而朵儿只独正色，帝为之改容。迁中丞。平章张闾以妻病，谒告归江南，夺民河渡地，朵儿只以失大体，劾罢之。江东、西奉使斡来不称职，朵儿只劾而杖之。

御史纳璘以言忤旨，帝怒，朵儿只救之，一日至八九奏，曰："臣非偏护纳璘，诚不愿陛下有杀谏臣之名。"帝曰："为卿宥之，可左迁昌平令。"朵儿只又言："以御史宰京邑，无不可者，但以言事左迁，恐后来引以为戒，莫肯尽言矣。"它日帝读《贞观政要》，朵儿只侍侧，帝顾谓曰："魏征古之遗直也，朕安得用之？"对曰："直由太宗，太宗不听，徽虽直，奚益！"帝笑曰："卿意在纳璘耶？当赦之，成尔直名。"

有上书论朝廷阙失，而触宰相者，宰相怒，将奏杀之。朵儿只曰："诏书云：言虽不当，无辜。今若此，何以示信于天下！果杀之，臣亦负其职矣。"帝悟，释之。加昭文馆大学士。进阶荣禄大夫。时位一品者，多乘间邀赠先世王爵。或谓朵儿只倚眷隆，宜奏请。曰："家世寒微，幸际遇至此，已惧弗称，况敢多求乎！且我为之，何以风厉徼幸者！"迁中政院使。未几，复为中丞。

初，铁木迭儿用兴圣太后旨，召为中书右丞相，非上意也，居两载，有罪托病去。既而，贪缘近臣，再入相，恃势贪虐，中外切齿，然莫敢发其奸。朵儿只慨然以纠劾为己任。会张弼子狱起，朵儿只廉得铁木迭儿受赃六万贯，其大奴亦受数千，告监察御史玉龙帖木儿、徐元素按实入奏。而御史亦辇真别发其它私罪二十余事。帝本恶铁木迭儿，至是震怒，诏逮问，铁木迭儿走匿太后宫中，帝为不御酒者数日，以待决狱，诛其大奴数人，铁木迭儿终不能得，朵儿只持之急。徽政院臣以太后旨，召朵儿只至宫门责之。对曰："待罪御史奉行祖宗法，必得罪人，非敢违太后旨也。帝仁孝，恐忤太后意，但夺其丞相印绶，而迁朵儿只集贤学士，犹数以台事访之，对曰："非臣职事，不敢与闻。所念者，铁木迭儿虽去君侧，反为东宫师傅，在太子左右，恐售其奸，则祸有不可胜言者。"

仁宗崩，英宗在谅暗中，铁木迭儿复相，即宣太后旨，召朵儿只至徽政院，与徽政使失列门、御史大夫脱忒哈杂鞫之，责以违旨之罪，朵儿只曰："恨不斩汝以谢天下，果违太后旨，汝尚有今日耶！"铁木迭儿又使同时为御史者二人证其狱，朵儿只顾二人唾之曰："汝等皆备位风宪，顾为犬彘事耶！"坐者皆惭俯首，即入奏。执朵儿只载于国门外，杀之。是日，昼晦，都人恂惧。英宗即位，诏天下，加以诬妄大臣之罪。

朵儿只少孤，与兄教化友爱。兄死，事寡嫂有礼，视兄子如己子，家人化之。及死，权臣欲夺其妻刘氏与人，刘氏剪发毁容，自誓以免。后赠思顺佐理功臣、金紫光禄大夫、上柱国，追封夏国公，谥襄愍。

子不花，官至金河东廉访司事。有杀子诬怨家者，狱成，不花谳之曰："以十岁儿受十一创，已可疑。有彼以斧杀仇人子，必尽力，何创痕之浅，反不入肤耶？"卒得其情，平反之。天历初，陕西兵入河东，战没。二仆皆从死。

教化，幼事武宗于潜邸。武宗总兵北边，以成宗所赐玉印为符令，使教化怀之。大德十年，教化入奏军事，且请颁岁赐。太府卿持其券不下，教化愤怒，责之曰："太子躬擐甲胄，防边于万里之外，赖岁赐以给军旅之用，奈何靳之？恨不得面质汝罪于天子。"引所持挝击之。

及成宗崩，教化疾驰至怀州，见仁宗，请即日入朝。内难遂平。武宗即位，群臣以次召见，问教化："太府卿孰为汝所击者？"敕诛之，以其家产赐教化。对曰："事在赦前，不可失大信于人。至以其家产赐臣，臣尤不敢奉诏。"武宗嘉叹，从之。超拜同知太府院事。

至大二年，御史台奏为江南湖北道肃政廉访使，入辞，帝不悦曰："此朕左右手，何可令远去。"留为将作院使。是年卒。年三十三。赠效节宣忠翊戴功臣、大司徒、金紫光禄大夫、上柱国、夏国公，谥襄敏。子衍饬，监察御史。

萧拜住，契丹石抹氏。

会祖丑奴，仕金为古北口千户。大兵南下，同戍之将招灯必舍遁，丑奴独帅三千人，夜袭大营，力战不克，乃开关遣使纳降。太祖命丑奴追袭招灯必舍，及诸平、滦，降之。从大军攻取平、滦、檀、顺、深、冀等州，下昌平县及红螺、平顶诸寨，又两败金兵于邦君甸，以功为檀州军民元帅。车驾西征，驿送竹箭、弓弩弦各一万，擢擅、顺、昌平万户，仍管打捕鹰房人匠。卒，官丑奴弟老瓦为秃鲁花，袭檀州节度，使与金人战，没。

祖青山，袭万户，从丞相伯颜平宋，官湖北提刑按察使。

父哈剌帖木儿，少事太子真金，典东宫宿卫，出知擅州，卒。

拜住，尝从成宗北征，由知檀州入为礼部郎中、同知大都路总管府事，又出知中山府，以忧去官。属仁宗出居怀孟，道过中山，有同官谮于近侍，谓知府之去，惮迎候劳耳。仁宗颔之，适见田中老妪，问府官孰贤，妪对："有萧知府，奔丧还，祷其速来。"帝意乃释。

武宗即位，起复中书左司郎中，出为河间路总管，召充右卫率使，迁户部尚书，拜御史中丞。皇庆元年，迁陕西行中书省右丞。延祐三年，入拜中书平章政事，罢为典瑞院使，历崇祥院使，阶银青荣禄大夫。拜住在中书,颇牵制铁木迭儿所为,又发其奸赃诸辜。铁木迭儿恨之,遂与朵儿只同被诬陷。英宗曰:"人命至重,不宜仓卒。二人罪状未明,当白兴圣宫,付当司详谳,若果有罪,诛之未晚。"铁木迭儿竟杀之,并籍其家。拜住死,有吴仲者,守其尸三日不去,卒收葬之。

　　铁木迭儿死,会地震风烈,敕廷臣集议弭灾之道。集贤大学士张珪、中书参议回回,抗言于坐,谓萧、杨及贺胜冤死,实致沴之端。闻者失色,言终不得达。及珪拜平章,告丞相拜住曰:赏罚不当,枉抑不伸,不可以为治,若萧、杨等之冤,何可不亟为昭雪?"遂请于英宗,赠杨朵儿只官谥。泰定初,赠拜住守正佐治功臣、太保、仪同三司、柱国,追封冀国公,谥忠愍。萧、杨死后一年,御史锁咬儿哈的迷失、观音保,亦为铁木迭儿子琐南所害。

　　史臣曰:阿合马杀崔斌、秦长卿,忙古台杀刘宣,皆缘吏事,中以危法。至铁木迭儿杀萧拜住、杨朵儿只,则矫母后之命,以快其报复之私,虽明如世祖,断如英宗,不能烛其奸而戮之,呜呼! 长国家者,慎勿为恔人所蔽哉。

新元史卷一八四
列传第八一

姚天福　崔彧

姚天福,字君祥,绛州稷山人。少为怀仁县吏,见同列所为,耻
之。从儒者受《春秋》,学能知大义。世祖以皇太弟驻白登,县令使
天福进蒲萄酒于行帐,应对敏给,帝奇之,留直宿卫。至元初,授怀
仁县丞。丞相塔察儿奉使北藩,代州知州杨阔阔出荐天福于塔察
儿,俾从行。塔察儿以为能。五年,塔察儿为御史大夫,妙择官属,
以天福为架阁管勾兼狱丞。

十一年,拜监察御史。时君臣奏事皆便服,天福朱衣秉笏以入,
众骇顾,莫知所为。见帝,首论阿合马擅政为奸利,出诣中书省,执
阿合马。阿合马亦期得对,必杀天福。及至帝前,天福探皂囊,出二
十四事,抗声论之。才及其三,帝为之动容,曰:“即此已不容诛,况
其余乎?”国语谓虎曰巴而思,帝赐天福名巴而思。且谕之曰:“有敢
违祖训而干纪犯法者,其击之勿纵。”是时,阿合马方以言利得幸,
帝虽韪天福言,然宠任如故也。

既而天福按事北边,道过其家,其母赵氏见之,大怒曰:“汝为
御史,胡私归?”立遣之去,且告曰:“汝勿以吾为虑。苟言事得罪,吾
虽为汝死亦甘心。”廷臣闻其母言,以奏,帝曰:“贤哉!非此母,不生
此子。”命付史馆书之。

大名路达鲁花赤小甘浦,冬猎于郊,民不堪命。事闻,帝遣御史
按之,反为小甘浦所殴,更命天福往。天福微服廉问,尽得其实,立

捕小甘浦,劾治之,并及他淫虐不法事。小甘浦素贵,猝见折辱,皆
款服,械以俟命。为侍御史安兀失纳所营救,诏释之。小甘浦骑过
台门,为诟詈语,天福闻之曰:"敢尔耶!"率吏卒执之,于佩囊得赂
安兀失纳书,诘之,则赂在道士家。天福搜得赂如书,而安兀失纳不
知也。明旦,方坐御史府治事,天福叱左右撤其案,手执之。安兀失
纳绝裾而逃,天福持赃入奏。帝曰:"朕尝贳小甘浦十死罪。"天福
曰:"今小甘浦死罪十有七,陛下贳其十,其七谁当之?且太祖之法,
安可坏耶!"于是小甘浦竟伏诛,安兀失纳亦坐免官。

后安兀失纳与御史大夫孛罗宴见,为双陆于帝前,天福入奏
事,引其衣而出之曰:"罪人也。安得近至尊?"左右皆失色。

是时,月鲁那延与孛罗同为御史大夫,天福奏曰:"一蛇九尾,
首动尾随。一蛇二首,则不能行矣!今台纲不振者,由一蛇二首也。"
帝曰:"朕亦思之,巴而思之言是。"孛罗遂以年少自劾去。

诏罢各道提刑按察使。天福见月鲁那延,反覆言所系之重,月
鲁那延曰:"非御史,见不及此。"夜见帝于卧内奏之,帝亦大悔,未
旦,趣命中书省复立之。

阿合马畏天福久为御史,谋去之。会帝幸上都,遂托事,使兵马
司率骑士,猝缚天福,去索其家,仅有脱粟数升。天福曰:"丞相反。
无诏旨自行在来,而欲擅杀御史,非反耶?"阿合马欲锻炼以成其
罪,无所得,乃左迁天福同知衡州路事。左司召天福受命,天福曰:
"吾先受密旨,勿远去台,俟见上,乃行。"执政不敢强之,复奏为河
东路提刑按察副使。

时北边用兵,方冬,役太原民转粟,民苦之。天福上言曰:"外患
未宁,而先失内郡民心,可乎?"帝悟,遂命罢之。太原饥,天福发廪
而后奏闻,为有司所劾。诏勿问。入拜治书侍御史。

十六年,出为淮西江北道提刑按察使。江南初定,蕲、黄、宣、饶
诸路盗发,辄以兵屠之,而大掠其近县。又淮西多宋宿将家,官利其
赀,则缘事籍之,或遣人俘良家子女。天福于津隘,置吏察阅,悉还
之,严治掠卖之罪,得免者数千人,民立祠祀之。

十八年,移江南湖北道。劾平章阿里海涯不法事,不报。天福入朝自言之,出境,遇贼劫之。已而知为姚按察船,贼罗拜曰:"公正人,不可犯。"其为人所慕如此。辽东宣慰使阿老瓦丁以军兴盗官粟,狱久不决,诏天福按之。天福树杙于庭,曰:"尸赃吏于此,狱必具。"阿老瓦丁闻之曰:"我讵能抗姚公?"遂引伏。以内臣救之获免,入见裕宗于东宫,泣告曰:"巴而思鞫臣如执豕然!"裕宗曰:"汝罪应尔,巴而思无滥刑也。"由是内外莫不震肃。

二十年,移山北辽东道。民饥,天福发廪赈之,州以无朝命,遣使止天福。天福留使者,振毕而后遣之。事闻,帝亦不之罪也。有叔侄争田者,数十年不决。天福谳其事,问侄:"有殴汝叔者,汝救之否?"曰:"救之"。又问其叔:"有戕汝侄者,何如?"曰:"吾仇也。"天福曰:"然则,汝何争耶?"皆感泣而去。州民以游牧为业,天福劝以农事,民日富。又立学校,延师以教之,政化大行。

二十二年,帝选六部尚书,问巴而思所在。召拜刑部尚书。有疑狱谳上,天福不肯署,同列代决之,天福乃引疾去官。后其事果如天福所疑,人始服其明允。寻除扬州路总管。

二十六年,复改淮西路提刑按察使。行省平章政事昂吉儿,其子昂阿秃与大盗七人交通。天福捕七人诛之,劾昂吉儿赃巨万。时行御史台在扬州,天福自诣台,白其事。昂吉儿使其兵校丁文虎道杀天福,天福并执之。事闻,诏近侍阿术、治书侍御史万僧按问,昂吉儿惧,因馆人馈米,贮金于米囊中,持以入。天福诇知之,亦随之入,发囊得金。昂吉儿词伏,立杖之。然昂吉儿卒以功臣议宥,后还都,犹谮天福擅杀。帝曰:"杀贼何罪耶?"

二十八年,迁平阳府尹。有男子伪为女巫,妄言祸福。天福曰:"是乱常败欲者。"立命扑杀之。天福决平湖为水碓田,民便之。按察副使速鲁蛮沮其事,天福不为动,并劾其受赇,速鲁蛮坐免官。三十一年,拜甘肃行省参知政事,以母老,辞不行。

元贞元年,授陕西汉中道肃政廉访使,又改真定府尹。隆福太后建佛寺于五台山,役真定民。时麦熟,天福辄止之,上言请缓至农隙,从之。栾城有杀人于逆旅者,且令执主人考之,诬伏。狱三上,天福三疑之,县令卒不肯改。天福问死者之母曰:"尔子所赍钞,有私识乎?"曰:"有。"取主人之赃,使辨之。曰:"非也。"天福曰:"信冤矣。"持其事不下。居一月,而得真盗于德兴。

大德三年,拜江西行省参知政事,又以病辞。四年,以通奉大夫、参知政事,行大都路总管、大兴尹事。三河县民得铜印于田间,未及送官,怨家诬为谋反。事上府,天福取其印视之,则故三河县印也,笑释其缚而遣之,治县令与告者之罪。有寡妇朱畀弟钱为贾,后索钱,弟不肯予。朱告于官,皆以无券,不直朱。天福使朱归,而召其弟曰:"尔昔贫今富,今有盗扳尔为其徒党,信乎?"弟惶惧,具言假姊钱致富,有簿记可按也。天福乃召朱至,按簿分其半与之。其断决明识皆类此。

六年,卒,年七十三。敕内侍董文忠宣付天福事于史馆,赠正奉大夫、河南江北行省参知政事、护军、平阳郡公,谥忠肃。

初,天福官山北辽东道时,有武平县民刘成暴死,其弟告嫂阿李与人通,疑为所杀。县令丁钦验之,无死状。天福趣钦三日复命,钦忧懑不知所为。其妻韩闻之,告钦曰:"死者顶骨中当有物,涂药泯其迹耳。"钦濯而求之。果于顶骨中得铁三寸许,持白天福,且言得妻之教。天福召韩问之,则夫死再醮者也。遣吏发前夫之棺,验之,得顶骨中之铁,与成无异。韩款服。不旬日而两狱皆具。又天福按事过景州,有旋风起马前,天福使二卒从之。至大泽葭苇中,得杀死者五人,一人腰间悬小印。天福曰:"吾得之矣。"下令括城中布,尽市之。且使吏四出邀行贾。有四人载布五驴,止之,验布上印文相合。讯以杀人事,皆款服。此二事尤为当世传颂云。

子:祖舜,秘书郎;侃,内藏库使。

崔彧,字文卿,小字拜帖木儿,江淮行省左丞斌之弟也。负才气,刚直敢言,世祖甚器之。至元十六年,奉诏偕牙纳术至江南,访求艺术之士。还朝,首劾忽都带儿根索亡宋财货、扰百姓,身为使臣，挈妻子以往，所在索鞍马刍粟。疏上，不报。

十九年，除集贤侍读学士。或言：“参知政事阿里请以阿散袭其
父阿合马职，倘得请，其害不可胜言。赖陛下神圣，拒而不可。臣已
疏其奸恶十余事，乞召阿里廷辩。”帝曰：“已敕中书，凡阿合马所
用，皆罢之，穷治党与，事竟之时，朕与汝有言也。”又请将郝祯剖棺
戮尸，从之。寻敕钩考枢密院文牍，由刑部尚书拜御史中丞。或言：
“台臣于国家政事得失，生民休戚，百官邪正，虽王公将相，亦宜纠
察。近惟御史得有所言，臣以为台官皆当建言，庶于国家有补。选
用台察官，若由中书，必有偏徇之弊，御史宜从本台选择，初用汉人
十六员，今用蒙古十六员，相参巡历为宜。”从之。

二十年，复为刑部尚书，上疏言时政十八事：一曰广开言路，多
选正人，番直上前，以司喉舌，庶免党附壅塞之患。二曰当阿合马擅
权，台臣莫敢纠其非，迨事败，然后接踵随声，徒取讥笑。宜别加选
用，其旧人除蒙古人取圣断外，余皆当问罪。三曰枢密院定夺军官，
赏罚不当，多希阿合马风旨。宜择有声望者为长贰，庶号令明而赏
罚当。四曰翰林官亦颂阿合马功德，宜访南北耆儒硕望，以重此选。
五曰郝祯、耿仁等虽正典刑，若是者尚多，罪同罚异，公论未伸。合
次第屏除。六曰贵游子弟，用即显官，幼不讲学，何以从政。得如左
丞许衡教国子学，则人才辈出矣。七曰今起居注所书，不过奏事检
目而已。宜择蒙古人之有声望、汉人之重厚者，居其任，分番上直，
帝王言动必书，以垂法于无穷。八曰宪曹无法可守，是以奸人无所
顾忌。宜定律令，以为一代之法。九曰官冗，若徒省一官员，并一衙
门，亦非经久之策。宜参众议，而定成规。十曰官僚无以养廉，责其
贪则苛。乞将诸路大小官，有俸者量增，无俸者特给。然不取之于
民，惟赋之于民，盖官吏既有所养，不致病民，少增岁赋，亦将乐从。
十一曰内地百姓流移江南避赋役者，已十五万户。去家就旅，岂人
之情，赋重政繁，驱之致此。乞降旨，招集复业，免其后来五年科役，
其余积欠并蠲，事产即日给还。民官满替，以户口增耗为黜陟，其徙
江南不归者，与土著一例当役。十二曰凡丞相安童迁转旧臣，悉为

阿合马摈黜，或居散地，或在远方，并合拔擢录用。十三曰簿录奸党财物，本国家之物，不可视为横得，遂致滥用。宜以之实帑藏、供岁计。十四曰大都非如上都止备巡幸，不应立留守司，此皆阿合马以此位置私党。宜易置总管府。十五曰中书省右丞二，而左丞缺。宜改所增右丞置诸左。十六曰在外行省，不必丞相、平章，止设左右丞以下，庶几内重，不致势均。彼谓非隆其名不足镇压者，奸臣欺罔之论也。十七曰阿里海牙掌兵民之权，子侄姻党，分列权要，官吏出其门者，十之七八，威权不在阿合马下。宜罢职理算，其党虽无污染者，亦当迁转他所，勿使久据湖广。十八曰铨选类奏，贤否莫知。自今三品以上，必引见而后授官。敕与御史大夫玉昔帖木儿议行之。

又言："江南盗贼相挺而起，凡二百余所，皆由拘刷水手与造海船，民不聊生，激而成变。日本之役，宜姑止之。又江西四省军需，宜量民力，勿强以土产所无。凡给物价与民者，必以实，召募水手，当从其所欲，伺民气稍苏，我力粗备，三、二年后，东征未晚。"世祖以为不切，曰："尔之所言如射然，挽弓虽可观，发矢则非是矣。

彧又言："昨中书奉敕差官度量大都州县地亩，本以革权势兼并之弊，欲其明白不得不于军民诸色人户通行核实。又因取勘畜牧数目，初意本非扰民，而近者浮言胥动，恐失农时。"又言："建言者多，孰是孰否，中书宜集议，可行者行之，不可则明谕言者为便。"又言："各路每岁选取室女，宜罢。"又言："宋文思院小口斛，出入官粮，无所容隐，所宜颁行。"皆从之。

二十一年，彧劾奏虚世荣不可居相位，忤旨，罢。二十三年，起为集贤大学士、中奉大夫、同金枢密院事。寻出为甘肃行省右丞。召拜中书右丞。与中书平章政事麦术丁奏曰："近桑哥当国四年，中外诸官鲜有不以贿得者。其昆弟、故旧、妻族皆授要官美地，唯以欺蔽九重、朘削百姓为事。宜令两省严加考核，凡入其党者，皆汰逐之。其出使之臣及按察司官受赇者，论如律，仍追宣敕，除名为民。"又奏："桑哥所设衙门，其闲冗不急之官徒费禄食，宜令百司集议汰罢，及自今调官，宜如旧制，避其籍贯，庶不害公。又大都高赀户，多为桑哥等所容庇，凡百徭役，止令贫民当之。今后徭役，不问何人，宜皆均输，有敢如前以贿求人容庇者，罪之。又军、站诸户，每岁官吏非名取索，赋税倍蓰，民多流移。请自今非奉旨及省部文字，敢私敛民及役军匠者，论如法。又，忽都虎那颜籍户之后，各投下毋擅招集，太宗既行之，江南民籍已定，乞依太宗之法为是。"并如所请。

二十八年，由中书右丞迁御史中丞。彧奏："太医院使刘岳臣尝仕宋，练达政事，比者命其参议机务，众皆称善。乞以为翰林学士，平议朝政。"又言："行御史台奏：'建宁路总管马谋，因捕盗延及平民，有搒掠至死者多，又俘掠人财，迫奸处女，受民财积百五十锭。狱未具，会赦。如臣等议，马谋以非罪杀人，不在原例。'宜令行台诘问明白定罪。"又言："昔行御史台监察御史周祚，劾尚书省官忙兀带、教化、纳速剌丁灭里奸赃，纳速剌丁灭里反诬祚以罪，遣人诣尚书省告桑哥。桑哥暧昧以闻，流祚于憨答孙，妻子家财并没入官。祚至和琳遇乱，走还京师。桑哥又遣诣云南理算钱谷，以赎其罪。今自云南回，臣与省臣阅其状词，罪甚微，宜复其妻子。"从之。二十九年，彧偕御史大夫玉昔帖木儿等奏："四方之人来阙下，率言事以干进。国家名器，资品高下，具有定格。臣等以为，中书、枢密院宜早为铨定，应格者与之，不当与者使去。又言事有是非当否，宜早与详审言之。当者即议施行，或所陈有须诘难条具者，即令其人讲究，否则罢遣。"帝嘉纳之。

又奏："纳速剌丁灭里、忻都、王巨济，党比桑哥，恣为不法，楮币、铨选、盐课、酒税，皆更张变乱之。衔命江南，理算积久逋赋，期限严急，胥卒追逮，半于道路，民至嫁妻卖女，殃及亲邻，维扬、钱塘受害最惨，无故而殒其生者五百余人。近者，阊里按问，悉皆首实请死，士民乃知圣天子仁爱元元，而使之至此者，实桑哥及其凶党之为也，莫不愿食其肉。臣等共议：此三人者既已伏辜，宜令中书省御史台从公论罪，以谢天下。"

又言："河西人薛阇干领兵为宣慰使，吏诣廉访司告其三十六事，檄金事簿问。而薛阇干率军人擒问者辱之，且夺告者以去。臣议：从行台选御史往按问薛阇干，仍先夺其职。"又言："去岁桑哥既败，使臣至自上所者，或不持玺书，口传圣旨，纵释有罪，擅籍人家，真伪莫辨。臣等请自今凡使臣必降玺书，省、台、院诸司，必给印信文书，以杜奸欺。"帝曰："何人乃敢尔耶？"对曰："咬剌也奴、伯颜察儿，比尝传旨纵罪人。"帝悉可其奏。又言："松州达鲁花赤长孙，自言不愿钱谷官，愿备员廉访司，令木八剌沙上闻。传旨至台，特令委用，台臣所宜奉行。但径自陈请，又尝有罪，理应区别。"帝曰："此自卿事，宜审行之。"又奏："江南李淦言叶李过愆，敕赴都辩论，今叶李已死，事有不待辩者。李淦本儒人，请授以教官，旌其直言。"又奏："鄂州一道，旧有按察司，要束木恶其害己，令桑哥奏罢之。臣观鄂州等九郡，境土亦广，宜复置廉访司。行御史台旧治扬州，今扬州隶南京，而行台移治建康；其淮东廉访司旧治淮安，宜移治扬州。"又奏："诸官吏受赇，在朝则诣御史台首告，在外则诣按察司首告，已有成宪。自桑哥当国，受赇者不赴宪台宪司，诣诸司，故尔反覆牵延，事久不竟。臣谓宜如前旨，惟于本台、行台及诸道廉访司首告，诸司无得辄受。又监察御史塔的失言：女直人教化的，去岁东征，妄言以米千石饷阇里帖木儿军万人，奏支钞四百锭，宜令本处廉访司究问，于本处行省追偿议罪。"皆从之。

三月，中书省臣奏，请以彧为右丞，世祖曰："崔彧敢言，惟可使任言责。"闰六月，又同御史大夫玉昔帖木儿奏："近耿熙告：河间盐运司官吏盗官库钱，省台遣人同告者杂问，凡负二万二千余锭，运使征八千九百余锭，犹欠一万三千一百余锭。运使张庸尝献其妹于阿合马，有宠。阿合马既死，以官婢事桑哥，复有宠。故庸贪缘戚属，得久漕司，独盗三千一百锭。宜命台省遣官，同廉访司倍征之。"又言："月林伯察江西廉访司官术儿赤带、河东廉访司官忽儿赤，擅纵盗贼，抑夺民田，贪污不法，今月林伯以事至京，宜就令诘问。"又言："扬州盐运司受贿，多付商贾盐，计直该钞二万二千八百锭。臣等以谓追征足日，课以归省，赃以归台，斟酌定罪，以清蠹源。"又奏："江西詹玉始以妖术致位集贤，当桑哥持国，遣其揩刻江西学粮,贪酷暴横,学校大废。近与臣言:"撒里蛮、答失蛮传旨,以江南有谋叛者,俾乘传往鞫,明日,访知为秃速忽、香山欺罔奏遣。玉在京师,犹敢诳诞如此,宜亟追还讯问。"帝曰:"此恶人也,遣之往者,朕未尝知之。其亟执之。"

三十年,或言:"大都民食唯仰客籴,顷缘官括商船载递诸物,致贩鬻者少,米价翔踊。臣等议:勿令有司括船为便。"宝泉提举张简及子乃蛮带,告或尝受邹道源、许宗师银万五千两,又其子知微讼或不法十余事。敕就中书自辩。或已书简等所告,与已宜对者为牍袖之,视而后对。简父子所告皆无验,并系狱,简瘐死,仍籍其家一女入官。乃蛮带、知微皆坐杖罪除名。

三十一年,成宗即位。先是,千户阔阔出得王玺于扎拉尔氏,以示或,其文曰"受命于天,既寿永昌",或使上之徽仁裕圣皇后。至是,皇后手授成宗。或以久任宪台,乞选他职,不许。帝谕之曰:"卿若辞避,其谁抗言?"或言:"肃政廉访司案牍,而令总管府检劾,非宜。"帝曰:"朕知其事,当时由小人擅奏耳,其改之。"

大德元年,或又条陈台宪诸事,皆见于施行。或居御史台久,又守正不阿,人疾之。监察御史斡罗失剌,劾奏"或兄在先朝尝有罪,不宜还所籍家产。"帝怒其妄言,笞而遣之。十一月,御史台奏:"大都路总管沙的,盗支官钱,及受脏计五千三百缗,准律当杖百七,不叙,以故臣子从轻论。"帝欲仅停其职,或与御史大夫只而合郎执不可。已而御史又奏:"或为中丞且十年,不宜久任。"或遂以病辞,帝谕之曰:"卿辞退诚是,然勉为朕少留。"

闰十二月,兼领侍仪司事,与太常卿刘无隐奏:"新正朝贺,岁常习仪大万安寺。"帝曰:"去岁兀都带以雪故来迟,今而复然,诸不至及失仪者,殿中司、监察御史同纠之。"二年,加荣禄大夫、平章政事,寻与御史大夫秃赤奏:"世祖圣训,凡在籍儒人,皆复其家。今岁月滋久,老者已矣,少者不学,宜遵先制,俾廉访司常加勉厉。"帝深然之,命或与不忽木、阿里浑撒里同翰林、集贤议,特降诏条,颁于各路。或以是年九月卒。至大元年,赠推诚履正功臣、太傅、开府仪同三司,追封郑国公,谥忠肃。

　　史臣曰:汉之汲黯,宋之包拯,元之姚天福,所谓邦之司直者
也。崔彧鉴于斌之受祸,不劾阿合马、桑哥,而事后论其党附者,犹
不免于畏强御,然议论侃侃,切于时务,亦天福之次也。

新元史卷一八五
列传第八二

王磐　李昶　刘肃 庼　王鹗
徐世隆　孟攀鳞

　　王磐,字文炳,广平永年人。世业农,岁得麦万石,乡人号万石王家。父禧,金末入财佐军兴,补进义副尉。大兵破永年,将屠城,禧复罄家赀以献,遂获免。金人迁汴,乃渡河,居汝州之鲁山。

　　磐从麻九畴学,客居贫甚,画碗粥为朝暮食。年二十六,登正大四年进士第,授归德府录事判官,不赴。避乱襄、淮间,宋荆湖制置司辟为议事官。太宗八年,襄阳内附,乃北归,至洛阳。会杨惟中奉诏招集儒士,得磐,深礼敬之。东平行台严实兴学养士,迎磐教授,受业者常数百人,后多为名士。

　　中统元年,拜益都等路宣抚副使,顷之,以疾免。磐乐青州风土,乃买田洄河之上,题其居曰鹿庵,有终焉之意。及李璮谋反,磐觉之,脱身至济南,得驿马驰入京师,因侍臣以闻。世祖即日召见,嘉其诚节,抚劳甚厚。璮据济南,大军讨之,帝命磐参议行中书省事。璮平,挈妻子至东平。召拜翰林直学士,同修国史。

　　出为真定、顺德等路宣慰使。邢水县达鲁花赤忙兀觯贪暴不法,民苦之。有赵清者发者罪,既具伏,其妻赇人以利,使杀清。清逃,尽杀其父母妻子。清诉于官,不为理,又欲反其狱。磐奏置忙兀觯于法,籍其家赀。真定有西域贾人,称贷取息,偿不以时,辄置狱于家,拘系搒掠。且恃势干官府,坐宣慰厅事,指拟属吏。磐大怒,叱左右捽下，筮之。时府治寓城上，即投之城下，几死，郡人称快。未几，蝗赵真定，督捕使者役夫四万人，以为不足，欲牒邻郡助之。磐曰：“四万人多矣，何烦他郡！”使者怒，责磐状，期三日捕尽。磐不为动，亲率役夫督捕，三日蝗尽灭，使者惊以为神。

至元七年，复入翰林为学士。累迁承旨，领集贤院事。言于宰相：“害民之吏，转运司为甚，至税人白骨，使死者不得改葬。宜罢去之，以苏民力。”由是运司遂罢。阿合马讽大臣，请合中书、尚书两省为一，拜右丞相安童为三公，阴欲夺其政柄。诏会议，磐言：“合两省为一，以右丞相总之，实便。不然，宜仍旧，三公不预政事，不宜虚设。”其议遂沮。迁太常少卿，乞致仕，不允。

时朝仪未立，凡称贺，臣僚杂至帐殿前，执法者不能禁其喧扰。磐上疏曰：“按旧制，天子宫门不应入而入者，谓之阑入。阑入之罪，由第一门至第三门，轻重有差。宜令宣徽院籍两省而下百官名，各依班序，听通事舍人传呼赞引，然后进。其越次者，殿中司纠察定罚，不应入而入者，准阑入罪。庶朝廷之礼，渐可整肃。”从之。

曲阜孔子庙，历代给民户百，以供洒扫，复其家。至是，尚书省尽括之。磐言：“林庙户百家，岁赋钞不过六百贯，仅比一六品官终年俸耳。圣朝疆宇万里，财赋岁亿万计，岂爱一六品官俸，不以待孔子？且于府库所益无多，损国体甚大。”时论韪之。帝以天下狱囚滋多，敕诸路自死罪以下，纵遣归家，期秋八月，悉来京师听决，囚如期至，帝恻然悯之，尽原其罪。他日，命近臣作诏，戒喻天下，皆不称旨，磐独以纵囚之意命辞，帝喜曰：“此朕所欲言而不能者，卿乃能为朕言。”嘉奖不已，取酒赐之。再乞致仕，不允。

国子祭酒许衡将告归，帝遣近臣问磐，磐言：“衡素廉介，其所以求退者，得非生员数少，坐縻禀禄，有所不安耶？宜增益生员，使之施教，则庶几人才有成，衡之受禄亦可以无愧。”从之。

磐移疾家居，帝遣使慰谕曰：“卿年虽老，非任烦剧，何以辞为？”仍诏禄之终身，并还所断月俸。磐不得已，复起。诏集百官，问钞轻物重事，磐言：“物贵则不足，物贱则有余，要以节用而不妄费，庶钞、货可平。"

时方伐宋,凡帷幄之谋,有所未决,即遣使问之,磐所奏,每称
上意。帝将用兵日本,问以便宜,磐言:"今伐宋,当用吾全力,庶可
一举取之。若分讨东夷,恐旷日持久,功难卒就。俟宋灭,徐图之未
晚也。"江南既下,磐上疏,大略言:"禁战军士,选择官污吏,赏功罚
罪,推广恩信,所以抚安新附,消弭寇盗。"其言要切,皆见施行。

朝议汰冗官,欲并裁按察司。磐奏曰:"各路州郡,去京师遥远,
贪官污吏,侵害小民,无所控告,惟赖按察司为之申理。若指为冗
官,一例罢去,则小民冤死而无所诉矣。若谓京师有御史台纠察四
方之事,是大不然。夫御史台,纠察朝廷百官、京畿州县,尚恐弗及,
安能及外路?若欲并入运司,运司专以营利增课为职,与管民官常
分彼此,岂暇顾细民之冤抑哉?"由是按察司得不罢。

朝廷录平宋功,迁宰相执政者二十余人,因议更定官制。磐奏
曰:"历代制度,有官品,有爵号,有职位。官爵所以示荣宠,职位所
以委事权。臣下有功有劳,随其大小,酬以官爵;有才有能,称其所
堪,处以职位。此人君御下之术也。臣以为有功者,宜加迁散官,或
赐五等爵号,如汉、唐封侯之制可也,不宜任以职位。"

日本之役,师行有期,磐入谏曰:"日本小夷,海道险远,胜之则
不武,不胜则损威,臣以为勿伐便。"帝震怒,谓非所宜言,且曰:"此
在国法,言者不赦,汝岂有他心耶?"磐对曰:"臣赤心为国,故敢言
之,苟有他心,何为冒万死而归陛下?今臣年已八十,又无子,他心
欲何为耶?"明日,帝遣侍臣以温言慰谕磐,出内府碧玉枕赐之。

磐以年老,累乞骸骨。丞相和礼霍孙为言,诏允其请,进资德大
夫,致仕,仍给半俸终身。皇太子闻其去,召入宫,赐食慰问良久。行
之日,皇太子赐宴圣安寺,公卿百官出送丽泽门外,缙绅以为荣。磐
无子,命其婿著作郎李穉宾为东平判官,以养磐。每大臣燕见,帝数
问磐起居,始终眷顾不衰。磐资性刚方,闲居不妄言笑,每奏对,不
肯阿意承顺,帝尝以古遗直称之,虽权幸侧目,弗顾也。阿合马方得
权,以重币求文,磐拒弗与。所荐宋衟、雷膺、魏初、徐琰、胡祗遹、孟

祺、李谦，后皆为名臣。卒年九十二。赠端贞雅亮佐治功臣、太傅、开府仪同三司，追封洺国公，谥文忠。

李昶，字士都，东平须城人。父世弼，从外家受孙明复《春秋》。金贞祐初，三赴廷试，不第，推恩授彭城主簿，复求试。一夕，梦在李彦榜下及第，时昶年十六，已能文，乃更其名曰彦。兴定二年，父子廷试，昶果以《春秋》中第二甲。世弼在第三甲，授东平教授，卒。

昶释褐，授征事郎、孟州温县丞。累迁尚书省掾，再调漕运提举。金亡，行台严实辟为都事，改行军万户知府事。实卒，子忠济嗣，擢昶为经历。忠济怠于政事，昶谏曰："比年内外裘马相尚，饮宴无节，库藏空虚，百姓匮乏，若犹循习故常，恐生他变。惟阁下接纳正士，黜远小人，损骑从，省宴游，虽不能救已然之失，尚可以弭未然之祸。"时朝廷裁抑诸侯，法制寝密，忠济纵侈自若，昶以亲老求去，不许。俄以父忧去官，杜门教授，一时名士若李谦、马绍、吴衍等，皆出其门。

世祖伐宋，次濮州，闻昶名，召见，问治国用兵之要。昶上疏：论治国，则以用贤、黜不肖、务本清源为对；论用兵，则以伐罪、救民、不嗜杀为对。世祖嘉纳之。

明年，世祖即位，召至开平，昶知无不言，眷遇益厚。时征需烦重，行中书省科征税赋，虽逋户不贷，昶移书时相曰："百姓困于弊政久矣，圣上龙飞，首颁明诏，天下之人，如获更生，拭目倾耳，以俟太平。半年之间，人渐失望，良以渴仰之心太切，兴除之政未孚故也。今又闻欲据丁巳户籍征税，比之见户，或加多十六、七，止验见户，应输犹恐不逮，复令包补逃亡，必致艰难。苟不以抚字为心，惟事苛征，则诸人皆能之，岂圣上擢贤更化之意哉？"省臣感其言，为蠲逋户之赋。

中统二年春，阿里不哥来降，昶上表贺，因进谏曰："患难所以存儆戒，祸乱将以开圣明，伏愿日新其德，虽伏勿休，战胜不矜，功成不有，和辑宗亲，抚绥将士，增修庶政，选用百官，俭以足用，宽以养民,恒以北征宵旰之勤,永为南面逸豫之戒。"世祖称善久之。世祖尝燕处,望见昶辄敛容曰:"李秀才至矣。"其见敬礼如此。会严忠济罢,以其弟忠范代之。忠范表请昶师事之,特授翰林侍讲学士、行东平路总管军民同议官。昶条十二事,划除宿弊。廷议令百姓老疾者,仍充赋役。昶言于政府曰:"鳏寡废疾之人,命所在优恤,此近日德音也。旬月之间,一予一夺,何以示信于民。"其议始格不行。

至元元年,减并各路官,昶谢事家居。五年,起为吏礼部尚书,品格条式,选举礼文之事,多所裁定。凡议大政,宰相延置上座,倾听焉。六年,阿合马议立尚书省,昶请老。七年,诏授南京路总管府尹,不赴。八年,授山东东西道提刑按察使,务持大体,不事苛细,未几致仕。二十二年,昶年已八十三,复遣使征之,以老疾辞,赐田千亩。二十六年卒,年八十七。著《春秋左氏遗意》二十卷、《孟子权衡遗说》五卷。

刘肃,字才卿,威州洺水人。金兴定二年进士。为尚书省令史。盗窃内藏珠及官罗,逮系货珠牙侩及藏吏,诬服者十一人。刑部议皆置极刑,肃执之曰:"盗无正赃,杀之冤。"金主怒,有近侍夜见肃,具道上意。肃曰:"辨析冤狱,我职也,惜一己而戕十一人之命,可乎?"明日,诣省辩愈力。右司郎中张天纲曰:"汝具奏辩之。"奏入,金主悟,囚得不死。

调新蔡令。先时,县赋民以牛多寡为差,民匿牛不耕。肃至,命树畜繁者不加赋,民遂殷富。濒淮民有窜入宋境,籍为兵而优其粮,间有归者,艰于衣食,时出怨言曰:"不如渡淮。"告者以谋叛论,肃曰:"淮限宋境,一水耳,果欲叛,不难往也。口虽言而心无实,准律当杖八十。"奏可。擢户部主事。

金亡,依东平严实,辟行尚书省左司员外郎,又改行军万户府经历。东平岁赋丝银,复输绵十万两、色绢万匹,民不能堪,肃赞实奏罢之。世祖居潜邸,以肃为邢州安宣抚使,肃兴铁冶及行楮币,公私赖焉。

中统元年，擢真定路抚使。时中统新钞行，罢钞银不用。真定以银钞交通于外者，凡八千余贯，公私嚣然，莫知所措。肃建三策：一曰用旧钞，二曰新旧兼用，三曰官以新钞如数易旧钞。中书从其第三策，遂降钞五十万贯。二年，授左三部尚书。未几，兼商议中书省事。三年，致仕，给半俸。四年，卒，年七十六。

肃性舒缓有执守，尝集诸家《易》说，曰《读易备忘》。后累赠推忠赞治功臣、金紫光禄大夫、上柱国、大司徒、邢国公，谥文献。子悫，长葛县主簿，赠光禄大夫、大司徒、邢国公，谥孝靖；宪，礼部侍郎；愈，大名路总管。悫子赓。

赓，字熙载。幼师事王磐。至元十三年，授国史院编修官。迁应奉翰林直文字，辟司徒府长史，仍兼应奉。出为德州同知。累擢太常博士。拜监察御史。中丞崔彧好使气，他御史拜谒，彧平受之，独见赓，则礼焉。

大德二年，擢翰林直学士。秋，大雨河决蒲口，诏赓等塞之。七年，奉使宣抚陕西。至大二年，拜礼部尚书，兼翰林学士。明年，迁侍御史。未几，拜翰林学士承旨，兼国子祭酒。皇庆元年，迁集贤大学士，仍兼祭酒。延祐元年，复为承旨。六年，拜太子宾客。七年，拜集贤大学士。寻又为翰林承旨。泰定元年，加光禄大夫。会集议上尊号，赓抗言不可，事遂已。天历元年卒，年八十一。至顺三年，赠河南行省平章政事、柱国，追封赵国公，谥文贞。

赓官至一品，年七十，父悫尚亡恙，赓躬奉饮食，昕夕侍侧。仁宗闻之曰："此我国家人瑞也。"刻玉为鸠杖以赐，士论荣之。

王鹗，字百一，开州东明人。始生，有大鸟止于庭，乡人张大渊曰："鹗也。是儿其有大名乎！"因名之。幼聪悟，日诵千余言，长工词赋。

金正大元年，登进士一甲第一，授应奉翰林文字。累迁同知申州事，行蔡州汝阳令。丁母忧。金主迁蔡州，诏尚书省移书恒山公武仙进兵，金主览书，问谁为之。右丞完颜仲德曰："前翰林应奉王鹗。"曰："朕即位时状元耶？"召见，惜擢用之晚。起复，授尚书省右司都事，擢左右司郎中。蔡州陷，将受戮，万户张柔闻其名，救之，馆于保州。

世祖在藩邸，访求遗逸之士，遣使聘鹗。及至，使者数辈迎劳，召对。进讲《易》、《尚书》、《孝经》，及齐家治国之道，古今事物之变，每夜分，乃罢。世祖曰："我未能即行汝言，安知异日不知之耶？"鹗就聘时，其友马云汉赠以孔子画像，鹗奏请行释奠礼，世祖悦，礼毕，鹗进胙于世祖。自是，春秋二仲，岁以为常。岁余，鹗乞还，赐以马，仍命近侍阔阔、柴祯等五人从之学。继命徙居大都，赐宅一区。尝因见，请曰："天兵克蔡，金主自缢，其奉御绛山焚葬汝水之傍，礼为旧君有服，愿往葬祭。"世祖义而许之。至则为河水所没，设牲酒为位哭之。

定宗元年春正月辛卯朔，日有食之，世祖问，鹗以宋富弼故事对，世祖为罢宴彻乐，明日始受贺。宪宗六年，遣李尧咨以安车征鹗，与魏璠同召见，奏对称旨，将任以政事，鹗力辞。

中统元年，首授翰林学士承旨，制诰、典章，皆所裁定。至元元年，加资善大夫。上奏："自古帝王得失兴废可考者，以有史在也。我国家以神武定四方，天戈所临，无不臣服者，皆出太祖皇帝庙谟雄断所致，若不乘时纪录，窃恐久而遗亡，宜置局纂实录，附修辽、金二史。"又言："唐太宗始定天下，置弘文馆学士十八人，宋太宗承太祖开创之后，设内外学士院，史册烂然，号称文治。堂堂国朝，岂无英才如唐、宋者乎！"皆从之。始立翰林学士院，鹗荐李冶、李昶、王磐、徒单公履、郝经、徐世隆、高鸣为学士，杨恕、孟攀为待制，王恽、雷膺为修撰，周砥、胡祗遹、孟祺、阎复、刘元为应奉文字，一时人才，搜罗殆尽。复奏立十道提举学校官。

有言事者，谓宰执非其人，诏儒臣廷议可任者宰相者。时阿合马巧佞，欲乘隙取相位，大臣复助之，众知其非，莫敢言。鹗奋然掷笔曰："吾以衰老之年，无以报国，既欲举此人为相，吾不能插驴尾矣。"振袖而起,事遂寝。五年,乞致仕,诏有司岁给廪禄终其身。十年卒,年八十四。十五年,翰林学士承旨和礼合孙、前中书左丞张文谦奏:"鹗,藩邸旧人,宜有封谥。"诏特谥文康。

鹗性乐易,为文章不事雕饰,尝曰:、学者当以穷理为先,分章析句,乃经生举子之业,非为己之学也。"著《论语集义》一卷,《汝南遗事》四卷,诗文四十卷。无子,以婿周铎子之纲为后。之纲,官至翰林侍读学士。

徐世隆,字威卿,陈州西华人。金正大四年进士,为县令。其父戒世隆曰:"汝年少,学未至,毋急仕进,当读书以益智识,俟三十入官未晚也。"世隆遂辞官,益笃于学。

金亡,严实招致幕府,俾掌书记。世隆劝实收养寒素,一时名士多归之。又使世隆考其甲乙,屡入高等者擢用之,李谦、阎复、孟祺、张孔孙、夹谷之奇等皆预其选。

宪宗即位,以为拘榷燕京路课税官,世隆固辞。世祖在潜邸,召见于日月山,时将伐云南,以问世隆,对曰:"孟子有言:'不嗜杀人者能一之。'夫君人者,不嗜杀人,天下可定,况蕞尔之小夷乎!"世祖曰:"诚如卿言,吾事济矣。"实得金太常登歌乐,世祖遣使取之,世隆典领以行,既见,世祖欲留之,世隆以母老辞。遣尚书柴祯送世隆还,严忠济署为本府经历。

中统元年,擢燕京等路宣抚使,世隆以新民善俗为务。中书省檄诸路养禁卫羸马,数以万计,世隆曰:"国马牧于北方,无饲于南者。上新临天下,京畿根本地,烦扰之事,必不为之。马将不来。"吏白:"此军需也,其责不轻。"世隆曰:"责当我坐。"卒弗为备,后马果不至。清沧盐课,亏不及额,世隆综核之,得增羡若干,赐银三十锭。二年,移治顺天,岁饥,世隆发廪贷之,全活甚众。三年,宣抚司罢,世隆还东平,请增宫县大乐、文武二舞,令旧工教习,以备大祀,从之。除世隆太常卿,兼提举本路学校事。四年,世祖问尧、舜、禹、汤为君之道,世隆取书所载帝王事奏之,帝喜曰:"汝为朕直解进读,朕将听之。"书成,帝命翰林承旨安藏译国语以进。

至元元年,迁翰林侍讲学士,兼太常卿,诏命典册多出其手。世隆奏:"陛下帝中国,当行中国事。事之大者,首惟祭祀,祭必有庙。"乞敕有司以时兴建,从之。逾年庙成,迎祖宗神御奉安太室,而大祫礼成。俄兼户部侍郎,承诏议立三省,定内外官制上之。

七年,迁吏部尚书,世隆以铨选无可守之法,撰《选曹八议》,俱著为令。

九年,乞补外,佩虎符为东昌路总管。至郡,专务以德率下,不事鞭笞,郡人颂之。十四年,迁山东提刑按察使。时有妖言狱,所司逮捕凡数百人,世隆剖析诖误者十之八、九,悉纵遣之。十五年,移淮东。宋将许琼家童,告琼匿官库财,有司系其妻孥征之。琼所匿者亡宋之物,不得与盗官财者同论。世隆独抗章辩明,行台是之,释不问。十七年,召为翰林学士,又召为集贤学士,皆以疾辞。

世隆慈祥乐易,人忤之无愠色。喜宾客,乐施与,明习前代典故,尤精律令。二十二年,安童再入相,奏世隆虽老,尚可用。遣使召之,仍以病辞,附奏便宜九事。赐田十顷。未几卒,年八十。著有《瀛洲集》百卷、文集若干卷。

孟攀鳞,字驾之,云内人。曾祖彦甫,以明法为西北路招讨司知事。有疑狱当死者百余人,彦甫执不从,后三日得实,皆释之。祖鹤、父泽民,皆金进士。

攀鳞幼日诵万言,时号奇童。金正大七年,擢进士第,仕至朝散大夫、招讨使。金亡,北归居平阳。定宗元年,为陕西帅府详议官,遂家长安。世祖中统三年,授翰林待制、同修国史。

至元初,召见,攀鳞条陈十七事,劝上亲祀天地、宗庙,制礼乐,建学校,行科举,择守令以字民,储仓廪以赡军,省无名之赋,罢不急之役,百司庶府统有六部,纪纲制度悉由中书,是为长久之计。世祖嘉纳之,咨问谆谆。后论王鹗、许衡优劣,对曰:"鹗文华之士,可置于翰苑;衡明经传道,可为后学矜式。"帝深然之。又尝召问亲祀郊庙仪制，攀鳞悉据经典以对。时帝将亲祀，命攀鳞会太常议定礼仪，攀鳞画南北郊及宗庙之图以进，帝览而善之。复以病请归，命就议陕西五路四川行中书省事。四年卒，年六十四。延佑三年，赠翰林学士承旨、资德大夫、上护军、平原郡公，谥文定。

新元史卷一八六
列传第八三

张惠　石天麟　杨湜　张昉
张天祐　高觽　张九思
郝彬　王伯胜

张惠，字廷杰，成都新繁人。大兵入蜀，惠年十四，被俘至杭海。居数年，尽通诸国语，孟速思爱其才而荐之，入侍世祖藩邸。以谨敏称，赐名兀鲁忽讷特。世祖即位，授燕京宣慰副使。为政宽简，奏免分数钱，罢硝碱局。

至元元年八月，拜中书参知政事，行省山东。赎俘囚二百余家为民，其不能归者，使为僧，建寺居之。李璮之乱，山东民被掠者甚众，惠大括军中，悉纵之。迁制国用使司副使。会改制国用司为尚书省，拜参知政事。迁中书左丞，进右丞。伯颜伐宋，诏惠主馈饷，凡江淮钱谷皆领之。

十三年，宋降，伯颜命惠与参知政事阿剌罕等入城，按阅府库版籍，收其太庙与景灵宫礼乐器及郊天仪仗。籍江南民为工匠凡三十万户，惠选通艺业者十余万户，余悉奏还为民。伯颜以宋主北还，使惠居守。惠不待命，辄启府库封钥，伯颜以闻，诏左丞相阿术、平章政事阿塔海诘之，征还京师。

二十年，拜荣禄大夫、平章政事，行省扬州。二十二年，复命以平章政事行省杭州。至无锡卒，年六十二。惠所至有能声，然依附阿合马，士论少之。以潜邸旧臣，故世祖眷顾独厚云。

石天麟，字天瑞，大都顺州人。年十四，入见太宗。因留宿卫。天麟好学，通诸国文字。帝命耶律楚材厘正庶务，择贤能为参佐，天麟预选，赐名蒙古台。宗王旭烈兀征西域，以天麟为断事官。

宪宗六年，遣天麟使于海都，拘留久之。既而叛王劫皇子北安王以往，寓于天麟所。天麟与其用事者习狎，因告以逆顺祸福之理。海都遂遣天麟与北安王同归。天麟留二十八年始还，世祖大悦，赏赐甚厚。拜中书左丞，兼断事官，天麟辞曰：“臣奉使无状，陛下幸赦弗诛，何敢叨荣宠，贻庙堂之羞。”帝嘉其诚恳，从之。

或潜丞相安童尝受海都官爵，帝怒，天麟奏曰：“海都亲藩，非仇敌比，安童不拒绝之，殆欲导其归命。”帝怒乃解。江南道观藏宋主画像，有僧与道士交恶，发其事，将置极刑，帝以问天麟，对曰：“辽帝后铜像今尚在西京佛寺，未闻干禁令也。”事遂寝。天麟年七十余，帝以金龙头杖赐之，曰：“卿年老，出入宫掖，可杖此。”时权臣桑哥用事，人莫敢言。天麟独劾其奸，无所顾忌。

成宗即位，加荣禄大夫、司徒，召宴玉德殿，醉，命御辇送还。武宗即位，进平章政事。至大二年秋八月卒，年九十二。赠推诚宣力保德翊戴功臣、开府仪同三司、太师、上柱国，追封冀国公，谥忠宣。

子珪，累官治书侍御史，迁枢密副使，复为治书侍御史，拜河南行省中书右丞、南台御史中丞，卒。次子怀都，累官刑部尚书。

杨湜，字彦清，真定槁城人。工书算，始以府史迁检法。中统元年，辟中书掾，与中山杨珍、无极杨卞齐名，时人以三杨目之。中书省初立，国用不足，湜论钞法宜以权货制国用，朝廷从之，使掌其条制。四年，授益都路宣慰司谘议。迁左司提控掾，请严赃吏法。

至元二年，除河南、大名诸处行中书省都事。三年，制国用司总天下钱谷，以湜为员外郎，佩金符。改宣徽院参议。湜计帑立籍，具其出入之算，每月终上之，遂定为令。加诸路交钞都提举，上钞法便宜事,谓平准行用库白金出入,有盗滥之弊,请以五十两铸为铤,文以元宝,用之便。

七年,改制国用司为尚书省,拜户部侍郎,仍兼交钞提举。时用壬子旧籍定民赋役之高下,湜言:"贫富不常,岁久浸易,不可以昔时之籍而定今之赋役。"廷议善之。湜心计精析,时论财政者,咸推其能。未几,卒。

子克忠,安丰路总管。孙贞。

张珪,字显卿,东平汶上人。父汝明,金大安元年进士,官至治书侍御史。

昉性缜密,遇事敢言,以任子试补吏部令史。金亡,还乡里。严实辟为掾。乡人有执左道惑众谋不轨者,事觉逮捕,诖误甚众,僚佐莫敢言,昉独别白出数百人。实才之,擢幕职。有将校死事,以弟袭其职者,至是革去,昉辩明,复之。持金夜馈昉,昉却之,惭谢而去。同里张氏,以丝五万两寄昉家,俄昉家被火,赀用悉焚,惟张氏丝以家人营救独完,人尤义之。权知东平府事,以疾辞,家居养母。

中统四年,参知中书省事。商挺表为四川等处行枢密院参议。至元元年,入为中书省左右司郎中。三年,迁制国用使司郎中。丁内忧,哀毁逾制。

寻诏起复,录囚东平,多所平反。七年,转尚书省左右司郎中。九年,改中书省左右司郎中。昉有识虑,损益古今,裁定典宪,名为称职。十一年,拜兵刑部尚书,上疏乞骸骨,致仕,卒。赠中奉大夫、参知政事,追封东郡公,谥庄宪。

子克通,平阴县尹。孙振,秘书著作郎;揆,中书省左司都事;拱,常德路蒙古学教授。

张天祐,字吉甫,开封浚仪人。幼给事裕宗,以年劳授工匠总管府经历,有能名。至元十四年,转历城尹,未赴,改同知棣州。十八年,诏发济南十路民丁五万浚胶河以通海运,责天祐董其役,丞相哈必赤监之。冬寒，天佑数言宜休众，待春征集，哈必赤不从。天佑行堤，见僵尸枕籍，叹曰："吾曹媚上急功，使民冻死，可乎？"悉纵遣之，言于哈必赤曰："有罪吾请身坐，不以相及。"事闻，帝大为嗟异。裕宗擢为功德司经历，寻改总判院，晋奉训大夫。二十二年，出为太原路总管，有惠政，部民刊石颂之。召参议尚书省事。二十五年，拜中书参知政事。大德四年，改金宣政院事，进资善大夫、同知江南行宣政院事。卒，年六十三。

高觿，字彦解，本女直渤海部人，后改高氏，徙潞州上党。父守忠，国初为千户。太宗九年，从亲王口温不花攻黄州殁于兵。

觿事世祖，备宿卫，甚见亲幸。至元初，立燕王为皇太子，诏选才俊充官属，以觿掌艺文监，兼领中酝、宫卫监门事，又监作皇太子宫，规制有法，帝嘉之，赐金币、厩马，因觿面黄，赐名失剌。十八年，授工部侍郎、行同知王府都总管府事。十九年春，皇太子从帝北幸。时丞相阿合马留守大都，专权恣横，益都千户王著与高和尚等谋杀之。

三月十七日，觿宿卫宫中，有番僧二人至中书省，言今夕皇太子与国师来建佛事。省中疑之，使出入东宫者杂识之，觿等皆不识，乃作番语询僧曰："皇太子及国师今在何处？"二僧失色，又以汉语诘之，仓皇不能对，遂执二僧属吏。讯之，皆不伏。觿恐有变，乃与尚书忙古儿，张九思，集卫士各执弓失以备。顷之，枢密副使张易亦将兵驻宫门外。觿问何为？易曰："夜当自见。"觿固问，乃附耳语曰："皇太子来诛阿合马也。"夜二鼓，忽闻人马声，遥见烛笼仪仗，将至宫门，一人前呼启关，觿谓九思曰："他时殿下还宫，必以完泽、赛音二人先，请见二人，然后启关。"觿呼二人不应，即语之曰："皇太子平日未尝行此门，今何来此？"贼计穷，趋南门。觿留张子政守西门，亟走南门伺之。但闻呼省官姓名，烛影下遥见阿合马及左丞郝祯已被杀。觿乃与九思大呼曰："此贼也！"叱卫士急捕之，高和尚等皆遁去，惟王著就擒。黎明，中丞也先帖木儿与觿等驰驿至上都，以其事闻。高和尚等寻被获，皆伏诛。

二十二年，迁嘉议大夫、同知大都留守司事、少府监。久之，迁中奉大夫、河南等处宣慰使。卒年五十三。后赠推诚协亮功臣、太傅、仪同三司、上柱国、鲁国公，谥庄僖。

张九思，字子有，大都宛平人。父滋，蓟州节度使。至元二年，九思入备宿卫，裕皇居东宫，一见奇之，以父荫当补外，特留不遣。江南平，宋库藏金帛输内府，分授东宫者，置都总管府以主之。九思以工部尚书兼府事。

十九年春，世祖幸上都，皇太子从，阿合马留守。妖僧高和尚、千户王著等谋杀之，夜聚数百人为仪卫，称皇太子，入健德门，传令启关甚遽。九思适直宿宫中，命卫士勿擅启关，语在《高觿传》。贼知不可绐，循垣趋南门外，击杀阿合马、郝祯。时变起仓卒，且昏夜，众莫知所为。九思审其诈，叱卫士并力击贼，贼遁去，惟王著就擒。贼之入也，矫太子命，征兵于枢密副使张易，易遽以兵与之，易既坐诛，刑官复论以知情，将传首四方。九思启太子曰：“张易应变不审，授贼以兵，死复何辞！若坐以同谋，则过矣，请免其传首。”从之。九思讨贼时，右卫指挥颜进中流矢死，怨家诬为贼尝，将籍其家，九思力辩，得免。

是年冬，立詹事院，以九思为丞，遂举名儒上党宋衟、容城刘因、滕州夹谷之奇、郓州李谦，分任东宫官属。二十二年，皇太子卒，朝议欲罢詹事院。九思抗言曰：“有皇孙在，固宗社之所属，人心之所系也。奈何为斯言乎？”众韪之。

三十年，丞相完泽荐之曰：“昔妖僧之变，能审诈御贼者也。”遂拜中书左丞，兼詹事丞。明年，世祖崩，成宗即位，改詹事院为徽政院，以九思为副使。十一月，进资善大夫、中书右丞，兼领修《裕宗实录》事。大德二年，拜荣禄大夫、中书平章政事，兼领徽政院副使如故。五年，改授大司徒、徽政院副使，领将作院事。赐小车得乘出入殿门，谕之曰：“朕知卿必以礼辞，诚念卿宫府旧臣，不忍卿步履之艰也,其毋辞。"既而又诏曰:"昔在东朝,卿于事无所违缺,朕素念之。今佐朕理天下如詹事,朕所望也。"时人荣之。六年,加光禄大夫,卒,六十一。追封鲁国公,赠推诚翊亮功臣、太傅、上柱国,谥惠献。

子金界奴,天历三年为大都留守。文宗建奎章阁,金界奴为都主管公事,帝嘉其才,命为九思立神道碑,以宠之。历官河南行省右丞。

郝彬,字景文,后改名元良,霸州信安人。年十六,为东宫宿卫。擢扬州路治中。宋末,鄞县贼顾闰聚众劫掠海上,宋霸縻以官,内附后益横,彬讨擒之。泰兴人有被杀者,贼二年不获,吏诬平人,狱已具。彬疑其诬,谳之,果得真贼。

二十二年,迁同知淮西道宣慰司事,核户版,理屯田,诸废修举。改江淮财赋府总管府,掌东宫田赋,官属皆以詹事奏授,不隶中书,往往为奸利,诛求无厌。彬为总管,入见,请受宪司纠察以革私弊,罢所隶六提举司以便民,从之。两淮盐课当天下之半,法日弊坏,以彬行户部尚书经理之。彬请度舟楫所通,建六仓,煮盐于场,运之,岁首听群商于转运司探仓筹买券,又定河商、江商市易之法,著为令。

大德中,入为工部尚书,改户部尚书。至大元年,拜中书参知政事。俄以病自免归。尚书省立,拜参知政事,辞不获命。出为江西行省参知政事。三年,复为尚书参知政事。仁宗在东宫,彬恳辞至称疾笃。时相强起之,彬坚卧一榻至数月。迨尚书省臣得罪,彬独不与焉。家居七年,仁宗召为大司农卿,又固辞。延祐七年卒,年六十二。

彬从兄从,河间清盐使。从子志善,监察御史。并有时名。

王伯胜,霸州文安人。兄伯顺,给事内廷,为世祖所亲幸,因以伯胜入见,命直宿卫。伯胜年十一,广颡巨鼻,状貌伟丽,帝顾谓伯顺曰:"此儿当胜卿。"因赐名伯胜。帝尝沃盥,水温冷适当,问谁进者,内侍以伯胜对。帝曰:"此儿达人情,他日必知为政。"

至元二十五年,从征乃颜,以功授朝列大夫、拱卫直都指挥使。初,拱卫直隶教坊,市井无赖往往窜名卫卒,伯胜尽募良家子易之。大德五年八月,扈从上都天久雨,夜闻城西北有声如战鼓。伯胜出视,乃大水暴至,伯胜立具奋畚锸,以土石,毡罽塞门,分决壕城,至旦始定,而民弗知。丞相完泽以闻,帝嘉之。以侍成宗疾,忤安西王,出为大宁路总管,伯顺亦出为梁王傅。

武宗即位,召拜大都留守,兼少府监。大都土城,岁必蘘苇以御雨,日久城日坚,徒为劳费,伯胜奏罢之。

仁宗即位,敕百司改升品级者悉复至元旧制,降授资政大夫,寻复进荣禄大夫,拜辽阳等处行中书省平章政事。辽阳俗陋敝,民不知学。伯胜增置州学子弟,择名师教之。度田百顷,募民耕种,以给廪饩。岁大旱,祷雨立应,人谓之平章雨。延祐二年,仍为大都留守,辽阳民具状乞留,不得请,相与涕泣而去。三年,特授银青荣禄大夫。

至治二年,赐金虎符,授武卫亲军都指挥使,兼大都屯田事,仍大都留守。奉诏监修太庙及咸宁殿。泰定三年卒。赠翊忠宣力保惠功臣、太保、金紫光禄大夫、上柱国,追封蓟国公,谥忠敏。

长子恪,初名安童,累官兵部尚书、南台治书侍御史、佥宣徽院事。次马儿,以宣武将军袭武卫亲军都指挥使。孙善果,袭伯顺官,至大司徒。

新元史卷一八七
列传第八四

尚文　李谦　王约　张升

尚文,字周卿,祁州深泽人,后徙保定,幼嗜学,卓荦负奇志。中统元年,张文谦自河东还,前参知政事王椅荐文才,文谦辟掌书记。至元元年,西夏行中书省复辟之。六年,始立朝仪,太保刘秉忠言于世祖,诏文与诸儒采唐《开元礼》及近代礼仪之可用者,斟酌损益,凡常朝,朔望起居,元日、冬至会觐,内外文武仕卫、服色差等图象、规制,皆文掌之。七年,朝仪成,敕为绵蕞于禁城东,使百官肄习。帝见大书"宸极御座之居",召文问之,对曰:"天极居中,众星环拱,帝德无为,天下归之,其象如此。"帝大悦,遂为定制。迁文司农都事。八年,礼成,置侍仪司。秉忠以文见帝于仁智殿,擢右直侍仪使。十二年,复为司农都事。

十七年,出为辉州知州。怀孟民马氏、宋氏,诬伏杀人,狱久不决。使者檄文谳之,得吏卒罗织状,两狱皆释。十九年,召为户部司金郎中。初,竹税置提举司,怀、卫二州居民,犯一笋、一竹,率以私论,至破家。至是,文抗言罢之,俾州县收其课,民便之,江西行省与宣慰使交讼,皇太子使文讯其事;罢行省官及宣慰使各一。

二十二年,迁御史台都事。南台御史上封事,言帝春秋高,宜禅位皇太子,皇太子闻之惧,文因寝其奏不发。答即古阿散等知之,奏请收内外百司吏案,索天下钱粮之埋没者,实欲藉发其事。文白于右丞相安童、御史大夫月吕鲁那延,并拒不问。翌日,答即古等奏闻,敕宗正薛彻干取其奏。皇太子益惧,文曰:"事急矣!"白月吕鲁请就省图之至,谓安童曰:"丞相、大夫皆朝廷柱石,皇太子天下根本。固本安天下,两公任也。此辈倾险,乘衅图不逞,祸且不测。今先事言之,使噤不容喙,策之上者也。"安童与月吕鲁即入言状,帝怒曰:汝等无罪耶?"安童进曰:"臣等无所逃罪。但此辈皆阿合马余党,名丽刑书,藉事动摇人心,宜以重臣为之长,庶可杜纷扰。"帝怒稍解,可其奏。既而答即古受人金,与其党俱坐奸赃论死,事始寝。未几,擢大司农丞。

二十四年,置尚书省,桑哥为右丞相。使者四出峻绳督,务嬴官缗以邀功赏。文奉使江南,得钞缗四十万,以三之一还于民。桑哥虽不悦,无以罪之。明年,复使江西,时至元钞始行,禁私易金银,胥吏缘为奸利。或诬熊甲买金尺,乞输直,不听,乃贷簪珥作新尺,符其妄。刘甲诬其弟贸金银。狱久不决。文至,俱辨其诬。二十六年,迁司农少卿。尚书省罢,迁吏部侍郎,撮尚书省变革所不当者,奏上之。明年,出为江南湖北道肃政廉访使。三十一年,召为刑部尚书。

元贞元年,拜中台侍御史。湖州司狱郭圮诉浙西廉访司金事张孝思多取廪饩,孝思系圮于狱,行台使监察御史杨仁鞫之。浙江行行省平章铁木尔逮孝思至省讯问,又令其属官与仁同鞫圮事,仁不从。行台及浙西廉访使劾铁木耳不法者十七事。诏遣文往讯之。铁木耳挟贵力争不服,以国制军数禁密,劾御史违制取会防镇军数,帝命行台、宣政使诸大臣会议,咸曰:"平章所犯者轻,事宜宥,御史法当死。"文抗言:"平章不受簿责,无人臣礼。御史因兵士争诉,责其帅均役,情无害法。必谓军数有禁,则胥吏掌给盐米伍籍,谁不知者。上初登大宝,岂宜滥刑以累圣德。"诏廷辩数四,帝意悟,平章、御史各杖遣之。

二年,建言:"治平之世,不宜数赦"及停罢不急之役。帝皆嘉纳之。出为河北河南肃政廉访使。大德元年,河决杞县蒲口,文上言:"自孟津而下,地平土疏,迁徙不常,蒲口不塞便。"语详《河渠志》。会山东官吏争言:"不塞,则河北尽为鱼鳖之区,塞之便。"帝复从之。明年,蒲口再决,塞河之役,无岁无之。是后水北入河复故道,竟如文言。

三年,调山东肃政廉访使。历行省参知政事、行御史台中丞。七年,召拜资善大夫、中书左丞。浙西饥,发廪不足,奏请募民入粟补官以赈之。又奏斥罢江南白云宗,与民均事赋役。西域贾人进售珍宝,其价六十万锭,省臣顾谓文曰:"此所谓押忽大珠也,六十万酬之不为过矣。"一坐传玩,文问何所用之,曰:"含之可不渴,熨面可使目有光。"文曰:"一人含之,十万人不渴,则诚宝也;若一宝止济一人,用已微矣。吾之所谓宝者,米粟是也,一日不食则饥,三日不食则疾,七日则死,有则百姓安,无则天下乱。以功用较之,岂不愈于彼乎?"省臣固请观之,文竟不为动。年六十九,告老归。十年,拜昭文馆大学士、中书右丞,商议中书省事,固辞。

自是累召皆不至。延祐六年,拜太子詹事,使者三往,乃起。常见上于嘉禧殿。上谓太保曲枢曰:"此自世祖时效力洁净人也。"命教太子,待以殊礼。泰定三年,以中书平章政事致仕。明年,卒于家,年九十二,追封齐国公,谥正献。

李谦,字受益,郓州东阿人。祖元,以医著名。谦始就学,日记数千言,与徐世隆、孟祺、阎复齐名。为东平府教授,生徒四集,累官万户府经历。先时,教授无俸,郡敛儒户银百两为束修,谦辞不受。

翰林学士王磐以谦名闻,召为应奉翰林文字,一时制诰,多出其手。至元十五年,迁待制。扈驾至上都,赐银壶、藤枕。十八年,迁直学士,为太子左谕德,侍裕宗于东宫。陈十事:曰正心,曰睦亲,曰崇俭,曰几谏,曰戢兵,曰亲贤,曰尚文,曰定律,曰正名,曰革弊。裕宗崩,世祖又命傅成宗于潜邸,转侍读学士。帝饮群臣酒,谓谦曰:"闻卿不饮,然为朕强饮。"因赐葡萄酒一钟曰:"此极醉人,恐汝不胜。"令近侍扶之出。二十六年,以足疾辞归。

三十一年,成宗即位,驿召至上都。既见,劳曰:"朕知卿有疾,然京师去家不远,且多良医,能愈疾。卿当与谋国政,余不以劳卿也。"迁翰林学士。元贞初,引疾归。大德六年,召为翰林学士承旨,以年七十一,乞致仕。九年,又召迁。至大元年,给半俸。仁宗为皇太子,召为太子少傅,谦固辞。

仁宗即位,召旧臣十六人,谦居其首。乃力疾见帝于行在,疏言九事,曰:"正心术以正百官,崇孝治以先天下,选贤能以居辅相之位,广视听以通上下之情,恤贫乏以重邦家之本,课农桑以丰衣食之源,兴学校以广人材之路,颁律令使民不犯,练士卒使武备不弛。至于振肃纪纲、纠察内外,台宪之官尤当选素著清望、深明治体、不事苛细者为之。"帝嘉纳焉。迁集贤大学士、荣禄大夫,致仕,赐银一百五十两,金织币及帛各三匹。归,卒于家,年七十九。

谦文章醇雅,不尚浮巧,学者宗之。子偘,官至大名路总管。

王约,字彦博,其先开封人,后徙家真定。约少从中丞魏初游,博览经史,工文辞。至元十三年,翰林学士王磐荐为从事,承旨和鲁火孙以司徒开府,奏为翰林国史院编修官,兼司徒府掾。既而辟中书掾,除礼部主事。

二十四年,拜监察御史,首请建储及修国史。时丞相桑哥衔参政郭佑为中丞时奏劾卢世荣等,诬以他罪,约上疏直佑冤。转御史台都事。南台待御史程文海入言事,多斥桑哥罪状。桑哥怒,以约与之表里,奏请杀之,上不从。约以秦陇地远,请立陕西行台,从之。出赈河间饥民,全活甚众。

三十一年,迁中书右司员外郎。四月,成宗即位,条上二十二事,曰:实京师,放差税,开猎禁,蠲逋负,赈穷独,停冗役,禁鹰房,振风宪,除宿蠹,慰远方,却贡献,询利病,利农民,励学校,立义仓,核税户,重名爵,明赏罚,择守令,汰官属,定律令,革两司。又请中书,外取信于行省,内责成于六部。调兵部郎中,改礼部郎中。请复赠谥之典,付时政记于史馆,立供需府以专供亿,皆从之。拜翰林直学士、知制诰同修国史。奉诏赈京畿东道饥民,因奏京东利病十事,请再发廪赈之。中书用其言,民困以苏。高丽王昛年老,传国于太子谔,谗臣以飞语间之,及谔朝京师,留谔不遣。昄复位,乃委用小人,淫刑厚敛。国人群诉于朝,使约验问之。约至,谕之曰:"天地间至亲者父子,至重者君臣。彼小人知自利,宁肯为汝家国地耶!昄感泣,谢曰:"臣年耄,听信憸邪,是以致此,今闻命矣。愿奉表自雪,且请谔还国,奸臣党与,悉听使者治之。"翼日,约逮捕奸臣党与,流二十二人,杖三人,黜有官者二人。命旧臣洪子藩为相,更其弊政,东民大悦。还报称旨,除太常少卿。

寻诏约同宗正、御史谳狱京师,约辞职在奉祭祀,帝不允。乃阅诸狱,决二百六十六人,当死者七十二人,释无罪者八十六人,平反十人,杖流八十人,因议斗殴杀人者宜减死一等,著为令。浙民讼于台、省,狱久不决,命约讯之。约至杭,二十日而决,台省无异辞。使还,特拜刑部尚书。

大德十一年,仁宗至自怀州。平章赛典赤、安西王阿难答与左丞相阿忽台潜谋为乱,命刑部按其罪状。约曰:"在法,谋逆不必榜掠,当伏诛。"帝从之。

监察御史言通州仓米三万石,因雨湿败。约谓乃积气所蒸,释守者罪。宗王兄弟二人守边,兄阴有异志,弟谏不听,即驰去,兄遣奴挟弓矢追之,弟发矢毙其奴,兄诉囚其弟,狱当死。约虑囚曰:"兄之奴即弟之奴,况杀之有故。"立释之。

迁礼部尚书,请定丁忧、旌表之制,免都城煤炭税,皆从之。京师民王甲殁,有遗腹子育于姊家,年十六,诉其姊匿赀若干,有司责之急。约曰:"无父之子育之成人,姊之恩多矣。诚利其赀,宁有今日耶!"改前议而斥之。

至大二年正月,上武宗尊号及册皇后,凡典礼仪注,皆约所手定。仁宗在东宫,雅知约名,思用以自辅,擢太子詹事丞。从幸五台山,约谏不可久留,即日还上都。初安西王以谋逆诛,国除,版赋入詹事院。至是,大臣奏请封其子。约曰:"安西以何罪诛?今复之,无以惩将来。"议遂寝。明年,进太子副詹事。

承制立左卫率府,统侍卫万人,同列欲署军官,约持不可,众难之曰:"东宫非枢密使耶?"约曰:"詹事,东宫官也,预枢密事可乎?"仁宗复召问约,对曰:"皇太子事,不敢不为;天子事,不敢为。"仁宗悟,竟罢议。同列复传命增立右卫率府,取河南蒙古军万人统之。约屏人语曰:"左卫率府,旧制有之,今置右府何为?诸公宜深思之,不可累储宫也。"又命收安西兵仗,给宿卫士。约谓詹事完泽曰:"詹事移文数千里取兵仗,人必惊疑。主上闻之,奈何?"完泽谢曰:"吾虑不及此。"又命福建取绣工童男六人。约曰:"福建去京师六七千里,使人父子兄弟相离,有司承风扰累,岂美事耶!"仁宗立罢之,称善再三。家令薛居敬上言陕西分地五事,请使约往,约不为署行,语之曰:"太子,潜龙也。当勿用之时,为飞龙之事可乎?"遂止。约荐翰林学士李谦为太子少傅,请立故丞相淮安忠武王伯颜祠于杭州,皆从之。

　　仁宗赐犀带,又赐江南所取书籍,皆固辞。帝字而不名,谓群臣曰:"事未经王彦博议者,勿启。"又谓中丞朵觯曰:"在詹事而不求赐予者,惟彦博与汝二人耳。"一日,帝幸西园观角觝戏,敕取缯帛赐之。约入,遥见问曰:"汝何为来?"帝遽命止之。又欲观俳戏,事已集而约至,即命罢去,其见敬礼如此。四年三月,帝即位,欲用阴阳家言,御光天殿,即东宫也。约言于大保曲枢曰:"正名定分,当御大内。"曲枢入奏,遂即位于大明殿。中书奏约陕西行省参知政事,特拜河南行省右丞。约陛辞,帝赐卮酒及弓矢。

　　先是,至大间尚书省用言者,冒献河南官民地为无主地,奏立田粮府,岁输数万石,是岁诏罢之,窜言者于海外,命河南行省还其田于业主,省吏并缘为奸,田仍未给。约至,立限檄郡县,厘正之。会更铜钱银钞法,且令天下税,尽收至大钞。约度河南岁用钞七万锭,必致上供不给,乃下诸州,凡至大至元钞相半,众以方诏命为言,约曰:"吾岂不知,第岁终诸事不集,责亦匪轻。"丞相卜怜吉歹从之,遣使白于中书,省臣大悦,遂遍行天下。

　　皇庆改元元日,诏中书省曰:"汴省王丞可即召之。"约至,召见,慰劳,特拜集贤大学士。建议行封赠、禁服色、兴科举,皆著为令。疏荐国子博士姚登孙、应奉翰林文字揭傒斯、成都儒士杨静，请起复中山知府致仕辅惟良、前尚书参议李源、左司员外郎曹元用，皆擢用有差。

延祐二年，丞相帖木迭儿专政，奏遣大臣分道奉使宣抚，命约巡行燕南山东道。卫辉民有殴母者，有司论如法，其母诉言："老妾惟此一息，死则门户绝矣。"约原其情，杖一百遣之。冠州民有兄讦其弟，压诅者，谳之，则曰："我求嗣也。"索《授时历》验其日良信，立纵之。使还，拜枢密副使，视事，明日召见赐酒，帝谓左右曰："人言彦博老病，朕今见之，精力尚强，可以大任也。"是夕，知枢密院驸马塔失帖木迭儿宿卫，帝戒之曰："彦博非汝友，宜事之。

英宗即位，帖木迭儿复相，约辞职不出。二年，以年七十致仕。三年，丞相拜住当国，约复拜集贤大学士，商议中书省事。每日一至中书省议事。朝廷议罢征东省，立三韩省，诏下中书杂议，约对曰："高丽去京师四千里，地瘠民贫，非中原比，万一梗化，平之非易，不如守祖宗之旧。"丞相称善，议遂寝。高丽人闻之，图约像归，祠之曰："不绝国祀者，王公也。"

天历元年，文宗践祚，约入贺，赐宴大明殿，帝劳问甚欢。时年七十有七。至顺四年二月卒，年八十二。皇太后闻之嗟悼，以尚酝二尊遣徽政院臣临吊致奠，敕中书省以下赙赠有差。

约有《史论》三十卷，《高丽志》四卷，《潜丘稿》三十卷，行于世。子思诚，秘书监著作郎。

张升，字伯高，其先定州人，后徙平州。父昂霄，管勾济民盐场，有文行。

升幼警敏，既长，力学，工文辞。至元二十九年，用荐者授翰林国史院编修官，预修《世祖实录》，迁应奉翰林文字，寻升修撰。历兴文署令、太常博士。成宗崩，中书议奉徽号，祔宗庙，升曰："凡有事于宗庙，必书嗣皇帝名，今将何书？"议遂寝。

武宗即位，议躬祀礼，升据礼经以对，帝嘉纳之。除礼仪院判官。久之，出为汝宁府知府。民告有寄于其家者，逾三年取阅，有禁书一编，且记里中大家姓名于上，升亟呼吏焚其书，曰："妄言诬民，且再更赦矣，勿论。"同列惧，皆引起，既而事闻，廷议遣使穷问，卒无迹可指，乃诘以擅焚书状，对曰："升备位郡守，为民父母，今屏诬诉，免冤滥，重得罪不避。"乃坐夺俸二月。旁郡移文报术者言："岁值壬子六月朔日蚀，其占为兵寇；岁癸丑，其应在吴分野。"同列欲召属县为备御计，升曰："此讹言，久当自息，毋惑民听。"众论韪之。部使者举治行为诸郡最。历江西行省左右郎中，除绍兴路总管。

初，大德间，越大饥，且疫疠，民死者殆半，赋税盐课责里胥代纳，吏并缘为奸，害富家，升证于簿籍，白行省蠲之。前总管为江浙行省参知政事，争代者禄米，有隙，欲内之罪，移平江岁输海运粮布囊三万，俾绍兴制如数，民不能堪。更数总管，谓岁例如此，置弗问。升言："麻非越产，海漕又于越无涉。"章上，卒罢之。历湖北道廉访使、江南行台治书侍御史，召为参议中书省事，改枢密院判官，寻复中书参议。

至治二年，又出为河东道廉访使，未行，拜治书侍御史。明年，出为淮西道廉访使。泰定二年，拜陕西行省参知政事，加中奉大夫，寻迁辽东道廉访使。致和元年，永平大水，民多捐瘠，升请发海道粮十八万石，钞五万缗赈饥民，且蠲其岁赋，朝廷从之，全活甚众。明年，召拜侍御史。

天历初，出为山东道廉访使，赐尚酝文币。逾年，召为太禧院副使，兼奉赞神御殿事，除河南省左丞，复迁淮西道廉访使。升时年六十有九，上书乞致仕。至顺二年，复起为集贤侍讲学士。

元统元年，惠宗即位，首诏在廷耆艾，访问治道，升条上所宜先者十事。寻兼经筵官，廷试进士，特命升读卷，事已，告省先墓。帝赐金织文袍，以宠其归。明年，以奎章阁大学士、资善大夫、知经筵事召，赐上尊，趣就职，以疾辞。命本郡月给禄半，以终其身。至正元年卒，年八十一。赠资德大夫、河南等处行中书省左丞，谥文宪。

弟昺，幼有令誉，日诵数千言，受业于滕安上。安上卒，昺方为兵曹掾,弃官奔其丧,时论高之。早卒。

　　史臣曰:尚文、李谦诸人,历仕累朝,年逾耆艾,忠规谠论,始终一节,可谓人之模范,国之蓍龟。《书》曰:"询兹黄发,则罔所愆。"诸人其庶几焉。

新元史卷一八八
列传第八五

王恽 逊志　　高鸣　　王思廉
荆玩恒　马绍　　阎复　　王倚
高克恭　　夹谷之奇　　臧梦解
燕公楠　　白恪　　李衎
张伯淳

　　王恽，字仲谋，卫辉汲县人。父天铎，金户部主事，著《易学集说》，为名儒。

　　恽好学，善属文。史天泽将兵过卫，一见接以宾礼。中统元年，左丞姚枢宣抚东平，辟为详议官。时省府初建，令诸路各上儒吏能理财者一人，恽以选至京师，上书论时政，与渤海周正并擢为行中书省详定官。二年春，从行中书省丞相祃祃等赴开平，转翰林修撰、同知制诰，兼国史院编修官，寻兼中书省左右司都事。初高丽国相致书于省府，欲命恽为答书。恽曰：“境外之交，非人臣所宜。范仲淹谕元昊，尚得罪于仁宗。可以为戒。”乃止。

　　至元五年，建御史台，拜监察御史，条奏百五十余事。时都水刘晸陷没官粮四十余万石，恽劾之，又言：“晸监修太庙，转官受赏，今才数年，梁柱摧朽，事涉不敬，宜论如法。”秩满，陈天祐、雷膺交荐于朝。

九年,授平阳路总管府判官。初,绛州太平县民杀其兄,蔓引逮系者三百余人,五年不决。朝廷委恽鞫之,一讯而服,乃尽出逮系者。州久旱,一夕大雨。十三年,奉命试儒人于河南。十四年,除翰林待制,拜朝列大夫、河南江北道提刑按察副使。寻迁燕南河北道。十八年,拜中议大夫、行御史台治书侍御史,不赴。

裕宗在东宫,恽进《承华事略》,其目曰:广教、立受、端本、进学、择术、谨习、听政、达聪、抚军、崇儒、亲贤、去邪、纳诲、几谏、从谏、推恩、尚俭、戒逸、明分、审官,凡二十篇。裕宗览而善之,赐酒慰喻。

十九年春,改山东东西道提刑按察副使,在官一年,以疾告。二十二年春,召为左司郎中。时右丞卢世荣以聚敛进用,屡趣恽入都,不赴。或问其故,恽曰:“力小任大,剥众利己,未有能全者。远之尚恐见浼,况近之乎!”既而果败。

二十六年,授少中大夫、福建闽海道提刑按察使。黜官吏贪污者数十人;察系囚冤滞者,决而遣之;戒成兵无寓民家,创营房居之。恽以为治之本在于得人,奏福建连山距海,为边徼重地,今行省官平章政事、左丞尚缺,宜选清望素著、简在帝心、足以抚绥黎庶、折冲外侮者任之。又以行省讨剧贼钟明亮无功,条陈利害。帝并韪之。

二十八年,召至京师。二十九年春,见帝于柳林行宫,上书极陈时政。授翰林学士。

成宗即位,又献《守成事鉴》十五篇,所论悉本于经义。元贞元年,加通议大夫、知制诰同修国史,纂修《世祖实录》,因集《圣训》六卷上之。大德元年,进中奉大夫。二年,以恽与阎复等十二人清贫守职,各赐钞二千一百余锭。乞致仕,不许。五年,再上章求退,授其子公孺为卫州推官,以便养,仍官其孙笱秘书郎。八年六月,卒。赠翰林学士承旨、资善大夫,追封太原郡公,谥文定。著有《相鉴》五十卷,《汲郡志》十五卷,《承华事略》、《中堂事记》、《乌台笔补》、《玉堂嘉话》,并杂著诗文,合为《秋涧集》一百卷。曾孙逊志。

逊志，字文敏。以荫授侍仪司通事舍人，累迁监察御史。劾奏詹事卜兰奚、平章政事宜童皆逆臣子孙，当屏诸遐裔。不报。除太府少监。出为江西廉访副使，召金太常礼仪院事。京师陷，百官出降，逊志独家居衣冠而坐。其友中正院判官王翼来曰：“新朝宽大，不惟不死，且录用，曷诣官自陈。”逊志艴然曰：“君既不忠，又诱人为不义耶？”扚之，出语其子曰：“汝速行，以继吾宗。”遂自投井中死。

高鸣，字雄飞，真定人。少以文学知名。元好问荐于世祖，未报。诸王旭烈兀将征西域，闻其贤，遣使三召之，鸣乃起，条上二十余策，旭烈兀称善，荐为彰德路总管。政暇即诣学舍，亲讲经义，郡人知有经学，自鸣始。

世祖即位，赐诰命金符，召为翰林学士，兼太常少卿。至元五年，立御史台，以鸣为侍御史，台章多其裁定。寻立四道按察司，选任名士，鸣所荐居多。时中书、枢密事务壅滞，言者请置都事官各二人，鸣曰：“臣职在奉宪，愿举察之，毋庸员外置人。”七年，议立三省。鸣上封事曰：“臣闻三省，设自近古，其法由中书出政，移门下，议不合，则有驳正，或封还诏书，议合，则还移中书。中书移尚书，尚书乃下六部、郡国。方今天下大于古，而事益繁，取决一省，犹恐壅滞，况三省乎？且多置官者，求免失政也，但使贤俊萃于一堂，连署参决，自不至于旷废，岂必别官异坐，而后无失政乎。不如一省便。”世祖深然之，议遂罢。川、陕盗起，省臣请专戮其尤者，朝议将从之。鸣谏曰：“制令天下上死囚，必待论报，所以重用刑、惜民命也。今从其请，是开天下擅杀之路，害仁政甚大。”帝曰：“善。”令速止之。

鸣每以敢言被上知，尝入内，值大风雪，帝谓御史大夫塔察儿曰：“高学士年老，后有大政，就问可也。”赐太官酒肉慰劳之。九年，迁吏礼部尚书。十一年，病卒，年六十六，谥文献。著有《河东集》五十卷。

　　三子：易训、书训、诗训，俱知名。书训，官应奉翰林文字、同知制诰兼国史院编修。

　　王思廉，字仲常，真定获鹿人。幼师太原元好问，既冠，张德辉宣抚河东，辟掌书记，谢病归。至元十年，董文忠荐于世祖，帝问文忠曰：“汝何由知其贤？”对曰：“乡人之善者称之。”遂召见，授符宝局掌书。十三年，姚枢举为昭文馆待制，迁奉训大夫、符宝局直长。

　　十四年，改翰林待制，尝进读《通鉴》，至唐太宗有杀魏徵语，及长孙皇后进谏事，帝命内官引至皇后阁，讲之，后曰：“是诚有益。尔宜择善言进讲，勿以渎辞烦上听也。”每侍读，帝命御史大夫玉速帖木儿、太师月赤察儿、御史中丞撒里蛮、翰林学士承旨掇立察等，咸听受焉。帝尝御延春阁，大赍群臣，命十人为列以进，思廉在卫士之列，帝责董文忠曰：“思廉儒臣，岂宜列卫士中！”

　　十八年，进典瑞少监。十九年，帝幸白海，时千户王著矫杀奸臣阿合马于大都，辞连枢密副使张易。帝召思廉至行殿，屏左右，问曰：“张易反，若知之乎？”对曰：“未详。”帝曰：“反已，何未详也？”思廉徐奏曰：“僭号改元谓之反，亡入他国谓之叛，群聚山林贼害民物谓之乱，张易之事，臣实不知。”帝曰：“朕自即位以来，如李璮之不臣，岂以我若汉高祖、赵太祖，遽陟帝位者乎？”思廉曰：“陛下神圣天纵，前代之君不足比也。”帝叹曰：“朕往者，有问于窦默，其应如响。盖心口不相违，故不思而得，朕今有问汝，能然乎？且张易所为，张文谦知之否？思廉曰：“文谦不知。”帝曰：“何以明之？”对曰：“二人不相能，臣故料其不知。”因此文谦获免。

　　二十年，迁太监。裕宗居东宫，思廉进曰：“殿下府中宜建学官，令左右近侍皆亲正学，必能裨辅明德。”裕宗然之。裕宗欲买甲第赐思廉，思廉固辞。二十三年，改嘉议大夫、同知大都留守，兼少府监事。乃颜叛，帝亲征，思廉谓留守段贞曰：“藩王反侧，地大故也，汉晁错削地之策，实为良图，盍为上言之。”贞白其事于帝，帝曰：“汝何能出是言？”贞以思廉对，帝嘉之。二十九年，迁正议大夫、枢密院判官。

成宗即位,迁中奉大夫、翰林学士,仍枢密院判官,以病归。三年,起为工部尚书,拜征东行省参知政事。七年,总管大名路。八年,召为集贤学士。十一年,授正奉大夫、太子宾客。

仁宗即位,以翰林学士承旨、资善大夫致仕。延祐七年卒,年八十三岁。赠翰林学士承旨、资德大夫、河南江北等处行中书省右丞、上护军,追封恒山郡公,谥文恭。

初思廉官符宝局,有荆玩恒与思廉齐名,世祖尝谓荆、王二人,可为司符宝者师表云。

玩恒,字文纪,赵州宁晋人。少从李冶受学。张文谦荐为兴文署校理,迁符宝局直长,擢典瑞监丞,迁少监。世祖以符宝国之重器,择儒臣慎密者掌之,得玩恒,以为称职。故玩恒在典瑞监十三年,不迁他官。

后出为淮东道提刑按察使,改肃政廉访使。时彻里为江浙行省平章政事,玩恒奏言:"奸臣桑哥倚势弄权,众皆慑伏,独近侍彻里不避雷霆之怒,言于陛下,卒使奸臣伏辜。臣素知其人,进退不苟,有大臣謇谔之风,宜置于朝廷,使献可替否,弼成大业。"时世祖已不豫,遂召还彻里侍医药。成宗即位,改辽东道肃政廉访使,致仕,卒。谥端敏。子讷,右卫屯田千户。

马绍,字子卿,济州金乡人。从上党张播学。丞相安童奏言,宜得儒士讲经史,以资见闻。平章政事张启元以绍应诏,授左右司都事,出知单州,民刻石颂德。至元十年,金山东东西道提刑按察司事。益都宁海饥,绍发粟赈之。十三年,移金河北河南道提刑按察司事,未行,属江淮甫定,选官抚治,迁同知和州路总管府事。

十九年,诏割隆兴为东宫分地,皇太子选署总管,未几,入为刑部尚书。万亿库吏盗绒四两,时相欲置之重典,绍言:"物情俱轻,宜贷减。"乃决杖释之。河间李移住妄言惑众,谋为不轨,绍被檄按问,多所全活。二十年,擢参议中书省事。二十二年,改兵部尚书。逾年,复为刑部尚书。二十四年,分立尚书省,拜参知政事,赐中统钞五千缗。

时更印至元钞,前信州三务提举杜璠言:"至元钞公私不便。"平章政事桑哥怒曰:"杜璠何人,敢沮吾钞法耶?欲当以重罪。绍从容言曰:"国家导人使言,言可采,用之,不可采,亦不之罪。今重罪璠,岂不与诏书违戾乎?"璠得免罪。进尚书左丞。边卒有过支廪米者,有司以闻,帝欲究问。绍言:"方边庭用兵,罪之,惧失将士心。所支逾数者,当明年之数可也。"从之。

海都作乱,其民来归者七十余万,散居云、朔间,桑哥议徙之内地,绍持不可。桑哥怒曰:"马左丞爱惜汉人,欲令馁死此辈耶?"绍徐曰:"南土地燠,北人居之,虑生疾疫。若恐馁死,曷若计口给羊马之资,俾还本土。言有异同,丞相何以怒为?宜取圣裁。"乃奏闻,帝曰:"马秀才所言是也。"

桑哥集诸路总管三十人,导之入见,欲以趣办财赋之多寡为殿最。帝曰:"财赋办集,非民力困竭必不能。然朕之府库,岂少此哉!"绍退录圣训,付史官书之。时议增盐课,绍独力争山东课不可增。议增赋,绍曰:"苟不节浮费,虽重敛数倍,亦不足也。"事获寝。都城种苜蓿地,分给居民,省臣因取为己有,以一区授绍,绍独不取。桑哥欲奏请赐绍,辞曰:"绍以非才居政府,恒忧不能塞责,讵敢徼非分之福,以速罪戾!"桑哥败,索其行赂之簿阅之,独无绍名。桑哥曰:"使吾早信马左丞之言,必不至今日之祸。"帝曰:"马左丞忠洁可尚,其复旧职。"尚书省罢,改中书左丞,居再岁,移疾还家。

元贞元年,迁中书右丞,行江浙省事。大德三年,移河南省。明年卒。

阎复,字子静,其先平阳人,后徙于高唐州。

复始生,有奇光照室。幼入东平府学,师事名儒康晔。严实招诸生肄进士业,延元好问校试,四人中选,复为首,徐琰、李谦、孟祺次之，时称东平四杰。

宪宗九年，行台辟为书记，迁御史台掾。至元八年，用王磐荐，授翰林应奉文字，充会同馆副使，兼接伴使。扈驾上都，应制赋诗，寓规讽之意，帝顾和礼霍孙曰："有才如此，何可不用。"擢翰林修撰。十四年，出佥河北河南道提刑按察司事。十六年，入为翰林直学士，以州县学官多不称职，建议定铨选之法。累迁侍讲学士，兼集贤侍讲学士，兼领会同馆事。

二十三年，擢翰林学士，改集贤学士。二十八年，尚书省罢，帝召对便殿，谕以卿为执政何如？复谢不胜任。帝谓左右曰："让为美事，勿强之。"迁浙西道肃政廉访使。先是，桑哥当国，复被命撰《桑哥辅政碑》。至是，桑哥败，诏有司踣其碑，复亦坐免官。

成宗即位，诏旧臣入朝，除集贤学士，阶正议大夫。疏言："京师宜建孔子庙，用释奠雅乐。"从之。又言："宜复曲阜县守冢户。"其后诏赐孔林洒扫二十八户、田五千亩，皆由复之请云。三年，因星变，条上十九事，帝赐钞币旌之。大德元年，仍迁翰林学士。三年，帝召至榻前，密问曰："左丞相缺，孰可代者？"复荐哈剌哈孙，帝大悦。拜翰林学士承旨，阶正奉大夫。

武宗即位，复奏上三事，曰：惜名器、明赏罚、择人才。未几，复怨家以飞语上闻，帝怒，事且不测。执政曲为营解，始命复以老致仕。进荣禄大夫，遥授平章政事，给半俸终养。仁宗即位，遣使召复，以病辞。皇庆元年卒，年七十七。

复以文学知名，然高自矜诩，不喜奖诱后进，士论以是少之。既卒，复妇弟淮东宣慰使李处恭，方为吏部侍郎，慨然曰："岂可使阎公无以易名。"请于朝，赠光禄大夫、大司徒、上柱国、永国公，谥文康。有《静轩集》五十卷。子嗣庆，威州知州。

王倚，字辅臣，本东莱人，后徙宛平。祖温，主管京城课税。倚读书，务躬行，不事章句。

世祖选良家子入侍东宫，倚年弱冠，在众中仪观独伟，太保刘秉忠器之，即以充选。倚侍皇太子，日见信任。凡时政所急，知无不言。是时宫职未备，皇太子汤沐邑地广事繁，乃拜倚工部尚书，行本位下随身民匠都总管。至元二十一年，置东宫官属，拜家丞。又置储用司，掌货币出纳，令倚兼之。后以倚辞职，仍给家丞禄终养，倚固辞，方许之。

二十六年，皇孙出镇怀孟，帝选旧臣护之，乃以属倚。陛辞，帝目之良久，谓侍臣曰："倚，修洁人也，左右皇孙得人矣。"未几，从皇孙召还。二十八年，授礼部尚书，以疾辞。皇太子妃召见，问曰："人皆求进，卿独求退，何也？"对曰："臣见宫廷旧人如臣等者，十去八、九，臣蒙恩最厚，愿留侍皇孙，备宿卫。"闻者贤之。明年卒，年五十三。赠正义大夫、礼部尚书，追封太原郡侯，谥忠肃。

子鹏，异样局总管，官至大司徒，追封太原郡侯，谥忠懿。

高克恭，字彦敬，其先西域人，后占籍大同。父亨，字嘉甫，治《易》、《诗》、《书》、《春秋》，有时名。世祖时，台、省交章论荐，召对便殿，称旨，世祖欲官之，固辞，归老房山卒。

克恭传家学，于群经奥义，靡不研究。至元十二年，由京师贡补工部令史。江南平，选授行台掾。从御史大夫相威入觐，世祖顾问再三，曰："是高嘉甫儿耶？"赐钞二千五百贯。累迁河南道提刑按察使判官，改山东西道。二十五年，入为监察御史。是时，桑哥秉政，擢克恭右司都事，克恭棘棘不阿。明年，遣使江淮行省，考核簿书文法，吏多希旨，务从深刻，克恭独持以平恕。还，授兵部郎中。

出为江淮行省左右司郎中。儒户例蠲徭役，而故籍散失，行省持论可否，期岁不能决。克恭至，命读书者皆占儒籍，得自拔于氓隶，士论翕然颂之。浙西公田七十五万顷，粮千一百三十九石，居诸路三之二。克恭视民所输，较私田增二十倍，奏言："宋季贾似道敛怨误国，田有虚额，官无蠲，征急则负逋者众，吏民交困。今宜讲求良法，保固邦本，不当重为烦扰，复循旧弊。"疏入，不报。有以朝命至杭，增湖东夏税者，自执政以下皆取认状，独克恭不肯。比去，克恭徐语之曰："吾才不逮子远甚，子昔官于此不能增，而谓吾能耶？子毋重瘝吾民。"事卒寝。杭州岁调民司库藏，有折耗。至鬻子女偿之。克恭选州县吏充其役，满一岁辄擢去，公私称便，遂为常例。

元贞二年，迁山南河北道廉访副使。时畅师文扬为佥事，克恭奏言："师文扬历中外几二十年，臣资历尚浅，师文学行复出伦辈，非臣所能及。况臣素兄事师文，一旦躐居其上，情实不安。"明年，乃擢克恭江南行台治书侍御史，师文亦改山东道，入为国子司业，人皆多克恭之让。克恭抵任，条上兴学校、选真才、汰冗官、增吏俸、慎刑狱五事。又言："朝廷累放诏旨，议行贡举法，而权臣扳引朋类，沮格不行。今所至乏才，宜设科取士，以副上意。"

四年，复入为工部侍郎，转翰林直学士。五年，敕克恭与直学士王约赈京师水灾，惠利周浃，民德之。六年，授吏部侍郎。出为彰德路总管，未赴。八年，改刑部侍郎，擢尚书。奏言："明刑弼教，莫重于君臣父子夫妇兄弟之叙，今子证父，妇证夫，奴证主，大伤伦纪，宜禁之。"旋除大中大夫、大名路总管。克恭在刑部，与同官议事，不肯曲意附和。及去，凡克恭所定者，胥吏皆准为程式。至大三年。卒。谥文简。子秬，秘书著作郎。

克恭诗自得天趣，画学米芾父子，后用李成、董元法，造诣精绝，尤工墨竹，与宋文与可齐名。

夹谷之奇，字士常，其先出女真加古部，讹为夹谷，后徙家于滕州。

之奇，少孤，好学，受业于东平康晔。授济宁教授，辟中书省掾。大兵南伐，授行省左右司都事。时阿合马当权，与行省官有隙，遣使核其财用。之奇职文书，亦被按问。张宏范率其属，诣使者言："夹谷都事素公清，若少有侵渔，宏范当与连坐。"事闻，适御史台立，乃擢之奇佥江南浙西道提刑按察司事。既而，移佥江北淮东。

至元十九年，召为吏部郎中，立黜陟之法，著为令。岁大旱，之奇请省经费，辍土木之役，以召和气，弭灾变。时论韪之。

二十一年，迁左赞善大夫。时裕宗为皇太子，每进见，必赐坐，顾遇甚优。桑哥欲以均输法益国赋，虑提刑按察司挠其事，请与转运司并为一职，诏集群臣议之。之奇言："按察司者，控制诸路，发摘奸伏，责任匪轻，若使理财，则心劳事冗，将弥缝自救之不暇，又安能绳纠他人，并之弗便。"事遂寝。

又与谕德李谦条时政十事，上之皇太子：一曰正心，二曰睦亲，三曰崇俭，四曰几谏，五曰戢兵，六曰亲贤，八曰尚友，九曰定律，十曰正名。会皇太子卒，除翰林直学士。改吏部侍郎，遂拜侍御史。二十五年，丁母忧。以吏部尚书起复，屡请终制，不许。明年卒。

臧梦解，庆元鄞县人。宋末，中进士第。至元十三年，授婺州路军民人匠司提举。未几，司罢，浙东宣慰司举梦解才兼儒吏，可试州郡，授息州知州，改海宁州知州。时淮东按察副使王庆之按部至海宁州，见梦解刚直廉慎，门无私谒，凡差役皆当，其贫富新增民户七百六十有四，新辟田亩四千四百有三十，政平讼简，为诸州最；举梦解，宜擢清要之职。御史台亦抗章荐之。未及报，梦解以秩满去任。

二十七年，江阴饥，江浙行省委梦解赈之。梦解躬至其地，人给以米，所活四万五千余人，江南行台治书侍御史苟宗道以其名上闻，除同知桂阳路总管府事。三十年，擢奉议大夫、广西肃政廉访副使。故事，烟瘴之地，行部者多不亲至。梦解遍历上下江诸路，按问宾州、藤州两路达鲁花赤，发其奸赃。又平反邕州黄震被诬赃罪，及藤州唐氏妇被诬杀夫罪，民翕然颂之。

大德元年，迁江西肃政廉访副使。临江路总管李倜素狡狯，又附大臣势，省、台皆畏之。梦解据实劾奏，一道肃然。六年，迁浙东肃政廉访副使。九年，除广东肃政廉访使，以老病致仕。后至元元年，卒。

梦解为时名儒，敏于政事，操守尤为介特。所著书有《周官考》三卷，《春秋微》一卷。梦解自号鲁山，称为鲁山先生云。

燕公楠,字国材,南康建昌人。祖爕、父堂,俱仕宋。母雷氏梦五色大乌入帏,而生公楠。十岁能属文,居父丧,庐墓三年。以帅府辟,五迁至赣州通判。

至元十三年,江南平,授同知赣州事。迁同知吉州路总管府事。二十二年,召至上都,奏对称旨,赐名赛因襄加带,欲用为参知政事,固辞,除金江浙行中书省事。江淮置尚书省,又改金行尚书省事。初,公楠在江浙,奏请置两淮屯田。二十五年,用前议,拜行大司农,领八道劝农营田司事。公楠按行州县,劾江西营田使沙不丁贪横,罢之。

二十六年,擢江进行省参知政事。桑哥败,蠹政尚未尽去,民不堪命。公楠入觐,极言其弊,请更张以固国本。世祖悦。会欲易政府,帝以问公楠,公楠荐伯颜、帖哥、不忽木、彻里、阔里吉思、史弼、徐琰、赵琪、陈天祥等十余人。帝又问:"孰可为首相者?"对曰:"人望所属,莫如安童。"问其次,曰:"伯颜可。"又问其次,曰:"完泽可。"明日,拜完泽为右丞相,以公楠与不忽木为平章政事,公楠固辞,改江浙行省参知政事,赐弓刀及卫士十人。三十年,上言,请立行大司农司于江南,以究豪右隐匿田租。从之。复拜大司农,得藏匿公私田六万九千八百六十二顷。

元贞元年,丞相完泽以究隐匿田租不多,且病民,罢行大司农司,迁公楠为河南行省右丞。大德三年,改湖广行省。五年,召入朝。明年,卒于京师,年六十二。帝悼惜甚,敕中书致祭,遣官乘驿护其丧南归。

公楠前后条时政得失,凡百余事,如屯田、盐法、赋役,皆著为令。刘深讨西南夷,公楠料其必败,深竟坐诛。又语平章刘国杰,宜积粮于思、播、顺元,然后进兵。国杰不从,后转饷之士,瘴没者至十余万。沅州唐运判夺民田,武昌令刘权杀主簿,诬系其妻子,公楠悉正其罪,时论尤称之。子璋、琦,俱总管府判官。有《五峰集》十五卷。

白恪,字敬甫,冀宁阳曲人。父华,字文举,以文学知名。

至元十四年,江南行台大夫相威辟恪为掾,恪条二十事以献,相威见世祖力陈之,允其十八,如大辟谳上刑部,听报可,贾似道公田租,岁减什二,皆是也。十八年,授建康道按察司经历。改湖广行省都事。省臣要束木恣为威福,恪度不可谏,辞不拜。复除福建宣慰司经历。

三十一年,哈剌哈孙为湖广行省平章政事,荐恪为行省都事,擢员外郎,左右江官吏俸,受于行省,道远所得不偿旅食,恪建议随所部给之,著为令。戍兵屯田,官出牛,输其租,牛死,岁率钱以偿之。恪令牛死纳皮角于官,戍兵由是免害。省臣奏广西地肥沃可为田,徙湖南民五千户往耕之,恪力言不可,哈剌合孙从其议,奏止之。

大德四年,进江西行省理问官,时阎复为翰林承旨,慨然曰:"白文举父子,俱有文名,敬甫老不入翰林,笃将谁执!"奏为翰林待制,复同金太常礼仪院事。至大二年卒,年六十三。

李衎字仲容,大都人。由太常寺太祝,累迁淮东道宣慰使都事,擢江南行省左右司员外郎。二十八年,除都功德司经历。

成宗即位,衎以礼部侍郎使于安南,赐金符,以兵部郎中萧泰登副之。国王奉表谢罪,归侵地三百里,偕其使入朝。明年,出为同知嘉兴路总管府事。再迁婺源州知州。衎有吏能,奉诏录囚江南,多所平反。常州学田僧冒种三之一,衎白于行省还之。

皇庆三年,请致仕,召为吏部尚书。仁宗闻衎名久,礼遇优洽,字而不名。衎以年老请致仕,帝不允,曰:"仲容旧人,宣力有年,不可令去禁掖。"超拜集贤大学士。延祐七年卒,年七十八,谥曰文简。衎善画竹石,为一时之冠。

张伯淳,字师道,嘉兴崇德人。少举童子科,有荐其善书大字者,宋理宗亲试之,伯淳书一天字,诘之,对曰:"惟天为大,惟尧则之。"理宗大悦,遂中选,以父任授迪功郎、淮阴尉,改扬州司户参